奪橋遺恨

市場花園作戰的雄心與悲劇

二戰經典三部曲

II

The Classic History of the Greatest Battle of World War II

CORNELIUS RYAN

本書的照片來自作者收藏，作者在此感謝倫敦帝國戰爭博物館、美國國防部、荷蘭歷史軍事檔案庫、荷蘭市政檔案庫與許多提供自己與相關事件照片的人士。

For Them All

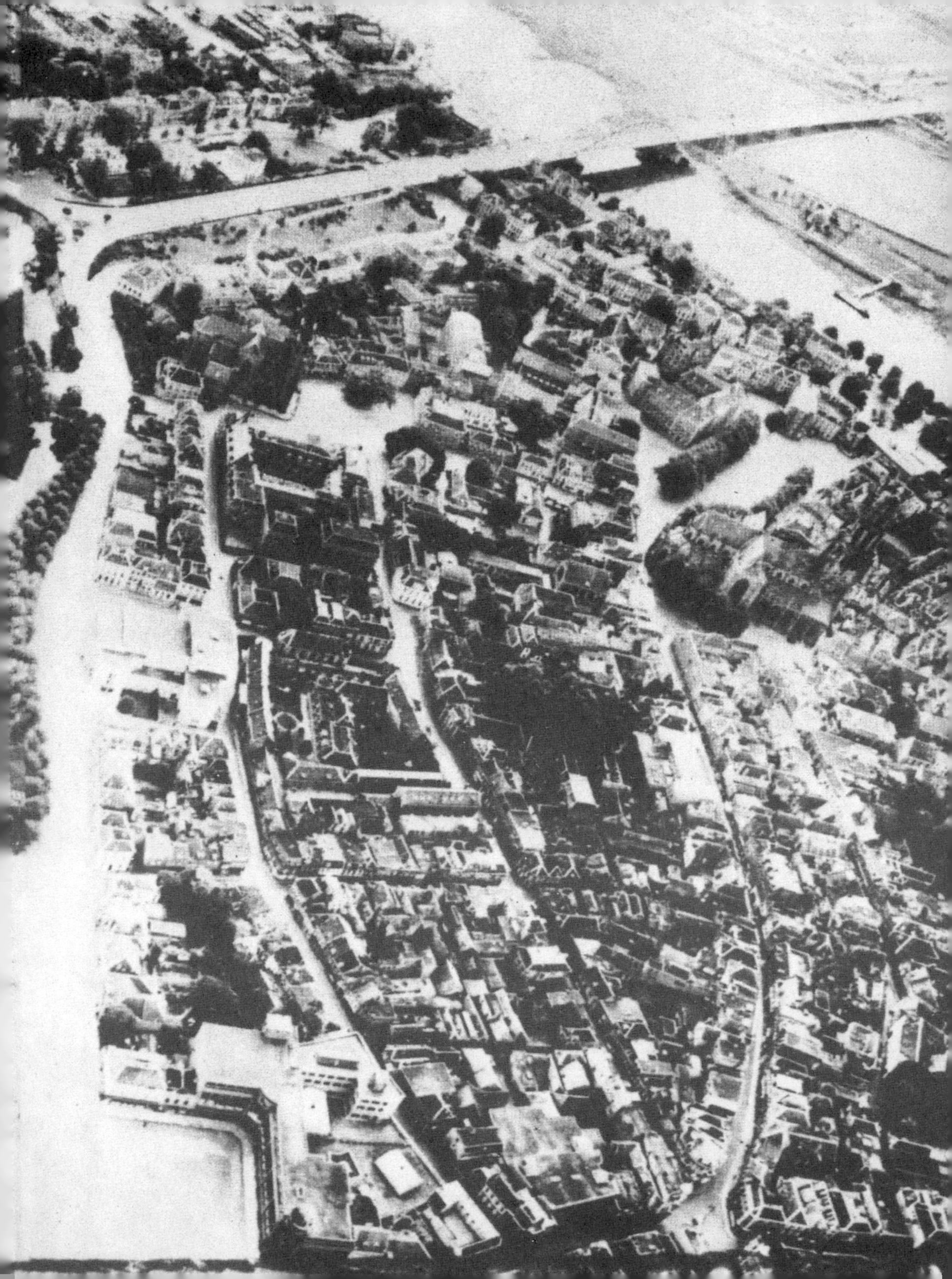

最終目標

由英、美、波三國空降部隊加以佔領的各處渡河點，最北面的就是跨過下萊茵河的安恆大橋（右），指定由厄克特少將的英國第 1 空降師，以及索沙保斯基少將的波蘭第 1 空降旅負責佔領。該橋是蒙哥馬利計畫在 1944 年結束戰爭的關鍵。照片顯示與大橋相連的林蔭大道，一直延伸至左下方的音樂廳。此為安恆橋的北岸。

橋樑

第 1 空降師要同時佔領安恆的鐵路大橋與浮舟橋。德軍炸毀了鐵路橋，而浮舟橋的中段則不翼而飛。在攻擊行動前十一天，皇家空軍所攝得的照片充滿疑雲。究竟德軍是替換掉浮舟橋的中段，還是移除了？雖然無從了解情況，但攻擊仍按照命令執行。

在 82 空降師的陣地南邊，泰勒將軍的 101 空降師佔領了所有渡河點。只有一座在恩荷芬的橋樑被炸掉了，使得市場花園作戰的進度因此耽誤了 36 小時。圖為松橋。

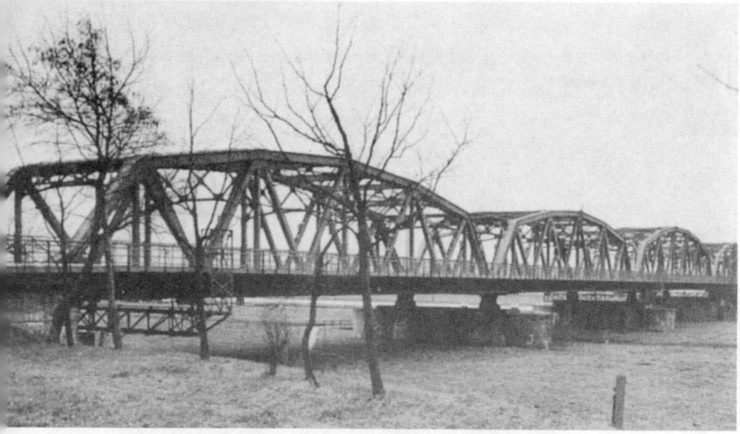

蓋文少將的82空降師，迅速奪取了馬士河上長達1500英尺的格拉福大橋（中），也攻奪了赫門運河橋（下）。但是由於命令的混亂，以及德軍的迅速反應，他們沒有在第一天拿下距離安恆11英里、橫跨瓦爾河的奈美根大橋（上）。9月19日，英美軍發動聯合攻勢，始攻佔這處渡河點，82空降師實施的大膽渡河攻擊，日後被稱為「第二次奧馬哈灘頭登陸」。

艾森豪與蒙哥馬利在戰略規劃上發生了激烈的爭執。蒙哥馬利認為盟軍統帥優柔寡斷，「對他的工作沒有經驗。」艾森豪則認為這位最受英國人愛戴的元帥，是一個「完全以自我為中心，自認一輩子從沒有犯過錯誤」的傢伙。

盟軍第 1 空降軍團新司令布里爾頓中將，以前從沒有指揮過傘兵部隊。他與他的英國副司令布朗寧中將意見不合。攻擊計畫策畫開始前才幾個小時，布里爾頓即收到來自布朗寧的辭職信。

布朗寧中將是英國鼓吹空降作戰的先驅人物之一，奉令擔任「市場花園作戰」的指揮官之後，就撤回自己的辭職信。他從沒有指揮空降軍的作戰經驗。

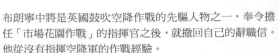

（左起）英國禁衛裝甲師師長艾德爾少將；蒙哥馬利元帥；所屬步兵與戰車擔任地面攻擊的英國 30 軍軍長霍羅克斯中將，與第 11 裝甲師師長羅伯茲少將。第 11 裝甲師攻佔了安特衛普之後，卻停頓下來「加油、整補與休息」，使得德國第 15 軍團大部兵力得以進入荷蘭，進而參與了市場花園期間的防禦。

美國 101 空降師師長泰勒少將（右），與英軍第 12 軍軍長瑞奇（Neil Ritchie）。

英國第 2 軍團司令鄧普西中將（左），與美軍 82 空降師師長蓋文少將。

荷蘭情報員納普（左）與安恆市反抗軍領袖克瑞尤孚（右），在 9 月 14 日向倫敦發出警告，安恆周邊出現德軍裝甲師。

布朗寧的情報科長烏庫霍特少校，從皇家空軍拍攝的偵照圖上，也發現了德軍戰車。但無人理睬他的警告。圖為少校戰後於聯合國任職時的照片（UN）

英國第 1 空降師師長厄克特少將，雖然在指揮作戰方面有經歷豐富，但指揮空降師則是第一次。他不但對德軍裝甲部隊的出現毫無所悉，還不得不將部隊在距離關鍵性的安恆大橋之外 6 到 8 英里的地方降落。攻擊才一開始，通訊便失靈。師長本人身陷在德軍陣線後方，與師部失去聯絡，造成在攸關大局的 39 個小時不見蹤影。

厄克特的「失蹤」，導致希克斯准將（左上）被迫接管第1空降師。9月18日，當第4傘兵旅落地以後，海克特准將（右上）基於本身較為資深的理由，拒絕讓希克斯接管指揮。師參謀長麥肯齊上校（中左），從中斡旋，以平息兩位旅長的爭執。同時，不了解安恆真實情況的索沙保斯基少將（中右）和他的波蘭第1傘兵旅，由於惡劣的天氣延遲了兩天以上才出發。英國第1傘兵旅旅長路斯白里准將（下），本可接任師長，但受傷後，也因此比照厄克特的情況，視同「失蹤」。

福洛斯特中校和部下，與十倍於己的敵人交戰，抵擋住德軍的兩個裝甲師，堅守住安恆大橋的北端通道。這堪稱是軍事歷史上最偉大的壯舉之一。

另外一位守橋英雄，麥凱上尉（右為戰後樣貌）雖幾近彈盡，卻反而要求德軍投降。即使受傷、被俘，仍然不願罷休（下圖，掌舵者）。之後逃脫出來與同伴坐小艇順流而下到達奈美根。

禁衛愛爾蘭裝甲戰鬥群帶領裝甲部隊自荷蘭－比利時邊境突破。該戰鬥群指揮官為范德樂中校（左上），他的堂弟賈爾斯中校（右上）則擔任禁衛愛爾蘭第2裝甲營營長。下圖為兩人在1944年時的合照。德軍成功在距離安恆大橋、福洛斯特的守軍外不到6英里的地方，阻擋了范德樂的戰車。

皇家空軍洛夫上尉，在裝甲部隊中擔任前進空中管制官，他納悶為何會自願接下這個工作。

（中左）羅特斯勒爵士上尉是最早與厄克特孤立的部隊接觸的人。

（中右）海伊中尉所率領的幽靈統帥部聯絡團，終於為厄克特與「花園」地面部隊接上頭。

（下左）滑翔機駕駛團團長查特敦中校，他力主對安恆大橋發動大膽的滑翔機奇襲攻擊。如果採取了他的計畫，該橋或許幾小時內就能得手。然而，他卻因為做了這個建議，被人稱為「嗜血的兇手和殺手」。

在第 1 空降師位於歐斯特貝克的最後據點，凱恩少校（左上）負傷累累，但依然持續奮戰擊退敵軍戰車。倫敦賀柏遜父子公司的米勒小姐（右）指出，布朗寧的「飛馬旗」非傳說中是由布朗寧夫人小說家莫里葉所製。米勒小姐也在傘兵軍服裡，縫上了微型指北針，後來很多的傘兵就是利用這些指北針逃了出來。

藍斯德少校的「藍斯德部隊」一直堅守到最後。

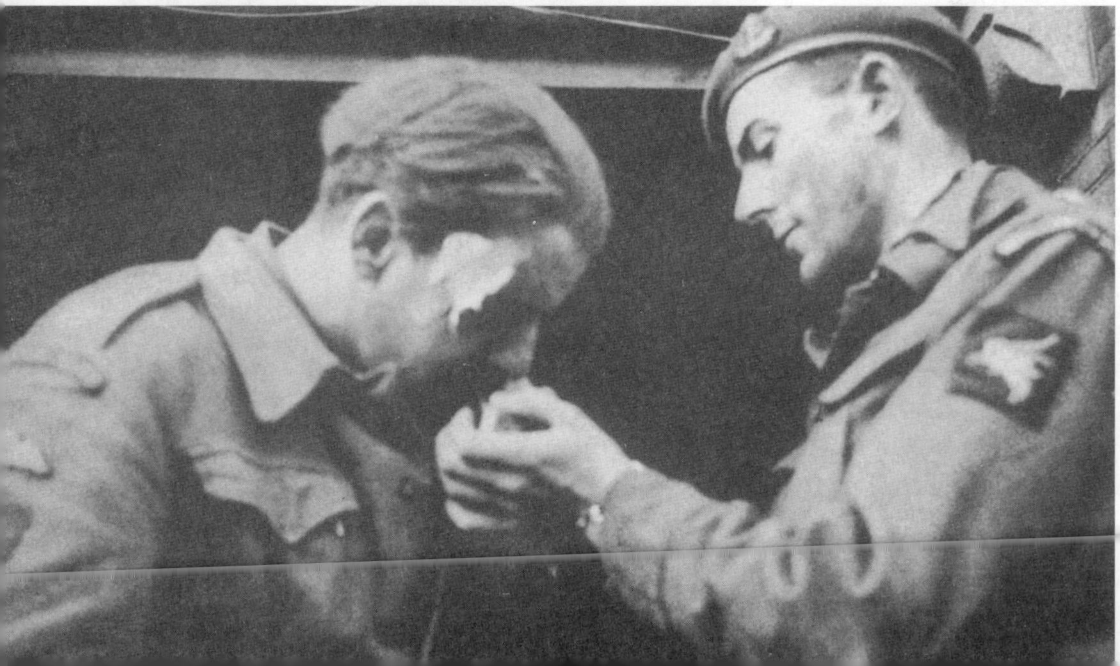

英美軍進攻奈美根大橋，美軍 82 空降師的庫克少校（左）率領部隊在瓦爾河作史無前例的渡河作戰，佔領了大橋北端。范登弗中校（右）也與英軍同時進攻大橋南端通道。

曾經獲頒「軍功十字勳章」的戈曼中尉（左），對整體作戰計畫早已感到「疑惑」。他認為沒有任何人的行動，是足以快速得能為安恆大橋福洛斯特的守軍解圍。韋茲博斯基中尉（右）奉令率領一個連的兵力去攻佔伯斯特的橋樑，該處被判斷成「守軍薄弱」。然而，那一帶其實超過一千名德軍，他們是來自被人忽視的德軍第 15 軍團。最後 101 空降師派一整個團去應戰。

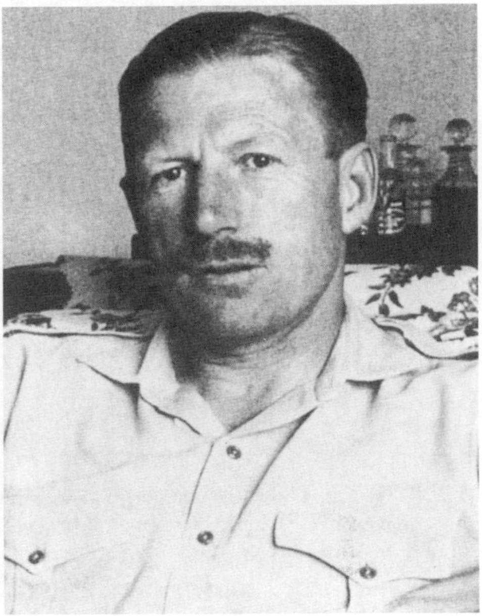

郭洛弗中尉（左上）帶著他的寵物雞「桃金孃」到安恆跳傘。「傘雞桃金孃」在戰鬥中殉職，並以正式的軍禮完成下葬。楚蒙德少校（右上）為英國第 1 空降師的通信營副營長，對本師通訊器材的功能感到懷疑。不過也和大夥一樣，「隨波逐流」。

504 傘兵團團長庫克上校（左）的部隊渡過了瓦爾河，對英軍戰車放慢的動作感到愕然。他原以為會有一支特遣部隊，衝過最後的 11 英里直達安恆，解救大橋的部隊。但英國人反而「停下來喝茶。」

倫德斯特元帥（左上）在諾曼第兵敗如山倒以後，被希特勒撤換了。但到了 9 月，這位德軍最能幹的上將又被召回了。那時西線局勢可以說是災難性的，倫德斯特認為盟軍在兩週內便可攻進德國、結束戰爭。他之所以能打敗蒙哥馬利市場花園作戰的計畫，德軍第 15 軍團的突圍是關鍵。

摩德爾元帥是倫德斯特口中「稱職的團士官長」。雖然無法阻止盟軍在西歐縱橫掃蕩，卻偶然的，在空降攻擊前幾天，把黨衛軍第 2 裝甲軍調到安恆附近，並在攻擊一開始的前 48 小時，擄獲了盟軍的整體作戰計畫，可是令人想不到的是，摩德爾拒絕相信是真品。

黨衛軍第 2 裝甲軍畢特利希中將（左為戰後留影），他對擄獲的市場花園作戰計畫一無所悉，但卻正確推論出盟軍的主要目標是安恆大橋。

德國空降專家司徒登上將（右為戰後留影），對這次空降兵力之大，甚為震驚，「但願我手下有這麼一支兵力就好了。」

英軍實際上是位在安恆的兩個德軍裝甲師之間著陸的，這令兩位裝甲師師長大吃一驚。上排為黨衛軍第 9「霍亨陶芬」裝甲師長海澤中校（左為戰後留影），和黨衛軍第 10「福隆德斯柏格」裝甲師師長哈邁爾准將（下排）。

雙面諜「金剛」林德曼跨過前線去通知德軍，英軍將在 9 月 17 日發動地面攻擊。跟英國媒體戰後所報導的不同，林德曼對空降攻擊的情報毫無所悉。

德國空軍戴斯洛赫大將（左）非常擔心盟軍有發動空降攻擊的可能性，因此拒絕前往拜訪摩德爾。克瑞夫特黨衛軍少校（右）的陣地，湊巧就在英軍空降區的邊緣。

第一個在摩德爾的總部內發現空降攻擊就發生在距離陶佛堡酒店不到 2 英里遠的人，正是賽德豪澤中尉，他被告知，「滑翔機正落在我們的眼前」。

恩荷芬光復後蒞臨的伯恩哈特親王（上）。作戰策畫的過程中，從來沒有人向他，或者任何荷軍參謀本部成員徵詢有關作戰區內的地形概況。等到對方願意開口時，一切都太晚了。同時，伯恩哈特親王從荷蘭反抗軍得到有關安恆地區有德軍裝甲兵出沒的詳細情報，也被置之不理。下圖為伯恩哈特親王接受訪問時的現況，西裝衣領上別著親王的最愛——康乃馨。

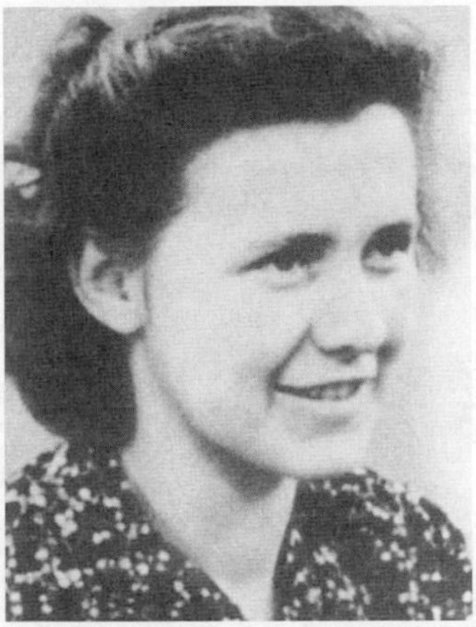

住在歐斯特貝克的荷蘭人一心盼望著光復，最後卻陷入殘酷的血戰當中。「蒙哥馬利馬上就會到來，」許多樂觀的英軍如此告知年僅 17 歲的安妮（上左）。福斯格（上右）除不掉心中「絕望的感覺」。他的妻子瑪莎（下）在日記中寫著，歐斯特貝克鎮已經成了「最血淋淋的戰場之一」。

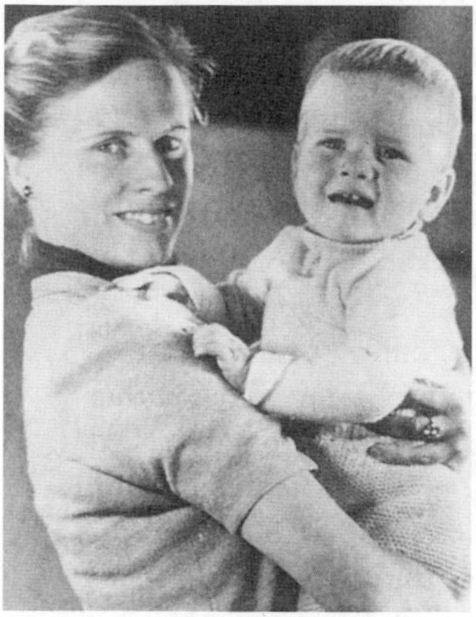

二戰時期的荷斯特太太和兒子麥克（左上），採訪時與她的先生合照（右上）。當時她勇敢地在家中收容英軍傷患。交戰期間，他們家中一度被超過 300 名傷患擠得水泄不通。荷斯特先生是名前荷軍上尉，他不了解為何英軍不使用德瑞爾渡口（下）渡過萊茵河。在市場花園作戰計畫當中，該渡口是完全被忽略掉了。

荷蘭人深信國家要光復了，完全忘記了危險，爬上屋頂觀看規模龐大的運輸機與滑翔機群飛臨。

英軍傘兵登機前往荷蘭（上），美軍威克式滑翔機正在準備裝載（下）。運輸機負責拖曳裝有 101 空降師官兵的滑翔機飛過恩荷芬市（左）。

美國 82 空降師於格拉福附近的集中跳傘，地面可見已有滑翔機降落成功，四周還有家畜走動，可見是一處農場。

英國第一空降師的滑翔機與傘兵在安恆附近降落（上），下圖為補給空投在英軍所在的安恆實施。

安恆的空降場，可見威克式滑翔機後方有一架拖機墜毀落地、爆炸（上）。落地後大型的霍莎式滑翔機（下），機尾馬上被迅速打開，卸下軍品。

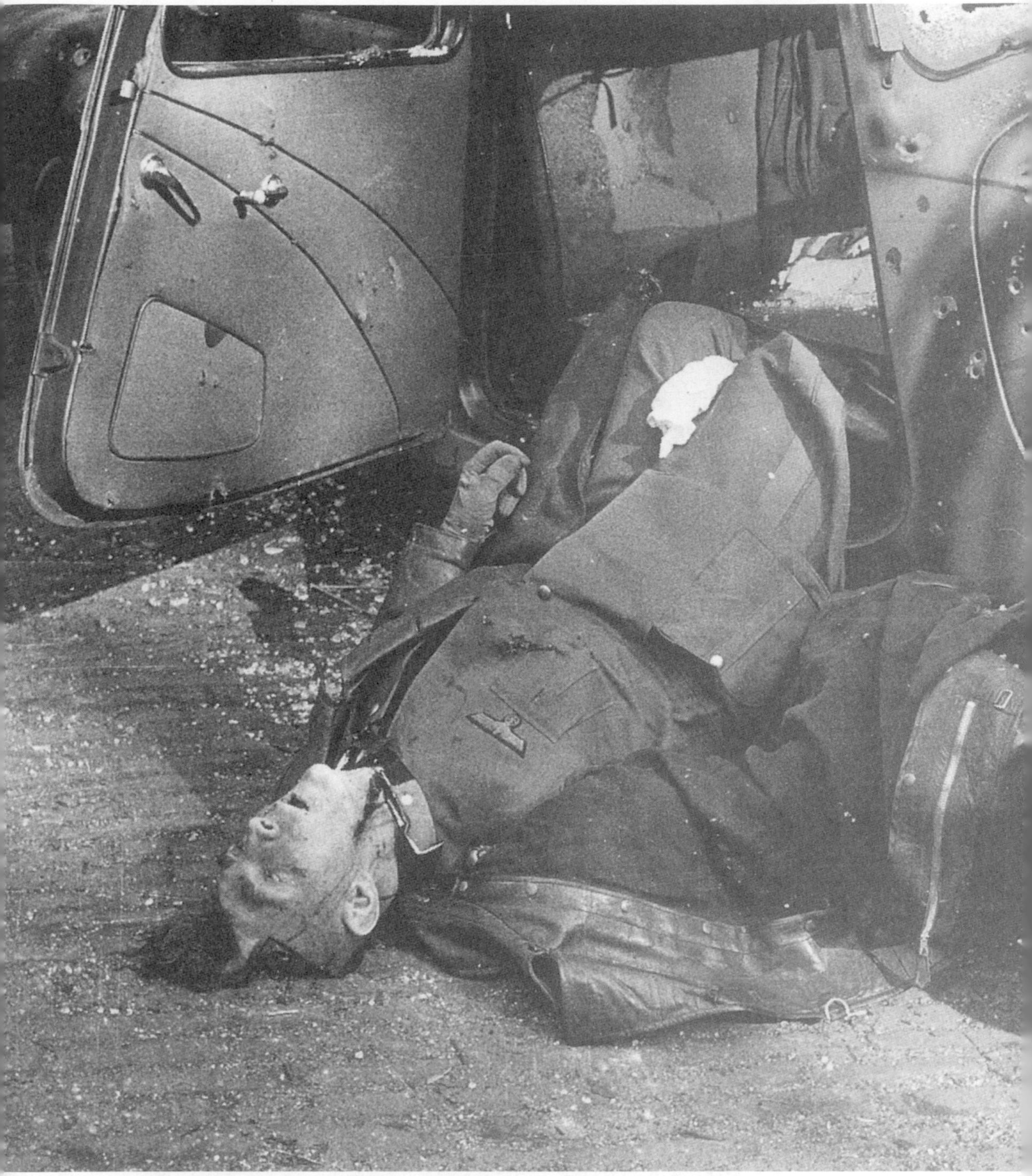

安恆市德軍指揮官庫辛少將不顧警告，車子開去了命運的道路，進而被英軍擊斃。

砲兵團團長湯普遜中校正從霍莎式滑翔機上卸下裝備（上）。禁衛裝甲部隊的戰車，經過一輛被擊毀的德軍裝甲車旁。艱困的地形，以及狹窄得僅一輛戰車寬的道路，妨礙了裝甲部隊的前進。

在走廊中一輛載有軍品的卡車被砲彈直接命中、爆炸（上）。激戰開啟的時候，德軍巡邏隊向前了解究竟（下）。

英勇的米勒士官長（上排）是典型的滑翔機駕駛員。他成功駕駛巨大的座機降落時，唯一擔心的是另一架滑翔機會「往我頭頂上墜落」。

勞德空軍上尉（著長褲者）在英軍傘兵的見證下，以空前英勇的行為，駕駛著燃燒的 C-47 運輸機在空降場上空一再盤旋，試圖把寶貴的補給品全部投下，最後成功了。機上唯一生還的人員即是阿瑟金恩中尉。

霍羅克斯中將稱瓊斯中尉（左）為「勇者中的勇者」，他緊跟在戰車後面衝過奈美根大橋，切斷了德軍炸橋的導火索。

一名受重傷的傘兵正被人用吉普車後送急救站。

82 空降師的部隊正行軍經過奈美根市郊。

英軍的紅魔鬼師正穿過歐斯特貝克的廢墟。

厄克特少將身陷在德軍戰線後方，藏身在查特路 14 號的道肯遜家中。

101 空降師經過恩荷芬時，荷蘭人夾道歡迎（上）。照片可以清楚看出（下），禁衛愛爾蘭裝甲縱隊停頓在只有一輛戰車寬的堤防「島嶼公路」上。盟軍面對的艱困地形可見一斑。

福洛斯特中校與麥凱上尉的弟兄，成功地在安恆大橋上擊退德軍裝甲兵的一次攻擊，擊毀了領頭的 12 輛車輛。德軍第 9 裝甲師偵搜營營長格瑞布納上尉在攻擊中陣亡。圖中可見橋上引道是各種車輛被擊潰後留下的殘骸。

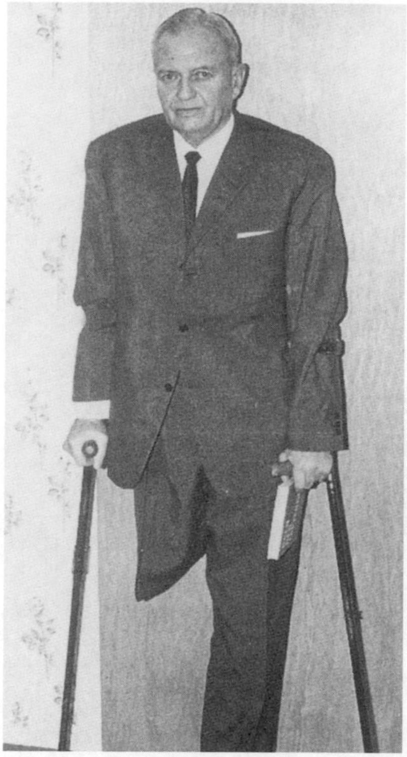

霍亨陶芬師的主任醫官院史卡可少校（右上），負責在談判中協助交換雙方的傷患。做為一名黨衛軍成員，他顯然擔心自己的前程，因此向英軍醫官就自己的行為，要求對方提供書面的感謝函。

（下）摩德爾元帥、畢特利希中將、獨腳的克瑙斯特少校（左上為採訪時照片），以及哈邁爾准將在作戰中的會議。克瑙斯特少校的虎式戰車，阻擋了英軍為解救安恆大橋守軍所發動的最後攻勢。

與德軍有往來的荷蘭女性（上圖）立即被反抗軍圍捕，把她們的頭髮剃光進而遊街示眾（下圖）。

位於歐斯特貝克的哈滕斯坦酒店，作戰期間是厄克特第 1 空降師的師部（左上）。史可諾德酒店（中排）以及陶佛堡酒店（下排）在市場花園作戰前（左列）與戰後的比較。

二戰期間最好的新聞報導可以說是出自安恆，英國陸軍攝影路易士及華克上士（上），正和一位荷蘭女性分享餐點，吉普車左前可以見到飛馬徽，代表了英軍空降師的徽章（上）。倫敦的《每日快報》戰地記者艾倫伍德（頭戴傘兵頭盔、打字）從戰場發出的精彩報導，震驚了英國的民眾。

險惡的天氣延緩了盟國空降軍團3萬5千名官兵的集結。攻擊行動的第二天，101空降師傘兵的降落傘，布滿了田野（上）。

在安恆大橋，塔桑－華特少校（下右，左為戰後留影）以他帶著雨傘衝鋒的古怪方式發動攻擊，鼓舞了官兵的士氣。

歐斯特貝克被截斷、缺乏補給，醫護兵布瑞斯下士（中排），利用臨時製成的紙繃帶，救了機槍兵米爾本（上排，右上戰後留影）的性命。

英軍的另一位英雄是羅里爾上士（下排，右下戰後留影），他在激戰過程中，為飢餓的弟兄提供了一頓難忘的熱食。

英軍其中最大的誤判之一，便是沒有運用荷蘭的反抗軍。最受打擊的，莫過於荷軍派駐在盟軍的聯絡官沃特少校（左上）及克瑞普少校（右上）。他們力求組成一支作戰單位，卻始終沒有結果。
歐斯特貝克的麵包師傅比克（左）眼見「大事不妙」，但卻誓言「要烤到最後一刻為止」。古董書商吉斯白（右）的書店，緊鄰德軍營區，是荷蘭人當中最早預見英軍在安恆的攻擊注定要大敗的人之一。

潘錫爾（左上）趁著混亂，在「德軍眼皮下」搬運大量的武器彈藥。紐曼（右上）寧願自己和其他涉案人士主動投案，也不要 12 名無辜人質，因為他們 9 月 15 日攻擊高架橋的失手而被處決。安恆反抗軍領袖克瑞尤孚拒絕了這項要求。
反抗軍成員烏仁，是他在盟軍為攻擊做準備的空襲行動中，目擊奈美根被轟炸機攻擊的情況。
電話技術員波德利用秘密線路，將重要消息傳達給其他反抗軍成員與盟軍。

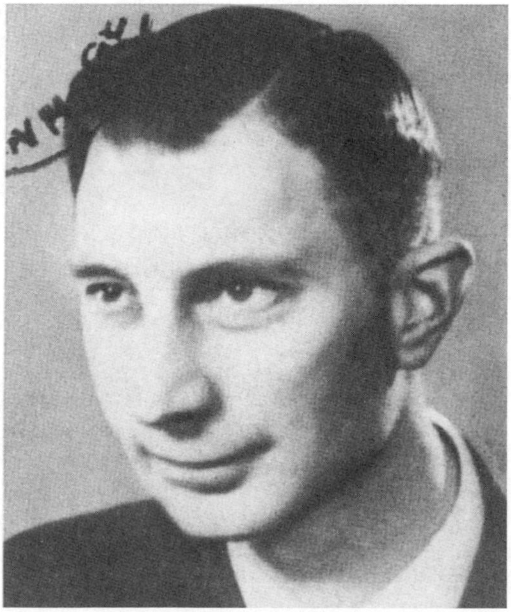

德軍有系統地摧毀英軍的陣地。英軍傘兵在哈滕斯坦酒店附近的陣地（上），背景是拘禁德軍戰俘的網球場。一輛德軍戰車廢棄在斷垣殘壁之中（下圖）。

下歐斯特貝克教堂幾近全毀。

「他們把我們拋棄了，」堤利中校（右上）告訴副營長葛夫頓少校（左上），他們的多塞特營要渡過下萊茵河，建立最後的據點，配合第1空降師的殘部撤退。進入安恆的1萬名英軍，最後只有2,323人渡河退到安全地帶。下圖是部分死裡逃生的官兵。

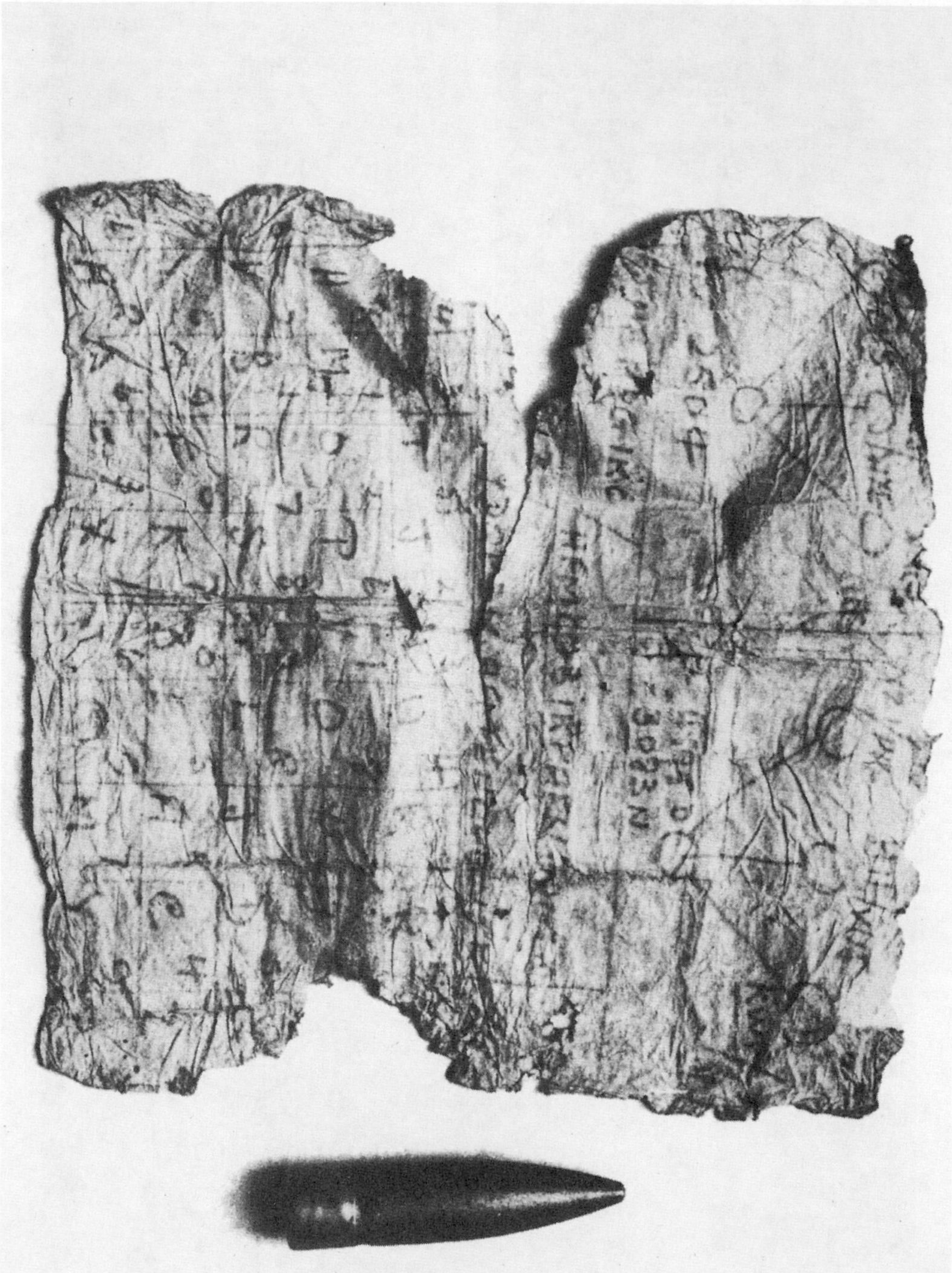

藏在一枚 .303 彈頭中的密碼表，原該在撤離之前就擊發。可是對撤離感到激動的通信兵柯克里爾，卻忘記了這項指令。後來這枚子彈和當中的密碼表，都還留在他的戰鬥服口袋裡。

市場花園作戰的主要指揮官戰後狀況

（左上）82 空降師師長蓋文將軍。（右上）101 空降師師長泰勒將軍。

1966 年的留影。左起波蘭的索沙保斯基、海克特、厄克特、高福、福洛斯特和瓦瑞克。大戰結束之後，索沙保斯基將軍不肯返回共產黨統治下的波蘭，在英國當過工廠工人，並於本書開始撰寫期間的 1967 年逝世。

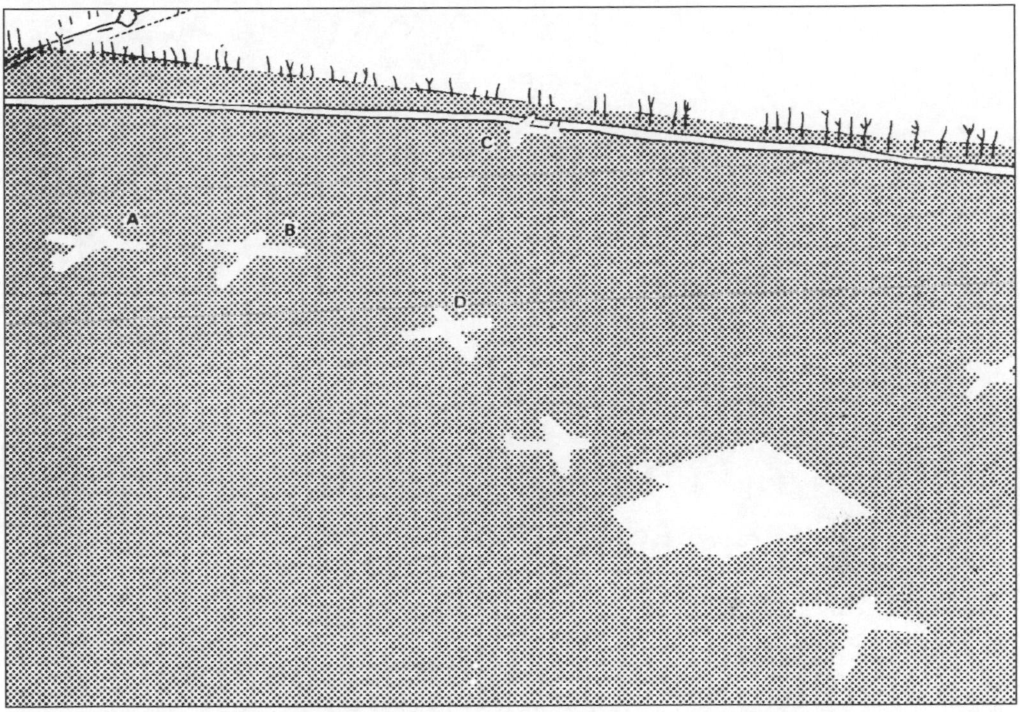

60 年代後期，荷蘭皇家航空進行航測照相時，專家們對安恆附近的灌木叢中出現的飛機形狀圖案大為不解（右頁）。製圖專家仔細研究發現那些隱約的影像是滑翔機的輪廓。1944 年市場花園作戰期間以及事後，墜毀的滑翔機都付之一炬，並在灌木叢留下了未能消除的烙印。福斯格夫婦的兒子羅伯特（Robert Voskuil），把他戰時拍攝的照片與荷航的照片（下）相比較，證實了原委，並且把自己的發現發表在《皇家地理學會期刊》（*Journal of the Royal Geographic Society*）。

目錄

在裝甲部隊推進的狹窄走廊上，一共有五座主要橋樑需要奪得。這些橋必須派出空降部隊、在保持橋樑完整的狀況下佔領。而讓盟軍第一空降軍副司令布朗寧中將感到擔憂的是第五座橋，它在一個叫安恆、位於德軍前線後方六十四英里的地方跨越下萊茵河。他指著地圖上的安恆大橋，問道：「裝甲部隊來和我們會合之前，我們要等多久？」蒙哥馬利元帥馬上回答：「兩天。」布朗寧仍然看著地圖，他說，「我們可以守四天，」然後他又補充了一句，「但報告長官，我們可能打得有點太遠了（But, sir, I think we might be going a bridge too far）。」

引述厄克特少將的回憶錄*Arnhem*

於一九四四年九月十日在蒙哥馬利總部針對市場花園作戰舉行的最後會議的情形。

導讀

「市場花園」的教訓與近代空降作戰

郭力升少將 前國防大學陸軍指參學院院長
前陸軍特戰部隊指揮官

「願有仁人志士，英勇挺身護國，化身千萬天兵，從雲端而降。他們無處不在，無役不與，奮不顧身、爭先殺賊，不讓美好家園，盡遭強敵侵凌！」[1]

班傑明・富蘭克林，一七八四年

空降作戰（Airborne Operations）具有距離遠、戰力投射快、能超越地障、可充分發揮奇襲與震撼效果等特性。空降作戰理論緣起歷史悠久，但直到十八世紀以後，傘具與航空器發展獲致重大性突破，才得以逐漸付諸實踐。

二戰期間，主要參戰國家（包含中華民國）基於其作戰需求，均先後組建空降部隊並投入戰鬥。一九四四年十月，歐洲戰區盟軍執行軍團級規模——代號「市場」行動的空降作戰，以策應代號「花園」的地面攻勢。該次空降作戰，共計投入英、美三個空降師與波蘭一個空降旅，總兵力約四萬一千餘人，出發機場共二十四處，使用各型運輸機、滑翔機（載運人員、補給品與重裝

---

1 引述自信件 From Benjamin Franklin to Ingenhousz, 16 January 1784。

備）超過三千五百架，據信為史上最大規模的空降行動。在此之前，盟軍已累積豐富之空降作戰經驗，除兵力規模逐次提升、戰力大幅增強，計畫作為與用兵思維，也益形大膽積極，而距離前次諾曼第空降作戰，其實也不過是三個多月光景。

盟軍策畫「市場花園」作戰之目的，意在奪控荷、德兩國邊界五座重要橋樑與附近地形要點，藉以阻殲荷蘭境內德軍，協力英軍第二軍團主力，由萊茵河北岸攻入德國，進而使西線盟軍攻勢形成雙鉗包圍，直取魯爾區工業重鎮，一舉摧破納粹德軍之戰爭潛能，期能在一九四四年聖誕節前結束戰局。

然在計畫作為過程中，盟軍內部不僅主事者過於自信，輕忽、誤判德軍可能行動，高階將領間更是意見分歧，尤其天候狀況掌握不確實，導致空降部隊與陸、空友軍間無法密切支援，影響統合戰力之發揮，再加上作戰計畫遭敵搜獲偵知，遂招致德軍優勢機甲部隊強力反擊，戰況相當慘烈。

單就用兵觀點來看，盟軍在戰術指揮上並無顯著缺失，空降部隊官兵仍如預期般，充分展現頑強戰鬥作風，而地面英軍也全力衝殺，意圖與空降友軍儘早完成會師；然從野戰戰略角度分析，盟軍攻勢行動存在兩面受敵之風險，空降部隊逐次投入且未能於夜間實施空降，也失去了應有的奇襲效果，尤其主作戰線被多條河川分割，致戰鬥與勤務支援困難，戰略態勢極為不利，不僅主力未能渡越萊茵河，亦未能提前結束戰局，反造成重大傷亡，終究是以失敗收場。

「市場花園」作戰結束後，美軍內部質疑空降作戰效益聲浪再起，部分高階將領甚至主張，直接將空降部隊充當輕步兵部隊使用。美軍決策當局即於同年十二月，在華府召集空降部隊重要幹部[2]，深入檢討該次戰役失利成因，同時討論空降作戰存廢與部隊去留等問題。所幸，與會多數人員仍肯定空降作戰之價值，並推崇空降師官兵英勇表現，同時也審慎檢視空降計畫作為程序之周密性，並確認情報整備、目標選擇、陸空協調、勤務支援等必要手段。爾後，盟軍續在歐洲與太平洋戰場，成功執行多次空降作戰行動，另於一九四五年七月，中、美盟軍也先後在中國戰區廣東開平、廣西丹竹、湖南衡陽等地，發起三次較小規模之空降戰鬥，均能獲致所望戰果。

迄今，即使直升機已被廣泛運用於軍事任務，空降作戰仍為世界各國所重視，且隨著近代軍用運輸機之酬載、速度與航程大幅提升，陸空指管、聯合情監偵與火力支援效能不斷精進，空降作戰技術也較過去更為精確、快速、有效。故現代空降部隊已不再是輕裝步兵，而是兼具機動力、偵搜力、打擊力、持續力之高度兵種協同勁旅，往往被視為戰略預備隊之首選，而當敵對國具備空降作戰能力時，則另一方就不得不抽調或控留可用兵力，預做反空降作戰準備。未來，空降作戰仍將朝全地域、全天候、全功能、模組化、特戰化、聯戰化方向持續發展，成為戰場決勝重要關鍵，而此皆源自於「市場花園」作戰之經驗與教訓。

2 參戰美軍一〇一空降師，師長泰勒少將也奉令返國參與檢討會，故突出部戰役期間，該師在巴斯通遭德軍圍困苦戰時，係由副師長麥考利夫准將代理指揮作戰。

前言
市場花園作戰
一九四四年九月十七日至二十四日

一九四四年九月十七日，星期日，上午十點剛過不久，在單一作戰行動中所能集結到最多數量的運輸機隊，正在全英格蘭南部的機場起飛升空。第二次世界大戰的第二百六十三週，盟軍統帥艾森豪將軍（Dwight David Eisenhower），發動了「市場花園」作戰（Operation Market-Garden）——是大戰期間最大膽、最具創意的一次作戰行動。出乎意料之外的是，這次由空降與地面攻勢相互配合的作戰，卻授權給盟軍將領中最謹慎的蒙哥馬利元帥（Bernard Law Montgomery）來策畫、實施。

空降階段——「市場」，可以說是空前絕後。參與作戰的飛機，包括了五千架戰鬥機、轟炸機、運輸機和兩千五百架滑翔機。在那一個星期天下午一點三十分整，在史無前例的白晝空降突擊中，盟軍整整一個空降軍團的兵力，包括了全部車輛、裝備，開始空降在德軍戰線後方。這次放膽的歷史性空降作戰目標，是德軍佔領下的荷蘭。

地面上，在荷比邊境待命的「花園」部隊，是英軍第二軍團（British Second Army）兵力雄厚的戰車縱隊。下午兩點三十五分，在砲兵準備射擊結束後發動攻勢，接續由大批蜂擁飛來發射火箭的戰鬥機引導火力下，戰車沿著一條戰略性道路，朝著荷蘭的中樞猛衝；這通路已由傘兵控制且保持開放。

蒙哥馬利雄心勃勃的計畫，旨在使部隊與戰車奮力橫越荷蘭，以它作為跳板跨越萊茵天塹而進入德國本土。蒙哥馬利推論，市場花園作戰正是打垮第三帝國，並在一九四四年內結束戰爭的雷霆一擊。

第一部　撤退

1

荷蘭千年古村德瑞爾（Driel）的老百姓都在專心聆聽。雖然天還沒有破曉，睡不著的人都起來了，燈光透過百葉窗透射出來。一開始只是有一種莫名的事情在遠處發生著的感覺。漸漸地，模糊的印象具體化了；在遠處傳來一陣低沉、連續不斷的隆隆聲。

聲音隱約且始終還在，並且一陣陣地傳到村裡頭來。很多人聽不出這種隱約的聲響是怎麼回事，直覺以為是附近下萊茵河（Lower Rhine）的流水有了變化。荷蘭有一半面積都是在海平面以下，海水是一個永恆的敵人，作為在這場永無休止的鬥爭之中的主要武器，築堤自從十一世紀以來就一直在進行著。德瑞爾村坐落在下萊茵河的大轉彎處，在吉德蘭省首府安恆市（Arnhem, Gelderland）的西南方，荷蘭人對這種與海的抗爭一直提心吊膽。北邊幾百碼遠有一條突起二十英尺的大堤，堤頂是一條大路，擋住了滔滔不息、寬達四百碼的大河，保住了村落和附近地區。可是今天早晨河川並沒有發生令人驚惶的情況，荷蘭萊茵河以通常每小時二浬的流速，靜靜地湧向北海。在河堤的石壁上發出的聲音，是來自另一個更為殘酷的敵人。

天色漸明，陽光開始熱散了濛霧時，轟隆聲越來越大。從德瑞爾正東的道路上，村民們可以清楚聽到車輛行駛的聲音——車輛聲每分鐘都在增加。現在，他們從不安變成了警覺，毫無疑問，人們辨識出這是他們熟悉的聲音，在第二次世界大戰的第五年、歷經了德軍五十一個月的佔領後，人人都聽出這是德軍車隊的聲音。

更使人害怕的是車隊隊伍的長度。有些人事後回憶說，他們以前只曾有一次見識過這等規模的車隊——那是在一九四〇年五月，德軍攻進荷蘭時。那時，希特勒的機械化大軍，湧過了距德瑞爾十到十五英里的帝國邊境，駛上了公路幹線，迅速地散布在全荷蘭境內。而今，在相同的公路上，車隊似乎又一次延綿不斷地開動著。

奇怪的聲音來自最近的一條公路幹道——是一條雙車道的公路，把下萊茵河北岸的安恆市，與南面寬濶的瓦爾河（Waal）上自八世紀就建城的奈美根（Nijmegen）連接起來。在低沉的引擎喧囂振動聲中，人們還可以清晰聽到個別的聲音——馬車車輪的刮擦聲，數不清的自行車沙沙聲，以及遲緩而沒有節奏的腳步拖曳聲——在一支軍方車隊中有這種聲音，似乎很奇怪。

這是一支什麼樣的車隊？更重要的是，它往哪裡行駛？在戰爭的這一時刻，荷蘭的未來全靠這個問題的答案。大部分人都認為，車隊上裝有大批增援部隊，要不是湧進荷蘭用來支援原有的德國駐軍，便是急急駛往南方，阻擋盟軍的前進。盟軍部隊以驚人的速度光復了法國北部，目前正在比利時激戰中，聽說已經接近了比利時首都布魯塞爾（Brussels），離這裡不到一百英里遠。不斷有謠言說，強大的盟軍裝甲部隊，已經衝到了荷蘭國境。然而德瑞爾村裡，卻始終沒有人有把握說得出眼前的車隊究竟是要駛往哪一個方向。聲音的擴散效果和距離的遙遠，使得要指認出是往哪個方向走是不可能的事；還有，宵禁也使村民們不能離開自己的家去打聽消息。

村民們在半信半疑中煩惱，唯一的辦法就是等待。他們不曉得拂曉前沒有多久，小小德瑞爾村中駐守的三名年輕德國兵，全部騎上偷來的自行車，在晨霧中離開了，村子裡再也沒有軍事當局來執行宵禁。

村民們什麼都不知道，只好留在家裡。可是有些急性子的人不耐等待，決心冒險打電話。年輕的柯娜（Cora Baltussen）就在賀寧威街十二號（Honingveldsestraat）家裡，也就是自己的家庭果醬工廠旁，打電話給人在安恆的朋友。她不敢相信朋友親眼所見的轉述，德軍車隊並不是朝南方開到西部前線去。在一九四四年九月四日這個大霧濛濛的早上，德軍和他們的支持者，似乎是逃離荷蘭，每一樣帶得動的東西都帶走了。

柯娜認為，大家預料會發生的戰鬥，應該是不會在這裡上演了。她錯了。對德瑞爾這個到目前為止還沒有遭受兵燹、無足輕重的村落來說，戰爭才剛要開始。

2

在南方五十英里處，接近比利時邊境的鄉村和小鎮，荷蘭人都欣喜若狂。他們不敢置信地眼看希特勒駐在法國北部和比利時大軍的殘兵敗將，川流不息地在他們窗前經過。這種兵敗如山倒的崩潰情況似乎有種傳染性，除軍事單位，成千上萬的德國平民和荷蘭國社黨人[1]也在離開。一路上，逃脫的部隊看來全是朝著德國邊境走。

一開始時的撤退很緩慢——只有稀稀落落的公務車和汽車越過比利時邊境——幾乎沒有幾個荷蘭人說得上確實是從什麼時候開始的。有些人認為，撤退是九月二日開始；還有人說是三號。可是到了四號這天，德軍和後續人員的行動，就看得出是打敗仗的樣子。到了九月五日，荷蘭歷史上稱為「發瘋的星期二」這天，逃亡的狀況更是來到了狂亂的最高潮。

德軍的出逃可以說是驚惶、處於瓦解的狀態。每一種用得上的工具都不放過。從比利時邊境北上安恆的路上、路邊都擠滿了貨車、巴士、公務車、半履帶車、裝甲車、馬拉的農用大車，和民用的木炭車。在雜亂的車隊裡，到處都擠滿了疲困不堪、滿身塵土、騎著強行徵用的自行車的士兵。

運輸手法可說是五花八門。在比利時邊境北邊不到幾英里的法爾肯斯瓦德（Valkenswaard），老百姓看見滿身負重的德國兵，邊走邊吃力推著兒童的踏板車。六十英里外的安恆，好多人擠在阿姆斯特丹大道（Amsterdamseweg）[2]上，看著一輛碩大的銀黑兩色的靈車，由兩匹種田的馬兒緩緩拖著，車後面放靈柩的位置，是好些軍服散亂，筋疲力竭的德國兵。

在這些可悲的車隊中拖著腳步前行的，是好多個單位混雜在一起的德軍士兵。其中有穿著黑色野戰服、丟了戰車的裝甲兵；空軍的士兵，大部分是在法國或者比利時被打垮後的空軍殘部。同時還有從好幾個國防軍正規師敗陣下來的士兵；還有武裝黨衛軍裡的士兵，他們軍服上有骷髏和交叉骨頭的可怕徽章。住在聖峨登諾德（St. Oedenrode）年輕的柯本（Wilhelmina Coppens），眼見這些顯然沒有人領頭的士兵，毫無目標地茫然前進，他認為「他們絕大部分根本不知道自己置身何處，甚至不曉得要往哪裡去。」有些德軍士兵，讓在旁邊觀看的荷蘭人覺得好有趣，他們連方向都搞不清楚，還要求指點德國的方向。

在飛利浦電器公司所在地的工業城恩荷芬（Eindhoven），當地居民好幾天以來聽到了來自比利時方向的低沉砲擊聲。而今，眼見打敗的德國大軍殘部擠在路上，人們預想盟軍在幾小時內就會到達，德國人也是這麼想。在市政府財政處當職員的柯泰（Frans Kortie），當時才二十四歲，他認為這些部隊並不打算停下來防守。附近的機場正傳來爆炸的咆哮聲，工兵正在爆破跑道、彈

---

1 編註：荷蘭國家社會主義運動（Nationaal-Socialistische Beweging in Nederland, NSB），德國入侵荷蘭後，ＮＳＢ積極與佔領當局合作。二戰期間成為荷蘭境內唯一被許可的政黨。

2 編註：安恆通往西北邊的主要幹道。

藥庫、油槽和機庫。柯泰在一陣飄過市區的黑煙望過去，只見一批批的士兵，正匆忙撤收飛利浦公司屋頂上的高砲。

從恩荷芬以北一路到奈美根附近，德軍工兵都在拚命工作。在流經費赫爾（Veghel）的威廉運河（Zuid Willemsvaart Canal），小學教師威瑟（Cornelis de Visser），目擊一艘滿載的駁船向天空炸開，飛機引擎的零件，炸成像一片片致命的破片般如雨而下。在不遠處的烏登（Uden），四十五歲的車體建造工匠格諾特（Johannes de Groot），跟家人一起見證德軍的撤退，目擊德軍放火焚燒距離他們家才三百碼遠的前荷蘭兵營。幾分鐘以後，營房中貯放的大量炸彈爆炸，把格諾特家的四個孩子——五歲到十八歲——給炸死了。

在一些像恩荷芬這類地方，學校都付之一炬，德軍不准消防隊去救火，整條街區都被燒光。與在公路上潰逃的縱隊成對比的是工兵，他們顯然進行著某些既定計畫。

在逃難潮中最著急、最昏頭轉向的就是平民，他們是德國人、荷蘭人、比利時人和法國國社黨員。荷蘭人絲毫不同情他們。聖峨登諾德的農人候爾森（Johannes Hulsen）說，他們看來都「嚇呆了」；他想起來很稱心滿意，這也是有原因的，因為盟軍「在步步進逼，這些賣國賊曉得審判的日子不遠了。[3]」

荷蘭國社黨員和德國平民之所以忙亂逃避，是荷蘭總督（Reichskommissar）所引起的。聲名狼藉的五十二歲英夸特博士（Dr. Arthur Seyss-Inquart），還有野心勃勃、心性殘暴的荷蘭國社黨領袖米塞特（Anton Mussert），眼見德軍在法國及比利時大勢不妙，英夸特就在九月一日，緊忙下達命令，要德國平民撤退到荷蘭東部靠近德國邊境的地方。五十歲的米塞特也就亦步亦趨，警示手下的荷蘭國社黨員。他們兩個人是在第一批從海牙東部撤到距安恆十五浬的阿培頓

（Apeldoorn）的[4]。米塞特把他一家人急忙地搬到更接近第三帝國，邊境附近艾瑟爾省的特文特（Twente, Overijssel）。一開始，大多數德國人和荷蘭人逃離時還從容不迫，後來一連串的事件竟演變成混亂狀態。九月三日，英軍攻佔布魯塞爾，第二天奪下安特衛普（Antwerp）。當前，英軍的戰車和部隊距離荷蘭國境不過幾英里遠了。

緊跟著這些驚人的勝利，年事已高的荷蘭女王威廉明娜（Wilhelmina），從倫敦向子民發表廣播，說光復即將到來。女王宣布已命駙馬伯恩哈特親王（Prince Bernhard）為荷軍總司令，同時也擔任所有地下反抗軍的首長。反抗軍共分成三個黨派的組織，在政治光譜上從左派到極右派各自獨立，而今都編成一體，官方賦予的名稱是「國內軍」（Binnenlandse Strijdkrachten）。三十三歲的伯恩哈特親王，是王位繼承人裘莉安娜公主（Princess Juliana）的夫婿，在女王廣播以後，也接續發布了談話。他要求地下武力準備好武器「在一聲『橘子』號令之下動手」，但是「沒有我的命令」，不能遂行反抗。伯恩哈特警告他們「保持當下的積極性，要抑制過早和各自的行動，否則將危害到你們個人以及即將來臨的作戰。」

接下來，輪到盟軍統帥艾森豪將軍的特別廣播，證實自由為期不遠。他許諾：「光復荷蘭的時刻，已經等待了很久，現在已來到眼前。」廣播之後幾個小時，荷蘭流亡政府首相海布蘭迪

---

3 編註：原文說的是荷蘭文 Bijltjesdag，其義是「斧頭日」之意，意指經歷了一段時期的壓迫之後，對壓迫者進行清算的日子。

4 原註：米塞特嚇壞了。他在阿培頓花了超過二十五萬元的經費，建造一座混凝土與磚頭製的地下指揮所，內部配置會議室、通訊室與個人起居室。這座建物目前依舊健在。靠近入口處的混凝土外牆上寫有阿拉伯數字「六又四分之一」，這是對這個令人憎恨的統治者的稱號。荷蘭人就是忍耐不住，只好如此嘲諷他。米塞特的荷語發音與「六又四分之一」幾乎相同。

（Pieter S. Gerbrandy），再作出最樂觀的聲明。他告訴荷蘭聽眾：「現在勢不可當的盟國大軍，已經越過了荷蘭邊境……我要求各位對來到我國的盟軍，予以最熱誠的歡迎……」

荷蘭人樂壞了，荷蘭國社黨員都趕緊逃命去了。之前米塞特一直吹牛說他們有五萬多名黨員。假如這話不假，荷蘭人認為他們全都在同一時間跑上馬路去了。全荷蘭的無數鄉鎮，由德國人指派的鄉鎮長和官員，都突然要逃離——不過卻是在發薪以後才走。恩荷芬市市長和手下一些官員堅持要拿薪俸；市公所科員李格斯（Gerardus Legius），認為他們的想法簡直豈有此理，不過他發錢打發他們卻一點都不覺得不高興。相反，眼看著他們「把所有東西都裝上汽車」，匆匆離開市區，他不禁想：「他們能跑多遠？能跑到哪裡去？」銀行這時也出現擠兌。九月四日星期一，瓦赫寧恩（Wageningen）的銀行職員，二十四歲的魏德（Nicolaas van de Weerd）上班時，只見銀行外，荷蘭國社黨員大擺長龍，銀行大門一開，急急結束他們的戶頭，並清空保險櫃內的一切。

火車站擠滿了怕得要死的老百姓，駛向德國的火車塞得滿坑滿谷。年輕的維辛（Frans Wiessing）坐火車到了安恆。剛一下車，人山人海的乘客爭先恐後上車，掙扎之劇烈，等到火車開走以後，可以看見丟棄在月台上堆積如山的行李。奈美根西邊的澤滕村（Zetten），學生維里（Paul van Wely）看見荷蘭國社黨員擠在火車站，等一班駛向德國的火車等了整整一天，這班火車根本沒有駛到。女人和小孩都在哭叫，在維里看來，「候車室就像塞滿了亂七八糟舊貨的二手店」。各地城鎮都有類似的狀況。荷奸們抓到任何不是釘牢的財物就逃之夭夭。安恆大橋附近的市政建築師狄曼斯（Willem Tiemans）從辦公室窗戶看出去，荷蘭國社黨員正「沒命似的」搶上一艘駛向萊茵河往德國去的駁船。

隨著時間過去，交通量越來越密。即使到了晚上，交通量還在持續增加當中。九月三日、四日的晚上，德軍不顧一切要去到安全地區，完全無視盟軍飛機的攻擊。士兵們在一些交叉路口裝設了探照燈，很多超載的車輛、大開車頭燈，在路口蠕蠕駛過。德國軍官似乎已經無法管控了，在安恆開業的家庭科醫師藍特維（Dr. Anton Laterveer），就看見德軍士兵把步槍都扔掉了——有些德兵甚至想把他們的武器賣給荷蘭人。少年繆塞拉（Joop Muselaars），看見一名中尉想要叫停一輛空空如也的軍車，可是駕駛兵不理他的命令，把車逕直開了過去，氣得中尉失去理性用手槍朝著地面的鵝卵石開槍。

到處都有士兵想開小差，在伊爾德村（Eerde），十八歲的辦事員馬里納斯（Adrianus Marinus），看見一名士兵從軍卡上跳下來，朝一處農莊跑就不見蹤跡了。馬里納斯後來才曉得那名士兵原本是蘇軍戰俘，被強迫徵入德軍部隊。距奈美根兩英里遠，位於瓦爾河北岸的倫特村（Lent），出診的海琴醫師（Dr. Frans Huygen），目擊部隊在跟老百姓討衣服，可是村民不肯給。在奈美根的逃兵就沒有這麼客氣，有好多人都是用槍搶到衣服。四十一歲的皮德斯牧師（Wilhelmus Peterse），是加爾默羅會（Carmelite）的修道士，看見士兵急忙脫下軍服，換上民裝，然後徒步朝德國出發。「德國人對戰爭感到厭煩極了，」安恆的林業巡察長莫莫林（Garrit Meme-link）回想當年說，「他們使盡各種方法就是為了要躲開憲兵。」

軍官們喪失了控制力，軍紀也就蕩然無存。一批批失控的散兵游勇開始偷竊馬車、貨車、腳踏車。有的用槍逼迫農人，要他們用馬車把德國人送到德國去。荷蘭人看見車隊的貨車、馬車、手推車——甚至潰逃士兵推著的嬰兒車——高高地堆滿了從法國、比利時、盧森堡偷來的、搶來的財物，從雕像、家具到女性內衣，應有盡有。在奈美根，德國兵想要把縫紉機、布料、油畫、打字機等轉售，有一名士兵甚至還提了一隻關在大鳥籠裡的鸚鵡待價而沽。

撤退的德國兵絕不缺酒。距離德國邊境不到五浬遠的赫魯斯貝克鎮（Groesbeek），賀克神父（Herman Hoek）看見一輛馬拉的兩輪車，裝滿了大批的葡萄酒與烈酒。狄雅克牧師（Reinhold Dijker）則是在安恆看見一輛卡車上的德軍，瘋狂喝著好大一桶的葡萄酒，顯然是從法國一路帶過來的。安恆市立醫院藥房主任施修特的十六歲女兒安格莎（Agatha Schulte）表示她所見到的大部分士兵都是醉醺醺的。他們將大把大把的法國、比利時硬幣朝小孩們拋，想把一瓶瓶的葡萄酒、香檳、干邑賣給大人。安格莎的媽媽海德里娜（Hendrina Schulte）記得很清楚，她看見一輛德軍卡車載著另一種搶來的東西，一張好大的雙人床——床上有個女人[5]。

除了從南面駛來七零八落的縱隊以外，從荷蘭西部和海岸，也撤離了大量德軍和平民的車輛，它們湧入安恆市區，然後朝東面往德國駛去。在安恆繁榮的郊外的歐斯特貝克（Oosterbeek），三十八歲的化學工程師福斯格（Jan Voskuil），正躲在老丈人家裡。知道自己名列人質名單，是會被德國人逮捕的，便帶著太太瑪莎（Bertha Voskuil）和九歲的兒子，從二十英里外的海德馬森鎮（Geldermalsen）的家裡逃了出來。他抵達歐斯特貝克時，剛好目擊了這次的撤退。老丈人告訴他：「不要再擔心德國人了，現在你也用不著『潛伏』了。」福斯格俯看著歐斯特貝克的大街，只見「極端的混亂」。有幾十輛裝滿了德國人的貨車首尾相接，「全都危險超載」。他看見「騎著自行車、把皮箱提把掛在把手上的士兵，拚命的踩著車前進」。福斯格這下安心了，戰爭將在幾天之內結束了。

安恆的聖奧斯比大教堂（Church of St. Eusebius）——十五世紀的宏偉建築物，有一座高達三百零五英尺的著名鐘塔——大教堂司事明哈特（Jan Mijnhart），看見「老德」們「四個一排的隊伍穿過市區向德國方向」走去。有些士兵看起來年老體衰。在附近的艾德村（Ede），有一個上了年紀的德國兵，懇求年輕的魯道（Rudolph van der Aa）通知他在德國的家人，就說他們遇見過。「我的心臟很差，」他補充說道，「或許活不太久了。」少年羅肯斯（Lucianus Vroemen）在安恆注意到德國兵都筋疲力竭，且缺乏「戰鬥精神和傲氣」。他見到軍官們很想把潰散的士兵整頓整頓，但只有些許或甚至沒有效果。他們對荷蘭人都沒有反應，荷蘭人都在吼叫：「滾回去！英國兵和美國兵幾個鐘頭就要到了。」

眼看著德國兵從安恆向東行進，四十歲的外科醫師格瑞夫（Dr. Pieter de Graaff），確切認定自己見到了「結局，德國陸軍顯然已經崩潰」。高中數學教師蘇瑞冬（Suze van Zweden）有特別的理由記得這一天，她的丈夫約翰，是一位受人敬重的名雕刻家，因為藏匿荷蘭籍猶太人，自從一九四二年起就被關押在德國的達豪（Dachau）集中營裡[6]，現在戰爭顯然接近尾聲，先生也應該可以獲釋了。蘇瑞冬決心要見證歷史性一刻——德軍的撤走和前來解放的盟軍抵達。她的兒子羅伯（Robert）太小了，不會曉得發生了什麼事情，所以她決定帶九歲的女兒森雅（Sonja）進城。她替森雅穿衣服時說：「這是妳一定要見證的事情，我要妳一輩子都記住。」

各地的荷蘭人都歡欣鼓舞。荷蘭國旗都露面了。有頭腦的商人開始販售橘色紀念章和大型橘

5 原註：「誰也不會認為在德軍之中會發生的事情，卻被世人所目睹到了。」德國歷史學家瓦特・喬里茲（Walter Görlitz）在著作《德國參謀本部》（*History Of The German General Staff, 1657-1945*）中提到：……行軍中的海軍部隊沒有武器，還賣掉多餘的制服……。他們告訴民眾戰爭結束了，他們想回家，卡車擠滿了軍官、他們的情婦以及大量的香檳與干邑，試圖一直撤退到萊茵蘭（Rhineland），軍方必須設立特別軍事法庭來審理這類型的案件。

6 譯註：二戰德國龐大集中營之一，一九四五年四月二十九日，盟軍攻佔該地，解救高達三萬二千人。

色緞帶給期待的民眾。連昆村（Renkum）的布料行生意大好，經理史諾克（Johannes Snoek）的橘色緞帶剪多快就賣多快。他大為吃驚的是，村民們當場把緞帶做成蝴蝶結，馬上就傲然地佩帶起來。史諾克本身就是反抗軍的一分子，認為「這可有點太過頭了」。為了保護村民們過於激動，他的緞帶不賣了。他妹妹瑪麗亞（Maria）也感染了這種激動氣氛，在日記中快樂地記道：「街上的喜氣洋洋，差不多就像是女王的誕宸。」高興的群眾站在人行道上高喊：「女王萬歲！」老百姓唱著荷蘭國歌《威廉頌》（*Wilhelmus*）和民謠《橘色最讚！》（*Oranje Boven*）[7]。安恆聖伊莉莎白醫院（St. Elisabeth's Hospital）的史屈絲修女（Sisters Antonia Stranzky）和狄雅克修女（Sisters Christine van Dijk），長袍飄揚地騎著自行車，到了市內最大的維爾樸廣場（Velperplein）。她們在那裡加入了咖啡館路旁的人群；那裡，人們邊細品咖啡，慢嚼馬鈴薯煎餅，邊看著德軍和荷蘭國社黨人流水般經過。

奈美根的聖康尼西斯醫院（St. Canisius Hospital），西門斯修女（Sister M. Dosithèe Symons）看見護士們在修道院走廊上，高興地跳起舞來。人們把藏了好久的收音機拿出來，邊看著撤退的洪流從窗外流過，邊聽著倫敦的英國廣播公司（BBC）播出的荷蘭專屬電台「橘色電台」（Radio Orange）。這還是人們相隔多月之後，再次公開收聽敵後節目。聖峨登諾德的果農赫克斯（Joannes Hurkx），認為廣播內容實在太令人興奮了，竟沒有注意到有德軍從他家後頭，把家裡幾輛自行車都偷走了。

好多地方，學校停課、工作停擺。法爾肯斯瓦德的雪茄工廠員工，立刻離開製菸機器，擠到街道上的人群。政府所在地的海牙市內電車停駛；首都阿姆斯特丹，氣氛緊張但不真實。公司行號關門，股票交易停止，主要通道上的軍隊，突然消失得無影無蹤，中央車站被德國人和荷蘭國社黨人吵翻天。在進入阿姆斯特丹、鹿特丹和海牙市郊入口的公路旁邊，夾道站滿了攜帶著國旗和鮮花的人們，希望自己是第一個見証英軍戰車從南方駛來的人。

每一小時都有謠言如雪球般傳出。很多阿姆斯特丹人，認為英軍部隊已經解放西南方三十英里靠近海岸的海牙。而許多海牙人，又以為十五英里外的大港鹿特丹已經光復。火車乘客每逢火車停站，就收到新的傳聞。其中一位是二十五歲的反抗軍領袖潘能保（Henri Peijnenburg），他正從海牙坐火車回去奈美根，這段距離不到八十英里，出發時已經聽說英軍進入國境的古城馬斯垂克（Maastricht）。到烏特勒支（Utrecht），別人告訴他說英軍抵達了魯爾蒙（Roermond）；然後，他到了安恆，又有人向他保證，英軍已經拿下了距德國國境不過幾英里遠的芬洛（Venlo）。「等到終於到家時，」他回想，「我以為會在街道上看見盟軍，可是我所見到的全是撤退的德軍。」潘能保覺得困惑和不安。

其他人也有跟他一樣的顧慮——尤其是在海牙秘密召開的反抗軍司令部會議。他們緊張地注視著當前情況，荷蘭似乎已經到了自由的門前，盟軍戰車可以輕而易舉地在國境中穿越，能夠從比利時一路衝到須德海（Zuider Zee）[8]。反抗軍確定，這條「通路」——經荷蘭、穿越萊茵河、進入德國——已是大大敞開。

---

7 編註：荷蘭對於橘色有獨特的情感，其源頭是荷蘭共和國第一任執政，奧蘭治親王，威廉一世（Willem, Prins van Oranje）名字的關係。奧蘭治 Oranje 直譯正是橘的意思。

8 編註：位於荷蘭西北的一個淺水灣，面積約五千平方公里，向內陸延伸約一百公里，寬約五十公里。經過多年的建設以後，目前有一千五百平方公里的水域變成了陸地。

反抗軍領袖們都知道，德軍實際上已經沒有武力足以阻擋意志堅定的盟軍長驅直入。他們幾乎看不起駐荷蘭的德軍，認為他們是虛弱、缺員的師級部隊，都是老兵，負責海岸防衛（他們自一九四〇年起，就蹲在混凝土碉堡內，一槍都沒放過）。還有一批低水準的部隊，他們的作戰能力也大有問題。其中有荷蘭武裝黨衛軍和雜湊成軍的衛戍部隊，不是在休養就是體格狀況很差——最後編進來的，人們只知道是「胃病營」和「耳朵營」，因為大部分士兵都罹患了胃潰瘍和聽覺失調。

就荷蘭人的角度，盟軍的挺進是顯而易見的，反攻是指日可待。但是它的成功，卻要看英軍從南面衝得多快而定。對於這一點，反抗軍司令部卻知之甚少。他們無法判定盟軍推進的確實範圍。

海布蘭迪首相的聲明，說盟軍部隊已越過邊境。要證實這項消息的確實與否並不簡單。荷蘭不大——只有愛爾蘭的三分之二大小，[9]而有九百多萬的密集人口，因此德國人很難控制顛覆性活動。在每一個村鎮裡都有反抗組織成員；然而，傳遞情報依然很危險。打電話是最主要，但也最具風險的方法。在情況緊急時，反抗軍領袖可以使用複雜的網絡、秘密線路和密碼方式，轉達訊息給全荷蘭的反抗軍。因此，反抗軍幹部幾分鐘內就知道海布蘭迪的聲明是言之過早了；英軍並沒有越過邊境。

橘色電台的另一項廣播，更進一步加深人們的困惑。十二小時之內（九月四日晚上十一點四十五分播了一次，九月五日早上又播一次）廣播了兩回，英國廣播公司的荷蘭節目部宣布，距離荷比邊境七英里遠的布雷達要塞城（Breda）已經光復了。消息傳播得很快，違法秘密印行的報紙，立即印出了光復專刊，標題是「攻佔布雷達」。可是安恆地區反抗軍大隊長，三十八歲的克瑞尤孚（Pieter Kruyff）——該大隊是全荷蘭訓練最精良，紀律最嚴明的隊伍之一——極度懷疑「橘色電台」的聲明。他要手下的通訊專家史坦福（Johannes Steinfort）查證這個消息。史坦福是電話公司年輕的儀器製造技工，他馬上通過一條秘密線路跟布雷達的反抗軍接通。他成為第一個曉得殘酷事實的人：那座要塞城依然在德軍手裡，沒有人見到盟軍部隊，英軍也好，美軍也罷，都沒見著。

由於謠言滿天下，很多反抗軍團體緊急開會，討論該怎麼辦。雖然伯恩哈特親王和盟國遠征軍總部（SHAEF, Supreme Headquarters Allied Expeditionary Forces），都已警告不得大舉起事，有些地下人員卻按捺不住。他們相信時機已經來臨，直接攻擊敵軍，也就是協助盟軍的前進。他們指出，德軍顯然很害怕全面起義，警戒的衛兵都坐在後撤車隊的擋泥板上，手端步槍或者衝鋒槍戒備。很多反抗軍成員不怕這些，急於一戰。

位於歐斯特貝克西北方幾英里外的艾德村，二十五歲的諾伊（Menno “Tony” de Nooy），想說服小組的首領韋德博（Bill Wildeboer）發動攻擊。他主張過去一直以來的計畫，就是配合盟軍反攻時，他們的小組就佔領艾德村。艾德村的兵營，原來是德國海軍的訓練營區，現在已是空無一人，諾伊要把那些建築物佔領下來。年齡比較大的韋德博，曾經在荷蘭陸軍擔任過士官長，卻不同意。「我不相信眼前的情況，」他告訴小組成員，「時機還沒成熟，我們一定要等待。」

並不是所有的反抗組織都止住腳步。鹿特丹的反抗軍成員就佔領了自來水公司的辦公室。距

9 譯註：約四萬九千平方公里。

離比荷邊境不遠的艾克塞村（Axel），村公所和它古老的城牆都被奪下來，好幾百名德軍士兵向平民戰士投降。在不少村落，很多德國官員想開溜時被抓住。安恆西面，以建有精神病院而為人所知的沃爾夫海澤村（Wolfheze），當地的警察局長在座車中被抓了，並把他臨時關押在附近的現成隔離所——精神病院——等待「英軍來到時」再交出去。

以上這些都是個案。一般來說，反抗軍各單位都按兵不動。然而，他們到處都在利用混亂狀況，準備盟軍部隊的到達。安恆四十二歲的勒博夏（Charles Labouchère），是法國一古老家族的後人，他在情報單位裡相當活躍，忙得不可開交，才不理會那些謠言。他跟一批助手，坐在安恆大橋附近的辦公室窗邊，注視著德軍朝東邊的澤弗納爾（Zevenaar）和東北邊祖特芬（Zutphen）後退的每小時動態。勒博夏的任務便是判斷部隊數目，可能時還要辨識出所屬單位。他把重要的情報資料記下來，由交通[10]送往阿姆斯特丹，再從那裡經由秘密情報網路轉往倫敦。

歐斯特貝克郊區，年輕的易克霍夫（Jan Eijkelhoff）在人群中客氣地分開一條路，把偽造的食物配給券分送給當地躲避德軍的荷蘭人。安恆的反抗軍組織的其中一位首領，外號「老大」的五十七歲潘錫爾（Johannus Penseel），因他的足智多謀，是手下弟兄當中了不起的人物。他認為搬運大批武器的時機已經來臨。趁到處是德軍時，他公然與一批挑選過的助手，沉著地開了一輛糕餅坊的有頂貨車，開到隱藏武器的市立醫院。他們用棕色包裝紙把武器包覆起來，把整批武器都運到潘錫爾家中。他家的地窖窗戶，是用於監視市區廣場非常方便的位置。潘錫爾和副隊長戴倫（Toon van Daalen），認為時候一到，那裡是向德軍射擊的最理想陣地。他的小組外號是「暴力小子」（Landelyke Knokploegen），他決心不要辜負了部隊的名號。

兵力浩大的反抗軍，各地的男女成員都在待命作戰；在南部的村鎮裡，老百姓以為有部分的荷蘭已經解放了，全都跑出家門來歡迎盟軍。奈美根西南方的歐斯村（Oss），氣氛是狂喜的。洛蒂米神父（Father Tiburtius Noordermeer）看見興高采烈的群眾，人們都以慶祝的心情彼此拍拍背。把公路上垂頭喪氣的德軍和歡欣旁觀的荷蘭人兩相比較，他注意到：「有一邊怕得要死，另外一邊卻像是發了瘋似的、無止境的狂歡下去。」這位頑強的荷蘭神父回憶，「沒有一個人的行為是正常的。」

隨著時間過去，很多人就越焦急。歐斯特貝克大街上的藥店裡，卡爾維特（Karel de Wit）正擔憂，他告訴太太兼主任藥劑師茱哈娜（Johanna），他不懂為什麼盟軍飛機不攻擊德軍的車隊。荷軍退役少校施修德（Frans Schulte）認為，滿街的歡慶鼓舞為之過早。儘管他弟弟和弟媳對於德軍貌似瓦解的情況都欣喜欲狂，施修德卻不以為然。「事情或許會惡化，」他警告，「德軍還沒有被擊垮。如果盟軍想要渡過萊茵河，相信我，我們將會見證到一場惡戰。」

3

希特勒做出足以左右大局的舉措。九月四日，位於東普魯士拉斯滕堡的哥利茲森林（Görlitz, Rastenburg）深處的元首總部裡，六十九歲的倫德斯特元帥（Gerd von Rundstedt）準備出發前往西線，原先他根本沒料到還會有新指揮職務在等著他。

10 編註：情報人員的一種，負責傳遞消息。

倫德斯特原已被強迫退休。四天以前，他突然奉召到拉斯滕堡來。兩個月以前，他本是西線總司令（或以德國軍語來說，西總OB West）。從來沒打過敗仗的元帥，正力謀應付德軍在大戰中最大危機——盟軍登陸諾曼第——的後果時，在兩個月前的七月二日，希特勒下令把他撤換。

元首跟這位最優秀的軍人之間，對如何以最佳方法應付這次威脅，意見上從來都不一致。登陸以前，倫德斯特請求增援，率直通知希特勒的總部（最高統帥部OKW），西線盟軍在兵員、裝備與飛機上都佔有優勢，盟軍可以「在他們想要的任何地方」登陸。希特勒卻宣稱說，沒那回事。希特勒吹噓大西洋長城——部分完成的海防工事，從希爾克內斯（Kirkenes，位於挪威芬蘭邊界）直到庇里牛斯山（Pyrenees，法西邊境），綿延幾達三千英里，可以用「不可攻破的前線抵擋住任何敵人」。倫德斯特太清楚了，這些工事宣傳過於事實，對大西洋長城只想用一句話總結：「胡說八道。」

著名的隆美爾元帥（Erwin Rommel），以二戰初期幾年在北非沙漠中的勝利聞名於世，被希特勒派往倫德斯特麾下，出任B集團軍司令，他也對元首的自信大為吃驚。對隆美爾來說，這種海岸防務只是「希特勒的鏡花水月」。貴族化、保守的倫德斯特，以及年事較輕、雄心勃勃的隆美爾或許會發現，這是他們第一次彼此認同對方的地方。可是在另一方面，他們卻又彼此排斥。隆美爾對於所領導的非洲兵團於一九四二年在阿拉敏（El Alamein），慘遭蒙哥馬利的英軍擊敗，心中一直耿耿於懷，他認為應該在海灘上擋住登陸部隊。倫德斯特對這位小老弟的意見，冷淡地否決掉——他以帶有挖苦的口吻稱呼隆美爾是「娃娃元帥」（Marshal Laddie）。倫德斯特極力主張：盟軍部隊應當在登陸之後再加以掃蕩。希特勒支持隆美爾。D日當天，儘管有隆美爾天才般的應對措施，但盟軍還是在幾個小時內就攻破了「牢不可破」的長城。

在其後糟糕的那些日子，德軍面對盟軍壓倒性的優勢。尤其盟軍在諾曼第戰場享有空中優勢，再加上希特勒「不准撤退」命令的束縛（「每一個人都應當固守崗位，作戰到死。」），倫德斯特備受壓力的戰線處處破裂。他竭盡全力填補破洞，儘管部下官兵拚命作戰和逆襲，其結果卻是很明顯的。倫德斯特既不能「把登陸部隊趕下海」，也不能「殲滅他們」（希特勒的原話）。

七月一日晚上，正當諾曼第激戰之際，希特勒的參謀總長凱特爾（Wilhelm Keitel），打電話給倫德斯特，憂心忡忡地問：「我們該怎麼辦？」倫德斯特的個性坦率，大聲吆喝說：「能怎麼辦？停止戰爭。你們這班蠢才，還能有什麼別的辦法？」希特勒聽到這句話以後的批評很溫和，「這老頭沒有勇氣了，不能再應付這局面，他得走。」二十四小時以後，希特勒有禮貌地親筆下了手諭，通知倫德斯特：「考慮到貴官健康，以及預料爾後日見增加的操勞，」免去了他西線總司令的職務。

倫德斯特不敢置信，他是德國國防軍中最資深和最可靠的元帥。五年大戰期間，他的軍事天才，為第三帝國建立了不世功勳。一九三九年，希特勒冷酷無情地攻擊波蘭，點燃了戰火，最後擴及全世界。倫德斯特明確地展露出德軍克敵致勝的公式——「閃電戰」。他的裝甲部隊前鋒不出一個星期就抵達華沙近郊。一年以後，希特勒移師西進，以摧枯拉朽的速度，排山倒海般壓倒了大半西歐，就是倫德斯特負責指揮整個裝甲軍團。一九四一年希特勒進攻蘇俄，倫德斯特又在最前面。而今，他的聲譽和生涯都受到威脅，他非常激憤地告訴參謀長布魯門提特上將（Gunther Blumentritt）說，他已經「被不專業的戰略家羞辱式地撤職」。他憤慨地說，那個「波希米亞下士」，利用「我的年齡和生病作藉口，為了要找個替死鬼而免我的職」。當被賦予完全的行事自由時，倫德斯特曾擬訂了緩慢退回德國的計畫。那時他曾向布魯門提特概略說及，他將會為了「所放棄的每平方英尺土地，付出可怕的代價」。但是，他也向布魯門提特多次說過，由於「上級的經常指導」，他充任「西總」的唯一權限，就是「更換大營門口的衛兵」[11]。

自從他八月底，又奉召到達拉斯滕堡、希特勒所命名的狼穴（Wolfsschanze）後，在元首邀請下，參加了每天的簡報會議。據作戰次長華里蒙特將軍（Walter Warlimont）說，希特勒對老元帥熱烈歡迎，以「罕見的謙虛和尊重」待他。華里蒙特也注意到，在冗長的會議過程，倫德斯特坐著「一動也不動，且說不上幾句話」[12]。這位嚴謹、實事求是的元帥無話可說，當前的戰況使他震驚。

簡報清晰顯示，東線方面紅軍現在已經佔據了一條一千四百英里長的正面，北起芬蘭到波蘭境內的維斯瓦河（Vistula），再由那裡到羅馬尼亞和捷克境內的喀爾巴阡山脈（Carpathian Mountains）。事實上，蘇軍裝甲部隊已經抵達東普魯士邊境，距離希特勒總部還不到一百英里遠。

在西線，倫德斯特見識到他前所未見的最可怕情況發生。而今，一個師跟著一個師被消滅，整個德軍陣線在毫無希望下後撤。後衛部隊雖然被截斷、包圍，但依然死守住許多重要的海港，像敦克爾克（Dunkirk）、加萊（Calais）、布洛涅（Boulogne）、阿弗赫（Le Havre）、佩勒斯特（Brest）、羅希安（Lorient）和聖納澤爾（St. Nazaire），迫使盟軍繼續在遙遠的登陸灘頭運送補給品。可是現在，盟軍迅雷不及掩耳，一鼓攻佔了安特衛普——歐洲最大的深水港之一，盟軍或許就能解決他們的補給問題。倫德斯特也注意到這點，他本人和其他德將最拿手的「閃電戰術」，已被艾森豪的大軍照本宣科，並用得更具破壞威力。而八月十七日新任的西線總司令，五十四歲的摩德爾元帥（Walter Model），顯然沒辦法在混亂中整出個條理來。他的戰線已經被分割得四分五裂；北面，英軍第二軍團和美軍第一軍團的戰車長驅直入，穿越比利時、直趨荷蘭；而在亞耳丁森林（Ardennes）以南，巴頓將軍（George S. Patton）第三軍團的裝甲縱隊，正直趨梅茲（Metz）和薩爾（Saar）。在倫德斯特看來，當前戰況不僅只是不妙，簡直是大勢已去。

他有的是時間去思索戰局已註定的結局。在希特勒要倫德斯特以私人身分參與簡報以前，時間已經過了四天。在這段等待期間，元帥住在一家專門提供給高級將領居住、位於佔地寬廣的總部中央的前旅館裡。總部是建築在一大群附有地下設施的木造小屋和混凝土碉堡，並以鐵刺網圍繞的區域。倫德斯特把久等的不耐煩，全發洩在參謀總長凱特爾身上。「為什麼要把我叫來？」他問道，「究竟在玩什麼把戲？」凱特爾也沒辦法答覆。希特勒除了輕描淡寫地談到元帥的健康以外，並沒有告訴凱特爾任何特別的理由。希特勒似乎相信了七月撤換這位元帥時，自己所製造出來的「健康」理由；希特勒只對凱特爾說：「我想看看老頭子的健康是不是好了些。」

凱特爾兩次提醒元首，倫德斯特元帥在候命。終於在九月四日下午，希特勒召見他，與過去不同地開門見山說：「西線重任我還想再托付給你。」

---

11 原註：倫德斯特被希特勒發出，「要求他離職」的信件感到受傷，後來布魯門提特在我的面訪時提到：「指揮部的一些人以為倫德斯特會那樣反應，但事實上不是這樣的。倫德斯特否認他曾經被要求離職，或是他曾有過這樣的想法。他非常憤怒以致於他發誓，再也不願意在希特勒的指揮下擔任指揮官。我知道倫德斯特意謂的不是那樣，對倫德斯特來說，軍人是必須無條件服從的。」

12 原註：華里蒙特，*Inside Hitler's Headquarters, 1939-45, p. 477.*

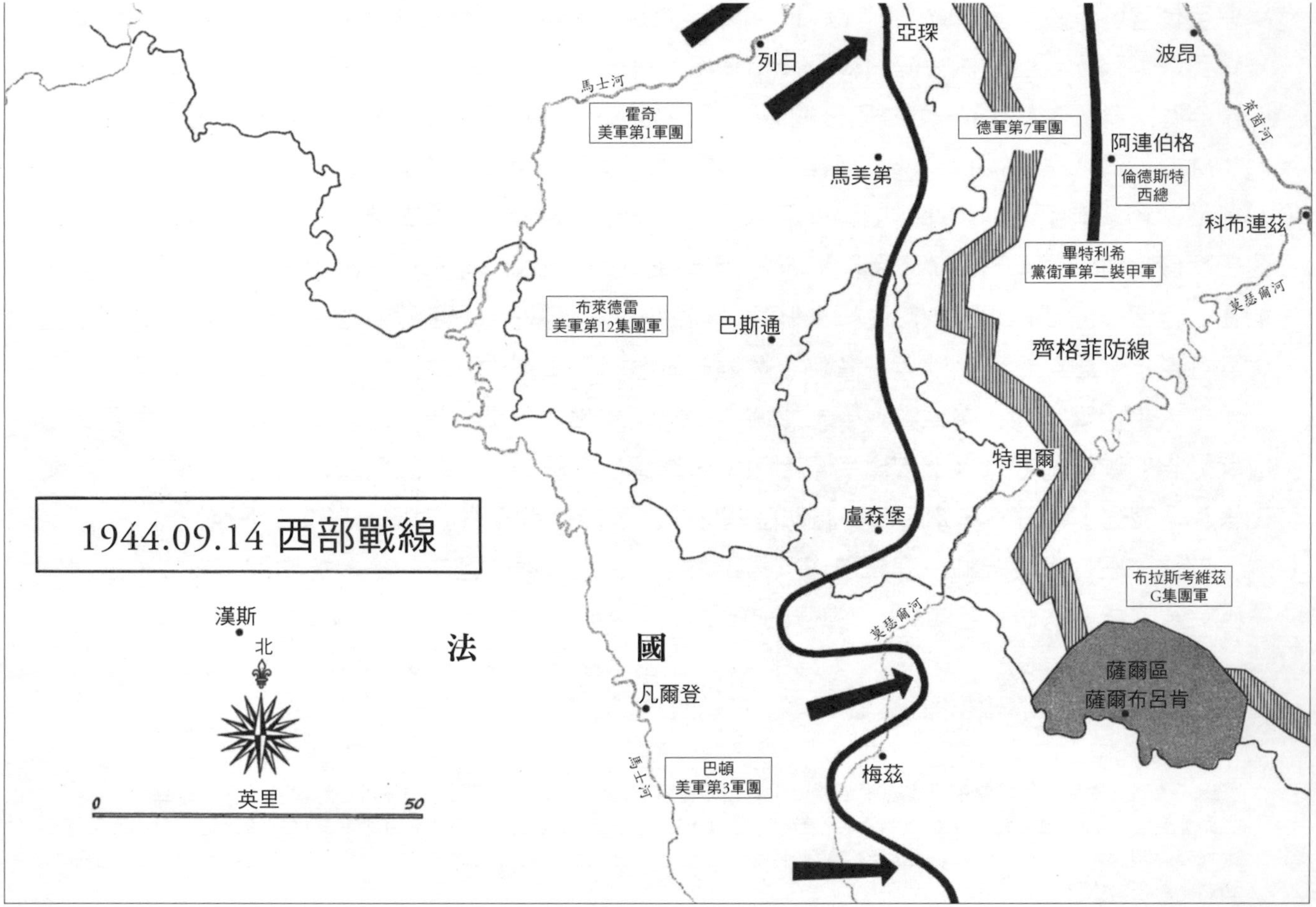
1944.09.14 西部戰線
亞琛
列日
波昂
萊茵河
馬士河
霍奇
美軍第1軍團
德軍第7軍團
阿連伯格
倫德斯特
西總
馬美第
科布連茲
畢特利希
黨衛軍第二裝甲軍
莫瑟爾河
布萊德雷
美軍第12集團軍
巴斯通
齊格菲防線
特里爾
盧森堡
布拉斯考維茲
G集團軍
漢斯
北
法
國
薩爾區
薩爾布呂肯
凡爾登
馬士河
巴頓
美軍第3軍團
梅茲
英里
0
50

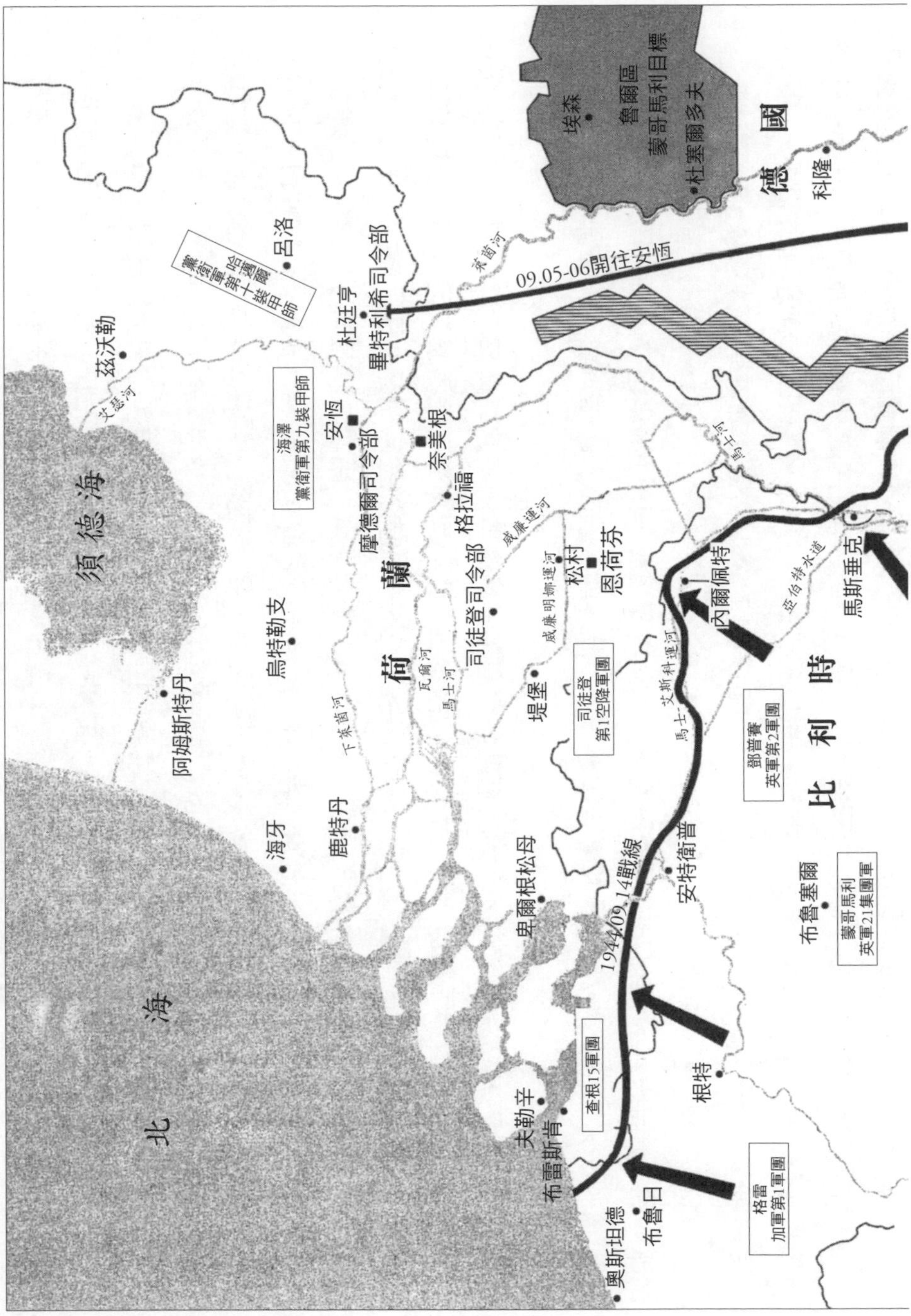
北海
須德海
荷蘭
比利時
德國
埃森
魯爾區
蒙哥馬利目標
杜塞爾多夫
科隆
萊茵河
09.05-06開往安恆
呂洛
哈邁爾
黨衛軍第十裝甲師
茲沃勒
艾瑟河
杜廷亨
畢特利希司令部
安恆
海澤
黨衛軍第九裝甲師
摩德爾司令部
奈美根
格拉福
司徒登司令部
威廉運河
松村
恩荷芬
威廉明娜運河
烏特勒支
阿姆斯特丹
下萊茵河
瓦爾河
馬士河
堤堡
司徒登
第1空降軍團
艾斯科運河
內爾佩特
亞伯特水道
馬斯垂克
鹿特丹
海牙
史爾根松母
1944.09.14戰線
安特衛普
部普賽
英軍第2軍團
布魯塞爾
蒙哥馬利
英軍第21集團軍
根特
查根15軍團
夫勒辛
布雷斯肯
布魯日
奧斯坦德
格雷
加軍第1軍團

倫德斯特筆挺挺站著，兩隻手都握在金色元帥杖上，僅僅點了點頭。儘管從他的知識和經驗角度來看，倫德斯特都不喜歡希特勒和納粹黨，可是普魯士軍事傳統的盡忠職責已經根深柢固，他並沒有拒絕這項任命。正如他後來回憶：「再怎麼說，要抗議也沒有用處吧。[13]」

希特勒粗略地說明了倫德斯特的任務。這一回，希特勒又是來個即興演出。「D日」以前，他堅持大西洋長城牢不可破。現在，倫德斯特十分驚愕，元首又強調「西線長城」固若金湯——久已為人忽略、沒有兵員進駐，但依然龐大的前線工事，素為盟軍所熟悉的「齊格菲防線」（Siegfried Line）。希特勒命令倫德斯特，不但要盡可能在西方擋住盟軍，而且還要執行反攻。照元首的看法，盟軍最危險的僅僅是「裝甲前鋒」。然而，安特衛普的失守，顯然使希特勒震驚。務必要盡一切代價，阻止盟軍使用這個重要港口。希特勒提到，因為其他港口都還在德軍手中，他可以預期，盟軍的攻勢將因補給線過度延伸而停頓。他很有信心，西線將能夠穩定下來，再加上冬天來臨，德軍就可以重新獲得主動權。希特勒要倫德斯特放心，他對「西線情況並不過度擔憂」。

這是希特勒慣常的另一種自顧自唱，倫德斯特在過去已經聽過多少次。對希特勒來說，「西線長城」現在已經成了他的既定想法，倫德斯特再一次奉到命令「不得放棄一寸土地」，而且要「不管任何情況都得撐下去」。

希特勒下令以倫德斯特替換摩德爾，這是兩個月內，西線總司令三易主帥——免除倫德斯特，換上克魯格元帥（Gunther von Kluge），再換摩德爾。現在，又換回倫德斯特。摩德爾當總司令才十八天。而今希特勒要摩德爾只在倫德斯特麾下任B集團軍司令。倫德斯特長期以來對摩德爾向來都沒有什麼好話，他覺得摩德爾一路走來都不是靠實力，只因為希特勒的關係他才迅速晉升到元帥。倫德斯特認為他只是個「稱職的團士官長」。而今，他覺得摩德爾的地位畢竟有一點點不同了。情況已經無可救藥，戰敗必不可免。九月四日下午，他出發到科布連茲（Koblenz）附近的西線總部去時，看不出有任何辦法能夠在幾個星期內阻擋盟軍進攻德國、越過萊茵河，和結束這場戰爭。

就是在同一天，在柏林市的萬湖（Wannsee），五十四歲的司徒登上將（Kurt Student），德國空降部隊的創立人，已經投閒置散達三年之久，現在又重出江湖了。二戰一開始時，對他來說大有作為。他認為，一九四〇年攻佔荷蘭，他的傘兵應居首功。那時有四千名傘兵空投到鹿特丹（Rotterdam）、多德雷赫（Dordrecht）和莫爾狄克（Moerdijk），佔據了重要的橋樑，使德國進攻的大軍通行無阻。司徒登的損失是難以置信的低——才一百八十人。可是一九四一年空降突擊希臘的克里特島（Crete）時，情況卻截然不同，損失太大——空降的兩萬二千名官兵中，死傷超過了三分之一[14]——使希特勒禁止了此後的所有空降作戰。元首說：「傘兵的時代已經過去了。」司徒登的前途也隨之黯然無光。自此以後，這位雄心萬丈的將軍，幹的是空降訓練指揮官的內勤工作。而他手下的精銳傘兵，完全被當成步兵使用。就在這個至關重要的九月四日，時間正好是下午三點整，司徒登突如其來地又在主流中嶄露頭角。希特勒的作戰廳長約德爾將軍

---

13 原註：根據瓦特・喬里茲，*The Memoirs of Field Marshal Keitel*，第十章，頁三四七的記載，倫德斯特是這樣子跟希特勒說的：「我的元首，無論你指揮什麼我都會盡最後一口氣履行我的職責。」而我對倫德斯特的反應是根據前參謀長布魯門提特的回憶。倫德斯特對他說：「我沒有說任何字。因為一旦我開口，希特勒會對我講上三個小時。」

14 編註：這當中有大約一半是空運部隊，德國傘兵和空運部隊加起來大概損失了六千七百人，尚未包含海軍及空軍的戰損。

（Alfred Jodl），打了一通簡短的電話給他，命令他立刻編組一個軍團，元首授與的番號是「第一傘兵軍團」（First Parachute Army）。驚喜的司徒登在聆聽著，對於這件事情，他認為「作為一支根本不存在的兵力，這卻是個相當響亮的稱號」。

司徒登的傘兵部隊分散在全德各地，除了少數久經沙場、裝備齊全的單位外，全都是甫入伍的新兵，僅僅配有訓練用的武器。他的兵力大約有一萬人，幾乎沒有運輸、裝甲或者砲兵；司徒登甚至連參謀長都沒有。

然而約德爾解釋，西線正緊急需要司徒登的部隊。要他們去「堵住一個莫大的缺口」，介於安特衛普和列日－馬斯垂克地區（Liege-Maastricht）之間，要守住「沿亞伯特運河（Albert Canal）的一線」。司徒登立即以盡可能快的速度，命令所屬部隊趕緊開往荷蘭和比利時，武器和裝備會在「目的地車站」發放。除了傘兵之外，另外還有兩個師也納編他的新「軍團」。司徒登馬上曉得，第一個師是七一九師，是由「擔任荷蘭海防的老兵所組成，連一槍都沒有放過」。第二個師是一七六師，情況甚至更糟，都是由「半殘廢和養病的士兵組成，為了方便補給，都是根據他們各種不同的毛病而編成各營。」有些患胃病的單位，甚至還有特別的「調養」廚房。除了這些單位外，他還可以得到一大批散布在荷蘭、比利時的部隊——空軍、水兵、防空砲兵——和二十五輛戰車。對司徒登這位傘兵作戰專家以及那批受過良好訓練的空降突擊部隊來說，這個臨時湊合的「軍團」，真是個有夠「大規模的惡搞」。無論如何，他還是再度回到了戰場。

一整個下午，司徒登利用電話和電報，集中部隊並動員出發。他判斷最少需要四天時間，才能把整個部隊開到前線。然而，他麾下最獷悍、最優秀的部隊，乘坐專車火速運往荷蘭，也就是司徒登所稱的「閃電機動」，二十四小時就可以到達亞伯特運河陣地，成為摩德爾將軍B集團軍的一部分。

約德爾的電話，以及他奉令後所蒐集得來的情報，使司徒登感到心驚肉跳。顯然，他那能征慣戰的部隊——傘兵第六團再加一個營，全部兵力大約三千人——或許是全德國唯一完成戰備的預備隊，他覺得局勢不妙。

西線總司令摩德爾元帥，手忙腳亂地想要把安特衛普以東的大缺口堵上，並把從荷蘭和比利時退下來的潰流給止住。當時，倫德斯特繼任西總的消息還沒有傳來，部隊太過於紛亂和毫無組織，摩德爾根本無從掌控。他跟麾下的另一半部隊——南面的G集團軍，不再有聯繫。集團軍司令布拉斯考維茲將軍（Johannes Blaskowitz），從法國成功撤退了嗎？摩德爾可是一點都沒把握，對困擾不堪的元帥來說，G集團軍的困境猶在其次，危機顯然是在北邊。

英美軍裝甲縱隊的快速和凶猛，使B集團軍已經被截成兩半，該集團軍所轄的兩個軍團，第十五軍團已經被堵住了，背對著北海，大約困在加萊和安特衛普西北方某處的中間地帶；第七軍團幾乎被消滅，正朝向馬斯垂克和亞琛（Aachen）[15]後退。在兩個軍團之間，是一道七十五英里寬的大缺口，英軍便從這裡穿過直搗安特衛普，同在這一條路上逃脫的，是摩德爾麾下士氣潰散的退卻部隊。

---

15 編註：位於德國西部邊境，過去就是荷蘭的馬斯垂克和比利時的列日。

摩德爾拚命力求阻止他們的潰逃，向部隊頒發了訴諸情感的請求：

……在敵軍前進，而我軍戰線後撤下，有數十萬士兵潰退回來——陸軍、空軍和裝甲部隊——各部隊必須按照預定計畫重行改編，在新據點或陣線上堅守。

在這些人流之中，有潰散部隊的殘餘官兵，這時並沒有明確目標，甚至沒有決定在那一處接受新命令。有秩序的縱隊離開公路進行整編，但沒有組織的單位卻依然推進。從他們行進的車輛中，帶來了耳語、謠言、紛亂、了無止境的騷動，和為自我利益的為非作歹。這種氣氛正傳到了後方地區，影響了還未接戰的部隊，此際，應當以最堅強的手段防止這種極度的緊張。

我以各位當一個軍人的榮譽籲請大家。我們在一次會戰中失敗，但是我可以向各位保證：我們終會贏得戰爭！雖然我知道在各位口中，有迫不及待的各個問題，但目前我不能告訴各位。不論發生什麼情況，絕不要喪失對德國未來的信心；同時，各位務必知道情況的嚴重；在這時候，就能分辨出男子漢還是窩囊廢。現在，每一位軍人都有同樣的責任，如果指揮官倒下去了，就應當準備肩荷他的職責加以執行……

之後便是一連串長長的指示，摩德爾「分門別類」地要求潰散的部隊應該立即「向最近的指揮點報到」，向他人灌輸「信心、自信、自制和樂觀」，摒棄「愚蠢的八卦、謠言和不負責任的消息」。他說，敵人「並不會同時在各地出現」，的確，「如果對謠言中所有的戰車加以計數，那一定會有十萬輛之多」。他乞求官兵不要放棄重要陣地。或者「在必需要放棄以前」要催毀裝備、武器和設施。這份驚人的文件如此總結，他強調凡事都有賴「爭取時間，元首需要時間來使新武器、新部隊投入作戰」。

幾乎沒有什麼通訊管道，主要是靠無線電在聯繫。摩德爾只有希望他的「特殊命令」能到達所有的部隊。混亂之中，他甚至不能確定瓦解又分散部隊的最新位置何在，更不能精確知道盟軍的戰車與部隊前進了到哪裡；盟軍的主攻方向是哪裡——北方的英軍和美軍，指向齊格菲防線，然後越過萊茵河進入魯爾區（Ruhr）嗎？還是巴頓的龐大第三軍團，正衝向薩爾工業區、齊格菲防線，再過萊茵河進入法蘭克福（Frankfurt）？

摩德爾的困境，是基於差不多兩個月前發生的一個狀況所導致的後果。希特勒撤換倫德斯特，迅速任命克魯格接替老元帥。克魯格原任東線司令，期間請了幾個月病假，這麼剛好在這個時候去向希特勒做禮貌性拜會。當下元首正要撤換掉倫德斯特，或許因為克魯格剛好是唯一眼前的資深將領，在毫無預兆的情況下，把嚇得合不攏嘴的克魯格派任西線總司令職務。

戰場老將克魯格，於七月四日接手，只幹了四十四天。正如倫德斯特所料，盟軍突破防線，「整個西線被撕裂開來」。他向希特勒報告，由於盟軍攻勢排山倒海地湧過法國，克魯格跟前任的倫德斯特一樣，發現自己雙手全被希特勒始終「不准撤退」的命令束縛住了。在法境的德國大軍被包圍，全被殲滅。也就是在這個時候，意外的擾亂撼動了第三帝國——失敗的刺殺希特勒行動。

在元首總部沒完沒了的一次會議中，史陶芬堡上校（Claus Graf von Stauffenberg）把定時炸彈放在公事包裡，擺在靠近希特勒的桌子下方。炸彈爆炸，室內很多人傷亡，元首只受點輕傷，躲過一劫。雖然僅僅只有一小批菁英軍官參與行刺，希特勒的報復行動卻是慘無人道。任何與陰謀分子，乃至與他們家庭有關聯的人都一律加以逮捕，很多人不論有罪與否，立刻予以處決[16]，這一案死了大約五千多人。克魯格跟案件有間接關係，希特勒同時猜疑他想與敵軍談判投降，因此由摩德爾接任克魯格，命令後者立刻向元首報到。萬念俱灰的克魯格在離開總部以前，寫了一封信給希特勒。然後，就在返回德國途中仰藥自殺。信中寫道：

當您收到這封信時，我已不在……我已竭盡能力範圍所能來應付狀況……隆美爾與我，或許還有西線所有與物質上佔優勢的英美軍有過作戰經驗的指揮官，都預見到目前的發展。我們的意見無人接納。我們的價值並非基於悲觀主義，反而是認清了事實。我不知道在各方面都出色的摩德爾元帥，能否控制當前戰況，我衷心希望他辦得到。然而如果他辦不到，而您新的武器……不成功；那麼，我的元首，請下定決心終止戰爭。是時候該終止這種可怕的日子……我一直欽佩您的偉大……和您鋼鐵般的意志力……現在顯示出您的偉大來，中止這場毫無希望的鬥爭……

希特勒並不打算承認盟軍的勝利，儘管他一直狂吹第三帝國會持續一千年，這時已暗中敗壞、搖搖欲墜。他在每一個戰場都遭到挫敗。然而元首的每一個舉措，都一個比一個毫無章法。

摩德爾接任西總並沒有幫助。不像倫德斯特，也不像接手沒有多少時間的克魯格，摩德爾缺乏隆美爾的作戰天分來支援他。七月十七日，一架盟機的掃射導致隆美爾身受重傷之後，就沒有再派人來接替他的職務[17]。一開始摩德爾看來還沒有覺得有這種必要，他有信心可以應付局勢。摩德爾身兼隆美爾原有的職務，他不但是西線總司令，如今也成了B集團軍司令。儘管摩德爾很在行，可是局勢的慘況哪怕是德軍任何的指揮官都沒輒了。

這時，B集團軍正為了保存實力，沿著比利時海岸到法國與盧森堡邊境間的一線上奮戰。從那起到南面的瑞士為止，摩德爾的其餘部隊——布拉斯考維茲將軍的G集團軍，已經被殲滅。緊跟著八月十五日，美軍和法軍在馬賽（Marseilles）發動第二輪的登陸攻勢之後，布拉斯考維茲的集團軍便撤離了法國南部。在遭受不間斷的壓制下，他們現在正零散地朝德國邊境後退。

沿著摩德爾土崩瓦解的北面戰線，盟軍裝甲兵已經撕開了一個七十五英里寬的缺口。這條從比利時到荷蘭，再從那裡越過德國西北部脆弱邊界的通路，已經處於不設防的狀態。盟軍直闖荷蘭，就可以繞過齊格菲防線。該防線的大量工事地帶，是從瑞士起沿著德國國境延伸，直到荷德邊境的克萊費（Kleve）[18]為止。在希特勒西線長城的北端一拐彎，再越過萊茵河，盟軍便可轉向魯爾——帝國的工業中心。此舉或許會使德國完全崩潰。

七十二小時當中，摩德爾兩次氣急敗壞地向希特勒請求增派援兵。他那些位於無人防守缺口上的部隊情況非常混亂，一定要恢復秩序、堵住缺口。摩德爾最新呈給希特勒的報告，在九月

---

16 原註：希特勒利用了他最資深的將領，倫德斯特被任命暗殺案的軍事法庭庭長，並通過對那些嫌疑軍官的判罪。倫德斯特默默地同意希特勒的要求。「如果我不這麼做，」他隨後解釋道，「或許我也會被當成叛徒」。倫德斯特的回答讓其他許多將官不能接受，眾人在私底下譴責他屈服於希特勒的要求。

17 原註：同樣被懷疑牽涉到希特勒暗殺案，隆美爾在三個月後身亡。當時隆美爾正在家中療養，希特勒讓他做出選擇：為叛國罪出席審訊或是自我了斷。十月十四日，隆美爾吞下氰化物藥丸後，希特勒隨即宣布第三帝國最受人愛戴的元帥「因戰傷去世」。

18 編註：德國北萊茵-威斯伐倫州西北部的城鎮，位於德國與荷蘭邊境的萊茵河畔。

四日淩晨發出，警告說危機正在迫近，除非他接獲最少「二十五個新銳步兵師，和五、六個裝甲師當裝甲預備隊」，否則整個西線或許就會垮了，那麼一來就會向敵人敞開「衝入德國西北的進路」。

摩德爾最大的擔憂是有關英軍進入安特衛普的狀況。他不曉得歐洲第二大港口，究竟是原封不動的陷落呢，還是被德國駐軍事前破壞了？至於遠在內陸的安特衛普市區，卻不是重點所在。為了要使用這處港口，盟軍必需控制進港的航道。該水路全長五十四英里，進口處寬三英里。要從北海進入，經過荷蘭的瓦爾赫倫島（Walcheren Island），沿著南貝法蘭半島（South Beveland Peninsula）蜿蜒航道才能到達。這條航道太長，須耳德河（Schelde）河口的德軍大砲就可以控制它，使盟軍無法利用該港。

摩德爾真是倒楣。進港航道北岸除了瓦爾赫倫島上有防砲連和重型岸防砲以外，就沒有其他的部隊了。但在須耳德河南岸，幾乎被圍困在加萊一帶，查根將軍（Gustav von Zangen）的第十五軍團——大約有八萬人。雖然是被包圍了——大海在他們背後的西邊和北邊，而加軍和英軍則在東邊和南邊步步迫近——他們還是控制住了進港航道河口南岸的大部分地區。

而今，摩德爾認為英軍戰車部隊為擴張戰果，一定會沿著水道北岸前進，對德軍加以肅清。不久之後，整個南貝法蘭半島就會落在他們手裡，把它從距離安特衛普不到十八英里的比利時國界北邊的狹窄半島底部給截斷，將其與荷蘭本土隔離開來。接下來，英軍為了要打通港口，便會轉攻被圍困的十五軍團、肅清南岸，查根的部隊一定要救出來。

九月四日中午過後沒有多久，在列日東南邊芳騰村（La Chaude Fontaine）的B集團軍司令部，摩德爾發布了一連串的命令。他以無線電下令給查根，要他據守須耳德河南岸，同時增援敦克爾克、布洛涅和加萊這些比較小的港口。前些時日，希特勒曾經宣布，這些港口要以「金城湯池般的狂熱決心」據守。倒楣的查根還要以殘餘的兵力，朝東北方向攻擊如滾雪球般襲來的英國裝甲部隊。這是孤注一擲的戰法，然而摩德爾卻沒有其他行動方案可用。倘若查根的攻擊奏效，或許會把安特衛普市內的英軍孤立起來，截斷蒙哥馬利向北疾進的裝甲前鋒。即使查根的攻擊失敗，他的行動也許能夠爭取到時間，延緩盟軍的長驅直入，足以讓預備隊趕到，沿著亞伯特運河據守一條新的防線。

對於會有怎樣的部隊來馳援，摩德爾毫無所悉。他籲請增派幾個師的生力軍讓前線穩定的要求，希特勒的回答終於來了。就像黑暗從天而降，消息簡潔得很，他的西線總司令，由倫德斯特元帥接任。西總一職，克魯格只做了四十四天，摩德爾則是十八天不到。平時的他喜怒無常又充滿野心，但對這件事的反應卻很鎮定。他比批評他的那些人更深刻了解到自己身為行政管理者的缺點[19]。現在，他可以專心致志在他最拿手的職務上了：一位僅僅負責B集團軍的前線指揮官。可是，他在擔任西總最後一天所頒布的許多忙亂的命令中，其中一道卻證明是最為至關重大的。這是有關調整第二黨衛裝甲軍部署地點的決定。

19 原註：摩德爾曾兩次告知希特勒，他沒有能力兼任西總和B集團軍司令。「我們很少看到他。」西總參謀長布魯門提特回想。「摩德爾很討厭處理公文，把大部分時間都花在戰地。」西總作戰署長殷麥曼中將（Bodo Zimmermann）在戰後寫到（軍事歷史處〔Office of the Chief of Military History, OCMH〕編號 MS 308，頁一五三至一五四），儘管摩德爾「是一員具有充分能力的驍將，」卻時常「要求太多，要求得太快」，「對實際可能的結果視而不見。」殷麥曼又補充說，他具有「虛擲兵力」的傾向，而且「經常性的不在位子，以及難以預測又反覆無常的行事作風，參謀業務可說是困難重重。」

該軍軍長，五十歲的畢特利希中將（Wilhelm Bittrich），與摩德爾之間斷了聯繫已經超過七十二小時。自從盟軍登陸諾曼第以後，第二黨衛裝甲軍幾乎連續不停地在作戰，傷亡非常慘重，所屬戰車損失驚人，兵員、彈藥和油料也很缺乏。再加上通訊網絡失靈，少數接到幾項由無線電發給他的命令，到手時已經過時。他對於敵軍動向毫無所悉，迫切需要指示。他只好徒步出發去找摩德爾，終於在列日附近的B集團軍總部找到了總司令。畢特利希後來回想：「自從一九四一年在俄國前線以後，我就沒有見過他，他還是戴著單片眼鏡，穿著那件常穿的短皮外衣，站在那裡看地圖，滿腔怒火地下達一個又一個的命令。彼此沒有什麼時間交談。正式的命令會在之後補發，我被告知要把我的軍部向北移駐荷蘭。」他命令畢特利希，以最快速度，「督導黨衛第九裝甲師、第十師的整補」。摩德爾告訴他，這些備受重創的部隊，要「逐步脫離戰鬥，立即北調」[20]。

畢特利希根本無法想像，他的黨衛軍第九與第十裝甲師，將會在兩個星期之後扮演重要的角色。摩德爾替畢特利希選定的新整補位置，是在一個當時距離前線還有七十五英里遠的平靜區域。由於歷史上的陰錯陽差，畢特利希所屬地區還包含了安恆市在內。

4

德軍輕率地從荷蘭撤退的速度放慢了，卻尚未有幾個興高采烈的荷蘭人察覺到這一點。從比利時邊境往北直到安恆，道路依然是阻塞的，可是在這行進中卻有些不同。勒博夏在安恆大橋旁邊的市政大樓上的崗位，只見潮水般的車輛、部隊和納粹同情者，了無止息的通過大橋。但是在勒博夏位置以北幾個街區外，古董書商吉斯白（Gerhardus Gysbers）卻看見了變化。從西邊進入安恆市的德軍部隊，已經不再前進了。吉斯白家的威廉兵營（Willems Barracks），以及附近的幾條街道，都擠滿了馬車和服裝凌亂的德軍。吉斯白留意到有德國空軍營、防空砲兵人員、荷蘭武裝黨衛軍和七一九海防師上了年齡的士兵。這一點，在安恆市反抗軍首領克瑞尤孚看來，這很明顯不是一次暫時性的停歇，這些部隊並沒有要回德國去。他們正在逐步重整。七一九海防師的部分馬車單位正開始向南行進。克瑞尤孚手下負責安恆地區的情報組長，三十三歲的納普（Henri Knap），低調地騎著自行車經過當地，也目睹到一些很細微的變化。他深感困惑，並且懷疑倫敦播放的正向廣播都是虛假的。當真如此的話，上述的欺敵手段就過於殘酷了。他看見荷蘭人到處都在歡欣鼓舞，人人都曉得蒙哥馬利的部隊已經拿下了安特衛普，確信荷蘭在幾小時內就會獲得自由。納普看見德軍正在重組。他曉得他們力量依然很小，如果英軍還不來的話，德軍軍力就會增加了。

往南十一英里的奈美根，德軍憲兵關閉了幾條通往德國邊境的公路。葡萄酒進口商布洛康

20 原註：可以想像，德軍在這段期間的記錄含糊且無法解釋清楚。經常狀況是命令發布了，卻沒有收到；再發布一次，不是撤銷前令就是更改命令。摩德爾的命令當中，有不少是這樣的情況。根據B集團軍的作戰日誌，黨衛軍第九、第十裝甲師調動的命令，是在九月三日晚上發出去。如果真是如此，這兩個師根本就沒有收到。同時，日誌上也記載著，四十八小時之後，畢特利希中將才收到指示要他督導部隊的整補，對象不只是黨衛軍裝九師，還有第二、第一一六裝甲師。奇怪的是，並沒有提到裝十師。我找不出任何證據足以證明，第二、或一一六裝甲師，曾經到過安恆地區（看起來它們還在前線持續作戰中）。根據畢特利希本人的檔案和作戰日誌，他是在九月四日接獲摩德爾的口頭命令，正式指示只有黨衛軍第九與第十裝甲師北調。根據兩師師長說法，他們是在九月五日到六日的晚上，才開始逐步後撤。

（Elias Broekkamp），看見一些部隊正往北去安恆，但是大部分是向後倒退回去。交通依然癱瘓，隊伍依然是零散。安恆市內，輕鬆看熱鬧的人似乎還沒有察覺到變化。布洛康目擊荷蘭老百姓對著德國兵放聲大笑並嘲諷他們，認為後者陷入了窘境。

事實上窘境正越來越少。奈美根成了部隊的集結整備區，又一次在德國軍隊的嚴密控制之下。

更南邊的恩荷芬，離比利時邊境還不到十英里遠，這裡的撤退已經完全停止。這時向北行進的七零八落車隊裡，德國的老百姓人數已經比部隊多了。柯泰目睹德軍拆走飛利浦工廠屋頂的防空砲，現在情況不同了。在車站附近的鐵道支線上，他看見一列火車拖著許多平板車進入陣地。平板車上都是重高砲，柯泰感到一陣毛骨悚然。

對這些作壁上觀的荷蘭人來說，更讓人心驚膽戰的是發現從德國開來的增援部隊。在堤堡（Tilburg）、恩荷芬、赫爾蒙德（Helmond）、威爾特（Weert），人們都見到由火車運來的生力軍，快速下車、集合之後便向荷比邊境出發。他們並不是普通一般的國防軍士兵，而是久經沙場、裝備精良、紀律嚴明的軍人，從獨具一格的鋼盔和迷彩軍服，人們很容易辨認出他們就是沙場老兵，德國的空降獵兵。

5

九月五日下午，司徒登上將的第一批傘兵部隊，已經沿著比利時境內的亞伯特運河北岸的各處掘壕據守。他們的迅速幾近於瘋狂程度。司徒登在中午到達，卻發現摩德爾的所謂「德國新防線」，僅僅是一條八十英尺寬的水面障礙，還沒有設置防禦陣地，更沒有據點、塹壕或者工事。司徒登指出，尤其對守軍來說更糟的是，「運河的南岸，幾乎每一處地方都俯看著北岸」。甚至連通過運河上的各處橋樑都還依然完整，僅僅安裝了工兵爆破的炸藥。在一片混亂之中，顯然沒有人下令把這些渡河點給炸毀。

雖然如此，司徒登的時間表卻計畫得很好，他麾下空降部隊的「閃電進兵」，便是一次驚人的成功。他後來回想當時：「想一想這些傘兵，從德國各地——從梅克倫堡的居斯特羅（Mecklenburg, Güstrow），到洛林的比齊（Lothringen, Bitsch）——趕到，從德國其他地方運來的武器和裝備，則在各地火車站等候他們，這次進兵的速度非常驚人。」司徒登欽佩「參謀本部和德國整個組織驚人的精確程度」。西弗斯少將（Karl Sievers）的七一九海防師也準時抵達。司徒登看著他們的縱隊，正向安特衛普以北的陣地前進，精神為之一振，「他們的輜重、砲兵，都是由挽馬拉曳著，在公路上卡啦卡啦的到前線去。[21]」每過一個小時，他匆匆編成的第一傘兵軍團各單位陸續到達；同時，也是因為非一般的運氣，從最料想不到的地方送來了援助。

從比利時輕率地退入荷蘭，完全由於一個人——齊爾中將（Kurt Chill）的堅持和足智多謀，才使它緩慢了下來，然後完全停止。由於他的八十五步兵師幾乎全遭殲滅，高層便下令他救出剩餘的兵力送回德國。可是意志堅強的師長，眼見路上幾近崩潰的情況，摩德爾的特殊命令更是為

21 原註：儘管情況混亂，愛馬如癡的司徒登還是抽出了時間，在日記中寫下：「這些高大的動物是蘇格蘭的克萊茲代爾馬（Clydesdale）、法國的佩爾什馬（Percheron）、丹麥馬（Danish）、和荷蘭的菲士蘭馬（Frisian）。」與一般的想法剛好相反，希特勒的大軍，並不像盟軍已經全面機械化。甚至在德軍的高峰時期，百分之五十的運輸量，還是靠挽馬拖曳。

此推波助瀾，讓他決定忽略命令而自由行事。齊爾認為轉變敗局的唯一方法，便是沿著亞伯特運河組成一條防線。於是把八十五步兵師以及其他兩個師的殘部集合在一起，迅速把他們分配在運河北岸各處戰略要點上。之後，他的注意力又轉移到各處橋樑上，在各橋北面的引道，設立「收容中心」。二十四小時內，齊爾成功地網羅了數以千計的德國武裝部隊中幾近所有軍種兵科的官兵。這是一批「大拼盤的雜牌軍」[22]，其中有空軍機械士、軍政府文職人員、海軍岸勤單位以及屬於十幾個師的士兵。這些散兵游勇，雖然頂多只配有步槍，可是當司徒登到達時，他們都已經被部署在運河北岸了。

司徒登對齊爾這種熟練老手的表現，把幾近兵敗如山倒的情況擋住，稱之為「奇蹟」。在驚人的速度下，他已經建立起一條還勉強的防線，在司徒登的部隊抵達以前，有助於爭取一點時間。司徒登兵力的到來，依然還要好幾天，儘管有齊爾的援助，司徒登新湊成的第一傘兵軍團，全部兵力充其量也不過一萬八千到兩萬人，再加上一些火砲、高砲和二十五輛戰車——卻連美軍一個師的兵力都比不上。司徒登以這種微不足道的兵力——少得連安特衛普到馬斯垂克間七十五英里的空隙都無兵把守，更不用提把它堵上了。而朝他們疾馳而來的，卻是英軍第二軍團和美軍第一軍團部分的強大裝甲部隊，在火砲與兵員數量上，司徒登都屈居下風。而處於他與災難之間的，卻僅僅只有一條亞伯特運河。

敵人會在沿著運河的哪一點進攻？司徒登的防線，處處都很脆弱，但有幾處卻是比別的地方更為嚴重。他特別關心安特衛普以北的地帶，正是實力軟弱的七一九海防師剛剛進入陣地的所在。是不是還有時間可以利用這條八十英尺寬的運河作為障礙，使它成為一條主抵抗線，延緩盟軍的腳步，以便有足夠的時間讓增援部隊抵達？這是司徒登最大的期盼。

他料想攻擊會隨時發生，卻依然沒有任何有關盟軍裝甲兵的報告進來。尤其使司徒登大感意外的是，在安特衛普以北，幾乎沒有和敵軍接觸。他在這時斷定，英軍戰車在佔領市區以後，便會一路北馳，截斷貝法蘭半島，直搗荷蘭。在司徒登看來，英軍已經放慢腳步。可是，怎麼會這樣？

十八天之內，龐大的德國西線總司令部被迫遷移了四次。備受炸彈轟炸、砲彈轟擊，幾乎被盟軍戰車摧殘的西總，終於在德國邊境線後停頓了下來。九月五日下午兩點，新到任的總司令，在科布連茲附近的小鎮阿連伯格（Aremberg）找到了自己的總部。

經過長途跋涉之後，倫德斯特元帥疲倦又惱火，他免了德軍司令官新舊交接常有的軍禮與軍樂。他立刻切入一連串的參謀會議，一直開到晚上。對元帥不夠了解的軍官，都被他接差的速度大吃一驚。對總部的老手來說，就像他根本沒有調走似的，倫德斯特的到來，帶來了如釋負重的感覺，以及恢復了的自信。

倫德斯特的任務既深且鉅，面臨的問題極大，他必須盡快建構出戰略藍圖，擬定一條由北海

---

22 原註：見麥克唐納（Charles B. MacDonald）*The Siegfried Line Campaign*，頁一二四。麥克唐納這卷書是美國陸軍叢書（U.S. Army History Series）中的一部。該書與布魯門森（Martin Blumenson）的 *Breakout and Pursuit* 同時以最精確的方式，描述了德軍在西線慘敗以及之後事件發展的進程。另一本有關同時期的有價值作品，應該是舒爾曼（Milton Shulman）在戰後不久完成的 *Defeat in the West*。

以迄瑞士邊境，長達四百英里的西線——這也是摩德爾元帥內心深處了解，已經超出他能力的計畫——由倫德斯特指揮的、備受重擊的部隊，北面是B集團軍，南面是G集團軍。倫德斯特被期望要能守住每一處，甚至像希特勒的指示，還要發動逆襲。同時為了延宕盟軍向德國的進攻，他要使希特勒「金城湯池」般的齊格菲防線成為事實。這條久已落伍，並沒有完工的混凝土工事，早已躺在那裡沒人搭理、沒人駐防。自一九四〇年以後，大砲都拆卸一空。他還有很多難題，可是在這一天下午，倫德斯特優先處理更多迫在眉睫的難題。它們比他所料想的狀況還要糟得太多。

前景非常淒涼。七月份希特勒把他撤換時，倫德斯特麾下共轄六十二個師。而這一回，他的作戰處長殷麥曼上校，列出了一張慘不忍睹的「資產負債表」。他向總司令報告，在兩個集團軍裡，「一共有四十八個『帳面』師，十五個裝甲師和四個裝甲旅裡，幾乎沒有戰車」。殷麥曼表示，這四十八個師的人員、裝備與火砲不足。在他看來，這些兵力只構成「相當於二十七個師的戰力」。比「盟軍兵力的一半」還要少。倫德斯特這才曉得他的幕僚，認定艾森豪至少有六十個全部機械化且兵員充足的師級部隊。（這是錯誤的判斷。當時，艾森豪在歐陸只有四十九個師。）

至於德軍的裝甲部隊，實際上已經不存在。沿著整個前線，與估算中的盟軍兩千多輛戰車的兵力相對抗的，僅有一百輛戰車。戰場上空的德國空軍，實質上已告全滅，盟軍握有完整的制空權。就倫德斯特本人所作的嚴峻結論，部隊都已筋疲力竭、士氣渙散，盟軍數量佔了優勢，兵力是二與一之比，火砲是二．五比一，戰車是二十對一，而飛機更是二十五比一[23]。除此之外，更嚴重缺乏汽油、車輛和彈藥。倫德斯特的新參謀長魏斯特法將軍（Siegfried Westphal），後來憶及：「戰況已經無可救藥，只要敵人能夠充分運用良機，在前線——它已經百孔千隙，根本不能稱為『線』——任何一處大敗我軍，就會導致一發不可收拾的局面。」

布魯門提特將軍完全同意魏斯特法的觀點，甚至有更具體說法[24]。以他來看，如果盟軍發動「一次大規模的攻勢，便可在任何地方突破」，德國便會崩潰。倫德斯特麾下唯一的精銳部隊，正面對著巴頓將軍的第三軍團。美軍那時正向梅茲長驅直入，進攻薩爾工業區。那些部隊可以遲滯巴頓，但在兵力上不足以擋得住。布魯門提特認為，盟軍與其浪費寶貴時間，寧願進攻德軍最弱的所在——在萊茵河北方試圖作一次猛烈進攻，渡河進入魯爾區。他認為，美國人或英國人會優先考慮這樣的大舉進攻，因為誠如他後來所說：「誰佔領了德國北部，誰就佔領了德國。」

倫德斯特也有同樣的結論。佔領魯爾區，毫無疑問是盟軍的主要目標。北面的英軍與美軍，正朝那個方向推進，指向亞琛所在的邊境。幾乎沒有什麼可以阻止他們穿過無兵駐守，又落伍過時的齊格菲防線。從那再渡過萊茵河最後一道天塹，直搗德國的工業心臟。

倫德斯特慎思明辨，還想到一件事。艾森豪麾下戰技嫻熟、訓練精良的空降部隊，在諾曼第

23 原註：德軍兵員與物資的損失極為慘重，在諾曼第登陸後第九十二天，德軍陣亡、負傷或失蹤的人數達三十萬人，有二十萬人據守在「最後據點」如港口、或者海峽群島而被盟軍包圍。被殲的部隊共有五十三個師，從法國退到比利時，拋棄了大量物資，其中至少有一千七百輛戰車、三千五百門火砲、上千計的裝甲車輛、挽馬馬車、汽車，堆積如山的裝備和軍品，從輕武器到龐大的彈藥堆集所都有。傷亡人數中有元帥兩員，將領二十多人。

24 原註：困擾倫德斯特的是，作為其長時間的參謀長且最為信任的密友，布魯門提特於九月五日由魏斯特法接替，並命令要返回德國。倫德斯特對此提出抗議，可是沒有結果。布魯門提特參加了在阿連伯格初期的會議，直到九月八日才離開總部。

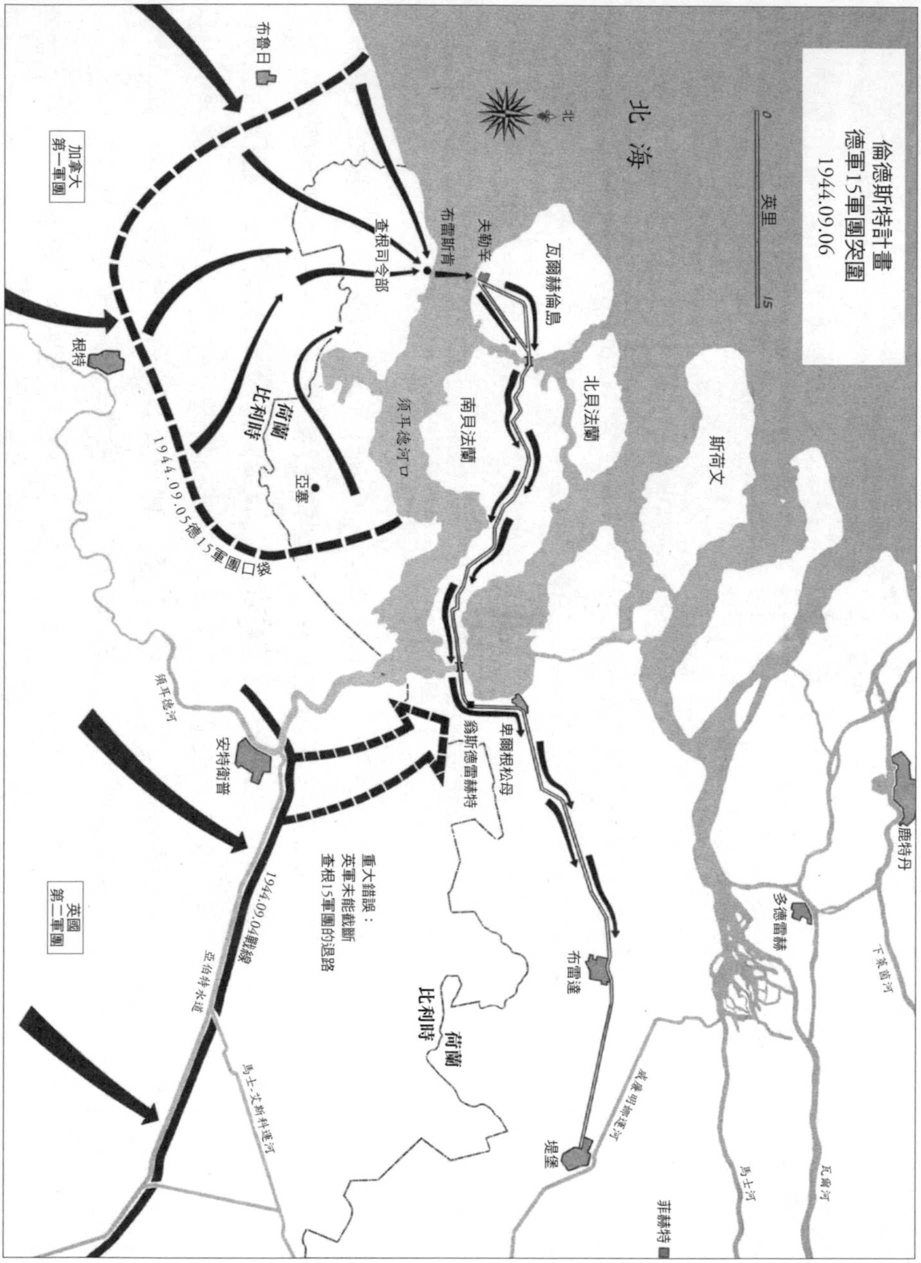
倫德斯特計畫
德軍15軍團突圍
1944.09.06
北海
0
英里
15
北
瓦爾赫倫島
夫勒辛
布雷斯肯
查根司令部
北貝法蘭
南貝法蘭
斯荷文
須耳德河口
荷蘭
比利時
亞塞
1944.09.05德15軍團缺口
布魯日
加拿大第一軍團
根特
須耳德河
安特衛普
卑爾根松母
翁斯德雷赫特
重大錯誤：
英軍未能截斷
查根15軍團的退路
1944.09.04戰線
英國第二軍團
亞伯特水道
馬士-艾斯科運河
布雷達
荷蘭
比利時
威廉明娜運河
提堡
鹿特丹
多德雷赫
下萊茵河
馬士河
瓦爾河
菲赫特

登陸時運用得非常成功，可是在德軍的狀況圖上卻不見蹤影。他們並沒有被當成步兵來使用，顯然這些部隊已經撤走，在準備另外一次空降作戰。可是在何時？何地？空降作戰與直撲魯爾的行動同時配合，是一件合情合理之事。倫德斯特認為，這種攻擊可能指向兩個重要地區：在西線長城的工事後方，或者在萊茵河以東以利攻佔橋頭堡。事實上早在幾天以前，摩德爾元帥向希特勒報告的電文中，就表達出相同的憂慮，強調這種「立即威脅」的可能性。同樣地，倫德斯特不得不考慮盟軍前線會同時「整體」前進，攻向魯爾區和薩爾區的同時，以空降部隊投入作戰，對這些迫在眼前的任何一個威脅，元帥都未能找出解決的辦法。盟軍的選擇太多、範圍也廣。他唯一的選擇，是在混亂狀況中恢復秩序，推測盟軍的企圖以爭取時間——如果他辦得到的話。

倫德斯特並沒有低估艾森豪對德軍處境日衰的情報；不過他仔細思索，盟軍指揮官是否真正察覺到德軍狀況已經到了多麼無可救藥的地步？這就是他奮力以求的事實，誠如他對布魯門提特所說的，要以「筋疲力盡的老兵」和西線長城的碉堡，「來對抗盟軍的猛攻，是絕對沒有用的」。他說：「那是瘋狂的事，就只為了個人威望而去防守這些老鼠洞。」雖然如此，虛有其表的齊格菲防線還是要加以充實，工事中要有駐軍，也要有裝備。倫德斯特簡單明瞭地告訴幕僚人員：「我們一定要想辦法，至少要支撐六個星期以上。」

他研究當面各方情況，預畫出盟軍各項可能的行動方案，衡量盟軍每一種選項。倫德斯特指出，盟軍最猛烈的攻擊，依然是來自巴頓向薩爾區的各路進兵；在北面，英軍與美軍的壓力，明顯已經減少了。倫德斯特認為他發現盟軍這一帶地區的進兵減少了，甚至是停頓了下來。布魯門提特後來憶及，倫德斯特把他的注意力轉向蒙哥馬利前線方面，集中在安特衛普的狀況上。因為有報告指出，英軍已經超過三十六小時，卻還沒有發動由市區北進的攻勢，也沒有截斷南貝法蘭半島。這引起了倫德斯特的注意。很明顯，作為大港安特衛普的設施能解決盟軍的補給問題。不過，如果五十四英里長進港水路的兩岸，依然在德軍手裡的話，那麼該港還是派不上用場。倫德斯特認為，事實非常明顯，他注意到的這種屯兵不前，很肯定盟軍是出現了遲緩現象，尤其是在蒙哥馬利的責任區。

倫德斯特的職業生涯，一直都專注於研究英軍的戰術。但同時，很不幸的是，他還能有機會第一手親自觀察美軍的戰術。他發現美軍在運用裝甲兵方面較具創意和雄心，英軍則在步兵運用上高人一等。但不論在哪一方面的運用，都因指揮官而各異。因此倫德斯特認為，對手之中，巴頓遠比蒙哥馬利危險。根據布魯門提特的回憶，倫德斯特對蒙哥馬利的看法是：「過度謹慎，習慣支配和有條不紊。」這時，元帥要對蒙哥馬利行動遲緩的意義作出評斷了。在倫德斯特看來，只要海峽沿岸其他港口依然還在德軍手裡，那麼安特衛普港對艾森豪的揮軍大進就至關緊要——既然如此，為何蒙哥馬利已經三十六小時還不行動，沒有派兵控制住歐洲的第二大港？原因只有一個：蒙哥馬利並沒有準備繼續攻擊。倫德斯特確定他離不開慣常的做法。除非小心翼翼、深思熟慮的蒙哥馬利有了充分的準備和補給，否則英軍絕不會發起攻擊。因此倫德斯特的答案是：英軍已經過分延伸。他告訴參謀們，這不是暫停，他有理由深信蒙哥馬利不再追擊的理由，是因為被上頭喊停了。

很快，倫德斯特把注意力迅速轉移到過去二十四小時，摩德爾曾發布出去的命令。因為在當下，假使以上推論是正確的話，那麼就是機會來了。倫德斯特不但可以阻止盟軍使用安特衛普港，而且同等重要的是，還可以救出查根將軍的十五軍團被圍困的八萬多人，那正是倫德斯特最迫切需要的兵力。

從摩德爾的命令可以看出，查根奉派據守須耳德河河口南岸和增援海峽各港口，同時他也有接到命令，要以東北部的其餘部隊，向長驅直入的英軍發動側翼攻擊——這次攻擊預定在九月六日清晨發動。倫德斯特毫不遲疑，下令取消攻擊。在當前情況下，他看不出這項攻擊還有什麼價值。除此以外他有一個更為大膽、更富創意的計畫。摩德爾命令中的第一部分可以不變，因為堅守海峽各處港口，比過去都更為重要。但是查根的兵力並不是要從東北邊發起攻擊，反而奉令要把所餘部隊，經由海運越過須耳德河到達瓦爾赫倫島。查根部隊一到河口的北岸，便可沿著瓦爾赫倫島一條向東的公路，穿越南貝法蘭半島行軍前進，一直到達安特衛普以北的荷蘭本土。由於盟軍佔有空中優勢，把部隊由布雷斯肯（Breskens）航渡到夫勒辛（Flushing）港口之間，橫跨三英里寬須耳德河口的渡河作業，只能在夜間實施。雖然如此，運氣好的話，十五軍團的一大部分兵力，或許能在兩個星期內安全撤退。倫德斯特曉得這個計畫很危險，可是別無他法。如果一舉成功，他就能得到幾乎一整個完整的軍團戰力，儘管被打得七零八落，但至少在他指揮之下。加上他還能夠——令人難以置信——控制住安特衛普這個重要港口。不過這次作戰的成功，是完全來自倫德斯特的預感，蒙哥馬利的進兵的確已經停頓下來。

倫德斯特對這件事有十足把握。加之，倫德斯特也根據著這一點，推斷蒙哥馬利的停頓還具有更深層的意義。他認為盟軍先前不顧一切、追奔逐北的窮追不捨，由於交通線與補給線的過度延伸，已經來到了極限。布魯門提特後來回憶，在會議結束時，「倫德斯特看著我們，並暗示一項難以置信的可能性，也就是這一回希特勒搞不好是對的。」

希持勒和倫德斯特對情勢的判斷，儘管只有部分正確，卻比兩人中的任何一人所意識到的要準確得多。倫德斯特穩定陣線所需要的寶貴時間，已經由盟軍這邊提供出來。但事實上，德軍戰敗的速度，其實遠比盟軍戰勝的速度還要來得快。

6

正當倫德斯特使盡渾身解數，要把被困的德軍十五軍團救出來時，英軍第十一裝甲師師長羅伯茲少將（George Philip Roberts），在距離安特衛普市一百五十英里處，喜孜孜地報告頂頭上司一項意想不到的發展。第十一裝甲師不但攻佔了市區，而且也拿下了安特衛普港。

僅僅五天之內，第十一裝甲師和英軍禁衛裝甲師（Guards Armored Division）的戰車同時完成長達二百五十英里遠的驚人推進。英國第二軍團司令鄧普西中將（Miles C. Dempsey）的這支先鋒部隊，是由第三十軍軍長霍羅克斯中將（Brian Horrocks）指揮，他命令：「給我像個瘋子般前進、前進。」羅伯茲留下了禁衛裝甲師去攻佔布魯塞爾，第十一裝甲師則繞過市區，九月四日凌晨，在比利時反抗軍的英勇協助下，進入了安特衛普。經過三十六小時後，英軍把該深水港內錯愕與受到驚嚇的敵軍給肅清。羅伯茲報告說，第十一裝甲師已經把安特衛普港面積廣達一千英畝的海港地區，安然完整地加以攻佔。倉庫、起重機、橋樑、三英里半長的淺水碼頭、深水碼頭、水閘、船塢、軌道車輛——尤其使人無法置信，當中最重要、由電力控制的水閘，在完全堪用的情況下，統統奪下來了。

德軍破壞安特衛普港的計畫失敗了。在重要橋樑和其他主要設施已經放置了炸藥。可是，由於英軍迅雷不及掩耳的速度，再加上反抗軍（其中有許多比利時工程師，他們曉得炸藥放置在什麼地方）壓倒性的兵力，已瓦解的德軍衛戍部隊，根本沒有機會炸毀這龐大的海港設備。

三十七歲的羅伯茲，出色地完成被賦予的命令。不幸的是，這是歐陸戰場中許多重大錯誤之一，沒有人指示他利用當前的狀況——揮兵北奔，佔領市區北面亞伯特運河上各處橋頭堡，然後朝著距離只有十八英里南貝法蘭半島的根部猛衝，掐住兩英里寬的咽喉要道。如此，羅伯茲便可以把位處地峽當中的德軍堵死，為肅清重要的北岸進軍作準備。這是一次重大的失誤[25]。安特衛普港是二戰期間的最大獎之一，且已經到手了，可是它的進港航道，卻依然在德軍手裡。應該可以縮短補給線並提供盟軍整個前線供應品的龐大設施，依然毫無用處。然而在當時沖昏了頭的氣氛下，卻沒有人料到這個敗筆並非只是一時的情況。的確，當時看來用不著急忙掃蕩德軍。在德軍潰敗的情況下，隨時都可以肅清殘敵。第十一裝甲師已經完成了指定的任務，於是據守陣地，等候新的命令。

鄧普西的裝甲部隊，在北面氣勢萬鈞的大舉猛攻，堪與巴頓在南面亞耳丁的猛進媲美。前者已經攻對了地方，只是當時沒有幾個人意識到這點。羅伯茲的官兵困乏不堪，缺乏汽油與補給。霍羅克斯三十軍的其他部隊也都是一樣。因此，就在同一天下午，把德軍驅趕回北邊的無情壓

---

25 原註：已經過世的英國著名歷史學家李德哈特（B. H. Liddell Hart），在《第二次世界大戰戰史》（*History of the Second World War*）中寫道：「這是自蒙哥馬利以下，四位指揮官錯誤的相乘效果……」美國歷史學家麥克唐納在 *The Mighty Endeavor* 中，同意李德哈特的看法。他稱這次過失是「二戰期間最大的戰術錯誤之一」。對於攻佔安特衛普所付出的代價，記載最詳盡、也最好的一本書，毫無疑問是湯普生（R. W. Thompson）的 *The 85 Days*。我也同意他的觀點，錯過這次機會的主要原因之一，便是「人困馬乏」。他寫道，第十一裝甲師的官兵，「在極端的筋疲力竭、精神耗盡後，無論在什麼地方站、坐、躺就睡著了」。如果我們接受他的立論，那麼第十一裝甲師，能否以如此體力向前衝刺便成疑問。雖然如此，湯普生還是認為，「如果有一位指揮官，每小時、每一天地緊跟著作戰，而且在指揮上具有彈性，可以窺透戰機」的話，那麼安特衛普連同那至關緊要的進港航道，應該很容易就可以拿下來。

力，就散去、消沉，突然間懈怠了。英軍一停下來「加油、整頓和休息」，對安特衛普的大錯也因而鑄成。

霍羅克斯將軍是第三十軍軍長，是一位有能力、有衝勁的指揮官。就連他也沒有想到安特衛普[26]。跟英軍第二十一集團軍司令蒙哥馬利元帥一樣，他專心著重在另一個目標上：渡過萊茵河，迅速結束戰爭。就在幾個小時以前，蒙哥馬利對於各軍團的鬥志高昂與猛衝行動而雀躍萬分，因此拍了個電報給盟軍最高統帥艾森豪：「本集團軍目前已經來到如此階段：對準柏林發動一次全力以赴的推進，即有可能就此結束戰爭。」

——

在倫敦，荷蘭伯恩哈特親王與威廉明娜女王討論過後，打電話給人在加拿大的裘莉安娜公主，要她立即飛來英國，準備在國土光復時重返荷蘭。他們的長期流亡就快要到盡頭了。光復荷蘭的情況一旦發生，一切都會來得很快，他們一定要預作準備。然而伯恩哈特親王卻憂心忡忡。

過去七十二小時，他收到反抗軍拍來的電文，一再強調荷境德軍的驚慌，並不斷地提到德軍自九月二日就開始的撤退，依然還在進行當中。到了現在，九月五日，反抗軍領袖報告，雖然德軍依然潰不成軍，但退出荷境的舉動似乎已見緩慢。伯恩哈特親王也聽取了流亡政府總理的報告。海布蘭迪總理多多少少有點不好意思，顯然他在九月三日的廣播，未免言之過早。可以確定，盟軍部隊還沒有越過荷蘭邊境。親王便和總理就此思量究竟是為何。為什麼英軍按兵不動？從接獲的反抗軍電文來看，荷蘭當下的情況實在明顯不過了。

伯恩哈特沒有受過多少軍事訓練，全賴他身邊的一些顧問，然而他卻大惑不解[27]。如果德軍依然如反抗軍領袖般認為正在瓦解當中，「那麼少數戰車的一次衝刺」，應該能在「幾個小時內光復荷蘭」——那麼，英軍為什麼不前進？是不是蒙哥馬利不相信荷蘭反抗軍的報告，認為他們不專業、不可靠。否則伯恩哈特找不出其他的解釋。要不為什麼英軍猶豫不決，不馬上越過邊界？親王經常與荷蘭內閣各部會首長，美國無任所大使畢德（Anthony Biddle），以及艾帥參謀長史密斯（Bedell Smith）保持聯繫，因此充分明瞭，在這段時間，推進的態勢極度萬變，幾乎每一小時都有變動。然而，伯恩哈特想要掌握第一手的消息。因此，他決定要求盟軍統帥部，准許他飛往比利時，並盡快見到蒙哥馬利元帥。他對盟軍高級將帥都有十足的信心，尤其是對蒙哥馬利。即使如此，如果是哪裡有什麼問題的話，伯恩哈特覺得他也得知道。

---

26 原註：霍羅克斯在回憶錄裡很坦白的解釋，「本人的辯解是，我的注意力整個專注在萊茵河方面，其他事情就不是那麼重要了。我從來沒有想過，須耳德河會被布雷。除非這條航道經過掃雷，同時兩岸的德軍都被肅清以後，盟軍才能使用安特衛普……毫無問題，拿破崙想得到這些事情，可是區區霍羅克斯，卻沒有想到。」他也承認前方的抵抗微不足道，「我們每車還有一百英里的油料，可以運到的補給也還有一天分的量」。但那會是「相當大的冒險」，不過「我相信如果我們把握住了那次機會，以本軍前衛逕直繼續挺進，而不在布魯塞爾停下來，歐戰的發展或許會整個改變。」

27 原註：年輕的親王雖然由女王任命為荷蘭三軍總司令，在訪問中對筆者談及他的軍事經歷時非常坦白。「我沒有作戰經驗，」他告訴我，「只在大戰以前，進過戰爭學院，之後在英國再繼續進修，但是我大部分的軍事知識，是在閱讀，以及與屬下軍官討論的方式得來。然而，我從不認為自己有足夠的經驗作戰術判斷。我倚賴幕僚人員，他們都是優秀人才。」雖然如此，伯恩哈特非常認真看待自己的職責。他把記載得極為詳盡的一九四四年私人日記，非常客氣地交給我處置。日記中，他以小筆跡記錄了每一項行動，幾乎是以分鐘為單位，從每一通電話、軍事會議到官方宴會無不齊備。根據他的記錄，推估這段期間的他，每天平均工作十六個小時。

距離布魯塞爾市中心不到幾英里的拉肯（Laeken），蒙哥馬利元帥簡單質樸的司令部設在皇宮御花園裡，他正不耐煩地等候一封致「艾帥親啟」密碼電文的回覆。在那封電文中，他緊急要求對柏林作出有力而又全員出動的推進，那是九月四日晚上發出去的。而這時，已經是九月五日中午了，直率、堅毅的五十八歲阿拉敏戰役英雄，在等候覆示，對戰爭未來的前途感到非常的不耐煩、焦躁。諾曼第登陸前兩個月，他就說過：「如果我們把事情辦得妥當而不出紕漏的話，那麼我相信會在今年打垮德國。」以蒙哥馬利堅定不移的意見來看，在盟軍攻佔巴黎，渡過塞納河以前，就鑄成了一次戰略上的重大錯誤。艾森豪的「廣正面政策」——盟軍各軍團平穩向德國邊境前進，然後攻向萊茵河——這種方式在登陸以前的計畫規劃中很恰當，可是在德軍突如其來地兵敗如山倒時，這位英國將領認為，計畫現在已經過時了。正如蒙哥馬利所說，戰略計畫沒有及時「修訂」。他受過的軍事教育都告訴他；「我們是無法擺脫得了它的……英國人民將面臨一場漫長的冬季戰役。」

八月十七日，他曾向美軍第十二集團軍司令布萊德雷將軍（Omar N. Bradley），提出「單向挺進」的計畫。他與布萊德雷的集團軍，應該「待在一起，結合四十個堅實的師級部隊，就會強大到無所畏懼，共同向東北進攻」。蒙哥馬利的第二十一集團軍擔任海岸地帶的肅清，佔領安特衛普與荷蘭南部。布萊德雷的第十二集團軍，右翼在亞耳丁高地，則攻向亞琛與德國的科隆（Cologne）。蒙哥馬利建議，攻勢的基本目的，是在「在冬季來臨以前，迅速佔領萊茵河對岸的各處橋頭堡以及魯爾區」。他推論，這麼一來也將會結束了戰爭。蒙哥馬利的計畫，要使用艾森豪四個軍團中的三個——英軍第二軍團、美軍第一軍團、加軍第一軍團。至於第四個軍團——巴頓的第三軍團，當時正因為它追奔逐北而成了全世界報紙的頭版標題，蒙哥馬利卻不納編。他承認曾經建議，應該讓第三軍團停止前進。

大約四十八小時後，蒙哥馬利才曉得，布萊德雷所屬意的——他認為是對自己構想的答覆——實際上是美軍領軍，由巴頓長驅直入攻往萊茵河和法蘭克福。艾森豪對這兩個計畫都沒有批准，他並不打算改變自己的戰略概念。盟軍最高統帥必須要保持充足的彈性，以便戰機許可時，同時向魯爾區與薩爾區進擊。蒙哥馬利看來，這已經不是什麼「廣正面戰略」了，而是一種「雙鋒進擊」的計畫。他覺得，大家現在都打算要「各行其是」，尤其是巴頓，艾森豪似乎准許他有相當大的自由度。就蒙哥馬利來說，艾森豪決心堅持原來概念的做法，明顯表露出盟軍最高統帥「完全與地面作戰脫節」。

蒙哥馬利的觀點，是基於最近導致他火冒三丈的事態發展。他覺得自己的地位被貶低了。九月一日起，艾森豪親自擔任地面部隊總司令，蒙哥馬利已不再是地面作戰的總協調官。因為盟軍統帥以前認為蒙哥馬利「精嫻韜略」，而把諾曼第的登陸作戰，以及其後初期戰鬥的作戰管制權交給他。因此，布萊德雷的第十二集團軍隸屬於蒙哥馬利。到了八月底，美國報紙上的報導，透露出布萊德雷的集團軍，依然在蒙哥馬利指揮下作戰，使得輿論大譁，美國參謀總長馬歇爾將軍（George C. Marshall），馬上下令給艾森豪，「立即接手」指揮所有地面部隊，美國各軍團這才回到了美軍的指揮體系。此事觸到了蒙哥馬利的底線。據他的參謀長奎剛德將軍（Francis de Guingand）後來說：「我深信，蒙哥馬利……從來沒有想到這一天來得這麼快；很可能他希望這個初始指揮系統，會維持久一點的時間。我認為，他對於聲望和民族情感這種東西，甚至對美國在兵員與武器兩方面日見增加的貢獻的付出並沒有給予足夠的重視……然而，我們大多數人都很明瞭，由一名英國將領、一個英軍司令部，依然無限期地指揮人數越來越多的美軍部隊是不可能的事。[28]」對這碼事他的幕僚或許很明白，但蒙哥馬利可不以為然，他認為這是一種公然侮辱。[29]

蒙哥馬利與頂頭上司——帝國參謀總長布魯克爵士（Sir Alan Brooke）——兩個人大力抨擊艾森豪並不是一件秘密。這兩個人都認為他矛盾、優柔寡斷。七月二十八日，布魯克在致蒙哥馬利的信中，批評艾森豪「對戰爭僅有最模糊的觀念！」在另一個場合，他對盟軍統帥的結論是：「富有魅力的個性，」可是「從戰略觀點上來看，卻只有非常、非常有限的腦筋。」蒙哥馬利從來都不是說話吞吞吐吐的人，「打從一開始，艾克根本就沒有幹這份差事的經驗」。他覺得，歷史會把艾森豪記載成：「是一位很好的盟軍最高統帥，可是做為一位野戰部隊指揮來說，他非常之糟、非常之糟。[30]」惱羞成怒的蒙哥馬利，意圖促成增設一個掌握全局的「地面部隊總司令」（Land Forces Commander）。這是一個夾在艾森豪與各集團軍之間的職位，他曉得有個人幹得了這份差事——他本人。艾森豪非常清楚這種在檯面下的動作，卻始終保持沉默。艾克有他的一套，他也像蒙哥馬利的固執。馬歇爾下給他的命令，寫得再清楚不過，是由他本人去接管該職務。因此，他並不打算隨其他有關地面部隊總司令的說法而起舞。

一直到八月二十三日盟軍最高統帥到第二十一集團軍司令部吃中飯以前，蒙哥馬利都沒有機會與艾森豪當面討論他建議的單向挺進計畫，或者地面部隊總司令的構想。飯後任性的蒙哥馬利，以出乎尋常的不得體態度，一定要和艾克密談，要求連艾克的參謀長史密斯將軍都不能參與。史密斯出了帳棚，艾森豪按捺住脾氣，被這位部屬訓了整整一個鐘頭。蒙哥馬利說需要「一個堅定、健全的計畫」。蒙哥馬利要求艾森豪「決定在什麼地方擔任主攻」，以便「會迅速得到決定性的結果」。他一再要求實施「單向挺進」，並警告說，如果艾克還繼續「廣正面戰略，要整體戰線同時向前推進，並要每一個人一直都在作戰的話，那麼行動會不可避免地將停止下來」。一旦這種情況發生，蒙哥馬利警告說：「德軍就會得到復元的時間，戰爭就會一直打到冬天，打到一九四五年。如果我們把補給品均分，以廣正面前進的話，便會處處薄弱，毫無成功的機會。」他心裡只有一個策略：「右翼停止、左翼進擊；或者左翼頓兵、右翼猛攻。」只應當有單向挺進，以一切人力、物力支援。

艾森豪認為蒙哥馬利的建議是要孤注一擲。它可獲得迅速、斷然的勝利，也可能是大災難。他不打算承受如此的風險。然而，他卻發覺自己夾在中間，一邊是蒙哥馬利，另一邊是布萊德雷和巴頓——兩邊都力爭「主攻」，都要艾森豪放心信任他們。

蒙哥馬利以用兵謹慎著稱。就這一點來看，哪怕他在戰術上成功了，但是否能與巴頓懂得利用戰況配合速度的戰法還有待證明。這時，巴頓軍團的前進速度已經在幾個軍團中遙遙領先，已渡過塞納河（Seine）向德國長驅直進。艾森豪以外交手腕向蒙哥馬利解釋，不論單向挺進有什麼優點，他都不能制止巴頓，把正衝上了路的第三軍團停下來。艾克說：「美國人絕對不會接受這一點，而輿論常贏得戰爭。」蒙哥馬利不以為然，爭得很激烈：「勝利才贏得戰爭，只要把勝利給人民，他們才不理會是哪一個贏來的。」

艾森豪無動於衷，雖然他當時沒有說話，卻認為蒙哥馬利的觀點「太過於狹隘」，並不「了

---

28 原註：見奎剛德少將，*Generals at War*，頁一〇〇至一〇一。

29 原註：英國社會也和蒙哥馬利一樣火冒三丈。英皇喬治六世在邱吉爾力懇下，於九月一日晉升蒙哥馬利為元帥後，才多少有點緩和下來。

30 原註：這是作者親自訪問蒙哥馬利元帥的回覆。

解全盤狀況。」艾克向蒙哥馬利解釋，他要巴頓繼續東進，以便使美軍與南面進攻的法軍會師。總之，他說得很清楚，他的「廣正面政策」還是會繼續下去。

蒙哥馬利話鋒一轉，轉到了地面部隊總司令的話題去。「總得有人來替你指揮地面作戰吧。」照蒙哥馬利的說法，艾森豪應該「高高在上坐著，以便對涉及陸海空等等各軍種錯綜複雜的全面問題，具有超然的態度」。他從傲慢退到了謙恭，說：「如果涉及到美國的輿論，」他樂於「由布萊德雷指揮作戰，在他之下服務。」

艾森豪立刻否決了這個建議，把布萊德雷安在蒙哥馬利頭上，英國人也不會接受，正和反過來美國人不願接受一樣。他解釋說，以他個人所扮演的角色，是不能把計畫與控制作戰這兩回事給分離。不過，在想辦法解決部分迫切問題的情況下，他對蒙哥馬利作了一些讓步。他迫切需要海峽各處海港和安特衛普，它們對盟軍整體補給問題至關重要。因此，艾森豪說道，當下往北推進的二十一集團軍擁有一切的優先權。蒙哥馬利也可以運用在英國境內的盟軍第一空降軍團（Allied First Airborne Army）——這也是盟軍統帥部所僅有的預備隊。除此以外，他還可以獲得在右翼前進的美軍第一軍團的支援。

布萊德雷將軍認為，蒙哥馬利已經「打贏了一開始的那場小仗」，可是這位英國佬離滿意還差得遠呢，他堅定認為艾森豪已經錯過了「莫大良機」。巴頓得到消息時，也有同樣的見地——而理由卻不相同。艾森豪不但犧牲了第三軍團的軍品，把補給優先給了蒙哥馬利，而且反對巴頓向薩爾區直進的建議。巴頓認為，這是「二戰中最嚴重的錯誤」。

自從將帥人事和軍事學說爭辯後兩星期，又發生了很多事情。這時蒙哥馬利的第二十一集團軍，開始在前進速度上和巴頓競爭。九月五日，他的前鋒部隊已進入安特衛普，蒙哥馬利更相信他的單向挺進觀念是正確的。他決心要扭轉艾森豪的決定。戰爭已經來到了轉捩點，他認為德軍正在崩潰的邊緣擺盪。

有這種看法的並不只他一個。幾乎各級指揮部的情報官，都在預言說戰爭將立即結束。最樂觀的判斷來自倫敦的盟國聯合情報委員會（Combined Allied Intelligence Committee）。他們認定德軍情況惡化之深，已經到了無力復元的程度。該委員會的報告提到，從各個方面判斷，「德軍統帥部指揮下的有組織抵抗，不可能持續到一九四四年十二月一日以後，……甚或會結束得更早一些」。盟軍統帥部也贊同這種樂觀判斷。八月底的情報摘要提到「八月的幾次會戰已經完成，西線的敵軍也慘遭打擊，兩個半月的苦戰，已經使歐戰的盡頭在望，幾乎觸手可及」。一週之後，他們認定德國陸軍「不再是有組織的部隊，而只是多個臨時性的戰鬥團體，毫無組織，甚至士氣消沉，缺乏裝備、武器」。即使是英國陸軍部保守的帝國副參謀總長甘乃迪少將（John Kennedy），也在九月六日記載著，「如果我們以最近的這種速度前進，二十八日應該會進入柏林……」。

在眾多樂觀預測當中，似乎僅有一個雜音。那就是美國第三軍團的情報處長科赫上校（Oscar W. Koch），認為敵人依然力足以發動困獸之鬥，並警告說：「儘管德國內部發生了劇變，國防軍未來不太會有起義的可能……德國大軍除非予以殲滅或俘獲，否則依然會繼續打下去。[31]」但是對第三軍團豪邁的軍團司令巴頓中將來說，所屬情報處長這種謹慎的判斷，並沒有多大意義。如

31 原註：如要更詳盡的了解盟軍情報部門的評估，參閱卜格博士（Dr. Forrest C. Pogue）《歐洲戰區最高統帥部》（*The Supreme Command*），原書頁二四四至二四五。

同往北的蒙哥馬利，南邊的巴頓現在距離萊茵河只有一百英里遠。他也認為時候到了，說法與蒙哥馬利相彷：「把我們的前鋒，在單獨一翼的深入進擊下，伸到敵人的領土去」，並一氣呵成把戰爭結束。他們兩個人唯一不同之處，便是由誰來擔任前鋒。兩位指揮官都因勝利而得意洋洋，要求這份光榮，彼此競爭這次機會。蒙哥馬利把自己的火力都集中在巴頓個人身上。一個統領英軍一整個集團軍的陸軍元帥，卻想與美軍只有一個軍團兵力的中將一爭高下。

但是沿著整個前線的勝利狂熱，卻困住了前線指揮官。經過大軍橫掃法國、比利時，及德軍敗象顯露，人們都深具信心認為，再也沒有什麼能夠阻擋得了這支勝利大軍，一定會繼續穿過齊格菲及之後的防線，直入德國心臟地帶。然而，要使敵軍始終在瓦解狀態站不穩陣腳，盟軍必需施加持續不斷的壓力。而支持這種壓力的情勢，在這時造成了危機，卻似乎沒有幾個人察覺到。那種使人飄飄然的樂觀主義近乎自我欺騙。這個時候，艾森豪的大軍越過塞納河後，已經猛衝超過二百英里以上，眼前的保養與補給有莫大的困難。在六個星期毫無抵抗的情況下，前進攻勢幾乎沒有停過，鮮少有人感受到動力的突然消逝。可是當第一批戰車抵達了德國的門前，盟軍在幾處地方開始試探西線長城的實力時，攻勢就開始慢了下來。盟軍的追擊戰已成過去，它被本身的成功給羈絆住了。

使得攻勢裹足不前的主要難題是缺乏港口。補給品並不缺乏，可是都堆集在諾曼第，還是需要越過海灘或者經過唯一可用的港口，瑟堡（Cherbourg）——距離前鋒部隊大約有四百五十英里遠。要從這麼老遠的後方，補給四個全力追擊的軍團，可以說是個惡夢。在登陸以前被空軍所炸毀以及法國反抗軍破壞的鐵路網，都沒辦法快速修復，再加上運輸工具的缺乏，加劇了問題的嚴重程度。唯有鋪設油管向前延伸，但是從口糧到汽油，一律要由公路運補，結果又造成卡車的缺乏。

每一天，盟軍的追擊更向東推進，爲了保持齊頭追擊，任何種類的車輛都被迫加入運補。

火砲、防砲，以及備援戰車，都從輸送車隊上卸下來留在後面，而把輸送能量用來運送補給品。各師的運輸連都被調走，英軍把整整一個軍都留在塞納河以西，以便運輸車輛可以為軍團中其餘快速前進的部隊運補。蒙哥馬利發現他有一千四百輛三噸重的卡車，因為活塞問題而全部失去效用，更增加他的後勤困難。

這時，為了使追擊不致停頓，盟軍使盡全力組成一條川流不息的卡車動線——「紅球快遞」（Red Ball Express）——向東猛進，卸下補給軍品後，便掉頭西駛再來裝載。有些車輛經常作極度疲勞的往返，一趟往往在六百到八百英里不等。即令動用了所有的運輸車輛，晝夜不停地行駛，戰地指揮官實施了最嚴厲的節約措施，還是無法達到各軍團的補給需求量。這種權宜之計的補給結構，超出負荷能力，幾乎瀕臨崩潰點。

除了車輛的問題很嚴重之外，人員也疲倦了。從諾曼第以後盟軍就像是個彈射器式的推進，裝備也磨損了。戰車、半履帶車和各種車輛，都由於行駛得太久，沒有適當的保養而損壞。籠罩在這之上一切的陰影，便是汽油嚴重缺乏。艾森豪的大軍，每一個軍團每一天需要一百萬加侖汽油，而所收到的數量，只是這個總數的零頭。

如此的影響太嚴重了。在比利時，美軍第一軍團整整停下來四天，戰車滴油無存，敵軍就在面前逃掉了。巴頓的第三軍團，比每一個軍團都要領先一百多英里遠，遭遇的抵抗也極為輕微，卻被迫在默茲河（Meuse）[32]停了五天，因為裝甲部隊的汽油耗光了。巴頓發現他所要求的四十萬

32 編註：源出法國東北部，流經比利時，在荷蘭西南部注入北海。其在法國與比利時境內的河段叫默茲河，下游在荷蘭境內

加侖汽油，由於優先順序往後而減少到只有三萬二千侖時，氣得暴跳如雷。他立刻下令給最前面領頭的軍長：「給我馬上動起來，跑到引擎都滴油不剩為止，然後下車徒步前進，他媽的！」巴頓氣憤地對司令部幕僚說，他「抵抗兩個敵人——德軍和我們自己的統帥部，德軍我可以收拾，可是抵抗蒙哥馬利和艾森豪，卻不敢保險會贏」，因為他曾試過。巴頓深信自己可以在幾天內，殺出一條路攻入德國。他激烈地向布萊德雷和艾森豪請求，「我的官兵可以吃自己的皮帶，」他暴怒地說，「但是我的戰車一定要吃汽油呀！」

德軍在諾曼第的慘敗以及盟軍在突破以後，對德軍部隊予以有系統且迅速的殲滅，造成了後勤危機。諾曼第登陸的計畫人員，原來假定敵人會在多條歷史上的河流線據守作戰，所以預料的前進速度非常保守。計畫假定，在諾曼第灘頭地區固守，以及佔領海峽各港口後，會有一段用於重整部隊，和大量補給的時間。而立足地區預料會在塞納河以西，而依據計畫的時間表，盟軍不到九月四日（登陸後九十天），不會抵進這一線。敵軍部隊一時間兵敗如山倒，以及他們急忙向東逃竄，使得盟軍的時間表毫無意義可言。誰又能預見得到呢。九月四日，盟軍的戰車竟已在塞納河東邊二百英里，還進入了安特衛普？艾森豪的幕僚原先判斷，大約要花十一個月時間才能在亞琛附近進軍抵達德國邊境。而這時，盟軍的各路戰車縱隊已經接近第三帝國，盟軍比本身的前進時間表提前了差不多七個月。原本設計要慢得多的補給與運輸體系，已經在幾乎接近於奇蹟的激烈追擊過程之中通過壓力測試。

然而，儘管後勤狀況極端嚴重，卻沒有人願意承認，大軍必須馬上停下腳步，不然就是追擊戰就此戛然而止。「師級以上的指揮官，」艾森豪後來寫道，「心中都有這個想法，只要再多上幾噸補給，他可以一直衝下去，打贏戰爭……。因此每一位指揮官都乞求、要求比別人更高的優先補給順序，事實上也不能否定，在他們每一個人的前線上，都有可以迅速利用的機會，使得他們的要求完全合情合理。」但是，樂觀氣息依然影響著各人，甚至連艾克也是其中之一。他顯然認為，可以長久保持這種挺進的衝力。盟軍各軍團可以在德軍有機會防守齊格菲防線以前先越了過去，因為他從「整體戰場」上看出德軍「崩潰」的跡象。九月四日，他指示布萊德雷的「第十二集團軍，佔領薩爾與法蘭克福地區」，蒙哥馬利的「第二十一集團軍，攻佔魯爾區與安特衛普」。

這個宣布似乎也讓巴頓緩和了下來。這時他很有把握，如果撥給他適當數量的補給，他強大的第三軍團，便能到達薩爾工業區，然後猛衝到底，一路直搗萊茵河[33]。在前所未有過的勝利氣氛佔上風的此刻，蒙哥馬利在九月四日發出一封密碼電文，再度強烈要求他的行動方案。這一回卻遠遠超出了八月十七日他的建議案，以及八月二十三日他與艾森豪的會談內容。蒙蒂深信德軍已經瓦解，他不但能到達魯爾區，而且可以大軍急進，直搗柏林。

在這封九節的電文中，蒙哥馬利再次重複提出理由說服艾森豪，他認為「作一次總動員、全力以赴的進擊」的時機已經到來。因為前面已經有了兩項戰略性的優勢向盟軍洞開，「一條是經

的河段叫馬士河（Maas River）。

33 原註：巴頓的每週記者招待會，一直都有新聞價值，尤其是巴頓不列入記錄的談話，因為他的用語總是多彩多姿，再怎麼說也不能見報。九月份的第一個星期，我當時以倫敦《每日電訊報》（*Daily Telegraph*）的戰地記者身分，出席了那次記者會。巴頓以他典型的方式詳細剖析德軍的作戰計畫。他用高音調的嗓門，手搥在地圖上宣布說：「在第三軍團前面，可能有五千名，乃至一萬名納粹龜兒子在他們的混凝土工事與散兵坑裡。現在，如果艾克停止跟蒙蒂手拉著手，把補給品撥給我，我就會穿過齊格菲防線，速度就像鵝拉屎一樣的快。」

過魯爾區，另一條則是經過梅茲和薩爾區」。不過，他的論點是：「由於我們沒有足夠的資源，因此無法維持這種雙管齊下的進擊。」所以只有一個機會──他的機會。以蒙哥馬利的說法，「經過魯爾區」的北翼進擊，「很可能會得到最好、最快的結果」。為了要確保作戰的成功，蒙蒂的單翼進擊便需要「所有資源……無限制的供應」。這時他對任何其他的選項都感到無法忍受。他接著表明，他所提的計畫與他本人指揮方面的價值，以他個人就足以完成這項計畫。其他的作戰可以就後勤補給殘餘量的支援下一併發動。他警告盟軍統帥，不可能有其他折衷方案，他對雙鋒進擊的可能性加以排斥，因為「那會分散我們的軍品，任何一翼的進擊都無法全力以赴」。那樣一來，便會「延長戰爭」。以蒙哥馬利看來，這個問題「非常簡單、非常清晰」。但是時間「極為重要……務懇立即下達決定。」

自從威靈頓（Wellington）以來最具人氣，言詞刻薄又態度專橫的英國將領，被他自己的自信給迷惑了。一想到後勤情況的嚴峻，他便振振有詞地認定自己單向挺進的理論，遠比兩個星期以前更為正當。蒙哥馬利以他難纏的方式──而且毫不在乎對方對電報的語氣會有什麼感受──他不僅僅是向艾森豪提出行動方案，根本就是在做指示。艾森豪一定得把正在推進中的各軍團停止下來──尤其是巴頓軍團──以便把所有的資源，都放在他單向挺進的後面。在他這封「Signal No. M-160號」電報的末尾，更是蒙哥馬利傲慢自大的典型例證。「如果你前往這邊，或許可以順道過來討論，」他提議，「假使如此，樂於明天午餐見到你。別設想我會在這個時刻離開戰場。」結尾這句話近乎跋扈，但蒙哥馬利並不在乎。他心心念念的是，一定不能失去消滅德軍的最後機會。他就像是條帽貝，緊緊咬住自己的單向挺進計畫不放。因為他確信，艾森豪一定也意識到，發動最後一擊的時刻已經來臨了。

瑟堡半島西側孔維勒（Granville）一處別墅，盟軍最高統帥在寢室裡，看到了「Signal No. M-160號」電文，氣得難以相信。五十五歲的艾森豪，認為蒙哥馬利的建議「毫不實際」和「妙想天開」。蒙哥馬利已經三度就單向挺進的事情糾纏艾克至怒火沖天。他認為在八月二十三日當天，已經一勞永逸地把戰略問題給解決了。然而，這一回蒙哥馬利不但再次提倡自己的理論，而且還建議直搗柏林。平常他冷靜又和藹，這一下卻大發脾氣，對手下幕僚人員說：「沒有鬼相信這行得通，除了蒙哥馬利。」這時在艾森豪心中最迫切的事情，就是開通海峽的各處港口，尤其是安特衛普，為什麼蒙哥馬利就不懂這一點？艾克對眼前那些誘人的機會知之甚詳。可是正如他告訴盟軍副總司令泰德空軍元帥（Sir Arthur Tedder）、助理參謀長摩根中將（Frederick Morgan）的說法，蒙哥馬利「要向柏林進軍，真是妙想天開。大軍的大量補給依然還是要靠灘頭來運補」。

不可能有比蒙蒂電文的到達時間點更糟的時候了。艾克正靠在床上，由於受了傷，在膝蓋上了夾板，而蒙哥馬利當時卻不知情。除了這項受傷以外，艾森豪還有更多的原因很煩躁。他把盟軍總部的主要部分留在倫敦，四天以前，也就是九月一日才到歐洲大陸來親自指揮。在孔維勒附近的約洛維勒（Jullouville），開設了一個小型的前進指揮所，卻根本不管用。因為麾下大軍驚人的推進，把艾森豪丟包在距離前線四百英里遠的地方所在——到目前為止，既沒有電話，也沒有電傳打字的電報設施，除了無線電和很基本的傳令制度以外，根本不能跟戰場上的指揮官立即通信。受傷是在他一次例行性視察主要指揮官的飛航行程之後發生的。這也同時加劇了他在戰術上的不便利性。九月二日，他與幾位美軍高級將領在沙特爾（Chartres）開會回來，因為風勢強急、能見度不佳，專機不能在總部的機場降落，唯有迫降在——安全地——別墅附近的海灘上。但當時為了要幫飛行員把專機推離海水邊緣，艾森豪嚴重扭傷了右膝蓋。就在戰時這麼重要的節骨眼上，盟軍統帥正要接手地面作戰的總指揮之際；有許多狀況，極其需要當機立斷時，艾森豪卻動彈不了。

雖然蒙哥馬利或許覺得——就這一點上，布萊德雷和巴頓也是如此認為——艾森豪「與地面戰事沒有脫節」，這是因為艾克遠離戰場才使這種說法成立。他麾下來自英美的優秀幕僚，對戰場上每一天情況的了解，還比手下將領所認為的要更為清楚。當他期望戰場指揮官要展現出主動與大膽的時候，是根據艾克和他的幕僚綜觀全局所下達的決心。不諱言，在這段過渡時期，正當艾森豪親自接手指揮時，卻缺乏了一個明確的方向，這也是基於盟軍最高統帥角色的複雜性所導致的結果。聯合指揮絕不是件容易的事，然而艾森豪卻能保持著微妙的平衡，徹底遵照著聯合參謀長會議（Combined Chiefs of Staff）的計畫，使體系發揮功用。為了盟國和睦的利益，他可以修改戰略，可是艾森豪卻無意把小心謹慎給拋諸腦後，正如他後來所說的，讓蒙哥馬利「向柏林作單獨的、匕首式的進擊[34]」。

他對蒙哥馬利並不止於容忍，對他一次又一次的讓步，時常惹起其他美軍將領的憤怒。然而，蒙蒂看起來「一直樣樣都要，可是一輩子卻從來沒有做過任何迅速牢靠的事。[35]」艾森豪說他對蒙哥馬利怪癖的了解程度，比英國人所認為的要多得多。「有人告訴過我他的童年事蹟，」艾森豪回憶道，「當一邊是伊頓、哈洛這些貴族學校的學生，另一邊是其他沒那麼好的學校校友相互競爭時，有些後進的軍官會有自卑感。這個人，一輩子都在要證明他自己是個了不起的人物。」然而蒙哥馬利的觀點，卻反映了他的英軍上司對聯盟應當如何維繫下去的觀念。

或許在這一點上可以了解到，蒙哥馬利的跋扈是代表了這種一成不變的觀點，使得美軍高級將領們感到不悅。而艾森豪以盟軍統帥之身，負有聯合參謀長會議總攬軍符的大權，他只關心一件最重要的事：使盟軍團結一致，迅速贏得戰爭。盟軍總部的一些幕僚，包括了很多英軍參謀在內，都認為蒙哥馬利令人討厭且愛亂說話。艾森豪除了私下對參謀長史密斯說以外，從來沒有批評過他。艾克對蒙哥馬利的氣憤，事實上比任何人所了解的都還要深。他覺得蒙哥馬利是個「神經病……自我為中心」的人，他所做過的每一件事「都是那麼的完美無缺……一輩子從來沒有犯過一次錯誤」。這一回，艾森豪也不打算讓他犯錯，他告訴泰德：「搶走了美國人靠瑟堡吃飯的東西，當然也不會把英國人給送到柏林去。」

---

34 原註：為蒙哥馬利說句公道話，我們必須指出，他本人從來沒有說過這麼一句話。他的想法是把四十個師全部投入，向柏林急進——確實不是匕首式的進擊——但這種說法已經與他綁在一起。就我而言，這個說法在多次的盟軍最高統帥部戰略會議裡，都有損蒙哥馬利的職業生涯。

35 原註：在一次錄音訪問，艾森豪總統提及當年與蒙哥馬利劇烈爭執時，差點向我重演他當時的感受。當我告訴他已經訪問過蒙哥馬利之後，艾森豪立刻打斷我的話，說：「你用不著告訴我他說了些什麼話——他說我對戰爭一無所知——對吧？聽著，我只在意把這件事真實地、合乎邏輯地記錄下來，因為任何歷史學家都一定會推論得到……就我個人來說，不管哪個將軍記得些什麼，包括我在內的，並不是太看重。因為回憶是一種容易出錯的事……他媽的，我不曉得你在那英國佬那裡聽到些什麼，英國人可從來都不了解美國人的指揮體系……等到那該死的事情（二戰）整個結束……我從來沒有從英國人那裡聽見他媽的半句讚美。現在你是更聽不到了，尤其是像蒙哥馬利那種人……他的同僚說起他來，我做夢都不想再說上一遍……我才不管要把他寫成是全世界最偉大的軍人。因為他不是，但如果要那麼寫下來，我也沒差……他夠膽親自否認美國人，尤其是包括我在內，對二戰沒有任何貢獻，到後來我就跟他斷絕了來往……我對一個不說真話的人，沒有興趣往來。」促請讀者記得，大戰期間，艾森豪從來沒有公開評論過蒙哥馬利，此處所引述的看法，是首次披露的內容。

儘管如此，艾森豪還是為了他跟這個英國人所愛戴的將領之間日益擴大的裂痕而深感困擾。他決定要在幾天之後同蒙哥馬利會晤，盡力澄清他所認為的誤解，無論這次會面多麼勉強，他企圖再度慎重說明自己的戰略，希望能達成共識。在會晤以前的這段時間，他清楚表達一件事，堅決接受蒙哥馬利單向挺進，直搗柏林的計畫。九月五日晚上，他以密碼電文向蒙哥馬利回覆。「同意貴官對準柏林發動一次全力以赴的推進之構想，但不同意在此時發動，並因此排除其他的攻勢。」艾克認為，「目前，德軍在西線主力大軍已經殲滅，」擴張戰果的做法應當是「立即突破齊格菲防線，以廣正面渡過萊茵河，佔領薩爾區與魯爾區。就此，本人意圖以最快的速度實施。」艾森豪認為這些行動，會「緊緊勒住德國的重要工業區，消滅其從事戰爭的大部分能力……」艾森豪繼續提到，在對德國境內發動任何「強大攻擊」以前，最重要的便是打開阿弗赫港和安特衛普，可是在這個時候，艾森豪強調：「我們現有資源對任何方向的轉移，都不足以維持向柏林的推進……」

——

艾森豪的決定花了三十六個小時才到達蒙哥馬利手中，而且僅有電文的後半段送達。九月七日上午九點，蒙哥馬利接到了結尾的兩段，開頭的一節一直到九月九日，也就是再過了四十八小時方始收到。以蒙哥馬利看來，艾森豪的通信，又是一項確證，盟軍統帥「距離戰場太遠了」。

從蒙哥馬利接到的頭一批零碎片段中，艾森豪非常清楚地批駁了他的計畫，當中有一句：「支持向柏林的進擊，而我們現有資源對任何方向的轉移，都不足以維持向柏林的推進。」蒙哥馬利馬上回覆，強烈地表達不敢苟同。

由於追擊緩了下來，蒙哥馬利已經感受到最害怕的事情發生了，德軍的抵抗正在加強中。在他的電文中特別強調補給的短缺，蒙哥馬利表示他只得到需求的一半。因此「我不能在這種情況下長此下去」。他拒絕改變進軍柏林的計畫。在電文中，對於立即打開關鍵港口安特衛普的明顯需求，卻隻字未提。但他卻著重「一等加萊港口開通，我便額外需要大約兩千五百輛的三噸卡車，再加上確保每天平均有一千噸的空運噸位，以便使我能攻抵魯爾，最後直搗柏林。」蒙哥馬利認為一切都「非常難以說明」，「不曉得是不是有可能」讓艾森豪過來見他。他對自己的信念毫不動搖，認為艾克的決定是個重大錯誤，深信自己的計畫行得通。因此蒙哥馬利拒絕把艾森豪的批駁當成就此結案，可是卻又不打算飛到約洛維勒去改變艾森豪的心意。雖然他清楚明白，唯一能使自己計畫辦得成的希望，全在與艾克當面晤談上，然而這種外交手腕卻不是他個性的一部分，只能在怒火中燒的情況下等待艾森豪的答覆。此時的蒙哥馬利，正值自我封閉、急躁及易怒的狀況，伯恩哈特親王卻在這時來到集團軍司令部向元帥做禮貌性的拜會。

伯恩哈特在九月六日晚上抵達法國，只帶了一小批隨行人員、三輛吉普車、名叫馬丁的西里漢獚犬，和一個鼓鼓、裝滿荷蘭反抗軍報告的公事皮包。他們乘坐三架C-47運輸機飛往歐陸，伯恩哈特自己駕駛一架，由兩架戰鬥機護航。飛機降落在亞眠（Amiens）機場，便開車向北方五十英里外法北的杜艾（Douai）前進。七日清晨向比利時和布魯塞爾出發。在拉肯的集團軍司令部，霍羅克斯將軍前來迎接，「介紹了蒙哥馬利的幕僚」，並陪同前去到元帥面前。「他當時情緒不佳，且顯然不高興見到我，」伯恩哈特親王回憶說，「他心事重重，而在他的戰區之內有王室人員的存在，可以想見是他不想承擔的責任。」

蒙哥馬利以二戰最偉大的英國軍人著稱，以伯恩哈特的話來說，這個名氣把他打造成了「百萬名英國人的偶像」。三十七歲的親王也敬畏蒙哥馬利，他不像艾森豪般平易得幾近隨便的舉止，使得伯恩哈特要與他舒暢交談變得很困難。從一開始，蒙哥馬利就言辭刻薄且直言不諱地直接表明，伯恩哈特到他的責任區來令他很「擔憂」。沒有多加說明，且不圓融，直接就告訴親王，要去視察離前線還不到十英里遠、位處比利時的第斯特（Diest）附近，隸屬於英軍第二軍團的荷蘭部隊——伊蓮公主旅（Princess Irene Brigade）的做法——並不明智。伯恩哈特是荷軍總司令，他有任何的理由去第斯特視察，當時卻沒有做出回應，改而討論起荷蘭反抗軍的報告。蒙哥馬利隨即打斷，重回上一個話題，說：「你一定不能留在第斯特，我不容許。」被惹惱的伯恩哈特不得不指出，他是「直隸艾森豪麾下，並不是調到元帥的司令部裡來」。伯恩哈特記得這次會晤打從一開始，「對也好，錯也好，我們出師便不利」。（實際上，艾森豪後來是支持蒙哥馬利有關第斯特的規定，可是他也曾說過，伯恩哈特可以停留在布魯塞爾，「留在第二十一集團軍司令部附近，那裡或許需要你。」）

伯恩哈特根據反抗軍的反映，繼續討論荷蘭境內的情況。他告訴蒙哥馬利，自九月二日開始德軍已經撤退與潰散，以及反抗軍的組成。伯恩哈特說，就他所了解，這些報告很正確。據親王表示，蒙哥馬利反駁了他：「我並不認為你們的抵抗人員，對我們能有多大幫助。因此，我認為這一切都不必要。」伯恩哈特被元帥的直率所驚嚇，「開始意識到，蒙哥馬利顯然不相信任何我在當地工作人員發來的『任何』報告。某種程度上來說，我不能怪他。我想他是夠厭煩的了，他曾經在推進的時候，接到來自法國與比利時反抗軍的誤導性訊息。可是我卻認識從事這些地下工作的荷蘭團體，和負責主事的人士，因此我也知道這些消息都是正確無訛的。」他很堅持，因此把電文檔案給蒙哥馬利閱覽，並引述一件又一件的報告，才提出一個問題：「綜合以上報告，為什麼你不能立刻發動攻擊呢？」

「我們不能倚靠這些報告，」蒙哥馬利告訴他，「就因為荷蘭反抗軍說，打從九月二日起，德軍就在撤退中，並不一定指他們現在依然還在撤退。」伯恩哈特不得不承認撤退「緩慢下來了」，也有了「重新整頓的跡象」。然而，他卻認為，依然有正當的理由要立即展開攻擊。

蒙哥馬利還是堅持己見。他說：「再說，我樂於攻擊和光復荷蘭，但因為補給問題我不能這麼做。我們缺乏彈藥，戰車也缺少油料，一旦展開攻擊，部隊就會陷入困境。」伯恩哈特為之駭然。他在英國時，從盟軍總部、從自己顧問所得到的消息，都使他深信荷蘭的光復，幾天以內就可以達成。「當然，我很自然的認定，作為現場指揮官的蒙哥馬利所知道的情況是比任何人都還要清楚的，」伯恩哈特後來說道，「然而我們得知德軍所有的詳細情形——部隊人數、戰車與裝甲車的數量、防砲陣地——而且我也知道，除了緊鄰前線的抵抗以外，後面幾乎沒有什麼兵力。我心中好難受，因為我知道隨著一天天過去，德軍兵力就會增強，我說不動蒙哥馬利。事實上，我所說的幾乎沒有半點發生作用。」

接著，蒙哥馬利一反過去的做法，披露以下訊息。「我跟你一樣迫不及待，要把荷蘭解放，」他說，「不過我們打算的是另一種方法，甚至是一種比較好的方法。」他停頓了一下，想了一會兒，然後幾乎是以勉強的口吻說：「我正在策畫就近以我的部隊來執行一次空降作戰。」伯恩哈特大吃一驚，無數的問題一下湧到心頭，計畫空降在哪些地區？作戰什麼時候發動？目前的發展如何？雖然他克制住不問，蒙哥馬利的態度也表現出他不會再多說些什麼。顯然，這次作戰還在計畫階段。親王認為，應該只有元帥和極少數參謀知道計畫詳情。儘管伯恩哈特沒有聽到細節，這時卻滿懷希望。雖然蒙哥馬利剛才談到補給的短缺，但光復荷蘭的時日已經近在眼前了。他一定得忍耐、等候。蒙哥馬利英名蓋世，伯恩哈特深信不疑，覺得希望又恢復了。因為「蒙哥馬利所做的任何事情，都會做得很好」。

——

艾森豪同意蒙哥馬利的要求，訂九月十日星期天見面。他對這次開會並不怎麼期待，並且預料到蒙哥馬利慣常的激烈性爭論。然而，他卻有興趣了解蒙哥馬利在作戰行動上取得了怎樣的進展。雖然所有空降作戰計畫都要經過盟軍統帥的批准，但他卻已經授權蒙哥馬利，可以對盟軍第一空降軍團做戰術上的運用，也准許他草擬包括這個部隊運用的可能計畫。他也知道，至少從九月四日開始，蒙哥馬利已經悄悄地探索利用空降行動越過萊茵河去佔領橋頭堡的可能性。

就在六個星期以前，盟軍第一空降軍團——軍團司令為美軍布里爾頓中將（Lewis Hyde Brereton）——組成以來，艾森豪便一直在找一個目標以及一次適當的戰機來運用他們。為了達到這個目的，他一直要求布里爾頓和幾位指揮官，草擬大膽而富於創意的空降計畫，在敵人陣線的遠端後方作大規模的攻擊。他們建議過很多次任務，也被上級認可了，可是卻統統取消。幾乎每一次都是因為神速的地面大軍，已經抵達了原擬由傘兵攻佔的目標所致。

蒙哥馬利最早的建議，是要運用布里爾頓的部隊往西、攻佔位於荷德邊境上的威瑟爾（Wesel）。然而，那一帶防砲密布，迫使蒙哥馬利改變主意。然後，他又選擇了另一地點，遠在西邊的荷蘭境內，在安恆跨越下萊茵河的大橋[36]——這處交通接點距離德軍戰線超過七十五英里遠。

到九月七日，「彗星作戰」（Operation Comet）——行動計畫代號——已經準備完成。但由於天氣惡劣，再加上蒙哥馬利擔憂所屬部隊會遭受德軍日見增強的兵力抵抗而被迫延期。在九月六日或七日有成功可能的行動，到了十日也許就會變成是有風險的。艾森豪對此也是感到擔憂，其中一件事就是，他覺得在這處交通要道發動空降攻擊，那麼安特衛普港的開通勢必會被耽誤。然而，艾克對於發動空降攻擊的可能性依然極感興趣。

有好幾次安排好的空降作戰，幾乎是到最後一分鐘才取消，卻對艾森豪造成了很大的麻煩。每一次行動到了實施階段，那些負責載送汽油到前線去的運輸機，都得在地面待命，配合傘兵的行動。寶貴的空運噸位的流失，引來布萊德雷和巴頓聲嘶力竭的抗議。他們表示，此時不間斷的追擊戰期間，空運汽油要比空降作戰重要得多。艾森豪急於使用傘兵部隊，也受到華府方面的督促——馬歇爾將軍和陸軍航空軍司令阿諾德將軍（Henry H. Arnold）都想知道布里爾頓新成立的空降軍團，能有什麼作為——並不打算把這批訓練精良的幾個空降師留在地面。反之，他堅持要盡快尋找時機派上用場[37]。事實上，當追擊戰已經緩和下來的這個時刻，也許就是把傘兵空投到萊茵河對岸的最好時機。可是，九月十日這天上午，他在飛往布魯塞爾時，心中只想著開通安特衛普，其他的選項都退而次之。

36 編註：安恆總共有二座橫跨下萊茵河的大橋。其中這裡所說的，是當時稱為萊茵河大橋（Rijnbrug Bridge）的橋樑。該橋在市場花園行動之後被盟軍炸毀，阻止德軍利用該橋南下支援。戰後，新橋按照原有的模樣重建，並在一九四八年重新開放。該橋於一九七七年十二月十七日更名福洛斯特（John Frost Bridge），紀念英軍第一空降師第二傘兵營營長福洛斯特的守橋事蹟。

37 原註：參閱《歐洲戰區最高統帥部》，原書頁二八〇。

蒙哥馬利卻並非如此。焦慮又堅定的他，去到布魯塞爾機場等候艾森豪座機落地。嚴謹的他，為會議作好準備，為此修飾及完善他的論點。他曾經和英軍第二軍團司令鄧普西將軍、英軍第一空降軍軍長兼盟軍第一空降軍團副司令布朗寧中將（Frederick Browning）談過。布朗寧在廂房中等待會議的結果。鄧普西關心當前敵軍抵抗的日益增強，並從情資報告中得知敵軍的新部隊正在移入。他請求蒙哥馬利放棄對安恆大橋的空降攻擊，建議集中兵力，攻佔萊茵河對岸的威瑟爾。鄧普西認為，即使有空降作戰配合，英軍第二軍團不見得能憑一己之力往北推進到安恆。他認為，與美軍第一軍團配合向東北方的威瑟爾前進是較好的選項。

如今攻入荷蘭境內，無論如何都在所必行了。英國陸軍部已經通知蒙哥馬利，德國的V－2火箭已於九月八日轟擊倫敦。它們的發射地點，據信在荷蘭西部的某處。不曉得是接獲這項消息以前還是以後，蒙哥馬利修改了他的計畫。最先計畫的「彗星作戰」，只使用一個半師的兵力——英軍第一空降師和波蘭第一空降旅。他認為這點兵力不足，因此取消了「彗星作戰」，並用一個更為雄心勃勃的空降作戰取代它。到當時為止，只有元帥麾下少數高級將領知道這件事。同時，他們擔憂布萊德雷對艾森豪的影響力，他們盡了極大的努力，不讓計畫露出任何痕跡，免得蒙哥馬利集團軍司令部內的美軍聯絡官知情。當時布朗寧中將以及在英國本土的第一空降軍團司令部，也和艾森豪一樣，並不知道蒙哥馬利新一輪的空降計畫。

由於膝蓋受傷，艾森豪不能下飛機，這次會議就在機上舉行。蒙哥馬利也像八月二十三日那樣，由他決定誰該出席這次會議。艾克帶來的人，有副總司令空軍上將泰德，和主管行政的助理參謀長格爾爵士中將（Sir Humphrey Gale）。蒙哥馬利唐突無禮地要求艾森豪，把格爾排除在會議之外，卻堅持自己的行政與補給處長葛勒翰少將（Miles Graham）留下。要是換了另外一位不那麼逆來順受的長官，或許就會對蒙哥馬利的態度發作，艾森豪卻耐著性子准許所請，格爾將軍退出會議。

幾乎一開始蒙哥馬利就立刻抨擊艾森豪的廣正面政策。他不斷提到前一個星期艾森豪所發來的電訊，他促請艾克注意自己的前後矛盾，對「優先」的意義沒有清楚地弄個明白。他說自己的二十一集團軍，並沒有得到艾森豪所答應過的補給「優先」，反而准許巴頓向薩爾區的進兵，佔用了蒙哥馬利所需的補給額。艾森豪平靜地回答蒙哥馬利，說他從來沒有給予後者「絕對優先權」並把其他人一概排除的意思。蒙哥馬利反覆提到，艾森豪的戰略錯了，會導致「可怕的結果」。只要「繼續這種時有時無、彼此不相連」的兵分兩路，把補給在他和巴頓之間分享，就「沒有一個會成功」。蒙哥馬利說，最重要的，就是艾森豪要在他與巴頓之間做一個選擇。蒙哥馬利話說得無禮又放肆，艾森豪忽然一伸手，拍拍蒙哥馬利的膝蓋，說：「蒙蒂啊，鎮定點！你可不能用這種態度對我說話，我可是你的上司呀。」蒙哥馬利的氣頓時煙消雲散，默默地說：「艾克，對不起。[38]」

這種大異往常，但看起來非常真誠的道歉，並不是就此善了。蒙哥馬利頑固地——雖然是略為不那麼激烈——繼續為他的「單向挺進」辯護。艾森豪專心聆聽，並對論點深表認同，但他自

38 原註：蒙哥馬利在回憶錄中談到這次會議時，說「我們談得很好。」但他也確實提及，在這些為戰略路線爭執的日子裡，「可能我把自己的計畫，向他要求得過火了一點，並沒有對他所承受的沉重政治包袱，予以適當的考慮……回顧以往，我時常納悶自己是否在充分理解艾森豪的看法之後，再批駁他的意見。我想我是有做到。不管怎麼說……我一直對他的忍耐與克制感到驚嘆……」

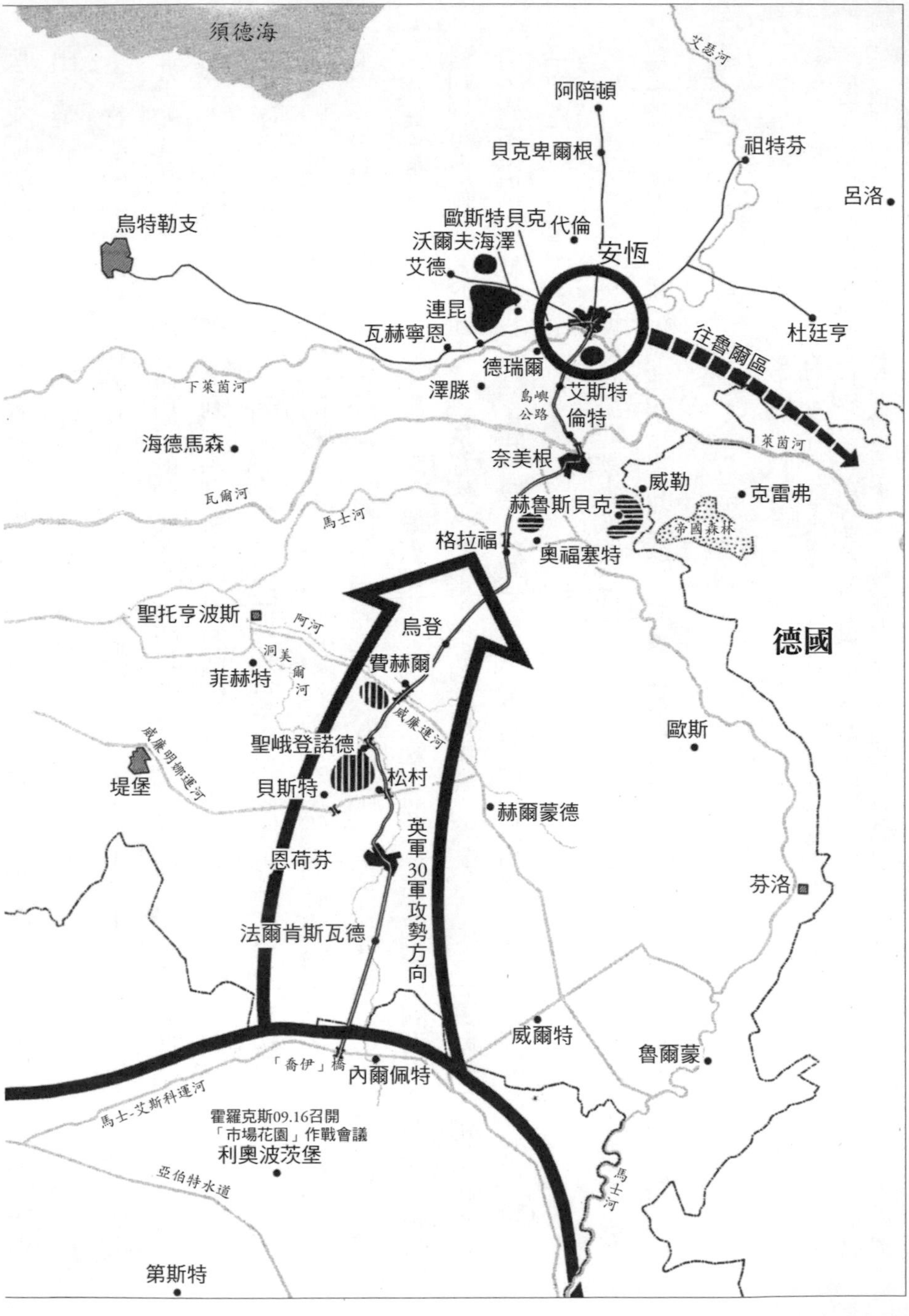
須德海
艾瑟河
阿陪頓
貝克卑爾根
祖特芬
呂洛
烏特勒支
歐斯特貝克
沃爾夫海澤
代倫
安恆
艾德
連昆
瓦赫寧恩
杜廷亨
往魯爾區
德瑞爾
下萊茵河
澤滕
島嶼公路
艾斯特倫特
海德馬森
萊茵河
奈美根
威勒
克雷弗
瓦爾河
赫魯斯貝克
馬士河
帝國森林
格拉福
奧福塞特
聖托亨波斯
阿河
烏登
德國
洞美爾河
菲赫特
費赫爾
威廉運河
聖峨登諾德
威廉明娜運河
歐斯
堤堡
松村
貝斯特
赫爾蒙德
英軍30軍攻勢方向
恩荷芬
芬洛
法爾肯斯瓦德
威爾特
魯爾蒙
「喬伊」橋
內爾佩特
馬士-艾斯科運河
霍羅克斯09.16召開
「市場花園」作戰會議
利奧波茨堡
馬士河
亞伯特水道
第斯特

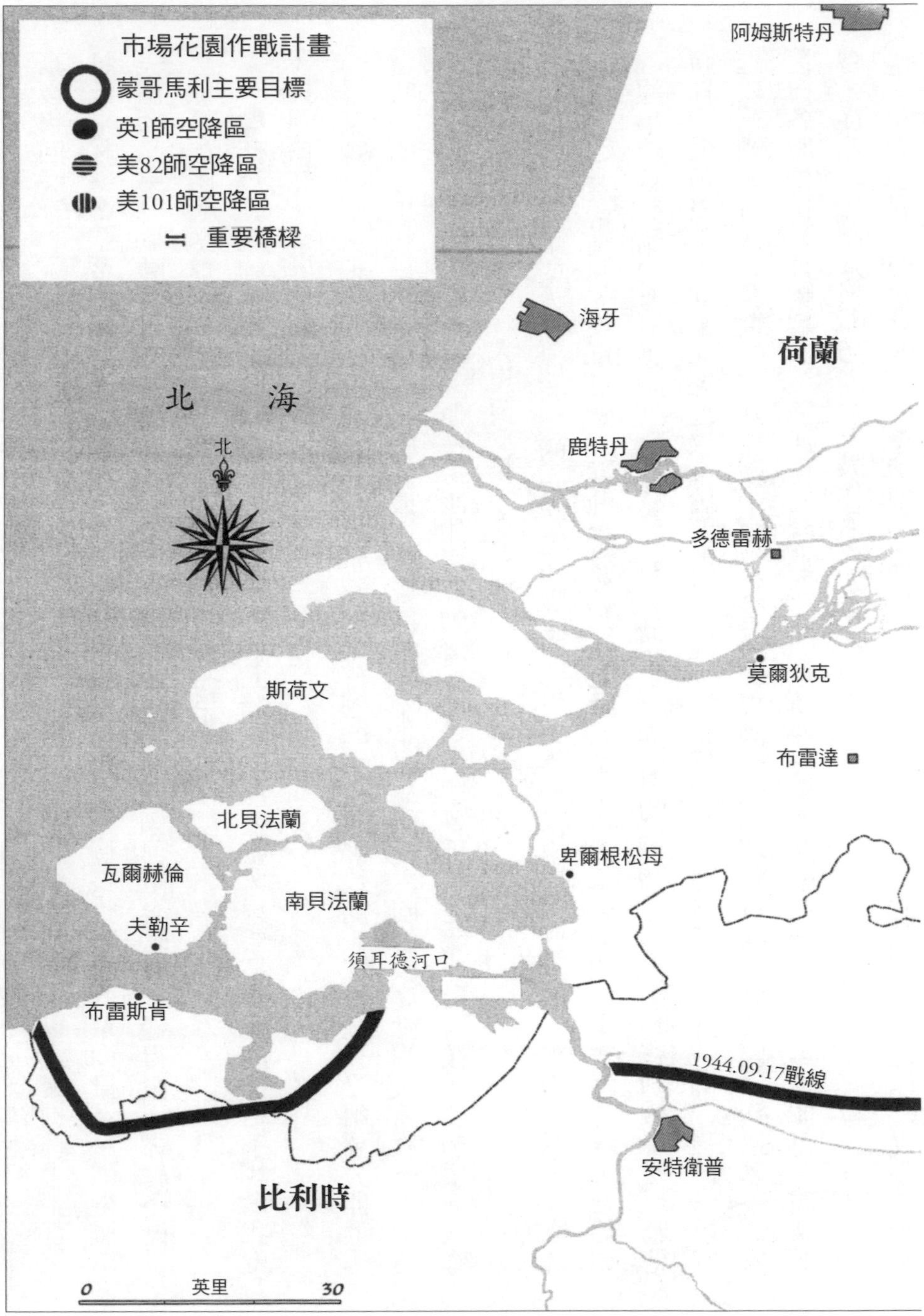
市場花園作戰計畫
蒙哥馬利主要目標
英1師空降區
美82師空降區
美101師空降區
重要橋樑
阿姆斯特丹
海牙
荷蘭
北　　海
北
鹿特丹
多德雷赫
莫爾狄克
斯荷文
布雷達
北貝法蘭
瓦爾赫倫
卑爾根松母
南貝法蘭
夫勒辛
須耳德河口
布雷斯肯
1944.09.17戰線
安特衛普
比利時
0
英里
30

己的見地卻依然不變。他的廣正面前進還要繼續下去，並清楚明白地告訴蒙哥馬利原因。據艾森豪後來回憶[39]：「你提議的是——如果我把你要的補給統統給了你，你就可以直搗柏林——直接打進柏林嗎？蒙蒂，你傻了！你做不到。該死！假如你想來一個長長縱隊的單向挺進，就得派出一個師又另一個師保護你側翼免於攻擊。好了，假定你在萊茵河上有了條橋過得去，你總不能長久依靠那座橋來補給你的進軍吧？蒙蒂，你不能這麼做。」

據艾森豪說，蒙哥馬利回答：「我會把他們的補給處理妥當，只要把我要的都給了我，我就會打到柏林，結束戰爭。」

艾森豪堅決拒絕。他強調，在任何企圖攻進德國的主要攻勢以前，安特衛普必須要先開通。這時，蒙哥馬利打出了他的王牌，最近的發展情勢——從荷蘭境內向倫敦發動的火箭攻擊——迫使盟軍必須立刻攻進荷蘭。他懂得該如何發動這種攻勢。蒙哥馬利建議，投入幾乎整個第一空降軍團，發動一次震撼、大規模攻擊，直搗德國。

他的計畫是擴大、浮誇版的「彗星作戰」，這一次他要用上三個半師——美軍八十二空降師、一〇一空降師、英軍第一空降師和波蘭第一空降旅——在大軍前面的這支空降部隊，要佔領一連串跨越荷蘭的渡河點，主目標是在安恆橫跨下萊茵河的橋樑。蒙哥馬利料到德軍會以為他將採取最短路線，向東北方進攻萊茵河與魯爾區，蒙哥馬利故意採取了朝正北方的「後門」路線進攻德國。這次奇襲性的空降作戰，會為英軍第二軍團的戰車部隊打開一條走廊，通過奪下的安恆市各座橋樑，直馳越過萊茵河再向西進發。一旦這些目標都達成以後，蒙哥馬利便可以向東迴轉，從側翼包圍齊格菲防線，一鼓作氣攻入魯爾區。

艾森豪對此興致勃勃、印象深刻。這是一項大膽、極富想像力的計畫，正是他一直為那幾個長時間閒置的空降師所尋覓的大規模攻擊行動。可是艾克這時卻左右為難了起來。倘若他同意攻擊，那麼開放安特衛普港的作戰就不得不耽誤下來，給巴頓的補給品也得轉移。然而，蒙哥馬利的建議可以使消氣的前進重獲生機，或許會把追擊推過萊茵河直入魯爾區。艾森豪被這個計畫的大膽所吸引，不但親自批准[40]而且堅決主張，這次作戰要儘早實施。

然而，盟軍統師強調這只是一項「有限度的攻擊」。他向蒙哥馬利再三強調，他認為這次陸空聯合作戰，「僅僅是向北前進直趨萊茵、魯爾的延伸」。艾森豪記得這次談話，他向蒙哥馬利說：「蒙蒂，告訴你我會怎麼做。你要渡過萊茵河所要求的，無論什麼我都會撥給你，因為我要一處橋頭堡……但是我們得先渡過萊茵河，才能談其他的事情。」蒙哥馬利還要爭論，可是艾森豪不為所動。元帥大受挫折，不得不接受他所稱的「半吊子方案」，會議就在這種情況下結束了。

艾森豪走了以後，蒙哥馬利在一張地圖上，把自己建議的作戰概要，向布朗寧中將提示。高雅的布朗寧是英軍鼓吹空降作戰的先驅人士之一，在地圖上見到傘兵與機降部隊，要集結起來據守一連串的渡河點——當中有五座大橋，包括了橫跨默茲河、瓦爾河、下萊茵河這幾條大河——在大從荷蘭邊境到安恆，綿延長達六十四英里。此外，他們還要負責據守維持這條走廊暢通——在大

39 原註：是對對本書作者述及。
40 原註：根據安布羅斯（Stephen E. Ambrose）在 *The Supreme Commander* 的第五一八頁中，引述艾森豪告訴他的話：「我不但批准……也堅決主張這一點。我們最需要的，便是越過萊茵河的一處橋頭堡。如果能夠達成，我心甘情願把其他作戰行動給緩一緩……」

部分地區，只有單一一條北向的公路——讓英軍裝甲兵得以通過。如果要使裝甲兵的奔襲成功，這五座大橋必須完整拿下。風險性是顯而易見的，不過這也正是空降部隊接受訓練所要執行的奇襲攻擊。但是布朗寧依然不安，他指著下萊茵河上最北邊的安恆大橋，問道：「裝甲兵到達我們這裡要多久時間？」蒙哥馬利俐落地回答：「兩天。」布朗寧依然專注在地圖上，說：「我們可以挺上四天。」然後又補上一句，「不過，長官，我認為我們要攻佔的這座橋太遙遠了。」

蒙哥馬利下令，初期概念是以最大的速度開展（之後會以代號「市場花園作戰」稱之——「市場」代表空降，「花園」則指裝甲兵進軍）。他堅持這次攻擊要在幾天之內發動。他告訴布朗寧，不然就太遲了。蒙哥馬利問道：「你們最快要多久準備好？」布朗寧這時只能瞎猜，他告訴元帥：「最快能安排行動的時間點是在九月十五日或者十六日。[41]」

布朗寧帶著這份計畫大綱。衡量到這件事的緊迫性，要在短短幾天內準備這麼一次大任務，便立刻飛回倫敦。在郊區接近里克曼沃斯（Rickmansworth）的摩爾高爾夫球場（Moor Park Golf Course）落地之後，便打電話到二十英里外的第一空降軍團司令部，通知軍團司令布里爾頓中將和參謀長帕克斯准將（Floyd L. Parks），時間是下午兩點三十分，帕克斯記下來布朗寧的電話內容，「首次在本司令部提到『市場』」。

空降部隊的指揮官們並不意外。蒙哥馬利的大膽計畫，使得批評他最甚的人——布萊德雷也萬分驚訝與印象深刻。以後他回憶道：「如果虔誠、滴酒不沾的蒙哥馬利，此時帶著宿醉踉蹌走進盟軍總部，我可能都不會這麼驚訝……我從來不會心甘情願去做任何的冒險，但是我不得不坦白承認，這是二戰期間最富於想像力的一次行動。[42]」

情況就是如此，可是蒙哥馬利並不開心。這時他對艾克釘得更緊，並再次恢復成謹慎保守、完美主義者——這些造就了他職業軍人的個性。他警告艾森豪，在這次「已經定案的方向」中，除非第二十一集團軍得到了額外的補給與運輸工具，否則「市場花園」不可能在九月二十三日或之前發動，甚至會延到九月二十六日。布朗寧預估「市場」部分可以在十五日或十六日準備妥當，可是蒙哥馬利在意的是「花園」——地面作戰。他再一次要求自己一直索取的東西：絕對優先補給。這一點在他心中認為是成功的保證。艾森豪在記事本中，記下的九月十二日：「蒙蒂的建議很簡單——『一切都撥發給他』。」深恐任何延誤或許會危及「市場花園」，艾森豪唯有答應。他立即派參謀長史密斯將軍去見蒙哥馬利。史密斯向蒙帥保證，每天一千噸軍品外加運輸工具。此外，還答應把巴頓向薩爾區的進兵暫停。蒙哥馬利對這種「閃電式」的反應——用他自己的說法——感到興高采烈，認為自己終於贏得了艾克的認同。

儘管蒙哥馬利大軍當面的抵抗力量已經加強，他卻認為荷境中的德軍，在前線那些外殼後面的兵力是有限的。盟軍的情報更證實了他的判斷。艾克總部報告，在荷蘭只有「極少數步兵預備隊」，甚至連這些部隊都被認為是「戰力低下的部隊」。情報認為敵軍「在漫長、急促的撤退後，依然潰不成軍……在這附近，或許會有為數眾多的小股德軍」。但卻不能作任何大規模且有組織的抵抗。這時，蒙哥馬利確信他可以迅速打垮德軍防線。到那時，只要他一渡過萊茵河，長驅直入魯爾區，他看不出艾森豪要如何阻止他的攻勢。他推估艾克沒有多少選擇，唯有放手讓他

41 原註：參閱 Minutes of the first planning meeting, First Allied Airborne Army operational file 1014-1017。

42 參閱布萊德雷將軍，*A Soldier's Story*，四一六頁。布萊德雷還補上一段：「這個計畫並沒有涉及我的部分。其實是蒙哥馬利擬訂了計畫並說服了艾克。我是過了好幾天以後，才從駐二十一集團軍的聯絡官那裡得知。」

繼續直搗柏林——正如蒙哥馬利的說法，「合理迅速地」結束戰爭。他滿懷信心，指定九月十七日星期天，作為「市場花園作戰」的D日。他所擬訂的精采計畫，會成為整個二戰期間最大規模的空降作戰。

——

對於「市場花園作戰」，並不是每一個人都像蒙哥馬利那樣的自信，至少有一員高級將領就有理由擔心。英軍第二軍團司令鄧普西將軍不像蒙帥，並不駁斥荷蘭反抗軍報告的可靠性。鄧普西的情報參謀從這些報告拼湊出一個輪廓，顯示在恩荷芬到安恆之間，也就是空降計畫的目標區，德軍兵力正迅速增強當中。甚至有一個荷蘭人的報告，說「受創的德軍裝甲部隊，正調往荷蘭整補」。這些單位也位於「市場花園」目標區。鄧普西把這些消息，送往布朗寧的英軍第一空降軍。可是蒙哥馬利或者其集團軍參謀，並不認同這個消息。這項不祥預兆，甚至沒有列入情報摘要內。事實上，在二十一集團軍司令部佔優勢的樂觀態度下，該報告根本不受重視。

7

倫德斯特元帥冒著高風險賭注，把查根將軍被圍在加萊地區的第十五軍團救出來的舉措，現在有了顯著成效。自從九月六日起，在黑夜的掩護下，一支臨時湊合的船隊，包括兩艘荷蘭陳舊貨輪、幾艘萊茵河駁船、一些小艇、橡皮艇，在須耳德河三英里寬的河口，來來回回拚命行駛，把兵員、大砲、車輛、甚至馬匹載運渡河。

雖然位於瓦爾赫倫島上的重型岸防砲，可以防護任何來自海上的攻擊，可是盟國海軍竟放任德軍自由行動，讓後者深感驚訝。波普中將（Walter Poppe）原本預估，載運他那潰不成軍的第五十九步兵師的船隊，「會在水中炸開」。就他看來，從布雷斯肯到夫勒辛的這一小時航程，「坐在既暴露又沒有防護、烏漆墨黑的船隻裡頭，那真是最不愉快的一次經驗」。德國人猜想，盟軍完全低估了這次後撤的規模。很顯然，對方知道後撤的進行。倫德斯特和B集團軍司令摩德爾元帥兩個人，都迫切需要增援兵力且動作要快，他們有時被迫在白天過河，但很快盟軍戰鬥機便會來攻擊小型船隊。黑夜裡，不論多麼不願意，卻要安全得多。

在這段航程中最危險的一段，便是在須耳德河的北岸。那裡，會經常受到盟國的空中威脅，查根的部隊只能使用僅有的主要公路，由瓦爾赫倫島向東，越過貝法蘭半島而進入荷蘭。這條逃命的公路，有部分就在與本土相接的窄狹頸部，距安特衛普與英軍在亞伯特運河的戰線，只不過幾英里遠而已。難以理解為何英軍即使到了這個時候，依然沒有採取認真態度向北進攻、布下埋伏，把那處地峽基部切斷。這條逃生的公路一直暢通無阻，儘管遭受盟國毫無止息的空中攻擊，查根的第十五軍團終究還是——正是在蒙哥馬利「市場花園作戰」最緊要關頭——抵達了荷蘭。

第十五軍團能夠逃脫，比起運氣，有完整周詳的計畫才是原因。但現在，相反的事情發生了：出乎預料及不可預測的命運之手伸了過來。大約在八十英里外，畢特利希中將受創的精銳裝甲部隊——沙場老兵的黨衛軍第二裝甲軍（II SS Panzer Corps），到達了安恆市附近的宿營地。根據摩德爾元帥九月四日的指示，畢特利希逐步地讓黨衛軍第九裝甲師、第十裝甲師脫離戰場，進行「整補與休息」，摩德爾為其選擇了安恆。這兩個兵力減少，但卻依然獷悍的裝甲師，便在市區的北、東和南面散開。畢特利希把安恆市北和東北邊一大片長方形地帶，指定給黨衛軍第九裝甲師，全師大部分人員與車輛都配置在高地上，很輕鬆隱匿在樹木濃密的國家公園裡。第十裝甲師則在市區東北、東和東南的半圓形地區宿營。因此，兩個師都在附近——貝克卑爾根（Beekbergen）、阿培頓、祖特芬、呂洛（Ruurlo）、杜廷亨（Doetinchem）——的樹林、村落與城鎮當中偽裝、隱匿起來。兩個裝甲師都在安恆市的打擊距離之內，有些單位離郊區只有一到兩英里遠。誠如後來畢特利希所說：「摩德爾選擇安恆周圍，並沒有什麼特別的用意——只不過那是片平靜、從來沒有發生過什麼狀況的地區。」

這一遙遠、與世隔絕的地區，可能會對盟軍具有的戰略價值，顯然被忽視了。九月十一日上午，一小批摩德爾的參謀人員，被派出去——在安恆——尋找B集團軍的司令部新址。

摩德爾的其中一名參謀，三十五歲、總部的行政運輸官，賽德豪澤中尉（Gustav Sedelhauser）後來回憶：「我們去過貝克卑爾根的黨衛裝九師師部、呂洛的黨衛裝十師師部，和杜廷亨畢特利希將軍的軍部，然後又去巡視安恆。那裡有我們所需的一切條件；良好的道路網和優良的住宿環境。但還不算是我們的首選，一直開車到西邊的歐斯特貝克，這才總算是找著了。」這是一個富庶的住宅村，離安恆市中心才二點五英里，那邊有一群的渡假酒店，其中有一棟雅緻、白色的哈滕斯坦酒店（Hartenstein Hotel），擁有寬敞的月牙形草坪，延伸進入鹿群自由自在地漫遊、森林公園般的自然環境裡。另外面積較小、兩層樓、樹木蔭蔽的陶佛堡酒店（Tafelberg Hotel），則有落地窗的走廊和鑲木壁板的房間。賽德豪澤印象深刻，據他回想：「尤其是住房棒極了。」參謀立刻向參謀長克雷布斯上將（Hans Krebs）建議，歐斯特貝克是「B集團軍設立總部最好的位置」，摩德爾同意了。他決定一部分參謀住在哈滕斯坦酒店，自己則住在比較僻靜、較為平實的陶佛堡酒店。賽德豪澤中尉很開心，自從他到差以來，集團軍總部從沒有在一個地方待上過幾天，這一下子，賽德豪澤「期待會有平靜日子，也有機會把衣服洗乾淨了」。摩德爾指示，在歐斯特貝克鎮的B集團軍總部，最遲要在九月十五日以前完整運作。總部的位置距離一個廣袤的灌木、草地與放牧場大約有三英里遠，那一帶將會是英軍第一空降師九月十七日空降的位置。

第二部　計畫

1

九月十日傍晚前不久，布朗寧將軍跟蒙哥馬利元帥結束會議還不到幾個小時，布里爾頓中將便已經召開首次「市場作戰」基本計畫作為會議。軍團部離倫敦三十五英里，就在上流社會的雅士谷賽馬場（Ascot Racecourse）附近的森寧希爾公園（Sunninghill Park）裡。二十七名高階軍官擠在布里爾頓滿布地圖的大辦公室裡。布朗寧把蒙哥馬利的計畫作過簡報以後，布里爾頓告訴他們由於時間不多，「至今為止所做的各項主要決策務必維持——而且一定要立刻下達。」

這次任務極為重要，而且幾乎沒有什麼指導原則可循。以前從來不曾試過把規模如此巨大，且完整包含車輛、火砲與裝備，力足以獨立作戰的空降武力，深入空投到敵軍戰線後方去。若與「市場作戰」相比，以前的空降作戰不過是小巫見大巫，可是它們都經過好幾個月以上的規畫。如今，布里爾頓和計畫人員卻只有七天不到的時間，準備有史以來連想都沒有想過、最大規模的傘兵與機降步兵[1]的作戰計畫。

布里爾頓最擔憂的倒不是時間的問題，而是這次作戰搞不好會像之前的那些行動一樣被取消。他所屬空降部隊因長時間閒置，已經迫不及待想參與作戰，其結果就是造成了嚴重的士氣問題。幾個星期以來，在歐洲大陸的地面部隊正大獲全勝，橫掃法比。而他手下訓練精良的各精銳師，卻從前方退了下來。有傳言說勝利已近，戰爭可能在第一空降軍團加入戰局以前就結束了。

布里爾頓從不懷疑他的幕僚有能力完成這個只有一星期、緊迫的作戰準備。過去他們已經就擬訂空降計畫做過多次演練，軍團部與各師參謀，都具備高效率水準。除此以外，彗星作戰以及其他多次取消的作戰，它們的計畫方案也可以用在「市場作戰」。例如胎死腹中的彗星作戰準備工作中，負責的英軍第一空降師和波蘭第一空降旅，已經對安恆地區作過徹底的研究。然而，「市場作戰」的大部分構想，依然要大幅擴充規劃的工作——這非常耗費時間。

布里爾頓將軍表面上沉著、有信心，可是幕僚人員卻注意到他香菸一根接著一根抽。在他的辦公桌上，有一個格言框，司令時常指給參謀們看：「當一萬名士兵從天而降，他們不需要出現在很多地方，只要能夠做出無止境的傷害行為；那麼請問，那個能夠花得起錢，負責讓全國各地滿坑滿谷都站滿士兵的親王，來得及把部隊拉過來抗擊這些敵人嗎？」這是一七八四年富蘭克林（Benjamin Franklin）所寫的話。

布里爾頓對這位十八世紀政治家與科學家的觀點著迷。「即使過了一百六十年以後，」他告訴幕僚們，「這種想法還是一樣的。」可是富蘭克林卻會因「市場作戰」的規模與複雜程度而手足無措。為了要從空中進攻荷蘭，布里爾頓計畫要投下三萬五千人——將近是諾曼第登陸所使用的傘兵、機降步兵人數的兩倍。

「以迅雷不及掩耳的奇襲方式攻佔各橋樑。」布里爾頓如此說明，然後守住、保持狹窄、單一前進走廊的公路暢通，供英軍「花園」地面部隊，由比荷邊境的攻擊發起線，直達北邊六十四英里外的安恆。一共要動用三個半的空降師，其中兩個是美軍師。幾乎直接落在霍羅克斯將軍第三十軍戰車面前的是泰勒少將（Maxwell D. Taylor）的一〇一空降師，佔領從恩荷芬到費赫爾長達

---

1 編註：二戰時期的空降部隊，分為傘降與機降兩種空降模式。傘降即需要受過傘訓，利用降落傘可以在敵後降落。機降則是通過滑翔機進入目標附近，人員不需要接受傘訓，但可以攜帶更多的武器裝備同時落地。但彼此都有優勢與劣勢。

十五英里範圍內的運河與河流渡口，該師以北，是蓋文准將（James M. Gavin）經驗豐富八十二空降師，負責從格拉福（Grave）到奈美根長約十英里的區域，佔領瓦爾河與馬士河這兩條大河上的各渡河點，尤其是在奈美根那多跨連續橋，這座大橋連同引道，將近有半英里長。「市場花園作戰」最重要的單一目標，便是安恆和那條橫越四百英尺寬下萊茵河的大橋。這條混凝土、鋼架、三跨連續的公路大橋，連同混凝土的引道，幾乎長達兩千英尺。攻佔這座大橋的任務，指定給英軍和波軍——「羅伊」厄克特將軍（Robert "Roy" E. Urquhart）的第一空降師，和索沙保斯基將軍（Stanislaw Sosabowski）的波蘭第一空降旅。在「花園」部隊最遠方的安恆，就是他們的目標。沒有了萊茵河的渡河點，蒙哥馬利想光復荷蘭、側翼包圍齊格菲防線、直搗德國的魯爾工業區等這些雄心壯志都將會失敗。

要把一支這麼龐大的部隊，運到三百英里以外去，必須擬訂複雜的飛行計畫，要求建立三個獨立劃分的作業：運輸、掩護和再補給。供起飛需要的機場不得少於二十四座。布里爾頓計畫運用軍團中每一架堪用的滑翔機——這支龐大的機隊便有兩千五百架以上。滑翔機除了運送吉普車、火砲這些重裝備以外，還要空運三萬五千人部隊中三分之一的官兵，其餘人員跳傘降落。所有這些滑翔機都要檢試、分配裝載空間，裝妥裝備與軍品，準備好補充兵力。

滑翔機只是飛行計畫當中的其中一個問題而已，載運部隊與曳引滑翔機的運輸機，都得從正在補給推進中的部隊的日常任務中改撥、停飛，以便從事「市場」作戰的準備。各轟炸機中隊的空勤人員，都得為了「市場花園」攻擊之前提高戒備及任務做簡報提示。全英國各地的戰鬥機中隊——數量在一千五百架以上——都需要投入擔任空降部隊的護航任務。重要的是規劃出不易被解讀的飛行航線。畫出從英國到荷蘭的航線，以避免敵人猛烈的防空砲火，以及同樣具備危險性的飛機互撞的可能。海空救難作業、再補給飛行任務，甚至在荷蘭其他地區欺敵的假空降，都得加以計畫。依據判斷，總共在「花園作戰」中要使用的各型飛機達五千多架；而草擬計畫、到完成這支龐大機群準備，最少需要七十二小時。

布里爾頓認為，會議中最迫切的問題便是這次作戰應該在白天或在晚上實施？之前幾次的大空降作戰，都是在月光下實施。可是半明半暗的天候曾經導致尋覓降落地區的混亂、部隊不能集中，和造成不必要的死傷。軍團司令宣布，這次大規模空降突擊，要在光天化日下進行。這是一項史無前例的決定，在空降作戰史上，以這種規模作白晝降落，從沒有實施過。

除了想要避免混亂以外，布里爾頓還有其他的理由，擬定實施「市場作戰」的這一個星期沒有月色，因此大規模的夜間空降根本不可能。除此以外，布里爾頓選擇白晝攻擊，因為這是在二戰期間首次可以這麼做。盟軍戰鬥機在戰場上獲得了壓倒性的空中優勢，這時德國空軍的干擾實際上已不存在。但是德軍有夜間戰鬥機，在晚上空降，德國空軍對上一隊隊飛行緩慢的運輸機和滑翔機，或許是毀滅性的殺傷力。另外一項考量便是德軍的高砲火力。進入「市場」空降區的航路，在高砲標示圖上都是星羅棋布的防空火砲陣地。圖表是根據偵察機的照片，以及飛往德國、途經荷蘭的轟炸機空勤人員的回報而來。這看上去很可怕——尤其是滑翔機除了駕駛艙外，沒有裝甲的保護，運輸傘兵和曳引滑翔機的C-47，都沒有自封油箱。儘管如此，布里爾頓還是認為，敵人的高砲陣地，可以在轟炸與攻擊階段，集中轟炸機與戰鬥機的火力加以壓制。更何況大多數高砲都由雷達指揮，因此高砲在天黑以後的威力與白天一樣。不論白天還是晚上空降，都估計會有損失。還有，除非天氣惡劣和強風干擾，空降部隊在白天攻擊，幾乎可以高精準度降落在著陸區，確保走廊地帶裡的空降部隊可以迅速集結。「這些優點，」布里爾頓告訴所屬部隊長，

「遠遠超過了各種危險。」

布里爾頓最後宣布，這次龐大的作戰行動，他指定自己的副司令，現年四十七歲、過分嚴謹的布朗寧中將（Frederick "Boy" Browning），英軍第一空降軍軍長擔任總指揮。這是一項非常好的抉擇，雖然使軍團中另一位軍長——十八空降軍軍長李奇威少將很失望。布朗寧是一直以來被指定擔任已取消的「彗星作戰」的指揮官。該行動規模雖小，也只使用英軍和波軍部隊，但在作戰觀念上與「市場花園」作戰很類似。在蒙哥馬利草擬的新一輪擴大實施、富有創意的作戰計畫中，美軍傘兵會首次在一位英軍空降指揮官麾下作戰。

布朗寧對出席會議的空降部隊的指揮官們，傳達了樂觀的結論。他以虛幻的信心結束談話，這經常使他的部下以對待英雄人物的眼色看待他。他的參謀長沃契准將（Gordon Walch）回憶：「布朗寧將軍興致勃勃，非常欣慰我們終於要出發作戰了。『我們的目標，』他說，『是由空降部隊在前方打開通路，好讓我們的地面部隊通過。』他深信這單一行動將會是決定二戰結束時間早或晚的關鍵所在。」

布朗寧的熱情感染各人，結束大型會議以後，再召開一整夜的小型參謀會議。少數幾個軍官察覺到，布里爾頓和布朗寧之間有某種潛在的摩擦存在。第一空降軍團成立時，英國人就滿懷希望，期待他們最資深的空降權威，以及運用傘兵的先驅——布朗寧，能身踞高位，當上軍團司令。但這支剛編成的軍團裡，美軍部隊在人數與裝備上都佔了多數，這個令人稱慕的職務因此落在一名美軍將領身上——布里爾頓。

資歷上，布朗寧比布里爾頓還要資深六個月。雖然布里爾頓是一位出色的戰術空軍軍官，但以前從來沒有擔任過空降部隊的指揮官。除此以外，兩個人的個性也差得很遠。布里爾頓一戰時是個飛行員，二戰時的戰績也很輝煌，起先在遠東和中東，後來又擔任駐英第九航空軍司令，他為人不屈不撓、率直，可是他的熱情卻被安靜，平靜的風度所掩飾。現在，布里爾頓著手進行令人讚嘆的任務，他以塑造了美國職業軍官的特質——果斷、勇往直前的方式來處理。

布朗寧是個來自禁衛擲彈兵團（Grenadier Guards）的軍官，也是個完美主義者，同樣堅決要證明傘兵的價值。但在此之前，他從來沒有指揮過軍級的空降單位。與布里爾頓相比較，「小伙子」[2]布朗寧多少是位出色人才，為人風雅、儀容整潔，帶著一種自在有把握的態度，常常被人誤以為跋扈。不但美國人這麼想，連有些他自己的長官也是如此。雖然喜怒無常，有時又過於急躁，但無損他作為一名空降理論家在他的崇拜者眼中傳奇性的聲望。但他依然缺乏某些將領——像英國第六空降師師長格勒將軍（Richard Gale），以及美軍空降老兵蓋文、泰勒——的作戰經驗。而且，他是否有空降指揮官中最有經驗的李奇威將軍般高強的行政才能，也還有待證明。

幾天以前才發生了一件事，說明了布里爾頓和布朗寧之間的差異性。九月三日，布朗寧向布里爾頓抗議，說在下令預告三十六小時之後就要發動空降攻擊的危險性。自諾曼第D日登陸以來已經有十七次的空降作戰做了準備且取消的。布里爾頓掌管職務的三十三天中，由於他求戰心切，幾乎在每一週都可以完成一次作戰計畫的速率。但沒有一次是真正派上用場的。布朗寧眼看著空降計畫的人量產出，心裡卻是擔憂著它們的倉促以及連帶的危險性。當「紅雀一號作戰」（Operation Linnet I）——在英軍進入比境以前空降——於九月二日取消，布里爾頓很快就發現，

2 編註：Boy，布朗寧多個外號中的其中一個，但這是他終身為人所知的外號。原因是因為他的樣貌比實際年齡還要年輕之故。

在這支疾進大軍前出現的新目標，建議「紅雀二號作戰」（Operation Linnet II），於九月四日早晨發動，代替原有的攻擊。

據布里爾頓之後對這件事的回憶，「布朗寧對實施『紅雀二號作戰』相當激動，說嚴重缺乏情報、照片，尤其是地圖。因此，『小伙子』表示，他無法對所屬好好地做任務提示。」布朗寧主張，空降作戰「不應該試圖在這麼短的時間預告下實施」。原則上布里爾頓很同意，不過他告訴布朗寧：「敵軍正在瓦解中，要把握這種機會。」兩個人各執一詞，最後布朗寧強硬地宣稱，要以書面提出抗議才結束了對話。幾個小時以後，他的函件就來了。由於「我們意見之間的明顯差距，」布朗寧寫道，他再也不能「繼續擔任第一空降軍團副司令一職」。布里爾頓一點也不退縮，立刻開始考慮布朗寧的繼任人選。他先是通知李奇威將軍「待命接任」。這個需要小心處理的問題，在「紅雀二號作戰」取消時解決了。隔天，布里爾頓說服布朗寧把辭呈撤回。

如今兩個人把歧見放一邊，共同面對「市場作戰」龐大、複雜的準備工作。不管有什麼異議，面對當前的任務，布朗寧的意見也只能退居次要。

有一個決策是布里爾頓在任務初始會議中無法決定的。究竟要如何才能將打開通路的空降部隊投送到預定作戰目標區。除非這個最大的問題得到解決，否則各級指揮官就無法擬訂詳細的計畫。事實上，空降部隊的機動力，是來自於載運他們的運輸機。除了滑翔機以外，布里爾頓本身並沒有運輸機。為了要達成奇襲，最理想的計畫就是把「市場作戰」的三個半師，在同一天同一個時間內在各空降場降落。可是這次作戰的龐大規模，使得以上設想成了不可能。當時飛機與滑翔機都極度短缺，運輸機只能再多飛一趟來補足；其他因素也迫使要採取不同的解決辦法。每一個師都有各自不同的作戰要求。譬如說，載運泰勒將軍一〇一空降師的運輸機隊，最主要是人員酬載多於裝備，以便攻擊一開始，該師能執行指定的任務，以在任務最初幾小時，就能與「花園」部隊會師。同時，一〇一師也要迅速與走廊北面的八十二空降師會師。八十二空降師不但必須佔領馬士河、瓦爾河上的各處重要橋樑，同時還要守住西南邊的赫魯斯貝克高地，該處因為地勢關係，能夠阻擋德軍前進。蓋文的特定任務也有特別需求。由於八十二空降師在會師以前的作戰時間較一〇一師長，蓋文不但需要部隊，而且還要火砲。

更往北是厄克特將軍的英軍第一空降師，需求又不同了。第一空降師要守住安恆大橋直到換防為止。運氣好的話，德軍的反應如果很遲鈍，便足以使盟軍裝甲部隊能夠在敵軍兵力真正加強以前，增援武力單薄的英軍。可是除非霍羅克斯的戰車抵達，否則厄克特的官兵就得挺下去。厄克特不能因分兵南下與蓋文會師，而分散了本身的實力。第一空降師是在空降走廊的最北邊，也就要比任何其他部隊挺得更久。因為這個原因，厄克特的兵力最大。該師除了波蘭傘兵以外，還配屬了五十二低地師（52nd Lowland Division）。該師一等到安恆的著陸場選定、準備妥當之後，便立刻空運前往。

十一日早晨，經過忙碌的一晚，對可投入攻擊的飛機數量評估、分析以後，美軍第九空運指揮部司令威廉斯少將（Paul L. Williams），也是這次「市場作戰」航空行動的負責人，向布里爾頓提出了他的評估。他報告說，由於滑翔機與運輸機的嚴重缺乏，即令竭盡全力，在D日當天，充其量只能輸運布里爾頓全部兵力的一半。重要物資，諸如火砲、吉普車和其他大型裝備等安排滑翔機運送的部分，只能在極其嚴格的優先順序的基礎上包括進去。布里爾頓敦促威廉斯設法在D日飛兩趟任務，可是這種提議根本行不通。「由於白晝時間的減少，以及涉及的飛行距離，」威廉斯少將說，「是不可能在一天之內實施超過一次以上的空運。」他指說那太冒險，這樣將沒有時間做飛機的維修與損害管理，幾乎可以確定「這樣會使飛行員與機組員疲勞，進而造成傷亡。」

由於受到飛機短缺、時間不足的限制，布里爾頓作了個局部的概要評估。對荷境橋樑與地形的空中偵照，需要整整一天。準備與分配任務區地圖，又一定要花兩天。同時還有情報的蒐集與分析，詳細戰鬥計畫的擬訂。最攸關大局的一個決策：布里爾頓被迫修改「市場作戰」，以對應現有的空運能力。他只能分批運送部隊，在三天之內，把三個半師兵力空運到目標區。風險會很大：德軍增援兵力可能比料想更快就抵達「市場花園作戰」地區；高砲火力可能增強；出現惡劣天氣的可能也一直存在。在一年中的這段時候，濃霧、強風和突如其來的暴雨都很可能發生——災害就會發生。

更糟的是，傘兵和滑翔機載運的步兵一旦落地，沒有重砲或者戰車支援就會非常脆弱。除非布里爾頓的部隊守住各座橋樑，保持這條狹窄前進路線的暢通，否則霍羅克斯第三十軍的裝甲縱隊，就無法對安恆以及更遠地區，一口氣作六十四英里的長驅直入。反過來說，與空降部隊的會師要以最快速度完成。深入敵後遠處的空降部隊，就得靠空運補給支援。他們將會面對每一天都有增援兵力加入的德國守軍。陷入困境的士兵最多只能在他們的「空頭堡」堅持幾天。假使英軍的裝甲部隊突進被擋住，或前進速度不夠快的話，空降部隊不可避免將招致擊潰、殲滅。

還有更可能出錯的事，如果泰勒將軍的「嘯鷹」師，沒有佔領英軍第二軍團先鋒戰車部隊正前方的橋樑，那麼蓋文將軍的部隊是不是佔領得了奈美根的目標，厄克特的官兵是否固守住安恆的目標，也都無關緊要了。他們的兵力將會被孤立。

有些空降作戰特有的危險是必須承受的：部隊也許降落在錯誤地區；攻擊一開始，各處渡河點就先被敵軍炸毀；惡劣天候會使空中再補給不可能實施；即使任務橋樑都守住了，打擊走廊的任何一處地點或許會被截斷。這些都無法預料，計畫人員賭的是速度、大膽、精確和奇襲——所有這些變因都得出自於一個地面與空降作戰配合得天衣無縫的計畫，而這個計畫又是賭上德軍的解體和薄弱的兵力。「市場花園作戰」的每一個環節都互相連結在一起，一旦有其中一個出了紕漏，禍害就可能影響全局。

布里爾頓認為，這些都是一定得承受的危險性。機會或許永遠都不會再出現。除此以外，根據蒙哥馬利第二十一集團軍有關敵軍兵力的最近情報資料，空降軍團各級司令部依然覺得他們足以應付「雜湊成軍、水準不一的敵軍」。預料不會有「任何旅級（約三千人）以上的機械化部隊」，在「與地面部隊會師以前，德軍能集中不多的火砲與戰車抵抗空降部隊」。盟軍只認為「飛行與降落階段很危險，完整佔領目標橋樑是要靠突襲和迷惑敵軍，而非硬仗。」沒有任何一件事情，是計畫人員沒有想過的。情報摘要的最後一段似乎是畫蛇添足——「假如空降作戰成功，地面部隊的前進會極為迅捷。」

——

布朗寧將軍的第一空降軍司令部中的樂觀氣氛，深深困擾著烏庫霍特少校（Brian Urquhart）。二十五歲的情報科長認為，他或許是司令部各參謀人員當中，唯一對「市場花園作戰」有所疑慮的人（他與英軍第一空降師師長厄克特沒有任何親戚關係）。他根本不相信每天從蒙哥馬利第二十一集團軍司令部發下來，有關敵軍兵力的樂觀判斷。九月十二日星期二早上，距D日只有五天，他對「市場花園」的懷疑程度幾近於恐慌。

觸發烏庫霍特這種感覺的，正是鄧普西英國第二軍團司令部一封慎重的電文所引起。引用自荷蘭人的報告，鄧普西的情報官警告說，「市場花園地區」中的德軍兵力正在提升，而且說有「受創後的裝甲部隊出現，相信是在荷境進行整補」。固然這項消息很含糊，由於缺乏任何證據，鄧普西的報告，在艾森豪或者蒙哥馬利總部的情報摘要中都沒有列入。烏庫霍特不明白這是怎麼一回事。他從司令部的荷蘭聯絡官那裡，也得到了類似使人不安的消息。他跟鄧普西的參謀一樣，相信這個情報。加上他自己的情資，烏庫霍特少校有理由確定，至少有兩個裝甲師，正在安恆某處。證據很薄弱，番號未經查明，兵力又不清楚，他也說不上敵軍究竟是進行整補呢，或者只是路過安恆。儘管如此，烏庫霍特後來回憶，「真的非常震驚」。

自從「彗星作戰」以來，並進化成為「市場花園作戰」之後，烏庫霍特少校的畏懼一直有增無減。他一再把自己反對這次作戰的意見，說給「任何願意聆聽的參謀」。他直言不諱地對「『市場花園』表示害怕。它的弱點是在於盟軍似乎斷定了德軍不會作有效抵抗」。烏庫霍特則認為，德軍正迅速復元。他們在荷蘭或許會有更多比人們料想到的兵員及武器。他認為，這個計畫的整個要點，「完全依賴一種難以信服的見解，說一旦攻佔了各處橋樑，三十軍的戰車就能衝上這條窄得要死的走廊——只不過比堤道要寬一點，根本無法機動展開——闖進德軍陣地中去，就像新娘子走進教堂沒有兩樣。我根本不相信德軍會屁滾尿流，就此請降。」

在計畫會議上，烏庫霍特少校見到「大家都極力要讓空降部隊投入作戰」，就更警覺了。人們經常把當前的情況，與一九一八年德軍的崩潰相比。他記得布朗寧，或許是反映蒙哥馬利的看法以及「其他一些英軍將領，正想著要來另一次的大突破」。以這位憂心忡忡的情報科長看來，四周的人都以為戰爭會在冬季以前結束，「安恆攻勢或許是空降部隊進入作戰的最後機會。」一提到「市場花園」時，常有的輕鬆比喻更讓他膽顫心驚——「人們談起這次作戰就像是『開派對』，」尤其，布朗寧宣布空降部隊攻擊的目標，是「用空降部隊在主力部隊面前做開路先鋒，好讓我們的地面部隊通過」更使他震驚。他認為「那種陳詞濫調的心理效果，使許多指揮官陷入被動和一點想像空間都沒有的狀態。對於德軍的抵抗除了頑強的勇氣之外，沒有任何別的反應。」他認為各級司令部的氣氛是不切實際，他在一次計畫會議上，問到：「那個『開路先鋒』是活生生的、還是死翹翹的空降部隊所構成？」

烏庫霍特後來談及，「要他們面對狀況中的現實是絕對不可能的事，人們熱切盼望在戰爭結束之前投入戰鬥的私人情感，蒙蔽了他們的雙眼。」但是年輕的烏庫霍特認為鄧普西的警告很正確，他相信德軍裝甲部隊就在安恆附近；可是要使報告言之有物，還需要更多的證據。他知道在牛津郡本森市（Benson, Oxfordshire）附近，駐有一個噴火式戰鬥機中隊，配備特種傾斜式照相機，目前正在荷蘭海岸一帶飛行，偵察火箭陣地。

九月十二日下午，烏庫霍特少校向皇家空軍申請在安恆地區作低空偵察飛行。為避免被偵察，敵軍戰車會隱匿在樹林裡或者偽裝網下面，以躲過高空偵照。他的要求獲得批准，偵察中隊會在安恆地區作低空偵察飛行，盡快把空拍照片給他。如果那裡有戰車的話，就證實了烏庫霍特少校心中的擔憂。

——

在這個節骨眼，已經沒有多少時間讓各空降師師長參閱情資報告了。他們都依賴軍部、第一空降軍團司令部作最近期的研判。每一位師長都曉得，依據過去的經驗，這些消息到手時，都已經過時了好幾天。可是在全面性的研判來看，依然沒有理由推斷敵人會有什麼強力的抵抗。結論就是，「市場花園」當中所帶來的風險，被認為是足以承受的。

布里爾頓和布朗寧的計畫一旦概略成形，選定了目標、確認了空運能力之後，每一位指揮官便著手草擬本身的作戰計畫。首先，必須以空投區和著陸區作為優先考量。根據過往的行動，有作戰經驗的空降指揮官都曉得，作戰的成功機率，全靠攻擊部隊空投時，距離目標遠近而定。最理想是他們幾乎在目標上落地，或者在一段急行軍的距離內攻佔一座橋樑。地面的運輸車輛極為缺乏，對這些目標作精準著陸極為重要。

泰勒將軍非常清楚，這些空降點的選擇，要能發揮最大威力。在D日那天，他的「嘯鷹」師兵力大部分都會空降，而工兵、砲兵和大部分的車輛，要在D日後一到兩天之內才會到達。經過研究這條走廊的最南端，也就是一〇一空降師所要扼守由恩荷芬到費赫爾的地段，泰勒很快就察覺這條綿延十五英里的公路上，他的師必須佔領兩座運河大橋，和不少於九座公路與鐵路橋樑。在費赫爾鎮，越過阿河（River Aa）和威廉運河就有四座橋，其中一座是運河大橋。在南面五英里的聖峨登諾德鎮，一座跨越下洞美爾河（Lower Dommel）的橋要佔領；距那裡四英里的松村（Son），又有一條越過威廉明娜運河（Wilhelmina Canal）的大橋；往西去，接近貝斯特村（Best）又有一座；更往南五英里的恩荷芬，要拿下跨過上洞美爾河的四座橋樑。

泰勒細察在恩荷芬到費赫爾之間一段平坦的地形，當中有曲折的水道、水圳河床、水壩，還有三線鐵路，便決定把主要降落區，選在差不多是一〇一師攻擊地區的正中央，距離松村不到一點五英里的森林邊緣，約略與恩荷芬和費赫爾距離相等。在那裡，該師空降兩個團——五〇二傘兵團[3]和五〇六傘兵團。五〇二團負責攻佔聖峨登諾德和貝斯特，五〇六團佔領松村和恩荷芬。

第三個團——五〇一傘兵團，則在這兩個團以北、費赫爾以西跳傘，距四座重要的大橋，都在幾百碼以內。該師官兵要在沒有支援部隊輔助下，於D日當天達成以上艱鉅任務。泰勒認為：「走運的話，我們可以辦得到。」

八十二空降師的任務更是錯綜複雜。它那十英里長的地段，比一〇一師還要寬，位於走廊中段的格拉福鎮，是跨越馬士河的一座長一五〇〇英尺、九跨連續的大橋；連接馬士河與瓦爾河的運河上，至少還有四條比較小的鐵公路橋樑要加以佔領。在九萬人口的奈美根市中心，那座越過瓦爾河的大橋，也是主要目標。除非把奈美根市外東南兩英里、控制全地區的赫魯斯貝克高地拿下來，否則就守不住了。還有在東邊沿著德國邊境，是一塊龐大的森林——帝國森林（Reichswald）——那裡可能是德軍集結發起攻擊的所在。蓋文將軍向師部軍官解釋八十二師被賦予的任務時，師參謀長韋內克上校（Robert H. Wienecke）抗議說：「我們需要兩個師才能全部做到。」蓋文簡潔的說：「就這樣了，我們只打算用一個師完成。」

蓋文記起八十二師在西西里島和義大利空降時，他的部隊分散遠離降落區有時候達三十五英里遠（該師的日常笑話：「我們一直用瞎了眼的飛行員」）。這一回，蓋文決定要全員直接降落在各自的目標附近。依據優先順序他決定目標如下：第一，赫魯斯貝克高地；第二，格拉福大橋；第三，馬士-瓦爾運河各渡河點；第四，奈美根的瓦爾河大橋。「由於敵軍或許會很快有所

3 編註：Parachute Infantry Regiment，經常以PIR簡稱，是以跳傘的方式空降到目標區執行任務。每一個空降師有三個傘兵團，再加一個機降步兵團構成主要的作戰兵力。後者的番號以三開始，如一〇一師的是三二七團。

反應，」蓋文後來回憶，「我決定把主力落在赫魯斯貝克高地和帝國森林的中間。」他選擇了兩個降落區，都在赫魯斯貝克高地附近，一個距離不到一點五英里，另一個在奈美根西南方三到四英里處。這兩地由五〇八團、五〇五團，再加上師部參謀跳入。而第三個團——五〇四團要在赫魯斯貝克高地西側跳傘，正在馬士河和默茲-瓦爾運河間的三角地帶裡，東端一英里是格拉福大橋（Grave Bridge），西邊距默茲-瓦爾運河的橋樑兩英里。為了確保攻佔重要的格拉福大橋——該橋可能準備被爆破——他在計畫中再加一段，把五〇四傘兵團的一個連，在大橋西端半英里處降落。趁敵軍來得及反擊以前，五〇四團將從大橋兩端一擁而上。

顯而易見，奈美根大橋是蓋文將軍各目標中最為重要的一個，也攸關整個「市場花園」關鍵之所在。但是他也很清楚，其他目標沒有成功佔領的話，這處瓦爾河渡河點本身也毫無用處。布朗寧同意他的看法，假如頭一批橋樑沒有拿下來，或者敵軍守住了赫魯斯貝克高地，「花園」部隊的這條走廊就無法打通。因此布朗寧特別指示蓋文，除非首要目標都已經確實到手，否則可別打算對奈美根大橋發動攻擊。P

蓋文雖然對部隊的大範圍散布感到擔憂，但對計畫還是很滿意。只有一件事讓他煩惱，也同時困擾著泰勒。除非D日加一及加二天內，該師支援部隊按時抵達，否則部隊在建制上的不完整，他不知道部下——他們這時對「市場花園」還一無所悉——會有什麼反應。然而，久經沙場的八十二空降師，士氣依然像以往般高昂；很多官兵都已經執行過三次戰鬥跳傘。「跳傘吉米」（Jumpin' Jim）[4]蓋文，三十七歲，是美國陸軍中最年輕的准將。毫無疑問，自詡為「平均法則下的亡命之徒」（fugitives from the law of averages）的該師官兵，絕對可以達成任務。

至今最困難、也最危險的任務，指派給了謙虛、沉默寡言的專業軍官。他是指揮英軍第一空降師和配屬的波蘭傘兵旅，四十二歲的厄克特少將。

跟布朗寧以及美國同僚不同，厄克特是一位高度專業的軍人，在北非、西西里和義大利，都有傑出的戰功，卻沒有空降作戰的經驗。這也是他頭一遭在戰場上指揮空降師。布朗寧選中他，為的是他「作戰勇猛」，可是厄克特對這項任命深感意外。他一直認為空降部隊是一個「緊密的組織，封閉的小圈子，相當排外」。然而，厄克特對於領導這支菁英部隊有相當信心。只要部隊到了地面，基本的作戰原則還是一樣。他把這個空降師，以受過「極高度訓練的步兵部隊」來看待。

儘管他有豐厚的作戰經驗，有一件事卻讓厄克特很困惱。他從來沒有跳過傘，也沒有坐過滑翔機。據他後來提及：「我甚至很容易暈機。」九個月前，也就是一九四四年一月接任以後，他曾經向布朗寧建議，作為新任師長，他應該去接受傘訓。對厄克特留有深刻印象的布朗寧認為，他是「身段柔軟、完美無缺的人物，但外表卻像個靜不下心的老鷹」。布朗寧指出，厄克特的工作，是使該師完成進攻歐陸的戰備。布朗寧看著這位身高六呎、體重二百磅的蘇格蘭大漢，補上一句：「讓小伙子去跳傘吧，你不但塊頭太大，而且你年紀也不小了。[5]」

在那漫長的幾個月訓練期間，厄克特「時常覺得自己是個局外人、部隊裡的菜鳥」。他很清楚「自己正受人密切注意，不是敵意的那種。雖然有些空降軍官還有些含蓄，少數幾個卻根本懶得掩飾。我好像是站在法庭上，自己的一言一行都受人評斷，這不是一個值得羨慕的職位，但

4 編註：蓋文的暱稱，因為豐富跳傘經驗而得來的外號。
5 原註：兩人第一次見面時，厄克特依然掛著准將軍階，穿著緊身的蘇格蘭花呢長褲和高地師的靴罩。會面結束以後，布朗寧指著厄克特的褲子說：「請你也去準備正式的服裝，以及丟掉這些花格褲。」

我已經接受了。」漸漸地，厄克特有信心確實能夠指揮得動第一空降師，並取得軍官們的信任。至於在基層之間，聲望之好還超出了他所知。第一空降師第一傘兵旅的二等兵西蒙斯（James W. Sims），回想起「師長的無上信心和鎮定沉著」。師部的瑞特上士（John Rate），印象中則是「師長不論什麼工作都能完成。他不會要求別人來做他的工作，而且他也受不了儀式性場面。」通訊兵皮爾斯（Kenneth John Pearce）稱他是「了不起的大塊頭，他稱我們『小子』，如果是他認識的人的話，就叫我們的小名。」滑翔機駕駛員團（Glider Pilot Regiment）的哈奇上士（Roy Ernest Hatch），對厄克特更是讚頌備至。哈奇斷然聲稱：「他是一位了不起的師長，就算要他去幹上士的工作他都不介意。」

使厄克特喪氣的是，諾曼第登陸時第一空降師沒有上場，「整個夏天就那樣過去了，計畫了一次又一次的作戰，卻只見到取消、取消」。到了這個時候，他的「紅魔鬼」（Red Devils）人人都「渴望一戰」，但他們幾乎是放棄了。第四傘兵旅的鮑威爾少校（George S. Powell）回想當時：「我們自稱是『空等師』（The Stillborn Division），看來我們被當成是勝利大遊行的預備隊。」厄克特則認為：「我們的生活被混雜著危險的厭倦與譏誚給慢慢地滲透了進來。我們已經訓練到最好的狀態，如果不立刻投入作戰，就會損失掉這種能量。我們已經準備妥當以及欣然接受任何任務，包括任何『假設性』的任務都在內。」

厄克特的目標——「市場花園」的最終目標——是安恆市下萊茵河上那座混凝土與鋼架混建的公路大橋。此外，第一空降師還有兩個次要目標：附近一座浮舟橋，還有河流上游距市區以西二點五英里處的雙軌鐵路大橋。

厄克特的任務有一連串的麻煩，其中兩個尤其使人憂心。這帶地區回報有密集防空砲火，有證據顯示敵軍的這些部隊就在安恆大橋附近集結。要把所屬的英軍和波軍傘兵，完整空運到目標區需要三天時間，這也使得厄克特放心不下。這兩個問題對厄克特的著陸區選擇有直接關聯。不像八十二師和一〇一空降師，他無法選擇在主目標或甚至靠近它的地方著陸。最理想的狀況，他應該讓部隊分別降落在接近安恆大橋以及前後兩岸的位置。可是，厄克特目標區內的地形一點都不理想。渡河點北面的引道，直接進入人煙稠密、建物林立的安恆市中心；根據情報，南面引道則是低窪開拓地，過於潮濕，不宜於傘降或機降。「師內很多指揮官，」厄克特回憶說，「都十分願意降落在南面，哪怕它是沼澤。當然，也有些人準備冒受傷的危險，在北面跳傘——落在市區裡。」

前一個星期從其他任務歸航的轟炸機空勤人員報告，說在安恆大橋附近以及北面七英里的代倫機場（Deelen Airfield），防空砲火增加了百分之三十。因此，皇家空軍的長官們強烈反對他們預定派出要去拖曳空降師滑翔機的任務，過於靠近安恆大橋。如果著陸點決定在接近大橋南端的地方，拖曳機放開滑翔機後向北掠過，就會闖入機場上空的猛烈防空砲火。向南轉也好不到哪裡去，可能和十英里外、在奈美根上空載著八十二師跳傘的運輸機發生碰撞的危險。厄克特可真是左右為難。他不能硬要皇家空軍把他的部隊運到大橋附近，也不能選擇安恆市外距離較遠的空降場。那麼做，將面臨所有各種的風險——耽誤、失去了奇襲性、德軍可能的反抗等。這些風險是多重的，因為在D日這天，厄克特師只有部分的兵力。「我的困難就是要在第一輪空運，派足夠的兵力落下去。」厄克特回想。「不但要佔領市中心的那座大橋，而且還要警戒、守護供後續空運部隊使用的空降場。第一天派去佔領大橋的部隊，已經減少到只有一個傘兵旅的兵力了。」

面對這些限制，厄克特便向布朗寧請求撥更多的飛機。他向軍長報告，以他看來「美國人所要的樣樣都有了」。布朗寧不以為然，他要厄克特放心，飛機的分配「完全根據優先順序，而不是任何高階層美國人的壓力。」他解釋說，整個作戰必須從南至北加以策畫，「由腳到頭」，在走廊南段和中段的各處目標，一定「要先行佔領，以便地面部隊通過；否則的話，第一空降師就會被殲滅。」

布朗寧的司令部，是在摩爾高爾夫球場的俱樂部裡，離厄克特的指揮車不遠。厄克特在地圖上仔細端詳、思索狀況。在安恆北邊有些開闊地區，是在一座國家公園內，可是都太小了，地形也不適合。這些地點充其量只適宜小部隊跳傘，但滑翔機卻不行。唯一可以替換的方案就是在安恆西和西北，一片海拔二百五十英尺的草地和牧場，四周都是松林，地方非常寬敞。草地地質結實平坦，傘兵和滑翔機降落最理想。那裡在各方面都很理想——除了，這裡離安恆大橋有六到八英里遠。面對著皇家空軍持續反對在鄰近大橋的地方空降，厄克特只有勉強選擇了這些遙遠的地點。「一點辦法都沒有，」他回想，「只有接受風險、完成計畫，我沒有選擇餘地。」[6]

九月十二日，厄克特的計畫準備完畢。在地圖上畫出五處橫在安恆到阿姆斯特丹的鐵路線兩旁、在安恆西北大約四英里的沃爾夫海澤村附近的空降場。三處位置在村北，兩處在村南。南面的兩處在一起，形成了一處不規則的盒狀面積，佔地約一平方英里。所有這五處離安恆大橋至少都在六英里以上。最遠的，便是在西北邊的沃爾夫海澤村，大約八英里。

D日當天這兩個旅將投入作戰，希克斯准將（Philip "Pip" Hicks）率領的第一機降旅（1st Airlanding Brigade），負責把守各空降場；路斯白里准將（Gerald Lathbury）的第一傘兵旅則直撲安恆，攻佔公路、鐵路與浮舟橋。先鋒部隊是由吉普車和機車組成的機動化偵搜中隊。厄克特全靠高福少校（C. F. H. "Freddie" Gough）這支高度專業化的兵力。偵搜中隊官兵共有兩百七十五人，分成四個分隊[7]——這是英國陸軍中唯一這種型態的單位——衝抵公路大橋加以固守，一直到旅主力部隊到達為止。

第二天，也就是D日加一天，海克特准將（John "Shan" Hackett）的第四傘兵旅也應該到達，同行的還有機降旅的其餘部隊。第三天，索沙保斯基少將的波蘭第一傘兵旅著陸，厄克特為波軍選定在第六個空降場降落。因為預期在D日後兩天，厄克特部隊會攻佔大橋，德軍各防空砲連都已摧毀，波軍可以在下萊茵河南岸、安恆大橋南端一英里的艾爾登村（Elden）附近降落。

儘管必須承受各種風險，厄克特還是覺得很有信心，認為自己有了「一次合理的行動和一個良好的計畫。」他以為，人員傷亡或許「會在百分之三十左右」。考量到這次行動的複雜性，他並不認為這種代價會太高。九月十二日傍晚，他向所屬各級指揮官做任務提示。厄克特記得，「似乎每個人都對這個計畫很滿意。」

然而，一位指揮官卻有重大的疑慮。波蘭第一傘兵旅旅長，瘦削、五十二歲的索沙保斯基少將，十分確信將「會有一場苦戰」。這位前波蘭戰爭學院的教授第一次知道「彗星作戰」時，就已把自己的立場告訴厄克特和布朗寧。那一次他要求厄克特下達書面命令給他，如此「我不用為這場災難負責」。他跟厄克特一起去見布朗寧，告訴他「這項任務不可能成功」。索沙保斯基回

6 原註：滑翔機駕駛團團長查特敦中校（George S. Chatterton）記得，他想要的是奇襲式的攻擊，「一支五、六架滑翔機載運的部隊，降落在大橋旁邊就可以一舉攻佔。我看不出有什麼理由辦不到，可是顯然沒有人看得出有這種需要。我還清楚記得，因為我作了這種建議，被人稱為是嗜血的兇手和殺手。」

7 編註：英國陸軍編制上還保留的傳統，營下轄中隊（Squadron），中隊轄分隊（Troop）。中隊一般是指連（主官為少校），分隊是指排。

憶，布朗寧問道願聞其詳，「我告訴他，以我們現有的兵力試圖這麼做是自殺行為。而布朗寧回答：『可是，我的索沙保斯基老兄，紅魔鬼和英勇的波蘭人任何事都辦得了啊！』」

如今，一星期過去了，他又在聆聽著厄克特的簡報。索沙保斯基認為，「英國人不但大大低估了安恆地區的德軍兵力，而且似乎還忽略了安恆對他們祖國的重大意義。」索沙保斯基相信，對德國人來說，安恆代表「到德國的大門口，我不認為德國人會讓它敞開無阻」。他也不相信「那一帶的部隊素質低落，四周只有少數受損的戰車擺著」。當厄克特召集幾位旅長開會，告訴他第一空降旅要空投「在距離目標至少六英里遠」的地方，更是讓他感到震驚。要到達大橋，部隊主力要「行軍四小時，那又怎麼能達成奇襲？德軍中任何一個笨蛋都會馬上知道我們的計畫。」

計畫中還有一部分索沙保斯基很不喜歡。波蘭旅的重裝備和彈藥，都由滑翔機在前一次空運運載過去。因此他的堆積所會在北邊的某個空降場，而部隊卻在南岸降落。如果波軍跳傘落地時，大橋還沒有到手那又該怎麼辦？厄克特陸續講解計畫說，如果那時大橋依然還在德軍手裡，波軍傘兵就要把它拿下來。聽到後，再次使索沙保斯基目瞪口呆。

索沙保斯基儘管憂心忡忡，九月十二日作簡報時，他依然默不作聲。「我記得厄克特問大家是否有問題，沒有人提出來，」他回想當時，「每個人都滿不在乎地坐著、翹起二郎腿，看起來都很無聊的樣子。我打算對這個不可能的計畫說點什麼，可是卻不能這麼做。我當下已經不受人歡迎，再說一次誰又會聽呢？」

後來，各級指揮官在布朗寧的軍部對整體空降作戰做檢討時，其他人也對有關英軍行動的部分，表示深重的憂慮，但也都是保持沉默。八十二師師長蓋文准將，聽到厄克特選擇的著陸地點時，好不吃驚，然後對他的作戰科長諾頓中校（John Norton）說：「我的老天爺，他不是真的吧。」諾頓也是同樣吃驚，「他真要這麼幹，」他冷冷說道，「不過要試試看我也不在乎。」蓋文認為，「寧可一開始在大橋上空，或在鄰近大橋降落，並且造成百分之十的傷亡，也總比冒險到遠處的空降場著陸」要好得多。他「很驚訝布朗寧並沒有質疑厄克特的計畫」。蓋文依然沒有說什麼，「就我來看，英國人有豐富的作戰經驗，絕對清楚知道自己在做什麼。」

2

黨衛軍少校克瑞夫特（Sepp Krafft）只要能避免的話，就不打算再搬家了。過去幾個星期，他這個兵力不足的第十六黨衛裝甲擲彈兵野戰補充營（SS Feldersatz Bataillon 16）[8]，已經奉令在荷蘭境內來來回回調動了五次。現在，剛過了五天，又奉令遷出歐斯特貝克鎮——下命令的人不是克瑞夫特的上司，而是國防軍的一名少校。

克瑞夫特強烈抗議。他主力的三個連都在村子裡宿營，其餘的官兵還在安恆。另外，一千名黨衛軍新兵不久就會抵達受訓。國防軍少校的態度堅如磐石，「那不關我的事，」他毫不通融地告訴克瑞夫特，「你們一定要搬出去。」克瑞夫特也加以反擊，這位雄心勃勃的三十七歲黨衛軍少校，只接受黨衛軍上級的命令，他說道：「本人拒絕接受。」國防軍少校沒在怕。「讓我把話說清楚，」他說，「你們要遷出歐斯特貝克，因為摩德爾的總部要搬進來。」

8 編註：隸屬黨衛軍第十六「全國領袖」師（16th SS-Panzergrenadier-Division Reichsführer-SS）。

克瑞夫特立刻平靜下來。他可不想跟摩德爾元帥起衝突。然而，那個命令還是令他很火大。克瑞夫特搬走，但並沒有離開很遠。他決定要在歐斯特貝克西北邊的樹林與農舍中宿營，離沃爾夫海澤村不遠。他選中的地點，正是沿著沃爾夫海澤村的公路。該處剛好就是盟軍在英國的地圖作業上選出、第一空降師空降場的中間點，扼守了進入安恆市區的通路。

3

安恆市反抗軍情報組組長納普，在他的新職位上覺得很安全。為了保護太太和兩個女兒免得被牽連進來，他早在四個月前離家，搬到幾條街區外的地方。他的總部這時在一位執業的家庭科醫生——布里巴醫師（Dr. Leo C. Breebaart）——的診所裡。納普穿著白袍，現在是大夫的「助理醫師」，有些「病人」則是他的信差——四十個成年男女以及幾位青少年。

納普的工作既耗時又易受挫。他得判斷接獲的消息，然後再用電話傳送出去。安恆市反抗軍領袖克瑞尤孚給了他三組電話號碼，每一組號碼都是十二位到十五位的數字，要他好好記住。納普從來不曉得他打電話過去接電話的人是誰、打到的是什麼地方，他奉到的指示就是輪流撥每一組號碼，直到接通為止。[9]

蒐集情報甚至更為複雜，納普的要求經由情報體系傳下去，他也不曉得會是哪一個情報員負責收集情報。如果一份報告看來可疑，納普便會親自前往調查。當時，好幾份有關歐斯特貝克鎮內敵軍活動的報告到了他手裡，使他既好奇又大惑不解。

一位佩戴參謀領章的德軍軍官——史恭克少校（Horst Smöckel）——走訪連昆村、歐斯特貝克鎮和安恆市一些商店，並採購了各種物資送到歐斯特貝克的陶佛堡酒店去。使納普好奇的是採購清單，其中有很難找得到的食品，還有一些荷蘭老百姓很少見到的珍品，像是杜松子酒。

除此而外，德軍通信兵正忙於架設大量的電話纜線到郊區的一些酒店裡去——陶佛堡酒店也在內。納普認為，結論很明顯，一個高級司令部正要遷入歐斯特貝克，會是哪一個司令部？主官是誰？到了沒有？

更重要的是，納普要對安恆及周圍敵軍兵力的消息，隨時保持更新。他知道在每一個鎮裡，都有情報員把情資送回來，而他「只不過是一個龐大蒐集體系中的小小齒輪而已」。因此，或許會有「資訊重複的現象」。儘管如此，每一件事都很重要，因為「一個基層所錯過的，我們可以再補救回來」。

他後來回憶，兩星期以前，「安恆幾乎沒有幾個德軍」。自那之後，當地的軍事狀況就頓然改觀。這時，納普對德軍兵力的增多提高了警覺。根據他的情報消息來源，納普報告在過去七天，「德軍好幾個師的殘部——包括裝甲師在內，正在安恆一帶整補或正調返德國。」可是現在，更為具體的消息來了。他的消息來源說，在安恆北邊和東北邊已經出現戰車。納普相信這「至少是一個裝甲師，或者是兩個裝甲師的一部分」，已經在本區域活動。只是到目前為止，它們的番號與確實地點還不清楚。

9 原註：納普從未知道他接觸的人是誰，只知道自己的報告，都傳往一個稱為「亞伯特小組」（Albrecht Group）的最高機密單位。他知道撥的都是長途電話。當時，荷蘭的電話號碼只有四碼。一位優秀的電話技術員波德（Nicolaas Tjalling de Bode），為反抗軍發明了一種方法，撥動某一組電話號碼，就可以不經本地電信局交換總機，而自動接通荷蘭各地。

納普需要詳細的資料。他緊急把話傳給情報網，要求更多有關戰車活動的精準資料，以及要馬上了解陶佛堡酒店的「新住客」是誰？

二十五歲的克拉茲（Wouter van de Kraats）從來沒聽說過納普這個人。他在反抗軍的聯繫人，是一個同住在安恆某處，名叫「約森」（Jansen）的男性。約森交給他一個新工作——陶佛堡酒店。他接到的指示說，德軍一位高級將領到達了，要他去看看在外面的公務車上有沒有「裝著足以識別的三角旗或旗子」。如果有的話，報告旗幟的顏色和徽誌。

克拉茲已經注意到酒店附近，湧進大量德軍。憲兵和衛兵已經進駐。現在麻煩的是，他要怎麼才能通過這條滿布衛兵，前往陶佛堡酒店的彼得堡大街（Pietersbergweg）。他決定用矇混的方式闖關。

正當他要往陶佛堡酒店走去的時候，衛兵立刻把他攔住了。「可是我一定要通過呀，」克拉茲告訴衛兵，「我在這條街上的加油站工作。」衛兵放他走了，另外三名德兵只略略看了他一下。一經過陶佛堡酒店，他很快瞄了大門口和車道一眼，停著的車輛中沒有一輛有標誌，不過在酒店正門附近，卻立著一面金屬、黑紅白三色的方格旗——德軍集團軍司令的司令旗。

——

九月十四日星期四下午，納普從他的情報網聽到了這個消息。還有其他幾個消息來源報告說，在安恆北邊的半圓形地帶，有大批德軍裝甲擲彈兵、戰車、裝甲車宿營；在貝克卑爾艮、艾普西（Epse）和沿著艾瑟河（Ijssel River）都有部隊。還有更駭人的報告，說有「二十輛到三十輛虎式戰車」出現。究竟一共包括了多少單位，他無法確定，只能清楚辨識出一個部隊的番號，而這也是全憑僥倖。一名情報員注意到在一些戰車上，「有古怪的徽誌——一個倒『F』字母，下面有一個圓球」。納普通過查閱德軍的專門手冊，才識別出這個部隊。他立刻以電話聯絡，報告黨衛軍第十裝甲師的出現。從情報員的報告，他判斷該師的位置，大約分布在安恆到阿培頓（Apeldoorn）之間的北面，從那裡向東到祖特芬。

他接到有關陶佛堡酒店的報告後不久，也立刻把它給轉發出去。那面黑紅白三色方格旗的意義不言而喻，在西線戰場的這一地區，只有一名集團軍司令。雖然納普是根據傳聞來報告這項消息，但他覺得這位將領鐵定是摩德爾元帥。

4

歐斯特貝克東邊二十五英里，杜廷亨郊外一處小古堡，軍長畢特利希將軍正在跟兩個倖存的師長於第二黨衛裝甲軍軍部裡開會。畢特利希心情惡劣，勉強按捺住自己的火氣。這個被打慘了的裝甲軍，前景比起一個星期以前要糟。畢特利希不耐煩地等候人員、武器和裝備的補充，卻一樣都沒有到來。與此相反，他的部隊反而遭到削減，奉令要派兩個裝甲戰鬥群到前線去。一個派往德軍第七軍團，想堵住亞琛方面的美軍。另一個戰鬥群則被派去支援司徒登將軍的第一傘兵軍團。英軍戰車已經成功突破亞伯特運河防線，越過馬士-艾斯科運河（Meuse-Escaut Canal）[10]，在

---

10 編註：艾斯科運河（Escaut Canal）此處是法語譯名，即在荷蘭境內的須耳德河。

距離荷蘭邊境不遠、比利時的內爾佩特（Neerpelt）附近取得橋頭堡。而現在，正當英軍大量集結重啟攻勢時──B集團軍情報處長稱之為「迫在眉睫」──畢特利希卻從摩德爾元帥那裡，接獲「柏林那些笨蛋的瘋狂指令」。他其中一個已被打得四分五裂的師，在拆解之後要撤回國內整編。

曾經一度是個非常激情納粹黨員的畢特利希，對這個命令感到深惡痛絕。他「對柏林的命令，以及圍繞希特勒左右，一班逢迎諂媚、耍盡一切手段的小人，既厭倦、又噁心」。畢特利希一生大半輩子都在軍中服役，為人英勇又能幹。第一次世界大戰時，他是德國空軍的一名中尉，兩度負傷。戰後有好幾年，他在一家股票經紀行工作。之後又重新加入武裝部隊，成為德國「地下」空軍部隊中的一員，教俄國人飛行達八年之久。希特勒執政以後，畢特利希加入新成立的德國空軍，但在一九三〇年代中期他請調到黨衛軍，因為這裡升遷要快得多[11]。

畢特利希對希特勒領導統御的信念感到動搖始於諾曼第戰役。他支持隆美爾元帥，反對希特勒「發瘋似的、戰至最後一人」的原則。有一回他對隆美爾透露，「上級的領導太差勁，我再也不能執行毫無道理的命令，我從來不是個機器人，也不打算成為木頭人。」七月二十日事件後[12]，聽說前任司令霍普納大將（Eric Hoepner）是起事人，已經被判處絞刑時，他對幕僚們氣得吼叫說：「這是德國陸軍最黑暗的一天。」畢特利希對希特勒在軍事統御上的直率批評，很快就傳到了柏林。畢特利希後來回憶，「我的話都被報到親衛隊全國領袖希姆萊（Heinrich Himmler）那裡去，從此以後在希特勒總部，再也沒有提過畢特利希這個名字了。」到了現在德軍西線瀕臨崩潰，戰況需要畢特利希的將才，以及同情他的指揮官們救了他，他也沒有被召回國內。儘管如此，希姆萊依然「急盼我能回德國小敘」。畢特利希對希姆萊的邀請並不存幻想，摩德爾更是如此，他決心把畢特利希留在西線，斷然拒絕希姆萊多次要畢特利希回國的要求。

這時，氣不可遏的畢特利希，正把柏林最近的計畫向兩位師長提示——黨衛軍第十「福隆德斯柏格」（Frundsberg）裝甲師師長哈邁爾准將（Heinz Harmel），和黨衛軍第九「霍亨陶芬」（Hohenstaufen）裝甲師師長海澤中校（Walter Harzer）。畢特利希告訴海澤——該員早已從集團軍參謀長克雷布斯中將（Hans Krebs）那裡，聽到了有關這個計畫的一部分——他的霍亨陶芬師準備立即經由火車運送回國，駐地在科布連茲東北面、西根（Siegen）的附近。哈邁爾的裝十師依然留駐荷蘭，在目前的駐地——安恆東及東南邊——整補，全師兵力足額後，準備再行投入作戰。

三十八歲的哈邁爾，為人坦誠，手下官兵替他取了個表示愛戴的外號：「老福隆德斯柏格」（der alte Frundsberg）。他對這個決定並不高興。他認為，「畢特利希就像平常一樣，顯現出他對霍亨陶芬師的偏愛，可能跟他升任軍長前是該師師長的關係，也或許因為海澤以前幹過他的參謀長。」他雖不認為「畢特利希有意不公正，但每一次的結果總是由霍亨陶芬師接到最輕鬆的差事。」

他較為年輕的同事，三十二歲的海澤，對這個消息可就雀躍萬分。雖然他認為「能夠到柏

11 原註：作為一名戰爭罪嫌疑犯，畢特利希在二戰之後，於監獄度過了八年的時間，直到一九五三年六月二十二日以無罪獲釋。要想確定過去的黨衛軍指揮官何在並加以訪問，是一件很困難的事。但畢特利希和他的軍官卻大力幫忙我，讓安恆戰役中很多迄今未為人知的事件可以清楚記錄下來。畢特利希要求我幫忙澄清一件與他個人生活有關的小事。在很多英國的記載中，「都形容我是名音樂家，一心想當指揮家，」他如此告訴我，「他們可能是把家兄德哈畢特利希博士（Dr. Gerhard Bittrich）和我混為一談，他是一位天賦極高的鋼琴家和指揮家。」

12 譯註：指一九四四年七月二十日發生的行刺希特勒事件。

林休假的可能性似乎微乎其微」。最好的情況是，在整補之後，他期待會是「新面貌的霍亨陶芬師」。就個人而言，獷悍、面上帶一條軍刀傷疤的海澤，對於達成自己的雄心壯志懷有很高的期望：晉升成為擔任黨衛軍師長的合適官階——准將。然而，畢特利希說明整體計畫時，有一部分並不合海澤的意。

海澤的裝九師雖然人員、武器損失慘重，但依然比哈邁爾的那個師要強。通常一個師是九千人，霍亨陶芬師不到六千，福隆德斯柏格師大約只有三千五百人。海澤將近有二十輛豹式戰車，並不是全都能備戰。然而，他有相當可觀的裝甲車輛：驅逐戰車、裝甲車以及四十輛裝甲人員運輸車，全部配備有重機槍，有些還裝置了大砲。哈邁爾幾乎沒有戰車，各型裝甲車輛極其缺乏。兩個師依然還有可觀的大砲、迫擊砲和防砲單位。畢特利希交待，要整補留下來的福隆德斯柏格師，海澤要盡可能地把車輛和武器轉交給哈邁爾。海澤是懷疑的，「在我心裡，」他後來回憶說，「我非常清楚知道，如果我把這少數幾輛戰車，或者裝甲人員運輸車交給哈邁爾，它們就絕不會再有補充進來了。」對於這個決定，海澤並沒有抗議，但無意放棄手頭所有的車輛。

好久以前，海澤就學會了要節約使用部隊的資源。他師裡有的車輛，遠比畢特利希知道的還要多——其中包括了從法國撤退時，大量擄獲的美軍吉普車在內。他決定要些「文書技巧」，忽略掉這個命令。把履帶、輪胎或槍砲從車輛上拆卸下來，這樣就可以使它們暫時成為「不堪使用」，直到他返抵國門為止。同時，還可以把它們列在裝甲武器統計表的「廢品」欄裡。

畢特利希繼續指示，福隆德斯柏格師儘管從海澤那裡把人員武器接收過來，但兵力是依然不足的。只有一個辦法向柏林強調這種情況的緊急：直接告知親衛隊指揮總部（SS-FHA）實況。這麼一來，補給與增援或許不久之後就會來到。可是畢特利希不打算去到柏林，於是派哈邁爾去，使他出乎意料之外。「我不曉得他為什麼派我去，而不是海澤，」哈邁爾回憶，「不過我們急切需要兵員和裝甲裝備，或許畢特利希這麼想，派一員將軍或許分量要夠一些。這件事一定要瞞著摩德爾元帥。所以，我們沒有想到安恆地區會有什麼麻煩，上級決定要我在九月十六日晚上啟程前往柏林。」

畢特利希下令的兩項命令，海澤與哈邁爾兩個師之間的裝備交接；以及霍亨陶芬師解編、調回德國的事立刻開始執行。他又補充一句，在作業期間，摩德爾元帥要求成立小型機動攻擊群，作為「警戒部隊」，以便在緊急狀況時可以派上用場。因此，海澤決定，手上「最精銳的部隊最後才裝載。」畢特利希預期武器調撥與部隊調動，要到九月二十二日才會整個完成。一天有六列火車開往德國，海澤認為這個工作會完成得早一些。他認為手上最後、也最精銳的部隊，再過三天就能啟程返回祖國——或許就是在九月十七日的下午成行。

——

一股能降低士氣的謠言傳遍各地。到九月十四日，在荷蘭的一些德軍將領，都紛紛傳說即將有一場空降作戰登陸。

這種說法起源於希特勒的作戰廳長約德爾上將，與西線總司令倫德斯特元帥之間的談話。約德爾很擔憂盟軍或許會從海上登陸荷蘭；他說，如果艾森豪遵照著他的慣用戰術，便會以空降部隊作海上攻擊的前奏。倫德斯特雖然對這項暗示表達懷疑（相比之下，他認為傘兵會與向魯爾區發動的攻擊相配合），卻把這個消息傳給B集團軍司令摩德爾元帥。摩德爾的看法和倫德斯特相同。但是，他卻不能把約德爾的警告當耳邊風，便下令給荷境駐軍司令——神經過敏的德國空軍克里斯汀森將軍（Friedrich Christiansen），從他那支兵力單薄、混雜著——陸軍、海軍、空軍和荷蘭黨衛軍人員的部隊中，抽派兵力去防守海岸。

自從約德爾在九月十一日打出這通電話，恐懼就從此向下傳到了各級指揮部，尤其是德國空軍的各部門。雖然登陸到目前還沒有具體實現，對空降作戰的懼怕卻依然在上升，每一個人都在推測可能發生的地點。有些德國空軍指揮官，從地圖上看到，從北部海岸與安恆地區之間大片開闊的地帶，都是可能的空降場。還有些人，正緊張兮兮地等待著英軍從馬士－艾斯科運河的橋頭堡內爾佩特，再興攻勢直入荷蘭，納悶傘兵會不會配合這種攻擊，在奈美根空降。

九月十三日，德國空軍第三航空軍司令戴斯洛赫大將（Otto Deßloch），在科布連茲、倫德斯特的總部，知道了柏林方面的懼怕，他很是擔憂，第二天便打電話給摩德爾元帥。元帥覺得柏林的擔憂是「無中生有」，他一點都不在意，「他邀我到歐斯特貝克的陶佛堡酒店、他的新總部去吃晚餐。」戴斯洛赫一口回絕了，告訴摩德爾說：「我可不打算做俘虜。」就在電話掛斷以前，戴斯洛赫還補上一句：「如果我是你，就離開那裡。」戴斯洛赫回想當時，只聽見摩德爾在哈哈大笑。

有關可能發生空降攻擊的消息，傳到了安恆北邊的代倫機場，德國空軍戰鬥機司令格拉曼少將（Walter Grabmann）耳裡。他開車到歐斯特貝克，跟摩德爾的參謀長克雷布斯中將開會，格拉曼表達出空軍方面的擔憂時，克雷布斯回應：「看在老天爺份上，不要談這些事吧。」話又說回來，他們會在什麼地方降落？」格拉曼走到地圖前，指著安恆西邊地區，說：「這一帶的任何地方，這些草地是傘兵完美的空降地點。」格拉曼後來回想，克雷布斯「哈哈大笑，警告我如果繼續這麼講話下去，定會使自己的表情很滑稽。」

——

就連荷蘭惡名昭彰的警察署長，勞特黨衛軍中將（Hanns Albin Rauter）也聽到了這個謠言，可能是從他的上司克里斯汀森將軍那裡聽來的。勞特深信任何事都有可能，包括空降攻擊在內。這位在荷蘭一手奠定納粹恐怖統治的首腦人物，推估荷蘭反抗軍隨時會發起攻擊，老百姓也會響應起義。他決定鎮壓任何形式的動亂，簡單的辦法就是每有一個納粹被殺，就處決三個荷蘭國民。兩個星期以前，德軍撤退、荷蘭國社黨人向德國蜂擁潰逃時，勞特便立即宣布進入「緊急」狀態。任何人只要與荷蘭反抗軍有那麼一丁點的關聯，他的警察便會採取劇烈的報復手段，不分男女逮捕入獄、槍決或者送進集中營。一般老百姓的日子也不見得好過，各省間的所有旅行都告禁止，強迫實施更為嚴格的規定。宵禁期間若發現任何人在街上，可以不用警告便開槍射殺。在荷蘭南部，預料英軍即將發動攻擊的地方，荷蘭人都被迫充任勞工，替德軍挖掘塹壕。在奈美根，勞特以把一整個家庭送入集中營作為要脅，充實了他的勞工缺額。任何形式的集會都被嚴禁，勞特在公告上警告：「如果發現有五人以上聚集，德軍、黨衛軍和警察即可開槍射殺。」

而這時，英軍在南部的攻勢迫在眉睫，柏林又警告會在北部發動海空攻擊，勞特的世界開始分崩離析，人都嚇慘了[13]。他曉得摩德爾在荷蘭，為了保險起見，便前往陶佛堡酒店。九月十四日晚上，勞特與摩德爾、參謀長克雷布斯會面。勞特表示，「盟軍將在荷蘭南部使用空降部隊」。他認為這在心理上正是大好時機，摩德爾和克雷布斯都不以為然。摩德爾說，精銳的傘兵

---

13 原註：在二戰之後一處安全的牢房內，勞特向荷蘭的訊問人員坦承：「那時我緊張得很……不得不癱瘓反抗軍的活動。」一九四九年一月十二日，荷蘭法院判定他有罪，犯罪事項廣泛，包括「迫害猶太人；放逐居民充任奴工；掠奪、沒收財產；非法逮捕、拘禁……殺害無辜平民……作為對反抗佔領當局的報復。」勞特於一九四九年五月二十五日處決。

部隊「太寶貴了，他們的訓練代價太高」，怎麼會濫加運用。元帥的確料到蒙哥馬利會從內爾佩特攻入荷蘭，但是情況還沒有危急到必須動用空降部隊。還有，因為攻擊部隊會被南部的三條大河分隔，他不認為英軍有可能向安恆攻擊，奈美根與安恆對英軍來說都太遠了。此外，摩德爾繼續說道，蒙哥馬利「用兵謹慎，他絕不會在魯莽的冒險中用上空降部隊。」

——

九月十五日，歐斯特貝克鎮西邊的德里貝亨村（Driebergen），俘虜押到荷蘭的德軍反情報處、基威特少校（Friedrich Kieswetter）副處長的本部時，基威特已經對前者的事蹟知之甚多。對這位腦筋遲鈍、二十八歲的林德曼（Christiaan Antonius Lindemans），有好大一堆檔案。由於他的身材魁梧（身高六呎三吋，體重二百六十磅），「金剛」的大名誰都知道。他在荷比邊境、英德兩軍間的無人地帶被巡邏隊俘獲。起先，因為他穿著英軍的野戰服，德軍把他當成軍人。但是到了法爾肯斯瓦德附近的營部，他卻讓審訊員錯愕不已。他要求見吉斯克中校（Hermann Giskes）——荷蘭境內的特務頭子，也是基威特的頂頭上司。通過幾回電話以後，更使捕獲林德曼的人員駭然，居然奉命要把俘虜立刻押往德里貝亨去。林德曼個人對此並不感到驚訝。有些同志以為他是荷蘭反抗軍的忠誠成員，可是德國人卻曉得他的另一面——間諜，「金剛」是個雙面諜。

林德曼是在一九四三年開始叛國的。那時他向吉斯克投靠，回報便是釋放他當時的情婦和他的弟弟漢克（Henk）。漢克因為擔任地下工作被德國秘密警察逮捕，據說即將處決。吉斯克欣然同意。從此以後，林德曼便為德國人賣命。他的裡應外合，導致許多的反抗軍的分支被滲透，很多荷比愛國志士都被捕、處死。儘管他為人粗俗、大言不慚、酗酒無度和喜愛女色，出奇的是到當時為止，他竟未曾暴露過身分。雖然很多地下領袖認為他是很危險的人物，但布魯塞爾一些盟軍軍官卻對林德曼印象深刻。他替英軍一個情報單位工作，主管是一名加拿大上尉。

吉斯克人不在，基威特第一次與林德曼互動。他看著這位巍然矗立的大蓋仙，向辦公室各人自我介紹是「大金剛」時，心中感到厭惡。林德曼向少校說出最近的這一任務。加拿大情報官派他來預警恩荷芬的反抗軍領袖，不要再把擊落、跳傘在敵後的盟軍飛行員，經過「逃脫線」送回比利時。英軍即將在內爾佩特橋頭堡向恩荷芬突破，飛行員都要藏起來。林德曼花了五天時間，通過兩軍戰線，才得以把英軍集結的若干詳細情資告訴基威特。他斬釘截鐵地說，攻擊定在九月十七日發動。

英軍即將大舉攻擊並不是什麼新聞。基威特也像其他人一樣，知道隨時都可能發生。林德曼再告訴基威特另外一個情況，他報告說：與英軍的攻勢配合，盟軍計畫在恩荷芬之後方遠處作傘兵空降，以協助佔領該市[14]。這項消息對基威特來說毫無道理。如果英軍本身能夠輕而易舉兵

---

14 原註：戰後，部分英國媒體指控，由於林德曼準確道出安恆是空降作戰的主目標，所以德軍裝甲師會在此等候。但顯然不是這麼一回事，畢特利希的裝甲軍，在九月十日艾森豪與蒙哥馬利開會決定「市場花園作戰」以前，就已進抵駐地位置。林德曼無從得知任何有關對安恆的攻勢，以及這次作戰的龐大規模。而且，盟軍對攻擊日期、空投區位置等等的決定，都在林德曼離開布魯塞爾、穿越德軍戰線很久以後才下達。另外一則時常提及的報導，說曾把林德曼帶到菲赫特（Vught）的司徒登將軍的司令部去訊問，並且認為是這位傘兵專家正確判斷他的報告而發出警告。司徒登斷然否認這種主張。「那是好大的鬼扯，」他告訴我說，「我從來沒見過林德曼。的確，我是在戰後的戰俘營才第一次聽到這個說法。」司徒登補充道：「真相是，攻擊發生之前，德軍司令部裡根本沒有人曉得這件事。」市場花園作戰後不久，荷蘭人懷疑林德曼，並逮捕了他。「金剛」這位大名鼎鼎的浪蕩子，死到臨頭都還是名不虛傳。一九四六年七月，距他受審前四十八小時，人們發現他在監

臨恩荷芬，為什麼還要用傘兵？或許是林德曼的消息看起來很真實，但也可能是基威特基於對「金剛」的反感，他告訴林德曼繼續執行任務，然後再回到英軍防線那裡去。基威特並沒有立即採取行動，他認為林德曼的消息無關緊要，沒有直接傳往國防軍總部，而是經由親衛隊保安處（Sicherheitsdienst，簡稱ＳＤ）發出去。同時他也把跟林德曼的談話，口述了一份記錄給當時公出的吉斯克。一直認為「金剛」可靠的吉斯克，一直要到九月十七日下午才收到這份對談記錄。

5

距離實施「市場花園」已經不到四十八小時。盟軍統帥部參謀長史密斯中將，在辦公室裡聽取情報署長英軍史壯少將（Kenneth W. Strong），帶著提高的警覺性揭露他獲得的消息。史壯說，毫無疑問，德軍裝甲部隊已經出現在「市場花園」作戰地區。

幾天以來，史壯和手下的參謀們，鉅細靡遺地篩分、判定每一份情報報告，力求斷定德軍黨衛軍第九和第十裝甲師的位置。自從九月份第一個星期起，就不再有這兩個部隊的接觸報告。兩個師都被打得很慘，但要認定是完全被殲滅卻不太可能。一個說法是，這兩個單位或許已奉令調回德國。可是這時荷蘭反抗軍傳來的訊息卻傳達了不同的情況，消失的兩個師被人目擊了。

黨衛軍第九裝甲師假定在荷蘭境內的話，那麼第十裝甲師想必也是如此。史壯向史密斯報告說：「最有可能是在做戰車整補。」誰也說不上這兩個單位還有多少兵力或者戰力如何。但有關它們的位置，已經不須懷疑了。根據史壯的報告，它們肯定就在安恆周遭。

史密斯高度憂慮「市場花園」，依他自己的話說：「擔憂有失敗的可能。」他立刻與盟軍統帥商量。他告訴艾森豪，由於要降落在安恆的英軍第一空降師「無法對抗兩個裝甲師而守得住」。為了確定，要先搞懂一個問題──一個大問題──就是有關這兩個裝甲師兵力。為了安全起見，史密斯認為「市場花園」應該增加兵力，安恆需要兩個空降師。（據推測，史密斯心中還有一支部隊，那就是格勒少將的英軍第六空降師，該師經驗豐富，在諾曼第登陸時，運用得很成功，卻沒有列入「市場花園」。）史密斯告訴艾森豪，不然這個計畫就一定要修改。「我的感覺是，」他後來說：「如果我們不能把另外一個兵力相等的師投入落到這個地區，那麼我們就應該變動美軍一個空降師的位置，更往北移連成戰線增援英軍。」

艾森豪考慮這個問題和所冒的風險。根據這個情報，同時差不多鄰近攻擊發起的前夕，艾森豪被力勸要推翻蒙哥馬利的計畫──但同時也是艾克個人曾經核准的計畫。這樣一來，就是挑戰對蒙哥馬利的用兵之術，使得已夠脆弱的指揮情況更加混亂。作為盟軍統帥，他還有另一個選擇──取消「市場花園作戰」，可是做出這個決策的唯一根據，卻僅僅只有這麼一份情報。艾森豪明顯認定蒙哥馬利已經對他當面的敵軍兵力做出了最佳的研析，他是根據研析結果來策畫作戰計畫。艾森豪向史密斯解釋：「我不能告訴蒙蒂該怎麼部署部隊。」他也不能「取消這次作戰，因為我已經給蒙蒂開了綠燈。」如果要加以修改，也該由蒙哥馬利來做。但艾森豪依然準備讓史密斯「飛往第二十一集團軍司令部，去向蒙哥馬利就這件事做討論。」

獄醫院中，和身旁一位獄院護士不醒人事。他們兩人立下了怪異的「愛情合約」，共同服下過量的安眠藥。林德曼一命嗚呼，女生獲救生還。

史密斯立刻動身前往布魯塞爾，他發現蒙哥馬利既熱誠又富有自信。史密斯說明他對安恆區內德軍裝甲部隊的擔憂，極力建議或許需要修改計畫。蒙哥馬利「對這種想法大加揶揄。他覺得最大的抵抗會來自艱困的地形，而不是德軍。他一直反覆說，如果我們在總部的人，幫他忙克服後勤上的困難，一切都會順利進行。他對德軍裝甲兵並不擔心，認為『市場花園』會按原訂方式順利實施。」這次會談毫無結果。「至少，我想阻止他，」史密斯說：「可是卻失敗了，蒙哥馬利就那麼一揮，把我的反對意見輕率地甩到一邊。[15]」

——

就在蒙哥馬利和史密斯見面的時候，驚人的證據已經來到海峽的這一面，到達英軍第一空降軍軍部。這天凌晨，皇家空軍配備了特種照像器材的偵察機中隊，從海牙一帶返航，拍攝了安恆地區的低空飛越照片。情報官烏庫霍特少校在辦公室裡，拿起放大鏡，檢視五張傾斜角度的照片——這是戰鬥機拍攝的條幅式偵察照片中的「最後」幾張。過去七十二小時，在「市場花園」地區拍攝了上百張空拍照，以及做了判讀。可是唯有這五張，顯示出烏庫霍特一直以來擔憂的事情——德軍裝甲部隊的出現已經是毫無疑問了[16]。「這是壓垮駱駝的最後一根稻草，」烏庫霍特後來回想道，「照片上，我清楚見到戰車——如果不是正好在安恆附近的預定空降場上，也確實很靠近它們。」

烏庫霍特少校帶著足資證明的照片，急忙衝進布朗寧的辦公室，把照片放在布朗寧面前的辦公桌上，說：「看看這些照片。」將軍把這些照片一張張研究。烏庫霍特再也回想不起所說的每一個字句，只記得布朗寧說：「如果我是你的話，對它們就不會自找麻煩了。」然後他指著照片上的戰車，繼續說：「它們可能已經不堪使用了。」烏庫霍特大吃一驚。無助的他指著照片上的戰車說：「堪用與否，它們總是戰車，上面有大砲呀！」回想起來，烏庫霍特覺得「也許是因為我對情報一無所知，布朗寧將軍並不準備接受我對空拍照的判斷。我的感覺還是一樣——每一個人都很起勁，沒有事情能夠攔得住他們了。」

烏庫霍特並不知道，布朗寧的參謀中，有些人認為這位年輕情報官似乎積極過頭了。好戲正要上場，大多數軍官都迫不及待趕去參戰，烏庫霍特這種悲觀的警告惹火了他們。一名高階參謀軍官如此說道：「他的觀點因為緊張不安而過度渲染，他已經有點快要歇斯底里了，明顯就是工作超時所造成的。」

烏庫霍特與布朗寧見過面後不久，軍部醫官就來找他。「他告訴我說，」烏庫霍特回憶，「我已經體力透支——誰不是？——或許我該休息，請幾天假。我出局了，我已經成為軍部的頭痛人物。就在這麼鄰近攻擊前夕，把我從軍部裡趕走。我被告知要我回家去。我已經無話可說。雖然我不同意這個計畫，並擔憂最壞的情況，但這依然是一場大戲呀。說也奇怪，我並不想被留在後面。」

---

15 原註：這一整段內容，是根據二戰歐洲戰區作戰史首席歷史學家，馬歇爾將軍（S. L. A. Marshall）提供給我的資料寫成。馬歇爾非常友善地同意讓我閱覽各種他有關「市場花園」的專著，同時還有他在一九四五年訪問史密斯將軍，有關與艾森豪，以及後來與蒙哥馬利會晤的經過。

16 編註：關於噴火式偵察機有拍到什麼以及沒有拍到什麼的爭論，在西方不曾停止過。英國皇家空軍於二〇一九年針對安恆空照所產生的相關疑慮，做了非常完整技術分析與說明，製作成八十五頁的電子檔案。讀者有興趣可參閱下載 *Arnhem: The Air Reconnaissance Story*。

6

九月十六日星期六中午，安恆市各處的公布欄都貼上了德軍的公告。

奉秘密警察命令，宣布下列事項：

夏迪烈夫（Schaapsdrift）高架鐵路橋，夜間發生一宗涉及炸藥的攻擊事件。

請全體民眾合作緝捕此次攻擊的罪犯。

如不能在一九四四年九月十七日星期日，中午十二點鐘以前緝獲，將槍決一批人質。

本人籲請全市市民合作，以求人質免於毫無必要之犧牲。

代理市長　李拉（Liera）

安恆市反抗軍領袖們，在一處地窖裡召開緊急會議。這次對高架鐵路橋的破壞，幹得十分差勁。安恆市情報組長納普，對這次任務打從一開始便不喜歡，他覺得「一旦到了要破壞的時機，我們充其量只能算是外行」。以他的看法：「不如集中力量，把情報供給盟軍，讓那些知道該做些什麼的人去執行破壞，這樣要好得多。」安恆市反抗軍首領，三十八歲的克瑞尤孚，要其他人發表意見。波德（Nicolaas Tjalling de Bode）提議破壞組員投案。納普回憶：「付出的代價太大了，一條橋樑上炸個小洞，竟要槍斃這麼多人質——無辜老百姓的命。」紐曼（Gijsbert Jan Numan）良心上過意不去。他和曼特福瑞（Harry Montfroy）、杜斯（Albert Deuss）、戴倫等幾個人，去籌獲製作炸藥的材料和策畫破壞行動。他們沒有一個人想使無辜老百姓犧牲。然而該怎麼辦呢？克瑞尤孚聽取了每個人的意見之後做出決定，「即使會有無辜人民被槍決，我們組織也一定還要保持完整。」據波德回想，他宣布以後，環顧參加開會的幹部並告訴他們：「不准有任何人向德軍投案，這是我的命令。」納普感到害怕，他曉得如果按照德軍通常的做法，全市會有十到十二名高知識份子——他們當中會有醫師、律師、教師——星期天中午，在安恆市廣場公開處決。

7

盟軍各級司令部以降，把安恆地區出現德軍裝甲師的情報判斷給搞砸了。九月十六日，也就是「市場花園作戰」前夕，盟軍總部發布的第二十六號《情報摘要》——刊載著之前引起史密斯將軍深感不安、不祥預兆的警告——都遭到了漠視。摘要中有一部分提到「黨衛軍第九裝甲師，推測還有黨衛軍第十裝甲師，據報已經撤退到荷蘭境內的安恆地區。它們可能會從一處位於克萊費已知的補給站獲得新戰車的補充。」

蒙哥馬利與史密斯會晤時，前者已經質疑這項情資。而今，鄧普西將軍的英軍第二軍團司令部情報參謀又將這項情報打折——九月十日最先提出荷蘭境內出現「受創的裝甲部隊」的，也是該司令部。鄧普西的情報參謀於九月十四日，犯了最嚴重的錯誤，他形容「市場花園」地區中的德軍是「兵力薄弱、士氣消沉、一旦與大規模空降攻擊對壘，可能全面崩潰。」這一回，與他們原來的態度有了一百八十度的改變，而忘掉了德軍裝甲師的存在，**只因為鄧普西的參謀人員，無法在任何偵察照相片上，發現敵人的裝甲部隊**。

盟軍第一空降軍團司令部，情報處長英軍塔斯寇中校（Anthony Tasker），也不準備接受盟軍總部的情報報告。他檢視所有手頭的資料，斷定在安恆地區「除了已知悉的相當數量的防空砲兵以外」，沒有直接證據顯示還有其他更多的兵力。

似乎每一個人都接受了蒙哥馬利司令部的樂觀看法，沃契准將當時是第一空降軍參謀長，他回憶：「第二十一集團軍司令部，是我們情報的主要來源，所頒布下來的，我們都信以為真。」英軍第一空降師師長厄克特少將說：「不准許任何事情，糟蹋了英吉利海峽兩岸的樂觀氣氛。」

然而，除了盟軍總部對「失蹤」裝甲師的報告以外，另外還有德軍兵力增強的證據，又是幾乎草草帶過。在前線，也就是霍羅克斯將軍「花園部隊」——英軍第三十軍當面，顯然有越來越多的德軍單位進入戰線。十天以前，在安特衛普所犯下的戰略錯誤，這時開始發酵，威脅「市場花園」的整體計畫。填補了司徒登將軍前線的德軍部隊，正是幾個渡過須耳德河河口逃出來、被盟軍打得七零八落的師級部隊，是查根將軍第十五軍團苦戰脫身的官兵，這個軍團已經被盟軍註記成全滅了。情報軍官注意到了這點，儘管德軍兵力已經增加，卻認為這些前線新單位的狀況「無法抵抗任何夠決斷的前進」。但在比荷邊境上的任何「湯米」（Tommy）[17]，都曉得不是那麼一回事[18]。

——

比利時北部煤炭礦城利奧波茨堡（Leopoldsburg），距離前線還不到十英里。以鵝卵圓石鋪成的街道上，震響著吉普車和搜索車的聲音。所有的道路幾乎都指向火車站對面的一家電影院——從來不曾有過哪一家類似這樣毫不起眼的劇院，讓這一類觀眾留住腳步。霍羅克斯中將麾下第三十軍，也就是要北上直趨荷蘭、與傘兵會師的「花園部隊」的軍官，擠滿了整個街道，成群結隊地圍在戲院門口，由頭戴紅帽的憲兵檢查他們的通行證。他們是一批生氣勃勃、精神充沛的軍人，這使得第四十三威塞克斯步兵師（43rd Wessex Infantry Division）二一四旅旅長埃薩姆少將（Hubert Essame）[19]想起，「就像是承平時期，聚集在索爾斯堡平原（Salisbury Plain）觀看越野賽馬或者表演的群眾。」他被各級指揮官色彩繽紛的軍服吸引。軍帽的花樣繁多，沒有一個人戴鋼盔。各種顏色的扁帽，上方配戴著久享盛名的各團光榮團徽，當中有禁衛愛爾蘭團、禁衛擲彈兵團、禁衛冷川團、禁衛蘇格蘭團、禁衛威爾斯團、禁衛皇家騎兵團、皇家陸軍勤務隊、皇家砲兵團等，雖然隨興，但看起來每一個人依然莊嚴。埃薩姆注意到大多數指揮官都穿著「狙擊手專用罩衫服、傘兵外套和軍常服上衣，下半身是顏色鮮艷的軍襪、燈芯褲、短褲甚至還有馬褲。」不打領帶，反而是繫領巾，或者可以稱為「色彩豐富的圍巾。」[20]

17 編註：對英國軍人的暱稱。

18 原註：英軍埃薩姆少將（退休）在他的佳作 *The Battle for Germany* 第十三頁寫道：「盟軍情報參謀對八月下旬和九月上旬實際情況的誤解，幾乎能與一九一七年巴雪戴爾戰役（Passchendaele Battle）中，英軍第二軍團司令黑格（Douglas Haig）的情報處長查特里斯准將（John Charteris）相提並論的地步。」在一戰當時，英國戰時內閣首相勞合喬治（David Lloyd George）認定，查特里斯「只選擇適合自己想像的數字和事實，然後據此發出充滿希望的報告。」一九一七年的法蘭德斯戰役（Flanders campaign）期間，查特里斯多次報告敵軍「瓦解」、「重創」、「幾乎沒有預備隊」，甚至於「潰逃中」。七月三十一日到十一月十二日在巴雪戴爾附近發生的慘重戰役中，根據英國官方歷史所載，死傷總數高達二十四萬四千八百九十七人。

19 編註：著有多本軍事著作，其中《諾曼第灘頭戰：日薄西山的納粹德國》，在台由星光出版。

20 原註：埃薩姆在他寫的 *The 43rd Wessex Division at War* 中的二一五頁寫道，「將來的服裝設計師」要記得，「當英國陸軍士氣達到其歷史上任何時候最高峰期，軍官會穿著他們認為最適合其生存和戰鬥條件的衣著。」

禁衛愛爾蘭裝甲戰鬥群鼎鼎有名的指揮官范德樂中校（J.O.E. "Joe" Vandeleur）[21]，身體結實、臉色紅潤、身高六呎，總表現出禁衛軍軍官那種漫不經心的優雅。四十三歲的他，今天穿著他平常的戰鬥服裝：黑色扁帽、多色的傘兵迷彩外套、燈芯絨長褲及高筒橡皮靴。此外在范德樂的腰際，一如以往，佩戴著一把點四五柯特手槍，還有在外套裡塞著一條很帥氣的鮮綠色領巾。遠在英國那位要求嚴格的「小子」布朗寧將軍，看到一定會大皺眉頭。有一次甚至連霍羅克斯也都面無表情地規勸范德樂，「喬伊，如果德國兵把你抓住的話，」他說，「他們會以為是抓住個種田的呢。」不過到了九月十六日這天，就連霍羅克斯也沒有英國參謀軍官那種通常對穿著無可挑剔的優雅了，他沒有穿軍便服，而是一件條紋高領的馬球毛衣，在戰鬥服外面，再加一件沒有袖子的短皮上衣，使人想起像是英國貴族侍從的打扮。

受人愛戴的霍羅克斯，從擁擠的戲院走道過去時，四面八方都向他歡呼致意。他所召集的這次會議，已經引起了高度的激動情緒，官兵們都渴望再度前進。從塞納河到安特衛普，霍羅克斯的戰車，平均每一天前進五十英里。可是自從九月四日那天起，為了「整補、加油、休息」，三天災難性的休兵以來，前進就變得艱難多了。英軍的衝力一消，敵人可以很快復元過來；從那至關重大的兩個星期以後，英軍的前進減少到了爬行的速度。禁衛裝甲師——由范德樂的禁衛愛爾蘭裝甲戰鬥群一馬當先——一共花了四天時間，前進了十英里，佔領了內爾佩特附近、渡過馬士-艾斯科運河的橋樑。明天起他們就要從那裡開始攻入荷蘭。霍羅克斯對德軍的抵抗並不存幻想，但是他很有信心，手下部隊定能突破敵人的防線。

上午十一點整，霍羅克斯走上台。開會的人全都知道，英軍即將再興攻勢。可是蒙哥馬利的計畫保密得很，與會人士中，只有極少數幾名將領知道細節。距「市場花園作戰」的D日不到二十四小時，蒙帥麾下的指揮官這時才頭一遭了解這個計畫。

掛在戲院布幕上的是一幅好大的荷蘭地圖。彩色膠帶沿著唯一的一條公路向北蜿蜒，越過幾條大河的障礙，穿過法爾肯斯瓦德、恩荷芬、費赫爾、烏登、奈美根等市鎮直到安恆，距離將近六十四英里。從安恆，膠帶繼續貼了三十多英里到達須德海。霍羅克斯拿了根長長的指示棒開始作簡報。「這是你們會告訴兒孫們的故事，」他告訴台下聽眾。他停了一下，然後補上一句令與會軍官們哄堂大笑，「但也會是他們很厭煩的故事。」

聽眾當中，一〇一空降師的聯絡官倫佛洛中校（Curtis D. Renfro），是少數出席的美軍人員之一。他對霍羅克斯的熱心與信心，印象很深刻。長官說了一個鐘頭，倫佛洛記錄說，「只偶爾看一下筆記。」

霍羅克斯按部就班說明錯綜複雜的「市場花園作戰」。他說，空降軍最先進入，目標為佔領第三十軍當面的各座橋樑。將由霍羅克斯下令攻擊開始的時間。但還是需要依據氣象情況而定，地面部隊的攻擊發起時間，預定會在下午兩點鐘。到時候，三百五十門火砲開始射擊連續三十五分鐘，形成熾烈濃密的砲兵彈幕。然後在下午兩點三十五分鐘，在一波波颱風式戰鬥機發射的火箭前導下，三十軍的戰車從橋頭堡一湧而出，「在主幹道上打出通路」，禁衛裝甲師獲得領先攻擊的榮耀，緊跟著便是第四十三威塞克斯步兵師和第五十諾森伯蘭步兵師（50th Northumberland Division），再之後是第八裝甲旅，和荷軍伊蓮公主旅。

---

21 編註：全名 John Ormsby Evelyn Vandeleur，因一般都是以前面的名縮寫成 J.O.E.，因此認識他的人都以喬伊（Joe）稱之。

霍羅克斯強調，這次作戰「不許停頓，不許休息」，禁衛裝甲師要「不要命地前進」一直到達安恆。霍羅克斯相信，從橋頭堡的突破是「幾乎馬上就能達成」。他預料禁衛裝甲師的第一批戰車，在兩三小時內，就會進入恩荷芬。假使敵軍反應迅捷，在空降部隊還沒有佔領之前便把各座橋樑炸毀，那麼在後面跟進的第四十三威塞克斯步兵師的工兵，從後方往前急調，帶著人員與橋材前往架橋。霍羅克斯解釋說，這種大規模的工兵作業，所將需要動用到的工兵九千人，以及兩千二百七十七部車輛，都已經在利奧波德範圍內。整個第三十軍的裝甲縱隊車輛，將填滿這條主道路上兩線道的車道，每英里是三十五輛車，交通採取單向通行。霍羅克斯預料，「六十個小時內，兩萬輛車要通過前往安恆的路上。」

威名四播的禁衛裝甲師師長，四十六歲的艾德爾少將（Allan Adair），聽著霍羅克斯的提示，覺得「市場花園」是一個大膽的計畫，但也認為「或許會很棘手。」他推測最麻煩的地方，應該是在馬士－艾斯科運河橋頭堡突破的時候。只要一從那裡通過，儘管他確信會有德軍的抵抗，卻認為前進「不會太困難」。除此以外，他對領先攻擊的部隊——范德樂中校的禁衛愛爾蘭裝甲戰鬥群——深具信心。

范德樂一聽說他的戰車部隊又是這次突破攻擊中打先鋒，只記得自己這麼想：「啊，老天！怎麼又是我們。」他深以選上了自己能征慣戰的部隊為傲，但他也曉得官兵困乏，兵力不足。不論人員或者戰車，自從諾曼第突破以後，便幾乎沒有什麼補充。尤其，「他們竟他媽的不多給一點時間來計畫」。不過他也想到，要從德軍戰線中逕直猛衝過去，你真需要多少時間來計畫？在他麾下裝二營營長，也是他的堂弟，三十三歲的賈爾斯中校（Giles Vandeleur），卻被「以單一戰車縱隊正面，從德軍抵抗中猛衝突破的計畫嚇慘了」。對他來說，這不是恰當的裝甲作戰；可是他回想當時，「就像是賽馬來到了起點橫杆前，吞下了心中所有的顧慮，受到怪異、緊繃的興奮感所驅使。」

任務的宣布對戲院中的三個人，觸動了內心深層的個人感受。荷軍伊蓮公主旅的高階軍官，由諾曼第一直鏖戰到現在，起先與加軍並肩作戰，攻下布魯塞爾以後，又轉調英軍第二軍團。現在，他們要回家了，迫切等待著光復荷蘭的他們是旅長斯蒂芬巴克上校（Albert “Steve” de Ruyter van Steveninck）、副旅長莫坦吉中校（Charles Pahud de Mortanges）、參謀長布洛克蘭少校（Jonkheer Jan Beelaerts van Blokland）。但他們對於要如何去達成心中願望的方法，深感擔憂。斯蒂芬認為整個計畫太冒險；莫坦吉的印象，則認為英軍對當時的任務，不以事實為依歸而過分掉以輕心。據他表示：「計畫的制訂似乎相當簡單。首先，我們拿下這一座橋；然後那一座橋，過河……當前的地形滿是河流、沼澤、堤壩和低窪開拓地，極為困難——我們多次提出，英國人該知道得很清楚。」三十三歲的參謀長布洛克蘭，忍不住想起過去的戰史，「我們似乎違反了拿破崙的格言，除非至少有了七成半的必勝把握，否則絕不要打這一仗。英軍反其道而行，我們是把這百分之七十五拿來碰運氣。到安恆一共只有四十八小時的時間，只要有一丁點環節出了紕漏——一座橋被炸斷了、德軍頑強抵抗的程度超出預料——我們就會落後於時間表。」布洛克蘭還有個人因素好擔憂的，他的父母住在歐斯特貝克，離安恆大橋只有二點五英里遠。

少數聽取簡報的軍官當中，階級在旅參謀長以下的，有一位是來自禁衛愛爾蘭營的二十一歲戈曼中尉（John Gorman）。他被現場的種種引起了情緒上的激動，認為是霍羅克斯個人的「最佳時刻」。對於軍長，他事後回想，「發揮了他所有的機智和詼諧，利用他的幽默作為輔助，強調了那些需要多加留意或有關技術性的要點。」戈曼尤其對「花園作戰」感到高興，因為「禁衛裝甲師又是一馬當先，顯然他們的角色極具戲劇性。」

簡報結束後，指揮官們回去對所屬士兵提示任務，年輕的戈曼這時「頭一次私底下懷疑成功的機率有多大。」徘徊在一幅地圖前，他記得是想著「市場花園」是「一次行得通的作戰——但也只是行得通而已。」那一帶純粹就是「有太多的橋樑。」他對那兒的地形也不看好，他認為那裡是戰車行動困難的地形，而且「以單一戰車縱隊正面前進，我們將非常脆弱。」可是上級承諾將有颱風式戰鬥機發射火箭支援，卻又使人安心了不少。此外，也還有別的許諾。戈曼記得好幾個月以前的某一天，蒙哥馬利親手頒授他作戰英勇的「軍功十字勳章」（Military Cross）[22]。在授勳儀式中，蒙蒂說道：「如果要我打賭的話，我可以跟你一對一打賭，戰爭將在聖誕節以前結束。」至於霍羅克斯，戈曼記得他「也曾告訴我們，這次攻勢可以結束戰爭。」戈曼覺得還有另一替代方案，那就是「向北前進，在艾斯科運河旁紮營，過上一個又長又悶的冬天。」他認為蒙蒂的計畫「需要有剛好的衝勁與實踐的膽量。如果這有機會在聖誕節以前贏得這場戰爭的話，那麼我贊成繼續推進。」

平坦、陰鬱的比利時鄉野，這裡的煤田和爐渣堆，讓許多威爾斯人想起了老家。他們將在鄧普西將軍的英軍第二軍團裡負責打頭陣。這時，他們聽到了這個計畫，以及打到安恆去的目標。沿著路旁、在宿營地、在帳棚中，士兵們圍繞著軍官，知道了在「市場花園作戰」中自己所扮演的角色。范德樂中校告訴手下軍官，禁衛愛爾蘭裝甲營負責打先鋒時，二十九歲的泰樂少校（Edward G. Tyler）記得集合的軍官中，有人冒出了「低聲的呻吟」聲。他想起，「我們原以為攻下了艾斯科運河上的橋樑後——我們用范德樂的名字，把它命名為『卓伊橋』——就該有稍作休息的機會。可是指揮官告訴我們，挑上我們是莫大的光榮。」泰樂儘管很希望免除這種光榮，但還是覺得，「我們已經習慣了單一戰車縱隊的正面，」他回憶，「在這種情形下，我們全靠速度與後勤支援，看來沒有人為此感到擔憂。」

可是剛滿二十一歲的奎南少尉（Barry Quinan），則「感到滿心的不安」。他將頭一次參加作戰，是要跟著歐克上尉（Mick O'Cock）率領、禁衛裝甲師打先鋒的戰車連。奎南的步兵要像蘇俄軍隊的方式，乘坐在戰車的後面隨車前進。在他看來：「前面的河流之多似乎是不祥之兆，我們不是兩棲部隊。」然而，奎南還是深感榮幸，他的戰車排將會「帶領一整個英軍第二軍團走在前頭。」

馬哈菲中尉（Rupert Mahaffey）也是二十一歲，還清楚記得被告知，「如果這次作戰成功，國內的老婆孩子，就能免除德國V-2火箭的威脅。」馬哈菲的母親，那時住在正遭受火箭猛烈轟擊的倫敦。儘管他對這次攻擊的前景感到興奮，但對於只有單一道路能直達安恆，卻認為「這條前進的路可遠得嚇人。」

二十三歲的藍敦上尉（Roland S. Langton），受到砲彈碎片致傷，在野戰醫院住了五天，剛剛回到部隊。他這才曉得自己不再是禁衛愛爾蘭裝二營的副官了，已經調到了領先突破的戰車中隊，成了歐克上尉的副中隊長。他對新職務感到無比開心。藍敦認為，這次突破攻擊是那麼的直截了當。「花園」作戰除了成功以外，不會有別的結果。「很顯然，所有的德軍都潰不成軍且在

22 原註：戈曼是在諾曼第的卡恩的表現獲得「軍功十字勳章」。當時他率領三輛薛曼式戰車，突然遭遇了四輛德國戰車，其中一輛是六十噸的虎式戰車，他的手下打垮了德軍三輛戰車，他自己猛攻虎式，摧毀戰車上的主砲，並擊斃試圖逃脫的戰車乘員。

瓦解當中、缺乏凝聚力，只能在小範圍戰鬥。」

並不是人人都有這樣的信心。皇家工兵團二十一歲的瓊斯中尉（A. G. C. "Tony" Jones）聽取計畫之後，覺得「這分明會很困難。」各座橋樑將是整體作戰的關鍵所在，就好像一名軍官說：「第三十軍的長驅急進，就像一根棉線要穿過七根針的針眼，只要錯過一個針眼就會出紕漏。」二十四歲的禁衛軍老兵史密斯（Tim Smith）認為，這次攻擊「只不過是另一場戰役」。這一天他最關心的，還是在紐馬克特（Newmarket）舉行的聖烈治錦標賽馬（St. Leger）。他有小道消息，說是一匹名叫「德黑蘭」（Tehran）的馬匹，由名騎師哥頓李察（Gordon Richards）騎乘，準「錯不了！」他跟營部的一名下士對賭，把自己的每一分錢都押在「德黑蘭」身上。如果「市場花園」是打贏這場大戰的一次戰役，那麼這一天也是他在聖烈治錦標賽中贏錢的日子。令他驚訝的是，「德黑蘭」贏了。這時他也非常確定，「市場花園」會一戰成功。

但有人是「極端地不舒服」。皇家空軍戰鬥偵察機飛行員，二十八歲的洛夫上尉（Donald Love），身在禁衛裝甲師的軍官當中，覺得很不自在。他是航空聯絡小組的一員。攻擊一開始，這個小組從地面把發射火箭的颱風式戰鬥機召來。他那輛配有帆布車斗以及大量通訊器材、裝甲薄弱的車輛（代號「紅酒杯」），將開在車隊前半，鄰近著范德樂中校的指揮車。洛夫覺得就像是一絲不掛、毫無自衛能力。這個空軍聯絡小組擁有的武器，只有左輪手槍。他聽到范德樂談到「一道滾動的彈幕，會以每分鐘兩百碼的速度向前移動，」然後再聽到他魁梧的愛爾蘭人，形容洛夫的小小搜索車，是「與天空中飛行員直接通訊的裝甲通信車」之後，更加劇了他的擔憂。「我給人的印象就是，我是那個負責跟頭上『颱風式』飛行員直接溝通的那個人。」這種想法無法使人安心，他對無線電機的組裝幾乎一無所知，以前也從來沒有擔任過陸空戰術管制官。這時他聽說有一位專家——蘇德蘭空軍少校（Max Sutherland），要在第二天跟他一起處理攻擊初期的通訊，之後才由洛夫負責。他簡直如釋重負。洛夫開始想到也許起先自己不應該自告奮勇。他之所以擔任這個工作，「只因為我覺得轉換一下步調也滿不錯嘛。」

另外一種不同性質的變換，卻使禁衛愛爾蘭裝甲戰鬥群指揮官心煩。在攻佔艾斯科運河橋頭堡時，范德樂中校失去了「一位親近而傑出的友人」。他那輛車頂上大喇叭式的擴音器播音車，被德軍一發砲彈炸毀了。打從在英國訓練，以及從諾曼第以後的大舉進軍，喬伊都會用它向部隊播放音樂。范德樂酷愛古典音樂，經常挑選一、兩張唱片來播放，但不見得都能取悅他的官兵就是了。播音車被炸成了碎片，古典音樂唱片被打得稀巴爛——連帶范德樂喜歡的流行歌曲唱片——如暴雨般落在田野裡。這次損失使他很傷心，他部下的禁衛愛爾蘭官兵卻不見得如此。他們認為長驅直襲安恆，並不算什麼難事，只要不聽指揮官的擴大器播放他那首主題歌，《讚美上帝，把彈藥遞過來》（*Praise the Lord and Pass the Ammunition*）就好了。

同時間，在英格蘭的盟軍第一空降軍團的傘兵和機降步兵，都已進入集結整備區，待命起飛。過去四十八小時，軍官已經使用地圖、空照圖、地形模型，向所屬士兵反覆作了任務提示。準備工作既龐大又仔細。在二十四處空軍基地中（英軍八處，美軍十六處），一列列不見底的運輸機、拖曳機、滑翔機都已經檢查完畢、裝滿油料，載滿從火砲到吉普車等裝備。蓋文准將的八十二空降師，外號「全美師」，已經在倫敦市北邊九十英里的林肯郡格蘭瑟姆鎮（Grantham, Lincolnshire）附近的好幾個集中的機場與外界斷絕聯繫。厄克特將軍的第一空降師，外號「紅魔鬼」；索沙保斯基少將的波蘭第一傘兵旅，也都是如此。在南邊，大約距倫敦西方八十英里的紐伯里（Newbury），泰勒少將的一〇一空降師，外號「嘯鷹師」，也同樣「封印」了。從這裡一直延伸到遠及多塞特郡（Dorsetshire），便是厄克特剩下的其他部隊，該師的主力要直到十七日早晨才進駐機場，但現駐紮在靠近出發機場的村、鄉和宿營地區，他們也都完成了準備。各地的「市場花園」空降部隊，正等待著起飛的時刻，從空中向荷蘭作歷史性的反攻。

有些人在意自己被鎖住了這點，更甚於任務本身。蘭姆斯伯里（Ramsbury）附近的一處機場，一〇一空降師五〇二團的韋斯特上等兵（Hansford Vest），對於實施的安全措施感到十分不安。「飛機和滑翔機在機場上排開好幾英里長，到處都是衛兵。」他注意到機場四周被鐵刺網給包圍，「外面是英軍衛兵，裡面是我們的衛兵。」韋斯特覺得「我們的自由沒了。」五〇八團的二等兵艾拉戴斯（James Allardyce），在擁擠的帳棚城市中，試著不去理會鐵刺網和衛兵的事。他再三檢查裝備，「一直到它們差不多都快要磨損了為止。」艾拉戴斯甩不開他心中的感受，「我們像極已經被處以極刑的人，就等著給帶出去處決而已。」

其他人擔心的，主要還是實施這次任務的機率，畢竟之前好多次作戰都被取消了。這使得五〇六團的新兵——十九歲的二等兵易森尼（Melvin Isenekev），即使已經進入集結整備區待命，他還是不相信這一次會去得成（他六月六日來到這裡，正是一〇一空降師在諾曼第跳傘的那一天）。他覺得自己為了跳傘，「訓練時間既長又辛苦，我可不想被留在後面。」然而他差一點就被留下來了。他想說用一個臨時燃油爐來煮點熱水，於是把一根點著的火柴，往油桶裡一丟。然而，沒有動靜，易森尼便「俯首去看看油桶，它卻轟然炸開來。」這讓他一下子看不見，心中想到：「這下完了，他們不會讓我去了。」可是過不了幾分鐘，眼睛不再發燙，又看得見東西了。不過他相信到時候一〇一空降師在荷蘭跳傘時，他將會是全師當中唯一一個沒有眉毛的人。

五〇二團二十四歲的查帕斯基一等士官長（Daniel Zapalski）「對這次跳傘顯得很緊張，希望傘包有正確摺好，落地的田地鬆軟，還希望別落在樹上。」他巴不得出發作戰，儘管上次在諾曼第跳傘時的腿傷還沒有完全復元。查帕斯基認為自己的傷，「還沒有嚴重到妨礙執行正常的勤務」。他的營長，受人愛戴的柯爾中校（Robert G. Cole）卻不同意他去，駁回了查帕斯基的請求。他可不洩氣，沒有經過營長，從團部醫官那裡弄到了一紙適合戰備的書面證明。雖然柯爾和查帕斯基在諾曼第有過共同作戰的情誼，這時卻挨了「典型的柯式訓斥，罵我是『笨蛋波蘭佬、不切實際、負累和蠻不講理』。」但卻還是讓查帕斯基去了。

五〇二團軍牧哈爾上尉（Raymond S. Hall）也有類似問題。他「是最急於能回來跟同團弟兄共同參加作戰的人」。他也是在諾曼第受了傷。可是這一回醫官不准他跳傘，到最後才被告知允許搭乘滑翔機去。軍牧可嚇壞了，他是個老傘兵，不認為滑翔機是安全的。

其他人要嘛害怕陣亡，或害怕說表現不夠好而覺得非常懊惱。二十二歲的上尉連長強生（LeGrand Johnson），想起在諾曼第登陸前的那一晚，一〇一空降師實施夜間空降攻擊的「恐怖和間不容髮的死裡逃生」，就完全變得「聽天由命」起來，認定這次任務他將回不來了。然而，年紀輕輕的強生「還是充分打算要盡力打它一個天翻地覆」。對於在大白天空降這個主意究竟是不是喜歡，他自己也說不準，可能會造成更多的傷亡。反觀，「我們也看得到敵人。」為了隱藏自己的緊張不安，強生跟自己的阿兵哥打賭，看誰能先把荷蘭的啤酒弄到手。強生有一位名叫杜亨（Charles Dohun）的上士，幾乎對憂慮「麻痺」了。他「不曉得要如何把這次白晝跳傘跟諾曼第比較，也不知道該期待些什麼。」四十八小時內，杜亨上士就會忘掉了他的麻痺，英勇地營救相信宿命論的強生上尉一命。

二十二歲的柯巴斯上士（Marshall Copas），或許他比大多數人都有更為焦急的理由。他是

「導航組」（Pathfinder）組員之一，[23]是第一批跳傘下去的人，負責為一〇一師標定空降場。柯巴斯回憶在諾曼第跳傘時，「在主力部隊跳傘以前，我們有四十五分鐘時間——而這一回卻只有十二分鐘。」他和朋友，二十九歲的布朗德下士（John Rudolph Brandt），對某件事情的想法是一致的。兩人都覺得，「如果空降部隊下面的是巴頓將軍的第三軍團」，那就太好了，「我們以前從來沒有跟湯米仔一起打過仗。」

在格蘭瑟姆，八十二空降師一位參與過三次戰鬥跳傘的老兵嘉西亞二等兵（John Garzia）可嚇慘了。他覺得，「『市場花園作戰』完全是瘋狂行為。」他認為「艾克已經投靠到德國人那一邊去了。」[24]

眼前，「市場花園作戰」是真的要上場了。八十二空降師五〇八團三營營長孟德茲中校（Louis Mendez），毫不遲疑地指出了一件事。他心中依然有該團在諾曼第跳傘時陰影的，於是對明天要載該營去跳傘的飛行員們，下了嚴厲的警告。「男士們，」孟德茲冷冷地說，「我手下的軍官都了解荷蘭的地圖，內心裡也熟悉了各空降場，我們也完成了準備去作戰。之前諾曼第的提示任務時，我帶的那個營是空前優秀的作戰部隊，可是我在諾曼第把他們集合起來時，卻丟掉了一半。我拜託你們，要嘛把我們丟在荷蘭，不然就把我們丟到地獄裡去，但總要把我們整體丟在同一個地方。」

二十四歲的一等兵艾倫（John Allen），是跳過三次傘的老兵，在諾曼第所受的傷還沒有完全康復，對這次作戰卻看得很開。「晚上跳傘他們沒有打中我，」他一本正經地告訴同連的弟兄，「這一回他們看得到我，所以可以好好打上一槍了。」歐尼爾中士（Russell O'Neal）以前有過三次夜間戰鬥跳傘經驗，認為「自己的愛爾蘭人運氣快要用完了。」一聽說八十二師要在白天跳傘，便寫了一封信，卻一直沒寄出去：「媽，您今晚可以在窗戶上掛上一顆金星的旗子了[25]，就算我們還沒有落地，德國人就有大好機會可以打中我們。」五〇四團的二等兵芮德勒（Philip H. Nadler）為了舒緩氣氛——反而弄得更糟——散布了幾個謠言，他最喜歡的其中一個，便是說有一批德國黨衛軍宿營在八十二師其中一個空降場裡。

芮德勒對排上的任務指示並沒有多少的印象。五〇四團的其中一個目標是格拉福的橋樑。簡報任務的排長把全排人集合在周圍，一個沙盤模型上蓋的布掀開後說：「各位弟兄，這就是你們的目的地。」他用指示棒指著一座橋，上面只有一個字「墳墓」（格拉福）[26]。芮德勒頭一個發表意見。「是呀，排長，我們都曉得那裡是，」他說道，「究竟我們是要去哪個國家跳傘？」

五〇四團第二營的威倫斯少校（Edward Wellems），也認為這橋名太不吉利。事實上，向他們作簡報的軍官們，也突然改變了發音，稱它是「格拉菲橋」（gravey bridge）。

任務提示還引發了各種不同的反應。十九歲的波茂上等兵（Jack Bommer）以為「在六個星期到八個星期之後，就會看到我們回國，然後再把我們派到太平洋去。」二十一歲的二等兵哈特（Leo Hart），認為他們根本不會出發。他聽說——也許是芮德勒的謠言——在整個跳傘區，德國

---

23 編註：空降作戰時，先行到達目標地區之人員，使用導航（或補助）器材，將運兵機導引至正確的空降場。
24 編註：艾森豪是源自德國的姓氏。
25 編註：美國家庭傳統會在住家窗戶掛上一面紅邊白底的藍星旗幟，以顯示家中有成員在軍中服役。一旦該員殉職，旗幟上的藍星換成金色。這裡是暗示本人將會陣亡之意。
26 編註：英文的墳墓，荷蘭的地名格拉福也是拼成 Grave。

有四千名黨衛軍在那裡。

三十八歲的貝德爾少校（Edwin Bedell），記得有個兵，他唯一關心的便是一隻野兔的安全。那是他在當地村子裡買彩券贏來的，這隻兔子養得好馴，無論到哪裡都跟著他走。他怕的是牠跳傘下去活不了，即使活得了，也還是會在燉肉鍋裡送終。

格蘭瑟姆地區的斯潘霍機場（Spanhoe）附近，第一空降師傘兵第四旅的郭洛弗中尉（"Pat" Glover），耽心的是「桃金孃」（Myrtle）。那是一隻紅棕色的鷄，自從這年夏初就成了他特別疼愛的寵物。「傘鷄桃金孃」脖子的一條伸縮帶上，吊掛著一枚傘徽，牠是一隻完成過六次跳傘訓練的雞隻。第一次跳傘時，郭洛弗左肩上帶著一個有拉鏈的小帆布袋，把「桃金孃」裝在裡面。到離地還有十五英尺高度時，就把牠放出來。現在「桃金孃」已經是跳傘專家了，郭洛弗可以在離地三百英尺時把牠放開，牠的翅膀一陣猛烈的拍打，加上粗聲大氣的嘎嘎啼叫，「桃金孃」不優雅地朝地面飄落下去。郭洛弗記得，「這隻相當斯文的小東西，會在地面上耐著性子等我降落把牠撿起來。」「傘鷄桃金孃」也要去安恆，這將會是牠頭一次參與戰鬥跳傘，可是郭洛弗並不打算冒險，他計畫要自己落到了荷蘭土地上，才把「桃金孃」從袋子裡放出來。

第一空降旅二十三歲的紐恩下士（Sydney Nunn），駐紮在英格蘭南部基維爾（Keevil）附近，對於要離開他的「寵物」簡直是太高興了。他認為這處營房真是「一場惡夢」，他簡直等不及要去安恆或者任何其他地方，只要是遠得可以躲開一隻固執的鼴鼠，牠老是藏在他的床墊裡。

第一空降師的官兵，這時正從密德蘭（Midlands）南邊到多塞特郡的各處基地待命。個人的心情一般是感到輕鬆，他們終於要上場了。除此以外，作任務提示的軍官們也強調——「市場花園作戰」能縮短戰爭。對自一九三九年起就開始打仗的英國人來說，這個消息令他們很是歡迎。二十一獨立傘兵連的肯特上士（Ron Kent），聽說「這次作戰成功的話，甚至最後會把柏林給我們」。關於安恆的地面抵抗，「主要只有『希特勒青年團』的小孩，和騎自行車的老頭子們。」第一傘兵旅的印格里上士（Walter Inglis）也有相同的信心，他認為這次攻擊是「小菜一碟」。「紅魔鬼」們所要做的，只是「固守安恆大橋四十八小時，等第三十軍的戰車抵達。到時候，大戰也就差不多要結束了。」印格里預料在一週之內就會回到英國。第一傘兵旅史派瑟下士（Gordon Spicer）漫不經心地認為，「是一次相當簡單的事情，那些只是被我們的推進給嚇慘了躲在幕後的德軍。」第一機降旅的砲兵下士帕克（Percy Parkes），聽完簡報之後覺得，「我們在安恆將遭遇到的，只是德國佬的文書、伙房的雜魚部隊。」帕克說，戰車的出現只不過「是順便亮個相，簡報還跟我們說會有強大的空軍支援掩護，足以把我們的頭頂給遮蔽。」信心使得醫護兵史登納中士（Geoffrey Stanners）想說應該「只有幾個疝氣營的德軍」。通信兵瑞德（Victor Read）「期待見到的是德國的婦女輔助隊，」他以為：「那是德軍防守安恆的唯一部隊。」

有些人原本可以有合理的理由留在後方，卻急著要去參戰。第一機降旅砲兵羅里爾上士（Alfred Roullier）便是其中一人。三十一歲的羅里爾發現安恆作戰沒有派他去。雖然他受訓時是砲手，但目前在營部擔任助理膳勤上士（Acting Mess Sergeant）。由於他在烹飪上的拿手，看起來他很可能在戰爭剩餘的時間都會待在這個位子。羅里爾兩次向席利士官長（John Siely）請求，要求參加這次攻擊，可是每一次都被打了回票。第三次他再向席利求情：「我曉得這一仗能縮短戰爭。我有老婆和兩個孩子，不過如果這次行動能讓我提早回家，保證他們會有更好未來的話，那麼我就要去。」席利動用點關係，把羅里爾的名字，加進赴安恆作戰的名冊上。之後在安恆的那個星期，這位助理膳勤上士將成為一名傳奇人物。

在「市場花園」開始之前，人們的情緒都極為高昂時，部分士官兵暗地裡還是有不確定感的存在。他們因為各種不同的理由而感到煩憂，可是大多數人都小心掩藏了自己的感受。第一傘兵旅的摩根中士（Daniel Morgans）認為，「『市場作戰』是個不尋常的行動。」不過「要在遠離目標六到七英里的地方跳傘，然後通過在市區的作戰之後再到達目標，還真的是自找麻煩。」在陸軍幹了一輩子的勞德團士官長（J. C. Lord）想法也是如此。他覺得「這個計畫有點冒險」。他對敵軍兵力薄弱、疲憊困乏的說法也不大相信。他曉得「德軍不是傻瓜，而是力量強大的戰士」。勞德的一舉手一投足都足以鎮住自己手下的老兵（幾乎是畏懼，有些人在背後稱他是耶穌基督），他沒有透露出自己的不安，因為「那會危及士氣」。

麥凱上尉（Eric Mackay）手下的工兵負有許多任務，其中之一便是衝往安恆的公路大橋，把設想中德國安裝的炸藥拆除。但他對整體作戰卻心存疑慮。他認為「整個師投落在目標區一百英里以外，同投落在八英里外的道理是一樣的。」奇襲和「迅捷閃電的打擊」的時機一定會喪失。麥凱默默下令連上弟兄多帶上一倍的彈藥和手榴彈，而且親自向每一個人傳授脫逃的技巧[27]。

二十七歲的楚蒙德少校（Anthony Deane-Drummond），是第一空降師通信營副營長，非常在意他負責的通信業務。除了師部的主要通訊機件外，他更擔心的是小型「廿二型」無線電。在攻擊安恆時，會由厄克特師和各旅使用。這種「廿二型」的最好收發是三到五英里的半徑距離。可是由於投落區離目標有七到八英里遠，可以預料它們的效能會不穩定。更糟的是，和布朗寧的空降軍軍部聯繫也是使用這型無線電機，預訂軍部會在奈美根開設，是位於第一空降師空降區以南約十五英里位置。加劇困難的是地形問題。在安恆公路大橋與空降區中間，便是安恆市區，還有濃密的樹木地帶和開闊的郊區。另一方面，有一個稱為「幽靈」的獨立情資蒐集聯絡單位——編組這個單位，為的是把情報判斷和緊急報告，傳往戰地指揮官，而在這次作戰中，指揮官是空降軍的布朗寧——卻一點也不擔心「廿二型」的收發距離。代號「幽靈」（Phantom）的統帥部聯絡團（GHQ Liaison Regiment）[28]團長，是二十五歲的海伊中尉（Neville Hay），由他指揮受過高度訓練的通信人員。幽靈團甚至「有點看不起皇家通信團」，認為後者就像是「窮親戚」。海伊這組人使用一種特製的天線，可以使「廿二型」無線電機的發報距離，超出一百英里以上。

即令海伊有了這種成就，還有各式各樣的通信方法[29]，可供在緊急情況時派上用場，可是楚蒙德還是不放心。楚蒙德向通信營長史帝文生中校（Tom Stephenson）提起這件事，「要在作戰初期階段，讓這些機件都能正常運作的可能性令人懷疑。」史帝文生雖然同意，但依然覺得這並不太要緊。他認為在奇襲的情況下，部隊會很快就逼近安恆大橋。認為部隊與司令部之間的聯繫中斷，不會超過一到兩個小時。楚蒙德還聽到說，到時候「船到橋頭自然直，而厄克特的指揮所，也會和第一傘兵旅共同在大橋上開設。」儘管楚蒙德並不十分安心，他記得後來「就跟其他人差不多，隨著趨勢走：『不要往壞處想；看在老天份上，讓行動繼續執行下去吧』。」

---

27 原註：其中一份有關英軍第一空降師在安恆大橋行動的精確描述，參閱麥凱所寫，刊載於《布萊克伍德雜誌》（*Blackwood's*）一九四五年十月號的文章“The Battle of Arnhem Bridge”。

28 編註：編制八五〇人，裝備輕型裝甲車輛和大功率電台，負責向集團軍指揮部提供己方部隊的動向和位置。「市場花園作戰」期間有一個小隊（Patrol）臨時配屬於英軍空降部隊，也是唯一保持安恆的第一空降師與總部之間聯繫的通信單位。

29 原註：通信方法中還包括八十二隻皇家空軍提供的通信鴿，鴿舍位於倫敦地區——也就是說，如果鴿子活過了空降、躲過了德軍的話，還要飛上大約二百四十英里來飛傳一封訊息。

到了這個時間點，攻擊的最後命令靠的不是人的意志，而是要看天氣了。盟軍總部以下的各級將領，都在焦急地等待氣象報告。如果考慮到距離蒙哥馬利的最後期限還有不到七天時間，那麼「市場花園」的準備已經極其充分了，但還是需要起碼三天的好天氣預報才行。九月十六日傍晚時分，氣象專家發布了他們的預測，除了清晨有霧以外，以後三天都會是晴天，雲量極微、無風。盟軍空降第一軍團部裡，布里爾頓中將旋即作出決定，七點四十五分，由電傳打字機把電文傳給各級指揮官：

市場確認十七日週日，收悉回報。

布里爾頓在日記中寫著：「終於，我們要上場了。」他認為自己當天晚上會睡得很好，他告訴參謀們：「現在我已經做了決策，不再擔心害怕了。」

——

在擁擠的機棚內、成排的「帳棚城」裡和尼森式活動營房[30]中，等待的官兵們都得到了消息。格蘭瑟姆附近的第一空降師通信營士官餐廳壁爐上有面大鏡子，有人用粉筆寫著「再十四小時出發……不會取消」。史比威上士（Horace "Hocker" Spivey）注意到，每過一小時，那個數字就會用粉筆再寫一次。史比威已經厭倦了那之前許多次從沒有真正實施過的任務提示。那鏡面上越來越小的數字，便是最好的證明，這一回「我們真要出動了」。

盟軍空降第一軍團的官兵們，在各基地作最後一分鐘的準備。他們都已經有過充分的任務提示，武器完成檢查，把鈔票換成了荷元。對這些隔離的士兵來說，這時沒有什麼可做的了，只有等待。有些人用寫信來打發時間，「慶祝」明天早晨的出發，把私人用品打包、睡覺，或者參加馬拉松式的牌局，從二十一點、打撲克和玩橋牌。第一傘兵旅二營二十一歲的蒙柯上士（Francis Moncur），連續不斷的每一個小時都在玩二十一點。他很驚訝，一直不斷在贏錢。眼看著自己前面堆得越來越高的荷元，感覺就像是個百萬富翁。他想說「在這場作戰以後，大概會在安恆待上一陣子。」他認為，「不過要挺住四十八個小時而已。」上士覺得，光用這些時間打死德國人也就足夠長的了。七十二小時前，蒙柯那個十七歲、在皇家空軍擔任士官長的弟弟，想從失事的轟炸機跳傘逃生但陣亡了。當時高度不到二百英尺，傘沒有完全張開。

格蘭瑟姆南邊的科特斯莫爾基地（Cottesmore），傘兵第四旅的孫勒上士（"Joe" Sunley），正執行安全巡邏，確保「沒有傘兵溜出基地到外面村子去」。回到機場，發現體能教官格林上士（"Ginger" Green），「一個斯斯文文的大塊頭」，正把一個抽了氣的足球往空中拋。格林靈巧地一把接住，再往孫勒拋過來。「你帶著球幹什麼？」孫勒問道。格林解釋說他要把這個洩了氣的球帶到安恆去。「等事情辦完以後，我們就可以在空降場踢上一場。」

在肯特郡的曼斯頓（Manston, Kent），滑翔機駕駛團的拜里斯士官長（George Baylis）期待著到時候會有一些休閒活動。他聽說荷蘭人喜歡跳舞，因此他仔細地打包了他的舞鞋。第一傘兵

---

30 編註：尼森式活動營房（Nissen Hut），加拿大人彼得・諾曼・尼森（Peter Norman Nissen）少校設計的一種鐵皮半圓頂和水泥地面的活動房舍，可用作營房或者倉庫。

旅的通信兵卡普雷（Stanley G. Copley），替自己的相機多買了一捲底片。雖然料想會有輕微的抵抗，「卻是個拍攝荷蘭的田野和城鎮照片的絕好機會。」

有一個人帶著幾天前在倫敦買的禮物。荷蘭遭受德軍蹂躪時，三十二歲的荷蘭海軍沃特少校（Arnoldus Wolters），乘坐掃雷艦逃到了英國。從此以後，便隸屬荷蘭流亡政府——擔任過各種內勤工作、處理資料和情報。前幾天，沃特被要求去荷蘭，配屬在厄克特將軍的師部裡，準備要在軍政府的民事小組工作。這也就是要沃特在空降部隊光復後，擔任地區的軍政長官。他回想「那真是個驚人的建議：從內勤的辦公桌一下換成到滑翔機上。」他分配到第一機降旅副旅長巴洛上校（Hilary Barlow）的部隊。一旦奪得安恆，巴洛將出任該市的軍事指揮官，沃特則擔任他的副手。沃特為回到荷蘭的機會大為興奮，「我被樂觀沖昏了頭，對我所聽到的每一句話都深信不疑。我真的沒有料到那次作戰會那麼困難。戰爭看起來差不多就要結束了，而攻擊行動也不會太困難。我還想說星期天落地，星期二就能回到妻兒所在的希爾弗瑟姆（Hilversum）的家中。」沃特替太太瑪麗亞（Maria）買了一隻手錶，又替四年前最後見到還是個小娃娃的女兒，買了兩英尺高的泰迪熊。他希望不會有人介意帶著泰迪熊上滑翔機。

三十一歲的福洛斯特中校（John Frost），要負責率領他的營奪取安恆大橋。在個人戰鬥裝備中，他把獵狐用的銅號角也一併帶上。那是「皇家群獵會」（Royal Exodus Hunt）會員贈送給他的。一九三九年到一九四〇年間，他曾擔任該組織的獵戶長（Master of the Hunt）。在訓練時，福洛斯特曾用這把銅號集合本營官兵，在這次作戰中他也要這麼幹。他對白晝跳傘倒沒有什麼疑慮，他從任務提示的資料中，「覺得德軍兵力薄弱、士氣潰散。在這個地區的部隊素質極差、裝備不全。」不過他對空降場確實有些不安。有人告訴他說：「橋樑南端的低窪開拓地，並不適合傘兵和滑翔機。」他對此感到奇怪，「如果那裡不適合的話」，為什麼波蘭傘兵選擇在橋南降落？

儘管渴望投入作戰，福洛斯特卻「很不願意出發前往荷蘭」。背地裡，他倒希望在最後一分鐘取消或延後。他很享受在林肯郡附近的斯托克羅奇福德（Stoke Rochford）的環境，但願「或許還有個一兩天，從事我過去曾享受過的玩樂。」但心中也有別的念頭「告訴我，我們在這裡夠久了，是離開的時候了。」九月十六日晚上，福洛斯特睡得很熟。雖然他並不天真得以為安恆這一戰會是可以「鬧著玩的」。他確實曾告訴勤務兵韋克斯（Dennis Wicks），在之後送來的公務車上，裝上他的獵槍、子彈、高爾夫球桿和晚禮服。

——

士官餐廳裡這時已經沒有人，壁爐上方的鏡子，還有最後一條註記，是在人們開始忙得不可開交的時候草草寫上的。「再兩小時出發……不會取消。」

第三部　攻擊

1

龐大機群的轟鳴聲，此刻正震耳欲聾地響起。牛津郡和格洛斯特郡（Gloucestershire）的英軍滑翔機基地周圍，馬匹和牛隻都驚慌得在田野亂竄。英格蘭東部和南部，成千上萬的人們在驚異中抬頭仰望，有些村莊和市鎮的公路上，交通都回堵到了停頓的情況。火車臥鋪裡的旅客，彼此推擠從車窗裡往外看。對這種空前未見的壯觀景象，人們到處都看得目瞪口呆、啞然無語。歷史上最強大的空降部隊正起飛離地，朝目標飛去。

一九四四年九月十七日，在這個陽光燦爛的星期天早晨，全英國恰巧舉行特別禮拜，紀念「少數英雄」，也就是四年以前，皇家空軍的那批飛行員。他們大膽向希特勒的德國空軍挑戰，把敵人打得棄甲曳兵。禮拜的人們屈膝祈禱時，螺旋槳源源不絕而極為強烈的嗡嗡聲，把大部分進行中的儀式都給覆蓋了過去。倫敦的西敏大教堂，高入雲霄的風琴所奏出莊嚴的聖母頌竟聽不見了。人們三三兩兩離開教堂長椅，擠進街上早已聚集的人群裡。街道上，倫敦人抬頭仰望，被一個編隊接續一個編隊從頭頂上低空飛行而過的機群所震懾。北倫敦，救世軍的樂隊被噪音干擾到得停止演奏，不過那位大鼓手，眼望著天空，砰砰然擊出一個象徵性節拍：三短、一長——摩斯電碼裡的V字母，代表「勝利」。

從圍觀者的角度，牽引著滑翔機的龐大機隊，清楚透露了這是一次帶有攻擊性的任務。可是一直要到六個鐘頭以後，英國人才曉得他們目擊了至今為止最大規模空降攻勢的第一階段。紅十字會員工霍琴絲（Angela Hawkings），她可以說是目擊過這支龐大空中機隊人士當中，做出最好的總結。她從一列火車的車窗抬頭仰望，看到一波波飛機在上空飛過，就像是「成群結隊的八哥」，不禁大吃一驚。她深信「這次攻擊不論朝什麼地方出發，確定都能結束戰爭。」

盟軍第一空降軍團的官兵們——起飛前往荷蘭的傘兵、機降步兵和飛行員們，也和地面的老百姓一樣，被突如其來的機隊離場、威風凜凜的壯觀，以及機群的龐大與威勢給嚇著了。隨附在八十二空降師的荷軍白斯特上尉（Arie D. Bestebreurtje），認為這種景象「難以置信，盟國所有的飛機一定都參加了這一次行動。」事實上，使用的飛機有四千七百架——是單一空降任務中所使用過的最大數量。

這次作戰從破曉前的幾小時就開始，一直延續到一整個上午。首先，盟軍一千四百多架轟炸機從英國各處機場起飛，轟炸「市場花園」地區的德軍防空砲陣地和部隊集結地。然後在上午九點四十五分起，連續兩小時又十五分鐘，兩千零二十三架運輸機、滑翔機和拖曳機，從二十四處美軍和英軍基地蜂擁飛上天空[1]。C-47運輸機以長長的四十五機編隊，載著傘兵飛行。更多的C-47運輸機和英國轟炸機——哈里法克斯式、史特林式、奧貝馬式（Albemarle）——拖曳著四百七十八架滑翔機，在曳航機後面三百英尺長的曳引索末端時上時下。裝載著裝備和部隊的大型滑翔機，看上去就像是永不止息的空中列車。在小型的霍莎式（Horsa）、威克式（Waco）滑翔機[2]群中搖搖擺擺的，是巨型、細長的漢彌爾卡式（Hamilcar），每一架載重達八噸，可以裝上一

1 原註：許多的官方記錄都說明，「市場作戰」第一架飛機離地，是在上午十點二十五分。或許他們想的是先遣導航組的起飛時間，他們要最先抵達目標。但是在檢視許多飛行記錄和空軍管制官預定時間表，都清楚記載，指明是上午九點四十五分開始起飛。

2 編註：型號CG-4A，是美軍廣泛使用的其中一款滑翔機。機身是以鋼管及木料結構覆以帆布，機首可以打開裝載人員

輛小戰車，或者兩輛三噸卡車，連同火砲或者彈藥在內。在這批龐大機群的上空、下方和左右，是盟軍幾近一千五百架，擔任掩護的戰鬥機、戰鬥轟炸機——有英軍的噴火式，發射火箭的颱風式、暴風雨式和蚊式；美軍有P－47雷霆式、P－38閃電式、P－51野馬式和低空俯衝轟炸機。空中的飛機太多，一〇一空降師的史威尼上尉（Neil Sweeney）記得，「看上去就像我們可以走出機外，從相接的機翼上一路接續走到荷蘭為止。」

英國的滑翔機部隊最先起飛，它們比美軍在「市場花園」的走廊上要更往北，要求也不同。厄克特將軍需要的第一批空投，有最大數量的兵員、裝備和火砲——尤其是戰防砲——以便佔領、據守各處目標，直到地面部隊會師為止。因此，第一空降師的主力由滑翔機載運，三百二十架滑翔機，運送希克斯准將的第一機降旅的官兵、車輛和火砲，預定在下午一點過後不久，飛抵安恆西邊的降落區。三十分鐘以後，路斯白里准將的第一傘兵旅，在一百四十五架運兵機上開始跳傘。因為笨重的滑翔機和曳引機飛得慢，每小時才一百二十英里，而運兵機為每小時一百四十英里，所以這些隊型龐大的「空中列車」——或是空降部隊稱之為「機群」[3]——必須在第一批起飛。從格洛斯特郡和牛津郡的八處基地，滑翔機和曳引機滑行到跑道上，以從來沒有嘗試過的密集度起飛——每一分鐘就有一雙[4]。各機組成編隊尤其複雜、危險。飛機緩緩爬升，朝向西、越過布里斯托灣（Bristol Channel）飛去。飛行速度一致後，曳引機與滑翔機向右一對一對排成梯隊，掉頭回來飛越起飛的基地，再飛向倫敦北邊的哈特非（Hatfield）上空的調配整備點集結。

就在英軍第一批滑翔機「機群」，在布里斯托灣上空編隊時，英軍十二架史特林式轟炸機，和美軍六架C－47運輸機，開始在上午十點二十五分起飛往荷蘭。機隊中有英軍與美軍的導航組——這批官兵最先跳傘降落，為「市場部隊」把空降場標示出來。

同時，在格蘭瑟姆和林肯郡附近的基地，八十二空降師和第一空降師的傘兵部隊同時起飛，一共是六百二十五架運輸機，以及五十架由C－47曳引的滑翔機。第九空運司令部的飛機，以驚人的精確度，每隔五秒到二十秒的間隔離地。它們一批批在劍橋郡馬赤鎮（March, Cambridgeshire）上空會合，然後在那形成三條平行的機隊出發，並從奧爾堡（Aldeburgh）飛越海峽。

同一時刻，位於葛林罕（Greenham Common）南邊的機場，一〇一空降師分乘四百二十四架C－47運輸機和七十架曳引機與滑翔機起飛。編隊以後，它們也飛經哈特非航管點向東飛往布拉德威灣（Bradwell Bay）後出海。

這三支龐大縱隊集結在一起，橫寬至少有十英里，幾乎長達一百英里，龐大的機隊在英國的田野上空橫掠而過。在北航路上的，是飛往奈美根和安恆的八十二空降師和第一空降師。一支特別「機群」的三十八架滑翔機，載著布朗寧將軍的軍部，隨著它們飛向奈美根。在南面飛過布拉德威灣的航路，是首先飛往恩荷芬略略北面空降場的一〇一師。到上午十一點五十五分以前，整個部隊——兩萬多名官兵、五百十一輛車輛、三百三十門火砲和五百九十噸器材——已經全部

和裝備，共生產超過一萬三千架，為盟軍共用的機型。一架威克式可以裝載一輛吉普車或一門七十五公厘的M116榴彈砲，或十三名全副武裝士兵。可由C－46或C－47以十七公厘的尼龍繩曳引，由正、副駕駛各一操控。

3 編註：Serial，通常是由三機組合的基本小機隊，組成三十六、四十五或五十四架C－47運輸機組成的編隊。一個傘兵團通常由三到四個機群完全裝載。一架C－47是搭載十五到十八名（按照裝備不同）傘兵，稱為一組（Stick）。

4 編註：一架曳引機加一架滑翔機的組合。

離地。八十二師的柯里中尉（James J. Coyle），從不到一千五百英尺的高度俯瞰英國的鄉間，看見一處修院的修女們，站在院子裡揮揮手。他想到「這麼好的天氣和修女，構成了一幅油畫似的景色。」他也揮著手，不曉得「她們是否知道我們是誰，要往哪裡去？」

大部分空降部隊的成員，在這段飛越海峽的初始航程，心情倒都很輕快。傘兵第一旅的二等兵艾德華（Roy Edwards）說：「所有事情都這麼平靜，就像是坐巴士到海邊去似的。」二等兵華倫德（A. G. Warrender）記得，「一個好得不得了的星期天，適合在鄉間小徑散步、在當地喝上一品脫酒的上午。」

滑翔機駕駛團團長查特敦上校（George S. Chatterton），擔任載運布朗寧將軍滑翔機的機長，形容這個星期天「好極了，看上去我們不可能是出發去參加歷史上最大規模的戰役之一。」查特敦見到了布朗寧的隨行人員和裝備，同這位軍長一起的，有傳令兵、軍部的醫官、食勤兵，還有他的帳棚和專屬吉普車。布朗寧坐在駕駛和副駕駛中間的沃辛頓（Worthington）啤酒空箱上，查特敦只見他「穿著整潔無瑕、巴拉希亞布料製成的野戰服，擦得雪亮的軍官武裝帶，摺痕像刀鋒般的軍褲，皮革手槍套像鏡面般閃閃發光，一根短杖，毫無瑕疵的灰色小羊皮手套。」查特敦說，軍長「穿得極為正式，因為他意識到，自己已經到達了一生事業的高峰，是一種極端愉悅的神氣感。」

在另一架滑翔機裡，沉默寡言的蘇格蘭人，肩負著「市場花園作戰」中最困難的任務。第一空降師師長厄克特少將，覺得「我們終於出發了，要不覺得興奮是很難的一件事。」然而，深得弟兄愛戴的師長內心，也心心念念著自己的部屬和當前的使命。如同布朗寧，他也有隨行人員，從這架霍莎式滑翔機的機艙中望去，有侍從官羅伯茲（Roberts），勤務兵韓考克（Hancock），滑翔機駕駛團軍牧佩爾牧師（G. A. Pare）、一名通信兵、兩名憲兵，憲兵的機車，和師長的吉普車。想到麾下的傘兵，一身滿滿帶著背包、武器、裝備，擠在那沉重的運輸機裡，厄克特覺得良心上過意不去。而他自己只帶一個小型背包、兩枚手榴彈、一個圖囊和一個筆記本，很為自己的舒適感到不安。

幾乎就在起飛的同時，還有人要厄克特做困難的決策。出發前幾個小時，美國航空軍一位高級軍官打電話給厄克特的參謀長麥肯齊中校（Charles Mackenzie），問他位於沃爾夫海澤的精神病院要不要轟炸？麥肯齊報告說，那個美國人「要獲得厄克特的親自保證，那裡面只有德軍而沒有精神病人。否則的話，美國人將不負這個責任。」該精神病院距第一空降師集合點很近，近得很危險，厄克特的參謀認為裡面有德軍據守。麥肯齊承擔起該責任，那名美國人就答道：「那責任就在你們身上。」厄克特批准了參謀長的這個舉動，他回憶當時，「我要求盡可能一切都準備妥當，以上就是全部該做的了。」

正當麥肯齊要登上自己的滑翔機時，厄克特私下把他帶到一邊。「聽我說，查理，」他告訴麥肯齊，「萬一我出了什麼事，全師的指揮繼任者按照這個順序：第一順位，路斯白里，然後是希克斯，之後是海克特。」厄克特的人選是根據個人經驗。「大家都知道路斯白里是副師長，」他後來回想說：「海克特的階級比希克斯高，可是他太年輕了，我深信希克斯在帶領步兵方面經驗較多。我做這個決定，並不是根據海克特統御的能力。」厄克特回想當時，或許應該早早把自己的決定通知每一位旅長，可是他也「坦誠這只是個純理論性的問題。」第一空降師中，厄克特和路斯白里雙雙陣亡的機率，實在是微乎其微。

如今，所有的事情都安排好了。厄克特無所事事地看著「一中隊又一中隊的戰鬥機，閃電般

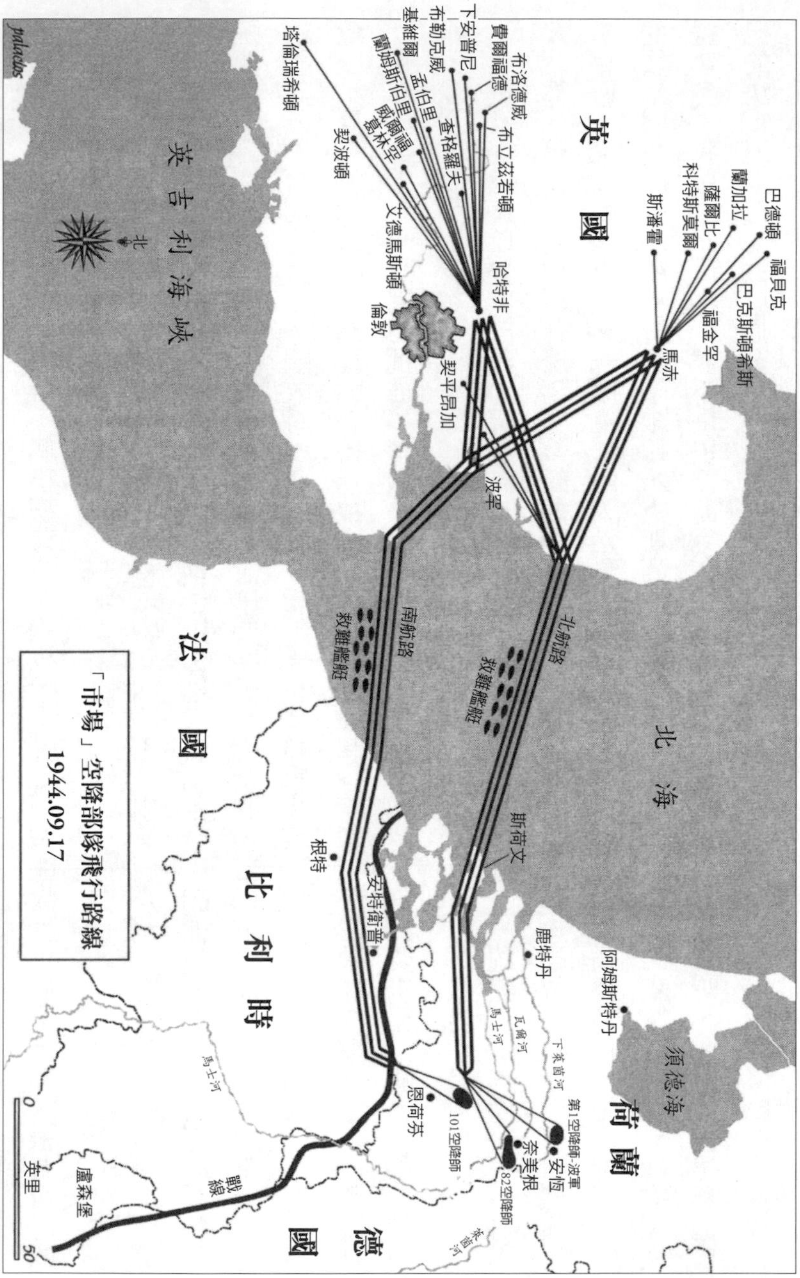
「市場」空降部隊飛行路線
1944.09.17
英國
法國
比利時
荷蘭
德國
北海
英吉利海峽
須德海
北
南航路
北航路
救難艦艇
救難艦艇
哈特菲
馬赤
倫敦
契平昂加
波罕
斯荷文
安特衛普
根特
鹿特丹
阿姆斯特丹
恩荷芬
奈美根
安恆
101空降師
82空降師
第1空降師-波軍
盧森堡
戰線
馬士河
瓦爾河
下萊茵河
萊茵河
英里
0
50
塔倫瑞希頓
基維爾
布勒克威
下安普尼
費爾福德
布洛德威
蘭姆斯伯里
孟伯里
威爾福
葛林罕
查格羅夫
布立茲若頓
艾德馬斯頓
契波頓
巴德頓
蘭加拉
薩爾比
科特斯莫爾
斯潘霍
福貝克
巴克斯頓希斯
福金罕
palacios

超過滑翔機隊。」不久前他才吞了幾顆暈機藥，這還是厄克特第一次坐滑翔機出發作戰。他喉嚨乾得難以吞嚥。他意識到「我的傳令兵韓考克以關懷的眼神正注意著我，他跟其他人一樣，料到我會暈機。」厄克特不想臣服於官兵的既定想法，想盡各種方式不讓自己暈機。「我們正在一個龐大的機隊之中，我集中精神思索。我們盡心盡力，訂定出一個良好的計畫。當時我仍然希望可以更接近大橋一點，但並沒有為此想太多。」

縱然這支龐大的兵力在它發動過程中，展現出其在作業上的效率，但也幾乎就在同時，不幸發生了。就在剛要起飛前不久，一架滑翔機的左翼被一架史特林式轟炸機的螺旋槳切掉了，沒有人受傷。至於載了第一機降旅柯克斯中尉（Alan Harvey Cox）的那一架滑翔機，笨重地飛向天空，卻遇到了麻煩。低雲阻礙了滑翔機駕駛員的視線，無法對正曳引機的機尾。滑翔機往一個方向飛，曳引機卻往另一個方向，眼見拖纜就要在滑翔機翼上捲成一圈圈並把它給翻轉。滑翔機駕駛沒辦法再與曳引機對正，便抓住紅色的放纜桿放開拖纜，滑翔機便安然落在泰晤士河畔珊福特（Sandford-on-Thames）的一處草堆裡。傘兵面對面坐著、載運八十二師的一架C－47運輸機則發生了更為奇特的意外。起飛後五分鐘，波茂上等兵看著「在我正對面的機艙門彈開來」。空氣的力量幾乎把人們從機艙裡吸到外面的天空去。波茂回憶，正當他們拚命抓緊時，「飛行員作了個漂亮的甩動，機艙門就砰的一聲關上了。」

紐恩下士巴不得離開基維爾附近的那處基地，以及他床墊中那隻鼴鼠的日常，這時覺得能夠活著真是太好了。經過一個多小時不平穩的飛行後，滑翔機開始進雲。等到從雲層上一出雲，滑翔機駕駛發現拖纜已經纏在左翼上，紐恩聽見駕駛在機內通話器中說：「出事了！出事了！」他馬上脫纜。「我們似乎在空中靜止不動了，」紐恩回憶「然後滑翔機頭向下掉，我們向著地面斜著下去，還帶著那根拖纜掛在一邊，就像是風箏上的斷線。」紐恩「驚呆」地坐著，聽著沿著機身狂嘯的風聲，「希望那輛捆緊了鐵鍊的吉普車能承受得住這種力量。」然後他聽見駕駛警示：「振作點，小伙子，我們到了。」滑翔機觸地、彈起，再觸地一次之後，才緩慢停了下來。突如其來的靜寂中，紐恩聽見駕駛問：「小伙子們都好吧？」大家都很好，這批人回到基維爾，等到九月十八日的第二批空投再出發。

別人可就沒有這麼幸運了，威爾希郡（Wiltshire）上空，一架滑翔機發生了悲劇。皇家空軍的辛普生上士（Walter Simpson），正坐在史特林式轟炸機的塑膠玻璃製的槍塔裡，看著在後面拖曳的霍莎式滑翔機。說時遲那時快，「滑翔機就在空中分了家，看上去像是後段從前段掉了出來。」辛普生嚇壞了，向機長叫道：「老天，滑翔機裂開了！」拖纜一斷，滑翔機的前半節「就像石頭般朝地面墜落下去。」史特林式轟炸機離開編隊，漸漸降低高度，飛回去找殘骸的位置，看到前半段在田野裡，尾部卻再也找不到。標定位置以後，機組飛回基維爾，改搭吉普車趕到失事現場。辛普生在那裡只見「一個像是被踩過的火柴盒」，人員屍體還在裡面，辛普生沒辦法評估裡面有多少人死亡——「根本就只是一大堆的手臂、大腿和身軀。」

等到最後一個滑翔機隊群抵達英國海岸線，北面機群通過奧爾堡的檢查點，南面機群飛越布拉德威灣的時候——已經有三十架載運部隊與裝備的滑翔機掉了下來。曳引機的發動機故障、拖纜斷裂，以及有些地方由於雲層厚，只好放棄任務。雖然從軍事標準上來看，這次作戰從一開始就有了卓越的成就——傷亡非常輕微，很多掉下去的人員與大多數的裝備，都會在之後的空投中補齊——但這種損失是確確實實造成了傷害。在這個至關緊要的一天，每一名官兵、每一輛車，每一件裝備，對厄克特將軍都很重要，他已經損失了二十三架滑翔機的裝載量，指揮官們還未到達安恆的空降場前，還不會發現這些損失有多致命。

此時，天空中這些長長的列車擠滿了英吉利海峽，大地落在後面，另一種新的期待正瀰漫在各個機群之間，「星期日外出」的心情很快就消逝殆盡了。一架美軍滑翔機飛過馬蓋特（Margate）海濱勝地的海岸時，一〇一師二等兵易森尼，看見多佛的白色懸岩落在右面，遠遠看去，它們很像他家鄉紐約州東北部阿第倫達克山（Adirondacks）山麓的冬天景象。第一空降師的湯瑪斯中士（D. Thomas），從敞開的機艙窗口看出去，直到祖國的海岸線消逝，這才覺得眼眶中都是淚水。

在馬赤和哈特非這兩處調配整備點，各種不同的導航設備為機群提供協助：雷達信標、特種燈罩的燈光和無線電定向器。然後到了北海上空，船艦上的信標開始導引飛機。除此以外，更有一連串的巡邏艇——北航路有十七艘，南航路有十艘——綿延著橫越這一帶海面。拖著四噸霍莎式滑翔機的曳引機上，湯普森士官長（William Tompson）說：「飛機上沒什麼導航工作好做的，航路下面安排好的巡邏艇，就像是跨過海峽的踏腳石。」不過這些海軍的快速巡邏艇，並不只是輔助導航，它們同時也是龐大海空救難作業的一部分，他們是很忙碌的。

飛越北海的三十分鐘行程，人們見到滑翔機在灰暗的海水上起起伏伏，水上飛機會在上面低飛盤旋，標註它們的位置，一直到救難巡邏艇駛到現場為止。蒐集情報的幽靈團的海伊中尉，見到「兩架滑翔機完全分離地掉了下去，還有一架在海上迫降。」他拍拍同團一名中士的肩膀，喊說：「霍柏柯克（Hobkirk），你看看下面那裡。」中士往下一看，海伊記得：「我幾乎看著他臉變綠。」他連忙安慰中士：「沒什麼好擔心的，你看那些巡邏艇已經把人救起來了。」

駕駛滑翔機的基秋勒士官長（Joseph Kitchener），對海空救難巡邏艇的速度，也有同樣深刻的印象。他瞄到它們正靠近一架飄在水上的滑翔機，「他們救人可真快，我想那些人的腳甚至都沒有打濕。」萊恩士官長（Cyril Line）駕駛的滑翔機上的人可沒有這種福氣——但運氣好，人都還活著。他坐在一架搖搖擺擺的黑色霍莎式滑翔機裡，目擊一組飛機與滑翔機緩慢地開始掉隊。他像是被迷住了，眼睛緊緊盯住眼前的滑翔機脫纜，然後差不多可以說是悠哉向海面掉下去。一圈白色泡沫出現在落海滑翔機的周圍。他心中納悶，「不曉得是哪些倒楣鬼。」就在這時，拖曳自己滑翔機的史特林式轟炸機的右螺旋槳不轉了。拖航速度變慢，甚至是停滯。飛機速度一慢下來，萊恩發現發生讓人為難的情況，他的滑翔機變成在拖航它的拖曳機。他立刻放纜脫離，副駕駛叫道：「準備迫降！」他們只聽見後面機艙，一陣槍托搗碎滑翔機合板機身的聲響，後面慌了手腳的乘員正想打開一條逃生的出路。滑翔機高度越來越低，萊恩回頭一看可嚇壞了，那些拚了命的士兵「已經打穿了滑翔機頂部和兩側，正準備要走。」萊恩厲聲大叫道：「不要動！綁好安全帶！」這時，一聲沉重的轟隆，滑翔機撞到了海水。等到萊恩浮起來時，只見滑翔機殘骸在三十英尺外飄浮，整個機艙都見不著，可是所有人都生還了下來。過不了幾分鐘，都被救了起來。

第一批的空投中，一共有八架滑翔機安全迫降海面。它們一落水，海空救難隊便以出色的表現，幾乎把所有機員與乘員都救起。再一次，厄克特的兵力又有折損。八架滑翔機中，預計飛往安恆的就有五架。

除了一些長距離、不準確的砲擊擊落了一架滑翔機以外，在飛越海峽的過程中，敵人並沒有什麼嚴重的抵抗。一〇一師的飛行過程幾乎完美，該師走南航路途經盟軍佔領的比利時。可是正當遠處荷蘭海岸在望時，北航路的八十二空降師和第一空降師的官兵，開始看到不祥的狀況，預示有危險的灰黑色煙雲——德軍的防空砲火。他們的飛行高度僅僅只有一千五百英尺，對荷蘭外海的瓦爾赫倫、北貝法蘭、斯荷文（Schouwen）這幾個島上的防空砲射擊，以及在須耳德河的防空砲艇、駁船上的射擊，都看得清清楚楚。

護航的戰鬥機群離開編隊去清除防砲陣地。坐在飛機中的人，還聽得到動能已衰的砲彈破片擦過C-47側面金屬機身的聲音。八十二師的老傘兵哈特二等兵，聽見機上一名新兵問：「這些機艙座椅防不防彈？」哈特只有凶巴巴瞪他兩眼，這種輕金屬的座椅，對一塊掉落得正著的石頭都抵擋不住呢。另一架C-47裡，布洛克利二等兵（Harold Brockley），記得有一名補充兵在納悶，「喂！下面那許多小小又灰又黑的雲團是什麼東西啊？」誰都沒有答話之前，已經有一塊砲彈破片從機艙穿過，沒有打著人，砰然一聲打在一組野戰餐具上頭。

老傘兵會用不同的方式，把自己的恐懼給隱藏起來。紐南中士（Paul Nunan）看見「熟悉、如高爾夫球般的紅色曳光彈，向上射來，把我們給包圍起來。」他假裝瞇眼打盹。曳光彈就從搭載楚克斯二等兵（Kenneth Truax）的飛機邊擦過，他記得，「沒有人說話，只有一兩聲的苦笑。」曾在諾曼第經歷過防空砲火洗禮的塔克下士（Bill Tucker），被「極端懼怕被從下方來的砲彈給打中」的景象所糾纏。他得坐在三件疊在一起的空軍防彈背心上面，才覺得「比較安全」。科斯二等兵（Rudolph Kos）則記得，當時「很想坐在自己的鋼盔上，但我曉得腦袋也需要它。」

有人對於飛機裡面的危險在意程度，更甚於發生在機身外的。掙扎著要讓霍莎式滑翔機在空中保持穩定的英軍副駕駛奧克斯上士（Bill Oakes），回頭看看機上的乘員狀況如何。不看還好，這一看讓他大吃一驚，三名士兵正「鎮靜地坐在機艙地板上，在小爐子上用餐具煮水泡茶。五個人站在四周，手裡拿著馬克杯，等著倒茶。」奧克斯馬上採取行動，把駕駛控制交給駕駛便急忙趕到後艙，生怕滑翔機合板材質的地板會馬上燒起來。「或者更糟的是，裝在尾車裡的迫擊砲彈會爆炸，那個野戰油爐的火力太可怕了。」他氣得一臉發青，有名士兵安慰地告訴他：「我們只有一點點的火苗而已。」奧克斯急回駕駛艙，把這件事向駕駛報告，駕駛韋特金士官長（Bert Watkins）笑笑說：「告訴他們，茶好了可別忘了我們。」奧克斯聽畢，一屁股坐進自己座位上，只好放手不管。

雖然護航的戰鬥機，把大多數海岸的防空砲陣地打趴了，但還是有些飛機受了傷；一架曳引機連帶滑翔機，還有一架載運傘兵的C－47運輸機，被擊落在斯荷文島上。曳引機墜地機毀，機組員都死了。那架隸屬八十二師威克式滑翔機，在半空爆炸，或許就為在附近飛過的英軍機隊中的蒙福特少校（Dennis Munford）所目擊。他驚呆、看著威克式四分五裂，「人員和裝備往外拋，就像是聖誕節大爆竹裡炸出來的玩具。」其他人也見到那架運輸機掉下去，包覆在C－47機身下的裝備包被曳光彈打中、起火。在附近駕機飛過的弗格森上尉（Arthur Ferguson）回憶，「黑煙中冒出了紅色、黃色的火舌垂流。幾分鐘後，C－47便被火焰吞噬。」卡米齊中尉（Virgil Carmichael）站在自己飛機艙門口，看著傘兵從受創的飛機中跳出。「由於我們的人都用偽裝色的傘衣，他們離機時，我能夠數得清清楚楚，看見他們全都安然脫離了。」

雖然飛機已被火焰吞沒，但無論如何飛行員還是要讓飛機保持穩定一直到傘兵都跳下去為止。卡米齊又見到一個人影離機。「航空隊用的是白色的降落傘，所以我看得出他一定是機工長」，他是最後一個離開的人，這架火燒的飛機，幾乎立刻垂直俯衝，以最大速度衝去下方斯荷文島上的氾濫區內。卡米齊還記得，「撞擊地面時，一具白傘在飛機正前面噴飛，可能是因撞擊力量給拋射的。」梅格拉斯中尉（James Megellas）覺得，親眼目睹C－47掉下去的過程是會有很

「恐怖的影響」。他本身是跳傘長，他以前會「在到達空降區以前五分鐘」告訴士兵準備聽他的口令，作「起立，掛鈎。」現在他都是直接下達指令了。在其他飛機上，很多跳傘長的做法也跟梅格拉斯所下達的口令類似。對他們來說，作戰已經開始了——事實上，這支空降部隊的空降場，也不過就在三、四十分鐘外而已。

2

真的很難相信，即使這天晚上這麼大範圍的轟炸，加上這時候再對安恆、奈美根和恩荷芬展開了空中攻擊，德軍依然還是沒有意識到究竟發生了什麼事情。其整體的指揮體系的注意力，只集中在單一的威脅上：英軍第二軍團從馬士－艾斯科運河對岸的橋頭堡恢復了攻勢。

「各級指揮官和官兵，尤其是我本人和手下參謀都已經負擔過重，雖然面對各種困難、承受如此嚴重的壓力，但我們唯一所想的只有地面作戰相關的事情。」司徒登上將回想當時。他是德國名聲赫赫的空降作戰專才，當時正在恩荷芬西北約二十一英里的菲赫特（Vught），一棟作為司令部的別墅中與「『例行公事』」交手，「即使人在戰場，堆積如山的公文還是如影隨形地跟著我。」司徒登走出陽台外，看了轟炸機隊個幾眼，然後一副事不關己，又回到他的公文堆上去。

黨衛軍第九裝甲師師長海澤中校，已經按照自己的盤算，把許多裝備轉撥給競爭對手——黨衛軍第十裝甲師師長哈邁爾准將。而哈邁爾在軍長畢特利希將軍的命令下——卻沒有讓摩德爾知道的情況，這時人已經來到了柏林。一列裝載著海澤「報廢品」——裝甲運兵車的最後一批平板車，已準備在下午兩點出發回德國。自從諾曼第以來，海澤的裝甲部隊反覆遭受轟炸，他

「不怎麼在意飛機」，也看不出飛越荷蘭的轟炸機大編隊與往常有什麼不同。他和手下的裝甲老兵都知道，每天可以看見轟炸機向東飛往德國又飛回來，一天幾次、司空見慣了；「本師官兵和我，對經常性的攻擊和轟炸，已經麻木了。」海澤帶了裝九師的軍醫科科長史卡可少校（Egon Skalka），從貝克卑爾根的師部動身到安恆北邊八英里的霍恩德盧（Hoenderloo）兵營去。那裡駐有六百名官兵的偵搜營，他要在全體官兵前，向營長格瑞布納上尉（Viktor Eberhard Gräbner），頒授「騎士十字勳章」。典禮過後，便是香檳酒和盛大會餐。

位於杜廷亨的黨衛軍第二裝甲軍軍部，畢特利希中將對空襲也是同樣的無動於衷。對他來說，「這是家常便飯。」在歐斯特貝克的陶佛堡酒店，集團軍總部裡的摩德爾元帥，盯著轟炸機群看了一陣子。在總部這裡所見到的景象都是一樣的，各個中隊的空中堡壘轟炸機在夜間炸完德國後返航。跟平常一樣，這個永無止息的轟炸德國行動，有不同的空中堡壘機群正取道往東面其他的目標飛去。至於當地的情形，轟炸機把沒有投在魯爾區的炸彈，轉投到荷蘭這裡來也不是什麼不平常的事。摩德爾和參謀長克雷布斯將軍，認為這種轟炸與低空掃射是一種「軟化行動」——是英軍展開地面攻勢的前奏曲。

有一名軍官對荷蘭境內空中活動的增加，稍微有點擔憂。大約一百二十英里外，在科布連茲附近阿連伯格的「西總」，倫德斯特元帥——他依然認定，空降部隊只會在攻擊魯爾區時上場——要求有更多的情資。在九月十七日晨報附件二二二七號（Annex 2227）中，西總作戰署長記載，總司令要求摩德爾調查在荷蘭北部，盟軍是不是有進行海空聯合攻擊的可能性。原文是：「一般狀況及敵軍偵察活動顯見增加……總司令要求再度審視船艦登陸與空降作戰的可能性……判斷結果將報呈『最高統帥部』（希特勒）。」

這份電報到達摩德爾集團軍司令部時，正是龐大機隊中的第一批飛越海岸線的時刻。

——

上午十一點三十分鐘，經過三小時幾近飽和的轟炸後，安恆全市烽火四起，捲捲黑煙柱正升入空中。沃爾夫海澤村、歐斯特貝克鎮、奈美根市和恩荷芬市，所有建築物都被轟平，街道上遍處彈坑，散布著玻璃碎片和斷垣殘壁，死傷人數每分鐘都在增多。即使現在，低飛的戰鬥機還在掃射整個地區的機槍與防空砲陣地。教堂、各家各戶、地窖和防空掩體中擠成一團的荷蘭人，或者帶著一股傻憨不畏死的勇氣，騎著自行車在街上跑，或站在屋頂上觀望的人，他們心中交互著懼怕與狂喜的情緒。沒有人知道該相信什麼，或者下一步會發生什麼。在南邊，離奈美根八十三英里的馬斯垂克，是荷蘭第一座被光復的城市。九月十四日美軍第一軍團已經入城，很多荷蘭人預料美軍步兵會在任何時候來到他們的城市村落。從倫敦播放的「橘子電台」，在一則激動的快報中給人這種印象，「日子快到了，我們一直在等待的事情終於快要發生了……由於盟國大軍的進軍神速……很可能部隊來不及帶上荷蘭貨幣。如果你們的盟友拿出法郎或者比郎……要配合並接受這種鈔票作為支付。……農民應該收工，把收穫運出來……」伯恩哈特親王在一篇廣播文告中，籲請荷蘭人「盟軍部隊光復荷蘭領土時，不要獻花果表示歡迎……過去敵人曾經在呈獻給光復部隊的禮物中藏有炸彈。」大多數荷蘭人心中最先想到的，便是認為加強轟炸的行動，正是盟軍大舉進攻——展開地面攻擊——的前奏。他們跟征服者德國一樣沒有料到馬上就有空降攻擊。

福斯格夫婦躲在歐斯特貝克、老丈人家中的防空洞裡，以為轟炸機在附近投彈，定是瞄準了陶佛堡酒店的摩德爾總部。福斯格記得那一天天氣晴朗，「適合轟炸的天氣。」然而他認為難以把「正在到來的戰爭與成熟的甜菜根香味，以及成百棵向日葵的畫面連在一起。向日葵花莖都被它們沉重的花朵給壓彎了，很難想像會出現人死亡、房屋在焚燒的畫面。」他出奇地冷靜，在他岳父住家的走廊上，眼看著戰鬥機在頭頂上刷地掠過，它們一定是在掃射那處酒店了。突然，一名德國兵在花園裡出現，沒戴鋼盔也沒有步槍，身上只穿了件軍便服和軍褲。他有禮貌地問福斯格：「我可以在這裡躲一躲嗎？」福斯格直視著他，問：「為什麼？你們有自己的防空壕呀！」德國兵笑著答：「我知道，可是都客滿了。」德國兵走到走廊上，「這回炸得很凶，」他告訴福斯格，「不過我想歐斯特貝克不是目標，它們好像集中在轟炸村子的東邊和西邊。」

福斯格聽見屋子裡有人說話，是沃爾夫海澤村附近來的一位朋友，她告訴他們，那裡被炸得很慘重，很多人都死了。「我很害怕，」她戰慄著說，「這是我們的『最後晚餐』。」福斯格看著這名德軍平靜地說：「或許他們炸陶佛堡，是為了摩德爾。」德國兵面無表情，「不是，」他告訴福斯格，「我不這麼想，那裡一枚炸彈都沒有落下。」後來這名德兵走了以後，福斯格便出外巡視損害。謠言滿天飛，他聽說安恆被炸得很慘，沃爾夫海澤差不多被夷平了。他想，此刻盟軍一定在推進，隨時會抵達這裡。他既傷心又高興，想起諾曼第的卡恩，在盟軍反攻後成了一堆廢墟。他認為歐斯特貝克，也就是他和家人到這裡來避難的城鎮，最後也會成為一堆頹垣敗瓦。

沃爾夫海澤村附近的樹林裡，德軍彈藥堆積所正在爆炸，那處有名的精神病院也遭直接命中，行政大樓四周的四處樓房都被炸平了，炸死了四十五個病人（後來又增加到了八十人），還有數不盡的受傷人數。有六十個嚇壞了的病人——大部分是女病人——正在附近的樹林裡到處晃蕩。電力中斷了，副院長比克醫師（Dr. Marius van der Beek）找不到人來幫忙。他焦躁地等候歐斯特貝克和安恆的醫師到達，相信他們一定會收到消息並前來支援。他需要盡快設置兩個包含有外科醫師小組的手術室。

其中一名「病人」韋堡（Hendrik Wijburg），其實是在精神病院裡匿身的反抗軍人員。他回憶說：「儘管德軍在附近有陣地，在樹林裡有大砲和彈藥，但實際上當時院內並沒有德軍。」德軍一處彈藥堆積所被炸中時，韋堡正在一棟大樓的走廊上被震倒在地上。他記得，「一次大爆炸，堆積所的砲彈開始咻咻落到醫院裡，死傷了好多人。」韋堡急忙站起來幫助護士，在掃射攻擊到達最高潮時，他們在草地上用白色床單鋪了好大一個十字。這附近被炸得很慘。他覺得，「這個地方很快就會被死人、要死的人堆到屋樑一般高。」

安恆市的消防隊拚命把蔓延的火勢給控制下來。海丁克（Dirk Hiddink）帶領一個十五人的消防小隊，用的是過時的消防器材（隊員推著兩輛大車，一輛裝著盤成一圈圈的水管，另一輛載消防梯），奉令到駐有德軍的威廉兵營去，那裡剛被低飛的蚊式轟炸機直接命中。儘管兵營大火四起，海丁克從安恆市消防大隊部所得到的指示卻很不尋常，總部告訴他，讓它燒光，但是保護附近的房屋。等到他的小隊抵達時，海丁克看見再怎麼說要救這座兵營都不可能了，火勢燒得太過猛烈了。

二十八歲的吉斯白，從他父親位於威廉斯班尼28號（Willemsplein 28）的公寓裡，看見他四周的一切都已經被熊熊火舌給吞噬。不但是兵營，連附近的高中和對面的「皇家餐廳」（Royal Restaurant）也都在燃燒。吉斯白記得，溫度之高，「我們窗戶上的玻璃，突然變成波浪狀，然後整個熔解了。」全家人立刻從屋裡逃出去，攀爬過磚牆和木頭之後才來到廣場。吉斯白看見耳鼻流血的德軍從炸倒的兵營廢墟中跌跌撞撞走出來。路面電車駕駛員卡瑞爾（Hendrik Kare）並非要開到威廉巷（Willemsplein）來的，轟炸切斷了電力，卡瑞爾黃白兩色的電車，便從一個小小的斜坡上滑下來到巷道的車站。他發現站裡塞進了好多車，它們都像他一樣，車子滑進來後就無法開走了。透過濃煙、人群和廢墟，卡瑞爾看見皇家餐廳的服務生，從起火的大樓裡逃了出來。不管那些朝餐廳門口走去的客人，服務生直接從窗戶跳到大樓外面。

位於安恆大橋東南方的「市立煤氣公司」（Municipal Gas Works），技術員恩克（Nicolaas Unck）很欽佩轟炸機人員的技術。遙望萊茵河對岸，只見十二處防砲陣地都已被摧毀，只留下了一門，不過幾個砲管都已經彎曲、報廢了。這時全市已經沒有電力。恩克的問題來了。他再也不能發電，三個巨大的貯氣槽中剩的煤氣都已經洩光。安恆除了煤和木柴以外，這晚沒有了電力，以及取暖和煮飯用的燃料。

上千人藏身在教堂裡。光是在荷蘭歸正會的格瑞特可克大教堂（Grote Kerk Church）就有一千兩百人。教堂司事明哈特記得，「我們清楚聽到外面炸彈的爆炸聲，」他說，「吉里森牧師（Johan Gerritsen）還是鎮靜地繼續講道。當停電時，風琴也停止了演奏。其中一個會眾走上前去，用手來壓動風箱。」那時以警報聲、爆炸聲和飛機的轟鳴聲作為背景，風琴轟然響起了，結果全體會眾起立高唱荷蘭國歌《威廉頌》。

在安恆火車站附近的歸正會教會，反抗軍的紐曼正在聆聽波茲（Dominee Both）在講道。他覺得就算是這次的強烈轟炸，也都嚇阻不了德軍實踐他們的威脅——要在今天某個什麼時候處決一批老百姓人質——以作為對反抗軍人員對鐵路高架橋攻擊的報復。他聽波茲講道中說到，「你的行為要向上帝負責，向你的同胞負責。」他的良知正困擾著他，決定禮拜做完以後就要向德軍投案。紐曼離開教堂，穿過被炸得滿地狼藉的街道去打電話，叫通地區指揮官克瑞尤孚，報告自己的決定。克瑞尤孚很不高興，直接了當地說：「所請不准！」他告訴紐曼：「執行你的工作。」可是克瑞尤孚並不是最後的決定。「市場花園」將會救了這批人質。

往南十一英里的奈美根，轟炸機炸中了德軍的防砲陣地，準確得只剩了一門砲還在射擊。高大雄偉、供應海爾德蘭（Gelderland）全省電力的PGEM（Provinciale Gelderse Energie Maatschappij）發電廠，只受了些微的損傷，可是高壓電線損毀，整個地區電力被切斷了。發電廠附近一座人造絲工廠損傷慘重，火光處處。市中心許多地區的房子都被炸彈擊中，炸彈也落在一所女子中學和一座大型的天主教的社區中心。瓦爾河岸後方的倫特村，有一間工廠炸毀了，多處彈藥堆積所爆炸。

市區的防空指揮部裡，工作人員靠著燭光工作。他們對不斷湧來的防空報告，越來越覺得困惑。烏仁（Albertus Uijen）在半明半暗的辦公桌上，登記發來的報告，此刻發覺自己愈來愈迷惑。大範圍的轟炸，卻無法理解究竟發生了什麼事情，只曉得奈美根附近一帶的德軍陣地都遭受了攻擊。進入市區的主要通道——瓦爾橋（Waalbrug）、聖安娜路（St. Annastraat）、赫魯斯貝克路（Groesbeeksewe g）——這時都已切斷，看來是要把奈美根的對外聯繫給斷絕了。

如同安恆，大部分奈美根人都躲在防空洞裡，躲避戰鬥機不斷對街道的掃射。可是家裡離瓦爾河大橋並不遠的布洛康，爬上屋頂想看個清楚。令他驚訝的是，離他家五棟房子外，德國市長辦公室的人員也在屋頂上。他記得德國人「看上去很焦急，而我，當然嘍，滿懷的輕快，我甚至談到這天天氣可真是好呢。」

護士布妮嫚（Johanna Breman）眼看著掃射過程中，德國人驚慌失措的表現。她在瓦爾河大橋南邊一棟公寓的二樓窗戶，往下看見「受傷的德軍彼此扶著走，有些踉踉蹌蹌，好多官兵都綁了繃帶，他們軍服都敞開了，大部分連鋼盔都懶得戴。緊跟在他們後面的是步兵，他們往大橋退去時，只要看見荷蘭人在偷看，便會朝窗戶開槍。」德軍抵達大橋的引道，開始挖散兵坑。「他們在周圍開始挖。」布妮嫚小姐記得，「就在快到大橋的街道上，以及在橋下樹邊、附近的草地上都挖。我可以確定反攻要開始了，我記得還這樣想過：『這裡會是觀看這場戰鬥絕佳的位置，』我是這樣期待的。」布妮嫚的期待，當時並沒有包括在幾個月後，要和八十二師的二等士官長馬遜（Charles Mason）成婚在內。馬遜會乘坐第十三號滑翔機，降落在她那棟公寓西南方兩英里的赫魯斯貝克高地上。

市場花園作戰主目標四周的城鎮和村落，也像主目標般損害慘重，而救援行動——即使有的話——微乎其微。空襲發生時，魏特（Gerardus de Wit）就快到恩荷芬西邊約五英里外的席斯特村（Zeelst），他旋即在甜菜田裡尋找掩蔽。當時並沒有空襲警報，他看見飛機高高飛在天上，忽然間炸彈如雨而降。魏特剛從南邊四英里的費爾德霍溫村（Veldhoven）去探望弟弟回來，碰上空襲只好將自行車轉頭、離開公路，人撲進和田地中相連的一條水溝。到了這個時刻，他發了瘋似的要回去找太太和十一個子女。

儘管飛機還在掃射，魏特還是決心冒險回家。他從田裡抬起頭來，只見「連樹葉都燒焦了。」他把自行車拋在一邊、爬出水溝，朝開闊的田地跑過去。他快接近村子時，看到原本是要炸恩荷芬市外維斯查普機場（Welschap Airfield）的炸彈，反而炸中了小小的席斯特，村子裡什麼都沒有了，只剩一片瓦礫斷牆，幾棟房子在焚燒，有些已經倒塌，老百姓茫然站著、哭泣。魏特認識的一位寡婦，赫蒙特太太（Van Helmont）一看到他，便苦苦哀求魏特跟她一起去用張床單蓋在一個殉難小孩身上，赫蒙特太太害怕到無法自己動手做這件事。那孩子身首異處，魏特卻認得出是鄰居的兒子。他急忙把遺體蓋上。「我再也不看任何東西了，」他回憶當時「只想盡快回家。」他快到家門口時，對門的鄰居想要留住他，叫說：「我被炸彈破片打中，血流得快要死了。」

就在這時候，魏特見到了太太奧麗娜（Adriana）正站在街上嚎啕大哭。她朝他跑過來，「我以為你永遠回不來了呢，」她說，「快、快，我們的孩子被炸傷了。」魏特走過了受傷的鄰居。「除了我兒子以外，再想不起任何事情。我走到他跟前，只見他全身右半邊都被炸開了，右腿幾乎是整個被切斷，他還十分清醒並要點水喝。我見他的右胳膊不見了，他問它在哪裡，我安慰他說：『你正躺在它上面呢。』」魏特跪在孩子旁邊時，來了一位醫師，魏特只記得：「他告訴我說沒希望了，我們的兒子即將離世了。」魏特把孩子抱起來，到設立了紅十字會救護站的「喬治菸廠」（Duc George）去。人還沒走到，十四歲兒子就在他手裡斷了氣。

在所有的恐怖、混亂和希望之中，沒有幾個荷蘭人見到盟軍空降第一軍團的先鋒部隊。大約在中午十二點四十分，十二架英軍史特林式轟炸機朝安恆掠過；十二點四十七分，四架美軍運輸機，在恩荷芬北邊的草地上空出現，另外兩架飛越奈美根西南開闊的田地，接近奧福塞特鎮（Overasselt）。在這些飛機上的，正是英軍與美軍的導航組人員。

彭寧（Jan Pennings）回到了自己的農場，那裡離沃爾夫海澤不到一英里，是與連昆村的草地交界。他看見機隊從西邊低低飛來，還以為是飛回來炸鐵路，便留心張望著，如果炸彈一掉下來，便準備撲倒掩蔽。飛機飛過連昆村草地時，嚇壞了的彭寧只見「一捆捆的東西掉下，隨後傘兵跳出來。我知道在諾曼第盟軍也用過傘兵，我很確定眼前這是反攻『這裡』的開始了。」

幾分鐘以後，彭寧騎著自行車往自己農場上跑，對著太太大叫：「出來呀！我們自由了！」此時，他所見到的第一批傘兵走進了他的農場。彭寧又害怕又茫然地同他們握手，不到半小時，他們告訴彭寧：「上百名的傘兵就要來到這裡。」

幫人家開私家車的司機皮隆（Jan Peelen）也目擊到在連昆村草地上降落的導航組。他記得「他們落下來時可以說是無聲無息，紀律很嚴明，立刻在草地上劃出標線。」也像其他降落在鐵路線以北的導航組，他們把空降場都標示了出來。

往南十五英里，接近奧福塞特鎮，十九歲的羅洛夫（Theodorus Roelofs），正潛藏著躲避德國人。突然間，被降落在他家農場附近的八十二師導航組所解救。他回想起來，那些美軍都是「斥堠，我最怕的是這一小批勇士，很可能會被敵軍輕鬆地解決掉。」這批導航組毫不浪費時間，一發現這個荷蘭小伙子會說英語，立刻就把他列為嚮導和傳譯員。羅洛夫在他們地圖上證實了降落位置，指示他們到指定的降落地點，看著他們用「彩色的布板和發煙罐」，標示出空降區的動作而入迷。三分鐘後，一個黃色看板的字母「O」和紫色的煙霧，清楚標示出了這一區的邊線。

載著一〇一師導航組的四架C－47運輸機，在恩荷芬北邊附近闖進了猛烈的防空砲火。有架飛機被打得烈焰沖天、掉了下去，只有四個人倖存。其他三架繼續飛行，把導航組正確降落在一〇一師預定的兩個地點。到十二點四十五分，「市場花園」所有的空降場都已經被標定位置、辨識出來。難以置信的是，德軍依然沒有發出警報。

——

在霍恩德盧兵營裡，德軍霍亨陶芬師師長海澤中校，正在向剛受勳的格瑞布納上尉敬酒。幾分鐘以前，他看見有幾具降落傘往安恆市西邊落下去。他倒不感到訝異，還以為是從轟炸機上跳傘的機組員。位於歐斯特貝克的陶佛堡酒店，摩德爾元帥正在跟參謀長克雷布斯中將、作戰處長湯普荷上校（Hans von Tempelhof）和副官組長傅瑞保上校（Leodegard Freyberg）一起，喝飯前的開胃酒——一杯冰涼的摩薩爾白葡萄酒。行政官賽德豪澤中尉記得，「只要元帥人在總部就極其守時。我們一向都是一三〇〇時整坐下來吃中飯。」這個時間，正是「市場」部隊的「H時」[5]。

3

而今，載著一〇一空降師的運輸機龐大機群，編成緊密的隊形，轟隆隆地飛過盟軍據守的比利時。飛越布魯塞爾之後大約二十五英里，機隊轉向北，朝荷蘭邊境飛去。這時機內的官兵向下看，首度見到了他們在地面作戰的同僚——「花園部隊」，地面攻擊與空中突襲將同時發動。這是壯觀而難以忘懷的景象，在每一條公路、每一處田野、每一條小徑，都鋪滿了霍羅克斯將軍第三十軍浩瀚的廣大甲冑。密密麻麻的戰車、半履帶車、裝甲車、人員運輸車縱隊，以及預備用於突破作戰的火砲，一排排、一隊隊地放列著。戰車上的天線旗在風中飄動，成千上萬的英軍站在車輛上、擠在田野間，向空降部隊的人們揮手。橘色煙霧在空中翻騰起伏，標誌出英軍第一線的所在地，再過去便是敵人了。

戰鬥轟炸機擦著地面飛過，領先飛到空降區，要把機群前面的一切都加以肅清。儘管在空降

5 編註：H Hour，攻擊發起時間之意。

突擊以前的猛烈轟炸已經夷平了很多防砲連，但這時德軍偽裝網突然向後一掀，又露出了敵軍的潛伏位置。有些人還記得乾草堆上面一分開，竟露出了八八公厘高砲和二〇公厘防空機砲陣地。雖然戰鬥機掃蕩得很徹底，依然不可能把敵人所有的抵抗都打趴。一〇一師的官兵正要飛到距離恩荷芬以北只要七分鐘的空降場，卻衝進了猛烈的防空砲火裡。

一等兵賽波拉（John Cipolla）正在打瞌睡，頓時被「防空砲刺耳的爆裂聲，以及貫穿機身的破片」所驚醒。跟其他人沒有兩樣，賽波拉也是被一身裝備壓得沉甸甸，使他很難動彈。除了步槍、背包、雨衣、軍毯以外，他還有彈藥袋掛在兩肩上，口袋裡塞滿了手榴彈，再加上口糧、主傘以及副傘。除此之外，他們機上的每一個人還帶了一枚地雷。據他說，「我們左翼的一架C－47爆炸成一團火球，然後又是一架。我心想，『天哪，下一架就是我們了。我是要怎樣才能離開這架飛機啊！』」

搭載賽波拉的那架C－47一陣抖動，幾乎每一個人都同時叫了出來，「出去吧！我們中彈了！」跳傘長下口令：「起立，掛鉤！」然後鎮靜地開始檢查裝備。賽波拉記得機上傘兵都報數出來：「一，OK！二，OK！三，OK！」賽波拉是全組最後一名，等要喊到「二十一，OK！」時，好像要過好幾個鐘頭似的。然後綠燈亮了，傘兵們急忙離艙門往下跳，降落傘在他們頭上展開。賽波拉抬頭檢查自己的張傘狀況，只見剛離開的C－47正烈焰凶猛，看著看著，飛機在一團火球中掉下去。

儘管爆開的砲彈煙霧淹沒了飛機，但編隊並沒有偏航，第九運輸司令部的飛行員，還是毫不偏移地，維持著航線。奧康諾少尉（Robert O'Connell）記得他們的機隊飛得好緊密，「我以為機長要把機翼掛在左面那架飛機機長的耳朵上去了。」他的飛機起火了，跳傘預備的紅燈亮了起來，「機艙通道裡煙霧瀰漫，我連本組最後一個人的臉都看不到，」人們都被煙給嗆咳，嚷著要跳出去，奧康諾「站在艙門前，把他們擋在機上。」飛行員平穩地飛，沒有作任何強烈的閃避行動。奧康諾看見編隊開始降低高度、航速慢了下來，是要準備跳傘了。奧康諾心裡盼望，「如果機長認為飛機要掉下去，他會及時用綠燈指示我們，讓傘兵跳出去。」結果機長沉著應對，讓這架起火的飛機維持在航路上，直到正確飛到空降區。然後綠燈亮了，奧康諾和傘兵們都安然跳傘，他後來知道該架C－47毀機落地，不過機組員都生還就是了。

運輸機飛行員們完全不顧自身安全，讓飛機穿過防空砲火，飛到空降區上空。「不要替我擔心，」一架起火的C－47飛行員修曼少尉（Herbert E. Shulman），在無線電中向分隊長報告，「我要把傘兵送到空降區正上方跳傘。」他辦到了，傘兵安然離機，在那麼一瞬間，飛機在火焰中墜毀。米契爾中士（Charles A. Mitchell）驚恐萬狀地眼看著他左邊一架飛機，火焰從左發動機一陣陣衝出來，飛行員保持著穩定的航路，他看見整組傘兵跳了出來，是在火舌中穿降下去的。

悲劇還不止如此。約翰森一等兵（Paul Johnson）的位置就在飛行員座艙後面，飛機正中央被擊中，兩個油箱都起火了，全機包括機長、副機長和十六名傘兵中，只有約翰森和另兩名傘兵逃了出來，他們不得不爬過機艙中的死人才能跳傘。三個死裡逃生的人都嚴重燒傷，約翰森的頭髮全部燒掉了。他們剛好降落在德軍的戰車宿營地，在水溝裡與敵人拚戰了半個鐘頭，全都受了傷，最後寡不敵眾而被俘獲。

另外一架飛機的綠燈亮起時，擋門的第一名傘兵卻被打死了，他向後倒在安托莫上等兵（John Altomare）身上。他的遺體快速被移到一旁，這一機其餘的傘兵馬上跳出。還有一組傘兵飄蕩在半空正要向地面落下去時，一架失控的C－47撞到了其中兩人，螺旋槳把他們給砍成了碎

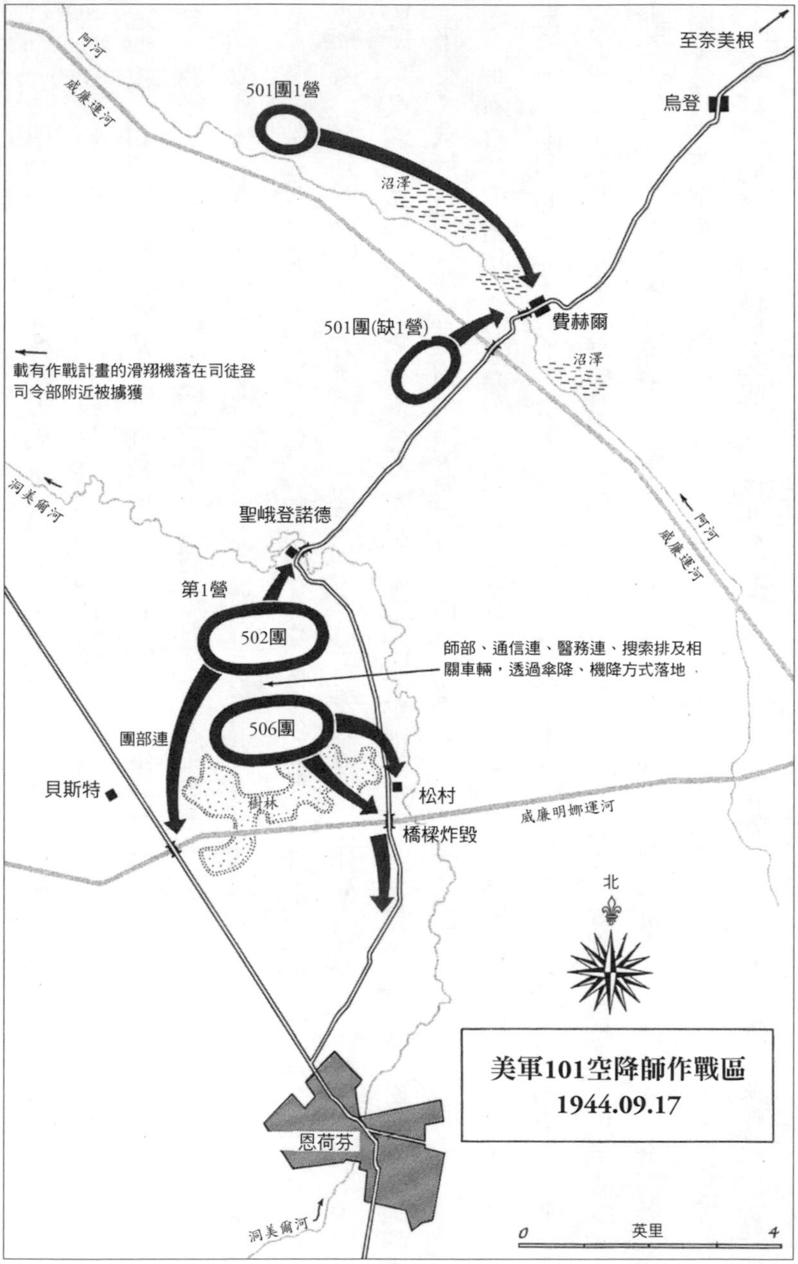
美軍101空降師作戰區
1944.09.17
至奈美根
烏登
501團1營
沼澤
費赫爾
501團(缺1營)
沼澤
載有作戰計畫的滑翔機落在司徒登司令部附近被擄獲
阿河
威廉運河
洞美爾河
聖峨登諾德
第1營
502團
師部、通信連、醫務連、搜索排及相關車輛，透過傘降、機降方式落地
506團
團部連
貝斯特
松村
樹林
威廉明娜運河
橋樑炸毀
北
恩荷芬
洞美爾河
0
英里
4

片。

就連飛臨空降區這種嚇人的進場程序中，美國人還是保持著他們的幽默感。李上尉（Cecil Lee）剛一站起來掛鉤，他坐的地方就被砲彈破片炸開了一個大洞。旁邊一名傘兵噁心地大喊：「這下他們送了我們一個馬桶了！」另外一架飛機，紅燈亮起，每一個人都起立、掛鉤，波瑞里少尉（Anthony Borrelli）說自己肯定是癱瘓了，只有他動不了。他是剛到傘兵部隊才兩星期的新官，又是頭一遭戰鬥跳傘，是這組傘兵第一個要跳下的人，波瑞里覺得大家都盯著他，等到發現時真是難為情，原來他把傘帶鉤掛在座椅上了。波義斯二等兵（Robert Boyce）這一趟也趕上了，儘管師部牙科醫官一番好意，因為他牙齒有毛病而簽了「免作戰證明」（L.O.B., Left Out of Battle）。因為連長的插手，這位諾曼第老兵才奉准成行。除了一顆牙齒壞了以外，他還有其他煩惱。有些傘兵的新裝備——包裝機槍的腿包、快速脫傘具，還有穿的是戰鬥靴而不是跳傘靴——這都使得他以及旁人感到緊張萬分。特別是傘兵們都關心自己的傘衣會纏在新發戰鬥靴的鞋扣上。波義斯的飛機低飛進場時，他看見下方的荷蘭老百姓，舉起兩隻手指頭，表示「勝利」致敬，那可正是波義斯所需要的事情。他對其他人叫說：「喂，看看，他們出我們兩對一，賭我們跳不成功呢。」

對許多人來說，他們能夠到達空降場的可能性看起來起碼要高一點。五〇六傘兵團團長辛克上校（Robert F. Sink）看到「一陣猛烈的防空砲火衝上來歡迎我們。」正當他從機艙門向外看時，飛機猛然震動，眼見一部分機翼打裂了，晃來晃去掛著，便轉身對著本機傘兵說：「好吧！機翼沒了。」辛克感到安心的是，「似乎沒有人對這件事想得太多，估計到那時我們也差不多抵達空降區上空。」

二號機上，辛克的副團長蔡斯中校（Charles Chase），眼見左翼起火，墨維上尉（Thomas Mulvey）記得副團長瞪著火勢看了一分鐘，才輕描淡寫地說：「我猜他們逮到我們了，我們還是跳吧。」兩架飛機上的綠燈亮起，傘兵們都安然跳傘。蔡斯所坐的這架運輸機焚毀在地面上。辛克那架機翼受傷的飛機，傘兵們都覺得應該是安然飛完全程回到了英國。

類似的猛烈防空砲火，也淹沒了載五〇二傘兵團官兵的機群，這兩個大隊的飛機幾乎相撞。一個大隊稍稍偏離了航路，誤飛進另外一個大隊的航路上，使得後者爬升，以致傘兵在比預定還要高的高度跳傘。在一個機群的長機中，載有一〇一空降師師長泰勒將軍和五〇二傘兵團第一營營長卡西迪中校（Patrick Cassidy）。卡西迪擋門站著，只見大隊中一架飛機燒成一團火焰，他數了一下只跳出七具傘。接著左邊的一架C－47也爆出火團，機上傘兵全部都跳了出來。他被這架著火的飛機景象所迷住，竟沒有注意到綠燈已亮。泰勒將軍站在他背後，輕輕說了聲：「卡西迪，燈亮了！」卡西迪反射性地答覆：「報告師長，我知道了。」便跳了下去，泰勒也緊跟在他後面跳傘。

泰勒將軍認為這次一〇一師的跳傘是「非一般的成功，幾乎就像是在演習。」在初步計畫作為中，泰勒的參謀預計傷亡將高達百分之三十。在英國登機的六千六百九十五名傘兵，實際跳傘的有六千六百六十九人。儘管防空砲火很猛烈，但C－47機群和戰鬥轟炸機飛行員的勇敢，使得一〇一師有了一次幾近完美的跳傘。雖然有些單位降落在離空降區以北一到三英里的地方，但他們落得很密，部隊集結很快，只有兩架飛機沒有飛抵空降區。第九運輸司令部的飛行員以大無畏的決心承受了所有損失，將傘兵送到了他們的目的地。載運一〇一師的四百二十四架C－47運輸機中，四分之一受到了損傷，被擊落的有十六架，機組員全部陣亡。

滑翔機的損失也很慘重。當機群飛抵空降區時，七十架中只有五十三架落在松村附近的降落區而沒有損傷。儘管中途放棄飛行、敵軍防空砲火和毀機落地，滑翔機到末了依然運到了它們所載運兵力的百分之八十，吉普車與尾車的百分之七十五[6]。現在，泰勒的「嘯鷹師」正向各個目標前進——在英軍地面部隊前面這條十五英里的重要走廊上的橋樑和渡河點。

4

司徒登上將和參謀長萊恩哈爾德上校（Walter Reinhard），站在菲赫特附近、司徒登別墅的陽台上，「簡單說，就像個傻瓜，一臉震驚。」司徒登清楚記得，「極目四顧，到處只見連綿不斷的機群——戰鬥機、運輸機、貨機——在我們頭上飛過。我們爬上屋頂，想更清楚知道這些部隊是往哪裡去。」看樣子機群飛往格拉福和奈美根方向、在我們南面沒有幾英里遠的恩荷芬以及松村附近。司徒登看得很清楚，運輸機一架跟一架飛來，投下了傘兵和裝備。有些飛機飛得很低，

6　原註：由於「市場花園」被認為是全英軍的作戰行動，只有少數的美國記者被核准前往採訪。安恆一個美國記者都沒有。其中一個跟隨一〇一師的美國記者，合眾社的華特克朗凱特（Walter Cronkite），是搭乘滑翔機著陸的。他回想當時「以為滑翔機機輪是供落地用的。可是機身竟貼著地面滑行，機輪升上穿過了機艙地板，可以想像我當時是有多驚訝。還有一件事嚇到我的。大家發誓戴好的鋼盔都扣好了，一落地卻從頭上飛了出來，看起來比打過來的砲彈更危險。落地後，我看到的第一頂鋼盔抓起來就戴上。提著裝有「好利獲得」牌（Okivetti）打字機、可靠的攜行袋，我開始朝會合點所在的運河匍匐前進過去。等到我回頭一看，只見五、六個傢伙跟在我後面爬行，看樣子我是拿錯了鋼盔。這頂我戴上的鋼盔，後面有條工整的白槓，代表帶帽者是名軍官。」

低得連司徒登和萊恩哈爾德都不自主地蹲下身來。「司令部的文書、經理、駕駛和通信官兵，都跑出去開闊的田野，用各種武器對空射擊。跟平常一樣，天上沒有我方戰鬥機的蹤跡。」司徒登完全困惑不解，「我搞不清楚發生了什麼事，也不曉得這些空降部隊要往什麼地方去。在當時，我完全沒有想過自己所在位置的危險性。」傘兵專家司徒登對眼前的景象充滿了欽佩和仰慕。「眼前強大的壯觀景色，深深打動了我。回想及往，多麼渴望我們自己的空降作戰也可以做到如此程度，便對萊恩哈爾德說：『呵，如果我能有這種兵力供我支配就好了！這麼多的飛機，只要一次就好。』」萊恩哈爾德的感受完全是非常之當下的，「報告司令，」他向司徒登說道，「我們得想點辦法！」兩個人便下了屋頂，回到司徒登的辦公室。

才在前一天晚上，司徒登在每日報告中提出了警告：「在馬士-須耳德運河（Maas-Schelde Canal）[7]以南，敵軍交通頻繁，車隊密集，顯示盟軍即將發動攻擊。」問題是：已經開始了嗎？假若是的話，這些空降部隊一定是要攻佔恩荷芬、格拉福和奈美根的橋樑。橋樑全都做了爆破的準備，由專門的工兵小組和警衛部隊負責保護。每一處渡河點，都指派了橋樑司令，下達了最嚴格的規定，一旦遭遇攻擊立即炸橋。「盟軍顯而易見的動態，」司徒登認為，「在這種情況下，便是在我軍來不及炸毀以前，使用空降部隊攻佔橋樑。」在這時，司徒登還沒有想到下萊茵河的安恆大橋的重要性，他告訴萊恩哈爾德，「幫我接通摩德爾。」

萊恩哈爾德拿起電話，這才發覺電話線路不通，軍團部已經被切斷了聯繫。

三十七英里外，歐斯特貝克的陶佛堡酒店裡，摩德爾的行政官賽德豪澤中尉非常光火，對

著野戰電話吼叫：「昨晚你喝多了是不是？」打電話來的是士官約品格（Youppinger），是賽德豪澤手下保護集團軍司令共二百五十人的警衛連官兵之一，約品格把他所看到的又說了一遍。他堅稱，在沃爾夫海澤村「滑翔機正落在我們的眼前。」賽德豪澤把電話一甩，急急奔去作戰室，把這個消息向一位怔住了的中校報告。兩個人急忙趕到餐廳，摩德爾和參謀長克雷布斯將軍正在午餐。中校報告：「我剛得到消息，滑翔機正在沃爾夫海澤降落。」作戰處長湯普荷上校目瞪口呆，克雷布斯的單眼鏡掉了下來。湯普荷說道：「這下，我們可有麻煩了。」

摩德爾跳了起來，一陣忙亂地下達了一連串的總部撤退命令。他走出餐廳去收拾自己的東西時，轉回頭來叫道：「他們正在追我和這個司令部！」沒多久，摩德爾帶著一個小提箱，急急忙忙出了陶佛堡酒店正門。在人行道上，那個小提箱掉了下來，把他的內衣褲和盥洗用品摔得到處都是。

賽德豪澤見克雷布斯也是這麼急急忙忙，跟了摩德爾出去：「甚至連軍帽、手槍、皮帶都忘了。」湯普荷甚至連拆下作戰室戰況地圖的時間都沒有。司令部副官組長傅瑞保上校，也是行色匆匆。他經過賽德豪澤面前時，叫道：「不要忘了我的雪茄。」摩德爾一上汽車，就告訴座車駕駛兵弗南貝（Frombeck），「快！快到杜廷亨！畢特利希軍部！」

賽德豪澤眼見司令座車開走，這才回到大酒店。他在作戰室裡見戰況地圖還在牆上，顯示出從荷蘭到瑞士的全部陣地所在，便把它捲了起來，自己帶著。然後下令哈滕斯坦酒店和陶佛堡酒

---

7 編註：與盟軍的馬士－艾斯科運河指的是同樣的水域。

店的人員立刻撤走。他說，所有運輸工具，「每一輛汽車、卡車、機車，一律馬上離開此地。」一在他開赴杜廷亨以前所接到的最後報告，英軍已經來到兩英里之內。在這一陣慌亂中，他把傅瑞保的雪茄給完全忘記了。

5

在地面的霧氣、房屋焚燒的煙火籠罩下，龐大的英軍滑翔機群一架架落地。已經由橘色、深紅色的尼龍布標示出的地區，開始有點像寬廣的停機坪了。這兩處降落區——在沃爾夫海澤附近，北邊的瑞耶營農場（Reyers Camp Farm），和西南方的連昆草地（Renkum Heath）——藍色煙霧裊裊直上。從這兩地，一批接一批的曳引機和滑翔機，綿延長達二十英里，一直到了奈美根西南方聖托亨波斯鎮（s-Hertogenbosch）附近的入口。成群結隊的戰鬥機掩護著這支又長又慢的機群縱隊。航線的擁擠，讓飛行員們想起了倫敦忙碌的皮卡地里圓環（Piccadilly Circus）在上下班時間擠得水洩不通的情形。

機群——每一個大隊與另一個大隊間有四分鐘的間隔——緩緩飛過平坦、水道縱橫的荷蘭鄉野。在任務提示時告訴飛行員們辨認的地標，現在開始在他們下面掠過——兩條寬廣的大河是默茲河和瓦爾河，再前面便是下萊茵河了。這時每一批機群編隊下降時，官兵們都看到了遠在右邊的安恆和他們的主要目標——鐵路橋和公路橋。出奇的是，雖然皇家空軍預料到會有猛烈的防空砲火，這些密集的滑翔機群其實沒有遇到任何的抵抗。空降之前在安恆周圍所實施的空襲，要比恩荷芬有效得多。進場航線上，沒有一架曳引機或者滑翔機被打下去。

皇家空軍與滑翔機駕駛團技術精良的飛行員們，以分秒不差的準確度飛過空降區。滑翔機一鬆纜，曳引機便爬升轉彎，讓出空間供後面一對對的飛機進來。這種複雜的動作和擁擠的航道，本身就造成很多問題。駕駛員湯布林上士（Bryan Tomblin）記得飛過降落區時，那種混亂、擁擠，「天上都是滑翔機的曳引機、拖纜以及諸如此類的東西，你得一直注意。」

駕駛霍莎式滑翔機的米勒士官長（Victor Miller），記得飛越下萊茵河時，他周圍「寧靜得令人難以相信」。再過去一點，突然看見了自己的降落區，在遠遠的角落，「是一片三角形的樹林，和一處半隱半顯的小農場。」幾秒鐘以後，他聽到了史特林式曳引機領航員的聲音，「好了，二號機，準備。」米勒回答後，領航員告訴他：「祝你好運，二號機。」米勒立刻脫纜，拖機消失不見了，拖纜跟在後面晃來晃去，米勒曉得它會被丟下去，「史特林式轉彎返航以前，會作為餞別禮把拖纜丟在敵人頭上。」

滑翔機的空速銳減，田野隱約地愈來愈近。米勒要求「半襟翼」，副駕駛何令索斯上士（Tom Hollingsworth）立刻推動襟翼桿。這一下，滑翔機猛然一跳，「兩個機翼的巨大襟翼從後面向下降，降低了我們的速度。」米勒估計，這時降落區已經不到一英里。「我提醒何令索斯注意他那一邊的僚機，有一架滑翔機要橫飛過來，在我們上面不到五十碼距離，」米勒大驚，「飛在我們同一個航路上，還有一架滑翔機似乎也從右邊飄過來，對方駕駛員可能連我都沒有看見，一心只想降落下去。」為了避免撞機，米勒故意飛到來機的下方，「一片好大的黑影從我們駕駛艙上刷過去，對我來說這實在太近了。我那時專心極力要把全機完整地帶下去，根本沒有想到敵人是不是有朝我們射擊——對那個威脅我們也拿它沒轍。」

米勒繼續降低高度，「樹梢頭朝機艙底跳來，在機翼旁掠過。地面猛然升上來時，另外一架

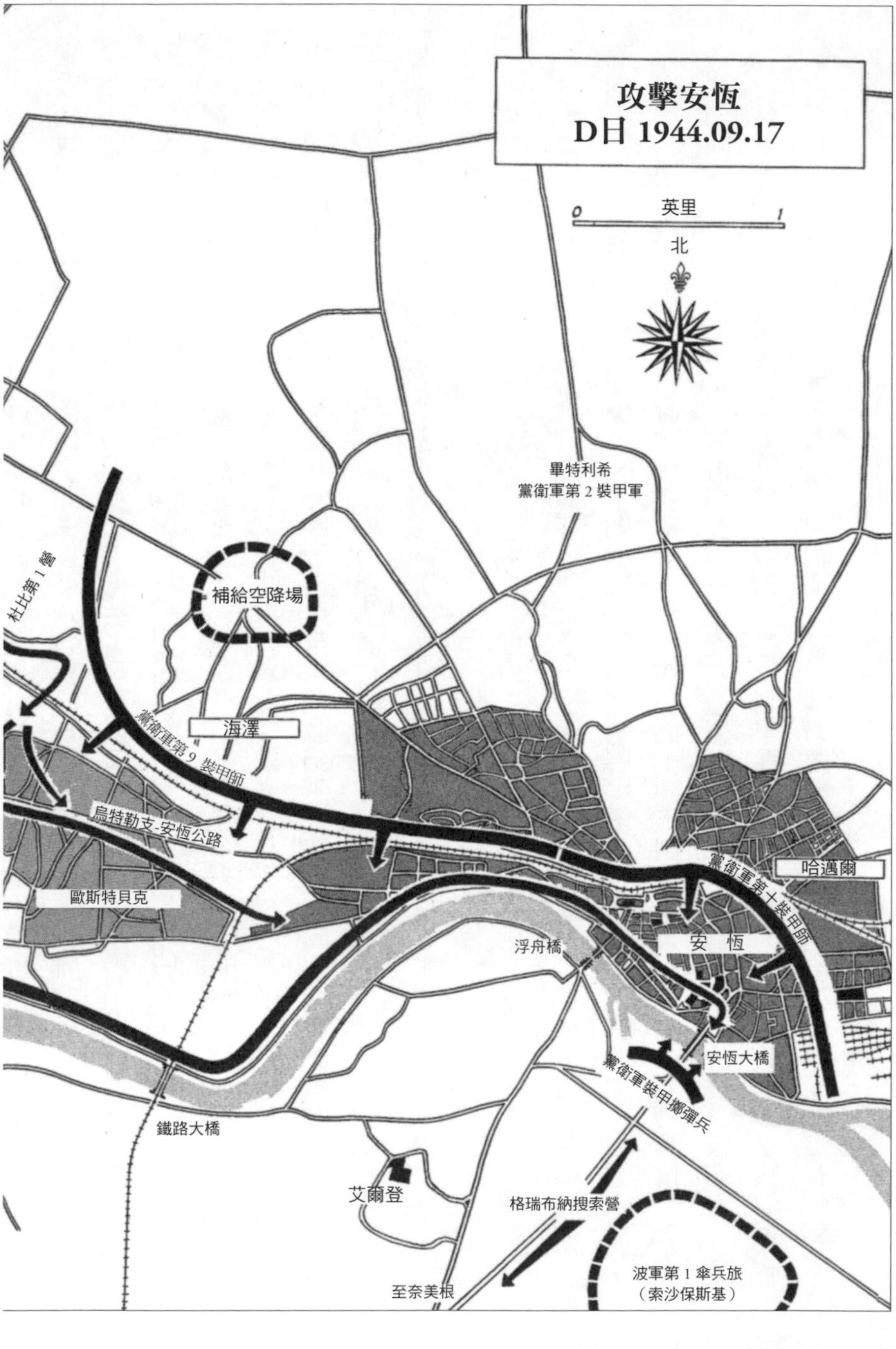
攻擊安恆
D日 1944.09.17
英里
0
1
北
畢特利希
黨衛軍第 2 裝甲軍
杜比第 1 營
補給空降場
海澤
黨衛軍第 9 裝甲師
烏特勒支-安恆公路
歐斯特貝克
哈邁爾
黨衛軍第十裝甲師
安　恆
浮舟橋
安恆大橋
黨衛軍裝甲擲彈兵
鐵路大橋
艾爾登
格瑞布納搜索營
至奈美根
波軍第 1 傘兵旅
（索沙保斯基）

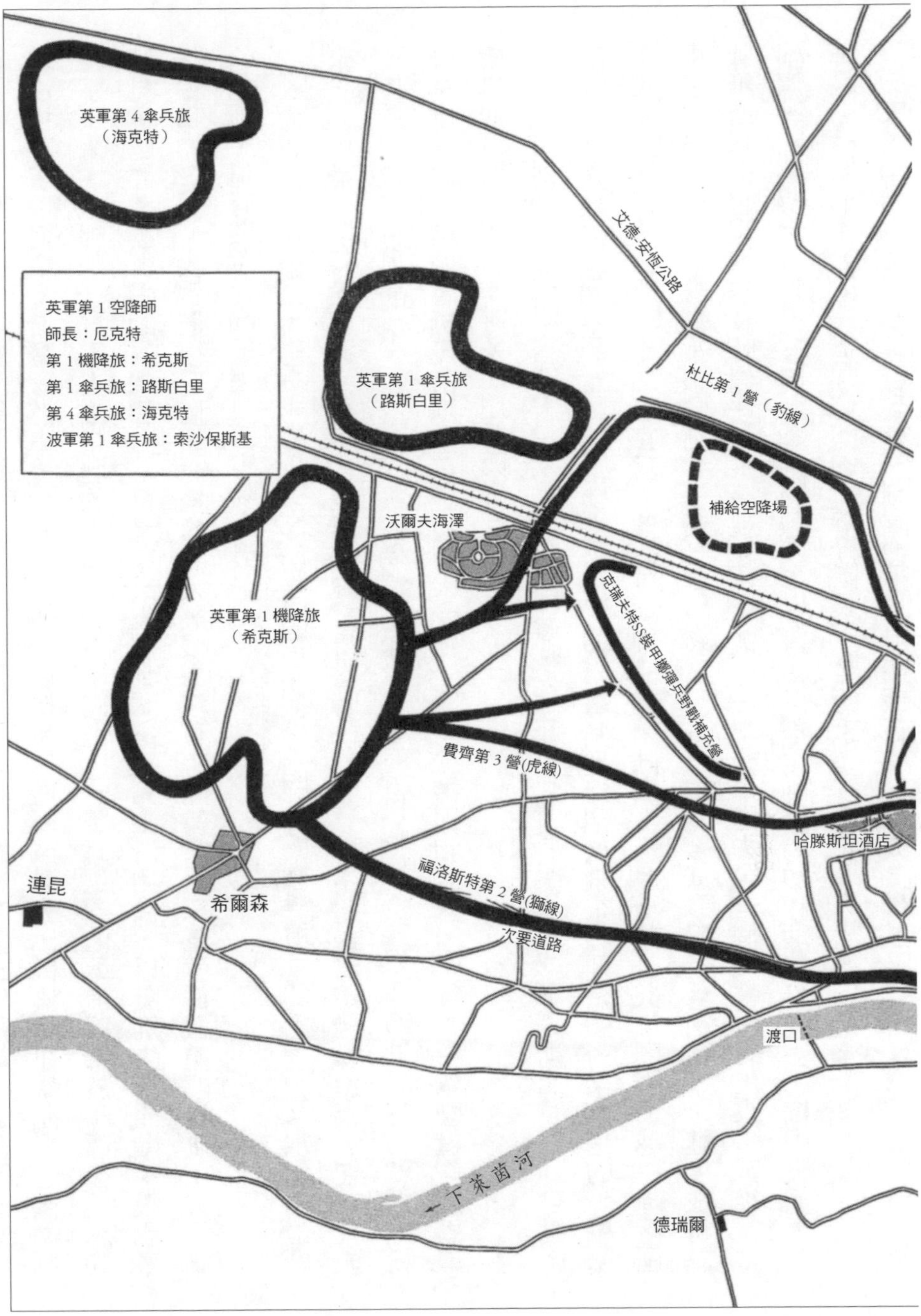
英軍第 4 傘兵旅
（海克特）
英軍第 1 空降師
師長：厄克特
第 1 機降旅：希克斯
第 1 傘兵旅：路斯白里
第 4 傘兵旅：海克特
波軍第 1 傘兵旅：索沙保斯基
艾德-安恆公路
英軍第 1 傘兵旅
（路斯白里）
杜比第 1 營（豹線）
補給空降場
沃爾夫海澤
克瑞夫特SS裝甲擲彈兵野戰補充營
英軍第 1 機降旅
（希克斯）
費齊第 3 營(虎線)
哈滕斯坦酒店
連昆
希爾森
福洛斯特第 2 營(獅線)
次要道路
渡口
下萊茵河
德瑞爾

滑翔機也一同飛到，我把駕駛桿向後帶、改平、觸地，飛機彈跳起來有三英尺高，再落下去一次就沒再跳了。何令索斯緊踩煞車，我們東倒西歪地在新耕地裡竄過去，機輪陷在軟泥裡之後總算停了下來。飛機離一排看上去粗壯的大樹不到五十碼遠。」震耳欲聾的氣流聲歸於平靜後，米勒聽見遠處輕武器劈啪的射擊聲。「可是我最先想到的還是先出滑翔機，以免別的滑翔機墜毀或者落在我們身上。我是最後一個離開飛機的人，根本沒有時間躊躇，逕直就從機艙門邊跳下去荷蘭的土地，這有四英尺高，還不算容易。」

通訊兵馬普爾（Graham Marples）所坐的滑翔機，因為航線擁擠，兜了一圈又飛到降落區來。「可是，這時候風速沒有了，」馬普爾記得當時「我看見樹木穿過滑翔機機艙板，把它扯成一片片，我所曉得的第二件事，就是機頭一頭栽了下去，只聽見各種東西的破碎聲，就像乾樹椏那麼清脆。機頭直挺挺落地，可是沒有人受傷，除了些擦傷和瘀青。」後來，駕駛員告訴馬普爾，他得要拉起，才避免滑翔機與另一架相撞。

很多滑翔機克服了這次長程中的所有困難，卻在落地時發生災難。戴維斯士官長（George Davis）站在他已經卸空的霍莎式滑翔機旁邊，觀看著其他滑翔機飛來。他是頭一架落地的，帶來了英軍第一機降旅的三十二名官兵。他看見兩架滑翔機「幾乎是機身貼著機身顛簸，越過降落區衝進樹林，兩機的機翼都被截斷。」幾秒鐘以後，另外一架霍莎式轟隆一聲衝下來，速度快得讓戴維斯曉得它沒辦法及時停住，飛機就在樹林叢中「犁」了進去，一個人都沒有出來。戴維斯跟副駕駛威廉斯士官長（Williams）跑到那架滑翔機邊，從駕駛艙的塑膠玻璃看進去，機中人員全部陣亡。一門七十五公厘榴彈砲的固定鏈條斷裂，壓死了砲手，把駕駛和副駕駛給斬首了。

鄧希中尉（Michael Dauncey）剛剛把他的滑翔機落地——機上載了一輛吉普車、尾車和一個砲兵連的六名士兵——便看見一架龐大的八噸漢彌爾卡式觸地。「田地鬆軟，」他想起，「只見漢彌爾卡式機頭栽進了前面的泥土。」重量和地速[8]使得它越陷越深，機尾在空中高高翹起，接續一個筋斗翻過去，機背著地。鄧希曉得「要想把他們挖出來已經是沒有用了，霍莎式機頂平坦，而漢彌爾卡式駕駛坐的位置是一個突出的座艙，我們知道正副駕駛都完了。」

詹克斯士官長（Gordon Jenks）飛著另一架漢彌爾卡式進場時，也看到了這架失事機，馬上判斷出前面的土地太軟了。他立刻決定不在這裡降落。「我計算後發現，如果我們立刻進入俯衝，」他回憶，「我就還會有足夠的速度可以讓飛機與地面保持一段距離，一直飛越柵欄，落在下一塊平地。」詹克斯把駕駛桿向前推、俯衝下去，在離地不到幾英尺處改平，讓大飛機穩穩飛過柵欄，「在遠處的平地，輕得像羽毛般落了下去。」

此時的降落區，滑翔機機尾都旋鬆螺絲向後扳開，火砲、裝備、軍品、吉普車、尾車都卸了下來。布羅克下士（Henry Brook）的滑翔機，士兵就跟其他人一樣，發現下卸動作在理論上是很好，做起來卻很困難。「八個插銷上，都有一根保護鐵絲，把機尾固定在定位，」布羅克說明當時的情形，「在英國操作時，只要兩分鐘，就可以把吉普車和尾車從機尾卸下來。在作戰中可就不同了，我們切斷鐵絲、拔出插銷，可是機尾依然文風不動。」布羅克和其他士兵最後只有把它砍開。砲兵下士克瑞可（J. W. Crook）也有同樣的煩惱，附近一輛吉普車過來幫忙，用車上的拉索一扯，機尾一下子就拉開了。

8 編註：航空器在空中飛行時對地面之相對速度。

兩個降落區的官兵都開始從損毀的滑翔機裡，把裝載的物品搶救出來。兩架巨型漢彌爾卡式的墜毀是很要命的損失，裡面是兩門十七磅砲的組件，再加上兩輛三噸卡車，以及相應的彈藥尾車。第一機降旅輕砲團十五門七五山砲，卻全部安然抵達。

搭乘滑翔機到達的人，大部分都記得落地以後，馬上有一種奇怪、幾乎可以說是詭異的寧靜。然後從集合點那裡聽見風笛的尖銳聲正吹奏著《邊境上的藍絨帽》（*Blue Bonnets over the Border*）。就在同時，在連昆草地邊緣上的士兵，看見荷蘭的老百姓，漫無目的地在樹林中晃來晃去，或者害怕而躲在樹林裡。幽靈團的海伊中尉記得「那真是個發人深省的景象，有些人穿著醫院的白袍，似乎有看護人員在一邊驅趕，所有人都蹦蹦跳跳、嘻嘻哈哈、手舞足蹈又吱吱喳喳，顯然他們是瘋了。」滑翔機駕駛米勒被樹林中的聲音嚇著，然後「是一批令人毛骨悚然、穿著白衣的男女一路經過。」直到後來，士兵們才知道這些行徑怪異的老百姓，是被炸的沃爾夫海澤精神病院的病人。

厄克特將軍也在連昆草地降落，也是被這裡的寧靜所驚。他回想那時「安靜得難以置信，好不真實。」當參謀長麥肯齊在樹林邊緣開設師指揮所的同時，厄克特往四百碼外的傘兵空降區走去。路斯白里准將的第一傘兵旅快要降落了，遠處傳來飛機進場的隆隆聲。長長的C－47機群飛到時，滑翔機降落區所有的活動、喧囂都暫停下來，人人抬頭仰望。傘兵跳傘時，也和滑翔機著陸般，只聽到有限的、一陣陣的輕武器和防空砲火的射擊。準時在下午一點五十三分至之後的十五分鐘內，天空中充滿了色彩鮮艷的降落傘，第一傘兵旅開始跳傘了。有六百五十個紙箱，由明亮的黃色、紅色和棕色降落傘，帶著火砲、彈藥和器材，穿過運輸機流迅速落下來。人員跳傘之前，就把軍品降落傘包推出機外。空中飄盪著各種不同的補給品，其中包括有超小型的摺疊機車。很多負重超量的傘兵，還帶著大型的裝備包一起跳傘。理論上在著陸以前，傘包會由一根拉繩垂落下去，但好多裝備包都在傘兵身上散開、砸在空降區，其中包括有些是裝著珍貴無線電機的傘包。

英軍的萊特二等兵（Harry Wright）從一架美軍的C-47跳傘，人還在空中，鋼盔和裝備包都丟了，他落地摔得好重。團經理上士羅伯生（Robertson）跑過來。萊特頭上流著血，「你被防空砲火打中了嗎？」羅伯生問他。萊特緩慢搖搖頭，「不是，上士，」他說，「是那些該死的洋基佬，跳傘時飛機飛得太快了。」羅伯生替他包紮傷口，出乎萊特意料之外，他還從背包裡拿出了豬肉派給自己。「我幾乎被這件事嚇得當場死掉，」萊特回憶說道，「第一，羅伯生是個小器得要死的蘇格蘭佬，其次他是經理士，從來沒有把任何東西給任何人過。」

在整個空降區這種怪事似乎到處都有。史威夫特上士（Norman Swift）落地後見到的第一個人就是艾利思士官長（Les Ellis）。他走過來時手上拿著一隻死掉的鷓鴣。史威夫特大感不解，問鳥打哪裡來的。「我落在牠身上，」艾利思解釋，「誰知道呢？等下搞不好我們餓了，牠還有點用也說不定。」

工兵艾蒙里（Ronald Emery）剛從降落傘下溜出來，一位荷蘭老太太急忙穿過田野，抓起降落傘就跑。嚇著的艾蒙里看著她的背影而不知所措。田野另一角，史登納中士全身上下都是裝備器材，他落在一架滑翔機的機翼尖上。機翼就像個彈簧床，把他彈到空中，讓他可以兩隻腳平穩落地。

佛勒斯多中尉（Robin Vlasto）重摔落地，摔得恍恍惚惚。他在地上躺了一下，想知道自己置身何處。他只曉得「在我附近有不少的人體和軍品包丟落了下來，而各機還不斷湧出傘兵來。」

他決定快快離開空降區，正當他掙扎著要解開傘繩時，只聽見怪異的一聲響。他回頭一看，原來是第二營營長福洛斯特中校經過，正吹著他那支獵狐的銅號。

西蒙斯二等兵也看到了福洛斯特。在降落以前，他就覺得自己受夠了這的一天。西蒙斯回想，以前一直是皇家空軍載運他們出航——他們的態度是，「小伙子，別擔心。不論是什麼情況，我們都會把你們送到。」——他一看見眼前的美國飛行員先倒了一半胃口。「他是位中校，戴著頂軟軍帽，飛行外套敞開掛著，抽著一根大雪茄。我們中尉向他俐落的敬禮，問說起飛時士兵是不是要集中到飛機前面半部。」那美國人笑稱：「什麼，見鬼，才不需要呢，中尉。」西蒙斯記得對方說，「飛機屁股滾過了跑道一半時，我就可以讓這架老母鷄飛起了。」西蒙斯的排長被對方的態度嚇得話都說不出來。等到跳傘下來，雖然西蒙斯很喜歡他的營長，但是當他看見福洛斯特走過時，也到了忍耐的最大限度。他坐在地上，四周都是他的裝備，嘟囔著說：「營長老大就這樣，一手握四五手槍，另一隻手卻是握著他媽的打獵的號角就走過去了。」

在所有空降場，全師官兵有五千一百九十一人安然到達，各單位集結起來、編隊、出發。厄克特將軍「不可能有比這更欣慰的了，每件事情似乎進行得棒極了。」勞德團士官長也有同樣的想法，這位老傘兵想起那「是我所參加過最好的一次演習，人人都沉著、認真。」但是他在起飛前心中的保留態度，依然使他感到煩憂。他見到部隊迅速集結，沒有敵人可拚殺。他記得自己是這麼想：「一切都順利得好不真實。」別人也有這種念頭，有一批人準備出發時，史坦佛中尉（Peter Stainforth）聽見辛普森中尉（Dennis Simpson）悄悄說：「事情都順遂得合我意。」

降落以後肩負最緊急任務的人，便是第一空降師偵搜中隊四十三歲的高福少校，他要率領由四個分隊組成的偵搜中隊，坐上重武裝的吉普車，向安恆大橋疾馳，等福洛斯特中校的第二營行軍到達。高福和手下官兵是以跳傘落地，然後再尋找滑翔機運來的運輸工具。他很快就在空降場找到了副中隊長奧索普上尉（David Allsop），以及一些壞消息。奧索普報告說，四個分隊中有一分隊的車輛——大約是二十二輛車——沒有運抵。預計要飛到安恆的三百二十架滑翔機，損失了三十六架，其中失去了高福第一分隊的吉普車。雖然如此，高福和奧索普都認為，他們有足夠的車輛直奔安恆大橋。高福下令出發。他的兵力已經削減，如今只能全靠德軍會如何作出反應了。

6

在一片恐慌、混亂中，德軍頭一位高階軍官下令備戰的，便是黨衛軍第二裝甲軍軍長畢特利希將軍。下午一點三十分，畢特利希接獲德國空軍通信網發出來的第一個通報：安恆附近，有空降部隊降落。幾分鐘以後，第二個通報也進來了，指出安恆和奈美根遭傘兵突擊。畢特利希打電話過去摩德爾總部位於歐斯特貝克的陶佛堡酒店，卻沒有人接電話，也無法與安恆市指揮官或者位於菲赫特軍團部的司徒登將軍聯繫。混亂情況下，畢特利希立刻想到查根將軍的第十五軍團的大部分兵力，已經從須耳德河口突圍退入荷蘭。「我的第一念頭，認為這次的空降攻擊，旨在包圍查根軍團，防止他們與我軍部隊會合。然後，或許由英國軍團再大舉進兵，越過萊茵河進入德國。」畢特利希認為如果他的判斷正確，類似作戰行動的關鍵，便是安恆到奈美根一帶的橋樑。他立刻下令霍亨陶芬師——第九裝甲師，與福隆德斯柏格師——第十裝甲師備戰。

霍亨陶芬師師長海澤中校，在為格瑞布納上尉授勳以後參加聚餐，畢特利希電話打到時，「我的湯正喝了一半。」畢特利希說明了情況，命令海澤「向安恆及奈美根方向搜索。」要霍亨陶芬師立即出動，據守安恆，殲滅安恆以西、歐斯特貝克鎮附近的空降部隊。畢特利希警告海澤，「迅速行動至為必要。佔領及固守安恆大橋，具有決定一切的重要性。」同時，畢特利希也下令福隆德斯柏格師——師長哈邁爾將軍這時還在柏林——向奈美根推進，「佔領、據守及防禦該市各座橋樑。」

海澤當下面臨的困難，便是要從火車下卸霍亨陶芬師的最後一批部隊，他們原訂在一個小時內就要開往德國——列車上包括了他決心要保留、不給哈邁爾的「報廢」戰車、半履帶車和裝甲人員運輸車。海澤看著格瑞布納，「現在我們該怎麼辦？」他問道。「車輛都已經拆卸裝在火車上了。」其中有四十輛是屬於格瑞布納的偵搜營。海澤問：「你們多快能把履帶、槍砲裝回去？」格瑞布納立刻把保修人員召來後向海澤報告：「我們可以在三到五小時內準備出動。」海澤要返回師部，然後說了句，「在三小時內準備完畢。」

雖然畢特利希在錯誤的理由上猜對了盟軍動向，但他動員的兩個裝甲師，卻是蒙哥馬利的情報官完全視為不存在的部隊。

——

那位奉令遷出歐斯特貝克、把地盤讓給摩德爾元帥總部的軍官，發現自己的營區就選在英軍的降落區附近。第十六黨衛裝甲擲彈兵野戰補充營營長克瑞夫特少校，害怕得「噁心、反胃」。他最新的營部在沃爾夫海澤旅社，離連昆草地不到一英里，他兩個連就在附近宿營，擔任預備隊的一個連則在安恆。克瑞夫特從旅館就可以看見「草地裡擠滿了滑翔機和部隊，有些只在幾百碼外。」他一直以為空降部隊要幾個小時完成編組，可是看著「英軍到處都在集結、出動準備作戰。」他不了解這支部隊為什麼降落在這附近。「我能想到的唯一重要軍事目標，便是安恆大橋。」

嚇慘的營長，知道除了自己這個兵力不足的營以外，附近並沒有德軍步兵。在援軍到達以前，克瑞夫特決定「完全靠我來擋住他們去奪橋——假若那是他們要去的地方的話。」他兩個連的位置是一個近似三角形的布陣，底邊——沃爾夫海澤公路——幾乎與連昆草地接壤。營部北面，是艾德-安恆公路以及由阿姆斯特丹經烏特勒支到安恆的鐵路。南面，烏特勒支公路經連昆、歐斯特貝克，到達安恆。他的兵力並不足以固守這兩條公路，於是決定把據守的陣地，布置在約略從北面的鐵路線到南面的烏特勒支-安恆公路。他急忙下令預備隊離開安恆，前來沃爾夫海澤歸隊。派出各機槍排，守住戰線的兩端，其餘兵力則在樹林中散開。

雖然兵力不足，克瑞夫特手下卻有一種新的實驗性武器，一種多管、火箭推進的發射器，可以射出超大型的迫擊砲彈[9]。有幾門這種武器留在他那裡作訓練用途。現在他計畫用它們來擾亂英軍，讓對方以為遭遇了強大敵軍的假象。同時，他下令組成二十五人一組的攻擊隊，實施斷然的出擊，或許可以讓傘兵猝不及防。

克瑞夫特正在下達指示時，一輛公務車急駛而來到了他的營部，安恆市指揮官庫辛少將

9 原註：這種武器不應與德軍較小型的迫擊砲——煙幕發射器（Nebelwerfer）混淆。克瑞夫特認為當時僅僅只有四門這種實驗性武器的存在。我無法查證，但是我發現在西線戰場記錄上沒有類似的武器。但用它來對抗英軍，且具有摧毀性的威力是不可置疑的事。數不盡的證人，都形容這種超大型迫擊砲的吼聲和爆炸力。但是說也奇怪，英軍任何的作戰報告，都沒有提到這種武器。編註：由於型號不明，姑且以「突擊迫砲」稱之。

（Friedrich Kussin）急忙走了進來。庫辛開車離開安恆，以驚人的速度來親自察看是怎麼回事。途中他遇見了向東疾行，前往杜廷亨的摩德爾元帥。在路上暫停時，摩德爾指示庫辛進入戰備，同時把最新情況向柏林報告。這時，庫辛從荒野望過去，對英軍大規模的空降景象大吃一驚，他幾乎是氣急敗壞地告訴克瑞夫特，無論如何他會在下午六點以前，把援兵派到這裡來。庫辛出營部開車回安恆市時，克瑞夫特警告他，不要走烏特勒支－安恆公路。他已經接獲通報，英軍傘兵正在那條路上前進。「走小路吧，」他向庫辛報告，「主要幹道或許已經被封鎖了。」庫辛卻笑容滿面答道：「我會沒事的。」克瑞夫特眼看著公務車疾駛離開，馳上了公路。

他心裡知道庫辛的援兵是來不了的。克瑞夫特這支兵少將寡的小部隊，被敵人殲滅只是時間問題而已。他把部隊沿著沃爾夫海澤公路進入陣地時，派了他的駕駛，拉福二等兵（Wilhelm Rauh）去收拾他的私人物品。「把它們打包裝進車子裡開回德國去，」他告訴拉福，「我料想這回是活不成了。」

——

柏林附近的巴德薩羅（Bad Saarnow），黨衛軍第十裝甲師師長哈邁爾將軍，正與黨衛軍指揮總部司令區特納上將（Hans Jüttner）開會，概略報告了畢特利希麾下黨衛軍第二裝甲軍兵力匱乏的困境。哈邁爾堅稱，如果要使該裝甲軍繼續維持有效戰力，「畢特利希對人員、裝甲武器、車輛和火砲的緊急要求，必須予以尊重。」區特納答應儘自己所能去滿足。但是警告說：「在這個時候，每一個戰鬥部隊的力量都已經空虛。」人人都要求有優先權，區特納不能馬上答應給任何人任何援助。兩個人正在談話時，區特納的侍從官帶了份電報走進辦公室，區特納看過以後，一言不發就交給哈邁爾，電文內容是：「空降攻擊安恆，即返，畢特利希。」哈邁爾急忙出了辦公室，進入自己的座車，從巴德薩羅開車到安恆要花十一個半小時。哈邁爾對駕駛亨特霍瑟下士（Sepp Hinterholzer）說道：「回安恆，給我拼命地開！」

7

英軍第一空降師通信營副營長楚蒙德少校，不曉得是什麼地方出了紕漏。有一段時候，他的無線電機收聽路斯白里准將那一個旅向目標——包括安恆大橋——前進時的消息，接收狀況十分良好。可是現在，路斯白里的幾個營愈逼近安恆，就在這時候無線電信號卻變得衰弱了。楚蒙德手下的官兵，持續不斷的回報，困擾也困惑著他。他們根本沒辦法跟裝在吉普車上的無線電機聯繫，而以其他無線電機接到的信號，又是微弱得幾乎收聽不到。然而路斯白里旅的幾個營，以及高福少校的偵搜中隊，是不會走出超過二到三英里遠的。

尤其讓楚蒙德警覺的，是有關路斯白里的電報，這對厄克特將軍作戰指向有莫大的重要性。楚蒙德決定派出一輛附無線電機和一名無線電兵的吉普車去接收路斯白里的通信，然後再中繼轉到師部來。他指示這個通信組，要開設在師部和路斯白里機動無線電台的中間點。沒多久，楚蒙德聽到中繼組的信號了，他們的無線電機收發距離大大地縮短了——「廿二型」無線電機的最小距離，至少應該在五英里內有效——信號非常微弱模糊。他斷定，若不是這部機器的功能不正常，便是通信兵開設的地點不當，發送不出來。正當他在收聽時，信號整個消失了。楚蒙德聯絡不到任何人，甚至美軍通信兵派出兩輛無線電吉普車的特別通信組也是如此；這個小組在十七日起飛前幾個小時，才緊急編成、趕到英軍空降師師部，這些要由美軍操作的「極高頻」的陸空無線電機，是用來呼叫戰鬥機前來實施密接支援的。在作戰開始的前幾個小時，這兩輛無線電吉普車是很可能改變整體戰況的。然而英軍卻發覺它們一無用處，沒有一輛吉普車的無線電可以調整到呼叫飛機的頻率上。眼前，正是激戰即將開始之時，英軍的無線電通訊卻一整個垮了[10]。

8

就像是接到了信號一般，當載運著八十二空降師的飛機靠近空降區時，德軍的火砲即同時開火。師長蓋文准將往下一望，只見與默茲－瓦爾運河平行的壕溝線裡，地面的砲火噴湧而出。樹林中，沉寂、隱匿的敵軍殘餘防空砲連，一直到現在才開始射擊。注視著的蓋文，不知道自己為八十二師訂的作戰計畫——這個以「計算過的風險」為基礎的計畫會不會失敗。

八十二師負責「市場花園」走廊的中段，該師目標分布很廣，南北長達十英里，東西寬達十二英里。除了在接近格拉福橋的西端空投一個傘兵連，並加以奇襲和佔領之外，蓋文還選擇了三個空降區，和一個大型的機降區。後者要容納八十二師五十架威克式，以及布朗寧將軍第一空降軍軍部的三十八架威克式和霍莎式滑翔機。但是蓋文下令，只有在奧福塞特以北的一個空降區，由導航組負責標示外，其他接近德國邊境和赫魯斯貝克高地的三個就故意不標示。蓋文師的傘兵與滑翔機，在沒有識別信標或者煙霧的情況下降落以混淆敵軍，使對方摸不清楚他們在哪裡落地。八十二師落地後十三分鐘，布朗寧的軍部也跟著降落。

由於蓋文眼前最在意的，便是在他最大的空降場東面，敵軍的戰車或許會沿著德國國境的帝國森林猝然湧出，所以他下達了兩個罕見的命令。為了保護師部和布朗寧軍部，他指示傘兵在空中若能發覺敵人的防空砲陣地，就要靠近跳傘下去，盡可能快地壓制住它們。其次，在空降作戰歷史中，他頭一次把整個野戰砲兵營，用降落傘空投在正對著森林、離德國國境大約有一點五英里的大型空降場。此時，他俯瞰著敵軍熾烈的防空砲火，推算敵軍戰車在帝國森林中的可能性。蓋文知道他計畫中雖然包括了所有可能性，但八十二師官兵所面臨的依然是非常艱苦的任務。

蓋文所屬的諾曼第老兵，絕對忘不了聖艾格里斯（Ste. Mère Église）的屠殺。由於意外落在那處鄉村，人員接近地面時遭遇德軍機槍的掃射，很多人就在降落傘上、電話線上、村廣場附近的樹上無助地被打死，一直到范登弗中校（Ben Vandervoort）最後佔領了聖艾格里斯，戰死的傘兵才被放落地面及安葬。這一回，八十二師準備在荷蘭跳傘了，有些人對身後還在掛鉤的傘兵叫道：「別忘了聖艾格里斯！」雖然這是種危險的動作，很多傘兵還是一面跳傘，一面開槍射擊。

波丹上尉（Briand Beaudin）在赫魯斯貝克高地附近的空降場跳下去時，看見自己正往德軍防空砲掩體上落下，砲口正瞄著他，波丹馬上用柯特四五手槍開槍。他記得，「沒多久我就曉得，人還在空中擺來擺去，用豆子槍往大口徑火砲上打，是多麼沒用的事。」他落在防空砲陣地附

---

10 原註：據希伯特（Christopher Hibbert）所著 *Battle of Arnhem*，頁九十六，特別提及在安恆的英軍，也同樣批評美軍的通訊，說：「美軍的空中支援組的訓練不足……結果造成戰況慘重，直到作戰的最後一天依然是如此……空降部隊沒有獲得任何有效的空中密接支援。」似乎沒有資料可以指出，究竟是何許人在頻率這件事情上出了包，也不知道這些小組的美國人是誰。美軍這兩個在關鍵的日子陷入激戰、具備關鍵手段可能改變整個歷史發展的小組，從來不曾被人找到過。然而，這兩個作戰單位，是唯一確認曾參與安恆作戰的美軍人員。

近，把德軍砲手全部俘虜，他覺得德軍「嚇得連一發砲彈都打不出來。」

柯里中尉以為自己正落入德軍醫務帳棚裡去了。突然，敵軍從帳棚裡一湧而出，對著防線周圍的二〇公厘防砲跑去。他也從槍套裡把四五手槍抽出來，但他的傘一陣搖晃，把柯里帶離這裡。一名德軍開始朝著柯里的方向跑。「我沒法子開槍打那個德國佬，」他回憶，「一下子我的手槍指著地，一下子又指向天，我還有充分的意識，要把手槍放回槍套，以免落地時把槍給丟了，或者走火打傷自己。」人一落地，還沒有來得及解開傘帶，他又一次把手槍抽了出來。「那德國佬這時離我只有幾英尺遠，但是他的動作就像不曉得有我存在似的，我頓時明白，他不是朝著我跑來，而是在逃離。」這個德國兵經過柯里時，把鋼盔和步槍一丟，他這才看見「根本是個小孩，大約十八歲左右，我實在不能打一個沒有武裝的人，我最後見到的是這個小男生正往德國邊境跑過去。」

曳光彈從傘衣中穿過去，讓二等兵拉艾伯（Edwin C. Raub）好生惱火，他故意把傘側滑，以落在防空機砲附近。在還沒有解開傘帶，身後還拖著降落傘，拉艾伯就端著湯普生衝鋒槍朝德軍衝過去。打死一人後，再把其他人統統俘獲，然後再用塑膠炸藥，把幾個高砲砲管都炸掉。

雖然五〇五和五〇八傘兵團在赫魯斯貝克周圍所面對的抵抗，被官方認定是微不足道的事情，但在空降區附近的樹林中，還是有相當可觀的防空砲和輕武器火力。八十二師的傘兵們不待集結完畢，即以單兵或小部隊形式撲往那些抵抗的口袋，迅速把他們制服、俘獲。同時戰鬥機也掠過樹梢，以機槍掃射敵軍陣地。對抗低空攻擊上德軍成效卓著，幾分鐘內就有三架戰鬥機被打中，墜毀在樹林裡。沃雷奇上士（Michael Vuletich）親身目擊了其中一架。它翻滾穿過空降區，等到終於停止時只剩下機身是完整的。沒多久，飛行員毫髮無傷走出來，在殘骸旁邊還點起了菸。沃雷奇記得，這個遭擊落的飛行員後來就一直留在他們的連當起了步兵。

詹姆士瓊斯中士（James Jones）在地面看見一架P－47戰鬥機大約在一千五百英尺的高度起火。他以為飛行員會跳傘，可是飛機卻掉下來，擦過空降區時四分五裂、機尾斷開、發動機滾到一邊，座艙摔在田野裡。瓊斯以為飛行員這回死定了，他看著座艙蓋往後一推，「一個披著頭髮的小伙子，沒戴帽子，手握四五手槍，朝我們跑過來。」瓊斯記得曾問他：「老兄，你見鬼啦，怎麼不跳傘？」飛行員笑道：「他媽的，老子就是怕跳嘛。」

歐尼爾中士剛一落地，正在收拾自己的裝備時，看見一架P－51戰鬥機俯衝下來，掃射空降場附近一處隱蔽的德軍陣地。戰鬥機對德軍機槍陣地來回兩次掠襲後便被打中，飛行員還是能盤旋，來了次安全的機腹著陸。據歐尼爾說：「那傢伙一跳出飛機就朝我跑過來，叫：『給我一把槍，快！我曉得那婊子養的德國鬼在什麼地方了，我要去收拾他』。」歐尼爾在後面瞪著他看，飛行員抓起一把槍便朝樹林跑過去。

十八分鐘之內，八十二空降師五〇五團、連同工兵一共四千五百十一人，還有七十噸裝備，都落在赫魯斯貝克東邊樹林高地的空降場或者附近。正當官兵集合、清除空降場和直撲目標時，導航組把場地標示清楚要供砲兵空投，以及讓八十二師的滑翔機部隊和英軍軍部降落。到目前為止，蓋文將軍經過計算的冒險成功了。然而，各團間的無線電雖然立刻建立了聯繫，但是隨同五〇五團一起跳傘的蓋文，依然不曉得西邊八英里處，在奧福塞特北邊跳傘的五〇四團情況如何。也不知道對格拉福橋的突襲，是不是按照計畫在進行。

跟其他運送該師的飛機類似，載了塔克上校（Reuben H. Tucker）五〇四傘兵團的一百三十七架C－47運輸機，飛近奧福塞特空降場時，也遇到了間歇性的防空砲火。也同其他地區一樣，飛行員維持在航路上飛，下午一點十五分，兩千零一十六名官兵開始跳傘。十一架飛機轉向略略偏西，飛往一處小小的空降場，也就是靠近格拉福那座橫跨馬士河、全長一千五百英尺的九跨連續大橋。這幾架C-47中，載有威倫斯少校第二營的E連飛向八十二師立即目標中最具決定性的一個。他們的任務是從西端引道直撲橋樑。威倫斯的其餘各連則從奧福塞特攻向東側。假使格拉福大橋沒有快速、完整地拿下，排得緊湊的「市場花園」進度就無法維持。失去這座橋很可能會導致整體作戰的失敗。

E連的飛機正向著西邊的突擊點飛過去時，排長湯普生中尉（John S. Thompson）可以清楚見到馬士河、格拉福以及在右邊接近奧福塞特鎮五〇四團的跳傘。然後飛機來到溝渠交錯的田野，這是他的連跳傘的地點。湯普生目擊本連其他弟兄已開始跳離座機，向格拉福橋周圍落下去，可是他這架C-47的綠燈卻始終沒有亮起。等到亮起時，他只見飛機已經在一群建築物的正上方，他等了幾秒鐘，看見了遠處的田野以後，才帶著全排跳下去。這是個美麗的錯誤，他們落在大橋西南邊只有五百到六百碼的位置。

湯普生聽見格拉福方向有間歇性的槍聲，但是大橋四周似乎一片平靜。他不知道該要等待同連其他人到齊，還是直接率領本排十六人就發動攻擊比較好。湯普生說：「由於奪橋是我們的主要任務，我便決心攻擊。」他讓派里上等兵（Hugh H. Perry）帶簡明的消息回到連長那裡，「我們正向大橋接近。」

從鎮上、附近建築物中發射的火力，現在更為激烈。湯普生的排在附近的水溝中掩敵，他們向大橋涉水前進，水都淹到了脖子。靠近大橋的一處防空機砲塔開始向他們射擊，湯普生眼見敵軍士兵，手中帶著背包，在橋邊一棟房子裡跑進跑出，他認定那一定是維修或者發電的相關處所。他害怕德軍是拿著炸藥包到大橋上去準備炸橋，便立刻部署手下士兵，包圍該房子並開火。「我們用機槍掃射，衝進發電室，發現四具德軍屍體和一名傷兵。」湯普生回憶說，「顯然他們帶的是私人裝備和軍毯。」說時遲那時快，公路上兩輛卡車從格拉福那邊向大橋馳來。湯普生手下一名士兵，開槍打死了對方一名駕駛，卡車便翻覆在公路外。車上德軍爭先恐後爬出來，後面那輛立刻停下，士兵跳到地面。湯普生這一排開火，可是德軍一點都不想拚命，一槍沒放就潰逃散去。

防空砲塔上依然有火力轟過來，但這時是從他們的頭上飛過去。湯普生回憶說：「那一門二〇公厘防砲，沒辦法把角度再壓低來轟擊我們。」火箭筒手麥高魯二等兵（Robert McGraw）向前面爬過去，大約在七十五碼距離，發射了三發火箭。兩發打進了砲塔頂，那門砲便寂然無聲了。大橋另一頭，也就是河對岸，還有一門雙管二〇公厘防砲在射擊，湯普生和士兵還是把看起來跟炸藥有關的電纜和器材都破壞殆盡，然後設立路障封鎖公路，在大橋西南引道布置地雷。在轟毀的砲塔上，他們發現砲手雖然死了，但那門二〇公厘機砲並沒有破壞，便立刻用它轟擊河對岸的防空砲塔。湯普生知道，他這一排馬上就會由E連在後面的其餘兵力前來增援。不久以後，威倫斯也會率領全營，從奧福塞特衝出，佔領大橋的西北端。但是以他這一排來說，主目標已經佔領了[11]。

11 原註：八十二師的作戰報告以及五〇四團團長塔克上校的報告，都說這座大橋在兩點三十分「奪得」，可是威倫斯少校的記述則說大橋依然遭遇干擾射擊。第一個實際從大橋北端跨過橋去的人的時間點，是在下午三點三十五分。雖然E連湯普生排，是在下午一點四十五分就據守並阻止引爆該橋，但要到下午五點鐘，才稱得上是「佔領」。

現在，塔克上校五〇四團其餘兩個營正向東推進，如同輪輻那樣攻向馬士-瓦爾運河上的三座公路橋和一座鐵路橋。向這些橋樑急進的，還有五〇五團和五〇八團的部隊，一心想從河岸的另一端佔領這幾處渡河點。這些目標並非都對「市場花園」都很重要。但是蓋文希望藉由空降奇襲以及伴隨引起的混亂，把它們全部都奪取。除了最重要的格拉福大橋以外，它們當中只要有其中一座橋再到手就足夠了。

為了讓敵軍措手不及、防禦本身陣地、保護布朗寧的軍部以及協助正向目標前進的本師部隊，蓋文極為倚重本師的榴彈砲。三七六傘降野戰砲兵營（376th Parachute Field Artillery）的火砲抵達了。過去的空降作戰，曾空投過小型砲兵部隊，但是分得太開，等集結完畢到射擊過程太慢了。這次抵達的五百四十四名官兵都是經過挑選，每一個人都是經驗老到的傘兵。載運全營的四十八架飛機上，十二門七十五公厘砲被分解成七大部件。降落傘最先空投火砲，緊跟著便是七百發的砲彈。C-47成縱隊飛臨、一連串的迅速動作，火砲落地，彈藥與人員隨後，幾乎達成了一次十全十美的空投行動。

一件意外差點造成麻煩。三七六野戰砲兵營營長格里費中校（Wilbur Griffith），跳傘下來折斷了腳踝，可是他手下士兵迅速「解放」了一台荷蘭的手推車，把他載在上面。哈特少校回想：「我絕對忘不了營長從一個地方移動到另一個地方，對大家吼叫著下命令，以最快速度集結完畢。」這項工作一達成，格里費中校就被士兵推到蓋文將軍那裡，「報告師長，火砲進入陣地完畢，待命射擊。」在空降砲兵歷史中，從來都沒有過這麼成功的一次空投，在一個小時多一點，把整整一營人集結完畢，並已經有十門榴彈砲開始進行射擊。

八十二師野戰砲兵落地後十四分鐘，威克式滑翔機裝運著空降戰防營、工兵、師部人員、火砲、彈藥、尾車和吉普車開始抵達。離開英國時的五十架滑翔機，除了四架外，全部飛抵荷蘭。然而，他們卻不是全都在這裡空降，有些滑翔機落在一到兩英里外。由彥傑斯基上尉（Anthony Jedrziewski）擔任副駕駛的那一架，太慢從曳引機脫纜，彥傑斯基眼看著要「單機逕直朝德國攻進去」而嚇壞了。正駕駛作了一百八十度的大轉彎，開始找地方降落。彥傑斯基還記得他們飛進來時，「先是在草堆上斷了一邊機翼，然後在圍籬上又丟了另一邊機翼，到最後滑翔機機頭插進地裡。我看見泥巴高過了我的膝蓋，不確定兩條腿還是不是我身體的一部分。然後，我們又聽到令人不想聽到的德軍八八砲的砲擊聲。在沒有一樣東西是平整的情況中，我們把吉普車弄了出來，向友軍戰線狂奔過去。」

他們的運氣比康納利上尉（John Connelly）好得多了。他們正要進場時，駕駛陣亡。從未駕駛過滑翔機的康納利，馬上抓過駕駛桿，把滑翔機落在德國境內六到七英里、接近威勒鎮（Wyler）的地方。只有康納利和另一個人成功逃離。他們一直躲到晚上，終於在九月十八日上午歸建。

但總之，八十二空降師已經成功把傘兵和滑翔機載來的七千四百六十七人運到。最後一批落地的單位，是裝載了布朗寧軍部的三十五架霍莎式和威克式滑翔機，到達空降區途中損失了三架。兩架還沒有飛到歐陸，第三架墜毀在菲赫特南邊、司徒登將軍軍團部附近。布朗寧軍部差點就落在德國邊境上，他的參謀長沃契准將回憶：「如果有防空砲火的話，那也是非常少，敵軍幾乎沒有抵抗。我們落在帝國森林西邊大約一百碼，我的滑翔機距離布朗寧那架只有五十碼。」

擔任搭載布朗寧霍莎式駕駛的滑翔機駕駛團團長查特敦上校，為了避開前輪壓在一條電線，把座機滑進了一塊捲心菜田裡。「我們一走出滑翔機，」查特敦還記得，「布朗寧四面張望，然後說『哦，天啊，喬治，我們到了！』」附近的沃契准將，只見布朗寧越過降落區朝帝國森林跑去，幾分鐘以後又回來了。他向沃契解釋：「我要成為第一個在德國撒尿的英國軍官。」

正當布朗寧的吉普車從機上卸下來時，德軍幾發砲彈在附近爆開。查特敦立刻臥倒在最近的水溝裡。「我絕不會忘了布朗寧站在溝上，看上去就像是個探險家，問道：『喬治，你究竟在底下幹什麼？』」查特敦很坦白地說：「報告司令，我正他媽的在掩蔽啊。」布朗寧告訴他，「唔，你可以他媽的不必掩蔽了，我們該走了。」他從軍服口袋裡，掏出一個用紙片包起來的小包裹交給查特敦，說：「掛在我吉普車上。」查特敦打開紙片，發現裡面原來是一面褐紅色的旗幟，上面有淡藍色的「飛馬」，是英國空降部隊的標誌[12]。這面旗幟在吉普車的保險槓上飄揚著，「市場部隊」的指揮官開車離去了。

——

在安恆西邊的連昆草地，幽靈團受過精良訓練、負責蒐集戰況、通聯任務的通信專家海伊中尉，這時卻顯得束手無策。他這一組專家已經裝好無線電機，安上特製天線，料想馬上就可以與布朗寧的軍部通話。海伊在降落後的第一優先任務，便是與軍部接通、報告自己的位置。不久前，他聽說師部通信全部失靈，還以為這些問題，是經驗較差的皇家通信兵不夠好的關係，根本不相信自己這組人也有這種問題。「我們在降落區開設通訊，雖然有松林的遮蔽，但我們在比這更糟的地區都叫通過，」他回想起來，「我們拼命呼叫，卻沒有半點回答。」直到他發現麻煩大了，他沒辦法向布朗寧報告厄克特第一空降師的進展，也不能把布朗寧的命令傳達給第一空降師。諷刺的是，荷蘭的電話系統卻完全有效，其中還包括了奈美根市PGEM電力公司專門設立、遍及全省的電話網。如果海伊知道且經由荷蘭反抗軍協助，他只要拿起電話就可以通聯了。

十五英里外，這時在赫魯斯貝克高地上設立的布朗寧軍部正焦躁不已。八十二空降師兩具大型無線電機，在降落時損毀了。但布朗寧的無線電機卻安然無恙，便撥派一部到八十二師，以確保與蓋文將軍的立即通話。軍部通信組也跟鄧普西的英軍第二軍團、英國的空降軍後方司令部作了通話，布朗寧跟一〇一師也有無線電話聯繫，可是就是無法叫通厄克特。沃契准將認為這要怪軍部通信組，他說：「在這次作戰計畫以前，我們要求有一個適當的司令部通信組，一曉得我們的無線電機都不適用，軍部的通信參謀又差勁、又沒有經驗時，我們真是大吃一驚。」布朗寧可以指揮、可以影響八十二師、一〇一師和霍羅克斯第三十軍的行動，但在安恆戰役最重要的節骨眼上，卻無法控制第一空降師。正如沃契所言：「我們對安恆所發生的情況，完全一無所知。」

一種漸進式痲痺，正開始影響蒙哥馬利的計畫。不過在早期階段，還沒有任何人知道它的存在。在整體「市場花園」區域，盟軍有兩萬名官兵，在荷蘭境內出動去奪取橋樑，使「花園部

---

12 原註：有些憶述表示，布朗寧的這面旗幟，是他的夫人小說家莫里葉（Daphne du Maurier）所製。她寫道：「我很抱歉要讓製造神話的人失望了……但任何看過我試圖做針織活的人，都曉得那超出了我的本事以外。然而，這卻是讓人感到愉快的想法，一定會使外子非常高興。」實際上，這面旗幟是由倫敦的賀柏遜父子公司（Hobson & Sons Ltd.）製作的，在米勒小姐（Claire Miller）督製下完成。她同時還接到布朗寧的指示，市場花園作戰以前，用手工在五百件軍便服的領子及腰帶裡，縫進微型指北針。

隊」的走廊敞開，他們領頭的戰車，預料會在入夜以前與一〇一師會師。

9

英軍第三十軍軍長霍羅克斯將軍，在馬士-艾斯科運河附近一座大型工廠的平坦屋頂上，張望著最後一批龐大的滑翔機編隊，飛過他麾下等待著的戰車部隊上空。自上午十一點起，他就在那裡了，照他的說法，「我有充足的時間來思考。」霍羅克斯回憶當時，龐大機群的景色「令人欣慰，但是我不存有任何的幻想，以為這一戰會易如反掌。」他仔細地注意到每一種可能的狀況，甚至下令手下官兵，要盡可能多帶糧食、汽油和彈藥，「我們可能會遭遇意料不到的情況」。這位軍長有項無法消除的擔憂，但他卻沒有跟任何人討論過——他不喜歡星期天發動攻擊。「二戰期間，我所參與過的突襲或攻擊，只要是在星期天發動的，沒有一次是獲得圓滿成功。」他帶著望遠鏡，研究著如同白緞帶般綿延北上，直趨法爾肯斯瓦德和恩荷芬的這條公路。他很滿意空降突擊已經開始，便下令「花園部隊」進攻。下午兩點十五分整，三百五十多門大砲，帶著轟雷般的咆哮開始射擊了。

砲轟極具破壞性。一顛又一顛的炸藥，把正前方的敵軍陣地轟得天翻地覆。這一陣火力颷風，覆蓋了五英里的縱深，集中在一英里寬的正面上，使得禁衛愛爾蘭裝甲營隆隆開往攻擊發起線的戰車下方的地面都地動山搖。領頭的各戰車連後面，上百輛戰車和裝甲車，開始緩緩駛出停車位置，當第一批戰車前進後，開始排成隊形。上空正不停盤旋、在「招呼站」待命的，是具備發射火箭能力的颱風式戰鬥機。正等候禁衛愛爾蘭裝甲戰鬥群指揮官范德樂中校，向它們指示正前方的目標。下午二點三十五分，第三連的希斯可特中尉（Keith Heathcote）站在領頭戰車的砲塔裡，對著麥克風大叫：「駕駛兵，前進！」

慢慢地，戰車轟隆隆地衝出了橋頭堡，以每小時八英里的速度沿著公路前進。這時砲兵射擊的彈幕，也以同樣的速度逐步向前延伸。戰車兵可以看見砲彈就在他們正前方不到一百碼位置炸開。各連向前推進時，都被彈幕的灰沙所吞沒。人們時常都不確定，戰車面對砲兵火力支援情況下是否是安全的。

領頭的戰車連後方，便是范德樂中校和堂弟賈爾斯中校的指揮車。范德樂在車中，可以看見前後的步兵都搭在戰車上，每一輛戰車都掛黃色橫幅，讓上空的颱風式戰鬥機識別。「那種喧囂的嘈雜聲是難以想像的，」范德樂回憶說：「不過所有事情都依照計畫進行。」這時，先鋒的戰車已經衝出橋頭堡，正越過荷蘭邊境。第三連連長柯科克上尉，用無線電回報：「前進順利，先鋒連已經通過。」然後幾秒鐘後出現變化。據范德樂回憶：「德軍正開始狠揍我們了。」

德軍砲兵隱藏在公路兩側掩蔽良好的工事裡，不但躲過了激烈的彈幕轟擊，而且等待彈幕從他們頭上過去。他們讓第一批少數戰車通過並不射擊，然後兩分鐘後，先鋒戰車連的三輛戰車，和後續的六輛都被擊潰、不能動彈，四散在半英里長的公路上。羅素中尉（Cyril Russell）回憶，「我們遭受伏襲時剛剛穿過邊境，一剎那在我面前的戰車，不是被打得翻覆在公路邊，就是在停留的位置燃燒起來。恐怖的現實讓我頓悟，下一回要被擊中的便是我坐著的這輛戰車，我們便跳進了公路旁的水溝裡。」羅素往前面走，看看他這排其餘士兵的情況，德軍一挺機槍開火，射中了他的手臂，打得他往後倒在溝內。對羅素來說，戰爭已經結束了。

杜加特下士（James Doggart）所乘戰車遭擊中，他說：「我不記得有看到或者聽到爆炸，猛然一下我仰天摔進一條溝裡，戰車傾斜在溝上，我胸膛上橫著一挺布倫輕機槍，在我旁邊是個年輕小伙子，一條手臂幾乎被炸斷了。不遠的地方同單位的一個弟兄死在那裡。戰車正在燃燒，我不記得裡面有人逃出來。」

奎南中尉在先鋒戰車連的最後一輛戰車上，只記得他的雪曼戰車向左一轉就掉進了壕溝，他還以為是駕駛兵想越過前面起火的戰車。殊不知這輛戰車已經被一發砲彈擊中，駕駛與副駕駛雙雙陣亡，雪曼車身也快要焚燒起來，奎南的砲手「嘗試著爬出艙口，在我還沒有意識到我們是被『擊中』以前，他就把我的身體拉出了砲塔一半。」兩個人爬出戰車時，奎南看見在後面跟著的戰車，一輛又一輛地被砲彈擊中。「我確實看到一輛戰車的車長想用手遮住他的臉，擋住那片吞沒了整個車身的熊熊火焰。」

這次突破在還沒有真正開始前就被阻擋住了。九輛廢棄戰車堵住了道路，後面各連無法推進。即使他們能夠繞過起火的這一大堆戰車，埋伏的德軍砲兵還是可以把它們幹掉。為了使前進再度推進，范德樂呼叫颱風式戰鬥機前來，由戰車發射紫色煙霧彈，標示出可能的德軍陣地，戰鬥機呼嘯著猛撲過來。「那是我頭一次見識到颱風式臨空戰鬥機作戰，」范德樂說，「我對這些飛行員的不畏懼深感震驚。他們飛進來，一次一架、首尾相連，就在我軍彈幕中飛過去，有一架就在我頭上炸裂。那真是難以置信，大砲在射擊、飛機在咆哮、人們在吼叫、咒罵。就在這個過程當中，師部來問說戰鬥進行得怎麼樣了，我的副指揮官乾脆抓起對講機說：『自己聽聽看吧！』」

正當機群朝著目標直撲而下時，范德樂派了一輛裝甲推土機到前面去，把起火的戰車都推到道路外。這場瘋狂的激戰在好幾英里的公路上爆發，向後綿延直到范德樂的指揮車，和呼叫颱颮風式下來支援的皇家空軍通信車這裡來。配屬在這個空軍通信小組裡的戰鬥偵察機飛行員洛夫上尉，現在覺得自己根本不應該自願接這份差事。蘇德蘭少校在指示颮風式時，洛夫便出去看看發生了什麼事情。黑煙滾滾從前面道路上升起，幾乎就在這輛通信車前面，有一輛拖曳戰防砲的裝甲車正起火燃燒。洛夫正在張望時，一輛布倫輕機槍裝甲車的士兵，正搬運一名傷兵從路上走過來，傷兵的肩膀已經被炸掉，衣服都燒焦了。「我很確定我們一定是被敵人包圍了，」洛夫說：「當時我嚇慘了，忍不住想說為什麼我不待在空軍裡，那是我的部隊呀。」

在遠後方停頓下來的縱隊中，等待著的戰車兵都覺得，如藍敦上尉形容，「有一種無能為力的奇怪感，我們既不能向前也不能後退。」藍敦看著步兵在道路兩旁的樹林肅清前進，領先的是兩輛布倫式機槍裝甲車，他想這可能是四十三步兵師的前衛部隊，「突然只見這兩輛裝甲車被炸上天，」藍敦回憶說，「他們壓到了敵人的地雷。」濃煙消散，只見「屍體掛在樹上，我說不上有多少人，不可能說得出來有多少零碎的殘肢掛在樹上」。

颮風式戰鬥機正在射擊不過幾碼外的敵人時，英軍步兵開始冷酷地把德軍從隱藏的壕溝裡攆出來。杜加特下士的戰車被擊中時，人掉到溝裡。他從那裡逃了出來，急忙跑過道路，跳進敵軍一條無人的長壕裡。「就在這時候，從對面的方向跳進兩名德軍——一個是沒穿軍服的小伙子，另一個是三十歲左右，樣子凶巴巴的王八蛋——來追我。」杜加特毫不遲疑，一個槍托就搗在那名老德國兵的臉上，小伙子立刻嚇倒了，舉手投降。杜加特用步槍押著這兩個人往後送，沿路都是「川流不息的德國兵，全都手放在頭後在跑，那些跑得太慢的，屁股上就會挨上一腳。」

把擊毀的戰車慢慢清除的同時，樹林裡、壕溝中、乾草堆四周和各處道路上，傳來了步兵肅清敵人的斯登式衝鋒槍的噠噠聲，禁衛愛爾蘭裝甲營毫不留情，尤其是對狙擊兵。人們都記得德軍俘虜被命令要跑步，一慢下來立刻就用刺刀戳。在越來越多的俘虜隊伍裡，有一名俘虜想逃走，可是附近有比一個連還多的步兵，有幾個人回想當時——其中一人說——「他只要一起心動念，下一秒就會被打死。」

范德樂看著俘虜在他的指揮車旁走過。其中一個俘虜走來，范德樂一瞥看見一個迅雷不及掩耳的動作。「那雜種抽出一枚掩藏的手榴彈，扔進我們一輛機槍裝甲車裡，驚天動地的一下爆炸，我看見手下一名上士躺在路上，炸掉了一條腿，那德國俘虜被到處打來的機槍砍倒了。」

霍羅克斯軍長在指揮所裡獲得報告，道路已逐步肅清。步兵雖然傷亡很重，但已經把兩翼的德軍擊潰。據他後來的說法：「愛爾蘭佬最討厭挨槍的了。他們突然之間就會發起脾氣，偉大的戰士往往就是這種樣子。」

可能沒有其他人會像第二營情報官費吉拉上尉（Eamon Fitzgerald）那麼火大，他審訊一名俘獲的德軍戰防砲砲手。據范德樂說：「費吉拉自有他的一套方法逼出情報來，這傢伙是個巨無霸的大塊頭，一口流暢的德語，不過卻帶著凶巴巴的腔調。他通常的習慣就是抽出手槍來，抵住德國俘虜的小肚子，人盡可能站得近，對著這個人叱喝著問問題。」范德樂一直覺得通常的結果，「費吉拉的審訊非常的正確且精彩，這名砲手只被問了幾分鐘，我們的戰車就能準確地幹掉了幾處德軍偽裝的戰防砲陣地，道路也完全肅清，我們可以前進了。」

禁衛愛爾蘭營當中很多人認為是柯溫上士（Bertie Cowan）扭轉了這次作戰的態勢。他是一輛配備十七磅砲的雪曼戰車[13]車長。他瞄到德軍一處戰防砲陣地，一發砲彈就把它消滅掉了。在這次作戰中，該連連長泰樂少校，看見一名德軍站在柯溫的戰車上指揮作戰，大吃一驚。只見這輛戰車越過道路、開砲轟擊；可是當時他很忙，也就把這碼子事忘了。後來，泰樂才曉得柯溫擊毀了德軍三門戰防砲。「我抽出點時間去向他道賀，」泰樂說，「柯溫告訴我，他戰車上的那德國佬是他衝毀的第一門戰防砲砲長。」德國砲長投降後，經過費吉拉的審問，又把他交給柯溫，「證明了他是最合作的那一個。」

禁衛愛爾蘭裝甲營又重新上路了，並持續面臨戰鬥。德軍的第一道防線深度、堅固程度遠超過任何人的預料。俘虜之中，有很多是來自著名的傘兵部隊——完全出乎英國人意料之外——還有些是黨衛軍第九、第十裝甲師經驗豐富的步兵，這些是從畢特利希裝甲戰鬥群派來增援司徒登的第一傘兵軍團。更使人驚訝的是，有些俘虜竟隸屬查根將軍的第十五軍團。正如禁衛愛爾蘭裝甲營「作戰日誌」的記載：「師部情報科一整天都處於驚怒交加的狀態，德軍一個又一個團接續出現，而它們根本就不該出現在那裡。」

霍羅克斯將軍原來料想，他的先鋒戰車群應該在「兩到三小時內」，長驅直入十三英里進入恩荷芬。寶貴的時間都損失了，而禁衛愛爾蘭裝甲營才前進了七英里，直到入夜以前才抵達法爾肯斯瓦德。「市場花園作戰」不祥的預兆已經出現，時間規劃已經嚴重落後。

——

泰勒將軍為了讓一〇一師盡可能機動化，在滑翔機中運來的大部分都是吉普車——卻沒有火

13 編註：即雪曼螢火蟲。

砲。英軍遲遲未能到達恩荷芬，這是一個打擊。泰勒原希望在「嘯鷹師」所必須控制住的十五英里走廊上，獲得戰車的支援。泰勒的荷軍聯絡官，幾乎立刻就發現了實情——一〇一師要比計畫花更久的的時間獨立作戰。利用反抗軍的協助，只要打打電話，他們就能知道英軍那邊發生了什麼情況。

泰勒的傘兵，以閃電般的速度拿下了走廊這部分最北邊的目標——費赫爾和四處渡河點，也就是在阿河和威廉運河上的公路橋與鐵路橋。美德兩軍雖然有過猛烈的戰鬥，但這四個目標都在兩小時內佔領。往更南邊，位於費赫爾與松村半路的位置——聖峨登諾德和渡過洞美爾河的公路橋，相當容易就拿了下來。根據荷蘭官方的電話記錄簿，一位在電話局服務的忠誠接線生拉塔沃西（Johanna Lathouwers），聽見「一四二五時，從『俄德一號』（聖峨登諾德）線路打來的一通電話，口音是美國人絕對不會錯，要求接通法爾肯斯瓦德，談了足足有四十分鐘。」[14]

美軍很快就了解「花園部隊」的先鋒，根本還沒有抵達法爾肯斯瓦德。現在看上去，已經被耽誤的霍羅克斯戰車群，不可能在入夜以前到達走廊最南邊的恩荷芬。現在要英軍協助美軍固守、控制住他們分布廣闊的目標，已經太遲了。一〇一空降師的官兵，原已有了輝煌的戰果。但現在他們的麻煩才正要開始。

泰勒各處目標中最吃緊的便是在松村附近跨越威廉明娜運河的公路橋，位置大約在恩荷芬北邊五英里的地方。泰勒原本有一個應對計畫，如果這條交通大動脈被炸斷了，便改為佔領西邊四英里貝斯特的運河橋。他認為那一帶只有數量不多的德軍。有人判斷那是次要的橋樑，只派了空降五〇二團一個連到貝斯特去。泰勒的情報科並不知道，司徒登上將的軍團部，就在一〇一師空降場西北邊的十英里處。而最近才進駐的查根第十五軍團，就在堤堡附近宿營。這些部隊當中就有波普少將受創的第五十九步兵師，再加上數量可觀的砲兵。

H連才剛接近那座橋，就立刻以無線電報告，他們已經衝進了敵人的路障，遭遇了堅強的抵抗。這個訊息標示了一場血戰的開啟，總計打了整整一晚，以及其後兩天大部分的時間。原來只是一個連開頭的交戰，到後來動用上整整一個團以上的兵力。H連英勇的官兵，雖然死傷慘重，卻擊退了德軍比預料中還強大、這場戰役中頭一次的逆襲。

H連出發往貝斯特奪橋時，辛克上校的五〇六團，便去襲取松村的公路橋。他們沿途幾乎沒有遇到什麼抵抗，一直到部隊靠近松村北緣，才遇到德軍一門八八砲的轟擊。不到十分鐘時間，前衛部隊便以火箭筒消滅了這一門砲，把砲手統統打死。村內街道上一直都在戰鬥，這批美軍離運河還不到五十碼時，橋樑爆炸了，碎片落到了傘兵的四周。對於要在入夜八點以前拿下恩荷芬和渡河點的辛克上校來說，公路橋的損失是一大打擊。有三個人反應迅捷——拉普瑞德少校（James LaPrade）、韋勒中尉（Millford F. Weller）和杜寧下士（John Dunning）——在敵火射擊下跳進運河，游到對岸，營內其他官兵也隨著長官這麼游過去，或者以小舟划過去。到了南岸，他們壓制了敵軍的抵抗、建立橋頭堡。

這條橋的中央有一段依然完整，一〇一師工兵立刻開始構築臨時便橋。這時，從沒有預料到的地方湧現出了協助。荷蘭老百姓報告說，有一批數量可觀的黑市木材，被一位承包商儲存在附近的庫房裡。工兵們利用中央橋架，和這些被「解放」的木材，在一個半小時內，於運河上搭成

14 編註：根據盟軍的時區，實際上是一五二五時，德軍與英軍的時間相差一小時。

了一道便橋。辛克上校回憶：「從每一方面看來，這座橋的狀況都不讓人滿意，只除了它可以使我這一團其餘的人，排成一路縱隊過河。」除非橋材能運到，否則「市場花園」的走廊，在松村就縮成了一條獨木橋人行步道了。

10

摩德爾元帥抵達杜廷亨的畢特利希軍部時，依然在全身發抖。通常，走這麼一段路不要半小時；可是今天，他在沿途停了好多次，警告各地區指揮官會有空降攻擊，這一趟走了超過一個小時。雖然元帥看上去很鎮定，畢特利希卻記得「他頭一句話對我說的是，『他們差一點就抓到我了！他們在窮追總部。你想想看！他們差點就抓到我了！』」

畢特利希馬上匯報從黨衛軍第二裝甲軍那裡得到的情資，立刻令摩德爾回到了現實。對於盟軍的企圖還沒有完全清晰的判斷，但畢特利希根據自己的推論向摩德爾報告：這次的空降突擊，其目的在英國第二軍團向魯爾長驅急進時，對查根的第十五軍團加以牽制。如此，盟軍必須佔領安恆與奈美根的橋樑。摩德爾完全不同意，他說，安恆大橋並不是目標，空降部隊會轉向，朝東北方的魯爾區進軍。摩德爾認為，當時情況依然太模糊而不能遽下定論。為什麼空降部隊在奈美根空降，更讓他大惑不解。儘管如此，他對畢特利希已採取的措施都一一認可。

畢特利希依然對橋樑的話題不肯放鬆，他說：「報告司令，我極力請求把奈美根和安恆的橋樑立刻炸毀。」摩德爾大為震驚地看著他，堅定告訴畢特利希：「它們不能炸掉，不論英軍的計畫是什麼，這些橋樑必須守住。不行！絕對不行！橋樑不能炸。」然後，他轉移話題，摩德爾說：「畢特利希，我正在找一處新的總部地點。」畢特利希還沒有回答，摩德爾若有所思地說道：「你曉得吧，他們差點就抓到我。」

—

司徒登將軍在位於菲赫特的軍團部裡，面對著進退維谷的局面。他麾下的第一傘兵軍團，已經被空降攻擊一分為二。他沒有了電話通訊，目前全靠無線電通信，他也沒辦法指揮被分隔開來的軍團。當時各部隊各自為戰、沒有統一的指揮。然後，主動送上門的是關鍵且無人會相信的驚人好運氣。在他司令部附近一架墜毀的威克式滑翔機裡，找到了一個完好的手提箱，部下立刻呈上給他。

「那真是難以置信，」司徒登說，「手提箱內是一份敵人有關這次作戰的完整攻擊命令。」司徒登和幕僚仔細研究擄獲的計畫，「上面每件事情都標示清楚——各空降區、走廊、各處目標，甚至參與作戰的各師番號，樣樣都有！我們立刻明白這項作戰的戰略性用意，他們一定要在我們炸橋以前，把橋樑到手。我只想到『這真是報應！報應！歷史正在重演！』一九四〇年我們在荷蘭空降作戰時，我的一名軍官違反了嚴格的命令，帶了詳述我軍整體攻擊計畫的文件上戰場，這些文件都落進敵人手裡。現在風水輪流轉，我可曉得自己該怎麼做了。[15]」

---

15 原註：在有關安恆作戰的傳說故事當中，如同間諜林德曼，外界也一直提到這份擄獲的文件。有些憶述提到這份「市場花園作戰」計畫，是在一名陣亡的美軍上尉身上發現。我訪問過司徒登將軍，審視過他所有的文件，他不曾承認手提箱是由一名上尉所有。在英美雙方的正式記錄中，也不曾有過這樣的記載。或許因為司徒登說過，這份計畫出自「一架負責物資

然而，摩德爾這時卻還不知道該怎麼辦。司徒登從來沒有這麼挫折，因為他的通信中斷，要幾近十個小時後，他才能把「市場花園作戰」的秘密呈送摩德爾。這項秘密便是安恆大橋具有無上的重要性。擄獲的作戰計畫清楚顯示出，那是蒙哥馬利進入魯爾的必經道路。

——

這可是摩德爾最喜歡的作戰方式，這種作戰要的是臨機應變、大膽，尤其是速度。他在畢特利希的軍部裡，打電話給西線總司令倫德斯特，帶著他特有的急忙報告戰況的特色，要求立即增援。「擊敗空降攻擊的唯一途徑，就是要在第一個二十四小時中迎頭痛擊。」他告訴倫德斯特，還要求防空砲兵部隊、驅逐戰車、戰車和步兵馳援；他要這些部隊在入夜後向安恆出發。倫德斯特告訴他，只要找到了，這些增援部隊便會上路。摩德爾轉身對著畢特利希，歡欣鼓舞地說：「這下子，我們有援兵了！」摩德爾決定在杜廷亨指揮作戰，他顯然已經從匆匆離開歐斯特貝克的震撼中恢復，但這一回他依然不肯冒險、提防被抓走。他拒絕住在古堡裡，寧可在地面的花農農舍指揮作戰。

畢特利希早先的遠見，如今已收到了它的效果。海澤麾下的霍亨陶芬師各部隊，已經迅速奔向作戰區。哈邁爾的福隆德斯柏格師——哈邁爾本人可望在晚上從德國返回部隊——也正動了起來。畢特利希下令海澤，要他把師部遷往安恆北部郊區俯瞰全市的一所高中校舍裡，這項遷移也正在進行中。可是海澤卻焦躁、不耐煩，下午早些時分預定要開往德國的裝甲車輛，依然在重新裝上履帶和槍砲。海澤已把部隊調往安恆市以西的各點，移動到最為接近英軍的空降落場，以便快速進入封鎖陣地。眼前他只有少數裝甲車，幾輛驅逐戰車，少數幾輛戰車和一些步兵。但海澤仍然希望運用「打帶跑」戰術，阻止、擾亂英軍傘兵，一直到本師主力再度完成戰備為止。

奇怪的是，海澤壓根不曉得克瑞夫特少校的第十六黨衛裝甲擲彈兵野戰補充營在這附近。當時，該營也是擋在英軍空降部隊去路的唯一部隊。海澤把師內兵力，集中在進入安恆市的兩條幹道上：艾德-安恆公路，和烏特勒支-安恆公路。他確定傘兵一定會用得到這兩條主要道路，他把部隊配置在這兩條公路的半圓型地帶內。可能是忽略，又或者是因為當時他的兵力不足，海澤沒有把任何部隊配備在那條沿著萊茵河北岸，與這兩路平行、平靜的次要道路上。這是英軍傘兵攻佔安恆大橋，唯一可以運用且沒有防守的道路。

11

路斯白里准將第一傘兵旅的官兵，穿著偽裝的迷彩作戰服，和獨具一格的傘兵鋼盔，全身帶滿了武器和彈藥，正向安恆前進。這支傘兵行軍的各縱隊間，散布著拖了火砲的吉普車，和裝著槍砲軍品的四輪推車。厄克特看著他們經過時，想起了幾個月以前，霍羅克斯將軍對他的讚美，

運輸的威克式滑翔機。」一般人便假定，機上只有美軍人員。然而，布朗寧軍部有部分是由威克式負責空運至荷蘭，其中一架的確在司徒登司令部附近墜毀。不論是哪一種情形，我想這份「市場花園」整體作戰計畫，交由一名上尉保管，無論他是英軍還是美軍都是極不可能的事。首先，在計畫分配時，會採取極高的保密措施。其次，每一份副本都有編號，而且專門限定由參謀軍官持有。

「你們這個師就是一群厲害的人物。」霍羅克斯的說法充滿了欽佩，那時厄克特認為這種說法言過其實。而在這個星期天，他就不那麼肯定了。當在第一傘兵旅行軍出發時，一股自豪之情在厄克特心中油然而生。

計畫中要求路斯白里旅的三個營，向安恆分進合擊，每個營的路線各自不同。福洛斯特中校第二營擔任主攻，沿著緊靠萊茵河北岸的次要道路前進，負責攻佔安恆公路大橋。進軍途中要把公路大橋以西的鐵路橋和浮舟橋也拿下。費齊中校（J. A. C. Fitch）的第三營，則沿著烏特勒支-安恆公路，由北面逼近大橋，增援福洛斯特，只要這兩個營成功發動攻擊，杜比中校（D. Dobie）的第一營，便沿著艾德-安恆主要公路——最北面的路線——佔領安恆市以北的高地。路斯白里把這三條路線都給予代號。杜比最北面的是「豹線」（Leopard），費齊中間的是「虎線」（Tiger），福洛斯特最攸關成敗的路線是「獅線」（Lion）。在全旅前面疾馳的吉普車隊，是高福少校的偵搜中隊。期望他們抵達安恆大橋時能「出其不意」拿將下來，然後緊緊把守，等待福洛斯特營到達。

厄克特認為，到目前為止初期階段的作戰都進行得很順利。當時他對所屬通信的中斷，並沒有感到過度的驚慌。在北非沙漠作戰，他時常遭遇通信暫時中斷的情況。由於希克斯第一機降旅的任務，是據守空降場，以等待往後兩天後續空運的到達，厄克特通話呼叫不到，便開車到希克斯的旅部去即可。這時他才知道，機降旅已經進入陣地，希克斯當時到各營指示兵力部署去了。厄克特在希克斯的旅部獲得消息，攻佔安恆大橋的計畫，有一部分出了紕漏；有人向他報告——誤報——說高福少校偵搜中隊的車輛，大部分都在滑翔機墜毀中損失了。希克斯旅部中沒有人知道高福人在何處。厄克特沒有等到希克斯回來，便開車回師部去，他一定要迅速找出高福何在，擬訂備案。但這時他最在意的還是路斯白里旅，尤其是福洛斯特的第二營是單獨進發，福洛斯特得在沒有高福奇襲攻擊的協助下，按原計畫獨力攻佔安恆大橋。

師部有更糟的消息在等著厄克特，「不但沒有高福的消息，」厄克特回憶，「除了一些短距離的無線電通訊之外，師部的通信整個失靈。第一傘兵旅儼然成了方外世界，無法聯繫得上。」參謀長麥肯齊中校眼見師長踱來踱去，「坐立不安、萬分焦躁地等待消息。」厄克特命令通信官楚蒙德少校，去查一查「通信失靈的狀況，看看無線電裝備出了什麼毛病，把故障排除。」同時也派出傳令兵去找高福。時間慢慢過去，依然沒有半點消息，憂心忡忡的厄克特，決定不再等下去了。平常，他會在師部指揮作戰；可是現在缺乏通信，時間一分一秒過去，他開始覺得這次的作戰沒有一件事情是正常的。他轉身對麥肯齊說：「查理，我想該自己去親身看看了。」麥肯齊並不想攔他，「當時，」參謀長回想，「我們實際上毫無消息，似乎親自去確認看看並不是一件多壞的事。」厄克特只帶了駕駛兵和一名通信兵上了吉普車去找路斯白里，時間是下午四點三十分。

——

高福的第一機降旅偵搜中隊，沿著北面的「豹線」——艾德-安恆道路——迅速前進，雖然A分隊的車輛沒有運到，高福還是利用中隊的其他車輛，在下午三點三十分從降落區出發。他有信心，認為要對安恆大橋發動奇襲的吉普車已經很足夠。「事實上，」他回憶說，「我還在降落區預留了一些吉普車作預備隊，我們有比足夠還多的吉普車可以去到安恆。」他甚至從他的單位派出了十二名官兵往南去加入第二營，沿著「獅線」前進到安恆大橋。他卻絲毫不曉得，損失了一個分隊的吉普車，已經引起了一陣謠言和誤傳的風聲[16]。

打從一開頭，高福對他偵搜中隊在安恆作戰中擔任的角色，就持保留看法。他曾經要求不要用奇襲的方式，而把吉普車派在每一個營的前面充當前衛。「在那種方式，」他說，「我們可以迅速發現接近大橋最好、最容易的路徑。」這一項建議不成，他又要求由滑翔機載運一排輕戰車，為奇襲大橋的部隊護航。但這兩項要求都被打了回票，然而高福還是很樂觀。「我一點也不在乎，反正我認為安恆那裡只不過是少數頭髮蒼蒼的德國老兵，還有些老舊的戰車、舊火砲，我認為這一仗會易如反掌。」

正當他們沿著「豹線」迅速前進時，領頭的吉普車突然遭受德軍裝甲車和二〇公厘機砲的伏襲。副中隊長奧索普上尉，剛好看了一下時間，正是下午四點。高福要離開隊伍趕到縱隊前頭去察看。「正當我要往前去時，收到訊息，說師長要立刻見我。我可不曉得該如何處裡。」高福說。「我歸路斯白里旅長指揮，想想最低程度該向他報告我到哪裡去，但是我卻不曉得他人在哪裡。我這一中隊目前正打得激烈，在沃爾夫海澤外接近鐵道的地方，被敵火牽制住而進入防禦陣地。我認為這一陣子他們不會有什麼事，所以我就轉身回空降場的師部去，那時正是四點三十分。」

也正是這個時候，厄克特出來找路斯白里，而高福卻加速馳回師部，去向厄克特報到。

——

第一傘兵旅的官兵，沿著這三條戰略路線上行軍，一路上都遇到了一群群欣喜欲狂、興奮過度的荷蘭老百姓。傘兵們從降落區出發，許多從農田、村子裡出來的老百姓就跟在後頭，人數越來越多，歡迎人群幾乎超過了行軍的隊伍。福洛斯特的第二營在最南邊的「獅線」行軍，麥凱上尉很為這種假日歡欣的氣氛感到不安。「荷蘭老百姓搞得我們礙手礙腳。」他說。「揮手啦，歡呼啦，鼓掌啦，向我們奉上蘋果啦，梨子啦，和能喝上幾口的東西。可是他們阻礙了我們的前進，我心中怕死了，害怕他們會暴露我們的位置。」佛勒斯多中尉回憶當時，「我們行軍的第一段，就有點像勝利大遊行的性質，老百姓相當高興變得有點精神錯亂。這一切看上去很難相信，我們差點以為會看到霍羅克斯三十軍的戰車從安恆市出來迎接我們呢。人們夾道歡迎，一大盤一大盤的啤酒啦，牛奶啦，水果啦都奉送上來。我們最大的困難，就是如何確保在這種情況下，人們依然相信德軍還是可能會發動攻擊。」

年輕的安妮（Anje van Maanen），爸爸是歐斯特貝克鎮上的醫師，還記得接到希爾森村（Heelsum）楚波家（Tromp）打來一通興奮的電話。他們家就在連昆草地英軍降落場的南邊。「我們自由了！自由了！」楚波這一家人告訴她：「英國佬就跳傘在我們屋子後面，他們正向歐斯特貝克出發了。他們真帥呵！我們現在抽的是英國菸，吃著巧克力。」安妮放下電話，「高興得發瘋，大家到處都在跳舞。來了！反攻了！太好了！」十七歲的安妮等爸爸回家等得好不耐煩，馬倫醫師（Dr. van Maanen）正在一位孕婦家接生，安妮一想到就覺得「非常討厭，尤其是這時候，因為那女人的先生是個荷蘭國社黨員。」柯洛斯太太（Ida Clous）的先生，是歐斯特貝克鎮的牙科醫師，也是馬倫家的朋友，他也聽說空降部隊上路了。她接著拼命工作，拚命在箱子

---

16 原註：部分有關安恆作戰的憶述，說高福的偵搜隊由於滑翔機沒有把吉普車都運到，所以無法運作。「失敗，如果可以這麼說的話，」高福表示，「倒不是因為缺乏吉普車，而是因為沒有人警告過我們，黨衛軍第九、第十裝甲師在那附近。」

裡、縫衣的碎布裡，找一小塊一小塊的橘色碎布。她打算英軍一到歐斯特貝克，便要帶著三個小孩衝到街上，用手製的小小橘色旗來歡迎這批救兵。

藏身在歐斯特貝克鎮岳父大人家中的福斯格，很想親自去烏特勒支的路上歡迎英國傘兵，可是不想老丈人一起跟去，真是左右為難。老頭子非常堅持，「我已經七十八歲了，以前從來沒有打過一次仗，我要去看看。」到最後福斯格才把老丈人說服了留在花園，自己夾在老百姓的人流裡前去迎接英軍，卻在歐斯特貝克鎮外，被一名警官擋了下來。「那裡太危險了，」警官告訴這批人，「回去！」福斯格慢吞吞往家裡走，在家門口遇見了早上轟炸時，那個要躲進掩體的德國兵，這時候他身穿完整的制服了，包括迷彩外套、鋼盔和步槍。他給了福斯格一些巧克力和香菸，說：「這回我要走了，英國佬會來。」福斯格笑說：「這一下，你們會回德國去了吧。」德國兵上下打量了福斯格一下，接著他慢慢地搖著頭告訴他：「才不呢，先生，我們要去作戰。」荷蘭佬望著德國兵走遠了才想到：「這一下要打仗了，那我怎麼辦？」他焦躁地在院子裡踱來踱去，一點辦法都沒有，只有等待。

荷蘭農夫和一家老小，才不理會警察的制止和留在家裡的警告，都在行軍的道路兩旁，成群結隊地排列著。在中路——「虎線」上行車的加拉漢士官長（Harry Callaghan），記得有個農家女從人群中擠過來，拿了一壺牛奶朝他跑去。他道了謝，農家女笑著說：「好，湯米好啊。」如同南路的麥凱，加拉漢也是個曾從敦克爾克水裡來火裡去的老兵，他對圍著部隊四周圍的眾多老百姓感到厭煩。「他們在我們旁邊跑，帶著臂帶、圍巾、一小段的緞帶，然後統統都是橘色的。」他還記得「小孩們帶著一小片橘色布，用別針掛在裙子、上衣，在我們旁邊蹦蹦跳跳，高興得尖聲大叫。大多數官兵都將手伸進背包裡，把巧克力遞給他們。這是一種不同的氣氛，大夥的舉止就像是在演習，我卻有點擔心狙擊兵。」

正如加拉漢所害怕的那樣，勝利遊行忽然打住了。「事情來得好快，」他說道，「我們剛剛還穩穩當當向安恆市行軍前進，才一下子，全都散開躲進壕溝裡，狙擊兵開槍了，三名傘兵的屍體橫躺在公路上。」這位上過戰場的士官長一點也不浪費時間，他瞄到了五十碼外的樹叢裡，冒出一陣火光，荷蘭人一散開，他就帶了十二名弟兄往前去。他突然在一棵樹前停下來，往上抬頭一看，有什麼東西閃了一下，他舉起司登衝鋒槍，朝著樹上就是一排子彈。一把施邁瑟衝鋒槍哐啷啷掉到地上。加拉漢沿著樹幹往上一瞧，只見一名德國兵軟趴趴地在一根繩子上晃蕩著。

這時，在中路的費齊中校第三營的部分人，也突然在一場沒料到的遭遇戰中接敵。本納特一等兵（Frederick Bennett）剛剛把一些蘋果遞給別的傘兵時，一輛德軍公務車在公路上疾馳而來，本納特舉起司登衝鋒槍就掃，那輛車一個尖叫、急煞車後就想倒車，可是太遲了。本納特附近的人，個個都開槍，那輛車一個猛停，車身馬上密布了彈孔。傘兵們小心翼翼走近，只見駕駛兵身體一半掛在車外。另一扇車門，也有個德國高級軍官的一部分屍體被拋了出來。本納特說：「他看上去是德國佬的什麼大官。」的確不錯，這就是德軍安恆市指揮官庫辛少將，他沒有聽從克瑞夫特少校的警告，避開烏特勒支－安恆公路[17]。

---

17 原註：那天早上，摩德爾元帥向東奔逃時向庫辛下了命令，要把傘兵空降、摩德爾千鈞一髮逃出的情況，向希特勒的統帥部報告。盟軍這次突擊，使得希特勒歇斯底里似的擔心，「如果那種事發生在這裡，」他臆測，「我坐在我的最高統帥部裡——連同戈林（Goering）、希姆萊、李賓特洛甫（Ribbentrop）在內。唔，這可是最有價值的一網打盡了。道理很明顯，如果我只要發動一次打擊，就可以接管整個德國指揮體系的話，那我絕不會遲疑在這裡用兩個空降師來冒險達成。」

很多人都回想起在行軍開始的前一個小時、德軍頭一次的嚴重抵抗，發生於四點三十分左右。這一下子，三個營中間的兩個——北線杜比營，和中線費齊營——都沒有料到會接戰，卻纏進了敵軍「打帶跑」的猛烈攻擊中。高福少校的偵搜中隊，這時在副中隊長奧索普上尉的指揮下，想盡辦法要找條路從側翼包圍德軍，為杜比的第一營清出一條通道來。但是據奧索普說：「我們每一次行動，總會突然在當面受到敵軍部隊的阻擋。」偵搜中隊傘兵張德勒回憶他的C分隊偵察地形時：「德軍的子彈打得又密又近，掠過去時幾乎會令人感到灼痛。」

當第一營接近沃爾夫海澤時，行軍幾乎是完全停頓了。「我們停了下來，」波多克二等兵（Walter Boldock）回想當時，「然後我們又再度出發，又停下來挖工事，等一下又前進，改變方向。我們的進展視乎前面那個連的順利程度來決定。迫擊砲和槍彈一直沿途擾亂。」在一處樹籬邊，波多克看見一名認識的上士身受重傷躺在那裡。再往前，他見到一具中尉燃燒中的屍體，是被白磷彈炸中了。另二等兵艾德華說：「我們好像一直在田野間迂迴，整個下午都不停地闖進接二連三的激戰裡頭。」

面對敵人出乎預料的攻擊是這麼的凶狠，傘兵們都目瞪口呆了。在北路的二等兵米爾本（Andrew Milbourne），聽見南面遠處傳來槍聲，暫時還很高興，第一營所受領的任務只是據守安恆北部的高地。等到槍聲接近沃爾夫海澤時，米爾本發現縱隊向南一轉、離開了幹道。他見到了火車站，以及在車站附近的一輛戰車，他最初的反應是興高采烈的。「我的天哪！」他想，「蒙蒂沒錯，第二軍團已經到了！」然後，他看見戰車砲塔緩緩轉動，車身上有一個黑十字軍徽。頓時，他幾乎舉目所見都是德國兵。米爾本一個縱跳撲進溝裡、小心翼翼抬起頭來，想找處好位置架設他的維克斯式（Vickers）機槍。

艾希伍上士（Reginald Isherwood）也見到了這輛戰車。一輛吉普車拖著一門輕砲開上來，然後將砲口向前準備與其接戰。艾希伍記得，「他們的上士吼叫道：『我們最好要在他們開火以前射擊，否則我們就慘了。』這門砲像閃電般轉過頭，可是當我們的人喊：『放！』時，他聽見德軍的車長也同樣在下口令，德國佬的砲彈一定比我們的早出砲口十分之一秒。」戰車打個正著，吉普車爆炸開來，砲手全被炸死。

來自四面八方的火力越來越猛烈，也越來越混亂。很明顯，杜比中校當前的抵抗，遠比任何人所料想到的都還要強大。這時他也不認為還可能佔領安恆市以北的各處高地。當下也無法與路斯白里准將以無線電通話，該營傷亡每一分鐘都在增加當中。杜比決定把全營往更南邊靠攏，打算與福洛斯特會合，共同進攻安恆大橋。

通信的中斷，再加上缺少後續的指示，使得各營營長不可能清楚知道當下出了什麼狀況。地形不熟悉，地圖又經常極不精確，各連、各排彼此經常失去聯繫。位於費齊第三營打死庫辛將軍的那條道路附近的十字路口，英軍遭到克瑞夫特少校的火箭推進迫擊砲和機槍的全力猛轟。官兵往樹林中一散開，行進的縱隊就斷了，尖叫的迫擊砲彈，在他們頭頂上空炸開，向四面八方炸散出致命的破片。

通信兵海伊斯（Stanley Heyes）生動地描述敵軍猛烈的擾亂射擊過程。他往樹林快跑過去，還因此掉了一台備份的無線電發報機，在彎身準備要撿起它時卻被打中了腳踝。想盡辦法爬進了樹林，當他躺在矮樹叢裡時，才曉得並排躺著的人是名德國兵。海伊斯說：「他跟我一樣的年輕、害怕，他還用我的野戰急救包替我包紮腳踝上的傷口。之後過沒有多久，我們兩個都被迫擊砲火擊中受傷，只能躺在那裡等候有人把我們救出去。」海伊斯和這名年輕的德國兵便一起留在那裡，到夜深很久了，才被英軍擔架兵發現把他們後送。

第三營也像第一營般被德軍牽制住。上路行軍兩個小時後，二營前進的距離還不到二點五英里。這時，費齊中校也和北線的杜比有了同樣的結論，他也得另找一條路攻向安恆大橋。時間很寶貴，而大橋依然還在整整四英里外。

——

在沃爾夫海澤附近的樹林裡，克瑞夫特少校認定他已經被人包圍了。他判斷英軍人數與自己兵力不足的營相比，差距是二十比一。雖然他認為本身的防禦是「愚蠢的」，而且也不相信自己的封鎖行動成功了。突擊迫砲已經造成英軍的重大傷亡。他手下人報告，部分在烏特勒支到安恆公路上前進的英軍傘兵，已經停了下來，其他則完全放棄了對主要幹道的使用。克瑞夫特始終認為本營是這附近唯一的德軍部隊，對於要久久擋住英軍，他並不存什麼幻想。迫擊彈快要打光了，傷亡也很慘重，還有一名中尉開了小差。儘管如此，克瑞夫特仍然對「我的小伙子們的勇敢狂熱」感到熱血沸騰。雄心勃勃的克瑞夫特，後來還把裝甲擲彈兵補充營的作戰經過，寫了一分噁心、自我吹噓的報告呈給希姆萊。他的「年輕小伙子們」當時並不知情，他們其實正受到海澤中校霍亨陶芬師戰車群、砲兵、裝甲車的支援，該師就在克瑞夫特營部東邊一到兩英里遠的地方。

——

高福少校傷透了腦筋。厄克特召喚他回到師部去，卻沒有提到師長心中擔心的是什麼事情。

他離開第一營的「豹線」時，帶回來偵搜中隊的四輛護衛的吉普車和士兵。這時他到了師部，參謀長麥肯齊中校也沒辦法說明什麼。麥肯齊告訴他師長離開師部，找旅長路斯白里准將去了，旅部在南路——「獅線」，也就是緊跟著福洛斯特營的後面。高福只得帶著小部隊的幾輛車再度出發，他確信在這路上的什麼地方，不管是師長或是旅長，總會找到其中一人。

12

厄克特的吉普車，在烏特勒支-安恆公路上疾馳，向南轉彎、離開交通幹道，駛上支線公路，往福洛斯特營的「獅線」馳去。幾分鐘後，他就趕上了第二營的後衛部隊，他們正排成單縱隊在馬路的兩側前進。厄克特聽到了遠處的槍聲，但覺得「那裡沒有什麼緊急狀態，似乎人人都在緩慢地走動。」他沿著這條圓石路疾馳，趕到了福洛斯特的營部連，發現營長已經到前衛部隊去了，也就是遇到了德軍抵抗的單位。「我試圖透露出一種緊迫感，並同時希望他們能把那種緊迫感傳達給福洛斯特，」厄克特寫道，「並且把偵搜中隊的不幸消息告訴他們。」他聽說路斯白里准將上了中路，要去視察第三營的情況，厄克特因此又改了路線。再一次，他和高福又沒有碰上面，只差了那麼的幾分鐘時間。

師長在「虎線」上，趕上第三營的後衛部隊，聽說路斯白里已經到前面去了，他也跟著往前走。就在烏特勒支-安恆公路的一處交叉路口，厄克特找到了旅長。這裡正遭受猛烈的迫擊砲轟擊，「有些迫擊砲彈瞄得很準，就落在交叉路口上，他和第三營在樹林裡採取掩蔽。」厄克特後來寫道，「這是我眼前首次見識德軍反應的迅速與果斷的證據。[18]」

厄克特和路斯白里在壕溝裡掩蔽，兩人討論了當前的情勢。雙方對進展的遲緩都很憂心，眼前的通信不靈真是要命，這讓他們的指揮處於癱瘓。路斯白里對第一營也完全失去聯繫，同福洛斯特也只有斷斷續續的通信。顯然只有他們兩個人親自到場的地方才能夠指揮作戰。當時路斯白里希望第三營離開交叉路口，穿過附近的樹林再度前進。厄克特決心用吉普車的無線電機，與師部建立無線電通訊。他走到車旁才發覺無線電機已經被迫擊砲擊中，通信兵也受了重傷。儘管看上去無線電機沒有損傷，厄克特還是叫不通師部。他後來寫道：「我臭罵這要命的通信，路斯白里勸我不要試圖回師部去了。這時敵軍在我們與降落區間的兵力已經增多……我認為他說得沒錯……就留了下來。不過也就是在這個節骨眼上，我意識到自己對戰局失去了控制。」

第一營和第三營正在不斷的、猛烈的小戰中接敵。頑強、拚命的黨衛軍步兵，兵力上雖是劣勢，卻得到半履帶車、大砲與戰車的支援，正把上方兩條路線的英軍壓制了下來。混亂中，英軍官兵離散，各連分散避入樹林，或在路旁，或在民居後園作戰。紅魔鬼們從德軍裝甲部隊一開始的奇襲中穩定下來。雖然傷亡慘重，但是在小部隊和個人作戰方面，卻是凶狠地予以還擊。然而，第一營和第三營要按照計畫進抵安恆大橋的機會，卻是微乎其微。這時，一切就只有看福洛斯特的第二營了，他們還沿著下萊茵河邊的公路，就是德軍幾乎放棄不理會的那條次要道路穩當前進。

雖然福洛斯特營曾經幾次被敵人的火力給暫時擋住，他卻不許官兵散開部署。打先鋒的是塔桑-華特少校（Digby Tatham-Warter）指揮的A連，向前緊緊邁進，把落單的士兵都留給後面跟隨上來的兩個連。從前衛連俘虜的敵軍口中，福洛斯特知道有一個黨衛軍連的兵力負責掩護安恆市西側道路。福洛斯特營運用一些擄獲的車輛，本身的吉普車則在前方和兩翼擔任搜索，不斷地向前推進。過了下午六點以後，大約在歐斯特貝克鎮東南方，見到了福洛斯特的第一個目標——下萊茵河上的鐵路大橋。杜佛少校（Victor Dover）的C連按照計畫脫離部隊，直撲河邊。當他們抵達時，橋上看起來空空蕩蕩，無人把守。二十一歲的排長巴里中尉（Peter Barry），奉令率領全排過橋。他回憶說：「我們出動時，一切都靜悄悄的。我們從田野中跑過去，只見到處都是死去的牲口。」巴里這排人離橋只有三百碼時，他看見「一名德軍從橋另一邊跑過來，到達大橋中間便蹲下身來在弄些什麼東西。我立刻叫我這一組人射擊，第二組往大橋衝過去。這時，那個德國人就消失不見了。」

巴里回憶他們「衝到橋上，以最大速度跑過橋去，說時遲那時快，就在我們面前，橋上一聲地動山搖的爆炸，」皇家工兵麥凱上尉覺得腳底下的地面都在震動，「一團橘黃色的火焰衝空而起、接續是黑煙，我想是南岸的第二個跨距橋墩被炸掉了。」巴里在煙幕手榴彈的掩護下，命令橋上的人離開殘骸退到北岸去。這排人一動，對岸埋伏的德軍便開槍射擊，巴里的手腿都被打中，另外兩名士兵也受了傷。從一開始就對行動感到憂心忡忡的麥凱看見傘兵們穿過煙霧和敵方火力退了回來。他記得當時是這麼覺得：「唔，這下子一號目標完蛋了。」福洛斯特的想法要充滿哲理得多，「我曉得三座大橋中掉了一座，但卻是重要性最低的一座，當時我還沒有意識到以後會有多麼不利。」這時已是下午六點三十分，還有兩座大橋等著要爭奪。

---

18 原註：參閱厄克特少將與格雷特雷克斯（Major General R. E. Urquhart, C.B., D.S.O. (with Wilfred Greatorex)）合著，*Arnhem*，頁四十。

13

海澤的霍亨陶芬師計畫要運回德國的戰車、半履帶車和裝甲人員運輸車，讓工兵足足花了五個鐘頭才把它們全部重組妥當。剛受勳的格瑞布納上尉，歸他的四十輛偵搜營車輛準備完畢，便從安恆市北的霍恩德盧兵營出發，迅即向南疾駛。海澤指示他在安恆與奈美根之間，作一次快速搜索，以判斷盟軍空降部隊在這一帶的兵力。格瑞布納快速駛過安恆市區，以無線電向師部報告，市區似乎空無一人，沒有敵軍的徵候。大約在七點以前，該營已經渡過安恆大橋，在大橋南端一英里處，格瑞布納停車報告：「無敵蹤，無傘兵。」一英里又一英里地搜索下去，他的輕裝甲車在公路兩側緩緩行進，格瑞布納的無線電報告都是同樣的消息。到了奈美根，消息還是沒有變化，霍亨陶芬師師部便命令他繼續搜索到奈美根郊區，然後駛返師部。

格瑞布納的搜索營，和福洛斯特第二營的前鋒部隊，時間上彼此錯過了一小時光景。正當德軍搜索營馳出安恆市時，福洛斯特的傘兵已經進入了市區，並且神不知鬼不覺接近剩下的兩處目標。無法解釋的是，儘管畢特利希將軍有明確的指示，海澤卻完全沒有做到——沒有佔據安恆大橋。

14

天色越來越暗，福洛斯特中校加快了全營的步伐，趕向第二處目標——安恆大橋西邊不到一英里的浮舟橋。依然打先鋒的塔桑-華特少校A連，在安恆市西郊的高地上，再度被暫時阻擋住了。敵人的裝甲車與機槍，迫使A連離開道路，進入附近民房後院。福洛斯特從後面趕上前來，發現A連一名士兵負責看守住十名德軍。他後來寫著，推測是「華特的後院迂迴完全成功，他的連又急急前進。」福洛斯特回到營主力部隊裡，官兵們在昏暗中行進。間或有槍聲從道路上傳來，他們經過不少打壞的車輛，和許多被打死、打傷的德軍旁邊。福洛斯特想說，很明顯這就是「華特的進展令人滿意」的證據。

第二營快速從安恆市街道上穿過，到達浮舟橋時停了下來，面對著他們的第二次挫折，浮舟橋的中段已經被拆除，這橋已一無用處。麥凱上尉杵在那裡呆看這處拆毀了的渡河點，他斷定「這是一次極為典型的出包行動，我只想到：『這一下，我們只得去搶奪那一座他媽的大橋了。』」他凝盼遠處，不到一英里，襯映著暮色的餘光中，便是那座橫跨大河的鋼架與混凝土大橋。

——

第三營在直趨安恆的「虎線」上走走停停，厄克特知道他這下子進退兩難了。天色越來越暗，敵軍不間斷的突襲阻撓推進，要返回師部是不可能的了。他心情鬱悶，「每邁出一步，我都希望能夠知道別的地方正在發生什麼事情。」就在入夜以前，厄克特獲悉第三營的先鋒連已經到達歐斯特貝克郊外「一處稱為哈滕斯坦酒店的地方……我們進展甚微，」厄克特後來寫道：「路斯白里和第三營營長費齊討論了以後，下令停止前進。」

厄克特和路斯白里兩個人，準備在離公路很遠的一棟大宅內打發這一晚。房東是位高大的中年荷蘭人，兩夫婦對師長道歉打擾的話並不在意，並把俯瞰道路正面的樓下房間讓給他們。厄克特坐立不安，無法放鬆自己。「我一直在查問，是不是跟高福或者福洛斯特聯絡上了，可是從師部或其他地方，都音訊全無。」

——

安恆大橋隱約出現在眼前。光是兩頭混凝土引道，都是龐大、複雜的建設，這使得引道下面的道路，以及沿著河堤東西向道路都與引道相聯。兩岸的民居、工廠屋頂都與引道同高。在暮光之中，這兩條龐大的大橋坡道和跨越萊茵河高高聳起的大樑，看上去就威風凜凜、氣勢逼人。終於到達主目標到了——蒙哥馬利大膽計畫的關鍵所在——福洛斯特的官兵花了將近七個小時邊打邊走才到達了這裡。

現在，第二營的先鋒部隊逼近了大橋，A連其中一個排長佛勒斯多中尉，對大橋那「高得那麼令人不可思議而感到吃驚。」他見到「大橋兩端都有碉堡，彷彿是空無一人的樣子，但看起來還是很嚇人」。A連官兵在黑暗中，悄悄地從大橋北端巨大橋墩下方進入陣地，他們頭上傳來車輛緩緩駛過的隆隆聲。

皇家工兵麥凱上尉，穿過一條條風景畫般的街道接近大橋，走到了向引道前方的一個空地。他記得「我們穿過街道時的那種寧靜的壓迫感，環繞著我們周圍的幾乎都是輕柔的慢動作，士兵們開始變得緊張，我巴不得越快到大橋越好。」頓時，一條側街發出的德軍火力撕裂了黑暗，一輛裝運炸藥的工兵手推車燃起火苗，把人們照得一清二楚。麥凱立刻下令手下士兵帶著裝備通過廣場，他們不顧德軍的射擊衝了過去。幾分鐘後，在一個人也沒有損傷的情況下，到達了目標。麥凱研究了一下北端引道下的地勢，看見東側有四棟建築，其中一棟是學校，正在十字路口的轉角上。他回想當時：「我認為不論誰佔領了這幾棟建築也就能守住大橋。」他立刻下令手下工兵進駐學校。

晚上八點剛過，福洛斯特和營部也到達了。他下令派克瑞勒的B連，帶著反裝甲武器到鐵道堤防附近上面的高地去，掩護本營的左翼，使A連得以放手猛撲大橋[19]。杜佛少校的C連，則奉令隨同前鋒部隊進入市區，以佔領德軍指揮官的總部。這時在橋上，福洛斯特沒辦法用無線電跟任何一個連聯繫。他迅速派出傳令兵，去確認他們的位置何在。

福洛斯特決定不再等待，命令A連各排上橋，士兵們剛開始過橋，德軍即動了起來。橋北碉堡中打出來的火力，以及橋南一輛裝甲車的射擊，便朝傘兵轟過來。一個排在麥凱上尉帶了火焰噴射器的工兵協助下，穿過與大橋引道同高的屋頂。同時，佛勒斯多中尉的排也從地下室和地窖，一棟棟房子穿過去，一直到達麥凱的位置。就位以後，他們進攻碉堡。火焰噴射器一噴火，福洛斯特還記得「似乎燒得天翻地覆，天空照得通明透亮，機槍聲、接二連三的爆炸聲、彈藥起火的炸裂聲和一門長砲管的咚咚聲混成一團，附近一棟木造房屋燒成了閃閃火光，還混雜痛苦、恐懼的淒厲尖叫聲。[20]」這時，福洛斯特也聽到了佛勒斯多中尉的「ＰＩＡＴ」反裝甲彈[21]，打進

---

19 原註：福洛斯特記得，「我從一名德軍俘虜身上拿到一幅地圖……顯示敵人裝甲車偵搜隊的巡邏路線，我才了解德軍是在我左翼。」

20 原註：有幾份憶述表示，火焰噴射器瞄準偏了，火焰沒有噴中碉堡，猛烈的燃油燒中了幾幢放有炸藥的木屋。

21 原註：反戰車榴彈發射器（Projector, Infantry, Anti Tank），是英軍一種射程短、彈簧裝填的榴彈發射器，重三十三磅，發射出去的彈藥能貫穿厚四吋的鋼板。

碉堡裡面的爆炸聲。這場短暫、殘酷的戰鬥，沒有多久就結束了。碉堡中的機槍寂然無聲，福洛斯特只見德軍士兵向他的官兵踉蹌走過來。A連已經成功肅清橋北，這一頭在他們手裡了，可是現在彈藥爆炸，加上阻止的火力，要冒險再度衝去佔領橋南，就如同自殺。只要早個半小時，福洛斯特就可能成功的[22]，可是現在，南岸已經有黨衛軍的一批裝甲擲彈兵佔領了陣地。

福洛斯特想再和克瑞勒少校取得聯繫，他想知道哪裡有小艇或者駁船，以便克瑞勒連能過河攻擊南岸的德軍。無線電話通訊又再次失靈。更糟的是，派出去的傳令兵甚至連克瑞勒的據點都找不到，他們還報告說，就連一條小船也沒有見著。派出巡邏隊去聯繫的C連，已經在德軍指揮官司令部附近的激烈接戰中被牽制住。

福洛斯特的官兵心情凝重地從安恆橋上看過去。大橋南端那邊據守的德軍兵力到底有多強？即使到了這個時候，A連還認為只要找得到人員和舟艇，他們便可以渡河發動奇襲攻擊，甚至還有佔領橋南的機會。

可是時機已經過去了。這是安恆戰役其中一個巨大的諷刺。傘兵本來可以在著陸之後的一個小時內渡過下萊茵河。剛好在西面七英里處的黑菲亞鐸村（Heveadorp）——福洛斯特的第二營往目標行軍前進時，路上經過——一個大型的橫水渡口[23]，可以載運汽車和人員，全天都在北岸的黑菲亞鐸到南岸的德瑞爾往返，把一般民眾人車運過下萊茵河。福洛斯特對這處渡口一點都不知情，甚至沒有列入厄克特的攻擊目標名單內。在市場花園的精密計畫作為裡，奪下安恆大橋的關鍵——德瑞爾的渡口，竟完全被忽略掉了[24]。

高福少校終於趕上路斯白里的旅部，也就是在「獅線」上，緊跟著福洛斯特的第二營。他很快就找到旅參謀長希伯特中校（Tony Hibbert），問道：「師長和旅長在哪裡？」希伯特也不知道，「他們一起在某個地方，」他告訴高福，「但兩個人都離開了。」這下子高福可真是迷糊了。回想當時，「我不知道該怎麼辦，想跟師部聯繫卻聯繫不上，我只好決定繼續跟在福洛斯特後面保持前進。」他離開了希伯特再度動身。

高福和手下官兵開車進入安恆市，見到了福洛斯特和他的官兵在大橋北端附近佔領了陣地，那時天已經黑了。高福馬上問師長在哪裡，福洛斯特也和希伯特一樣毫不知情，認為是回到師部去了。高福再次試無線電話。這時更使他焦急的是，在沃爾夫海澤附近、他手下的搜索中隊，也是半點消息都沒有，也跟任何人聯絡不上。高福命令手下疲累的士兵，到大橋附近一棟建築物裡去，他自己爬上了屋頂，那剛好是福洛斯特營第一次想攻佔大橋另一頭，整個橋南「火焰騰

22 原註：據荷蘭警佐庫易克（Johannes van Kuijk）說，晚上七點三十分他來值勤時，大橋已經被棄守，沒有衛兵。他說在早些時候，也就是傘兵降落時，守橋的二十五名一戰老兵都開了小差。

23 編註：cable ferry，通常設於較為狹窄及平靜的河流或水道。有一條纜繩從河岸的一邊連接對岸。中間設有板狀的平底船，用以乘載搭客、貨物或汽車。

24 原註：在給厄克特下達的正式命令中，似乎沒有提及德瑞爾渡口。簡報上使用的皇家空軍空拍照清楚顯示了渡口的存在，而且必須假設，在制訂計畫過程中的某個階段，這個地方也曾被拿出來討論過。可是，作者訪問厄克特談到這個部分時，他告訴我，「我不記得曾經提到過這個渡口。」等到他終於知道它的存在時為時太晚，回天乏力。他說，「那時我已經沒有足夠的兵力過河。」但在口頭上他曾經警告工兵：「攻奪所有渡口、駁船、拖船極為重要，以便爾後協助第三十軍的前進。」可是事實很明顯，在計畫作為的最後階段，這些命令的優先順序很低，因為它們從沒有正式下達過。福洛斯特告訴作者，「沒有人把有關德瑞爾渡口的事情告訴過我，要是我知道的話，那結果就不大相同了。」

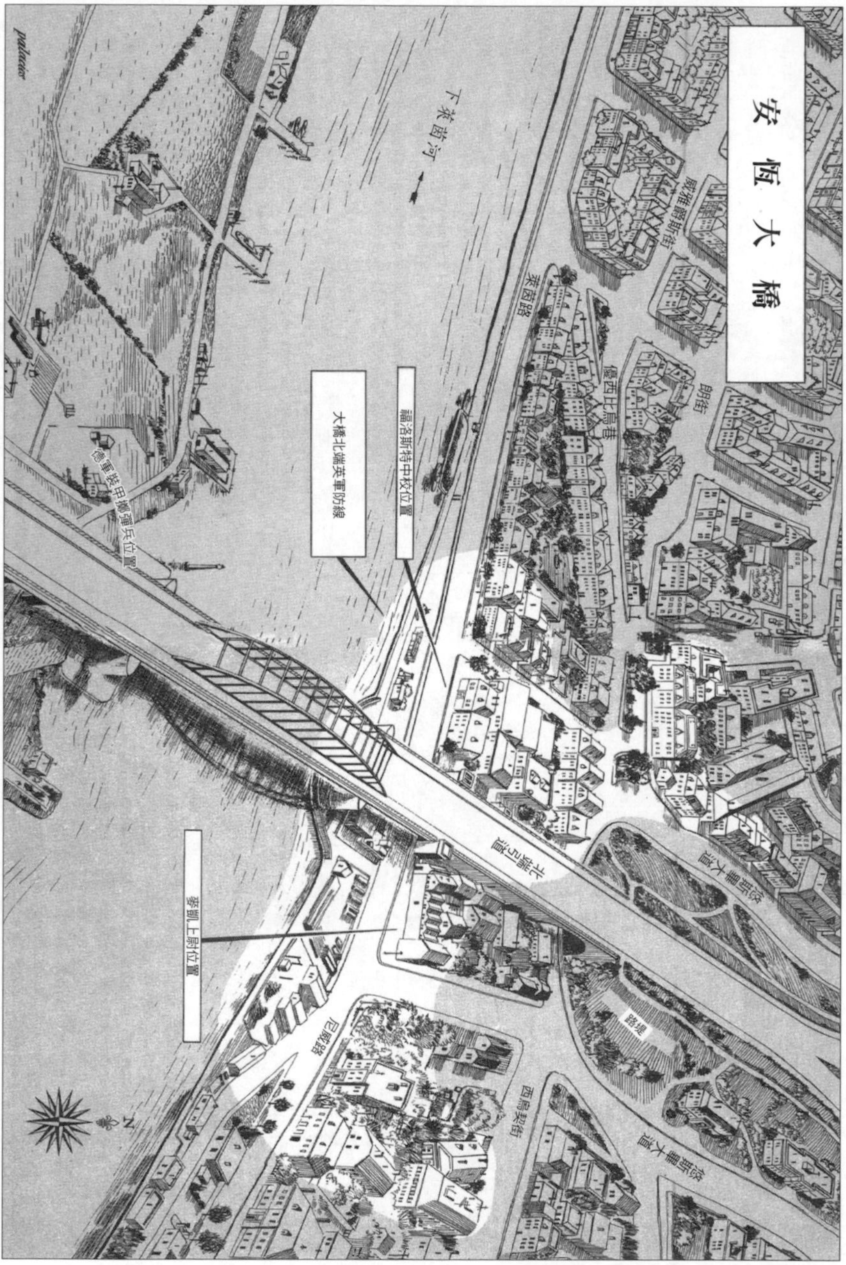
安恆大橋
下萊茵河
威雅爵斯街
萊茵路
優西比烏巷
朗街
福洛斯特中校位置
大橋北端英軍防線
德軍裝甲擲彈兵位置
北端引道
悠斯畢大道
麥凱上尉位置
尼威路
西愚契街
悠斯畢大道

騰」。「我聽見那一下震驚天地的爆炸，整個橋頭似乎都在起火，記得聽見有人說，『我們一路殺到這裡來，只為了把這座他媽的大橋燒掉。』」高福本身也在瞬間感到震驚，經由繚繞的煙霧，他見到只有碉堡和幾處彈藥木棚被毀了。他既不安又困倦，他找個地方休息個幾個小時。他一整天在路線之間往返尋找師長。目前人到了大橋，至少有一個問題解決了。他到了規劃要抵達的目的地，他也就因此在這裡待了下來。

——

這天晚上，福洛斯特能做的事不多，包括在大橋北端警戒，防止敵軍從橋南發動攻擊。兩個失聯的營仍然沒有消息。此時，他在一棟可以俯瞰大橋的建物角落，把營部成立起來。營部譯密組的白克下士（Harold Back）還記得，從這棟房屋的前方窗戶，營部人員可以見到大橋引道。「側窗可以直接看到大橋本身，」白克說，「我們通信兵把天線從屋頂上伸出去，經常不斷地挪來挪去，可就是聯絡不上任何人。」

之後不久，旅部抵達，在福洛斯特旁的一棟房子的閣樓中開設。福洛斯特同營內軍官開會討論，他認為現在情勢已很清楚。第一營以及第三營不是在「虎」、「豹」兩線上被敵軍擋住，便是在大橋以北安恆附近作戰。沒有通信，誰也沒辦法知道發生了什麼情況。但如果這兩個營沒有在夜間抵達安恆，德軍就有了所需要的寶貴時間，足以把二營與第一空降師其他兵力之間的空隙給封鎖。此外，福洛斯特也擔心大橋或許會被炸毀。據工兵的判斷，焚燒的熱度已把市區通往大橋的導火索燒斷，工兵也把見得到的每一個電纜統統切斷。但大家還是不確定究竟有沒有埋設其他的電纜。福洛斯特回憶，「火勢的溫度逼得沒有人能上大橋去移除可能還殘存的炸藥。」

但是安恆大橋北端已經在福洛斯特手裡，他和手下英勇的官兵，並無意放棄。儘管他擔憂著不知去向的兩個營和空降師的其餘部隊，卻沒有顯露出來。他去看看在引道附近房屋中的弟兄，但見他們「精神旺盛，就像他們有理由這麼高興似的。」據西蒙斯二等兵說，「我們覺得非常愉快，營長跟我們說笑話，問我們好不好。」

回到營部，福洛斯特一整天才頭一次坐定下來。他啜著馬克杯裡的紅茶，想想從各方面來說，情況還不算太糟，「我們在荷蘭降落後七個小時，越過密集、艱困的地形，行進了八英里，奪取目標……的確是很好的戰果。」福洛斯特雖然平靜不下來，但也和手下官兵一樣很樂觀。眼前他有各單位人員組成的戰力五百多人，他們也都很有信心，那失蹤了的兩個連，是會到橋頭來會師的。再怎麼說，他只要再挺下去，充其量再挺四十八小時——直到霍羅克斯第三十軍的戰車殺到為止。

15

盟軍突如其來的攻擊，使得從柏林到西戰場以降的德軍高級司令部都大為震驚。只有安恆一地的反應既凶猛又迅速，第一師空降在那裡幾乎就落在德軍畢特利希的兩個裝甲師頭頂上。其他地方，混亂、困惑的德軍指揮官們，都試著釐清在九月十七日發生的這些驚人事件，是不是已經開啟了進攻第三帝國的作戰階段。英軍會在比利時發動地面攻擊的情況早就已經預料中的事。所有可資運用的預備隊，連查根的第十五軍團——損耗嚴重，士兵們除了隨身攜帶的步槍以外幾乎沒有別的武器——都被投入防禦陣地以應對威脅。壕溝都已挖掘，在戰略性要地，更是盡全力構築工事，迫使英軍要為爭奪的每一英尺的土地拚戰。

沒有人事先預料得到在英軍地面攻勢推動的同時，會使用空降部隊。這種空降攻擊就是柏林所害怕、同時要從海上登陸荷蘭的前奏嗎？在情況混沌的這幾個小時，正當參謀軍官們想研究出所以然來時，更多的空降攻擊報告傳進來，使得情況更為混亂。兵力不詳、番號不明的美軍傘兵，在恩荷芬與奈美根周圍空降。英軍第一空降師則已經很明顯的在安恆附近跳傘。可是這時，新的報告指出，烏特勒支附近又有傘兵，還有一項根本亂了套的報告，說空降部隊在波蘭的華沙落地[25]。

位於科布連茲的倫德斯特西線總部裡，他的反應是令人感到詫異的部分原因[26]。脾氣暴躁、滿是貴族派頭的倫德斯特，與其說是對這次進攻的性質感到驚訝，毋寧說是對指揮這次進攻的人感到意外。據他推斷，那個人一定就是蒙哥馬利。起先，倫德斯特懷疑這種突如其來、很明顯陸空協同的作戰，是艾森豪進攻德國的開端。元帥好久以來便斷定，巴頓的第三軍團向薩爾區挺進，才是真正的危險。為了迎戰這種威脅，他派出了最精銳的部隊擊退了巴頓疾馳的戰車。而這一下，德國最具威名的軍人，卻暫時被打了個措手不及。他從沒料到艾森豪的主攻會由蒙哥馬利來領導，他始終認為蒙哥馬利「過於謹慎，過於受到個人習慣的支配，也過於按部就班」。

25 原註：皇家空軍的確有在烏特勒支附近廣泛地投下假人傘兵，牽制住德軍的若干部隊有好多天。華沙則沒有，該報告可能是發報中的混亂所造成，又或者只是毫無根據的謠言而已。

26 原註：「當我們將盟軍攻擊的消息通知倫德斯特總部時，」摩德爾的作戰處長湯普荷上校告訴我，「西總看起來毫不為此感到煩憂。事實上他們的反應幾近於無動於衷的稀鬆平常。但後來很快就改變了。」

倫德斯特對於蒙哥馬利採取大膽的攻勢給怔住了。從摩德爾司令部湧進大量的電文，都帶著過分亢奮的語調，證明了這次攻擊的奇襲性和危險：「我們必須認定，夜間會有更多傘兵空降……顯然敵人認為這次攻擊極為重要，英軍攻擊司徒登所部，及向法爾肯斯瓦德前進，初期已經獲致了相當的成果……本地區情況尤為吃緊……缺少迅速、強大的預備隊，增加了我們的困難度……B集團軍已竭盡全力，整體情況是相當危急……我們要求盡快將裝甲兵、砲兵、機動重型反裝甲武器、防空砲兵派來，我軍上空晝夜均有戰鬥機掩護，尤其重要。」

摩德爾的電文如此結束：「……盟軍的主攻兵力，在我軍前線的北翼。」倫德斯特提及摩德爾時，曾經挖苦地說過，他是塊優良士官長的料，這一回倒是認為摩德爾的意見值得一聽。在摩德爾零零碎碎的電文中，除去了倫德斯特最後的疑慮，說明是誰在指揮這次驚人的攻勢。B集團軍的「北翼」正是蒙哥馬利。

夜晚時刻當然不可能判斷盟軍空降部隊在荷蘭的實力。但是倫德斯特深信，盟軍還有下一波的空降。這時不但需要填補整個德軍前線的缺口，同時還要替摩德爾的B集團軍找預備隊。又一次，倫德斯特迫得只有賭上一注了。由他的總部發出文電，把在亞琛陣地中面對美軍的部隊調撥過去。這種調動很危險，但極為重要。這些部隊立即北運，到能夠上火線參加作戰至少要四十八小時。倫德斯特又給德國西北戰線的防區下達了進一步命令，要求所有可用的裝甲和防空部隊開赴荷蘭那安靜的閉塞區域。元帥認為，那裡正是第三帝國最危險之所在。這位德國的鐵騎士，為了支撐他的防禦體系而徹夜工作時，仍然沉思著整個形勢的怪異之處，他依然驚異於負責盟軍此次巨大攻勢的主帥竟然會是蒙哥馬利。

載著畢特利希軍長的公務車，從杜廷亨的軍部駛抵安恆烏漆墨黑的街道時，時間已經很晚了。他決定親自看看現況，車輛在市區中偵巡時，大火仍然在燃燒，滿街狼藉的廢墟——這是早上轟炸的結果。畢特利希後來提到，在很多地方都有士兵的屍體和燒焦的車輛，證實「曾經發生過猛烈的戰鬥」。然而，對於發生了什麼情況，他依然沒有辦法掌控。回到軍部後，畢特利希得知安恆市郵局有兩位女接線員打電話進來報告——他後來頒授她們鐵十字勳章——公路大橋，已被英國傘兵佔領。畢特利希大為冒火，他特別命令海澤要守住大橋，竟沒有遵行。現在瓦爾河上的奈美根大橋也很重要，要在南面的美軍奪橋以前加以固守。畢特利希成功的唯一機會，便是沿著走廊地帶，摧毀盟軍的攻擊，緊縮安恆附近的英軍，迫使他們無法動彈。現正在安恆大橋北端的傘兵，以及那些正奮戰計畫要抵達大橋的各零散傘兵營，都必須全部殲滅。

——

那份落入司徒登上將手中的最高機密文件——「市場花園作戰」計畫，終於到了新總部所在地的摩德爾元帥面前。他放棄了杜廷亨古堡地面的花農房舍，遷往東南方五英里，接近一座叫特伯赫（Terborg）小村莊。這可使得司徒登花了最重要的十個小時尋找摩德爾元帥下落之後，再用無線電報上這份文件。收到的是前三部分，經過解碼後，「市場花園」計畫就被揭曉開來了。

摩德爾和幕僚專心研究。他們捧在手上的是蒙哥馬利的整體計畫：投入作戰的各空降師番號、三天期間後續的空投及再補給空投、空降場的確實地點、重要的橋樑目標——甚至空運飛機的航路都在內。海澤後來從元帥本人那裡聽到，稱這份計畫「異想天開」。它異想天開的程度，就連在這極關重要的關頭，摩德爾還是選擇拒絕相信。

這份計畫太剛好、太詳細得令人不敢置信。摩德爾間接向參謀們表明，認為這份文件的精細程度是過於虛假的證據。他又再三強調個人不變的判斷，在安恆西邊的空降行動，是要向魯爾作大規模空降攻擊的先鋒，它們會經由東邊四十英里的波科特（Bocholt）和明斯特（Münster）進攻。他警告說，應當預設還有其他的空降攻擊。一旦集結以後，毫無疑問將會改趨北向，繼而轉東。摩德爾的理由並不是沒有道理，就像他告訴參謀們，「假如我們相信這些計畫，認定安恆大橋是真正目標，為什麼沒有傘兵直接空降到橋上來？他們空降的地方是寬廣宜於集結的地方，加上又是在距離大橋西邊八英里遠。」

摩德爾並沒有把這份文件轉給畢特利希。「到戰爭結束以前，我根本不曉得，」畢特利希說，「『市場花園作戰』計畫已落入了我們手裡。摩德爾為什麼不告訴我，我真不明白。再怎麼說，這些計畫證明了我的想法。當時最重要的事情，便是阻止空降部隊與英國第二軍團會師——為了那個目的，他們當然需要橋樑。[27]」畢特利希之下有一名軍官確實知道有這份文件。似乎海澤中校是摩德爾對幕僚以外的人，唯一談到這個計畫的軍官。海澤記得，「摩德爾一直都準備作最壞的打算，所以他對那份計畫根本不重視。根據摩德爾的說法，他並不打算被這份文件影響。」唯有等時間過去了以後，才能夠讓德國人明白。事實上，這份計畫是貨真價實的真品。儘管摩德爾元帥喜怒無常、令人難以捉摸，並不打算充分接受擺在眼前的證據。但他之下大部分參謀，卻對此事掛在心上。如今摩德爾司令部手中既然有了「市場花園作戰」計畫，便把當中所說的空降會在什麼地方實施的情報，通知已在途中的所有空防部隊，盟軍攻擊計畫在幾小時後就會發生。

至少有一項假設被排除了。集團軍司令部的行政官賽德豪澤中尉記得，根據擄獲的文件，摩德爾後來也認為，空降部隊的目標，根本不是他，也不是位於歐斯特貝克的集團軍司令部。

16

正當福洛斯特中校佔領了安恆大橋北端的同時，十一英里外對另一個主要目標小心翼翼的接近行動才剛要開始。八十二空降師走廊的中段，也就是奈美根橫跨瓦爾河的五跨距公路大橋，是霍羅克斯將第三十軍戰車群，直趨安恆市的最後一處渡河點。

蓋文師長手下的第五〇四傘兵團，以驚人的成就，奪得了奈美根西南方八英里處極為險要的格拉福橋。七點三十分左右，五〇四、五〇五傘兵團又在格拉福正東不到五英里的赫門村（Heumen），佔領了橫跨馬士－瓦爾運河的一座橋。蓋文要把運河上三座公路橋與一座鐵路橋統統佔領的希望落了空。八十二師官兵還來不及佔領，德軍就把這幾座橋爆破或者嚴重損毀了。然而蓋文的傘兵在空降落後六小時內，已經打出了一條通路，供英軍地面部隊通過。除此以外，五〇五團的巡邏隊，在赫魯斯貝克高地與帝國森林空降區之間的地帶搜索，只遇到了輕微抵抗。天黑以前，五〇八團的傘兵，已經佔守了一條綿延達三點五英里長的森林地帶，由赫魯斯貝克鎮北邊的空降區起，沿著荷德邊境，西南走向奈美根的郊區。這時，八十二師的四個主目標，有三個

27 原註：關於擄獲了「市場花園作戰」計畫的事，也沒有報告西總，摩德爾向倫德斯特報告的公文中也沒有提到。一定有什麼原因讓摩德爾對這份文件並不重視，以至於不把它們向上級報告。

已經到手，一切就全靠奪到奈美根長達一千九百六十英尺的公路大橋了。

雖然布朗寧曾指示蓋文，除非已經佔守赫魯斯貝克鎮附近高地，否則不要進攻奈美根大橋。蓋文卻有信心把八十二師所有的目標都能夠在頭一天拿下來。根據跳傘前二十四小時所作的狀況判斷，他把五〇八團團長林奎斯特上校（Roy E. Lindquist）找來，命令他派出一個營奔襲大橋。蓋文推斷，在空降跳傘所造成的奇襲與混亂，下這一步棋是值得的。「我提醒林奎斯特在街道上遭遇埋伏的危險，」他回憶說，「指示他到達大橋的路線，不必穿過建築物，而是從市區的東面接近。」不曉得是誤解了指示，還是想肅清他一開始的指定目標，林奎斯特本人的回憶卻是，除非團內其他目標達成，否則他不會把本團傘兵分派去突襲大橋。據第一營營長華倫中校（Shields Warren, Jr.）說，林奎斯特指定的任務，是沿著赫魯斯貝克到奈美根的路上，據守一條長達一英里，以及市區東南四分之一英里長的防禦陣地。華倫要負責這一帶的防守，同時與西面及東面本團另外兩個營銜接。華倫回憶說，唯有在這些任務達成以後，才能準備向奈美根市內進軍。因此，華倫這個營不但沒有從東面的平坦農地直撲大橋，他們反而置身在蓋文力求避免的建築地區中間。

華倫達成其他目標以前，天都已經黑了。這時寶貴的時間已經損失，前衛連開始緩緩地穿過安靜、空無一人的奈美根街道。營主目標是到達一個交通圓環，由那裡從南面接近大橋，另一個目的是轉移敵軍注意力。據荷蘭反抗軍報告，爆破大橋的控制裝置，就設在郵政局大廈裡。當華倫官兵開始朝大橋前進之後，這個重要的情報才送達。華倫立刻派出一個排去進攻郵局。把德軍衛兵制伏以後，工兵截斷電線，把認為是控制引爆的機件給炸毀。事實上，這些裝置是不是與大橋的炸藥相連接，沒有人知道。不過，至少現在把電力線路和電話總機都炸掉了。等到這個排想撤出來趕上全營主力，這才發覺敵人在他們後面逼近。他們就此被切斷了整整三天，被迫死守在郵局裡，一直等到援軍到達為止。

同時，正當華倫全營其他人到達一處通往大橋的公園時，突然遭受機槍和裝甲車的激烈射擊。派在八十二師的荷蘭軍官白斯特上尉回憶說：「頓時槍砲朝我們開火，我還見到槍口上的火光。似乎我們四周全是他們的人。」他還來不及舉起卡賓槍射擊，就被打中了左手、左肘和右手的無名指[28]。據布魯上等兵（James R. Blue）描述，在漆黑的街道進行激烈的可怕戰鬥就像一場惡夢。布魯記得「我們立即捲入了肉搏戰。」他和雷強生一等兵（Ray Johnson）一起沿著街道前進，當他們撞上了黨衛軍時，兩個人手裡都只有上了刺刀的M1步槍而已。雷強生用刺刀刺向一名德軍，布魯則用戰壕刀撲向一名軍官。「我們奉到命令不許開槍，如果我們要進行肉搏戰，就得用戰壕刀或者刺刀。不過，」布魯回憶說，「那把戰壕刀似乎太短了，所以我就用上了湯普生衝鋒槍，結束了那一段，但是幾乎同時就有一輛驅逐戰車[29]朝我們這個方向開火。我們前進抵達了公園，跟其他各排在一起。」阿勒代斯二等兵（James Allardyce）還記得在前面有人喊叫醫護兵，可是「子彈在街道上咻咻直呼，黑暗中好生混亂，人人都不知道其他人在哪裡。我們在一棟現代化的磚造學校周圍建立防線。正前方，聽得見德國人的聲音，受傷的人在呻吟、喊叫。我們到不了那座橋。最後我們才明白，德仔把我們給擋住了。」

---

28 原註：幾天以後，醫官告訴白斯特，手指頭要切除。白斯特說：「我告訴他們絕對不能切掉，那是我的手指頭，而我並不打算切除。除此以外，這還會毀了我彈鋼琴的興趣。」到目前為止，他還保留著那隻手指頭。

29 編註：德軍在市場花園作戰時期出現在荷蘭的，很可能就是獵豹式驅逐戰車（Jagdpanther Sd.Kfz. 173）。

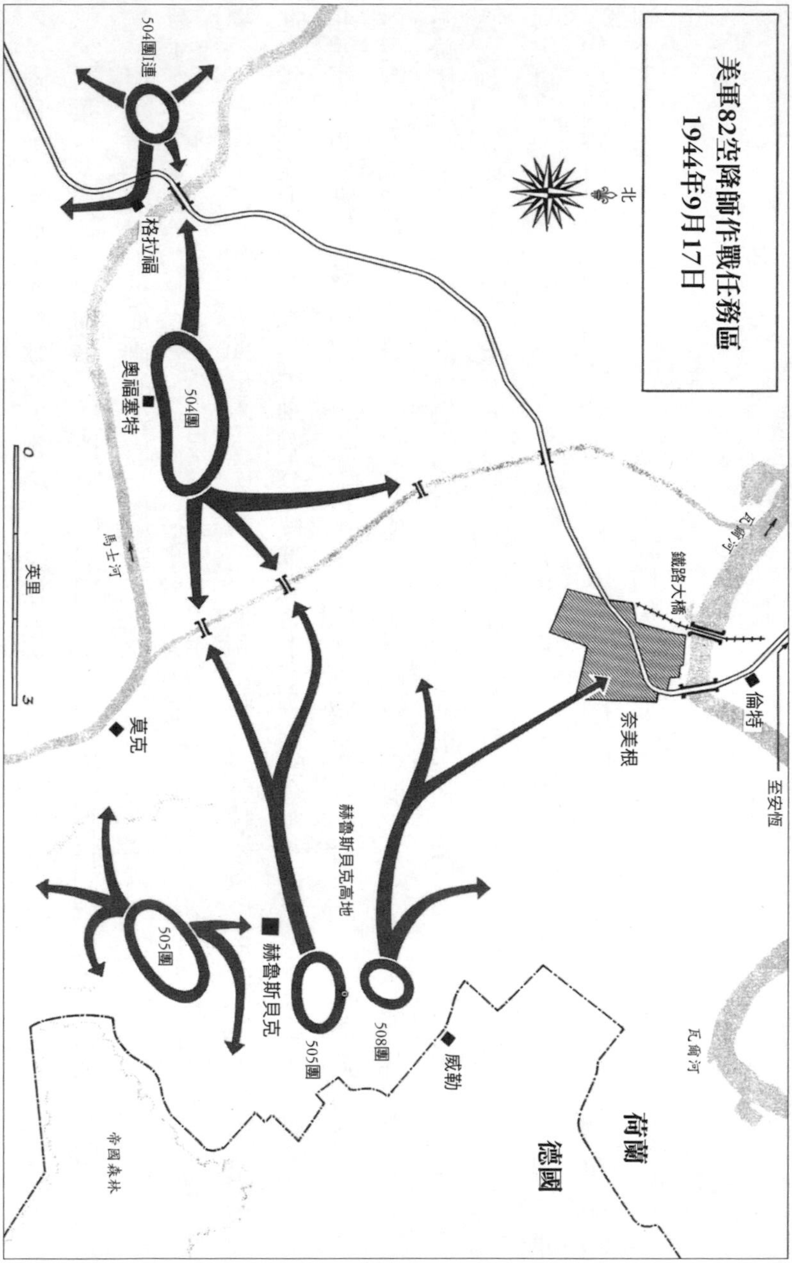
美軍82空降師作戰任務區
1944年9月17日
北
504團1連
格拉福
504團
奧福塞特
0
英里
3
馬士河
瓦爾河
鐵路大橋
倫特
至安恆
奈美根
莫克
赫魯斯貝克高地
赫魯斯貝克
505團
505團
508團
威勒
瓦爾河
荷蘭
德國
帝國森林

他們的確被擋住了，德軍格瑞布納上尉（Paul Gräbner）的偵搜營，在安恆大橋錯過了英軍福洛斯特的部隊，卻趕在較後發動攻擊的美軍之前抵達了奈美根。

——

歷史上最強大的空降攻擊的頭一天午夜前，英軍與美軍的傘兵，都已到達——或者正向前攻擊——他們的主目標。經過長久的行軍，雖然途中還遭遇到強大、頑固得出乎意料之外的敵軍野蠻的抵抗行動，計畫人員料定他們會輕易、迅速拿下來的各個目標大部分都已達成。福洛斯特第二營英勇官兵，堅守在安恆大橋北端，沿著這條走廊南下，一直到一〇一空降師五〇六團辛克上校的傘兵，正在松村奮力要把橋樑修復。他們抱著堅定的決心，必須讓公路保持暢通，好讓英國第二軍團的戰車與步兵能長驅直入。在這個深夜時刻，傘兵深信援軍就在路上，毫不懷疑增援兵力、補給品將按計畫於十八日到達，並進一步強化他們的陣地。儘管傷亡慘重、混亂和通訊上面對挫折，空降軍官兵都完全樂觀以對。總而言之，這一趟的週日出遊還不算太壞。

17

從柏林返來的哈邁爾少將疾馳的座車即將抵達安恆時，他看到市區上空映照著紅色的光芒。經過長途旅行後感到疲倦，再加上擔憂，當車子駛到位於呂洛的福隆德斯柏格師師部時，這才發覺師部現在已經在安恆市東北約三英里的費爾普村（Velp）。到了師部，只見代理師長職務的第十裝甲團團長帕敘中校（Otto Paetsch）神色疲憊，帕敘說：「謝天謝地，您回來了！」立刻把這一天的情況，以及畢特利希軍長下的命令向哈邁爾作了概略的報告。「我目瞪口呆了，」哈邁爾回憶說：「幾乎每件事都很混亂、含糊。我疲倦得要死，然而軍情緊急逼得我打電話給畢特利希，報告說我要去見他。」

畢特利希也沒有睡覺，哈邁爾一到，便立刻把戰況概略又說了一遍。他既冒火又傷腦筋，人俯身在地圖上告訴哈邁爾：「英軍傘兵已經在這裡——安恆西面空降，我們對於他們的實際兵力和真正企圖一無所知。」畢特利希軍長指著奈美根和恩荷芬說，「美國空降部隊已經在這兩地佔領了立足之地。同時，蒙哥馬利的部隊已從馬士-艾斯科運河出發向北進攻。我認為其目的是把我軍兵力切斷，我認為，他們的目標是橋樑。只要橋樑到手，蒙哥馬利便能長驅直入抵達荷蘭中部，然後從那裡攻向魯爾。」畢特利希擺擺手，繼續說，「摩德爾並不同意，他認定有更多的空降部隊會在萊茵河北岸、安恆東、西面空降後，再向魯爾推進。」

畢特利希繼續說明，哈邁爾的福隆德斯柏格師，已經奉令要肅清安恆西、北方的英軍。荷蘭境內武裝部隊指揮官克里斯汀森將軍，已經奉令派出他的部隊——由駐軍與各訓練營組成的混合兵力——給特塔中將（Hans von Tettau）指揮，他們的任務是在兩翼協助霍亨陶芬師，協力摧毀英軍的空降場。

畢特利希繼續說，福隆德斯柏格師將負責安恆以東、奈美根以南的所有作戰。畢特利希手戳在地圖上，告訴哈邁爾：「奈美根大橋必須以一切代價固守。此外，安恆大橋以及向南直到奈美根周圍，都是你的責任。」畢特利希沉默了一陣子，在屋子裡踱來踱去。「你的問題，」他告訴哈邁爾，「已經變得更加困難，海澤沒有在安恆大橋北端留下裝甲部隊，現在英軍已經在那裡了。」

哈邁爾一面聆聽，一面因為安恆大橋在英軍手裡而更形驚慌，再也沒有其他方法可以讓他的裝甲部隊迅速渡過萊茵河南下奈美根了。安恆大橋以東，也沒有一座橋了。該師只有取道安恆東南八英里潘納登村（Pannerden）的渡口渡過萊茵河。畢特利希料到會有這個問題，已下令開始渡河作業。這是段緩慢、冗長、繞路到達奈美根的途徑，要把一整個師的卡車、裝甲車輛和兵員漕運渡河，得花盡哈邁爾一切手段。

哈邁爾離開軍部時，向軍長問道：「為什麼不在還來得及以前先把奈美根大橋給炸掉？」畢特利希語帶諷刺說：「摩德爾斷然拒絕考慮這個建議，他認為我們進行反攻時可能需要它。」哈邁爾瞪大眼睛看著他，問：「要用什麼來反攻？」

暗夜裡，哈邁爾再度出發，駛向潘納登。他的部隊已向渡口出發，道路上擁滿了人員和車輛。到了潘納登，哈邁爾明白路上交通壅塞混亂情況的原因。車輛堵塞了街道，形成了大範圍的交通擁擠。在河邊，由橡皮筏組成的臨時渡船，正緩慢地把卡車運過河去。哈邁爾從參謀長那裡知道，一個營已經到了對岸，正向奈美根前進。一些卡車和小型車輛也已渡河。但至今為止，比較重型的裝甲車輛還沒有裝載。帕敘認為，如果緩慢、低效率的航渡不能加速進行的話，那麼哈邁爾的福隆德斯柏格師在九月二十四日以前，都不可能在安恆與奈美根作戰。

哈邁爾知道這個問題只有唯一一個解決辦法，便是再次拿下安恆大橋，開通到奈美根的道路。當市場花園作戰的第一天於九月十七日結束時，德軍所有的挫折都來自於一個頑固男人的身上——安恆大橋上的福洛斯特中校。

第四部　圍攻

1

清晨，薄霧從萊茵河上湧起，籠罩在安恆大橋以及附近漆黑安靜的家屋四周。離大橋北引道不遠、風景優美的林蔭大道——悠斯畢大道（Eusebiusbuitensingel），向後延伸到北邊和東邊的郊區，環繞著歷史悠久的老城區，一直去到安恆相當受歡迎的音樂廳——聖樂廳（Musis Sacrum）。九月十八日星期一的這一天，微弱、朦朧光線下的吉德蘭省古老省會，似乎是被人給遺棄了。街道、庭園、廣場、公園，都沒有半點動靜。

福洛斯特營官兵在大橋北端四周的陣地裡，頭一次見到安恆的民居和政府大廈綿延不斷的全景：法院、省政府、國立檔案局、市政府、郵政總局，以及在西北方不到一英里外的火車站都映入眼簾。更近一點便是聖悠斯畢大教堂（Church of St. Eusebius），它那三〇五英尺高的塔尖傲視全市。少數英軍從由十八棟房屋構成的防禦陣地破碎的窗戶、新挖的散兵坑，警惕地向外張望，他們意識到這座大教堂現在所代表的險惡意義。前一晚，德軍狙擊兵已經進入教堂塔頂。如同英軍般，他們小心地藏身在裡面，焦急地等候天亮的到來。

大橋的爭奪戰持續了一整晚。午夜時分曾有過一陣短暫的平靜。當戰鬥再重新爆發時，似乎所有人都參與了小規模戰鬥。晚間，福洛斯特的官兵，有兩次想衝到大橋南端去，但都被打退。兩次衝鋒都是格瑞朋中尉（John Grayburn）率領，他臉部受了重傷，但依然留在橋上，督導手下士兵撤退到安全位置去[1]。後來，一車車滿載的德軍步兵想猛衝過來，卻遭受英國傘兵集中的火力射擊。福洛斯特的傘兵用火焰噴射器，將那些車輛都焚毀，德軍裝甲擲彈兵活生生地困在烈焰當中，並厲聲痛叫著跳落到一百英尺下的萊茵河去。橡膠焚燒的惡臭味，以及殘骸中一陣陣湧起的濃濃黑煙，阻礙了雙方的救護組在橋上死傷狼藉的人群中尋找傷兵。這時救護組的白克下士，幫忙把傷兵抬進其中一棟英軍據守房子的地窖。黑漆漆的地窖裡，他以為自己看到是幾枝點燃的蠟燭。其實這裡地板上都躺著傘兵，這時才意會到說，他看到的是一些傷兵身上發出亮光的小碎片——那些人是被白磷彈擊中，所以亮光來自於白磷彈的碎片。

說不上是怎麼搞的，曙色乍現，激戰又再度停止，似乎雙方都在喘一口氣。福洛斯特營部的馬路對面，也就是大橋引道下面的街道，麥凱上尉手下由少量工兵和其他單位官兵的小組，正對剛佔領的幾棟房屋作小心的搜索。在夜間激戰方酣時，麥凱想辦法守住了這一帶四棟房屋中的兩棟，並在其中一棟——磚造校舍裡，開設了指揮所。逆襲的德軍穿過造景漂亮的庭園，朝屋內扔進手榴彈。一滲透進去，德軍就同英軍來了場狠毒、幾近無聲的肉搏戰。麥凱的官兵穿過地窖，用上了刺刀和衝鋒刀，逐屋把蜂擁的敵軍驅退。然後，麥凱帶了一小批人，離開房子進入樹叢尾追後撤的德軍，這一回又是用上刺刀和手榴彈，把德軍一一肅清。麥凱自己腿上被破片炸中，一發子彈貫穿了他的鋼盔，從頭皮上擦過。

此時，麥凱檢查手下傘兵狀況，發現部下的傷勢跟自己相差無幾。除此之外，補給情況也不妙。一共只有六挺布倫機槍、彈藥、手榴彈和一些炸藥。可是麥凱卻沒有反裝甲武器，吃的東西很少，除了嗎啡和急救包以外，沒有醫療品。再加上德軍切斷了水源。這時還剩下來的飲水，就

1 原註：格瑞朋在安恆戰役中陣亡。九月二十日，他站在敵軍一輛戰車可以清楚目視的位置，指揮手下士兵撤退到主防線內。由於他在整個接戰中超人的勇氣、統御力、以及盡忠職守，身後追贈英軍最高榮譽——維多利亞十字勳章（Victoria Cross）。

只有各人水壺中裝的了。

儘管這次夜戰很可怕，但麥凱仍然意志堅定。「我們幹得很好，死傷相當輕微，」他回憶道，「這時天快要亮了，我們看得到自己在幹什麼，也已經準備好了。」但他也像福洛斯特，沒有存有多少幻想。在這種最致命的戰鬥方式裡——逐街、逐屋、逐室地拚命——他知道守橋英軍被敵人擊潰只是時間問題而已。顯然德軍希望在知時間內，單憑兵力優勢就把福洛斯特的小部隊給吃掉。面對強大、兵力集中的攻擊，能夠解救大橋英勇的守軍，只能靠三十軍殺到，或者傘兵第一旅的其他兩個營抵達。可是他們依然在往安恆進軍的路上激戰中。

—

對在大橋附近作戰的黨衛軍官兵來說，這一晚的恐怖可以說是沒完沒了。海澤中校顯然很滿意自己阻擋住了厄克特的幾個營的兵力，但同時也對已經抵達大橋北端的英軍與戰力都低估了。海澤甚至沒有打算要把手上少數僅有的驅逐戰車調上前來支援。相反地，一班接一班的黨衛軍，卻被派出來進攻引道附近建築物中的英軍陣地。這些獷悍的部隊遇到了勁敵，大多數人都記得，這是他們遭遇過最厲害的軍人。

二十一歲的黨衛軍下士林斯道夫（Alfred Ringsdorf），是曾在東線戰場作戰的士兵，此時正坐在駛向安恆的運貨火車。他被告知，他們的單位要去當地更換裝備。他們到達時，安恆火車站亂成一團。來自各單位的部隊，正在團團轉、整隊、出發。林斯道夫的單位奉令立刻到市區的一處指揮所報到。指揮所一位少校把他們分配給裝甲擲彈兵第二十一團的一個連。他們這一班人沒帶武器來，可是到星期天入夜以前，他們就配發了機槍、步槍、手榴彈還有一些「鐵拳」[2]。當被問到彈藥的數量何以有限時，得到的答覆是，補給品正在運送途中。「直到這個時候，」林斯道夫說，「我還不知道是要到什麼地方去打仗，戰場在哪裡，而我以前根本沒到過安恆。」

市中心已經有發生過激烈巷戰的跡象。林斯道夫才曉得英軍傘兵已經降落，而且據守在安恆大橋北端，幾乎沒有人知道英軍的實力如何。林斯道夫的班在教堂裡集合並接受命令，要他們摸進大橋匝道兩邊的房子去肅清英軍。林斯道夫曉得這種作戰方式是有多致命性，這是他在蘇俄前線學到的經驗。他這一班的弟兄都是年輕、有經驗的老兵，以為這場戰役很快就會結束。

這一班人看見往大橋去的附近，房子都被轟得很慘，他們得在廢墟中清出一條路來。他們接近大橋北端英軍的陣地時，就遭到了猛烈的機槍火力。他們被火力牽制住，大橋匝道六百碼處就到截停了。中尉尋找志願者，要求穿過廣場，把炸藥包扔進機槍火力看起來最猛烈的那棟房子。林斯道夫自告奮勇，他在火力掩護下衝過廣場。「我停在一棵樹後面，那裡很接近一處地窖的窗戶，正是機槍射擊的地方。我把炸藥包丟進去，然後掉頭往我那一班人跑。」他臥倒在廢墟中等待爆炸時，回頭一看，正好見到一批德軍工兵在一棟角落邊上的高房子下面尋找掩蔽。突然，砲彈來襲，房子整個正面坍塌下來，把人統統埋在下面。這可嚇到了林斯道夫，如果他們人在那裡，整班人也就會被一網打盡了。就在這時候，他丟進地窖的炸藥包，在他躺下不遠的街道上轟然爆炸，原來英軍把炸藥包反丟了出來。

入夜，好幾個班開始滲透進入附近的建築物，想把英軍給「挖」出來。林斯道夫這一班的目

2 原註：Panzerfauste，類似美軍無後座力反裝甲的巴祖卡火箭筒的德軍版，能極為準確地發射出重二十磅的砲彈。

標，是一棟紅色的大房子，上級告訴他那是間學校。他們往目標前進，馬上就遭遇到機警的英國神射手，逼得德軍在附近房子裡躲避。黨衛軍把窗戶搗碎開始射擊，英軍也立刻在隔壁的房子裡掩蔽，一場凶猛的槍戰於焉展開。「英國人的槍法很厲害，」林斯道夫回憶，「我們根本不能露出一點身影，他們瞄準的是腦袋，我旁邊的弟兄一個個倒了下去，每一個人都有個小小的、俐落的槍洞貫穿了腦門。」

戰損越來越多，德軍就用「鐵拳」對著英軍據守的房子轟了一發。榴彈在屋子裡一炸裂，林斯道夫這一班衝了過去。「這一仗打得很殘忍，」他回想，「我們把他們一間間屋子、一碼又一碼逼得往後退，遭受慘重的損失。」正在混戰中，營長派人把林斯道夫找去並告訴他，要不顧一切代價把英軍趕出去。他回到弟兄那裡，命令全班向前衝，把手榴彈如暴雨般扔過去，使英軍遭受不間斷的攻擊。「唯有這種方法，」林斯道夫說，「我們才能佔到地方，繼續前進。我萬萬沒想到，我們從德國出發一到這裡就忽然在一個狹小空間加入一場苦戰。這可比我在俄國打的仗要厲害得多，這是一種不斷的、近距離的肉搏戰。英軍到處都是，而街道大部分都很窄，有時還不到十五英尺寬，我們卻在不到幾英尺開外彼此射擊，為了每一吋地方苦鬥，肅清了一間房子又一間房子，那是不折不扣的地獄！」

小心向一棟房子前進時，林斯道夫一眼瞥見一頂有偽裝網的英軍鋼盔，在一處地窖門口忽地一露。當他舉起手要把手榴彈扔進去時，聽見小小說話聲和呻吟。他沒有投出手榴彈，悄悄走入地窖的階梯，然後大聲一喝：「舉起手來！」對林斯道夫來說，這聲口令毫無必要。「眼前的景象實在駭人，地窖成了停屍房，滿滿都是英軍傷兵。」林斯道夫溫和地說話，明知道英軍不會懂但或許會領悟意思，他告訴傷兵們：「好的，沒事。」他找來醫護兵，把俘虜集中起來，命令英軍傷兵往德軍戰線後方去接受治療。

當傷兵帶出地窖時，林斯道夫便去搜其中一個行走中的傷兵，使他大吃一驚的是，該名傷兵發出一聲低吟之後，就朝林斯道夫腳上倒下去，死了。「那是一發要打我的子彈，」林斯道夫說，「英軍在保護他們自己人，不曉得我們打算救他們的傷兵。可是那一下子我人整個都癱軟了，之後一身冷汗、跑開了。」

英軍傘兵在學校四周死死據守時，林斯道夫曉得哪怕是他的精銳部隊，也不夠強大到能迫使他們投降。星期一破曉時分，他和這快打光了的一個班，退到了悠斯畢大道。他遇到了砲兵指揮官便向他報告：「把英軍趕出來的唯一辦法，就是轟垮建築物，一塊磚又一塊磚地轟。相信我的話，這是些真漢子，除非我們把他們的腳抬出來，否則他們是不會放棄這條橋的。」

彼德生士官長（Emil Petersen）也有充分的理由做同樣的結論。他原來配屬在帝國勞動服務隊（Reichsarbeitsdienst，RAD），由於德國人力缺乏愈益嚴重，他這一排三十五個人，被調到重防空砲部隊裡，然後又調到步兵單位，從法國一路退了下來。

星期天下午，他們正在安恆火車站等車回德國去改編，他這一排人又奉令動員，一位中尉告訴他們要參加作戰，抵抗落在市區的英軍傘兵。「我們加入的這個部隊有兩百五十人，」彼德生回憶說，「沒有一個人有武器，只有我和另外四個人有衝鋒槍。」

彼德生這一排人都很疲倦，已經一天一夜沒有吃東西，士官長記得自己當時這麼想，如果火車不誤點，全排人一定都吃過飯，也不會加入這場戰鬥而回到德國去。

彼德生這一批人在一處黨衛軍兵營裡領了武器。「這種情況真好笑，」彼德生說道，「第一，我們沒有一個人喜歡同黨衛軍一起作戰，他們的名聲不好，都被認為很殘忍無情。然後，陸軍發給我們的武器又是老掉牙的卡賓槍[3]。要扳開我手上這支槍，還得抵在一張桌子上撞，我這一排人一看到這種老槍，他們的士氣也就高不起來了。」

我們花了好多時間才使這些槍堪用。然而，部隊依然沒有接到命令；似乎沒有人知道現況，部隊會派往什麼地方接戰。

最後，夜暮低垂時，這一群人才向安恆市指揮官司令部開拔。走到那時，他們發現整棟房子空無一人，他們再次等待。「我們一直在想的便是找吃的，」彼德生說。終於，來了位黨衛軍中尉，宣布部隊要通過市中心向安恆大橋前進。

部隊分成排級隊列，從市場大街（Markt Street）向萊茵河前進。黑暗中，他們什麼都看不到。可是，彼德生回憶：「我們覺得四周都有動靜，偶爾還聽見遠處的槍聲和車輛聲。有一兩次我認為自己見到了鋼盔的模糊黑影。」

離大橋不到三百碼，彼德生發現他們正經過一整列的士兵，他猜想自己這一批人，一定是去跟對方換防。這時，有一個兵說了句什麼話，彼德生卻聽不懂，他立刻意識到那個人說的是英語，「我們正在一隊英軍旁邊行進，他們也和我們一樣，正往大橋前進。」這一下的敵我不分，所有人都震恐萬分。一名英國人吼叫：「他們是德國鬼！」彼德生還記得有那麼一聲叱喝：「開槍！」

幾秒鐘內，街上反響著機槍和步槍的射擊聲，兩支部隊面對面打了起來。一陣彈流從彼德生旁邊不到幾吋的地方竄了過去，打穿了他的背包，子彈的衝擊力把他擱倒在地。他立刻在死去弟兄的屍體後方掩蔽自己。

「你眼睛看到的地方，只見人們從各處射擊，並經常發生朝著自己人開火的情況。」彼德生回想說道。之後他慢慢向前匍匐行進，到了小公園的鐵欄邊爬了過去，這才發覺德軍幾個排倖存的士兵，大部分都掩蔽在樹木中間和矮樹叢裡。英軍已經撤退到公園兩側的一堆房子，這時在小廣場的德軍，正置身在交叉火網中。彼德生：「我聽見人們受傷的淒厲嚎叫聲，英軍正用照明彈打在我們頭上，把我們這一群人分割成多批，我這一排不到五分鐘，就有十五個人被打死了。」

破曉時分，英軍停止射擊，德軍也住了手。晨光中，彼德生只見一開始向大橋進發的二百五十個人，這時已經有一半非死即傷。彼德生：「我們從未接近到大橋引道。我們只是躺在那裡受罪，沒有得到傲慢的黨衛軍或一輛驅逐戰車的支援。這就是我們參加安恆戰役的見面禮，我們認為，這什麼都不是，根本就是場大屠殺。」

隨著時間消逝，不知怎麼地，第一空降師那兩個不見蹤影的營，部分人居然抵達了大橋。他們化整為零，從北邊和西邊衝過了海澤中校的防線。很多人受了傷，又冷又餓，更增加了福洛斯特營原本的醫藥與補給的困難。可是在這幾個小時，這些散兵游勇儘管受傷掛彩和筋疲力盡，卻依然自豪、士氣高昂。他們已經抵達出發前簡報官和指揮官們要求的目的地。前一天下午，他們自信滿滿地從各部隊出發，一刻不停地向安恆大橋進發。到十八日破曉，據福洛斯特估計，大橋

---

3 編註：指的可能是 Kar 98a 步槍。

北端聚集的兵力大概在六百人到七百人之間。雖然時間越久，來到這裡的傘兵人數就更多，但同時哈邁爾的裝甲部隊也同樣是如此。摩托化裝備的聲音越來越大，它們進入了安恆市，佔領了陣地。

就連德軍的裝甲兵也都發現安恆是處危險、可怕的地方。市區內的各個街道巷弄，荷蘭老百姓已經把道路給堵塞起來。住在作戰區的民眾，冒著德英雙方的子彈，開始把遺體收集在一起——德國人、英國人乃至自己的鄉親。英軍第一傘兵營的艾希伍上士，經過一整晚趕路的危險，終於在天亮時找到了去安恆市中心的道路。他見到了「我們這一輩子永遠都忘不了的景象。」從地窖、地下室、花園和毀壞的房屋裡出來的荷蘭人正在收屍。「他們把受傷的人抬到臨時急救站，以及地窖的庇護所，」艾希伍回想，「但是死者的遺體卻被堆放起來，就像一排排長沙袋，頭與腳相對擺放。」安恆自豪、傷慟的市民們，正把朋友和敵人的遺體堆成近六呎高的人體路障，阻擋德軍戰車進攻安恆大橋的福洛斯特守軍。

——

對住在內城的居民來說，天亮並沒有使恐怖與慌亂減輕。火勢已經迅速蔓延到無法控制，他們擠在地窖和地下室裡，沒有幾個人睡得著。整晚不時被砲彈的爆炸聲、迫擊砲沉悶的猛轟聲、狙擊兵子彈的咻咻聲和機槍反覆的連放聲所打斷。奇怪的是，在舊市區外面的安恆市民，卻沒有受到現況的波及，只是完全慌亂得不知所措。他們打電話到內城來向親友打聽消息，這才從嚇壞了的屋主那裡曉得在大橋北端，正有激戰發生——英軍正在抵抗德軍的攻擊。打電話的人顯然都看到了，德軍的部隊與車輛正從各個不同方向朝市區開來，可是荷蘭人的信心卻不因此動搖，他們認為英美軍收復荷蘭是指日可待的事。位處城市外緣的這些地方，老百姓都照常工作。麵包店開門、送牛奶的照送不誤，電話局接線生、鐵路局員工、公營事業的工人——全都去上班。公務員都打算要去辦公，消防隊員還在為數字不斷攀升的火燒屋火勢控制在奮戰。安恆市以北數英里外，伯格斯動物園（Burgers Zoological Gardens）園長何夫醫師（Dr. Reinier van Hoof），還在照料園內緊張又受到驚嚇的動物[4]。或許唯一知道這場血戰情況的荷蘭人便是醫師和護士們，他們整夜都得應電話出診。救護車在街上疾馳，把傷患迅速送到市區西北郊的聖伊莉莎白醫院，以及市內小型的療養院。安恆市民還不知道全市已成為「無人地帶」，情況只會越來越惡化。荷蘭風光最好的地方之一——安恆，馬上成了縮小版的史達林格勒（Stalingrad）。

然而，內城的荷蘭人，打從一開始幾乎就曉得光復不會來得那麼順利。半夜時分，離大橋不到四分之一英里遠的悠斯畢大道派出所，二十七歲的庫易克警佐（Joannes van Kuijk），聽見派出所門外有人輕輕敲門。他把門打開，只見外面站著的是英國兵。庫易克立刻請他們進來，回想說：「他們有各種的問題要求答覆，關於建築物位置在哪，地標在哪等等。然後一批人離開了，並越過馬路朝大橋的方向開始挖散兵坑——一切都盡可能地悄悄進行。」庫易克看見英軍在一位醫師家附近，架起一門迫擊砲，又在醫師家花園角落，放列一門六磅戰防砲。到拂曉以前，只見英軍在大橋北端最遠的盡頭，已經構成一圈緊實的防線。他覺得，這些軍人的行動不太像是來解

4　原註：這處動物園有一萬兩千隻信鴿。德軍為了怕荷蘭人用鴿子傳遞消息，將安恆附近所有養鴿人的鴿子都沒收了，集中在動物園關起來。德軍士兵每天都到動物園來數鴿子，下令死鴿子也要留下，直到德軍檢查了牠們的登記號碼為止。

救他們的，倒像是臉色沉重的守軍。

接近大橋蜿蜒、有綠草安全島的林蔭大道——悠斯畢大道——的另一邊，擔任勞工仲介的侯勒曼（Coenraad Hulleman），整晚與他的未婚妻特魯伊德．桑德（Truid van der Sande）和準岳父母在他們的別墅，傾聽一條街外、學校附近的槍響和爆炸聲，就是麥凱上尉的官兵擊退德軍的所在位置。因為戰事很激烈，桑德家人和侯勒曼都躲在房屋中間下方，那處沒有窗戶的小型地下室裡。

這時天已經濛濛亮了，侯勒曼和準岳父小心地溜上二樓房間，那裡可以俯瞰林蔭大道。他們往下一看，不禁大吃一驚。風景優美街道的一片金盞花叢中，躺著一具德軍屍體。整段草地都有德軍守在塹壕中。侯勒曼向右邊的林蔭大道一直望過去，看見幾輛德軍裝甲車正停在一堵高高的磚牆旁邊嚴陣以待。正當他們兩個人在張望時，又爆發了新一輪的戰鬥，戰車上的機槍猛然間向附近瓦爾堡教堂（Walburg Church）的鐘樓射擊，侯勒曼看到細細的紅絲噴出樓外，只能假定有傘兵在鐘樓上擔任監視。馬上，戰車的火力又受到回敬，塹壕中的德軍也用機槍射擊對街的店鋪。有家是服裝店，櫥窗中有一些武士的盔甲。侯勒曼目擊子彈打碎了櫥窗玻璃，打得武士模型擺擺搖搖。他激動得眼淚都流了出來、掉頭，希望這景象不是些什麼預兆。

北邊幾個街區外，距離音樂廳很近的房子，翁克（Willem Onck）被天亮不久前部隊在街道上行軍的聲音驚醒。有人在大力捶門，傳來德國人的聲音，命令翁克一家留在屋裡，拉下百葉窗。翁克並沒有馬上照辦，反而跑到門前窗戶邊，只見街上的每一個角落，都有配備機槍的德軍。音樂廳前是一個八八砲連，最使翁克驚訝的是，好多德國兵把音樂廳的座椅搬出來放在街上，人就坐在上面。翁克看著他們彼此有一搭沒一搭的談話，就好像是在等音樂會開始似的。

當地最沮喪和憤怒的老百姓，莫過於荷蘭的反抗軍人員。部分人幾乎在戰鬥一開始就馬上與大橋的英軍取得聯繫，他們自願提供協助的建議，卻遭到英軍的婉拒。早些時候，安恆市反抗軍首領克瑞尤孚，派了戴倫和紐曼到歐斯特貝克去跟英軍接頭，也發覺沒有人需要他們的協助。紐曼還記得警告過對方，要提防這附近有狙擊兵，勸告他們避開大路。「傘兵中有一個人告訴我，命令中只要他們往大橋前進，他們只會照指示的路線走。」紐曼說道：「我的感覺是，他們害怕遇到奸細，因而根本不信任我們。」

此時，拂曉時刻，潘錫爾在自家地窖裡跟反抗軍人員開會。他計畫要把當地電台拿下來，然後發出廣播，說安恆市已經自由了。紐曼打來的一通電話改變了他的主意。「情況變嚴重了，」紐曼向他報告，「變得很糟糕，我認為所有事情都已經失控了。」潘錫爾大吃一驚，問道：「什麼意思？」紐曼這時在聖伊莉莎白醫院附近，他說英軍判斷要穿越德軍防線到大橋去已經是不可能了。潘錫爾立刻打電話給克瑞尤孚，後者要他們按兵不動。參加會議的納普說，「是暫時不干涉。」反抗軍長久以來的希望粉碎了。潘錫爾回憶說：「我們原本準備好發動任何行動，必要的話，甚至犧牲自己的生命。然而，我們無所事事、沒有人答理。情況越來越清楚，英國佬既不相信我們，也不打算用我們。」

諷刺的是，九月十八日星期一清晨，盟軍總部也好，蒙哥馬利也好，乃至參與市場花園任何一名高級將領，對戰況都還沒有全盤了解的這個時刻，荷蘭的反抗軍已經由秘密的電話線路，把報告傳給了八十二師的荷蘭聯絡官白斯特上尉，說安恆的英軍會被壓倒性優勢的德軍裝甲師打垮。在八十二師的文電記錄簿上記載著：「荷蘭人報告說，安恆的德軍正對英軍取得勝仗。」與安恆作戰區沒有半點直接聯繫的情況下，這個消息實際上就是盟軍統帥部收到的第一個預兆：危機正降臨到第一空降師身上了。

2

位於安恆大橋西南七英里外、德瑞爾的渡口，船夫皮亞特（Pieter）正準備今天第一次渡過下萊茵河的作業。大清早過河的，都是在市區上班以及在北岸鄉村做工的人，他們一小批一小批擠在一起，在晨霧中一個個冷颼颼的。皮亞特聽著渡客在交談有關安恆市內和城西一帶的戰事，並沒有答話。他只關心渡河的工作，以及多少年來他一直都持續遵行著的渡河時刻表。

少數幾輛汽車，還有些裝滿了農產品供應北岸的店鋪和菜市場的農家大車，最先上了渡船，然後是推自行車上來的市民。早上七點整，皮亞特向河中駛出去，渡船順利沿著渡纜走，這一程只不過幾分鐘。渡船到了北岸黑菲亞鐸下方的坡道靠攏，過河的乘客和車輛便上岸。他們眼前是一百多英尺高的溫斯特包雲丘（Westerbouwing），俯瞰著這附近的田野。船到北岸，大部分上班的人便往歐斯特貝克東面的公路走，鎮上那座十世紀時的大教堂塔樓，昂然高矗在橡樹林和一片種著羽扇豆的沼澤地上，再過去就是安恆市了。

還有些乘客等著過河去德瑞爾。過去以後，皮亞特又送一批人到北岸來。當中一人是年輕的柯娜。才兩星期以前，也就是九月五日，那是一天荷蘭人會永遠銘記在心的「瘋狂星期二」，她見識到了德軍發瘋似的撤退行動。征服者這一次並沒有回來德瑞爾。那是幾個月來的頭一次讓柯娜覺得自由自在。而這時，她又憂慮起來了，前一天聽到傘兵空降消息的歡欣鼓舞，已經被安恆激烈戰鬥的謠言所湮沒。然而柯娜卻不相信光復荷蘭的強大盟軍，會被德軍給打垮。

渡船到了北岸的黑菲亞鐸渡口，柯娜推著自行車下船，朝歐斯特貝克一家麵包店騎去。基於一個特殊理由，她把秘密囤積、為數不多的配給白糖，交給了麵包坊。九月十八日星期一，柯娜家裡經營的果醬工廠舉行開業七十五年紀念，同時也是柯娜母親的六十二歲大壽。全家人會團聚一起，這是好多個月來的頭一次。柯娜很早就上歐斯特貝克來拿蛋糕，作為同時慶祝工廠週年紀念與母親的生日。

好多朋友都勸柯娜不要走這一趟，她卻不聽，問說：「那會出什麼事？英軍已經到了歐斯特貝克和安恆，戰爭差不多就要結束了。」

她這一趟並沒有什麼事故。清晨時分，歐斯特貝克看起來很平靜，街道上有英國兵，店鋪都開了門，就像是假日的心情。雖然還聽得到幾英里外的槍砲聲，歐斯特貝克卻鎮靜如恒，並沒有任何戰爭關連的風吹草動。麵包店老闆雖然把訂製的蛋糕做好了，可是看見柯娜來拿還是吃了一驚。柯娜告訴他：「戰爭已經結束了。」她帶著蛋糕盒騎車回黑菲亞鐸，一直等皮亞特把渡船又駛過來。到了南岸，她返回寧靜得令人昏昏欲睡的小小德瑞爾，那裡一如既往地平靜，什麼事情也沒有發生。

3

英軍的空降區，一名軍官正用他一貫的能力執行著一項或許是最不令人嚮往的任務。希克斯准將領導的第一機降旅官兵奮戰了一整夜，擊退了敵軍的多次猛攻——德軍特塔將軍麾下的雜牌軍，正在騷擾性攻擊他們。希克斯的手下圍繞著防線掘壕固守，以便於在隔天上午十點，讓海克特准將的第四傘兵旅在空降場跳傘，以及緊隨在後的再補給空投作業。希克斯所掩護的空降場，同時也是英軍空降部隊各類補給品的堆集所。

這一晚，希克斯和官兵都沒能睡上一兩個小時。德軍從樹林發動攻擊，他們在樹林內部分區域放火，希望把英國守軍給燒出來。紅魔鬼們立刻還以顏色，他們溜到敵人的後面，上好刺刀衝鋒，把德軍趕到自己放的火裡頭去。通訊兵馬普爾對這次夜間苦戰過程記得很清楚。他和幾名傘兵到了一排剛被德軍衝過、全員戰死的英軍那裡，「沒有一個人吭聲，」馬普爾回憶道：「我們只上好刺刀，馬上進入樹林。後來我們出來了，德國鬼可沒有。」曾在北非、西西里和義大利作戰的二等兵羅柏愛德華（Robert Edwards）回想，「我歷經過各種大小戰役幾乎可以說是毫髮無傷。可是我在荷蘭的這一天中所打的仗，比以前那幾次加總起來的次數都還要多。」

這種無止境的小規模戰鬥造成了傷亡。這一晚，希克斯好幾次打電話給湯普遜中校（W. F. K. "Sheriff" Thompson）要求砲兵支援，把敵軍不斷的給擊退。他真正害怕的是裝甲兵，希克斯曉得他們已經阻擋住向大橋進軍的幾個傘兵營，也會突破他兵力薄弱的防務，把自己從空降場趕出去。「我度過了一生中最糟糕的幾個小時，」希克斯回憶，「兩件事很清楚：雖然當時並不知道，但我們是降落在兩個德軍裝甲師的頭上——本以為它們不在那裡——還有，德軍的反應非常快速。」希克斯麾下武裝薄弱的傘兵，在特塔將軍部隊從西面、海澤的裝甲部隊從東面夾擊下，毫無選擇餘地，只有挺下去等待解圍，或者一直等到增援部隊與補給品安全降落為止。

——

厄克特的參謀長麥肯齊中校，在連昆草地空降區——離希克斯指揮所三英里外的位置，度過了一夜。激烈的戰鬥已經使師部退出了樹林，重回田野。師部參謀以滑翔機作掩護在晚上休息；麥肯齊最在意的是師長沒有片紙隻字捎來。他想起當時，「已經過了九個多小時，我們沒有收到師長半點訊息。我認為他在路斯白里的第一旅，可是通訊失靈。他們兩個人都音訊全無。我了解得馬上就師部的指揮職責作出決斷。厄克特被俘或者戰死的可能性一直都存在。」

星期一凌晨，依然沒有消息，麥肯齊便與幕僚中兩位資深軍官商量。一位是西蒙德中校（R. G. Loder-Symonds），另一位是布瑞斯東中校（P. H. Preston）。麥肯齊把從英國起飛前與厄克特的談話內容告訴兩人，也就是說萬一師長有什麼萬一時，指揮的接替順序，是路斯白里、希克斯、海克特。現在，路斯白里也失蹤了，麥肯齊認為應該跟希克斯取得聯繫。其他軍官也都同意，他們立即開車到希克斯的旅部——坐落在希爾森-安恆公路邊的一棟房子裡。麥肯齊把自己所曉得的事告訴希克斯：「我們得到一份不甚完整的報告，說福洛斯特已經拿下大橋，可是第一營和第三營依然身陷在巷戰當中，因此無法前往增援。」

麥肯齊認為，目前最好的行動方案，便是由希克斯從所屬第一機降旅派一個營前往大橋。這天下午，海克特的第四傘兵旅即將到達，屆時也可以派兵增援。同時，他也要求希克斯立即接掌第一空降師的指揮權。

希克斯看起來感到震驚。他的兵力本來就不足額，根本派不出一個完整的營到大橋去。然而，英軍的作戰計畫眼前是處於危險邊緣。如果福洛斯特不能立刻獲得援兵，大橋或許就會失守。又或者空降場被敵軍佔領，海克特的第四傘兵旅可能還沒有集結起來就會遭到殲滅。

除此之外，大家似乎心照不宣地意識到，由於通信系統完全崩潰且沒有指揮官，希克斯被要求接手的這個師實際上已經處於分解狀態。希克斯勉強地派出了半個營——這是他所能調派得出的兵力——前往加入安恆大橋的防禦[5]。顯然，這是個最為急需的決策，大橋必須守住。後來，麥肯齊回憶說：「我們終於說服希克斯，他一定要接任師長。」

沒有幾個人曾經在這種複雜的情況下，被要求擔當起戰場上的重責大任。希克斯很快就發現通訊上的失靈是如何影響了整體作戰。從大橋那邊福洛斯特發出的少數文電，是由機降輕砲兵團團長湯普遜中校那裡中繼轉接來的，在離大橋二點五英里的歐斯特貝克勒格教堂（Oosterbeek Laag Church）鐘塔上，湯普遜設有觀測所，與大橋附近位於自來水公司的旅部砲兵指揮所的蒙福特少校間，有無線電話聯絡。在希克斯指揮下，唯一可靠的無線電通訊，就是湯普遜和蒙福特之間的這條線路。

同樣嚴重的問題，是第一空降師與奈美根附近布朗寧的軍部，或者蒙哥馬利總部專門的「幽靈網」（Phantom Net）無線電組無法通訊。極少數幾個到達了英國的訊息，多半是經由英國廣播公司空運供戰地記者使用的無線電發出，它的信號很弱又失真。德軍有一個大功率的電台，與英軍使用的是同一個頻率。諷刺的是，師部收得到軍部從英國拍來的電報，可是卻無法發報回去。在摩爾高爾夫球場的後方軍部，接到了經由ＢＢＣ電報機發回的少數電報，然後再經由中繼站轉往歐陸。這種發報要花上好幾個小時，等到電文到達時已經過時了，實際上也經常是沒有用了。

希克斯挫折、憂心忡忡。有三件事是他最為在意的：英國的天氣狀況；無法確定第二批空投的抵達時間；缺乏手段把安恆的真實情況知會任何人。此外，他也無從提醒海克特，說英軍佔領的空降場情況危殆，第四傘兵旅本身預計是要降落在已經肅清和受到保護的空降場。

比較不那麼嚴重卻也是大麻煩的，就是不久之後要與海克特准將碰頭。麥肯齊告訴希克斯，一等脾氣暴躁的海克特落地，麥肯齊就會把厄克特對指揮體系的決定告訴後者。「我曉得海克特的脾氣，」麥肯齊回憶，「我並不期待這一次的會面，可是知會他是我的職責，也是遵照厄克特的命令。我再也不能冒險地認為，師長和路斯白里兩個人都平安無事。」

起碼希克斯避開了那個需要慎重處理的衝突，新任師長的腦袋裡有足夠多煩惱的事情了。對這次傷腦筋的對立比較釋懷，他心裡操心的是別的事，新師長：「形勢不僅僅令人困惑，」他回憶說，「簡直就是他媽的亂七八糟。」

4

英軍第一和第三傘兵營奮戰要抵達大橋的過程中，位於安恆西郊，一度整潔的公園、打掃得乾乾淨淨的街道，如今已經變得彈痕累累、遍地狼藉。玻璃、瓦礫，以及山毛櫸或是杉樹斷落的枝椏，都散落在圓石鋪成的街道上。杜鵑花叢和滿植古銅色、橘色、黃色的金盞花壇，都被打得七零八落，在荷蘭人家屋後整齊的菜園，都成了荒圃。英軍戰防砲的長長砲管，從店鋪粉碎的窗戶裡伸了出來，而德軍的半履帶車，故意倒退進入屋裡、在廢墟中隱藏，對著街口虎視眈眈。黑煙從英德兩軍焚毀的車輛中滾滾冒起，當砲彈轟進各個據點時，碎屑就如暴雨般紛紛落下。死傷官兵歪曲的肉體，躺得到處都是。很多士兵記得，荷蘭百姓戴著白色鋼盔和有著紅十字會標記的

5 原註：他下令史丹福郡團二營（South Staffords）的半個營向安恆出發。該營的另一半兵力，要到第二次空投時才會抵達，那時這些部隊也將動身，為海克特的第十一營的進軍補充兵力。

全身白袍，不理會來自雙方的槍砲，在街道上跑來跑去，把傷者和奄奄一息的人拖進掩護所裡。

這場奇怪、致命的激戰，目前就在離大橋不到兩英里的近郊打得天翻地覆，幾乎是沒有什麼計畫或是什麼戰略可言。就跟所有的巷戰沒有兩樣，它現在變成了一場在棋盤似的街道上進行的浩大、凶猛、短兵相接的遭遇戰。

紅魔鬼們既冷又餓、長滿鬍子又邋遢。交戰打得太頻，所有人都沒有機會泡杯茶喝。彈藥越來越少，死傷越來越多，有些連的傷亡，已經到了全連人數的百分之五十。除了偶爾打個盹之外，安穩睡一覺是不可能的事。經過幾個小時的行軍後，很多人好生困倦，已經喪失了時間感。少數人曉得自己置身何地，以及確切知道距離大橋還有多遠，可是他們依然堅決執意要到達那裡。好多年以後，走中路——「虎線」的第三營，在費齊中校率領下的伯納特二等兵（Henry Bennett），只記得在不斷遭遇小規模交火、狙擊手和迫擊砲的整個過程中，有一個口令始終不斷出現：「快走！快走！快走！」

厄克特離開師部已經有十六個小時了，沒有任何無線電的聯繫，使得攻擊的進度是慢得令人痛苦的程度。自從凌晨三點被喚醒後，厄克特和路斯白里兩人，一直都和第三營在路上行軍。厄克特原先在別墅度過了心神不寧的幾個小時。「猝然的遭遇，短暫猛烈的射擊，整個縱隊不斷地停頓下來。」厄克特說道，德軍狙擊兵所造成的心理效應使他深為困擾。厄克特原本預料到該師一些以前還沒見過場面的官兵，「起初會有點害怕子彈」，但應該很快就可以適應。事實上，沿途某些街道遭遇的狙擊兵，卻使全營的腳步都慢下來。然而，厄克特並沒有干涉費齊的指揮，始終保持沉默。「就師長的位階涉及到營級的遭遇戰……我最不應該干涉，可是過程中，我卻意識到寶貴的時間一分一秒正在浪費掉。」對付德軍狙擊兵很有成效，但為了把他們找出來所花費的時間卻又讓厄克特驚駭不已。

團士官長勞德的想法也相同，他和師長一樣，對這種躭誤非常焦急。「德軍的抵抗很猛烈，也連續不斷。不過，我們大部分的躭擱也要歸因於荷蘭人，他們一大早就出來了，在街道上揮手、歡笑、給我們代用咖啡喝。有些人甚至把英國國旗攤在樹籬上。正在雙方打得難分難結的當下，他們也還是在那裡，似乎不曉得戰鬥還在持續。儘管是一番好意，他們卻也像德軍般把我們給擋下來了。」

突然，激烈的狙擊兵火力被更厲害的東西蓋過了，敵軍的八八公厘砲和驅逐戰車劈耳的炸裂聲。這時，費齊營的前鋒部隊，已經接近偌大的聖伊莉莎白醫院附近，也就是在安恆大橋西北方向不到兩英里。這裡正是第一營、第三營朝大橋前進，兩條路線進入安恆的主幹道交匯點。這邊是霍亨陶芬師裝甲部隊連夜布置就緒的陣地所在；在艾德－安恆公路上的杜比中校第一營，和烏特勒支公路上費齊的第三營，都一定要通過這處交叉路口的其中一邊，才能到達安恆大橋。杜比營最先感受到海澤中校麾下黨衛軍凶猛的戰力。

德軍的馬蹄形陣地，控制了從北面和西面進入市區的路線，迫使杜比離開了上述的道路，進入附近家屋掩蔽。隱身在屋頂的黨衛軍和閣樓的狙擊兵，讓前衛部隊毫無阻撓地通過，然後對後續部隊，來上一陣致命的火力。突襲造成的混亂，英軍各連排立即朝各個方向散開。

這裡，德軍也運用同樣的戰術，集中火力攻擊費齊的第三營。就在這種可能造成致命結果的情況中，四位重要的指揮官——一營營長、三營營長、第一傘兵旅旅長和第一空降師師長——全都被堵在一小片民居密集的小區域。諷刺的是，如同摩德爾和手下部隊長在歐斯特貝克的狀況，厄克特和路斯白里也是被不知道兩人動向的敵人給團團包圍著。

英軍行軍隊伍身陷在前方和兩側的火力之中而潰散。有些人向萊茵河沿岸的建築物跑，更多的人鑽進附近樹林，還有些人——厄克特和路斯白里也在內——為了安全起見，則衝進了一整條街都長得一樣的磚造家屋狹窄街道裡躲避。

厄克特這一批人，剛剛到了烏特勒支-安恆主要公路附近的一棟三層樓房子，德軍的砲彈便打了過來。英軍沒有人受傷，據厄克特後來回憶，德軍的裝甲兵「在街道中行駛，就像是如入無人之境。」一輛戰車在街道上隆隆駛了過來，車長站在敞開的砲塔蓋上搜索目標。韋迪少校（Peter Waddy）從厄克特隔壁房子樓上窗戶俯身出去，熟練地把塑膠炸藥丟進敞開的砲塔，把戰車給炸裂了[6]。其他人也效法韋迪，摧毀了另外兩輛戰車。儘管英軍打得凶猛，武器裝備單薄的傘兵，終究不是德軍裝甲兵的對手。

隨著每一分鐘的過去，厄克特面臨的困境越來越升高。他急得要死，要回師部去控制全局。厄克特認為，由於已經陷入戰鬥當中，他唯一逃走的方式就是走上街，在混亂當中嘗試穿過德軍陣地。手下幕僚擔心師長的安危，不同意這麼做，可是厄克特非常堅持。他覺得，雖然戰鬥貌似激烈，但只不過是屬於「連級作戰」的規模，英軍所佔據的家屋區還沒有被包圍。他覺得大伙應該迅速離開，以免德軍兵力增多後收緊包圍圈。

正當在交戰的囂雜聲中匆匆商討時，厄克特和幕僚瞪大眼看著一輛英軍布倫式機槍裝甲車，不理會德軍的射擊，噹啷噹啷地朝街上駛來，並在街屋停下。厄克特表示，這是加拿大軍的希普斯中尉（Leo Heaps），他「就像是魔術護體似的」，從駕駛兵座位跳出來後往屋子裡跑，他後面是當嚮導的荷蘭反抗軍人員勒博夏。該車裝滿了補給和彈藥，希普斯希望可以交給安恆大橋的福洛斯特。這時到處都是德軍的裝甲部隊，這輛小車和這兩個人奇蹟似地躲過了敵軍的射擊——還在行駛途中，完全是靠運氣——而且發現了厄克特的位置。現在，相隔了好幾個小時以後，厄克特才從希普斯那裡得知現況。「那不是些什麼好消息，」厄克特後來回想說，「通訊依然不通，福洛斯特在大橋北端正遭受猛烈攻擊，但是還挺得住，我個人則是被認定失蹤或是被俘了。」厄克特聽完希普斯的話後告訴路斯白里，現在已經迫不得已，「要在我們被完全包圍以前冒險突圍出去。」

厄克特對著希普斯說，如果他完成在大橋的任務後抵達師部，要麥肯齊「組織盡可能大量的援軍援救福洛斯特營。」厄克特決心不惜任何代價，包括他本人的安全，也要讓福洛斯特獲得所需要的補給品和人員堅守下去，直到霍羅克斯的戰車抵達安恆為止。

希普斯和勒博夏一走，厄克特和路斯白里便著手本身的脫圍。目前，街道上正被敵軍的火力不斷掃射，而房子也在砲彈的猛烈轟擊快要倒坍。厄克特見到「在我們這棟房子四周，有越來越多的屍體堆。」他認為要從大街脫身的任何出路是不可能的了，便決定從後門出走，在掩護射擊與煙幕遮蔽下，或許能離開那裡。然後，利用這幾排房子後園植物的掩護，厄克特和路斯白里希望最後能到達交戰區外，並找路返回師部。

這一路上就像是場惡夢。當傘兵布下濃密的煙幕時，厄克特等人便竄出後門、衝過菜園，然後爬上與鄰屋隔離的籬笆。正當他們在隔壁房子稍作休息時，路斯白里的司登式衝鋒槍走火，差點打到師長的右腳。厄克特後來寫到：「以前我為了士兵們沒有控好各自的司登式衝鋒槍，中斥

6 原註：後來沒有多久，韋迪少校在巡視英軍陣地時，被一發迫擊砲彈炸中、陣亡。

過路斯白里。身為師長為了這件事而嚷嚷，已經夠糟……要是消息傳出去，說是我的旅長槍枝走火，那就更諷刺了。」

除了爬過一道道圍籬，他們還翻過十英尺的高牆，走過了整個住宅的街區，終於到了一條圓石交錯鋪成的街道。此時，疲累又困惑，他們作了一次要命的錯誤判斷。如果向左轉，或許會進入安全範圍，他們卻往右一拐，朝聖伊莉莎白醫院方向走，直接落入德軍的火力網。

跑在厄克特和路斯白里前面的是兩名軍官，分別是旅部參謀威廉泰勒上尉（William Taylor）和第三營的克里明遜上尉（James Cleminson），其中一人突然大叫，可是厄克特和路斯白里都不明白他在叫什麼。威廉泰勒和克里明遜還來不及要他們改道，兩位高級長官已經陷入街巷交叉的迷宮。厄克特看到那裡有「一挺德軍機槍正朝我們所有人射擊。」正當四人想跑過狹窄的十字路口時，路斯白里中彈了。

他們迅速把他從街上拖進屋。厄克特見到一發子彈打進了旅長的背部下方，看起來他暫時癱瘓了。厄克特回憶道：「我們當時只曉得，他不能再往前走下去了。」路斯白里要求師長丟下他，馬上離開，「師長，如果您還留下來，一定會被切斷去路。」就在這時，厄克特看見窗外出現一名德國兵，他舉起自動手槍，當面就是一槍，敵軍血肉模糊的臉就消失了。目前德軍這麼迫近，厄克特必須迅速離開。走以前，他跟能說點英語的屋主夫婦談了一下，他們答應戰事稍稍一停，就會把路斯白里送到聖伊莉莎白醫院去。為了免得屋主受德軍報復，厄克特這一行人把路斯白里藏在樓梯下的地窖，一直到能送他去醫院為止。之後，厄克特回憶：「我們從後門離開，然而又進入另外一個不是很大、有圍籬的花園迷宮。」三個人並沒有走多遠，可是厄克特的一條命，卻是查特路十四號（Zwarteweg 14）這家連棟房屋屋主，五十五歲的道肯遜（Antoon

Derksen），以迅速的反應給營救出來的。

一片槍砲聲的騷亂中，道肯遜跟太太安娜、兒子約安、女兒赫美娜都躲在房後的廚房。他從一扇窗戶瞄出去，不禁大吃一驚，只見三名英國軍官跳過圍籬，進了他家後園朝廚房門跑。他立刻讓他們進來。

雙方無法溝通——道肯遜不會說英語，厄克特他們也沒有人懂荷語——道肯遜用手勢，想警告這些英國人，這一帶已被德軍包圍了。「街上有了德軍，」他後來回想，「後面那裡，也是那三個英國軍官要去的方向也有了德軍。在這一排後園那個角落，德軍正要進入他們的位置。」

道肯遜急忙領著客人，從狹窄的樓梯上去。到了樓梯口，由那裡進入睡房，天花板有一處往下拉的梯子，階梯可以上達閣樓。三人小心翼翼往睡房窗外看去，便見到了道肯遜急忙打手勢的原因了。就在他們下面不到幾英尺外，沿著整條街嚴陣以待的，都是德軍。厄克特回想當時：「我們彼此非常接近，連他們說話的聲音都可以聽得到。」

厄克特無法判斷他們進入道肯遜家門時，是否被德軍瞧見了，也不曉得他們會不會隨時破門而入。儘管道肯遜警告附近已經被圍，但他仍然在衡量著風險：一，繼續穿過那一連串的後院；二，用手榴彈肅清去路，從大街衝出去。為了要回到師部，他打算任何機會都要試一試。可是為他擔心的兩個幕僚卻不同意如此。當時，眾寡懸殊相差得太遠了。他們爭論說，與其讓將軍冒被俘或陣亡的風險，不如一直等到英軍攻佔該地區為止。

厄克特也知道，建議聽起來很合理，也不想強迫幕僚去冒跟自殺沒有兩樣的風險。然而，「我只想到本人離開師部太久，對我來說，任何辦法都比這種置身作戰以外的方式要好得多。」

熟悉的履帶鏗鏘聲，迫使厄克特只能原地不動。三人透過窗戶，只見一輛德軍驅逐戰車慢吞吞地在街上駛過來，剛好就在道肯遜家門外停了下來。驅逐戰車車頂幾乎與睡房窗戶同高。車上砲手都下了車，這時就坐在窗下聊天、抽菸。很顯然，他們不打算前進了，英國人推估對方隨時會衝進來。

威廉泰勒上尉立刻把閣樓梯子拉下來，所有人急忙爬了上去，身高六呎的厄克特，蹲成一團打量四周，閣樓小得只容得下爬動的空間。他感到「愚蠢而可笑，自己像個旁觀者，對作戰是一點用處都沒有。」

道肯遜一家這時變得安靜了。道肯遜作為一個忠誠的荷蘭國民，他為三個英國人提供了掩護。他怕萬一厄克特被發現的話，可能會招致德軍報復，為安全起見，把妻小先撤到鄰居家裡。厄克特和兩名幕僚在空氣不怎麼流通的閣樓，沒有吃，也沒有喝，只有滿心焦躁地等待著，希望不是德軍撤退，便是英軍到來。九月十八日，星期一，市場花園作戰也才執行了一天，德軍幾乎就使得安恆作戰計畫無力，再加上各種錯誤和誤斷，原本可以帶領英軍協同攻擊的人——厄克特，卻給隔離在一處閣樓，困在德軍戰線內。

——

對格瑞布納上尉和他的黨衛軍第九裝甲師偵搜營來說，這是一次冗長、單調的任務。盟軍傘兵並沒有在安恆到奈美根這段十一英里地帶降落。對於這點，格瑞布納有相當的把握。但奈美根市內卻有敵軍部隊，他少數車輛剛剛一過瓦爾河大橋，便是一陣短促、匆忙的輕武器遭遇戰。黑暗之中，敵軍似乎不願與他的裝甲車纏戰。格瑞布納向師部報告，市區的盟軍看起來還沒有多少兵力。

偵搜任務完成，格瑞布納上尉下令四十輛車隊當中的幾輛驅逐戰車留下，警戒奈美根大橋的南引道。他帶著其餘的巡邏隊北返安恆。前一晚他駛過安恆大橋時，並沒有見到任何傘兵，敵人也沒有什麼動靜。然而，他從無線電中，知道有些英軍已經在大橋的對岸。海澤的師部認為不過是些「前衛部隊」而已。格瑞布納再次停車，這一次是在安恆到奈美根大約中途點的艾斯特鎮（Elst）。這裡位處兩座公路大橋的打擊距離之內，他把車隊的一部分留在這裡，帶著剩下的二十二輛裝甲車輛，馳返安恆大橋。管它什麼小股敵軍，他都要一鼓作氣肅清。對付只有步槍和機槍的傘兵，格瑞布納認為這並沒有什麼難度。他這支強大的裝甲兵力，輕易就可搗毀英軍防禦單薄的陣地，並把他們殲滅。

時間正好是上午九點三十分，藍布中士（Don Lumb）從大橋附近的屋頂上，興奮得大喊大叫：「戰車！三十軍到了！」營部就在旁邊，營長福洛斯特也聽到了這名監視哨的吼叫。也像藍布下士般，福洛斯特也瞬間有那麼一下子的興高采烈。「我當時想，全靠我們自己的戰力，使得本營擁有無上的光榮來歡迎三十軍進城。」其他官兵也都同樣的雀躍三千，在北岸引道對面、麥凱上尉的指揮所，也聽到了重型車輛在頭上大橋的震動聲。斯多瑞上士（Charles Storey）衝上樓梯，到了藍布中士的監視哨，從大橋南引道依然湧起的煙霧中看去。他見到了藍布剛才發現的車隊，他的反應很快，立刻往樓梯下跑，這位歷經過敦克爾克的老兵叫道：「是德國人！裝甲車到橋上了！」

格瑞布納突擊部隊的前衛，以最大的速度衝過來。德軍駕駛兵非凡的技巧，左轉右旋地、不但避過了散布在橋面上依然焚燒的殘骸，而且還逕直駛過了雷區——前一晚英軍布置的盤狀泰勒地雷。德軍領頭的五輛裝甲車中，一輛觸發了地雷——只有車體表面受了點傷，車還是繼續前進。麥凱上尉目瞪口呆，看見頭一批迷彩前導車的機槍不停地射擊，以最大速度衝過引道，摧毀了英軍的防線，逕直朝安恆市中心駛去，然後立刻又是一輛衝過。麥凱說：「我們沒有戰防砲，只能眼睜睜又看見三輛裝甲車，打從我們前面迅速衝過，消失在林蔭大道。」

格瑞布納以速度、力量硬闖大橋的大膽計畫準備好了。他在大橋南引道遠方、英軍視線所不及的地方，已經把縱隊排列妥當。這時，半履帶車、更多的裝甲車、裝甲人員運輸車、甚至還有少數幾輛滿載步兵的卡車，在一袋袋沉重的麥子袋後面射擊著，開始前進。蹲伏在半履帶車後面的其他德軍，也是在不斷地射擊。

格瑞布納先鋒車輛突如其來的奇襲突破，震撼了英軍，但他們很快就回神。位於福洛斯特這一邊，PIAT開始抓好距離。橋頭北端附近，威力強大的火力包圍住德軍縱隊。傘兵們從胸牆後、屋頂、窗戶和塹壕，把每一樣可拿到手的武器，從機槍到手榴彈都用上了。引道另一邊麥凱手下的工兵艾蒙里，打死了第一輛過橋半履帶車的駕駛和副駕駛。第二輛一進入視線，艾蒙里又把兩名駕駛打死了，這輛半履帶車剛一下引道就走不動了，車內六名乘員棄車而逃，也是一個接一個被打死。

格瑞布納的車隊還是持續向前衝。又有兩輛半履帶車衝過橋來。就在這時，德軍這邊發生了混亂，第三輛半履帶車的駕駛受了傷。他一驚恐，把車往後一倒，跟後面的半履帶車撞成一堆、纏在一起，橫擋在橋面上，其中一輛還冒煙起火。在後面頑強跟進的德軍，還想打開一條通路。有車輛飛馳，發了瘋似的衝到橋北，它們彼此相撞，衝進了被砲彈和迫擊砲彈打成堆的殘骸裡。有些半履帶車失控，撞擊到引道的邊緣，結果衝力太大，翻過邊緣掉落在下面的街道上。緊跟著半履帶車擔任支援的步兵，也都被毫不留情地掃光。倖得逃生的德軍沒辦法衝過大橋中央，便向南岸沒命地逃走。一陣砲火風暴席捲了大橋，湯普遜中校位於歐斯特貝克的砲兵發射的砲彈，呼嘯著覆蓋了格瑞布納那些已經備受重擊的車輛。這是蒙福特少校從作為旅部的閣樓召喚的支援火力，閣樓就在福洛斯特所在建築物的附近。在作戰的囂雜聲中，傳來精神振奮的英軍傘兵的吼叫聲，他們叫嚷著戰呼：「哇嗨，穆罕默德！」（Whoa Mohammed）紅魔鬼師頭一次在一九四二年北非的沙漠丘陵使用這個口號[7]。

這一輪激戰的猛烈程度，讓附近的荷蘭人都為之一驚。蕭普（Lambert Schaap）一家住在萊茵街（Rijnkade）——也就是大橋引道下東西向的街道——急忙把太太和九個子女送到防空洞，他自己則留在家裡。一直到一陣彈雹飛來，打破了窗戶，把牆壁轟得坑坑疤疤，家具打得稀巴爛後，蕭普才逃走。庫易克警佐認為，這一場血仗似乎沒完沒了。「砲火好凶猛，房子好像是一棟接著一棟地被打中、起火。同事和朋友不斷電話進來，詢問出了什麼事，我們戰戰兢兢躲在屋裡，隔壁正在起火，悠斯畢大道的房屋似乎也是火光沖天。」

寬廣的林蔭大道接近北引道處，侯勒曼未婚妻家裡，距離麥凱上尉的指揮所只隔了幾戶的距離。這時他和未婚妻家人都留在地窖的防空洞。「有一種奇怪的聲音壓過了所有的喧囂聲，有人

7 原註：那一次戰役，傘兵見到阿拉伯人彼此吼叫著交換消息時，似乎每一次都要用這些詞開頭。在安恆，這個口號有特別意義。因為德軍似乎無法發出這些讀音，因此作為傘兵在北引道兩邊的建築與陣地之間分辨敵我的口令。根據桑達斯（Hilary Saint George Saunders）著作 *By Air to Battle* 指稱，這個呼號「似乎激發了官兵最高昂的戰力。」

說是下雨了。」侯勒曼回憶，「我走上一樓往外一看，原來是起火了，四面八方的阿兵哥都在逃跑，整段街區似乎都起火了。戰火已經轉移到了林蔭大道，說時遲那時快就輪到了我們，子彈打進屋內，窗戶都被擊破，樓上還傳來音樂聲，原來是鋼琴被打中。之後，又是怪到不行的聲音，好像有人在桑德先生書房打字，其實是子彈把打字機給打碎了。」侯勒曼的未婚妻跟在他後面上樓，只見子彈正打在聖奧斯比大教堂的鐘樓上，她驚呆地看著教堂那具大時鐘的金色指針瘋狂地旋轉。特魯伊德記得，就像「時間在賽跑似的。」

對守橋戰士來說，時間已經失去了一切意義。交戰的震撼、速度和猛烈，很多人以為這一仗已經打了好幾個小時。實際上，格瑞布納的攻擊持續不到兩小時。海澤原本不想撥交給哈邁爾的裝甲車，如今有十二輛在北岸被打成廢物或起火燃燒。其餘官兵在沒有了指揮官的情況下，退出這場屠戮，撤到艾斯特。這次拚個你死我活的苦戰中，格瑞布納上尉陣亡了。

勝利的英軍歡慶鼓舞，開始檢查戰損。救護兵和擔架兵，冒著狙擊兵的無情射擊，在殘垣斷壁和煙霧瀰漫之中行動，把雙方的傷兵都抬到室內。大橋上的紅魔鬼們，已經擊潰了德軍一次可畏的裝甲攻擊而挺了下來了。幾乎就像是慶賀他們作戰成功似的，第二營的通信兵，忽然收到三十軍發來的電文，訊號很強又很清楚。這些困倦、邋遢的傘兵們以為，他們的苦難終於過去了。現在毫無疑問，霍羅克斯戰車群再不過幾個小時一定會到達的。

——

德國後方，一批批的戰鬥機相繼起飛。這是從戰力幾近見底的德國空軍集結出來的飛機和油料發動的一次全力攻擊。現在，經過瘋狂、沒有睡眠的一夜之後，戰鬥機從德國各地急忙飛到。

早上九點到十點間，荷蘭出現了一百九十架飛機，它們的任務是消滅市場作戰的第二批空投機隊。不像多疑的摩德爾，德國空軍將領相信俘獲的市場花園作戰計畫是貨真價實的。他們看到了大獲全勝的輝煌良機。根據這些計畫，德國空軍知道盟軍星期一空運的航路、降落區和投落區。好幾個中隊的德軍戰鬥機在荷蘭海岸巡邏，飛越已知的盟國航路和投落區，等候著直撲預訂在上午十點空投的盟軍機隊。「降落時」（zero hour）已經過去了，卻沒有盟國機隊的身影，航程短的戰鬥機奉令落地加油、再度起飛，可是天空依然空蕩蕩，等待的目標沒有出現，德國空軍司令部撲了個空，十分困惑且沮喪，只能納悶究竟是怎麼回事。

這怎麼回事答案非常簡單。雖然荷蘭天氣晴朗，英國卻籠罩在大霧中。在各基地準備妥當出發的英美傘兵，正不耐煩地等候運輸機和滑翔機。在這一個生死關頭的早晨，每一個小時都至關緊要，盟國第一空降軍團司令布里爾頓將軍，也和第二批空投的官兵同樣任由天氣的擺布。氣象官們開會後，布里爾頓被迫重新調整「降落時」。在安恆和附近的官兵，以及在走廊地帶的美軍——全都挺住對抗德軍日益增多的兵力——這時只能再等四個小時。第二批空投部隊在下午兩點以前，不可能飛抵空降區。

5

安恆市南方五十七英里外的法爾肯斯瓦德鎮，地面的大霧躭擱了英軍第三十軍戰車群計畫發起攻擊的時間——清晨六點三十分。但是搜索車卻按時出動，自從日出以後，向前方的東和西巡邏，摸清楚德軍的兵力。東面，是滿布石南樹的沙灘和小溪流，搜索車無法越過這一帶。村子西邊，河流溪澗上的木橋，被認為是單薄得不足以承受戰車輾壓。搜索車隊沿著中央那條狹窄、只有一輛戰車寬度的幹道駛出法爾肯斯瓦德時，突然撞見一輛德軍戰車和兩輛驅逐戰車，當時它們正朝恩荷芬駛去。從所有的報告上看來，事實很清楚，儘管已經發現了德軍裝甲兵，但進入恩荷芬的最快途徑，依然還是利用主幹道。預料英軍抵達那裡時，還會遇到更多德軍。已經延誤了三個小時，霍羅克斯將軍的戰車才剛要開始再度滾動。正當福洛斯特的官兵，在安恆大橋與格瑞布納上尉的部隊接戰時，禁衛愛爾蘭裝甲營的前鋒部隊終於出發，駛上直趨恩荷芬的路上。

德軍的堅強抵抗，挫敗了霍羅克斯的計畫。他原本打算在星期天，從馬士-艾斯卡德運河直撲而出，不到三個小時便與恩荷芬的泰勒一〇一空降師會師。十七日入夜以前，范德樂中校的戰車才走了七英里抵達法爾肯斯瓦德，比預定目標少了六英里。入夜後已經沒有什麼理由再前進了。禁衛裝甲師參謀長吉瓦特金准將（Norman Gwatkin）告訴范德樂，恩荷芬再過去的松橋已經被毀，架橋材料必須在范德樂戰車渡河以前運過去。范德樂記得，吉瓦特金說：「明天再趕到恩荷芬吧，老兄，慢慢來別急，我們已經丟了一座橋。」

對於這種挫敗毫不知情，官兵們都對耽擱感到很不耐煩。戈曼中尉在大舉進攻以前，曾到利奧波茨堡參加了霍羅克斯將軍的簡報，他那時認為要過的橋樑真的太多。幾個星期以前剛奉頒軍功十字勳章的戈曼，這時非常急躁、不耐。他一開始的恐懼似乎被成真了。他迫不及待要出發，不明白禁衛裝甲師為什麼要在法爾肯斯瓦德過夜。他寫道，習慣「似乎主宰人們在晚上睡覺、白天是工作。」可是戈曼覺得，這種行為模式現在行不通，「我們一定要不斷前進，」他這麼說。禁衛裝甲師的緩慢前進，使得馬哈菲中尉也有同樣的困擾，「我們不能再等了。我第一次感到良心上有一絲絲的不安，」他說，「我們的前進似乎比預訂的要慢得多，我曉得假如不快點加緊步伐，就不能及時趕到安恆了。」

雖然禁衛騎兵團（Household Cavalry Regiment）的搜索巡邏隊警告，正有德軍的戰車與步兵在等待著，禁衛愛爾蘭裝甲營的戰車並沒有遭遇多大的抵抗，直到前往恩荷芬的半途——阿斯特村（Aalst）路段兩側為止。松樹林裡，一陣步兵的彈雨捲進縱隊，一輛驅逐戰車單槍匹馬應戰領先的戰車群。它很快就被轟掉，范德樂的部隊則轟隆隆地駛了過去。再往北走兩英里，在洞美爾河上一座小橋，禁衛愛爾蘭裝甲營又被擋住了，這回是重砲迎擊。四門八八砲掩護著橋樑，配備了重機槍的步兵埋伏在附近的家屋和混凝土牆後面，先鋒部隊的車輛一停，英軍士兵立刻從戰車上跳下來反擊。

為了盡快前進，范德樂決定把發射火箭的颱風式戰鬥轟炸機召來，在前一天的路程，它們對縱隊的支援協助非常得心應手。空軍的洛夫上尉，這時已經負有陸空聯絡的全責，便把空援申請發出去，使他吃驚的是被打了回票。在比利時的各戰鬥機中隊，都因為有霧而停飛。洛夫回憶說，范德樂「一副臭臉」。他斜視了荷蘭晴朗的天空一眼，挖苦地問洛夫：「該不會是皇家空軍怕日光？」

這時，綿延直到比利時的整個縱隊，都被這些布置得宜的敵軍大砲給滯停了。領先的戰車群想慢慢向前進，德軍一門大砲，直接朝路上開砲，在近距離平射下把它們擋住了。當手下戰車開火反擊德軍時，范德樂要求重砲火力支援，迅速命令巡邏車隊向西邊沿河前進，去搜尋一座橋樑或者一處淺灘，使車輛可以過河，繞過德軍的砲兵陣地從後攻擊。

英軍砲兵向敵軍射擊，一陣嘯叫的鋼鐵彈幕從領先的戰車上空飛過，德軍靠著陣地優勢、意志堅定，依然持續射擊。這一輪打了兩個小時。范德樂為此氣得七竅冒煙，可又沒有辦法，所能做就是等待。

然而，往北不到四英里的地方，一支巡邏隊卻意外的成功會師。一個搜索分隊的車輛，經過水道交織、沼澤遍野的地形，千迴百轉地越野，駛過脆弱的木橋，繞過德軍的陣地，突然在恩荷芬北邊遇到了美軍。中午前，禁衛騎兵團的搜索分隊長白爾麥中尉（John Palmer），受到一〇一師副師長希京斯准將（Gerald Higgins）的熱烈歡迎。白爾麥在無線電中高興通知師部，「馬廄小子與我們披毛戴羽的朋友會面了。」走廊上的三處重要會師點，第一處已經達成，但卻比市場花園作戰的時間表落後了十八小時。

隨著會師終於達成，雙方的討論立刻就轉到了松橋，待命的英軍工兵部隊需要完整的細節，才能把修復損毀橋樑所需要的橋材裝備運上前來。跟著范德樂前鋒一起行動的英國工兵，準備好一旦恢復前進，就會馬上衝往河邊。這些消息本來可以通過無線電傳達，可是美國人卻發現了更便捷的方法。訝異的英國人用無線電通知工兵撥電話到「松二二四」（Son 244）就成了。電話會立刻經過德軍控制的電話自動交換機。幾分鐘後，在松橋的美軍便把所需要的重要細節告訴工兵，讓他們攜帶適用的橋材前往。

在阿斯特把范德樂的戰車部隊打得動彈不得的德軍砲火，突然停止射擊。英軍戰車連打開出路，一支偵搜部隊在洞美爾河的西岸緩慢探索前進，在阿斯特北邊一英里，找到了一座橋，正是在德軍陣地後方。該連從後方直搗德軍大砲，衝毀了它們的陣地，結束了眼前的困鬥。

在阿斯特村停頓著的戰車官兵，並不曉得這次行動，還以為突然的沉寂是作戰中間的暫時休止。領頭的第二連連長泰樂少校，還在爭執要不要利用這空檔的機會，下令全隊戰車衝過去。這時他看見一個人騎了自行車，從路上往他的車隊騎過來，那個人停在對岸，跳下車、兩手拚命的揮舞，並跑過橋來。發愣的泰樂聽見他在喊：「將軍！將軍！德國鬼走了！」這個荷蘭人上氣不接下氣的自我介紹，他叫羅斯（Cornelis Los），四十一歲，是在恩荷芬上班的一位工程師，家住阿斯特。羅斯告訴泰樂：「公路已經通了，你們已經把村子入口唯一一輛戰車打壞了。」泰樂回想：「他根據阿斯特到恩荷芬之間所有的德軍陣地，畫了一張詳盡的草圖。」

泰樂立刻下令前進，戰車過橋、上路，越過這時已經被摧毀且無人的德軍砲兵陣地。不到一小時，泰樂見到恩荷芬伸展的市區就在眼前，好像有成千上萬的荷蘭老百姓湧上街頭，歡聲震地、旗幟揮舞。費雪洛少校（E. Fisher-Rowe）用無線電向後面縱隊報告：「目前，唯一擋住我們的障礙，就是好多的荷蘭老百姓。」在歡欣鼓舞的慶祝氣氛，三十軍笨重的戰車足足花了四個多小時才通過了市區。一直到晚上七點以後，前衛部隊才駛抵松橋。辛克上校困倦的工兵正在工作，自從大橋被炸毀，他們就一直在現場修復這座重要的橋樑。

——

從一開始，行動要求協調一致的市場花園作戰時間表，便容許有稍微的誤差範圍。如今，英軍各傘兵營向安恆前進備受阻撓時，松橋的炸毀更是一大挫折，威脅了整體作戰。從比利時邊境起到北向的費赫爾為止、長達二十八英里的走廊，現在都已在英美軍控制之下。一〇一師以驚人的速度，已經涵蓋了綿亙達十五英里長的道路，攻下了重要的城鎮恩荷芬、聖峨登諾德和費赫爾。十一個渡河點除了兩處橋樑外，其餘統統都拿下了。然而除非松橋修好，否則霍羅克斯兩萬輛車輛的解圍大軍還是無法更往前進。英軍的工兵和橋材，已經隨著領頭戰車前進，一定要加油使勁把橋修好，讓三十軍渡過威廉明娜運河，因為再也沒有第二條路可供戰車通行了。

在計畫作為階段，一〇一師師長泰勒將軍就曉得，逕直衝過走廊時，松橋極為重要，他也列了一個次要目標。為了彌補像在松橋炸毀的挫折，泰勒命令要把貝斯特附近一座跨過運河長一百英尺的混凝土公路橋，也要傘兵攻佔下來。該橋位於主幹線西邊四英里，一旦緊急時還可以備用。因為情報部門認為那一帶只有少量德軍據守，便只派一個連去攻擊，命令該連攻佔該橋和附近的鐵路橋。

奉派去攻佔貝斯特的傘兵[8]，卻成了他們最悲慘的錯誤。韋茲博斯基中尉（Edward L. Wierzbowski）的加強連，在十七日的激烈夜戰已經損折不少。頑強的弟兄沿著堤壩和運河河岸滲透過去，穿越沼澤，在韋茲博斯基的領導下迫近、攻擊數量上遠遠超過他們的德軍。有一次他們離橋不到十五英尺，卻被一陣彈幕給阻擋住了。這一晚，不時有消息傳去後方，說橋已經攻下來了，之後又有報告說，韋茲博斯基連已經被消滅掉。增援部隊，也像韋茲博斯基連般，很快也捲入兵力懸殊、捨死忘生的拚鬥中。師部很快就明白有大量德軍集中在貝斯特。當地的守備兵力根本不薄弱，而是駐有一千人以上的部隊——也就是那被人忽視掉的德軍第十五軍團。貝斯特就像是塊海綿，引來更多的美軍。戰鬥在這附近猛烈展開，韋茲博斯基和少數倖存的官兵，幾乎就深陷在激戰的正中間。美軍增援部隊不曉得他們的位置，德軍把他們團團圍住，但韋茲博斯基和弟兄還是繼續為奪橋而戰。

大約在中午時分，英美軍前鋒部隊在恩荷芬會師時，貝斯特橋被德軍炸毀了。韋茲博斯基連的官兵靠得太近，以致落下來的碎材，更為他們原本就已夠多的傷亡數字增添上去。附近其他地方的死傷也很慘重。一〇一師最風趣、最驍勇的指揮官之一，奉頒國會榮譽勳章的羅柏柯爾中尉（Robert Cole）在這一戰中陣亡。有一名士兵也在身後追贈這項殊榮。二等兵曼恩（Joe E. Mann）在橋上受了重傷，兩隻手臂都以繃帶捆在身體兩側，當看見德軍一枚手榴彈落在與他一起的弟兄間，曼恩因雙手動彈不得，便撲在手榴彈上面，救了附近所有人的性命。韋茲博斯基到他跟前時，他只向中尉說了一句，「我的背完了」之後，就撒手人寰了。

貝斯特橋斷了以後，市場花園作戰的成功機率比之前還要更為渺茫。這全靠工兵修復松橋的速度了。作戰計畫相互關聯的各個階段——一環扣一環——松村過後的馬路空蕩蕩，戰車早該在幾個小時以前就在上面推進。蒙哥馬利放膽攻擊的作戰計畫，這時遇到了更深一層的麻煩。

——

走廊拉越遠，問題就越複雜。南面是泰勒將軍的嘯鷹師，北面是安恆的紅魔鬼師，孤立在中間的是蓋文將軍的八十二空降師。他們正緊緊據守長一千五百英尺的格拉福大橋，以及靠近赫門村一條較小的橋樑。西南方，五〇四和五〇八傘兵團的幾個排，同時從西面夾擊馬士-瓦爾運河，經過一陣短暫的戰鬥後，把格拉福-奈美根在賀寧夫狄村（Honinghutie）路段的另一座橋攻了下來，打開了供霍羅克斯戰車直趨奈美根的另一條路線。可是正當炸毀了的松橋把英軍在走廊中段的前路給擋住的同時，八十二師因沒能快速攻下奈美根大橋，也給自己造成了麻煩。德國黨衛軍部隊這時已經在橋南道路掘壕固守，在良好的隱匿與掩蔽下，一再擊退了五〇八團一個連的

8 編註：貝斯特荷蘭原文是 Best，剛好與英文的「最好」的拼音相同。

進攻。隨著時間過去，德軍的兵力就越增強。蓋文抽調不出更多的兵力來大舉進攻。在八十二師的寬廣大佔領區——南北長十英里，東西寬十二英里——敵軍發動了一連串、但顯然是不協調的猛烈攻擊，這種攻擊可能會造成災難也說不定。

沿著格拉福-奈美根路巡邏的美軍巡邏隊，正不斷地遭受滲透的德軍攻擊。歐法勒上等兵（Earl Oldfather）正在警戒狙擊兵，看見三個佔據了田野的五〇四團士兵。「一個人從散兵坑裡往外舀水，另外兩個在挖坑，」歐法勒回憶說，「我揮揮手，只見他們中有一個把步槍端了起來。他們是德國佬，居然佔據了我們的陣地，還在我們自己的散兵坑裡，朝著我們開槍。」

在最東邊、赫魯斯貝克高地和德國邊境之間，有兩處重要的空降場，很快也成了戰場。一批批雜牌的德國步兵正投入戰鬥攻擊傘兵。他們其中有海軍、空軍、通訊部隊、請假的士兵、軍醫院的醫護兵，甚至還有剛剛出院的傷兵。魯比上等兵（Frank Ruppe）還記得，他第一次見到德兵的軍服和階級章是五花八門的。他也記得這次攻擊是突如其來，「我們就在前哨附近遭遇伏襲。」不曉得從什麼地方殺出了這一支部隊。剛開始交戰沒有多久，金斯默中尉（Harold Gensemer）就俘獲了德軍一位上校。他大言不慚的說：「我手下官兵馬上就要把你們從山上踢下去。」他們幾乎辦到了。

德軍以壓倒性優勢，從威勒、帝國森林蜂擁越過邊境，衝破了八十二師的防線，很快就攻佔了空降場，擄獲了補給品和彈藥堆積所。有一段時間交戰陷入混亂，八十二師盡可能在陣地中挺住，然後緩緩向後撤。當地的部隊都接獲命令馳赴前線。原本是在奈美根外圍的傘兵，都全程以強行軍方式趕到空投場增援。

荷蘭人當中似乎也開始出現恐慌。奧哈根二等兵（Pat O'Hagan）所在的排從奈美根郊區撤走時，只見他們行軍入市時大量見到的荷蘭國旗，都匆匆忙忙降了下來。「荷蘭佬」舒茲二等兵，是該排的勃朗寧（BAR）輕機槍手，也是參與過諾曼第作戰的老兵，[9]只見「每一個人都緊張兮兮，我只聽見都在喊：『輕機槍手上前』。」他到處都看得見德軍，「他們在我們四周，堅決要把我們趕出空投場。」等到德軍裝甲兵和經驗豐富的增援部隊來到以後，大家就很清楚，德軍部隊——估計大約是兩個營的兵力——是派來執行自殺任務，要不惜一切代價把八十二師掃光，佔領住空投場——八十二師補給品和增援兵力的生命線。如果德軍成功，那第二批空投部隊一落地，便會全遭殲滅。

此時，蓋文將軍還以為計畫的空運機隊已經離開了英國，已經無法及時讓它們中止或改變方向了。所以他只有少於兩個小時的時間肅清空降場，每一個找得到的傘兵他都需要。除了已經接戰的人以外，他手頭唯一現有的預備隊是兩個工兵連，蓋文也立刻把他們投入作戰。

在迫擊砲和砲兵支援下，傘兵與敵人人數上有時可以來到一比五，激戰了一個早晨後，各地都一一肅清[10]。很多人上了刺刀追德軍，一直趕到山坡下。正在激戰的高潮中，蓋文才知道第二次空投要在下午兩點才會抵達。森林中依然有德軍雜牌部隊的步兵，顯然這些敵人的突襲，會引來更集中、更凶狠的攻擊。蓋文自信守得住，因此做出把部隊從這裡調到另一區的判斷，但他也

9 原註：參閱考李留斯雷恩，《最長的一日：諾曼第登陸的英勇故事》，燎原出版。
10 原註：在各個空降場持續了四小時的瘋狂、混亂的戰鬥當中，八十二師最受人愛戴的軍官之一，該師的重量級拳擊冠軍史特法尼奇上尉（Anthony M. Stefanich）陣亡了，「我們一起走了這麼遠的路，」死前他告訴弟兄們：「告訴弟兄們好好幹一番。」然後就死去了。

非常明白，這時八十二師的情況是危在旦夕。再加上有消息傳來，松橋已經被炸斷並正搶修中，在D＋2日之前，都不會與英軍會師。蓋文對第二次空投等得好不耐煩，也越來越擔心。因為這次空投會帶來他迫切需要的火砲、彈藥和兵員。

6

從安恆市黑煙滾滾的廢墟，到松村炸毀的橋樑，在散兵坑、森林、堤壩、建築物的廢墟頹垣間、戰車、各重要大橋的引道附近，市場花園作戰的官兵們，以及他們與之奮戰的德軍，都聽到了來自西邊的低沉隆隆聲。一個又一個機隊，把天空都覆蓋得黑壓壓的。第二次空投的飛機、滑翔機正要臨空。這種穩定、越來越大聲的發動機嗡嗡聲，讓英美軍人，還有荷蘭老百姓們，瞬間再鼓起希望和勇氣。對大多數德軍來說，這種聲音就像是浩劫沉淪的預兆。戰鬥人員和老百姓都凝視著天空在等待。這正好是九月十八日，星期一，差不多快到下午兩點以前的事情。

這一批無敵機隊空前浩大，甚至令昨天的壯觀景色相形見絀。十七日那天，機隊分成兩個不同的南北航路飛到。然而這一天，惡劣的氣候和預期中的德國空軍會採取更大的空防作為，迫使第二次空投機隊沿著北航線飛來荷蘭。將近四千架飛機集合成一支龐大的機隊，在天空中綿延了一英里又一英里，飛行層次的高度從一千英尺到二千五百英尺不等。

翼尖連著翼尖飛行，一千三百六十六架美軍C－47運輸機，和三百六十架英軍的史特林式轟炸機，構成了這支空中列車的主體。有些飛機載了部隊，其他則拖曳著數量驚人的滑翔機——霍莎式、威克式和巨大的漢彌爾卡式，一共是一千二百零五架。長達一百英里的機隊後面，緊跟著裝運補給的二百五十二架四發動機的B－24解放式轟炸機。機隊上空與兩翼一共是八百六十七架戰鬥機——多個中隊的英軍噴火式、颱風式，到美軍的P－47雷霆式與P－38閃電式——擔任空中掩護。起飛時，第二次空投一共載了空降部隊六千六百七十四人，六百八十一輛連同滿載尾車的車輛，六十門火砲連同彈藥，幾近六百噸的補給品，其中還有兩輛推土機[11]。

這支浩浩蕩蕩的龐大機隊，帶著防空砲火爆炸的煙圈，在斯荷文島飛越荷蘭海岸進入陸地，然後轉向正東，飛往聖托亨波斯南邊的管制點。飛到那裡，在戰鬥機前導下，分成三個部分，機隊在分秒不差，面對執行的困難和危險的操控情況下，美機機群轉向南方和東方，飛往一〇一師和八十二師的空投區，英軍編隊則轉向正北，飛往安恆。

今天的空運也像昨天一樣發生了許多問題，但多多少少減少了一些。滑翔機隊尤其面對了更多的混亂、中途折返和失事的打擊。第二次空投飛抵空投區以前，有五十四架滑翔機因為機體結構與人為錯誤提早落了下去。二十六架中途折返英國或墜入海峽。有人看見兩架滑翔機在飛行途中整個解體。飛越敵區長達八十英里的航程中，有二十六架過早脫離曳引機，落在遠離降落區的荷蘭和比利時，以及德軍陣線的後方。其中一起怪異的意外，是一名心神錯亂的傘兵衝進駕駛

11 原註：在飛機數字的記載上，各方是有一些差異。美方的資料總計是三千八百零七架飛機，英方則為四千架。本書所使用的數字，是根據布朗寧的作戰報告而來，指出雙方數字的差異，是在戰鬥機數目上。據美方資料來源，第二次空投從英國各基地起飛護航的戰鬥機是六百七十四架，但並沒有包括比利時基地起飛的一百九十三架在內，兩者合計的戰鬥機為八百六十七架。有關市場花園航空作戰最好的記載，尤其是運輸機部分，是來自美國空軍歷史處的第九十七號研究報告，編撰人為華倫博士（Dr. John C. Warren），標題是 *Airborne Operations in World War II, European Theater*。

艙，扳動脫纜桿，使滑翔機與曳引機分離。但整體來說，部隊的傷亡率很低。最大的損失，也和前一天一樣，是發生在寶貴的補給品上。再一次，似乎厄克特的官兵厄運當頭——損失的運貨滑翔機，有一半以上都是要飛往安恆的。

德國空軍也是厄運臨身。上午十點，預料要出現的盟國機隊不見蹤影，德國空軍長官們便把一百九十架飛機中的半數召回基地，其餘的依然在荷蘭北部與南部巡邏。盟軍第二次空投機隊飛到時，這些中隊有一半在錯誤的空域或正在加油。結果能飛往安恆和恩荷芬作戰的Me-109和FW-190戰鬥機剩下不到百架，可是沒有一架德機是能夠穿過掩護的強大戰鬥機群。盟軍飛行員事後宣稱共擊落二十九架Me-109和FW-190戰鬥機，而美軍的戰鬥機才損失五架。

機隊飛近降落區時，強烈的地面火力開始包圍它們。飛行緩慢的滑翔機，飛到松村以北的一〇一師空降場時，遇到了接近地面的霾以及雨勢，這多少是有掩護效果，使得德軍防空砲手看不到運輸機。可是，貝斯特上空持續且致命的防空砲火，卻劈進飛來的機隊。有架滑翔機，可能載的是彈藥，被一發砲彈擊中爆炸，整架飛機便消失了。四架曳引機在放開滑翔機後，一架跟一架被命中，兩架立刻起火，第三架墜毀，第四架安全落地。三架滑翔機被子彈打得滿機身是彈孔，在空降區毀機落地，機上搭乘的兵員竟奇蹟地毫無損傷。飛往泰勒將軍一〇一師的四百五十架滑翔機中，四百二十八架總共載了兩千六百五十六名傘兵、他們的車輛和尾車抵達。

往北十五英里，當滑翔機開始飛進來時，蓋文將軍的第二批空投依然受到空降場的激烈戰鬥的威脅。八十二師損失的飛機，遠比一〇一師高。飛機和滑翔機遭遇了防空砲火的彈幕。德軍防空砲手雖然比昨天的射擊精度要差，卻把放開滑翔機後作急轉彎飛開的六架曳引機打了下來。其中一架機翼炸斷，三架起火、墜毀，有一架落在德國。爭奪空降場的激烈槍戰，迫使很多滑翔機落在其他地方。有些落在遠離目標三到五英里的地方，一些則是掉入德國。還有很多滑翔機組員決心迅速落在指定的降落區內。每一處降落區地面都被砲彈和迫擊砲打得坑坑疤疤，機槍火力縱橫交織，都成了無人地帶。許多滑翔機迅速進場和猛然落地，摔壞了起落架，或者機頭翻覆，全機翻了過去。然而，駕駛員們的劇烈舉動卻成功了，載運的補給和兵員出奇地沒有什麼折損。各個降落失敗案例，沒有造成一個人受傷，只有四十五個人是在飛行途中或者進場以後被敵軍的火力擊斃或打傷。八十二師的四百五十四架滑翔機，抵達的有三百八十五架，運來砲兵一千七百八十二人、一百七十七輛吉普車和六十門火砲。一開始以為損失了一百多名官兵，可是之後有一半以上人員，從遠處的降落地點找路回到了八十二師的防線。堅定無畏的滑翔機駕駛，承受了沉重的傷亡，有五十四名陣亡或失蹤。

雖然德軍無法對第二次空投施以嚴重的阻礙，可是對在運輸機和滑翔機以後才飛到、擔任空投補給的轟炸機，德軍卻有更高的攻擊戰果。第一批二百五十二架四發動機B－24解放式轟炸機，飛到一〇一師和八十二師空投區時，防空砲手已經瞄準好了。戰鬥機在這些補給機的前面俯衝下來，想壓制防空火砲。可是，也像十七日那天，霍羅克斯的戰車開始突破時，德軍防空砲採用的方法一樣，敵軍先一彈不發，一直等到戰鬥機飛過以後，這時才猛然開始射擊。不到幾分鐘就擊落了二十一架護航的戰鬥機。

緊跟在戰鬥機後面的，是在五十英尺到八百英尺各個高度飛來的轟炸機編隊，空投區上的射擊和低霧，遮住了識別的煙幕和地面的布板。就連最有經驗的空投長都找不到正確的位置。每一架B－24轟炸機的炸彈艙裡，大約裝有兩噸補給品，機群開始胡亂將補給品投下，散布了好大一片地區。八十二師傘兵幾乎就在德軍眼皮下，在各自的空投區來回奔跑，想辦法回收了百分之八十的補給。一〇一師就沒有這種運氣了，他們很多裝備包，差不多直接落在貝斯特的德軍陣地中間，只收回來五成不到的補給品。對走廊下端泰勒將軍的傘兵來說，這種損失很嚴重，因為打算補給他們卻損失的一百多噸軍品中，包括了汽油、彈藥和食品。德軍的突襲尤其使災情更為慘重，大約一百三十架轟炸機受到了地面砲火的損傷，七架被擊落，四架墜毀。對這些被圍在走廊內的美軍來說，原本對這一天的開始抱持大好希望的傘兵，這時馬上變成了求生存的殘酷鬥爭。

——

英軍第四旅傘兵旅長海克特准將麾下的郭洛弗中尉，人已經跳出了飛機，向艾德－安恆路南面的空降場落了下去。傘張開時他覺得猛然一震，本能地伸手過去，拍拍左肩傘帶上外掛的帆布袋，聽到裡面「傘雞桃金孃」在嘎嘎叫，郭洛弗才放下心來。正如他在英國時的計畫，「桃金孃」達成了牠的第一次戰鬥跳傘。

郭洛弗往下一看，下面整個草地都起了火，只見空降場到處都有砲彈和迫擊砲彈爆炸，黑煙與火焰翻滾向上湧，有些傘兵沒辦法改正下降方向，落進修羅場裡。遠處，滑翔機把希克斯准將的第一機降旅其餘部隊運到的機降場，郭洛弗只見機身殘骸，人們正向四面八方跑開。一定有什麼事不對勁。記得在簡報時，郭洛弗了解到安恆的德國守軍兵力薄弱，目前的機降場一定應該經過肅清、平靜無事的才對。第二次空投機隊在英國起飛以前，也沒有跡象說有任何狀況。然而郭洛弗認為，就在他腳底下正展開一場大規模的激戰，他在心中猜想，會不會是什麼錯誤，讓他們跳錯了地方。

快接近地面時，機槍的斷斷續續和迫擊砲彈爆炸的沉悶轟隆聲，似乎迎頭席捲了上來。他一觸地，小心向右肩一個翻滾，免得傷了桃金孃。他迅速解脫傘帶。郭洛弗的傳令史考特二等兵（Joe Scott），也剛好落在旁邊。郭洛弗把桃金孃的袋子交給他，說：「好好照應牠。」籠罩在野地的薄霧中，郭洛弗看見標示集合點的黃色煙霧，便對史可特吼道：「走吧！」兩個人彎腰躲躲閃閃、弓著背跑過去。郭洛弗見到都是一團亂，他的心往下沉，顯然戰局並不樂觀。

韋迪少校落下來時，也聽到了機槍射擊的不祥聲音，似乎四面八方的火力把空降區給打得體無完膚。他回想，「我無法理解，印象中一直是說德軍在落荒逃竄，他們上上下下都是一團亂。」人在傘下搖晃向下落，韋迪發現空降區幾乎被猛烈火勢的煙霾所遮蓋。他在田野的南端落地後，便朝營集合點跑去，「迫擊砲彈到處爆炸，一路上只見數不清的傷亡。」他接近集合點時，遇到營部前一天在荷蘭傘降的上尉，他只記得這個傢伙怒氣沖天的叱叫：「你們他媽的遲到了，難道你們以為我們在這裡只等了四個鐘頭嗎？」該員立刻激動地向韋迪提示戰況。「我一聽就嚇壞了，」韋迪回憶道，「這是頭一次聽到說戰事並沒有依照計畫進行的報告。我們立刻集合。我四下張望，似乎前方的天空都是熊熊火焰。」

沃爾夫海澤火車站西邊的兩個降落區——瑞耶營和金克爾草地（Ginkel Heath）——傘兵和滑翔機載運的步兵，正落進了看上去是交戰激烈的戰場。德軍從擄獲的市場花園作戰計劃，已經知道了降落區位置。他們可不像空降的英軍，德軍可從依然堅守著的海峽港口——如敦克爾克，經由雷達設施準確計算出第二次空投抵達的時間。黨衛軍和防空砲兵立刻在安恆脫離接戰，急急馳往這幾處地點，德國空軍的二十架戰鬥機，也被引導飛來，正在持續地低空掃射這些地區。地面戰鬥同樣激烈，為了把進犯的德軍驅趕出去，英軍發起了刺刀衝鋒，就像他們在夜間和清晨曾做過的那樣。

迫擊砲彈擊中前一天已經降落在地的滑翔機體，把它們燒成了團團烈焰，還引發了荒原野火。滲透進來的敵軍部隊利用部分滑翔機掩護他們的攻擊行動。英軍只好自行放火燒機，不願讓它們落進敵人手裡。在野地的某個角落，將近五十架滑翔機被燒成一處廣大的煉獄。然而，希克斯的機降旅——除了派往安恆的半個營——卻以頑強的勇氣，堅守住空降場。傘兵和滑翔機降落，運到了官兵兩千一百一十九人，遠比那些位於空中與地面的官兵所認為的更為成功。即使交火不斷，空運量的百分之九十都落地了——而且都在正確的地點。

貝德福士官長（Ronald Bedford）是史特林式重轟炸機的尾槍射擊士，發覺星期一的任務，與他在星期天飛的那一趟大不相同。上一趟，十九歲的貝德福坦承對飛行的一成不變感到無聊。而這一次，他們飛近降落區時，射擊非常猛烈，而且連續不斷。貝德福一眼瞄到在田野邊緣，有一門裝在卡車上的防砲，便竭力調轉機槍瞄準它，眼見機槍的曳光彈成弧形落了下去，這門砲便停止了射擊。貝德福樂透了，「打中了！」他嚷道，「嘿，我打中了！」史特林式轟炸機正穩定地飛在航路上，貝德福見到四周的滑翔機，似乎都過早與曳引機脫纜。他只能這麼斷定，猛烈的砲火使得很多滑翔機駕駛員脫離，以便盡快落地。然後他又見到本機拖曳的霍莎式滑翔機拖纜也落了下去，眼看著滑翔機飄落，貝德福確信它一定會在落地以前與別的滑翔機相撞。「場面一片混亂，」他回憶道，「各架滑翔機看起來像是垂直俯衝、改平、然後再滑下去，怎麼看都覺得是要衝往另一架滑翔機上方去，我奇怪它們怎麼還能夠降落。」

一架載了一輛吉普車、兩輛滿是迫擊砲彈的尾車和三名士兵的霍莎式，副駕駛哈奇上士奇怪他們怎麼沒落下去。其實就在進入航線時，前面有防空砲火。駕駛楊格士官長（Alec Young）把滑翔機來一個陡峭的俯衝然後改平，哈奇一看可嚇壞了，似乎每一架滑翔機都朝著同一處落點滑下去——那裡還有頭母牛，沒命似的在滑翔機前面跑。楊格居然安全落地，機上士兵立刻跳出機外，開始把機尾螺桿鬆開。哈奇看見旁邊躺著三架滑翔機，都是機腹朝天。頓時，另一架霍莎式帶著撕裂、刮擦的一聲巨響，就在他們的飛機頭上來了個毀機落地。對方直直的飛過來，切掉了哈奇滑翔機的機頭，連哈奇和楊格剛還坐著的駕駛艙的艙罩都被切掉了，然後再向前滑，正停落在他們的前面。

有的滑翔機根本錯過了降落區，有些滑翔機的墜機地點，竟遠到了三英里外。兩架落在萊茵河南岸，一架落在德瑞爾附近。士兵們把傷亡留給荷蘭老百姓照顧，便從那處被人忘卻但依然可用的德瑞爾渡口，渡過萊茵河回到了自己的部隊[12]。

有幾架C－47運輸機進場時被擊中起火。距跳傘還有十分鐘，費茲白上士（Francis Fitzpatrick）看見防空砲火越來越猛烈，年輕的麥費登二等兵（Ginger MacFadden）猛力一甩、大叫，兩隻手按住右腿呻吟著：「我中彈了。」費茲白很快檢查了一下，替他注射了嗎啡。這時飛機似乎顛簸得很厲害，正當他彎身朝機窗外面看時，駕駛艙艙門開了，空投長走了出來，神色緊張地說：「準備緊急跳傘。」費茲白往傘兵那邊一看，都已經掛鈎準備完畢。費茲白見到右發動機黑煙噴飛。他領先跳傘，傘一張開的同時，運輸機就急急俯衝下去。還沒有落地，只見這架C－47衝進了他右面的田野，機頭翻了過去，他心裡有底，機員和麥費登都沒有逃出來。

12 原註：這一個故事真實性令人存疑，可是荷蘭人卻很愛。據歐斯特貝克的荷斯特太太（Mrs. Kate Ter Horst）表示，英軍傘兵連同他們的裝備，其中包括一門戰防砲，在德瑞爾渡口上渡船時，船夫皮亞特很為難，他不曉得該不該收錢。到了北岸時，皮亞特這才決定讓他們免費搭船。

另外一架C－47上，美軍的機工長與英軍的金恩上尉（Frank D. King）開玩笑說：「一會兒你們都在那下面，我可要飛回基地吃培根和荷包蛋了。」美國人坐在金恩對面，幾分鐘以後綠燈亮了，金恩上尉瞄了瞄機工長，他好像是睡著了，人往後躺，下巴抵著胸脯，手放在膝蓋上。金恩覺得不太對勁，搖搖對方的肩膀。機工長一推就往旁邊倒下去已經死了。金恩看見他後面的機身上有一個洞，好像是五〇機槍打穿的。金恩站到門邊準備跳傘時又看到火舌從右翼冒了出來。「飛機起火了，」他大聲對加特蘭士官長（George Gatland）叫道，「去看看機長。」加特蘭走到機艙前面，駕駛艙門一開，火焰噴了出來，掠過了整個機艙。加特蘭把艙門砰然關上，金恩上尉下令傘兵跳傘，他知道這時已經沒有飛行員了。

傘兵們走向機門時，加特蘭估計飛機當時離地只有二百到三百英尺高。他落地時大力震動了一下，並開始清點人數，四人失蹤，一個在機門邊被砲火打死，連離開的機會都沒有。還有一個跳了傘，可是傘具著火。第三個，加特蘭和金恩上尉都知道，他落在不遠的距離外。然後第四名也到達了，身上還帶著傘包，人剛從飛機上下來；他告訴大家，機員居然使飛機觸地，傘兵奇蹟似的從上面走下來。這時，他們離歐斯特貝克十五英里，距英軍陣線更遠，金恩上尉這一批人啟程找路回去。正當他們動身時，四分之一英里外正燒著的C－47爆炸開來。

有些地方的傘兵安全跳了傘，卻發覺自己正落在一波波的燃燒彈火力下。很多人吊在傘索上拚命要躲過曳光彈，卻落在空投區邊緣的濃密樹林裡。部分人正在掙扎著脫傘時，被狙擊兵打死。還有一些落在遠離空投區的地方。有個空降場，一個營的傘兵部分兵力落在德軍後面，後來他們向集合點前進時，帶來了八十名俘虜。

面對射擊，傘兵根本不管降落傘了，只想快點尋找掩蔽。重傷的傘兵一小堆一小堆躺得到處都是。布萊恩二等兵（Reginald Bryant）正遇上一枚迫擊砲彈的爆炸，這一次激烈爆震使得他暫時癱瘓了。他曉得四周發生的事情，可是身體卻一點都不能動。同機人員以為布萊恩死了，撿起他的步槍和子彈，急忙衝到集合點，他卻一點辦法都沒有。

很多傘兵沒有料到竟有機槍火力和狙擊兵持續不斷地掃射空投區，多半都衝刺進了樹林找掩蔽。不到幾分鐘，空投區除了死傷以外空無一人。體能教官格林上士（Ginger Green）樂觀得很，帶了一顆足球同行，準備在期待會很輕鬆的行動結束後，可以在場上踢球賽。他跳傘時落地太重，斷了兩根肋骨，至於躺了多久，他可搞不清楚。等到恢復意識，周遭除了死傷以外就只剩他一人了。他痛苦地坐了起來，幾乎馬上就有狙擊兵對他開槍。格林起立，開始用之線奔跑朝樹林衝過去，子彈在他四周飛竄，肋骨的痛楚一再地壓迫他得臥倒。格林以為自己一定是中彈了。在濃煙翻滾的荒野，他與狙擊兵們的奇怪對決好像過了好幾個小時似的。他回憶說：「我一次只能跑上個五、六碼，心裡想，這回碰到的不是個虐待狂的王八蛋，就是個他媽的差勁射手。」他緊抱著受傷的肋骨，最後終於猛力一衝進入樹林，馬上往矮樹叢一撲，一個翻滾到一棵樹邊，剛剛好最後一發子彈打中他頭上的樹幹。在生命中最為絕望的狀況下，他跑了至關重要的幾碼距離。人已經筋疲力盡，肋骨好痛，格林慢慢地從迷彩服裡把放了氣的足球拿出來，忍痛把它摔掉了。

很多人都沒有忘記跳傘落地後那最初的恐怖時刻。在金克爾草地上人人都在逃命，大家要躲開子彈和起火的矮樹叢。至少有十幾個傘兵記得一個年輕的二十歲中尉，身受重傷躺在金雀花叢。他在降落時，被燃燒彈打中了腿部和胸部。郭洛弗中尉離開空降場時，見到這名軍官。他回憶說：「他痛得要死，根本不能動彈，我給他打了嗎啡，答應他會盡快找醫護兵來。」從癱瘓中復元的布萊恩二等兵，在空降場往集合點去時，也見到了這位軍官。「我碰到他時，煙還從他胸脯的傷口向外冒，他的痛苦真是恐怖，我們有幾個人同時到他身邊，他求我們補上一槍。」有一個人，布萊恩忘記是誰了，緩緩彎身下去，把自己的手槍上膛交給中尉。這些人急急走開時，草地的野火已經慢慢燒向受傷中尉的所在位置。後來，醫護兵見到了屍體，認為中尉自我了斷了[13]。

——

第四傘兵旅旅長海克特准將，以他獨到的精確度，跳傘落在他選定旅部所在位置的三百碼內。儘管有敵軍在射擊，准將頭一件最在意的事情，還是要找到跳傘時掉下去的手杖。正當他在尋找時碰上德軍。「我比他們還害怕，」他回想說，「不過他們正急著要投降。」德語說得流利的海克特，便凶狠地告訴他們等著。然後，找到了手杖以後，瘦削、唇髭齊整的准將，泰然自若地押著俘虜們齊步走。

海克特在心情最好的時候也是一副不耐煩的樣子，動輒發火或喜形於色。他不喜歡此刻眼前的情況。他以為空降場已經控制且井然有序了。在其他軍官簇擁下，他準備要全旅出發。就在這節骨眼上，厄克特的參謀長麥肯齊中校坐車來到，貫徹一項痛苦的任務。麥肯齊把海克特拉到一旁——據他自己說——「告訴他有關指揮權這個相當敏感的問題所做出的決定和結論。」厄克特和路斯白里不在，負責指揮的是希克斯准將。麥肯齊繼續解釋，這是厄克特在英國時就做出的決定，一旦他和路斯白里失蹤或戰死，就由希克斯代理師長。

麥肯齊回想當時，海克特一點也不高興，他告訴參謀長：「喂喂！查理，我比希克斯資深，因此該我指揮。」麥肯齊很堅決：「旅長，我非常了解，不過師長已經把繼任人選的順序告訴了我，我們必須照辦。再說，希克斯准將在這裡已經二十四小時了，現在對戰況要熟悉得多。」麥肯齊說，如果海克特「對此不滿，想做點什麼的話，」只會把事情弄得更糟。

不過，麥肯齊也明白，這件事不會就此結束，厄克特與海克特兩人之間，一直存在著某種微妙的裂痕。儘管脾氣火爆的旅長在本職學能上更適合擔任代理師長。但厄克特認為，他缺乏希克斯有的步科經歷。再加上海克特是騎兵出身，而大家都知道，厄克特對騎兵出身的旅長的評價是稍低了點，長期以來厄克特都與步兵打交道。有一次他公開提到海克特時，打著哈哈說：「那個神經病的騎兵。」海克特並不覺得這句話很好玩。

麥肯齊告訴海克特，他的第十一營要抽調出去，立即向安恆市與安恆大橋前進。海克特覺得，這簡直是採到了底線。他之所以對這個旅感到驕傲，在某種程度上就是因為它的素質，是一支訓練有素的整體單位，並以獨立地位作戰。對於要把部隊分散、分離，他很吃驚。「我並不喜歡在沒有與我商量以前，就要把一個營交出去，」他氣憤地告訴麥肯齊。然後，他想了想再補一句，「當然，如果要調走任何一個營的話，那就是第十一營，它在空降場的東南角跳傘，最為接近安恆市和大橋。」但是他要求拿一個營來交換，麥肯齊回答，認為希克斯會撥一營人給他。當時，事情算是暫時解決了。卓越、火爆、猛進的海克特，向無法避免的事實低頭。暫時，希克斯可以指揮作戰，可是海克特卻決意指揮自己的旅。

---

13 原註：儘管有很多人證實這故事，我還是選擇保留該軍官的名字。他開槍自盡的說法有待證實。他為人勇敢又極有人緣。的確，他很可能舉槍自裁，但也可能是狙擊兵所為。

對英軍來說，這是一個令人沮喪、血淋淋的下午。面對問題重重的第二次空投，厄克特師長和路斯白里旅長的命運依然杳無消息，福洛斯特那支瀕臨崩潰的小小兵力，據守著安恆大橋北端；再加上兩位旅長個性上的衝突越鬧越大的同時，又有另一個意料外的災難發生了。

希克斯的機降旅兵力因持久作戰、體力耗竭而在減少。同旅官兵絕望地看著三十五架史特林式重轟炸機，把載來的補給品四周空投，就是沒有丟在空降場裡。供安恆傘兵使用的八十七噸彈藥、補給、軍品當中，到手的只有十二噸，其餘的都在西南方散開好大一個範圍，落進了德軍陣地。

—

距離不到五英里的道肯遜家，厄克特依然被德軍團團包圍。窗外那輛驅逐戰車和砲手靠得好近，厄克特和其他兩人都不敢冒險說話或移動。除了一點巧克力和硬糖果以外，三人沒有吃什麼東西。沒有水、更沒有衛生設施。厄克特感到絕望，既不能睡又不能休息。為作戰進程以及第二批空投的事掛心，卻不曉得後者已經推遲了。不曉得霍羅克斯的戰車推前到哪裡了，福洛斯特是否還守住大橋。他事後回想，「當時如果知道了戰況，我就會不管手下軍官的擔憂，管它有德軍也好，沒有德軍也好，突圍出去。」寂靜又孤立，厄克特發覺自己盯著克里明遜上尉的八字鬍在看。「我原先沒有注意到那濃密的毛茸茸翹八字鬍，」他寫道，「但現在沒有什麼別的可看。」那道八字鬍讓他惱火，因為它看起來「愚蠢透頂」。

儘管滿腹心事，厄克特沒有想到自己在臨出發前對指揮人選順序的決定，會如此快速在希克斯和海克特之間造成複雜的對立。九月十八日星期一下午四點，厄克特人不在指揮位置上已經差不多整整一天了。

黨衛軍第二裝甲軍軍長畢特利希，對盟軍第二次空投的龐大規模極為震驚。摩德爾元帥要他速速攻下安恆市，麾下海澤和哈邁爾兩位師長，又緊迫著要增援部隊，他覺得這些問題愈來愈急迫。他黯然地看著安恆西邊的天空，上千頂五顏六色的降落傘盛開，然後流水般永無止息的滑翔機又不斷地飛進來，不禁為此感到絕望。從德國空軍通信網裡，他知道另外兩處大規模的空降正在進行。試著推估盟軍的兵力，畢特利希把目前在荷蘭的英美軍數字太過高估了。他認為可能是另外一個空降師在降落，足以使雙方均勢傾斜，對攻方有利。

對畢特利希來說，盟軍兵力的增援與德軍援兵的趕到，已經成了一場致命的賽跑。到目前為止，只有些許的兵員物資到他那裡。相形之下，盟軍似乎具有永無耗竭的資源。他害怕的是若第三天再有一次空降，在荷蘭狹窄的範圍，再加上艱困的地形、橋樑以及德國未設防的國境近在咫尺，一支那麼大的部隊可能就意味著是一場大浩劫。

畢特利希的部隊與南面司徒登將軍的傘兵第一軍團之間，幾乎沒有什麼協調可言。儘管司徒登的兵力，正不斷受到查根第十五軍團殘部的增援，可是被打得七零八落的查根部隊極度缺乏車輛、火砲與彈藥。部隊要重新裝備起來或許需要好幾天，甚至好幾個星期。同時，阻擋住蒙哥馬利攻勢的整體責任，都落在畢特利希身上。他最迫切的問題，便是奈美根的渡河點，以及安恆大橋北端那些英軍超出想像的防禦。

只要盟軍傘兵在那裡挺住了，畢特利希就沒辦法經由陸路調動部隊南下到奈美根。哈邁爾的福隆德斯柏格師要想渡過萊茵河，就得完全靠潘納登村渡口——緩慢又繁瑣的渡河辦法。諷刺的是，正當安恆的英軍開始猶豫和懷疑自己能否堅持下去的時候，畢特利希卻深深地憂慮著這場戰役的結果，他看到帝國正危險地處於被入侵的邊緣。接下來的二十四小時可能就會發生這樣的狀況。

畢特利希的上司有著難度更大的問題。沿著B集團軍的廣大前線，摩德爾正在調動兵力，想阻擋美軍第一軍團與第三軍團的凶狠攻勢。雖然大名鼎鼎的倫德斯特元帥復職，士氣軍心為之一振，但因為增援部隊的問題，已經把德國人力資源榨到底了。要找到汽油調動部隊，也是越來越困難。從希特勒的統帥部那裡，更得不到多少助力。相較於盟軍在西線的長驅直入，柏林方面更在意蘇軍來自東線的威脅。

雖然還有其他的擔憂，摩德爾似乎對能克服荷蘭的威脅感到信心。他仍然認為當地的沼澤、堤壩和水道的障礙，可以為他提供助力，使他有時間擋住、擊敗蒙哥馬利的攻擊。畢特利希沒有這般樂觀，他籲請摩德爾在戰況惡化以前，採取幾項重要的步驟。畢特利希認為，炸毀奈美根與安恆的橋樑必須立刻實施。可是畢特利希每一次就此提議，都會令摩德爾感到不快。「摩德爾每天來看我、事事插手，一直要求些不可能的事，」畢特利希回憶，「他當場下達有關當前戰況一長串的命令，可是卻不在任何會議中久留，聽取或者批准遠程的計畫。」畢特利希擔心，一旦盟軍突破，德國就會隨之發生令人驚駭的不測。而摩德爾並沒有領會到這一點。相反，他糾纏於細節。他尤其在意的就是還沒有從英軍手裡把安恆大橋奪回來。受到這種含蓄的批評刺激之後，畢特利希告訴元帥：「在幹軍人的這一輩子，我從沒有見過在戰場上如此艱苦的士兵。」摩德爾無動於衷，只冷冷說了句：「我要那條橋。」

十八日下午，畢特利希把自己對全面戰況的想法，再度向不耐煩的摩德爾說明。他堅持奈美根大橋是整個作戰的關鍵所在，把它炸掉，盟軍攻擊的前鋒，就會與主力部隊切斷。「報告元帥，我們應該在還來得及之前把瓦爾河大橋炸掉。」摩德爾卻堅持不肯，「不行！」他說道，「就是不行！」摩德爾堅持不但要守得住那座橋，他還要求司徒登的軍團和福隆德斯柏格師，把英美軍阻擋在大橋之前。畢特利希說得很白，他不太敢保證能制止盟軍。眼前，那裡幾乎沒有德軍的裝甲兵；他還告訴摩德爾，如果蒙哥馬利壓倒性優勢的戰車兵力突破那裡，那將會很危險。之後，畢特利希又表達了自己的擔憂害怕，表示可能還會有更進一步的空降行動。他說：「假若盟軍在南面的長驅直入成功，又倘使他們在安恆再空降一個師，我們就完了，到魯爾、到德國的路就會全面敞開。」摩德爾不為所動；「本人的命令不變，」他說：「奈美根大橋不得炸毀。安恆大橋要在二十四小時內攻下。」

其他人也知道要執行摩德爾的命令有困難。霍亨陶芬師師長海澤中校，兵員已經缺乏。他所有的部隊都已經全員參戰，卻沒有額外的補充兵員撥到。而盟軍第二波空降的規模更引發了更深一層的疑慮，他不知道手下官兵有無能力阻擋敵軍。海澤也跟畢特利希一樣，認為「盟軍空降的不只是一支先鋒部隊，我確信更多的部隊隨後就到，然後便會向帝國大舉進兵。」海澤的裝甲兵力有限，不曉得能不能擋得住敵軍。可是，他成功地使一處——師部所在地——牢牢被控制住。他冷酷地忽略戰俘的權利，下令把幾百名英軍傘兵俘虜由衛兵看守，關押在刺鐵絲網圍繞的集中地。「我敢保證，」他回想說，「皇家空軍不會炸自己人。」

海澤，自我標榜的「親英派」人士（「我對英國人真的很沒轍。」），以前曾以交換學生的身分在英國念書。他喜歡在俘虜之間閒晃，想藉由接觸談話練習他的英語，還希望套出點情報。

但英軍的士氣使他深受打擊。「他們傲慢、自信，只有老兵才會是這樣。」他回憶道。英軍俘虜的素質令海澤相信，德軍這一仗距打贏還遠得很。為了要使厄克特的部隊失去平衡，以及防止任何形式的協力攻擊，他命令霍亨陶芬師在十八日晚上「整夜不惜一切代價，毫不間斷地攻擊。」

福隆德斯柏格師哈邁爾師長「忙得沒法擔心下一步會發生的事情，在下萊茵河，我眼前有打不完的仗。」哈邁爾受領的任務是攻佔安恆大橋，防守瓦爾河大橋以及兩橋之間的地帶。他問題遠比海澤來得急。」的部隊在渡口渡河，行進的速度就像是蝸牛爬行。部隊、裝備和戰車，都裝在臨時的橡皮筏和木排上。到渡口水際的道路都成了泥濘路。戰車和車輛曾經滑出了渡筏，有些甚至還被沖走。更糟的是，由於盟軍飛機經常不斷來回掃射，幾乎所有渡口和航渡作業只能在天黑以後進行。哈邁爾的工兵在二十四小時內，只成功地讓兩個營的人連同他們的車輛、武器渡河，進到安恆-奈美根地區。為了加速作業，卡車穿梭載運部隊，往返於渡口南岸的碼頭和奈美根之間，可是動作還是太慢。當然，哈邁爾的官兵這時已經在奈美根市中心，和公路大橋的南岸，可是他們能不能擋得住英美軍的堅定攻擊，哈邁爾心中是懷疑的。雖然他奉令不准炸橋，為以防萬一，工兵已在橋上安裝炸藥。在北岸接近倫特路邊的碉堡裡，安設了起爆裝置。他希望擋不住時，畢特利希會准許他把公路橋與鐵路橋炸毀。即使不准，哈邁爾早有了決心，英軍戰車突破陣地開始過橋時，他將不理會上級，一舉把這兩座橋給炸掉。

7

繁榮的歐斯特貝克，好像被注入了狂歡和不安的奇怪混合體。它就像是戰場當中的一座島嶼，受到三方面激戰的嚣雜聲襲擊。西面的各空降區，傳來可以說是持續不斷的槍砲聲。西北面，機槍的持續不停和迫擊砲始終不變的砰砰聲，在一條條兩旁種著鮮花的街道上聽得清清楚楚。東面二點五英里外的安恆，黑煙覆蓋在地平線上，在昏暗的背景下，重砲的不斷轟擊發出宛如定音鼓似的聲音。

傘兵和滑翔機著陸之前的飛機轟炸和掃射，再加上滲透的狙擊兵射擊，瞄準錯誤的迫擊砲彈爆炸，已經造成平民的死傷。店面和住屋都有了損害，可是到目前為止，戰火還沒有真正地來到歐斯特貝克。井然有序的度假酒店、風景如畫的別墅和行道樹夾道的街道，大部分都還沒有受到戰火的波及。然而，隨著時間的過去，戰鬥明顯是更為迫近了。到處都可以聽到遠方使人心驚膽顫的爆炸聲。它們把玻璃窗震碎，燒焦了的紙灰、布灰和木渣，像碎彩紙般隨風飄揚，像雨水般落在街上，空氣中充斥著刺鼻的煙硝味。

星期天，歐斯特貝克放眼望去都是軍人。德軍前腳倉皇撤走，英軍幾乎跟在後頭也來到了這裡。晚上沒有人睡得著覺。吉普車的低沉哀鳴，布倫機槍裝甲車哐啷的履帶聲，以及部隊行進的沉重腳步聲，更加劇了民眾的緊張、激動感受，根本無法休息。

十八日這一天大部分時間，人流川流不息。高興，但也有幾分不安的民眾，在街道、家前插滿了荷蘭國旗，看到英國兵在街上匆忙經過，便殷勤地提供解救者酒水、食物和水果。幾乎每個人都以為戰爭結束了。而今，這種氣氛有了微妙的變化。居民看得出英軍有些部隊留著堅守。湯普遜中校的砲兵觀測員，佔領了下歐斯特貝克、萊茵河旁十世紀荷蘭改革教會的鐘塔，可是部隊的活動顯著地緩了下來。入暮時分，大多數的主要幹道平靜得令人感到不安。荷蘭人見到戰防砲和布倫式機槍，已經在大路旁的重要據點設置陣地。民眾深感大事不妙。

福斯格走遍歐斯特貝克，想看看究竟發生了什麼事。他記得一名英國軍官命令老百姓把國旗收進去，「這是戰爭，」他記得該名軍官告訴一位民眾：「而你們正在戰爭當中。」沿途福斯格注意到老百姓的心情都改變了。他從麵包師傅柯寧（Jaap Koning）那裡得知，很多荷蘭人感到悲觀。柯寧表示，有謠言說「事情不好了。」畏懼取代了原本光復的陶醉心情。柯寧：「各地的英國兵都給打退回來。」福斯格極為擔憂，柯寧一向消息靈通，雖然這是他頭一次聽到壞消息，卻證實了他內心的恐懼。時光消逝，福斯格覺得從鎮上呼嘯而過、飛向安恆的砲彈彈幕越來越密。他對諾曼第當地的村落慘遭毀滅的記憶猶新，他無法消除心中排山倒海而來的無助感。

另一個消息來源，麵包師傅比克（Dirk van Beek），也像柯寧和福斯格般憂心忡忡。他送麵包路上聽到的消息，讓他對一開始盟軍降落時的興奮反應潑了盆冷水。「要是戰爭打到這裡來——我們如何是好？」他問太太柔克（Riek）。可是他早已曉得了答案。比克還是會留在歐斯特貝克烤麵包。他告訴柔克：「人總得吃，再說，如果我們離開了，又能上哪去呢？」比克埋頭幹活，自我安慰，萬事都會朝好處走。前幾天，他收到了這個月配發的小麥和酵母。這時他決定留下，讓店面保持營運，他記得有位老麵包師傅有回告訴過他，有種製麵包的新方法，用的酵母比平常要少一半。他便決定把他的存量全部用上，繼續烤麵包，直到萬事太平。

陶佛堡、史可諾德（Schoonoord）、費里威克（Vreewijk）這三家酒店，這一仗顯然已經打得夠慘了。這幾間派頭十足、舒適的度假酒店，已經成了傷患的急救站。在史可諾德酒店，英軍醫護兵和荷蘭老百姓，開始大舉清掃內部，以便容納受傷官兵。反抗軍成員易克霍夫（Jan Eijkelhoflf）看到德軍在倉促撤走時，把酒店弄得「像是豬欄，食物遍地、餐桌掀翻、盤碟砸碎、桌布和設施丟得到處都是。每一間房都狼藉不堪。」他們從附近的房子，把多餘的床墊搬進來放在地上，在各個接待室擺上一排排的床，擔架則沿著落地窗的遊廊放著。荷蘭人被告知，入夜以前，所有房間、酒窖都得準備妥當。易克霍夫這才知道，安恆的聖伊莉莎白醫院病床已經爆滿。然而與他一起工作的英軍救護兵卻依然樂觀。「別擔心，」其中一個告訴他，「蒙蒂馬上就要到這裡了。」

馬倫醫師正在陶佛堡酒店開設醫院，十七歲女兒安妮在這裡幫助爸爸。她注意到其他志工有了很大的改變。「我們害怕，」她在日記中寫著，「可是說不上是為什麼。我們有種奇怪的感覺，好像好幾個星期的時間在昨天和今天兩天之間過去了。」跟史可諾德酒店差不多，陶佛堡酒店也謠傳蒙哥馬利的部隊已經上路。安妮一心盼望他們快點到達。她寫道：「我們忍不住從樓上窗戶向外觀望。槍聲越來越強烈，到處有火光和射擊，可是援軍依然沒有到達。」

距離不遠的地方，那家置身在公園般環境、有十二間華麗客房的哈滕斯坦酒店，看上去既荒涼又空蕩。桌子、椅子宛如超現實派凌亂地擺放在優美的綠色草坪上。這是前一天激烈交戰的結果造成的。桌椅當中躺著幾具扭曲的德國人屍體。

廿七歲的吉賓（William Giebing）騎著自行車來到這一度優美的酒店時感到作嘔。一九四二年，他從歐斯特貝克鎮公所租到了這棟建築。擁有主權後不到幾個月，德軍就來到這裡，徵收了酒店。打從那時起，吉賓和太太秋絲（Truus）被貶成下人。德軍准許他們打掃哈滕斯坦和照料廚房，但是旅館的管理完全在德國人手裡。最後在九月六日那天，吉賓奉令離開，但是他太太和兩名侍女還是被允許可每天去打掃。

十七日那天，「因為傘兵降落而高興得發瘋似的，」吉賓跳上自行車，從溫斯特包雲丘老丈人卡史闊頓（Johan van Kalkschoten）所開的山頂餐廳——從那裡可以俯瞰黑菲亞鐸-德瑞爾渡口——騎車到哈滕斯坦酒店。他到達時正好看見最後一批德軍離開。他跑進去，頭一遭覺得「這家酒店終於是我的了。」可是四處的荒涼還是令人感到不安。餐廳兩張鋪上了白色錦緞桌布、準備供二十個人進餐的長餐桌上，有湯盤、銀器、餐巾和酒杯。每一桌的中央，有一個大湯碗，裡面裝著細麵湯。吉賓摸了一下，還熱呼呼的。餐車的銀盤裡，盛放著這一餐的主菜，油煎比目魚。

吉賓從這一間房晃蕩到另一間房，看著那富麗浮金的錦緞牆壁，華美的灰泥天使和花環。蜜月套房裡，天花板的蔚藍天空上有斑斑點點的金星。他最後大呼了一口氣，德國人臨走並未掠奪酒店。連一支湯匙都沒有丟，幾個冰箱裡滿滿都是食物。環視四周，聽見遊廊有聲音，他急忙出去一看，只見八個空瓶子放在地上，幾個兵在喝著他的雪莉酒。經過所有這些日子的佔領後，吉賓也說不出一個所以然的大冒其火。至少德國人還是把他心愛的酒店保持乾淨明亮。他對著這些盟軍的傘兵叱叫道：「這就是你們幹的頭一件好事，打破我的酒窖，偷我的雪莉酒。」英國兵感覺失禮，頻頻道歉，吉賓的氣也消了下來，可是又一次收到通知，他不能留在這裡。不過，英國兵要他放心，會尊重他的財產權。

現在，過了一天以後，吉賓又回來了，滿心希望英軍也通過了，離開了他的酒店。他一到酒店門口，心就往下一沉，好多吉普車停在後面。網球場的鐵網後面，他看到了德軍俘虜。旅館周圍已經挖了塹壕和火砲陣地，參謀軍官似乎到處都是。吉賓垂頭喪氣，又回到了溫斯特包雲丘。下午，他太太又去了哈滕斯坦，說明自己是誰。她回憶道：「他們待我非常客氣，卻不允許我們搬回去。英軍也和德軍一樣，徵用了酒店。」她以為有一點值得安慰的是，戰爭馬上就會結束，然後吉賓夫婦就會真正經營起自己認為是歐斯特貝克鎮上最好的酒店了。跟她談話的英國軍官們並沒有通知她，從九月十八日下午五點開始，哈滕斯坦酒店已經是英軍第一空降師的師部了。

歐斯特貝克鎮瀰漫著焦慮與歡樂混雜的奇怪氣氛。與意識到戰鬥即將到來相比，另一件事情更令許多居民害怕。在大白天，安恆市監獄的犯人都被放了出來，許多是反抗軍人員，但是其他是有危險性的刑事犯。他們穿著條紋的監獄服，流水般湧出安恆市，有五十多個來到歐斯特貝克。荷斯特（Jan ter Horst）[14]回想，「他們替原以瘋狂的狀況再添最後一筆。」他以前是荷軍砲兵上尉、律師，也是歐斯特貝克反抗軍的領導幹部。「我們圍捕了這些罪犯，暫時把他們關在音樂廳裡。可問題是，該對他們怎麼辦？當時，他們似乎對人無害，可是當中很多重犯已經關了不少年。我們很害怕一旦他們終於意識到自由之後，會有最壞的情況——尤其是針對女性同胞而言。」

荷斯特跟這些罪犯談話，發覺他們只要求離開馬上就會成為戰區的歐斯特貝克。唯一渡過萊茵河的途徑，便是黑菲亞鐸-德瑞爾村渡口。船主皮亞特一口拒絕配合。他不想有五十個犯人在南岸被放掉。此外，渡船現在泊在北岸，皮亞特要它留在那裡。經過好幾個小時不耐煩的談判以後，荷斯特終於讓皮亞特把犯人運過河去。他回想：「看見他們走了，我們都很高興，女人們怕這些罪犯比怕德軍更甚。」荷斯特很細心，堅持渡船要回到北岸來，在那裡英軍可以使用。

作為前陸軍軍官，荷斯特大惑不解，不曉得英軍為什麼不立刻佔領黑菲亞鐸-德瑞爾渡口。傘兵們進入歐斯特貝克時，他向他們探詢有關渡口的事。使他大感意外的是，英軍既然沒有人曉

14 編註：前述荷斯特太太的丈夫。

得渡口這件事。他幹過砲兵，對英軍沒有佔領附近的溫斯特包雲丘，也是感到意外。那裡是唯一俯瞰萊茵河的高地，誰的砲兵佔領了這些高地，就控制了渡口。而且，英軍選上哈滕斯坦酒店作師部，也是令他納悶。他認為，溫斯特包雲丘高地的餐廳和其他建築，才是有利的地點。他敦促幾位英軍參謀「佔領渡口和溫斯特包雲丘吧！」他們很客氣，可是都不感興趣，有位參謀告訴荷斯特，「我們不打算待在這裡。大橋在我們手裡，霍羅克斯的戰車會到，我們並不需要渡口。」荷斯特希望這個人沒錯，倘若德軍佔領了不到兩英里外的溫斯特包雲丘，他們的火砲不但可以控制渡口，而且可以把哈滕斯坦酒店的英軍師部完全摧毀。英軍這時已經曉得渡口的存在，他也向他們提示過溫斯特包雲丘，荷斯特已經沒有什麼可以做的了。事實上，這位前荷蘭軍官指出了整個作戰中最嚴重的失誤之一——英軍沒有意識到渡口以及溫斯特包雲丘高地的戰略重要性。如果厄克特留在師部指揮作戰，情況或許會及時修正[15]。

——

厄克特未能視事，便由希克斯來指揮第一空降師。他幾乎無時無刻都要面對讓他困惑的問題，即如何讓處於困境的空降部隊不斷進行複雜而又迅速的行動。師部與各營之間失聯，有關即時戰況的準確情報就很稀少，因此對當面與潛在的敵軍兵力，希克斯也無從掌握。送到他手上的零星消息，都是由一些筋疲力盡、滿身汙穢的傳令兵，冒著生命危險替他送達的。經常送到師部時，已經是無助、過時的情報了。又或者荷蘭反抗軍提供的消息，不是被忽視，就是抱持懷疑的態度看待之。這時，希克斯唯一靠得住的通信，就只有那麼一條微弱的波道——經由湯普遜與蒙福特的砲兵無線電，也是歐斯特貝克與安恆大橋福洛斯特守軍之間唯一的通訊。

第二營與終於到達大橋的勇敢的掉隊者們雖然遭到了重創，卻仍然在堅守。福洛斯特的情況本來就很危急，如今正在迅速惡化。希克斯回憶道：「我們不斷接到大橋方面的文電，要求援兵和彈藥，敵方的壓力以及德軍裝甲兵到處持續增加兵力，而與厄克特、路斯白里、杜比或者費齊都聯絡不上。我們沒辦法向軍部的布朗寧將軍呼叫，向他說明戰況的重點，同時我們迫切需要救援。」從戰俘審訊得知，希克斯這時知道了傘兵對抗的部隊，竟是老練的黨衛軍裝甲第九「霍亨陶芬」師和第十「福隆德斯柏格」師。一直沒人告訴他，這兩個師的實力如何，或者能判斷一下，調來進攻他的戰車有多少輛。更糟的是，希克斯不曉得原訂的攻擊前計畫，能不能禁得起目前德軍的壓力。如果敵軍大量增援，整個任務或許就要泡湯了。

他曉得救兵已經上路。十九日那天，索沙保斯基少將的波蘭傘兵旅就要在第三批空投飛到。霍羅克斯的戰車也會到達。然而，他們已經遲到了。他們距離安恆有多近？能不能及時解救和扭轉戰局？「儘管面臨各種情況，」希克斯回想說，「我相信福洛斯特還是會堅守大橋北端，一直到蒙蒂的戰車到達為止。畢竟這座橋是我們的目標，我的一切決定、行動，都完全集中在佔領與據守這個目標上。」分析所有因素後，希克斯覺得他務必遵照原訂計畫。此時的海克特旅長也正這麼做。

---

15 原註：荷蘭著名的軍事歷史學家波義瑞中校（Theodor A. Boeree），在好幾篇專著中也有相同的論點，他寫道，「如果厄克特在的話，他或許會放棄大橋的防禦，把福洛斯特營召回來。可能的話，把原先的六個營集中，再加上剛降落的第四傘兵旅的三個營，在下萊茵河某處，建立堅固的橋頭堡……以溫斯特包雲丘高地……作為橋頭堡的中心，他們便可以在那裡等候英軍第二軍團的到來。」

在原訂計畫中，海克特的第四傘兵旅，要佔領安恆市北邊的高地，阻止德軍增援部隊接近大橋。可是在構思這個計畫時，是以敵軍兵力微不足道為出發點，充其量也是可以應付的。事實上，敵人的反應太快、太集中和太有效，希克斯沒辦法判斷真正的情況。畢特利希軍據守在安恆北部，他的部隊把福洛斯特堵在大橋一端，同時成功地阻止了杜比和費齊的兩個營去解救他們。事實上，這時這兩個營的前鋒已經被切斷，他們離安恆大橋不過一英里，就在聖伊莉莎白醫院附近的建築區被擋住了去路。南史丹福郡團所屬的第二營[16]已經首先馳援，同時從海克特旅派出的第十一營，情況也不樂觀。「我們那時推進到了聖伊莉莎白醫院前面，到了一段開闊的、毫無掩蔽的沿河公路，這時突然彈如雨下。」南史丹福郡團二營的二等兵羅柏愛德華回憶道，「我們看上去一定像是極了標靶，德國佬只要把他們的火砲和迫擊砲朝著這條溝——大約有四分之一英里寬——對準了轟過來，這不可能打不中的。」羅柏愛德華看見副連長韋斯上尉（Edward Weiss）不知疲倦地在縱隊前後奔波，「完全不顧從身邊飛過的彈雨，嗓門越來越嘶啞了，仍高喊著：『走、走、走，D連，走』。」

韋斯似乎無處不在。四周的士兵都給打倒了。假如有傘兵停下來或者躊躇，韋斯「立刻到旁邊督促他們前進。看見他直挺挺地站著，你就無法趴著，你不能不以他為榜樣，跟隨他穿過那個砲火地獄。」羅柏愛德華丟了幾枚煙幕手榴彈想掩護他們的前進，「然後腦袋一低，像兔子般飛奔。」他絆倒在「一堆堆的死人身上，踩過滑溜溜的血灘，一直跑到道路另一頭有些房子的地方，才有部分的掩蔽。」正當他跑過時，發現韋斯上尉中彈了。「連長菲利浦少校（Phillips）受了重傷，似乎沒有人曉得我們是在做什麼，也不知道下一步該怎麼辦。」D連數一數，人數「只剩兩成，顯然我們沒有辦法繼續抵抗人數強大的德軍。我們滿懷希望地等待黎明的到來。」

那情況就彷彿是在第一空降師與在大橋上，人數少得可憐的福洛斯特之間，築起一道堅固的圍牆。

海克特把第十一營撥出去，交換回來的是皇家直屬蘇格蘭邊境團第七營（King's Own Scottish Borderers，KOSB）。他們自從十七日跳傘以後，便在空降場擔任警戒，這時隨同海克特的第十營與一五六傘兵營，途經歐斯特貝克西北邊的沃爾夫海澤村出發。在那附近，皇家直屬蘇格蘭邊境第七營要警戒約海納農場，那是第三批空投、滑翔機運來波蘭傘兵旅車輛與火砲的空降場。

經過一開始的戰鬥以後，海克特旅平安地出發。入夜以前，KOSB第七營已經在約海納農場四周佔領陣地。突然間，各營都遭遇了德軍堅強的機槍陣地猛烈抵抗。天色漸暗，上面下達了據守原陣地的命令，然後在拂曉時肅清敵人。一定要緊緊守住這片生死攸關的區域，索沙保斯基的傘兵，預訂要在十九日於安恆大橋南岸跳傘，降落在一處海埔新生地——由於顧慮防空砲兵，厄克特與皇家空軍都認為不適合做大規模初始跳傘的位置。波軍傘兵預定抵達的時候，大橋應當已在英軍手中。假如英軍還沒有到手，就指定波軍加以攻佔。在英國的布朗寧後方軍部裡，沒有人意識到盟軍在安恆遭遇的挫折正在惡化，波軍還是按照計畫執行空降。假如福洛斯特還能守得住，而波軍空降又能成功，即使是到了這個關頭，市場花園作戰仍然有一線成功的機會。

---

16 編註：英軍第一機降旅所屬。

四處都還有人掙扎著向大橋前進。眼下在許多人看來，福洛斯特營走在南路的過程，似乎是好幾天以前的事情了。米爾本二等兵和其他各營的一小批脫隊士兵，偷偷地在鐵路大橋——福洛斯特官兵在往主目標前進時，曾想過把它奪下來——附近的廢墟中經過。米爾本左邊的田野裡，看見黑黝黝中有一堆堆白白耀眼的東西。「那是好幾十具屍體，荷蘭人在附近悄悄移過來，把我們死去的弟兄給蓋上白床單。」前方，火勢耀紅了天空，偶爾大砲的砲口火焰映出了大橋的輪廓。整個下午，這一小批人都被優勢兵力的德軍擋住。這回，又被牽制住不能動了。他們在河邊艇庫中躲避時，米爾本開始對究竟能否到達大橋感到絕望。這批人當中唯一的通信兵，開始在無線電機上操作。大夥圍過來時，他突然收到了倫敦播送的英國廣播公司節目。米爾本聽著廣播員清晰的聲音，播報今天在西線的戰況：「位於荷蘭的英軍，只遭遇了輕微的抵抗。」在陰鬱的艇庫裡，其中一個傢伙譏笑聲響起，米爾本說：「一整個他媽的鬼扯蛋！」

——

這時，正當英軍第一空降師的英勇官兵為自己的生存而戰時，英王陛下的兩名旅長，卻對應該由誰指揮這個師，進行了一次激烈的爭執。這次爭論由怒火鬱積的海克特准將所引起，他在十八日晚上，眼見狀況不但令人憂慮，而且「混亂不堪」。敵軍似乎處處都佔了上風，英軍的各營分散各自為戰，不知道彼此的下落。很多單位彼此無法通信，被牽制在住宅區裡，完全靠運氣彼此才能碰得上。海克特認為，戰鬥顯然缺乏全般指揮或協調。夜深以後，脾氣火爆的海克特，心中仍然為麥肯齊語出驚人的宣布繼任師長人選而憤慨。他開車到哈滕斯坦酒店，要跟希克斯把這件事情給擺平。希克斯回憶：「他大約在半夜來到，我那時正在作戰室，打從一開頭就很清楚，他的年資比我高，對我接任師長很不高興。他年輕，有很堅定的主張，相當愛好爭論。」

起先，海克特的不高興集中在一件事上。那就是希克斯把他的第十一營分割出去。他要求知道是下了怎樣的命令，當地的指揮官又是誰。「他以為，」希克斯回想，「戰況太不穩定，而且明顯不同意所做的決定。」年齡比較大的希克斯，耐著性子解釋，因為目前德軍的堅強抵抗，當前狀況一直是出乎預料的。因此，每一個營級單位都是獨立作戰以到達大橋。儘管向各營指示過要走指定的某一條路線，也向各營警告過，由於局勢不尋常，可能會有路線重複的狀況發生。或許兩三個單位會被迫進入同一地帶。海克特唐突地作出批評，「這分明是指揮體系的問題。」

希克斯同意這點，不過他告訴海克特，當前目標「是力竭我們所能，盡可能快速援助在大橋的福洛斯特。」海克特同意應該迅速增援福洛斯特，但挖苦地暗示，如果「有更為協同一致的動作，再加上更多的衝勁和凝結力，」這件事或許已經辦成了。海克特的論點，可說的很多：一次協同一致的攻勢，或許真能成功突破德軍包圍圈而抵達福洛斯特那裡。可是，希克斯沒有通信，又被德軍不斷的攻擊而疲於奔命，一直都沒有時間來組織全面性的攻擊。

兩個人的話題又轉到了海克特旅在明天所要擔負的角色上。希克斯認為，海克特不應該企圖佔領安恆以北的高地。「我覺得他長驅直入安恆，協助福洛斯特固守大橋北端會更有幫助。」海克特極力反對，他要的是一個確定的目標，而他顯然已經知道了將會是怎樣的目標。他宣稱說：「首先要拿下約海納農場以東的高地，然後看看我還能怎麼為協助安恆的作戰做些什麼。」海克特的語調平靜，陳述並不充分，避而不答對方的問題，但又相當辛辣。他堅持應該要給他一個時間表，使他能「把自己的行動和別人的相配合。」海克特說，他要一份「確實的計畫」。否則的話，他就會被迫「提出質疑有關本師的指揮問題」。

在這場希克斯日後婉轉地稱之為「我們的討論」中，師部的行政官布瑞斯東中校也在場。他記得希克斯「臉上繃得緊緊」，轉頭對他說：「海克特旅長認為他應該擔任指揮。」海克特抗議這種說法。布瑞斯東意識到談話越來越緊張，便立刻離開房間，派值日官格瑞夫（Gordon Grieve）去找參謀長麥肯齊中校過來。

麥肯齊在樓上房間裡休息卻睡不著。「格瑞夫進房來的時候，我在房裡已經待了大約半小時，他告訴我要馬上下樓去一趟，希克斯和海克特兩位旅長『正在激烈爭吵』。我早已著裝好了，下樓時我快速想了一下。我曉得出的是什麼紕漏，或許需要我採取決定性的行動，我並不打算進入作戰室打哈哈，只覺得在這節骨眼上，厄克特的命令遭受了質疑，我在各方面都要支持希克斯。」

麥肯齊進入作戰室，兩位旅長間的談話頓時打住。他回憶，「兩個人都鎮靜了下來，事情顯而易見，最糟的情況已經過去。」希克斯幾乎是漫不經意地看了麥肯齊一眼，「呵，查理，」麥肯齊記得他這麼說，「海克特跟我有一點點爭執，不過現在沒事了。」希克斯有把握「事情會安頓下來趨於正常，我相當肯定，海克特走時會遵守我的命令。」然而，海克特表面上不管多麼接受希克斯的新角色，他的大部分觀點並沒有改變。海克特回憶道：「如果老希下的命令有道理，我原來是會接受的，可是他告訴我的事，卻毫無道理可言。因此，我傾向於表達自己作為資深旅長的事實，以及對本旅將下達合理的作戰命令。[17]」

在任何其他情況下，兩位旅長的對峙，只不過是歷史上微不足道的過程。兩個勇敢、盡忠的男士，在極度緊張下，為了同樣的目標，一時爆發了火氣。在市場花園作戰的資產負債表上，當計畫已經瀕臨危急存亡之秋時，如果要以協調一致的努力奪下安恆大橋，是迫切需要每一名士兵、部隊長間的合作，上下間的團結一致更是非常重要。尤其，盟軍第一空降軍團的命運又轉向了。倫德斯特元帥所許諾的增援大軍，已經從西線各處源源不絕地湧到了市場花園的作戰地區。

——

為荷蘭南方和北方的反抗軍，第一次獲得秘密電話聯繫管道的技術高超的技術員波德，這一整天都留在房間裡。他收到反抗軍安恆地區首領克瑞尤孚的指示，坐在一扇小窗戶旁邊，俯瞰著維爾維希街（Velperweg）——這條寬廣的大街由安恆市東區直通北部的祖特芬。他沒有離開過崗位，安恆市西區有許多電話打給他，使他惶惶不安。反抗軍人員報告，沃爾夫海澤村和歐斯特貝克附近有了麻煩，群眾激動地高談反攻已經停止。到目前為止已經有好幾個鐘頭，他聽到的全是情況惡化的消息。命令要求波德持續監視，觀察有沒有任何跡象顯示德軍大規模從北到東的舉動。到目前為止他一無所獲，每隔一小時打給反抗軍司令部的電話，總是這麼一句簡明的消息，不停地報了又報：「街上空蕩蕩。」

入夜後，距他下一次打電話報告還有二十分鐘，他聽見「裝甲車輪胎滾動的聲音和履帶的鏗鏘聲。」疲憊的他走到窗前，看了看維爾維希街，路上看起來還是和之前一樣空蕩蕩。然後在遠處，在市區上空耀眼的紅光照耀下，這時他看到了兩輛巨大的戰車。它們在寬敞的大街上併行前

17 原註：我認為這次爭吵遠比前述所寫的更為激烈，但也可以了解，希克斯和海克特是好朋友，對這件事都不肯作細節的討論。事情的發生，至少有四種不同的說法，沒有一種是完全正確的。我是根據對海克特、希克斯、和麥肯齊三個人的訪問而重寫，同時也根據了厄克特所寫的 *Arnhem* 頁七十七至九十，以及希伯特作品 *The Battle of Arnhem* 頁一〇一至一〇三的敘述。

進，正朝進入舊市區的大路駛去。波德瞪大了眼睛注視，他又看見戰車以外，「有許多卡車，載著面容整潔的士兵，直挺挺坐在座位上，步槍在他們前面。然後又是更多的戰車、更多坐在卡車上的一排排士兵。」他立刻打電話給克瑞尤孚，說：「看像是整個德國陸軍，連同所有的戰車和其他武器，正開進了安恆。」

九月十四日，曾經把畢特利希麾下黨衛軍第二裝甲軍出現的情報，向倫敦警告過的安恆反抗軍情報組長納普，這時在他的情報網中，收到了德軍增援部隊源源不絕的報告。納普顧不得那麼多守則，直接打電話到哈滕斯坦酒店英軍師部，找到值日官說話。他沒有寒暄、告訴對方：「一個縱隊的戰車，其中有一些虎式戰車，正開進安恆，有一部分則開往歐斯特貝克。」對方客氣地要納普不要掛斷，幾分鐘以後他又來通話，謝謝納普並解釋說：「對於這個報告，上尉不採信。畢竟他已經聽到過多的謊言了。」可是英軍師部的存疑很快就會消失，克瑞尤孚經過該師的情報聯絡官荷蘭皇家海軍沃特少校，證實至少「有五十輛德軍戰車，正從東北方向駛入安恆。」

戰鬥帶來的惡臭正瀰漫在內城裡。大橋上，損毀的車輛殘骸高高地突出在引道的混凝土路肩，散落分布在沿萊茵河的街巷上，帶著油膩膩濛霧的濃煙染汙了房子和庭院。沿著河岸，有千百個火頭恣意燃燒，人們都記得重砲彈沉重爆炸時，路面地動山搖的過程。德軍在這次激戰第二天的最後時刻，猛轟北引道一帶的英軍據點，雙方為爭奪蒙哥馬利計畫中的這個頭號目標一刻不停地激烈交火。

大約在半夜前後，福洛斯特離開了位於引道西側的營部，沿著防線巡視自己的官兵。雖然自從上午格布瑞納的裝甲攻擊後，仗一直打個不停，但士氣依然很高。他以疲倦、邋遢的傘兵為榮。他們一整天下來，擊退了一次又一次的攻擊，沒有讓一名德軍或者一輛車抵達得了大橋北端。

下午，德軍改變了戰術。他們使用會燃燒的白磷彈，想以火攻的方式把英軍從據點中燒出來。一門長砲管的一五〇公厘大砲，用一百磅重的砲彈，一彈直接轟擊福洛斯特營部，迫使他們都進入地窖，然後英軍以迫擊砲試射準確距離後，再一發直擊彈把德軍砲手都打死。正當英軍歡呼時，其他德軍在火網下衝出來，把那門大砲給拖走了。防線周圍的房屋都燒得很嚴重，可是英軍還在裡面死守，一直到最後一分鐘才變換到其他陣地去。損毀非常驚人，每一條街上都散布著焚燒的卡車、汽車、擊毀的半履帶車和一堆堆冒煙的殘骸。瓊斯上士（Robert H. Jones）還記得那個景象，就像是「一片馬尾藻海，上面漂浮著起火垮塌的房子、半履帶車、卡車和吉普車。」激戰已經成了耐力賽，福洛斯特知道在這種競賽中，沒有救援的話，他的官兵是贏不了的。

地窖和地下室裡滿是傷患。該營一位軍牧易根神父（Bernard Egan）和醫官羅根上尉（James Logan）——他們自從北非作戰以來就成為朋友——在迅速減少的醫藥補給品情況下，一起照料受傷的官兵。差不多已經沒有多餘的嗎啡了，甚至繃帶也快用完。傘兵們向大橋推進時，只帶了僅夠支持四十八小時的口糧，現在差不多快吃完了。德軍又切斷了飲水，他們被迫去搜刮吃的。全靠他們佔領的房子地窖、地下室所貯存的蘋果和少數梨子生存。約克斯二等兵（G. W. Jukes）還記得上士告訴他們：「如果你們吃了足夠的蘋果，就不要喝水。」約克斯產生了幻覺，覺得自己「被解救了，綁著血跡斑斑的繃帶，無所畏懼地與別人背靠背地站著，四周是死去的德國人、空彈殼，還有蘋果核。」

時間一分一秒過去，福洛斯特等候杜比或者費齊的援兵突破德軍包圍圈抵達大橋，但他們始終沒有出現。儘管從安恆西邊傳來激戰的聲音，卻沒有大規模部隊調度的跡象。一天過去，自從上午接收到那次信號強烈的電報後，福洛斯特原以為還會聽到霍羅克斯第三十軍更多的消息，卻音信杳然。想辦法穿過敵軍到達大橋的第三營零星傘兵，帶來了消息，說霍羅克斯的戰車依然還遠在走廊的底端，有些人甚至聽見荷蘭反抗軍人員的消息，戰車縱隊還沒有到達奈美根。福洛斯特既擔心又不確定，因此決定保留了這些消息。他深以為傲的第二營，自成立以來就是由他來擔任營長，早就認為自己的弟兄獨自堅守的時間，將遠遠久於他的期待。

在星期一的最後幾個小時，福洛斯特的希望全繫於第三批空投，預計波蘭第一傘兵旅就要到來。他後來寫道：「他們要在大橋南邊跳傘，我很害怕他們的遭遇……可是重要的是，他們會發現只有少數朋友去接應。」為了準備波軍來到，福洛斯特編組了一個「機動突襲組」，利用高福少校兩輛裝甲偵察吉普車和一輛布倫機槍裝甲車，希望能衝過大橋，趁奇襲和攻擊引起的混亂，打開一條通路把波軍帶過來。而率領這個小組的高福少校，「徹頭徹尾的悲觀，對這個構想並不熱中。」他在九月十六日剛度過四十三歲生日，如果執行了福洛斯特的計畫，高福十足覺得過不了自己的四十四歲生日[18]。

不到十九日上午十點，波軍是不會來到的。福洛斯特這時巡視在塹壕、機槍陣地、地下室和地窖的官兵時，警示他們要善用寶貴的彈藥。唯有在近距離內才開槍，要使每一發子彈都有價值。營長的命令傳過來時，通訊兵海耶桑（James Haysom）正用步槍瞄準一名德軍，他吼叫道：「站定呀，你這王八蛋，子彈要錢的啊。」

福洛斯特知道，減少火力，會有助於敵人改善其陣地。他卻也相信會使德軍誤會，以為英軍人數死傷多了，膽子也沒了。福洛斯特很有把握，這一種態度會使德軍付出慘重代價。

在大橋引道的對面，麥凱上尉那一小批工兵，印證了福洛斯特的推論。

在引道下面彈痕累累、到處毀壞的校舍，麥凱已經把手下這支小部隊緊緊擠進兩間房裡，派了少數幾個人在外面的禮堂防止德軍滲透。他剛一布置好陣地，德軍就發動了機槍與迫擊砲攻擊。韓迪下士（Arthur Hendy）記得射擊猛烈得「子彈咻咻地穿過破碎的玻璃窗，切開了地板木頭，我們東躲西藏。除了躲子彈，還有好多飛濺的碎木頭。」

士兵都臥倒掩蔽時，麥凱發現德軍已經送來一具火焰噴射器。沒多久，靠近學校的一輛半履帶車便燒了起來。麥凱回憶：「然後，德軍便開始放火燒我們北面的房屋。火燒得好起勁，在我們的木質屋頂上，落下了如雨洩的火星，屋頂馬上也燒了起來。」大混亂中，官兵們衝上屋頂用學校的滅火器和自己的迷彩服，花了整整三個小時拚命把火頭撲滅。韓迪覺得那股臭氣，「就像是燒乾奶酪和烤肉的臭味。整個地區被照得通明透亮，閣樓溫度好高，德軍還一直朝我們開冷槍。火最終被撲滅了。」

筋疲力竭的傘兵，再度於兩間房裡集合時，麥凱命令他們把衣服和軍便服綁在腳上。「石頭地面是厚厚一層玻璃、泥灰、金屬碎片，樓梯上有了血而滑不溜丟的，腳一踩下去就嘎吱嘎吱響得好大聲。」麥凱正準備到地窖裡去巡視傷患時，只記得「一陣炫目的閃光和嚇人的爆炸。說

18 原註：戰後高福才知道，霍羅克斯將軍也有同樣的構想。他記得在英軍主力前面派出的快速偵搜部隊，是如何與一〇一師會師的經過，以為派出類似的快速偵搜隊也許有機會抵達安恆大橋。高福說：「鄧克利上校（Vincent Dunkerly）奉令準備指揮這支部隊，他也像我一樣，承認在那一整天，光想到這件事就會嚇到尿褲子。」

時遲那時快，像有什麼人賞我一個耳光。」在放火過程中，德軍運來了一管鐵拳發射器，想一舉把這支小部隊徹底消滅。昏沉之中，麥凱驚嚇校舍整個東南角，和依然在冒煙的一部分屋頂已經被炸掉了。更糟的是，各處教室就像是太平間般到處都是屍體和傷兵。麥凱回憶說：「幾分鐘以後，有什麼人過來報告，說我們身陷重圍。我從窗戶朝外看，下面是一大批德軍，奇怪得很，他們什麼都沒有幹，只站在四周的草地上。除了西邊外，每一個方向都有德軍。他們一定以為鐵拳已經把我們結束掉，因為我們停止了射擊。」

麥凱小心在地板上的屍體旁邊走過，命令手下拿起手榴彈，說：「我一喊『放！』，你們就盡其所能開槍。」他回到了東南角窗戶，下達了這個命令。「弟兄們朝底下的人丟手榴彈，我們緊跟著就是把手頭有的一切傢伙打出去：六挺布倫機槍，十四支司登衝鋒槍，以最大的射速開槍。」在刺耳的囂噪中，傘兵們毫不防護地站在窗戶前，以機槍作立姿掃射，一面吼叫著戰口呼，『哇嗨，穆罕默德！』」幾分鐘後，逆襲結束。據麥凱回憶：「我再往外看時，只見下面一層灰灰的身軀，我們一定幹掉了三十到五十名德軍。」

這時，他們才來收集死人與傷患，一名士兵奄奄待斃，胸脯上中了十五發子彈，有五個重傷，幾乎所有的傘兵都在熊熊火起的屋頂上救火時遭到灼傷。麥凱本人又被破片打中，發覺破片刺穿了軍靴。不管是他，或者是臨時的救護兵懷特一等兵（Pinky White）也好，都無法移除那塊破片。麥凱就把軍靴綁緊，使傷口的腫脹壓消一點。五十人中，麥凱這時只剩二十一名還健壯的士兵，戰死四人，受傷二十五人。雖然他沒有口糧，只有一點點飲水，卻收集了充足的嗎啡，足以減輕傷兵的疼痛。他回憶：「差不多每一個人都很震驚、疲倦。但是我們有了暫時喘息的空間，我一直不認為事情是樂觀的。但是我們收聽到ＢＢＣ廣播員說，一切都按照計畫進行。我在無線電上跟營長聯繫，把我們的狀況報回去，並說我們都很快樂、挺得住。」

——

韓迪下士正想睡上個幾分鐘時，聽到了遠處教堂的鐘聲，起先他以為鳴鐘是宣告霍羅克斯的戰車抵達，可是鐘聲沒有規律、前後也不一致。韓迪認為這是槍彈或者砲彈破片打中了大鐘。他想起引道那邊福洛斯特營部四周的弟兄，不曉得他們是不是還安然據守。鐘聲又響了，他覺得自己全身發毛，沒辦法消除大限臨頭的奇怪感覺。

福洛斯特迫切需要的救兵，距離近得讓人苦惱——還不到一英里。四個營在聖伊莉莎白醫院和萊茵河的中間地帶展開，費盡九牛二虎之力要到福洛斯特那裡去。費齊中校的第三營，一直企圖想沿著「獅線」——兩天以前，福洛斯特走過抵達安恆大橋的萊茵河畔道路——推進。天黑以後，在沒有通訊的情況下，費齊沒料到另外三個營也在移動——杜比中校的第一營、李奧中校（G. H. Lea）的第十一營、麥卡迪中校（W. D. H. McCardie）的南史丹福郡團二營，杜比距離費齊營才幾百碼。

九月十九日星期二凌晨四點，第十一營和南史丹福郡團二營開始行軍，經過聖伊莉莎白醫院與安恆市博物館間的密集建築地區。在他們南面的「獅線」，費齊已遭遇摧毀性的抵抗。第一營這時想打開一條出路。起先，這三個營協調一致的進軍，獲得了些許進展空間。然後在破曉時掩蔽消失，整夜沒有協調的德軍抵抗，頓時猛烈集中了起來。前進的腳步停頓了下來，三個營發覺自己踏進了堅強的戰線，三面被敵軍包圍，就像恭候他們進入事先計畫好的口袋裡。德軍準備來一次大屠殺。

前鋒部隊遭受攻擊並停止行動，德軍的戰車和半履帶車堵住了前面的街道。在北面的鐵路調車場高地上的窗前，等候著的機槍手開槍射擊。萊茵河對岸的磚瓦屋中，德軍好多門四管防空機砲平射，轟進杜比營。費齊營想沿著下萊茵河公路前進，也被打得四分五裂。費齊營兩天以前所歷經的戰鬥已經備受重創，這時更被持續的防空砲火打得潰不成軍，不再是一支有戰力的部隊。混亂中官兵散開，他們既不能前進，也不能後退。在開闊的道路上，根本無從掩蔽，而被敵軍有條不紊地一一打倒。「事實明顯得使人痛苦，」賽康比上尉（Ernest Seccombe）說：「德國佬的彈藥比我們多很多。我們試圖從一個掩蔽物跑到另一個。我剛開始衝刺，就遭遇了一陣致命的交叉火力，我像一袋馬鈴薯倒下了，甚至連爬都爬不了。」兩條腿都受了傷的賽康比，眼睜睜看見兩名德軍向他走來。說得一口流利德語的英國上尉，要他們看一看他的兩條腿。他們彎身下去檢查他的傷勢。然後一名德軍站得筆挺，「報告上尉，我很抱歉，」他告訴賽康比，「恐怕對你來說，戰爭已經結束了。」兩名德軍把他們的救護兵叫過來，把賽康比送進了聖伊莉莎白醫院[19]。

費齊手下一名軍官碰巧發現，杜比的部隊出現在南路，而第一營的官兵儘管自身蒙受了巨大傷亡，仍然要往費齊營那點可憐的殘存人馬走去。杜比這時拚了命還是要到安恆大橋，可是兵力相差太大了。當杜比衝入密集的砲火封鎖線，越過菲齊營的官兵時，他自己也負了傷被俘（後來逃脫成功）。這天終了，該營大概只剩四十人，波多克二等兵便是其中之一。「我們一直想到大橋，可是那是場浩劫，我們不斷挨迫擊砲轟擊。德軍戰車一個旋轉朝我們衝，我想用布倫機槍去打戰車，但接著我們就後退了。我經過一處被破壞的大自來水管，一具穿著藍色連身工作服的老百姓屍體躺在小溝裡，自來水緩緩地在他身體四周流動。等到我們離開安恆市郊時，我知道我們再也回不去了。」

費齊營官兵原想跟隨在杜比營後面前進，但又再一次被打得七零八落。推進已經失去了所有的意義，作戰報告中充分顯示出該營在這個時間點的混亂狀況。「前進時還很滿意，一直到本營進抵已經拆卸的浮舟橋時，」三營的報告中這麼寫著，「這時，一營的傷患開始在本營中穿梭。重機槍、二〇機砲與密集的迫擊砲火忽然開火……死傷人數不斷增加，每一分鐘都有小批人員受傷往後竄跑。」

費齊營有被全滅的危險，便下令全營退回到萊茵大樓（Rhine Pavilion）。那是位於河岸邊一家大餐館建築，全營殘部可以在那裡重新編組和佔領陣地。費齊告訴弟兄：「每一位官兵都要竭盡自己的能力，找路退回到那裡去，看來整個地區都在敵射擊火力之下。唯一能安然退到那裡的希望，便是個別行動。」二等兵羅柏愛德華還記得一位中士，「軍靴裡嗞咕嗞咕地都是他傷口流出來的血，告訴我們退回去，找路到我們原來的單位去。」費齊中校並沒有到達萊茵大樓，在回頭的這條致命路上，他被迫擊砲火炸死了。

由於一系列奇怪的情況，有兩個原本不應該到安恆來的人，卻真的給他找到路來了。第一空降師通信組副組長楚蒙德少校，聽說通信斷絕而大為驚慌，帶著他的傳令兼駕駛兵透納下士（Arthur Turner），到前線找故障問題。他們兩個人自從星期一一大早就上路了。起先，他們找到了杜比營的位置，從那裡打聽到福洛斯特到了大橋，杜比正準備發動攻勢打通一條路到那裡去。

---

19 原註：安恆戰役的大多數時間，該醫院都由英德兩軍醫官和救護兵在使用，治療各自的傷患。賽康比作為德軍的戰俘，送到了距離德國邊境大約五英里的荷蘭小鎮恩斯赫德（Enschede）。停留當地期間，他的兩條腿都鋸掉了。他在一九四五年四月獲救。

楚蒙德在沿河公路上前進時，趕上了第三營正向安恆艱苦推進的單位，便同他們一起前進。猛烈的火力淹沒了這一批人，隨後，楚蒙德發現自己正率領著一個連的殘部戰鬥，他們的連長已經戰死了。

在不斷的輕武器火力包圍下，楚蒙德記得德軍朝他們扔木柄手榴彈。他領著這批士兵，沿河邊公路到了一處河灣邊的幾棟房子，眼前就是大橋了。「我決定要到那幾棟房子去的這幾百碼過程，士兵們根本就像拍蒼蠅般一個個倒下來，」他回憶，「我們剩下大約二十人，我了解該營的其他部隊這時在後面很遠的位置，不可能到達我們這裡。」楚蒙德便把士兵分成三組，決定等天黑時到河邊去，然後嘗試泅水渡河，然後再游回來西邊尋找師裡的部隊歸建。在德軍四面環繞下，他們在角落一棟小屋裡等待。大門上響起了捶門聲，楚蒙德和跟他一起的三名士兵再跑到屋子後頭，躲在洗手間裡上鎖。從房子外面的嘈雜聲聽得出來，德軍顯然正忙於把這房子當成據點。楚蒙德陷在裡面了，他和這幾個人在這間沒有多大的房間裡多待了三天[20]。

同時，第十一營和南史丹福郡團二營，經過幾個小時的殘酷巷戰後，也到了進退不得的境地。逆襲的德軍戰車，狠狠地痛擊了兩營，把他們逼得緩慢地向後退卻。

福克納一等兵（Maurice Faulkner）還記得，各營的殘餘單位抵達博物館時都已經傷亡慘重，卻又與德軍戰車不期而遇。「我看見一名士兵從窗前跳到戰車頂，想塞一枚手榴彈進去，」福克納回憶，「卻被狙擊兵打死，不過我想他八成是被困住了，也許認為那是他唯一的出路。」歐布萊恩二等兵（William O'Brien）說，情況「突然間莫名混亂，沒有人曉得該怎麼做，德軍已經把『噴煙者』火箭發射器運到。我們都被那種吼叫聲給嚇得靈魂出竅。我開始覺得，將軍們無權把我們陷入這樣的境地。我一直納悶，該死的第二軍團究竟死到哪裡去了。」

米爾本二等兵在歐斯特貝克教堂附近，聽見有人叫機槍手出列，他往前跨了一步，便奉到指示帶著機槍和一名槍兵，到聖伊莉莎白醫院附近的交叉路口去，掩護兩個營脫離交戰。米爾本把維克斯機槍放進吉普車，便同三名槍兵出發。他把機槍陣地部署在十字路口一棟房子的花園裡。他似乎馬上就捲進了激戰，迫擊彈和火砲砲彈就像直接瞄準了他打過來。傘兵們撤到他四周圍時，米爾本開始朝前方不斷射擊，子彈還打出了弧形彈道。他記得聽見一聲急劇的破空聲響，像是勁風一般。然後便是一道閃光，幾秒鐘後，覺得自己的眼睛和雙手都不對勁了，只記得有人說：「天哪，他中彈了。」

普里查二等兵（Thomas Pritchard）聽見聲響，跑到當下大家站在米爾本旁邊的地方。「他躺在變得扭成一團的維克斯機槍上面，兩隻手都只有一層皮吊著，一隻眼睛鼓出了眼窩外，我們大聲叫救護兵。」就在不遠的地方，米爾本的好朋友，第十六野戰救護營的布瑞斯下士（Terry "Taffy" Brace），聽到有人在叫。他離開了一個被破片炸傷的士兵便向前跑，有人在叫他：「快點！機槍兵中彈了！」布瑞斯記得，就在他跑的時候，還可以聽見幾乎持續不斷的機槍聲，幾乎在每一處都有砲彈和迫擊砲彈落下。他跑到一堆人前面，推開他們，悚然發現米爾本躺在地上。

---

20 原註：楚蒙德於九月廿二日星期五，離開靠近安恆大橋不遠的房子不久之後被俘。在費爾普村附近一棟作為戰俘收容所的古老別墅，他發現了一個可以藏身的壁櫥。他在這個僅可轉身的空間一共待了十三天，每天只啜些許飲水和少量麵包。十月五日他逃了出來，與荷蘭反抗軍聯絡上以後，於十月二十二日晚上，被帶到奈美根的第一空降師傷患收容站。跟他一起在安恆的三名士兵，有一個是他的傳令兵透納下士，被德軍俘獲了，押到費爾普村的收容所。最後他是被送到德國的戰俘營，一九四五年四月方得解救。楚蒙德本人的經過，生動地記述在他的著作 *Return Ticket* 當中。

布瑞斯馬上急救，把米爾本兩隻手都包紮起來，在他顴骨下放了一塊繃帶墊住左眼。布瑞斯記得在包紮時邊不停地說話。「波恩，這只是點皮肉傷，」他一直說個不停，「這只是點皮肉傷。」他把米爾本攙扶起來，抬他到附近的急救站，一位荷蘭醫師立刻開始工作，布瑞斯這才回到戰場上去[21]。

布瑞斯經過時，似乎有數以百計的人躺在田野和公路旁。「我在每一個人面前都停了下來，」他回憶，「我對他們大多數人唯一能做的事，就是脫下他們的衣服、遮蓋住他們的臉孔。」布瑞斯盡自己所能替一位受傷的中士包紮傷口，他準備再次出去時，中士把手伸出來，「我不中用了，」他告訴布瑞斯，「請你握緊我的手。」布瑞斯坐下來，把中士的手，放在自己雙手裡，心中想到的是至友米爾本和許多其他的人，他們這一天都不止息地從前線上退了回來。幾分鐘以後，布瑞斯覺得有點抽動，低頭看了看，中士撒手人寰了。

此時，英軍陷入混亂、沒有了反裝甲武器，PIAT火箭發射器的彈藥打光了，死傷慘重。攻勢作戰已經成了屠宰場。兩個營都未能突破聖伊莉莎白醫院附近的住宅區，可是在街巷的迷宮中，有一項行動既正確又成功。這次攻擊衝過了查特路十四號的房子，這裡也是厄克特將軍被困的位置。

「我們聽見外面驅逐戰車喝斥聲，和車身履帶的鏗鏘聲，」厄克特後來寫道：「它開走了，道肯遜這時出現，興奮地宣布英軍就在街道的盡頭。我們跑到街上，謝天謝地，我們不再失聯了。」

厄克特從南史丹福郡團二營一位軍官那裡，知道他的師部這時設在歐斯特貝克一家名叫哈滕斯坦的酒店，便攔住一輛吉普車，在狙擊兵不斷的射擊聲中，以最大速度開出，終於到達了師部。他到達時是清晨七點二十五分，在這場戰役生死攸關的階段，他失聯而沒有指揮作戰的時間，幾乎長達三十九小時之久。

哈滕斯坦酒店第一批見到厄克特的人當中，包括了佩爾軍牧。「壞消息不斷，」他回憶，「報告說師長被俘，又沒有第二軍團的蹤影。」佩爾從酒店階梯走下來時，「迎面走上來的居然是師長，我們好幾個人都見到了他，卻沒有人吭聲，我們都呆住了——完全大吃一驚。」厄克特說：「那時我髒兮兮，兩天沒有刮鬍子，給人看見一定會被認為是個怪物。」就在這時候，參謀長麥肯齊衝了出來，呆呆看著厄克特說：「報告師長，我們都以為你一去不復還了呢。」

麥肯齊馬上向焦急的厄克特，簡略提示他不在師部期間發生的事情，把當前戰況——就師部所知道的——告訴他。戰局惡劣得驚人，厄克特痛苦地見著他自豪的空降師，各處分散、被切割成了一段段。他想到了困住本師參與「市場作戰」部隊的所有挫敗：各空降場到大橋的距離；通訊幾乎完全斷掉；氣候耽誤了海克特第四傘兵旅，再加上損失了運來的寶貴補給品；以及霍羅克斯的戰車前進延緩。厄克特聽說三十軍還沒有抵達奈美根的報告，不禁大驚失色。海克特與希克斯對繼任師長的爭執也使人煩惱，因為它起因於作戰中需要準確方針的節骨眼上時，他和路斯白里竟沒有料到會不在場。厄克特尤其後悔的事，便是在最早計畫作為階段時難以置信的過分樂

21 原註：米爾本後來是在歐斯特貝克鎮荷斯特家的地窖裡被俘，他失去了左眼。在阿培頓時，德軍醫官還切除了他的兩隻手。戰爭剩餘時間他都在德國的戰俘營裡度過。

觀，以致對德軍畢特利希裝甲軍的出現，沒有予以應有的重視。

所有這些因素環環相扣，使得第一空降師瀕臨一場浩劫。僅僅因為優良的軍紀和非凡的勇氣，才使被打得七零八落的紅魔鬼師還團結在一起。厄克特決心無論如何要鼓動起新希望，協調各級部隊——甚至下到低階的連級作戰單位去。他知道要辦到這一點，他一定要對疲困、受傷的官兵加以要求，比任何空降指揮官對手下官兵的要求都要大。他別無選擇，德軍援兵正不斷地殺到。這位盡忠職守、說話輕聲的蘇格蘭壯漢，了解到除非立刻行動，「否則本師便會徹底被消滅。」到了現在這個時候，要拯救他心愛的師免於全軍覆沒，只怕也已經太遲了。

只要在地圖上瞄一眼，就可以看出第一空降師無可救藥的情況。很簡單，沒有前線可言。這時，除了波蘭傘兵旅以外，所有部隊都已經抵達，西邊的主空降場已經棄守，更不必提再補給空投區了，它們四周由希克斯部隊據守的一線已減短、縮小。海克特正要去佔領沃爾夫海澤村東北方的高地和約海納農場。第十一營和南史丹福郡團二營，正在聖伊莉莎白醫院附近激戰，在下萊茵河沿岸公路上前進的第一營與第三營，進展杳無消息。然而，厄克特知道福洛斯特還守住大橋，這使他引以為傲。在作戰情勢地圖上，到處都是紅色點標，顯示是新近報來敵軍的大量戰車和部隊所在地；有些甚至就位在英軍部隊的「背面」。厄克特不曉得還有沒有足夠的時間讓他重組部隊，協調、減少各單位的推進，集中部隊作最後一次的突進，直取安恆大橋。但這時他並不清楚第一營與第三營所受的殘酷損耗。厄克特以為可能還有一線機會。

「我想到的一件事情是，」他回憶，「誰在指揮市區的作戰？誰在協調作戰？路斯白里受了傷，已經不在那裡了，沒有人被指名負責草擬計畫。」他正為這個問題想辦法時，希克斯旅長到了，他見到厄克特回到師部親自坐鎮，真是喜不自勝。厄克特說：「我告訴他，我們一定要馬上派人去親自協調李奧和麥卡廸的攻擊。我覺得他們那時離我只不過幾百碼遠，要是我留在市區指揮，那就要好得多了。現在我派希克斯的副手巴洛上校過去。他是接管該任務的適切人選。我告訴他進入市區，把鬆散的兩頭兵力連結起來。我確切告訴他李奧和麥卡廸在什麼位置。派給他一輛裝有無線電的吉普車，命令他達成妥善協調的攻擊行動。」

巴洛根本沒有到達那兩個營的位置。他在途中就陣亡了。厄克特回憶道：「他就那樣失蹤了。」一屍體沒有被尋獲。

第三批空投的波蘭傘兵的抵達，幾乎有相同的緊急性。他們這下會直接落在大橋南岸敵人已經準備完畢的陣地當中，福洛斯特知道得太清楚了。而現在，厄克特判斷德軍明顯有了裝甲兵增援，這次空降將會是一次大屠殺。他們企圖阻止波軍跳傘，儘管通訊並不靈光——沒有人肯定電文是不是發得出去——厄克特發出了一則警告的電文，要求開闢新空降場。在英國的後方軍部，沒有收到這則電文。但這已經沒有關係了。另一次的挫敗再次登場。大霧籠罩了英國很多機場，待命起飛的飛機和滑翔機，正是負責執行至關重要的第三次空投的機隊。

——

霍羅克斯麾下戰車所要長驅直入的走廊，現在又再度開放了。在安恆南邊四十六英里的松村，英軍工兵目送第一批裝甲部隊在他們臨時構築的倍力橋上轟轟隆隆駛過。禁衛裝甲師再度啟程了，這時打先鋒的是禁衛擲彈步兵營。九月十九日上午六點四十五分，「花園部隊」這時已經較預訂時間表落後了三十六小時。

到目前為止，在走廊這個地段的人誰也說不出最後算總帳的時候，時間的喪失將意味著什麼——更糟的還在後頭。在北面三十五英里、橫跨瓦爾河的奈美根大橋，依然還在德軍手裡。如果不馬上完整奪下，空降部隊長官們都深恐德軍會把它炸毀。

這種恐懼使裝甲兵緊急奔襲。對八十二師師長蓋文、空降軍軍長布朗寧和第三十軍軍長霍羅克斯來說，奈美根大橋這時成了計畫中最為生死攸關的結點。這些將領對英軍第一空降師困境此時還一無所知。德國廣播電台的宣傳大言不慚，說厄克特已經死亡[22]，他的師也被粉碎了，但該師本身根本沒有傳遞出任何消息。戰車縱隊的官兵們都相信市場花園作戰進行得很順利，泰勒將軍的嘯鷹師官兵也這麼認為。「對個別的一〇一師官兵來說，戰車的聲音以及戰車主砲，既是一種安心，也是一種承諾。」歷史學家馬歇爾將軍後來寫道，「安心的是有一個計畫，承諾的是這個計畫可能奏效。」

戰車隆隆駛過，此時注視著的一〇一師傘兵，對本身的成就也引以為傲。他們面對比計畫中還強大的德軍，佔領和據守了長達十五英里從恩荷芬到費赫爾之間的道路。沿途，他們都對駛過的禁衛騎兵團的裝甲車、禁衛擲彈兵營的戰車，和第三十軍龐大的主力部隊揮手歡呼。不到幾分鐘，縱隊已經由松村開到了費赫爾。然後裝甲兵的先鋒部隊，以蒙哥馬利想像的奔襲速度，在兩側有夾道歡呼、揮旗的荷蘭群眾中加速前進。上午八點三十分，抵達了第一道終點——格拉福。在這裡，盟軍戰車與蓋文的八十二空降師會師了。「我知道我們已經到了他們跟前，」卓內爾下士（William Chennell）回憶道，當時他在領頭的其中一輛裝甲車上，「美國兵並沒有要心存僥倖，他們用警告射擊的方式要我們停下來。」

第一批戰車行動快速，中午就到達了奈美根郊區。此時，市場花園作戰的重要走廊，已經通過了三分之二。這條唯一的幹道擠滿了車輛，如果不是不屈不撓的傘兵警戒著，為了打通這條路而戰、捐軀的話，這條幹道隨時都會被切斷。假如蒙哥馬利大膽的戰略要能成功，這條走廊便是支持它的唯一生命線。士兵們為勝利而激動萬分。根據官方——同連艾帥總部所發表的聲明在內——的說法，所有事情都按照計畫進行，就連暗示說，悲慘的困境正在緩慢地吞噬了安恆的英軍傘兵的一句話都沒有。

然而，布朗寧卻心神不寧。十八日下午，他與蓋文會面，軍長根本沒有接到任何有關安恆的消息，除了些許來自荷蘭反抗軍的管道之外，布朗寧的通訊組連一份戰況報告都沒有收到。儘管官方宣布此次作戰行動的進展令人滿意，但從後方軍部、從鄧普西第二軍團司令部轉達的消息，都讓他身心備受折磨，擔憂不已。布朗寧沒有辦法去除心中的直覺，那就是厄克特或許正面對大麻煩。

有兩個報告尤其讓他憂心忡忡。安恆地區德軍的兵力與反應，證實要比計畫人員所預料的大得多、也快得多。皇家空軍偵察機拍攝的空照圖顯示，只有安恆大橋的北端是由英軍在據守。即使這個時候，布朗寧還是不知道厄克特的作戰責任區內，竟然有兩個德軍裝甲師。通信不靈光使他很不安，心中一懷疑便絮絮叨叨，他警告蓋文：「奈美根大橋一定要在今天拿下來。最晚，明天。」打從他頭一次知道市場花園作戰起，他擔憂的就是安恆大橋。蒙哥馬利很有信心，料定霍羅克斯會在四十八小時內殺到那裡。當時布朗寧的看法是，厄克特的傘兵能撐上四天。而這時，

22 原註：據畢特利希表示，德軍從戰俘口中知道，厄克特不是陣亡便是失蹤。畢特利希也說：「我們一直在監聽無線電和竊聽電話。」

已經是D加兩天了——比布朗寧估計該師孤軍奮戰而挺得住的能力，還差一天時間。不曉得英軍第一空降師的嚴重情況，布朗寧告訴蓋文：「我們要盡快趕到安恆去。」[23]

英軍與美軍八十二空降師會師以後，布朗寧便立即召開會議，把禁衛裝甲師領頭的裝甲車派到後頭，去把第三十軍軍長霍羅克斯、禁衛裝甲師師長艾德爾接來司令部。兩位將領隨同布朗寧，驅車到了奈美根東北可以俯瞰瓦爾河的高地。開車去接兩位將領的卓內爾下士，便站在這一小批人旁邊一起觀察大橋。他回憶道：「我很驚訝。我們看見德軍部隊與車輛在大橋上來來往往。我們離那裡不到幾百碼，他們顯然毫不知情，一槍都沒有放。」

回到布朗寧司令部，霍羅克斯和艾德爾這時才頭一次曉得，德軍在八十二師的責任區凶猛的抵抗。艾德爾說：「我們到達時，發覺還沒有攻下奈美根大橋，出乎我意料之外。我還以為我們到達時，它已經在傘兵手裡，我們只要長驅而過就行。」兩位將領現在才知道，蓋文據守空頭堡的傘兵受到強烈壓迫，派往奈美根大橋的各傘兵連已經調回保衛各空降場，以免敵軍大規模突擊。五〇八傘兵團負責攻擊據守大橋通道的強大黨衛軍部隊，沒有獲得任何進展。布朗寧認為，迅速攻下奈美根橋的唯一方法，還是實施步戰協同突擊。他告訴艾德爾：「我們要投入比空降部隊更多的兵力，把這些德軍打出去。」

在市場花園作戰計畫中，奈美根大橋是最後一個具有決定性的接點。布朗寧以英軍傘兵戰力的時限即將屆滿為由，要求作戰節奏必須加快。走廊中還有十一英里有待猛力打通。布朗寧強調，奈美根橋必須以破紀錄的時間加以攻佔。

福隆德斯柏格師師長哈邁爾少將很煩躁，卻不是因為只有那麼一點點的挫折所造成。儘管畢特利希將軍頻施壓力，他依然沒辦法迎頭一棒把福洛斯特的部隊從安恆大橋打退。哈邁爾回憶說：「我當時開始覺得自己蠢得可以。」

當前他知道英軍傘兵的補給和彈藥耗盡了，假如以德軍本身的傷亡作推估，英軍的傷亡也相差不遠。「我決心以戰車與大砲的火力施加壓力，把他們據守的每一棟房子夷平，」哈邁爾說，「但考慮到他們作戰這麼頑強，我又覺得應該先勸降他們。」哈邁爾指示參謀安排臨時停戰，派一名英軍戰俘帶了哈邁爾的最後通牒給福洛斯特。選出的這名戰俘，是剛剛被俘的工兵——麥凱上尉的手下，二十三歲的哈里威上士（Stanley Halliwell）。

德軍告訴哈里威，要他舉起白旗進入英軍防線。然後向福洛斯特報告，一名德軍軍官會前來商談投降條件。如果福洛斯特同意，哈里威就要再度回到橋上，不帶武器與福洛斯特站在那裡，等候德軍軍官到達。哈里威說：「身為戰俘、交出傳達文件，得到營長答覆以後，就應該馬上回到德國鬼這裡來，我一點都不喜歡這份差事。」德軍把哈里威帶到防線近處，舉著白旗的他，越過英軍據守的區域，到了福洛斯特的營部。他緊張地把情況向福洛斯特說明。他說，德軍認為這一仗繼續打下去毫無意義。英軍已經深陷重圍，沒有解圍的希望，除了非死即降以外，別無其他的選擇。福洛斯特問及哈里威，知道「敵人似乎因為本身的損傷而完全洩氣了」。這個消息讓福

---

23 原註：很多英國人對安恆戰役的憶述，包括韋慕特（Chester Wilmot）優異的《歐洲爭奪戰》（*Struggle for Europe*）在內，都認為當時布朗寧對厄克特戰況的了解，要比他實際知道的更多。本人對於傳到軍部零碎、不確定的資料加以詳細研究之後，顯示從安恆作戰區直接拍發給軍部的第一封電報，時間是十九日上午八點二十五分。當天另兩份送達的電報，內容是有關安恆大橋、英軍位置以及要求空中支援。雖然厄克特發出了有關真實情況的文電，然而後方並沒有收到。從這三份電報，亦看不出第一空降師正被敵軍有條不紊地殲滅。在某些方面，蒙哥馬利與布朗寧備受不公平的指責，說他們沒有採取更為緊迫、更為積極的作為。但在那個時候，他們對厄克特瀕臨絕境的困難，實際上是一無所知。

洛斯特的精神暫時為之一振，他記得當時心裡想，「只要有更多的彈藥運到，我們就能打贏這些黨衛軍。」至於德軍要求談判，福洛斯特對哈里威的答覆是直接明瞭的。他說：「告訴他們見鬼去。」

哈里威完全同意福洛斯特的話。身為戰俘，他是應該要回去的。但他不希望重複福洛斯特的原話；而且他向營長指出，穿過戰線返回德軍那邊可能有些困難。福洛斯特說：「這就只能靠你自己作決定了。」哈里威早已有了決定，告訴福洛斯特，「營長，如果你的態度始終是一致的話，我就留下來，德國鬼遲早會曉得你的答覆。」

在大橋引道的另一邊，麥凱上尉也收到同樣的建議，但他選擇誤解對方的意思。「我向外面一望，只見一個德國鬼站著，一片不太白的手帕綁在步槍上，他嚷叫道，『投降！』我立刻斷定是他們要投降，不過他們也許指的是我們吧。」他那支小小部隊，據守在這處幾近全毀的校舍裡，麥凱還以為是德軍前來請降呢，想到這個主意難以實行，他說：「我們一共只有兩個房間，加上俘虜可就會有一點擠了喔。」

麥凱對著這名德軍揮手，叫道：「你去死吧，我們不收俘虜。」救護兵懷特，也跟麥凱一起站在窗前。「滾！」他叫道：「滾你的！」在一連串吼叫、奚落聲中，其他傘兵也嚷上幾句，「兔崽子滾！再來決一勝負，你這個雜種。」德國兵似乎開了竅。麥凱表示，對方一轉身，就迅速走回自己那棟屋子，「手裡仍然揮舞著那條髒手帕。」

哈邁爾想對橋上這批身陷重圍、戰志昂揚的人招降失敗了，血戰又將重新激烈展開。

8

在英國格蘭瑟姆附近大霧瀰漫的各個基地，波蘭第一傘兵旅正等待著要起飛。原來預訂的「空降時」是上午十點，可是卻因天候不佳而被迫向後延了五個小時。該旅原訂在下午三點抵達。索沙保斯基少將是波軍中極為獨立、精明的指揮官。候令期間，他讓官兵都在飛機旁待命。五十二歲的索沙保斯基認為，英國天天都是大霧，如果天氣比預報的更快變得晴朗，命令或許會改變。索沙保斯基打算只要一聲令下便可出發，他覺得現在每一小時都至關緊要，深信厄克特正身陷在麻煩之中。

除了直覺之外，索沙保斯基的這種感覺，並沒有什麼特殊的原因。打從一開始，市場花園的作戰觀念，對他就沒有什麼吸引力。他認為各空降場離大橋太遠，影響了奇襲的效果。尤其，當在英國幾乎沒有幾個人知道安恆的作戰進行得如何時，索沙保斯基在旅部赫然發現，與第一空降師的通信是斷絕的。只曉得安恆大橋的北端還在英軍手中。因為作戰計畫沒有改變，索沙保斯基旅要在橋南的艾爾登村附近跳傘，以攻佔大橋的南端。

可是旅長擔心的還是缺乏情報，他沒辦法確保厄克特的人依然還在橋上。派在布朗寧後方軍部的聯絡官，是他獲得消息的來源，對方似乎對真正發生的情況也不甚了解。他原本想到雅士谷的盟軍空降第一軍團部去，直接與軍團司令布里爾頓將軍談談。但按照指揮體系他不能如此。他的部隊隸屬布朗寧將軍麾下，他很不願意越級報告。計畫中任何改變都只會由布朗寧下達，可是他卻半點指示都沒有收到。然而，索沙保斯基覺得有什麼事不對勁。假使英軍只守住了大橋北端，敵人一定有兵力在南端，波軍或許就得面對一場生死存亡的血戰。該旅的車輛和火砲，將由四十六架滑翔機，從南面位於下安普尼（Down Ampney）以及塔倫瑞希頓的基地（Tarrant Rushton）出發，起飛時間依然是中午。因為計畫中的這一部分依然不變，索沙保斯基試著說服自己，一切都很順利。

史瑪錫尼中尉（Albert Smaczny）也是同感不安。他要率領本連越過安恆大橋，佔領市區東面的一些建築。如果大橋沒有到手，他不曉得怎麼辦才能把同連官兵帶過萊茵河去。史瑪錫尼原本認為大橋是在英軍手裡，可是自從一九三九年他從德國人手中逃出來以後（德國秘密警察為了懲處，槍斃了他的十六歲弟弟），他就學到了教訓，「要料想意料不到的事情。」

時間分秒過去，波軍依然在等待，在英國中部的迷霧依然未散。柯瑞布下士（Wladijslaw Korob）「開始有點緊張了起來。我想要出發。」他回憶說，「我並不認為呆站在機場是殺德國人的最好辦法。」卡瑪克中尉（Stefan Kaczmarek）看著機場集結的機群，覺得有一種「幾近於痛苦的興高采烈」，他也是對無所事事的站著感到厭煩了。他告訴手下弟兄，這一仗是「僅次於光復華沙的一戰，假如我們成功了，就會直接從廚房裡大步踏進德國。」

波軍要大失所望了。中午時分，索沙保斯基接到了新命令，雖然在南部各基地的飛機已經恢復作業，中部各基地依然因氣候而關閉停飛，這一天的跳傘取消。聯絡官史蒂文中校（George Stevens）對連聲抗議的索沙保斯基說：「旅長，這不行。我們不能讓你們出發。」跳傘改延到翌日清晨——九月二十日，星期三。聯絡官告訴他：「我們試著在上午十點起飛。」當時已經沒有時間把部隊調到南部各基地去搭飛機了。使索沙保斯基感到憤怒的是，他的補給品滑翔機隊已經起飛前往荷蘭的途中。旅長焦躁得火氣騰騰，每過去一個小時，就意味著敵軍抵抗的增加。而且第二天有可能面臨更加艱難的戰鬥——除非困擾著他的那些恐懼被證明完全是錯誤的。

他的害怕並不是沒有依據，該旅的補給品滑翔機，正載運著人員、火砲和車輛，飛向幾近全軍盡殲的命運。第三次空投是一場浩劫。

——

飛越海峽的南航路，一直都是一層層低垂、疾速飄動的雲朵。這批飛往一〇一師、八十二空降師和第一空降師各空降場的第三次空投，一開始就遭遇了麻煩。原來預報下午的天氣良好，可是機隊起飛離地以後，氣候反而越來越糟。各個中隊的戰鬥機身陷在雲叢裡，見不到地面目標，被迫返航。很多滑翔機在零能見度的情況下，連曳引機都看不見，只好在英國本土，或者海峽上空緊急迫降，整個滑翔機隊被迫放棄飛行、返回基地。

起飛的六百五十五架運輸機和四百三十一架滑翔機中，超過一半多一點抵達了各自空降場。儘管大部分兵員運輸機與滑翔機的組合能夠安全地返回英國落地，或者在其他地方安全著陸，可是飛越歐洲大陸時，敵方猛烈的防空砲火，以及德國空軍的激烈攻擊，再加上惡劣的天候，還是造成了一百一十二架滑翔機和四十架運輸機的損失。飛往一〇一師的二千三百一十人當中，只有一千三百四十一人到達。六十八門火砲中，僅有四十八門運到。泰勒將軍的傘兵正在苦戰當中，四十門火砲一落地幾乎就立刻參與作戰。

蓋文將軍八十二師面對的作戰情況甚至更糟。此時，攸關大局的奈美根橋，每一名傘兵都派上了場。該師三二五機降步兵團根本沒有到達。跟載運波軍傘兵旅的狀況相同，載運三二五團的飛機與滑翔機，基地也是在格蘭瑟姆，都不能起飛。更慘的是，要運給八十二師的兩百六十五噸軍品和彈藥，只收到其中的四十噸而已。

英軍部分，厄克特期望的不只是波軍旅，而是完整的運輸機補給配額，都遭受到慘重打擊。預計作為補給的各空降場都已經被敵軍佔據。儘管竭盡一切手段，要把這批一百六十三架飛機的飛行任務，改往哈滕斯坦酒店以南、新的空降場去，無奈這個意圖失敗了。厄克特的官兵樣樣都缺，尤其是彈藥，卻只能看著機隊從猛烈的防空砲火中飛過。然後，敵人的戰鬥機出現，對著機隊射擊，同時掃射新的補給空降場。

大約四點鐘左右，滑翔機駕駛團的軍牧佩爾牧師，聽到有人喊說：「第三次空投來了！」他還記得，突然「一陣震天動地的轟隆聲，猛烈無比的防空砲火彈幕射擊，使得空氣都為之震盪。我們能做的，便是呆呆地看著我們的友軍，飛進了難逃的死劫。」

佩爾凝視著，「心裡痛苦，因為這些轟炸機通常在晚上是在一萬五千英尺高度飛行，這回在大白天，卻是以一千五百英尺高度飛過來。我們看見超過一架飛機中彈起火，但他們依然保持在航路上，直到所載的軍品全部投落為止。情勢現在很清楚，我們碰上了可怕的抵抗。曾經發出電報要求把補給品投落在師部附近，卻根本沒有一樣東西是落在那裡。」

這些毫不動搖的機隊，沒有戰鬥機護航，卻頑固地保持著航線，把補給品都投落在各個舊的空降場。地面部隊費盡心思想引起機隊注意，有的打信號彈，有的施放煙幕彈，有的揮舞降落傘，有的甚至在荒野的一角放火——他們這麼做時，只會遭引敵方Me109戰鬥機的俯衝掃射。

很多士兵都記得有一架英軍的C－47運輸機，右翼已經起火，從德軍佔領的空降場上飛過。星期天的第一次空投時落地的滑翔機駕駛米勒上士，「看見這架飛機機身的整個下半部都包圍在火焰之中，心裡就難受得想吐。」看著機組員正在跳出，心裡卻在喃喃自語說：「跳呀！跳機呀！」當飛機低飛再度進場，米勒看到空投員站在機門邊，把更多的軍品包推了出來。他眼睛定住地盯著飛機看，只見被烈火包圍的C－47轉了個彎，再次飛了進來，透過煙霧他看見更多的軍品包從機門口滾落。另外一名滑翔機駕駛安特威上士（Douglas Atwell），也記得士兵們都爬出了塹壕，默默地瞪著天空。「我們疲倦得要死，幾乎沒有什麼可吃喝的，可是當時我什麼都想不起來。只想到那架飛機，就像它是天空中獨一無二的一架，大家站在那裡像生了根似的——只看見空投員一直把軍品包往外推。」飛行員穩穩地駕駛著這架烈焰沖天的飛機，作了第二次的緩慢通過。鮑威爾少校（George Powell）「看見他那麼做怕得要死，眼睛沒辦法離開它，忽然間它再也不是一架飛機了，只是一團好大的橘紅色烈火。」起火的飛機衝向地面時，機長勞德上尉（David Lord）依然在駕駛艙裡。米勒看見樹林遠處「只有一股充滿油氣的煙柱，標出勇敢機組員的安息地。他們為了我們可能有生存的機會而死了。」

可是米勒上士錯了。這架厄運當頭的C－47運輸機機員中，有一名機組員死裡逃生。他就是領航員阿瑟金恩中尉（Henry Arthur King），他記得離下午四點只差幾分鐘，飛機快要飛到空降場時，防空砲火把右發動機打到起火。機長勞德在內部通話機中說：「大家都好嗎？老金，到空降場還有多遠？」金恩答道：「三分鐘。」飛機向右傾側得很厲害，高度迅速消失，火焰開始沿著機翼燒向主油箱。他聽見勞德說：「地面那些人需要這些物資，我們要飛進去，投好以後跳傘，大家把降落傘揹上。」

金恩瞄到了空降場後通知勞德，機長說：「好了，老金，我看到了。到後面去幫忙他們推籃子。」金恩走到敞開的機艙門口，防空砲火已經打壞了用來投放沉重軍品包的滾輪。空投員尼克生下士（Philip Nixon）和皇家陸軍勤務隊（Royal Army Service Corps）的三名士兵，用手把八籃沉重的彈藥箱，推到了機艙門口，因為要把各貨物籃往前拖，所以他們都已經脫了降落傘。五個人一起推出了六籃，紅燈亮時——顯示飛機飛出了空降場。「要命，」金恩呼叫機長，「勞德，還剩兩籃。」勞德把飛機作了向左的急轉彎，答道：「我們要重飛一圈，撐一下。」

金恩看了一下，這時飛機高度大約只有五百英尺，勞德「操縱這架老母雞就像是在飛戰鬥機。我試著幫幾名空投兵把降落傘揹上。綠燈亮了，我們就把軍品包推出去，接著我只記得聽見勞德在大叫：『跳！跳！看老天分上，跳傘！』接著是驚天動地的一聲爆炸，覺得自己被摔出空中。我不記得自己有拉了開傘索，我一定是在本能下拉了。我背脊狠狠地水平著地，我記得還看了下手錶。我們遭遇防砲射擊到現在為止才過了九分鐘。我身上的軍服被燒焦了，皮鞋也找不到了。」

幾近一個小時以後，金恩才踉蹌走過第十營的一個連，有人給了他一點茶喝，還有一塊巧克力。那名傘兵告訴他：「只有這些了。」金恩駭然看著他：「什麼意思？這是你們僅有的東西嗎？我們剛剛把補給品丟給你們呀。」傘兵搖搖頭：「你們丟下了我們的沙丁魚罐頭沒錯，可是到手的是德國鬼，我們什麼也沒收到。」金恩黯然無言，想到勞德上尉、機組員和那些空投兵，他們脫下了降落傘，捨生忘死地賣力，為的是要把寶貴的彈藥包丟給地面盼望到手的部隊。所有這些人當中，只有金恩還活著，這時他才知道全機人員的犧牲，竟是一點回報都沒有[24]。

全區域都有飛機墜地。大部分都發生在瓦赫寧恩和連昆附近，有些竟散落在萊茵河南岸。辛普生上士聽見機長在機內通話機中叫道：「我的老天，我們中彈了！」辛普生往外一看，左發動機正在起火，他聽見發動機油門大減，飛機進入俯衝狀態。嚇得半死的辛普生，記得飛機「拖著機尾飛過萊茵河北岸，略略抬起一點，然後竄過水面，落在南岸。」

飛機撞地時，辛普生人猛然向前一衝，被拋在機身的一邊，通信員瑞斯德上士（Runsdale）

朝他撞過來，身體擠在一團橫躺在他身上。機內成了煉獄，汽油起火，辛普生還聽得到火焰的劈啪聲，他想把兩條腿從通信員身下抽出來時，瑞斯德一聲哀號暈了過去，他的背脊骨已經斷了。辛普生踉蹌站起身來，抱著上士從緊急艙門逃出去。已經有四個機組員在外面了，他們正恍惚、驚嚇。辛普生再進入機艙裡找人，發現轟炸員已經失去知覺。他後來回憶道：「他的皮鞋被炸掉，腳跟一部分也不見，兩隻手臂都斷了。」辛普生也把轟炸員抱起來抬到外面。儘管飛機這時燒得很厲害，辛普生第三次進飛機救斷了腿的機械員，也把他抬到了安全的位置。

德瑞爾村年輕的柯娜，和姐姐雷拉（Reat）、弟弟亞柏特（Albert）都看見辛普生的飛機掉下來，三人立刻到失事現場去。柯娜回憶道：「那真是慘，那裡有八個人，有幾個傷勢好嚴重，我們剛把他們從起火的飛機邊拖開，飛機就爆炸了。我知道德國兵會來搜索機上人員，我告訴沒有受傷的機長李格斯中尉（Jeffrey Liggens），我們一定要把他藏起來，把受傷的人送到村子裡一家小外科診所去。我們把他跟另外兩個士兵藏在附近一棟磚造房子，告訴他們，我們晚上再到那裡去。」那天晚上，柯娜協助村裡唯一一位女醫師桑娣博醫師（Dr. Sanderbobrog），切去了轟炸員的一隻腳。戰火終於燒進柯娜和小小的德瑞爾村來了。

一百架轟炸機和六十三架C－47運輸機中，總共有九十七架受損，十三架被擊落。儘管飛行

24　原註：原已奉頒飛行優異十字勳章（Distinguished Flying Cross）的勞德上尉，身後追贈英國最高榮譽的維多利亞十字勳章。機上三名皇家空軍軍官和四名陸軍空投兵——墨赫斯特空軍少尉（R. E. H. Medhurst）、巴倫廷空軍中尉（A. Ballantyne）、尼克生下士、駕駛兵里克茲（James Ricketts）、哈潑（Leonard Sidney Harper）以及羅保瑟（Arthur Rowbotham）的遺體，都經分檢、辨認，安葬在安恆的英軍公墓。

員和空勤人員的英勇行動，厄克特重創的第一空降師，並沒有得到什麼援助。投下來的三百九十噸補給和彈藥，幾乎統統落進德軍手中。據估計英軍到手的僅僅只有二十一噸。

波軍空運的車輛和火砲，捲入更糟糕的困境。波軍空運機隊離開英國以後，擔任霍莎式滑翔機副駕駛的戴維森士官長（Kenneth Travis-Davison），對於有關他們目的地的近況幾乎一無所知深感吃驚。航路標定在航圖上，波軍火砲與車輛的空降場也標明出來了。可是，據戴維森說：「我們所聽到的是，戰況不詳。」降落的唯一指示就是，「滑翔機要落在由紫色煙幕標示的地區。」戴維森認為，「這種任務提示簡直荒唐透頂。」

然而，儘管情報不完備，皇家空軍飛機還是正確找到了在約海納農場附近的各個空降場。四十六架滑翔機中，有三十一架到達了預定區域。它們一進場，天空頓時火力湧冒，一中隊的Me109戰鬥機，擊中了很多飛機，把滑翔機帆布和合板製的機身，打得盡是窟窿。子彈穿過機上吉普車的油箱，使得好幾架滑翔機起火燃燒。防砲也打中了好幾架，那些落地的滑翔機，正好降落在戰場的正中央。海克特第四傘兵旅的官兵，正在奮力擺脫一支要打垮他們的敵軍，無法及時趕到高地和空降場來掩護他們。英軍與德軍打得正凶時，波軍正好落在這片打得天昏地暗的戰場中。在恐怖和混亂之中，波軍遭遇到兩方的射擊。很多已起火的滑翔機，不是毀機落地在田裡，便是犁過地面衝進附近的樹林。波軍的砲兵身陷在交叉射擊中，沒辦法分清敵友，對著英軍和德軍一律還擊。然後急忙把堪用的吉普車和火砲卸下機來。他們離開降落場時，昏頭轉向的傘兵備受兩面火力的痛擊。出奇的是，地面上的傷亡很輕微，可是很多傘兵在驚慌失措和震撼下被敵人給俘獲。大部分的吉普車和補給品都毀了，最迫切需要的八門六磅戰防砲，只有三門安然無損。索沙保斯基將軍的擔心被證明不無理由，而且情況比他所想的還要糟。而波軍第一傘兵旅的嚴酷考驗，卻才正要開始。

——

距離幹道南邊大約四十英里，泰勒將軍一〇一師的傘兵們，這時正在苦戰，努力保持走廊的暢通。可是德軍第十五軍團在貝斯特的狂熱防禦，卻耗竭了泰勒的兵力。越來越多的部隊身陷在艱苦的接戰當中。師部一位情報官，苦笑著稱它是「判斷上的小錯誤。」在泰勒十五英里長的作戰區裡，敵軍壓力正全面升高，嘯鷹師的官兵為這裡起了個新名字：「鬼門關大道」（Hell's Highway）。目前情況非常明顯，敵軍運用貝斯特作底線，想把霍羅克斯的戰車先鋒部隊給切斷。堵在路上的車輛縱隊，正是砲兵明顯的射擊目標。推土機和戰車不停地在路上前後巡行，把車隊中的殘骸推出路外，好使縱隊能繼續前進。自從星期天以後，貝斯特原本不大的次要目標變得越來越重要，以至於可能會嚴重影響甚至拖累泰勒的一〇一師在這段路上的其他戰鬥，所以一〇一師師長現在決心要完全粉碎那裡的敵人。

星期二中午剛過，泰勒在英軍戰車支援下，幾乎把一整個五〇二團投進去攻擊查根將軍在貝斯特的部隊。這次聲勢浩大的攻擊，達到奇襲的效果。五〇二團二營和三營，在最近抵達的機降步兵第三二七團和英軍裝甲兵的支援下，毫不留情地掃蕩貝斯特東邊的樹林地帶。德軍卡在一個巨大的圓環裡，被迫向威廉明娜運河退卻，結果沒有多久就垮了。這一仗一連打了四十六小時沒有間斷過，一加入生力軍後，頓時在兩小時內就結束了。一〇一師得到了市場花園作戰中的頭一次勝利，擊斃了三百多名敵軍，俘虜了一千多人，還有十五門八八砲。官方歷史記載：「黃昏時分，由於上百名德軍投降，因此要求各方把所有的憲兵派來處理。」排長韋茲博斯基中尉，也就是在貝斯特橋還沒有被炸掉以前最接近並奪下橋樑的那個人，先前他被德軍俘虜了，現在又把抓他的俘虜帶了回來。當時他的手榴彈與彈藥都打光了以後，身邊都是傷兵——他那英勇的排，只有三個人沒有受傷——韋茲博斯基唯有投降。而這一回，疲倦、邋遢得要死的他們，還包括一些傷兵，卻把野戰醫院的德軍醫官與救護兵繳械，帶著這批俘虜押回師部。

這次接戰雖然成功，泰勒將軍的難題距離結束卻還遠得很。即令貝斯特一仗結束了，然而德軍的裝甲兵卻攻擊在松村剛剛架好的橋樑，再度企圖要把走廊截斷。泰勒親自率領師部連——他僅有的預備隊——急急奔往現場。以火箭筒和一門戰防砲的火力，摧毀了一輛德軍幾乎就要上橋的豹式戰車。其他幾輛戰車英軍也用同樣的方法打趴。德軍攻擊失敗了，交通繼續運行。可是嘯鷹師的警戒卻不能放鬆。「我們的情況，」泰勒後來寫道，「使我想起美國初期的西部，沿著那條延綿不斷的重要鐵路上，少數的駐軍要在任何一處隨時與印第安人作戰。」

德軍用這種凶狠、快速、打了就跑的戰術，也讓盟軍付出代價。一〇一師幾乎有三百名官兵，在地面作戰中戰死、受傷或者失蹤。在公路兩側塹壕中或者在貝斯特四周田野中據守的士兵，側翼經常有被攻擊的危險，每一晚都特別害怕。德軍在黑暗中滲入一〇一師的防線，沒有人知道鄰接的散兵坑裡的人，明天早上是不是還活著。隨著敵軍這種急劇的行動下所造成的混亂與措手不及，官兵常常忽然消失，等到戰鬥過去，戰友再去急救站和野戰醫院的死傷人群中才找到人。

貝斯特作戰告了一個段落，長長一列的俘虜一群群押回師部時，三十一歲的杜亨上士到處找他的長官——強生上尉。在跳傘前，杜亨幾乎「擔心得麻木了」，二十一歲的強生也有同樣的感覺。「認為這次絕對回不來。」十九日早晨，強生率領F連在貝斯特投入攻擊，他回憶說：「只能進攻，否則就會等著被宰。」在激烈的戰鬥中，強生認為是「生平見識過或聽說過最為慘烈」的戰鬥。他的左肩挨了一槍，F連一百八十人只剩下三十八個被圍在草堆起火的田野裡。強生還是把德軍擋住了，一直到解圍的部隊來到把敵軍驅退，才能把剩下的弟兄後送。有人攙扶著強生回到急救站時，他又被打中了，這一回子彈貫穿了腦袋。在營部急救站裡，他的軀體被放置在其他重傷人員之中——救護兵稱為「死人堆」。杜亨上士經過好久才找著了。他蹲下身去，認為強生還有一口氣在。

杜亨抱起一身無力的連長，同連上其他四個傷患放進吉普車，開向松村的野戰醫院。道路被德軍截斷了，只好開進樹林裡躲起來，等德軍巡邏隊過去了才又出發。到了醫院，發現等待治療的傷患排很長一列，杜亨以為強生馬上就會死，就越過一個個的傷兵，一直走到醫官面前，他正在檢查傷兵，以決定誰要立刻救治。「少校，」杜亨向醫官報告，「我的連長要馬上救治。」少校醫官搖了搖頭。「很抱歉，上士，」他告訴杜亨，「我們會去看他，等等才輪到他。」杜亨再試試：「醫官，如果你不快看他，他就死了。」醫官很堅持地說：「我們這裡受傷的人很多，我們會很快去醫治你的連長。」杜亨唰地抽出四五手槍，扳下槍機擊錘，「那還不夠快，」他說得很平靜，「醫官，如果你不立刻看他，我可就要把你斃在你站的地方了。」醫官嚇壞了，怔了一下看著杜亨，說：「把他送過來。」

手術房裡，杜亨站在一邊，四五手槍拿在手裡，醫官和一批救護兵替強生開刀。在上士的監視下，醫官替強生輸血、清理傷口，在頭蓋骨裡取出了一顆子彈，左肩膀上又取出了一顆。等到手術完成，強生包紮好了，杜亨才移開他的腳步走到醫官面前，把四五手槍遞過去，「好吧，」他說，「謝了，現在你可以把我送憲兵了。」

杜亨被送回五〇二團二營，他被帶到營長面前，杜亨啪地立正站好，營長問他究竟曉不曉得自己幹了什麼事，他的行為已經違反了軍法。杜亨答道：「報告營長，知道。」營長走來走去，頓時站定，說：「上士，我要把你逮捕，」他停了一口氣看著手錶：「整整一分鐘！」兩個人都在沉默中等待著。然後營長看著杜亨，說：「解散，回你連上去。」杜亨俐落地敬禮：「是，長官。」說完轉身就走了[25]。

——

眼前，位於蓋文將軍責任區內走廊範圍，當霍羅克斯的戰車正朝奈美根前進時，迅速奪下該城的橋樑就成了關鍵性行動。十七日，通往瓦爾河大橋的通道上，只有少數幾名衛兵。到了十九日下午，蓋文判斷要對付的是五百多名黨衛擲彈兵，他們佔據構築良好的陣地，還有砲兵與裝甲兵的支援。英軍禁衛裝甲師的主力依然還在開往奈美根途中，只有縱隊的前衛——戈朋恩中校（Edward H. Goulburn）的禁衛擲彈兵一營，可以投入攻擊。八十二師的攻擊隊伍，在綿延長達十英里的走廊上，為了要竭力擊退不斷進犯的敵軍，兵力是大範圍地分散。又因為該師的機降步兵團，困在英國多霧的密德蘭而無法起飛，他只能抽調出一個營配合英軍領頭的戰車發動攻擊。他選定了五〇五團范登弗中校的二營。如果這次攻擊能達到快速、奇襲等要素，或許還有成功的機會。假若有任何人能使這次攻擊奏效，蓋文相信非為人含蓄、說話溫和的范登弗莫屬[26]。不過這次作戰依然有重大風險，蓋文覺得英軍似乎低估了德軍的力量。他們也確實是如此。禁衛擲彈兵營的作戰報告，這麼提到：「他們認為只要戰車亮亮相，或許就會讓敵人偃旗息鼓。」

下午三點三十分，步戰協同攻擊開始。部隊迅速突破直入市中心，並沒有遭遇嚴重的抵抗。

在市中心，大約有四十輛英軍的戰車與裝甲車兵分兩路，由美軍傘兵搭乘在戰車上，或者緊跟在後面。在領先的戰車車頂和搜索車內，有十二位特別挑選出來的荷蘭反抗軍人員擔任領路的嚮導——其中有一位二十一歲的大學生哈福爾（Jan van Hoof），他接下來的行動，成了日後劇烈爭論的話題。「我很不願意用他，」八十二師的荷軍聯絡官白斯特上尉說：「他看起來異常激動，但是另外一位反抗軍成員為他的經歷作保證。他坐在一輛英軍搜索車裡，那就是我見到他的最後一次。」部隊兵分兩路，一支直撲鐵路大橋，另一支載著范登弗與戈朋恩，向瓦爾河的公路大橋前進。

德軍都在這兩處嚴陣以待。紐南中士還記得，他們那一排抵達鐵路大橋下的地下道，「便挨了狙擊兵的伏擊。狙擊兵有上千個地方可以埋伏，要說出從什麼地方射擊從來是不可能的。」士兵們臥倒掩蔽，開始緩緩向後退。戰車開始衝向大橋時，八八砲幾乎以近距離水平從街上發射，把它們打垮了。寬敞的克容賀夫大街（Kraijenhoff Laan）通往大橋西面的一角是個三角形公園，三面都是面向公園的房子，傘兵就是在那裡整頓，準備再度發動攻擊。可是德軍又把他們打退

---

25 原註：我感激強生太太告訴我這個故事。她一開始是由五〇二團行政官羅伯特上尉（Hugh Roberts）告訴她的。羅伯特上尉雖然沒有提到營長的姓名，我可以斷定就是第二營營長查普斯中校（Steve Chappuis）。強生本人記得，「六個星期後在英國醒來——既瞎，且聾又啞，體重輕了四十磅，腦袋裡有一大塊板子。」除了視力不太好以外，其他都復元了。撰寫本書期間，杜亨在書信和訪問中，對於曾救了強生性命的事情，幾乎絕口不提，只承認有那麼一回事就是了。「我在今天還說不上，」他寫信說，「當時我究竟會不會把醫官給斃了。」

26 原註：范登弗在諾曼第作戰中折斷了腳踝，依然奮戰了四十天之久。參見《最長的一日》頁一六〇及一八〇。譯註：拍攝電影時，由約翰韋恩飾演范登弗。

了，屋頂上的狙擊兵和鐵路高架道上的機槍火力，不斷把他們牽制在原地動彈不得。

有些傘兵還記得派克中尉（Russ Parker），他嘴裡咬著一根雪茄，衝向開闊地、向著屋頂掃射，迫使狙擊兵低下頭。現在戰車被召喚了過來，紐南記得，「一剎那間，整個公園似乎充滿了曳光彈，來自一門射速很快的自動武器，正好在街道對面的左邊。」紐南對著「賀伯特水牛仔」（Herbert Buffalo Boy）——一名蘇族印第安人、八十二師的老兵——說道：「我看德軍派了一輛戰車來了。」「水牛仔」笑道：「這個嘛，假如他們還派了步兵一起來，這一天就會很難搞了。」德軍戰車並沒有出現，而是一門二十公厘防空機砲在開火。傘兵用手榴彈、機槍和火箭筒接戰，直到上頭向先遣排傳話，往後撤退，並為過夜加強陣地。他們一退，德軍就對沿岸的房子放火，讓范登弗沒辦法滲透、攻擊砲兵陣地和肅清抵抗的各口袋陣地，對鐵路大橋的攻擊瞬間就瓦解了。

第二支縱隊在美軍猛烈的砲火掩護下，已經進抵霍納公園（Huner Park），穿過這座美輪美奐的花園，是可以到達公路大橋的引道。這是一處交通圓環，到大橋所有的公路都輻輳在一起，一座十六角的教堂遺跡——瓦克霍夫教堂（Valkhof），一度是查理曼大帝的王宮所在地，後來由神聖羅馬帝國的佛瑞楚克一世巴巴羅沙重建——瞰制了這一帶地區。敵軍便集中據守在這處堡壘裡。戈朋恩中校認為，「德國佬的做法，跟我們的想法一致。」他們的確也是如此。

岳林上尉（Karl Heinz Euling）所屬的黨衛軍第二十二裝甲擲彈兵團一營，是在潘納登村最先渡過萊茵河的部隊之一。他遵照師長哈邁爾不借一切代價掩護大橋的命令，以驅逐戰車在霍納公園構成了防禦圈，部隊在這處古代遺跡中的教堂佔領陣地。英軍戰車卡嗒卡嗒繞過各街頭朝公園駛來時，正處在岳林的大砲射擊範圍內。一陣造成嚴重損傷的彈幕轟擊，把戰車給打退回去。

范登弗中校立即進入街道，要迫擊砲掩護，派一個步兵連向前推進。該連的先遣排，在柯里中尉率領下，向著一排面對公園相連的房屋快跑時，就遭到輕武器和迫擊砲火的射擊。莫道夫中尉（William J. Meddaugh）是該連副連長，看出這是「觀測射擊。火砲與狙擊兵都由無線電指揮，柯里中尉進入一排俯瞰敵軍整個陣地的房子後，英軍戰車便掩護了我們的前線。其他各排也停頓下來，無法繼續前進，戰況爛透了。」

在英軍煙幕彈的掩護下，莫道夫成功地使連上其餘弟兄更向前推進。E連連長史密斯中尉（J. J. Smith）則在柯爾附近的屋裡把手下官兵集結在一起。莫道夫回憶說：「柯爾這一排這時對敵軍有最好的視界，可是我們開始要戰車上來時，一些初速很高的火砲便開始射擊，在此之前它們都是安靜不動。一下子就打垮了兩輛戰車，其他的戰車便向後退。」柯爾的士兵用機槍還擊，馬上就吸引了對街的戰防砲射擊。天越來越黑，岳林手下的黨衛軍企圖滲進美軍陣地，有一批接近到柯爾這一排只剩幾英尺遠才被發現，爆發了熾烈的交戰。柯爾手下有人傷亡，也打死了三名德軍，才把敵人驅退。後來，岳林派了德軍的救護兵前來抬走受傷的德軍，柯爾的傘兵也就等候著，一直到受傷的德軍都抬走以後，才又繼續作戰。激戰中，凱勒二等兵（John Keller）聽見一種低沉的敲打聲。他到窗邊一看可愣住了。一個荷蘭人站在梯子上，鎮定沉著地更換隔壁房子上的屋頂，一副若無其事的樣子。

夜間，輕武器的射擊持續不斷，任何的前進企圖都只有延到天亮後。英美軍的聯合攻擊，距離瓦爾河大橋還不到四百英尺，就被猛然擋了下來——這橋是到安恆路上的最後一道水上障礙。

盟軍指揮官們認為，目前德軍顯然完全控制了橋樑。布朗寧很擔心大橋可能會隨時被爆破，於是在十九日下午召開另一次會議。一定要找出方法，渡過這[illegible]為寬的瓦爾河。蓋文將軍在傘兵與裝甲部隊會師時，就曾經向布朗寧提出過這個計畫。那[illegible]提案並不同意。第二次會議，蓋文舊事重提，他告訴與會的軍官們：「只有一個方法可以奪下這座橋。我們一定要從兩端同時發起攻擊。」蓋文要求「把霍羅克斯工兵車隊中的所有舟艇，立刻急運前方，我們迫切需要。」英軍軍官都愕然看著他，八十二師師長心裡打算的事，竟是突擊渡河，而且還是由傘兵來實施。

蓋文繼續說明，幾近三天的戰鬥，八十二師的傷亡很大——有兩百多人陣亡，將近七百人受傷。還有好幾百人與主力切斷，或者散布各處，被列為失蹤。他認為如果還繼續實施這種呆板的對頭攻擊，兵力的損失只會越來越大。目前最需要的是用一種既迅速、代價也不高的方法，把大橋奪下來。蓋文的計畫是在繼續攻佔南岸引道時，派一支部隊在下游一英里處操舟渡河。利用戰車砲火的彈幕掩護，在德軍沒有察覺以前，傘兵猛撲北岸的敵軍防線。

然而，要達到完全奇襲是不可能的。這條河太寬，不可能一船船的部隊渡河而德軍沒有察覺。而且河岸另一邊太暴露，傘兵過河以後還得在平地走上兩百英尺距離。上岸後便是一道堤防，德軍可能在那裡居高臨下，射擊進攻的傘兵，那一處防禦陣地也必須解決。蓋文認為，雖然預料攻擊初始階段傷亡會很重，但依然比起繼續單攻南岸引道的傷亡要少得多。他告訴布朗寧：「假如市場花園要成功的話，這個一定要試試。」

英軍滑翔機駕駛團團長查特敦上校還記得，除了布朗寧、霍羅克斯以外，會議中禁衛軍的愛爾蘭、蘇格蘭以及擲彈兵各部隊長官也都在場。還有口叼雪茄的塔克上校（Reuben Tucker）也出席了，他是八十二空降師五〇四團團長，蓋文的計畫如果奉准，就要派他的團突擊渡河。查特敦雖然專心聽蓋文說話，也忍不住注意到與會人士間的差異。「有位准將穿著小羊皮皮鞋，坐在一根摺疊式手杖上。三名禁衛軍指揮官都穿著條紋花布褲、短統皮鞋和老派的圍巾。」查特敦認為「他們看起來很輕鬆，就像是在討論演習操演似的。讓我忍不住把他們跟出席的美國人相比較，尤其是塔克上校。他頭戴鋼盔，幾乎把臉都遮住了。手槍在左胳臂下的槍套裡，屁股上還帶著把傘兵刀。」最使查特敦覺得有趣的，便是「塔克偶爾把雪茄取下來，吐一口口水。每當他這麼來一次，禁衛軍幾位軍官的臉上，就會露出不經意的驚訝神情。」

可是蓋文計畫中的冒險，的確可以達成奇襲效果。「我曉得聽起來妙想天開，」蓋文回憶道，「但是速度最重要，甚至連偵搜的時間都沒有了。當我繼續說下去時，屋子裡只有塔克一個人泰然自若。他曾經在安其奧（Anzio）跳過傘，知道會碰上什麼情況。對他來說，這次渡河就像五〇四團在布拉格堡（Fort Bragg）打野外一樣。」可是對傘兵來說，這依然是不正統的作戰。布朗寧的參謀長沃契准將，記得空降軍軍長「對這個主意的大膽充滿了敬意。」這一回，布朗寧准予所請。

迫切的問題便是找船，霍羅克斯清查所屬工兵器材，才知道他們帶來了二十八艘小型帆布合板舟，這些必須連夜運到奈美根去。如果計畫作為能及時完成，蓋文在瓦爾河的小小諾曼第式兩棲登陸作戰將在第二天——二十日——下午一點實施。以前傘兵從來沒有嘗試過這種作戰形式，可是蓋文的計畫卻對完整奪下奈美根橋提供了最大的希望。大家都認為，緊接之後在走廊上再一次的迅速進擊，就可以和安恆的部隊大會師了。

—

在綠意盎然的悠斯畢大道上，哈邁爾將軍親自督軍，對安恆大橋的福洛斯特部隊展開猛烈砲擊。他原來想勸福洛斯特投降的企圖已經失敗。現在，他對集合的砲兵、戰車部隊長作了明確的訓示：要把傘兵據守的每一棟房子夷為平地。哈邁爾說：「既然英軍不會從他們的洞裡出來，我們就要把他們轟出來。」他告訴砲手「瞄準屋簷的下面，一公尺一公尺、一層樓一層樓轟過去，直到每一棟房子坍塌為止。」哈邁爾決心要使包圍戰了結，嘗試過每一種方法都失敗了，這是唯一的行動方案。「等到我們結束時，」哈邁爾又補充上一句：「那裡什麼都不會留下來，除了一堆瓦礫。」哈邁爾趴在兩門大砲之間，熟練地用望遠鏡觀測英軍各個據點，指示砲手射擊。當最開始的齊放彈著命中目標時，他非常滿意地站了起來，把射擊任務交給手下軍官去執行。「我很想留在那裡，」他回憶道，「對我來說是一種新的作戰經驗。不過，英美軍正在進攻奈美根的橋樑，我不得不趕到那裡去。」哈邁爾走後，他的砲手們以有條不紊、鐮刀式的精準度，展開把福洛斯特殘餘陣地打成一堆瓦礫的任務。

第二營最先佔領的十八棟屋子，這時只剩下十棟。德軍戰車轟擊東西兩面陣地，砲兵轟來的砲彈，則射進朝北的房子，彈幕極為殘酷無情。「那是我見過最好、最有效力的射擊，」黨衛軍擲彈兵韋伯二等兵（Horst Weber）回憶道，「一棟棟的房屋從屋頂起，像玩具般坍塌，我不明白怎麼還有人躲得過這種地獄，我真的替英國人感到難過。」

韋伯看見三輛虎式戰車緩緩從葛諾特市場（Groote Markt）駛過。機槍對著北端引道對面一排屋子的每一扇窗戶狂掃，「戰車砲一發發轟進每一棟房，轟垮一棟接一棟。」他記得一棟邊角的房子，「屋頂垮了，上面的兩層便開始崩落。然後，就像從骨頭上把皮撕下來，正面這堵牆整個倒在街上，露出了每一層樓，裡面的英軍發了瘋似的亂竄。」韋伯回憶，灰塵和瓦礫「馬上使我們什麼都看不見。那聲音真恐怖，可是即使這麼大的聲音，我們還聽得見人們受傷時蓋過一切的淒厲嚎叫。」

戰車把萊茵河邊以及大橋底下的屋子，一棟接著一棟轟碎。多次英軍朝外面射擊時，戰車便像推土機般向殘壁衝撞，把這些地方完全夷平。麥凱上尉的本部，就在大橋引道下已毀的校舍裡。史坦佛中尉估計，「從建物南邊打進來的高爆彈，每十秒鐘一發。」他回憶道：「那裡變得好熱，每一個人都受了某種傷。」然而傘兵還是頑強地挺下去，「天花板塌下來，牆壁有了裂痕，房間支撐不住時，」就一個房間一個房間輪流撤退。即使在殘垣斷壁堆之中，每一發槍彈都很重要。史坦佛得意地回憶，紅魔鬼們「像鼴鼠般活著，德國鬼沒辦法把我們攆出去。」可是在別的地方，人們發現陣地幾乎就快撐不下去。西蒙斯二等兵解釋說：「德軍決心要把我們轟得片甲不留，不可能有更猛烈的砲彈和迫擊砲彈了。爆炸緊跟著爆炸，砲彈緊隨著砲彈如雨而下，個別的爆炸竟凝聚成一聲連續不斷、周而復始的爆發。」每一次齊放時，西蒙斯反覆拚命連聲禱告：「挺下去！挺下去！它不會太久的！」他蜷伏縮在塹壕裡，一念之間想起「自己躺在一個剛掘的墳穴，只是等待著被埋葬」。又記得自己想著：「除非三十軍腳步快一點，否則我們就完了。」

福洛斯特意識到，這場浩劫終於壓倒第二營了。各營都沒有突破包圍，福洛斯特也認為友軍不再可能前來解圍。波軍傘兵的空降又沒有實施，彈藥消耗一空，手下官兵連續血戰了五十多個小時，絲毫沒有休息，死傷又很慘重，每一處地窖都填滿了。他知道他們再也不能忍受這種痛擊。在他的防線周圍，所有房子都烈焰沖天、建築倒塌、陣地被奪走。他說不上自己還能挺多久，心愛的第二營正被掩埋在他四周建築物的廢墟之下。然而，福洛斯特並不準備滿足敵人的要求。雖然毫無希望，他仍決心要在安恆大橋阻擋住德軍，直到最後。

他並不是唯一有這種想法的人。這場嚴峻的考驗，對福洛斯特，對全營官兵都有同樣的影響。傘兵們分用彈藥，從傷患身上能找得到、數量不多的彈藥也拿出來共享，準備應對迎頭席捲而來的劫數。他們毫無畏懼的跡象。面對筋疲力竭、飢餓與痛苦，他們內在似乎形成某種幽默感，隨著本身越來越明顯的犧牲而提升。

易根神父還記得，他遇見福洛斯特從某處廁所出來，「營長臉上疲倦、凶猛、滿是鬍鬚，卻閃出笑容，」易根回想，「『神父，』他告訴我：『裡面窗戶破了，牆上有個大洞，屋頂也沒有了，不過它還有根鍊子，而且還管用呢。』」

後來，易根想過街去看看地窖的傷患，這一帶正遭受迫擊砲的猛烈轟擊，軍牧只要找得到地方就要採取掩蔽。「外面，毫不在意地在街道上晃著的是塔桑-華特少校，最先佔領大橋的便是他的連，」他回憶當時，「少校看見我畏縮蹲在地下，便大步走過來，手上拿著一把雨傘。」易根記得，塔桑-華特「把傘撐開交在我手裡，這時迫擊砲到處彈如雨下，他說道：『來吧，神父！』」易根露出些不太情願時，塔桑-華特要他放心，說道：「別擔心，我有傘呢。」不久以後，巴內特中尉（Patrick Barnett）也遇到了這位勇冠三軍的少校。巴內特正猛衝過街，到福洛斯特下令要他據守的新防區去。塔桑-華特護送易根神父回來之前，是正在日漸縮小的防線巡視自己的弟兄，頭上卻頂著那把傘。巴內特深感驚訝，半路停下來，對少校說「那玩意對您沒什麼用處呀。」塔桑-華特故作吃驚的神色對著他，說：「呵，我的天哪，小巴，萬一下雨了怎麼辦？」

下午，砲轟一直沒有斷過。高福少校看見塔桑-華特率領著他的連，手裡還拿著傘。德軍戰車正轟雷般地砲擊街道上的每一樣東西。「看到那些龐然巨物的IV號戰車，幾乎以近距離對我們射擊，我差不多就要暈了。」高福回憶當時。然後緊張感一下子就散開了。「那邊，是華特，他在街頭率領著士兵上了刺刀，撲向一批想滲透進來的德軍。他不曉得從什麼地方找到了頂圓頂禮帽，一邊急急忙忙衝過去，還甩動那把已經破爛的雨傘，就像是卓別林走遍天下一般。」

也有些諧趣的時刻同樣值得回味。那天下午砲轟不斷，營部被轟得好慘、已經起火。易根神父到下面地窖去巡視傷患。「哇，神父，」全營的活寶史伯瑞特上士（Jack Spratt）說道：「他們把所有東西都扔過來了，只差廚房的火爐。」話還沒說完，房子又挨上一發直接命中彈。「天花板掉進來，泥灰瓦屑如雨般落在我們身上，等到我們精神振作一點時，正好在我們前面，就是一個火爐。」史伯瑞特看著它搖了搖頭，說道：「我知道這些王八蛋逼得很近了，沒想到他們還聽得到我們說話呢。」

黃昏時分，天開始下雨。德軍的攻擊似乎更見加強，在大橋引道對面的麥凱上尉，打電話給福洛斯特。「我報告營長說，如果攻擊還這樣子繼續下去，我沒辦法再撐一晚了。」麥凱寫道，「他說他沒辦法協助我，但是要我以一切代價守到底。」

麥凱看得見德軍正慢慢地壓迫福洛斯特的部隊，只見英軍傘兵在起火的房屋裡竄了出來，沿著河岸朝正對面的幾戶依然屹立著沒倒的房子跑了過去。「他們開始把我們圍在裡面。」他寫道，「顯然，如果沒有救兵馬上出現，德軍就會把我們攆出來。我上到頂樓，打開收音機，收聽六點鐘的ＢＢＣ新聞。我很驚訝，廣播員說英軍裝甲兵已經與空降部隊會師了。[27]」

27 原註：麥凱以為播報內容指的是安恆。事實上，這是指霍羅克斯的戰車與奈美根的美軍八十二空降師的會師。

麥凱差不多馬上聽見樓下一聲喊叫：「虎式戰車正朝大橋衝來了。」那時正是德國時間下午七點，英國時間則是下午六點。兩輛龐然大物的六十噸戰車，正從北面駛過來。福洛斯特在自己這一邊也看到了。「在天色半明半暗中，它們看上去就是那麼地陰森險惡，」他寫道，「巨大的砲身從一邊掃到一邊，噴吐著砲口火焰，就像是史前的怪獸。它們的砲彈射穿幾堵牆壁，砲彈爆炸後，粉塵和緩緩沉瀉下來的瓦礫塞滿了通道和房間。」

麥凱所在房子的一整面都被打中了。史坦佛中尉：「有些砲彈一定是穿甲彈，因為它們從校舍的這一頭直接打穿到另一頭，每間房都打出四英尺的大洞。」天花板掉落下來，牆壁開裂，「房子的結構都地動山搖。」麥凱呆看著引道上的兩輛戰車，覺得大限臨頭，「再像那樣來上幾砲，我們就完蛋了。」然而，大橋上的戰士，表現出奪橋以來最頑強、最無畏的抵抗。麥凱覺得他或許「能夠帶一批人出去把它們給炸掉。可是正當這時，兩輛戰車卻向後退了回去，我們還好端端活著。」

易根神父在福洛斯特營部被打中了。砲彈飛進來時，他剛好在樓梯間，從二樓直接掉落到一樓。等他醒過來，發現除了另一人外，就只有他了。易根看見那名奄奄一息的傘兵向他爬過來。就在這時，另一批彈群打中了房子，易根又暈了過去。再醒來時，只見房子和身上的衣服都著了火，他拚命在地板上打滾，用手把火撲滅，先前見到的那名傷兵已經死了。這一回，易根的兩條腿已經不能動彈，他在萬分痛苦中，慢慢地拖著身體向窗邊爬去，聽到有人在叫他的名字。情報官布坎南中尉（Bucky Buchanan）幫忙他從窗裡逃出來，並躺在史伯瑞特上士的臂彎裡。醫官羅根上尉正在地窖裡工作，軍牧跟其他傷兵一起被放在地上。他的右腿斷了，兩隻手和背部遍布砲彈破片。「經過這麼一下子還沒有死，」易根回憶，「除了趴下以外，我什麼也不能做了。」在他旁邊的，是那位非凡的塔桑-華特少校。他只受了點輕傷，依然想鼓舞士兵的士氣，依然拿著那一把雨傘。

令人畏懼的轟擊偶爾也會停頓一下。麥凱認為是德軍在運補更多的彈藥。天黑以後，在某次砲轟的間歇，麥凱對手下疲憊的士兵發下安非他命，每人兩片。它對筋疲力竭、已經透支的人，發生了意外且激烈的效果，有些傘兵變得急躁、多話。還有人變成複視，會有一段時候不能正常瞄準。對於部分受驚和受傷的士兵，卻是心滿意足，有些則開始產生幻覺。韓迪下士記得被一名傘兵緊緊抓住，把自己拖到窗邊，「看哪，」他小聲命令韓迪，「那是第二軍團，就在河那邊，看呀，瞧見了沒有？」韓迪傷心地搖搖頭，對方非常生氣，「他們就在那邊，」他叱叫道：「最清楚不過了。」

麥凱不知道自己的小部隊能否看到明天，疲倦和受傷使他的兵力大減。「我的思緒很清楚，」麥凱回憶說，「不過我們沒有東西吃，也沒有睡過覺，每個人一天只能定量分配一杯水，而每一個人都受了傷。」由於彈藥快打光了，麥凱便派人從不多的炸藥存量提取中、自製炸彈。他打算在德軍戰車回來時候，他們已經做好了準備。他點一下人數，便向福洛斯特報告，他現在剩下還能作戰的，只有十三人了。

九月十九日，星期二晚上，福洛斯特在大橋引道這面的陣地裡，看見全市火光燭天。兩處大教堂的尖塔，火焰騰騰燒得好凶猛。福洛斯特目擊「掛在兩座漂亮尖塔間的十字架，在湧入天空的煙雲中，側影都被襯映出來。」他記述說：「木頭焚燒的劈啪聲，建築物倒塌的奇怪回音，似乎會令人毛骨悚然。」樓上，通信兵卡普雷坐在無線電旁，這時他已經放棄了拍發摩斯電碼，而是以明語呼叫，反覆不斷地呼叫：「傘一旅呼叫二軍團……二軍團請回答……二軍團請回答……」

位於歐斯特貝克、哈滕斯坦酒店的師部，師長厄克特拚命設法要挽救該師殘餘的人員。福洛斯特已經被切斷，企圖接近大橋到他那裡去的每一種方式，都被德軍冷酷地擊退。德軍的援軍正源源開到，畢特利希的部隊正自西、北和東邊，穩定地把英勇的第一空降師斬碎成一片片。紅魔鬼師官兵又冷、又濕、筋疲力盡，卻依然不吭一聲，挺下去——用步槍和司登衝鋒槍驅走戰車。厄克特目擊當前戰況而傷心欲絕，唯有迅捷的行動才能把英勇的官兵救出來。九月二十日，星期三，厄克特擬定了計畫救出殘部。這或許能扭轉戰局也說不定。

九月十九日，厄克特認為，是「黑暗、致命的一天」，同時也是轉捩點。他希望注入的凝聚力和進取心來得太晚了，一切都失敗了：波軍沒有到來，補給空投災情慘重，各營接近福洛斯特的企圖都被粉碎。全師已經越來越趨近全滅。生還的數字正述說著可怖的經歷。十九日一整夜，各營與師部還保持接觸的部隊，都報出了人數。這些數字不完整也不準確，卻代表了殘酷的事實：第一空降師正接近消失的邊緣。

路斯白里的傘兵第一旅，只有福洛斯特的營，還算是有協調性的作戰部隊，但是厄克特卻不知道二營還剩下多少人。費齊的第三營報上來只有五十多人、營長陣亡；杜比第一營全營總計一百一十六人，杜比本人受傷被俘。第十一營的兵力低到了一百五十人，南史丹福郡團二營只有一百人，兩個營的營長——李奧和麥卡迪，雙雙負傷。海克特旅的第十營，這時還有兩百五十人，一五六營據報是二百七十人。雖然厄克特全師的兵力要比這個數字還要多——包括其他部隊，諸如邊境團（Border Regiment）的一個營、皇家陸軍勤務工兵第七營、偵搜部隊、勤務部隊、滑翔機駕駛員和其他單位。各營的作戰單位幾乎已不存在。這一支豪氣干雲的部隊，其官兵這時已經分散成好幾個小股，茫然失措、震駭莫名，也缺乏長官領導。

這一仗打得血肉橫飛、天昏地暗，連久戰沙場的老兵都垮了。一小批散兵游勇在草地上跑過，嚷叫：「德國兵來了！」厄克特和參謀長都意識到恐慌的氣氛滲進了師部。那些通常都是年輕的士兵，「他們的自制力暫時拋棄了他們，」厄克特後來寫到，「麥肯齊和我不得不親自干預。」可是其他人卻在眾寡懸殊下奮戰，昆瑞佩爾上尉（L. E. Queripel）臉部、手臂都受了傷，卻率領士兵攻擊德軍一處雙聯機槍陣地，打死了敵人的機槍手。其他德軍一面投擲手榴彈，一面向他這批人逼近，昆瑞佩爾撿起德軍的木柄手榴彈甩回去，命令士兵離開。他邊丟手榴彈，邊掩護他們的撤退，直到自己陣亡為止。[28]」

目前，厄克特四分五裂、傷亡慘重的空降師，殘餘兵力又正被擠壓、被迫得往師部退卻。所有道路的終點似乎都指向歐斯特貝克。主力部隊以哈滕斯坦酒店為中心，形成一塊沒有幾平方英里的地域，西邊介於黑菲亞鐸和沃爾夫海澤村，東面由歐斯特貝克到約海納農場。這條不平整的走廊，在黑菲亞鐸處止於萊茵河，厄克特準備要抵抗到底。利用部隊的後撤，他希望節約兵力守下去，一直到霍羅克斯的裝甲兵抵達為止。

十九日一整夜，命令下達到各部隊，後撤到歐斯特貝克的周邊陣地。二十日清晨，海克特奉

28 原註：他身後追贈維多利亞十字勳章。

令中止以第十營、一五六營向安恆大橋攻擊的計畫，把部隊也往後撤。「那真是一次痛徹心扉的決定，」厄克特後來說道，「也就是說，放棄了安恆大橋的第二營。不過我曉得，要到達他們那裡的機會，並不比我到達柏林的機會要來得大。」以他看來，唯一的希望便是「集中兵力，形成一個防禦據點，在萊茵河北岸守住這塊小小橋頭堡，以便第三十軍能渡河到我們這裡來。」

厄克特發現黑菲亞鐸與德瑞爾之間的渡船還能作業，這對厄克特的決策是一個重要關鍵。它在他這個死裡求生的計畫中舉足輕重，因為從理論上看，援兵可以由南岸經由渡口到達。除此以外，在渡口兩岸的上岸碼頭都有坡道，可以讓工兵架設一座倍力橋渡過萊茵河。他承認風險很大，不過如果能迅速把奈美根橋拿下來，如果霍羅克斯進兵迅速，又如果厄克特的部隊在周邊陣地能挺得夠久，足以使工兵完成架橋——好多好多的「如果」——那麼，依然有一線希望，即使福洛斯特守不了安恆大橋，蒙哥馬利還能利用這個橋頭堡渡過萊茵河，長驅直入進攻魯爾區。

十九日一整天下來，厄克特師部發出的文電，都要求司令部替波軍找一處新的空降場。通訊雖然還不靈光，卻稍稍有了些改進。海伊中尉的幽靈無線電網，正把一些電文轉給英軍第二軍團部，再從那裡轉發給布朗寧。二十日凌晨三點，厄克特接到軍部的電報，要求師長就波軍的空降場具申意見。厄克特認為，只剩下了一處可能的空降場了。根據他的新計畫，他要求這一千五百人的傘兵旅，降落在萊茵河渡口的南端，也就是在德瑞爾的附近。

計畫最痛苦的部分，就是放棄福洛斯特和他的官兵。星期三上午八點，厄克特有機會把計畫向安恆大橋上的福洛斯特和高福說明。高福利用砲兵的無線電網向師部呼叫，才得以與厄克特通話。這是自從十七日以來，高福首度與師長聯繫。那一天他奉令返回師部，才曉得師長在行軍路線上的某處。「我的老天，」厄克特說，「我以為你死了呢。」高福把大橋狀況略略說明，記得自己說過：「士氣依然很高，不過我們樣樣都缺乏。儘管這樣，我們還會繼續挺下去。」當時，厄克特記得，「高福問，援兵是否有望。」

要回答這個問題並不容易。厄克特：「我告訴他，我不敢確定，現在的情形是我過去援軍他們那邊，還是援軍會過來我這裡。只怕你們唯一的希望，是來自南邊的援軍了。」福洛斯特這時也接著說話，他寫道：「聽到師長說話，真是令人高興……可是他卻沒辦法把真正令人鼓舞的消息告訴我們……顯然他們有不少的困難。」厄克特要求「向每一位官兵的最佳表現，轉達本人祝賀之意，希望他們好運。」此外便沒有什麼可說的了。

二十分鐘後，厄克特從海伊幽靈無線電網中接到一封電文。

200820（第二軍團發）。攻擊奈美根被阻於市南據點。禁衛五旅在市區中途。大橋完整但由敵據守中。擬今日一三〇〇發起攻擊。

厄克特立刻告訴參謀，通知所有部隊，這是他今天得到的第一個好消息。

——

悲哀的是，厄克特麾下有一支傑出的部隊，如果接受了他們所作的貢獻，或許會改變英軍第一空降師的嚴峻情況。在德軍佔領下的歐洲，荷蘭反抗軍可以列為最獻身殉國、最具有紀律的反抗軍部隊。在一〇一師與八十二師的作戰區，荷蘭人與美軍傘兵並肩作戰。泰勒和蓋文在跳傘降落後所下的第一批命令，便是把武器與彈藥交給反抗軍。可是在安恆，英軍壓根兒就不理會這批戰志昂揚而又勇敢的老百姓。安恆反抗軍有武器、有決心，想要對安恆大橋的福洛斯特予以協助。大部分英軍對他們都不理睬，對他們的協助也客氣地婉拒。由於一連串奇特的事件，唯一有權力可以協調行動以及使反抗軍團結一致、參與英軍突襲的人卻又死了。厄克特派去在安恆西邊協調各營攻擊的巴洛上校，任務還沒有完成之前就被德軍擊斃了。

原計畫戰鬥一結束，巴洛要擔任安恆市市長和軍政府首長，他的助理兼吉德蘭省的荷蘭代表都已經指定，就是荷蘭海軍的沃特少校。在市場花園作戰以前，英荷情報小組就把可以完全信賴列為最高機密的荷蘭反抗軍人員名單交給巴洛。沃特回憶：「從這些名單，巴洛和我要在各團體中甄選人員，量才使用以發揮他們的能力：情報、破壞、作戰等等。巴洛是唯一知道我們真正任務是什麼的人。他一失蹤，計畫也就垮了。」沃特在英軍第一空降師部，別人既不把他當民事軍官、也不當情報軍官看待。他提出這些秘密名單、提出建議時，別人都以懷疑的眼光看他。「巴洛對我完全信任，」沃特說，「很遺憾，師部的其他人並不相信我。」

巴洛一死，沃特就綁手綁腳了。他回憶：「英軍感到奇怪，為什麼一名荷蘭海軍要跟他們在一起。」他漸漸爭取到有限度的認同。雖然有一些反抗軍人員被派去執行任務，可是人數太少，支援也太晚投入了。沃特：「我們沒有多餘時間把每一個人都加以檢查使師部滿意，他們的態度很露骨：『我們能信任哪一個？』把安恆地區反抗軍予以有效編組、整頓的機會已經失去了。」[29]

——

二十日上午七點前不久，在英國的索沙保斯基少將得知，他的空降場改變了。波軍傘兵旅這回要降落的地點，距離原先位置西邊幾英里，接近德瑞爾的地方。聯絡官史蒂文中校把消息傳來時，索沙保斯基不禁目瞪口呆。全旅已經在各處機場準備，預定三小時內就要起飛前往荷蘭。就在這個節骨眼，索沙保斯基必須對這處以前從沒研究過的地區，把全旅的攻擊整個重新策畫。過去好多天，他一直都在策畫於安恆大橋南端的艾爾登村附近降落。而現在，正如他回憶當時：「給我的只是一個計畫的外殼，而我只有幾個小時草擬全盤計畫。」

安恆依然沒有什麼消息傳來。不過，當史蒂文把新計畫向他滙報，要他的傘兵由德瑞爾渡過萊茵河到黑菲亞鐸時，索沙保斯基就明白了，厄克特的情況已經急轉直下不可收拾。他事前看到數之不盡的問題，但「似乎沒有人感到驚恐。史蒂文只知道情況非常混亂。」索沙保斯基把新狀況迅速通報參謀人員，把上午十點的起飛延後到下午一點。他迫切需要這段時間，重新做出部署、草擬出新的攻擊計畫。這三個小時的延期，或許可以讓史蒂文收集更多有關安恆的最新消息。再怎麼說，索沙保斯基很懷疑他的傘兵旅能在上午十點起飛。大霧再次籠罩密德蘭

---

29 原註：一直以來，英國人對荷蘭反抗軍人員都特別小心。一九四二年，德國駐荷蘭反情報業務主管吉斯克中校，成功地滲透進入荷蘭情報網。從英國派來的特工，都被擒獲並強迫為他工作。期間長達二十個月，這可能是二戰期間最輝煌的反情報作戰案例，幾乎每一個進入荷蘭的特工，統統都被德軍截捕。為了安全檢查，英國境內的監聽站奉令監聽摩斯電碼中故意出現的錯誤，然而這些「雙面諜」所發的電報，英國情報單位卻全盤接受。一直到有兩名特工逃了出來，吉斯克的「北極作戰」（Operation North Pole）才告一段落。他欺騙盟國這麼長時間，對自己的成功策反，忍不住對外自誇。一九四三年十二月二十三日，他拍發了一封明語電報給英國人：致倫敦狩獵賓漢公司（Messrs. Hunt, Bingham & Co.）、後繼者公司（Successors Ltd.）閣下，由於我們了解閣下在本地繞過我們的協助獨立作業了一段時間。我們深以為憾……我們擔任了貴公司在此地的唯一代表這麼久。然而……貴方如仍認為擬以大規模方式造訪歐洲大陸，我們依然會對貴方特使加以厚待……」結果，情報網經過整頓和全面改革——雖然荷蘭反抗軍與秘密情報活動是獨立的——在市場花園作戰以前，依然有很多英國高級軍官收到警告，不要對反抗軍有太多的信賴。

區，天氣預報並不使人放心。「天氣狀況以及我們收到的不充分的情報，讓我非常焦慮，」索沙保斯基回憶：「我認為厄克特的戰況並不樂觀。我也開始認為，我們去荷蘭跳傘是為了加速戰敗。」

9

安恆大橋上少數英勇守軍的頑強抵抗即將結束。拂曉時分，德軍重啟可怕的火砲攻擊。晨光照耀下，那些一度是住家和辦公大樓的斷垣殘壁，又再度受到強烈的射擊。橋身兩旁以及沿著悠斯畢大道燒焦、損毀的廢墟依然存在的少數據點，正受到有系統的轟襲。原先保護大橋北端的半圓形陣線，現在幾乎不存在了。然而，被火舌圍困、躲避在瓦礫堆後面的，是一小批頑強的英軍繼續在戰鬥，阻止德軍接近大橋。

唯有最原始的勇氣，才能使福洛斯特營堅持到現在。可是這種勇氣要足夠狂熱和持久，才足以把德軍擋住了兩天三夜。二營官兵和其他單位三三兩兩到達加入的傘兵（據福洛斯特估計，兵力總數最高時從沒有超過六、七百人），在血戰之中凝成了一體，自豪感與共同一致的目標融合了他們。這支孤軍達成了整個空降師的目標——比該師所設想的時間守得更久。在這些拚死血戰、焦慮不安的時間裡，他們等待著從未到達的救兵，他們共同的心情或許可以由史派瑟下士的想法來做最貼切的總結。他寫道：「這次任務誰誤了大事？可不是我們！」

到目前為止，他們的耐力已經接近頂點。傘兵們散布在廢墟之間的散兵坑、塹壕，面對敵軍毫不止息的火力，極力保衛他們本身以及裝滿受傷與身心創傷士兵的地窖。他們綁著汙損、滲血的綳帶，以及一副不算謙虛有禮的態度，彷彿那就是一枚榮譽的勳章。紅魔鬼師們都知道，最終，他們是再也撐不下去的了。

察覺到事態將如何發展的英軍，表現得出奇的平靜，毫無半點驚恐。士兵們似乎私下都做好了決定，哪怕是被拋棄還是要打下去——只為了可以更為惹惱德軍。儘管知道這一仗已經完了，大家還是找新方法繼續打下去。迫擊砲排發射他們最後幾發砲彈，沒有砲架、沒有砲盤，只用繩子牽住把砲管立起來照打。有些人發現用彈簧裝填的PIAT火箭彈沒有了引信，便改用火柴製作信管來引爆。他們的弟兄到處躺著，一個個非死即傷，他們依然有抵抗的意志。過程之中，彼此還常常逗樂子。很多人都記得有名愛爾蘭傘兵，被砲彈爆炸震暈了，過後他張開眼睛，說了聲：「我死了！」可是，他又想了一下，又說道：「不可能吧，我在說話嘛。」

福洛斯特認為，在陽光明亮的星期天，用他的獵號把弟兄召集到他的身邊來，該是他們勝利進軍的開端，他們一直沒有被擊敗過。然而這時，在這個黑暗、悲慘的星期三，他知道「實際上不可能有援兵了」。

這時還能作戰的官兵，充其量在一百五十人到兩百人之間，大部分集中在大橋引道西側損毀的營部房屋周圍。三百多名英、德傷兵，塞滿了各處地窖。福洛斯特：「他們幾乎擠成一層疊一層，醫官和救護兵很難通過和治療。」對於這些傷患，他要馬上作出決定。如果營部再度被打中——這也是必然的事，他告訴高福少校：「他看不出自己怎麼能打到最後一分鐘，然後撤走，而讓我們的傷兵遭遇火難。」一定要在房子被砸碎或被攻佔以前，把傷患撤出去。他說不上還有多少時間。他依然相信還能守住大橋的引道一段時候，或許再多二十四小時，只是他的防線這時已經太脆弱。他曉得「敵人來上一次堅強的猛衝，就會衝進我們這裡。」

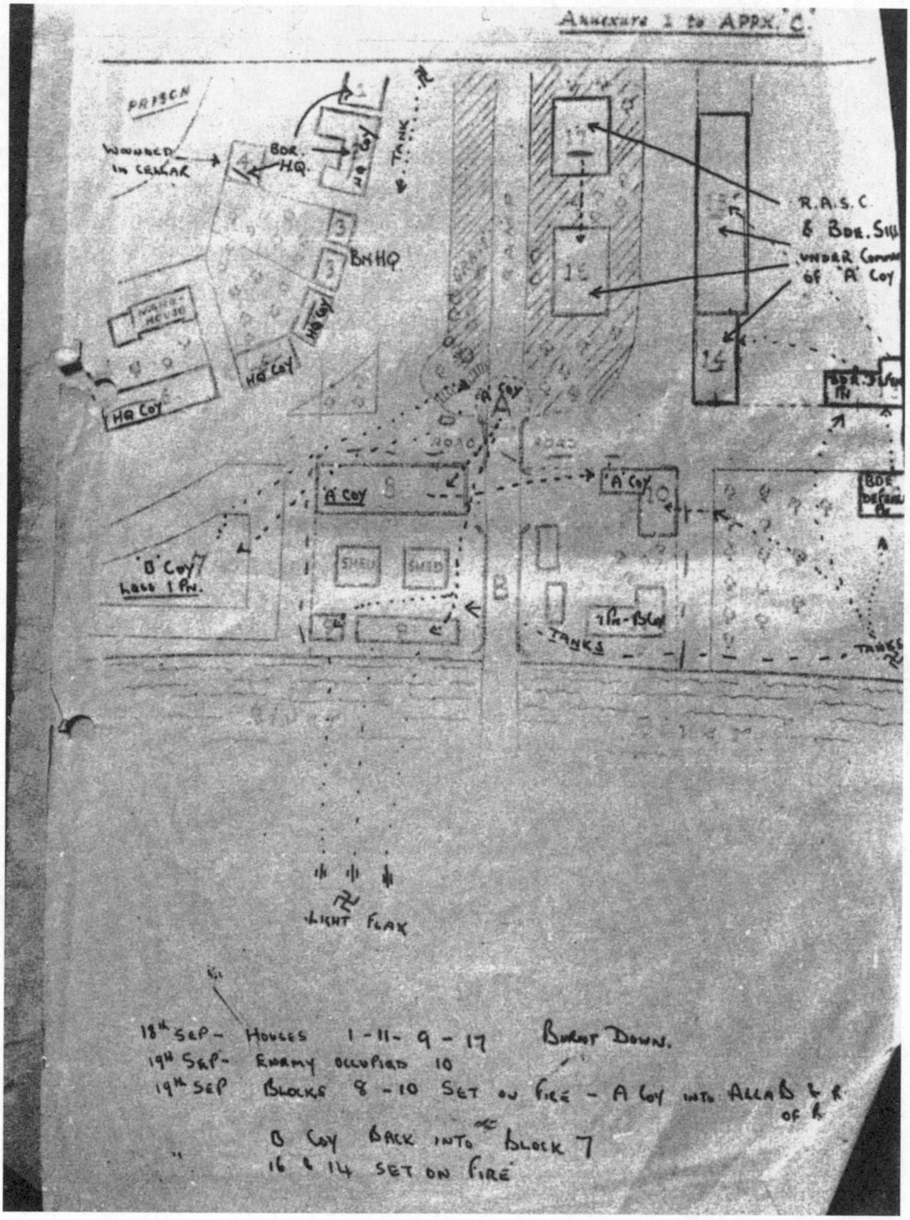

福洛斯特的作戰報告，附圖說明安恆大橋北端引道周圍的兵力布置。

在大橋引道另一面的麥凱上尉，想到被轟成殘骸的校舍「就像是個篩子」。他後來回想：「我們孤身獨守，引道東面所有的房子都被燒光了，只剩下南面那一棟是德軍在據守。」校舍裡，恐懼的氣氛日漸濃厚。「人人筋疲力盡，骯髒邋遢，」他寫道，「每當我看著他們的時候，都會覺得反胃。每一個人都憔悴不堪，滿眼血絲，眼眶紅紅的。差不多每一個人身上都會有沾染血跡、髒汙的野戰綳帶。」受傷的人從樓上往地窖裡抬時，麥凱注意到「每一級階梯，血都分成細流流到底層去。」他剩下來的十三個人，「三兩成組擠在一起，把守著需要雙倍兵力防守的陣地。他們唯一乾淨的東西，就是個人武器。」麥凱和手下士兵在兩小時之中於校舍的殘存結構裡，擊退了德軍的三次攻擊，四周躺著多於他們四倍的敵人屍體。

天亮以前，戰鬥繼續不停。中午前後，頑強奮戰德軍的勇士也受了傷。正當福洛斯特與克瑞勒少校（Douglas Crawley）討論要派出戰鬥巡邏隊肅清這帶地區時，「一下驚天動地的爆炸」，把他憑空抛起，面朝地摔出好幾碼遠。一發迫擊砲彈幾乎在他們之中爆炸，兩個人奇蹟似地還活著。破片砍進了福洛斯特的左踝和右腳脛骨，克瑞勒兩腿和右手臂被炸中。福洛斯特好不容易才恢復意識，覺得好難以為情，因為他沒辦法「止住自己無意識的呻吟，尤其克瑞勒半聲都沒有吭。」福洛斯特的傳令兵韋克斯，幫著把他們兩人拖進掩體，擔架兵再抬到地窖，和其他傷兵在一起。

在擁擠的地窖，易根神父想弄清楚自己置身何處。在這間寒風颼颼屋子的昏暗入口，方才幫忙救起易根的情報官布坎南中尉，看上去一身無力地靠在牆上坐著。其實他已經死了，一發迫擊砲彈的震爆當場擊斃了他，身上卻沒有絲毫痕跡。這時，依然處於震撼狀態的易根，看見福洛斯特被抬了進來，「我記得他的臉色，他說道，「看上去疲累得要死又垂頭喪氣。」地窖裡其他傷患也見到營長抬進來。布坎南的好朋友普倫特中尉（John Blunt），看見營長躺在擔架上，深受打擊。「我們這些小軍官一直以為他是打不垮的人。」普倫特寫道，「看見他那樣被抬進來真是傷心，他對任何事情從來都是不易屈服的。」

地窖另一邊，被破片炸傷的西蒙斯二等兵，記得有人萬分焦急地對著福洛斯特叫道：「報告營長，我們撐得下去嗎？」

——

在英國，索沙保斯基少將看著全旅官兵登上了長長行列的C－47運輸機。自從星期天以來，他就感到手下官兵待命出發前的緊張感越來越高，他們在星期二從營區到了機場，任務卻取消了。星期三上午，索沙保斯基聽說改去新空降場，便把飛行延後了三個鐘頭，以便擬出新計畫來。這時，還不到一點鐘，全身沉重裝備的傘兵向飛機走去，不耐煩的氣氛煙消雲散。波軍終於上路了，索沙保斯基注意到「他們當中出現幾近於漫不經心的態度。」

他的態度卻截然不同。自從計畫更動後的這短短幾個小時，他一直想了解厄克特的戰況，以及有關新選空降場的一切。他向全旅三個營的排級幹部簡報，但是能提供的消息卻少之又少。索沙保斯基深感準備不足，幾乎是在「一無所知的情況下跳傘。」

螺旋槳開始轉動，各營開始登上把他們載往荷蘭的一百一十四架C－47運輸機。索沙保斯基對裝載過程很滿意，登上了機隊的長機。發動機加速旋轉，緩緩滾行到跑道上，一個轉彎就要準備起飛。這時飛機停了下來，索沙保斯基錯愕。油門減少了，幾分鐘過去，他的焦慮感越來越增高，不知道是什麼事情耽擱了起飛。

忽然機艙門打開，一位皇家空軍軍官爬上飛機，穿過通道到了旅長前，通知索沙保斯基，塔台剛剛接到命令，機隊停止起飛。又是重演星期二的情況。南部的機場已經開放，擔任空投補給的轟炸機已經起飛，可是在格蘭瑟姆，一層濃厚的雲層進來了。索沙保斯基簡直不敢相信。消息一傳出去，他就聽到手下官兵的咒罵聲。任務再度延後二十四小時——一直要到九月二十一日星期四下午一點鐘起飛。

蓋文將軍的機降步兵團也是再度停飛。這一天，正是突擊奈美根那關鍵的瓦爾河大橋的時刻。蓋文迫切需要的三千四百名官兵，連同火砲與裝備都不能出發。黑菲亞鐸－德瑞爾的渡船還可以運作。在這個生死關頭的星期三——D日加三天，正當波軍傘兵旅搞不好可以從渡口渡過萊茵河去增援厄克特日漸變弱的傘兵的這個時候，氣候再度打擊了市場花園作戰。

——

摩德爾元帥終於準備妥當要向荷蘭的英美軍展開反攻。九月二十日，在這個危急的星期三，整個走廊上爆發德軍一次又一次的攻擊行動。

摩德爾的援兵源源不絕。這一次他有把握，他的部隊這時強大得足以把蒙哥馬利的攻勢掃蕩乾淨。他計畫在松村、費赫爾和奈美根三處把走廊切斷。至於安恆大橋，他曉得差不多快要落進他手裡了。而查根將軍的第十五軍團——蒙哥馬利在安特衛普時忘掉了的那一個德軍軍團——這時也慢慢重新恢復了戰力。參謀正重新編組，彈藥與補給每天陸續運到。據B集團軍作戰日誌附錄第二三四二號（Annex 2342）所載，在四十八小時之內，摩德爾就查根軍團的狀況向倫德斯特報出：「第十五軍團渡過須耳德河的人員與裝備，總計：官兵八萬二千人，火砲五百四十三門，車輛四千六百輛，馬匹四千餘匹，以及大量有用的物資……」[30]

摩德爾對於查根接手的能力深具信心。查根在七十二小時內把整個指揮體系改編，由他本人指揮在盟軍走廊以西的所有B集團軍部隊。東面則指定給第一傘兵軍團司令司徒登。該軍團正有系統地增加兵力中。現在摩德爾已經到了以銳利的試探作為展開他攻擊的時候。

二十日上午在松橋，德軍裝甲部隊攻進了一〇一師的防區，幾乎奪得了該橋。只因泰勒的官兵迅速行動，再加上英軍的戰車，才擋開了這次攻擊。同一時間，霍羅克斯的縱隊向奈美根疾馳時，泰勒拉長的作戰區整體都遭受到壓力。

上午十一點位於蓋文的作戰區內，德軍部隊先以猛烈的砲轟在前，然後從帝國森林一湧而出，進攻八十二師的東側。不到幾個小時，一支大規模的突進部隊就在莫克地區（Mook）取得進展，威脅位在赫門村的橋樑。蓋文從該師準備進攻瓦爾河大橋的奈美根馳抵現場，只見「我們擁有唯一可以讓裝甲兵通過」的橋樑正岌岌可危。他回憶道：「它對卡在奈美根的英美軍的存亡來說極為重要。」他的問題很棘手，八十二師所有的部隊都已經投進作戰了。蓋文急忙要求禁衛冷川營（Coldstream Guards）協助，隨後他親自率領部隊反擊。於是一場持續了整整一天的激烈而又殘酷無情的戰鬥開始了。蓋文把部隊前後調動，就像在下西洋棋一樣。他的部隊最終守住了防線，擊退了德軍的進攻。他一直都害怕德軍從帝國森林發動攻擊，這時他與軍長布朗寧將軍曉得，一場全新、而更為可怕的作戰階段已經開始了。捕獲的俘虜中，有一些是來自曼德爾將軍（Eugen Meindl）凶悍的第二傘兵軍。摩德爾的企圖現在很明顯：奪下各地重要的橋樑、壓迫這條走廊、摧毀霍羅克斯的縱隊。

摩德爾看來，盟軍絕對在奈美根過不了河，也無法達成衝刺最後這一段到安恆的十英里路程。他挺有信心地告訴畢特利希，他預料這一仗在一個星期內就會結束。畢特利希可沒有這麼放心，他告訴摩德爾，如果奈美根大橋炸掉了，他就會更開心。摩德爾盯著他，厲聲叱叫道：「不行！」

哈邁爾少將對頂頭上司——畢特利希將軍——的態度感到非常懊惱。他覺得軍軍長對於這次戰役的看法，太過於遠慮了。畢特利希「似乎對部隊在潘納登渡河過程中出現的問題完全置若罔聞。」這些問題一開始就使哈邁爾受盡阻撓。在他看來，畢特利希應該在現場逗留更久一點，「親眼看看要把二十輛戰車漕渡過河這種幾近不可能的任務——其中還要三輛是虎王戰車。」哈邁爾的工兵花了幾近三天的時間建立了渡口，渡船足以載運四十噸的重量渡過萊茵河。雖然哈邁爾相信渡河作業現在可以加速進行，但到目前為止，卻只有三排戰車（十二輛豹式）抵達奈美根附近。其餘的戰車——包括虎式——正在安恆大橋作戰，擔任指揮的是東線的沙場老兵——克瑙斯特少校（Hans Peter Knaust）。

三十八歲的克瑙斯特，一九四一年在莫斯科附近的一場作戰中失去了一條腿。據哈邁爾回憶：「他重重地踩著一條木腿走來走去，雖然一直都很痛，卻從來沒有抱怨過。」然而，克瑙斯特同時也是哈邁爾為很多事感到不悅的對象。

---

30 原註：雖然這是從B集團軍作戰日誌中引用的確切數字，但似乎過於誇大，尤其是火砲、車輛、與馬匹的部分。第十五軍團撤退越過須耳德河以及繞過安特衛普的行動，都由史瓦爾柏中將（Eugene Felix Schwalbe）指揮。一九四六年，他作出下列的估計數字：官兵六萬五千人，火砲二百二十五門，卡車及馬車七百五十輛，軍馬一千匹（參閱舒爾曼著 *Defeat in the West*，頁一八〇）。本人無法對數字的不一致予以說明，不過史瓦爾柏的數字似乎要更貼近事實。

為了增援福隆德斯柏格師，克瑙斯特裝甲戰鬥群率領三十五輛戰車、五輛裝甲人員運輸車和一輛驅逐戰車馳赴荷蘭。不過克瑙斯特手下的老兵素質不高，幾乎每一個人都有過一到兩次的重傷。以哈邁爾看來，他們「幾近傷殘」。在通常情況下，這批人不會擔任現役。除此以外，克瑙斯特的補充兵很年輕，很多人只受過八週訓練。安恆大橋的作戰進行了這麼久，這時哈邁爾反而害怕起奈美根的情況。一旦英軍突破，他就需要克瑙斯特的戰車守住大橋，以及防守奈美根與安恆之間的陣地。更多的增援裝甲部隊正在路上，包括有十五輛到二十輛虎式戰車，以及二十輛豹式戰車。可是它們什麼時候到達？到達時會不會打通安恆大橋，加速他們南下的攻擊？哈邁爾也說不上。即使大橋奪到手，哈邁爾認為那也要花整整一天把殘骸清除才能使車輛通過。

為了監督全盤作戰，哈邁爾選擇在潘納登西邊兩英里、奈美根東北六英里的多倫堡（Doornenburg）附近成立前進指揮所。他從那裡開車往西去，大約在奈美根－安恆公路的中途點研究地形，以便把防禦陣地確定下來。一旦盟軍取得突破，這些陣地就可以派上用場。偵察期間讓他留下一個深刻的印象：不論英軍或者德軍的戰車，似乎都不可能離開公路。僅僅有輕型車輛可以在路面較薄、由磚砌成的次要公路上通行。他的戰車部隊，從潘納登渡河後向奈美根前進時，就陷在此類路上，車身的重量壓碎了鋪裝路面。奈美根－安恆的主要幹道，有些地方是在兩側的海埔新生地上高出九到十二英尺的堤壩公路。戰車一旦在這種綿延的高堤上行進，便會在離地的路面上襯映出側影而完全暴露無遺，只要有良好的火砲陣地就可以容易地把它們收拾掉。當前哈邁爾沒有幾門大砲可以掩護這條公路。因此，在奈美根英軍突破以前，讓克瑙斯特的戰車與大砲渡過萊茵河並佔領陣地的行動更是當務之急。

回到多倫堡的師部後，哈邁爾聽取帕敘中校有關最新戰況的報告。安恆好消息頻傳：捕獲更多的俘虜，大橋的戰鬥開始減緩。克瑙斯特認為太陽西下後，就可以把大橋奪下。奈美根的戰鬥持續進行，雖然岳林上尉所屬傷亡慘重，但還是擋住了盟軍攻佔公路大橋與鐵路橋的一切努力。這兩處進路上的英美軍都已停頓下來，在市中心也把英軍擋住了，不過整體戰況依然比之前還危險。

岳林的報告反映出來的樂觀，並非哈邁爾所認同的。到最後，英軍裝甲兵光憑壓倒性的兵力，一定會衝越德軍陣線。哈邁爾點上一根雪茄、告訴帕敘，他「預料在四十八小時內，英美軍定會全力進攻公路大橋。」倘使克瑙斯特的戰車與大砲能迅速佔領安恆大橋，或許可以阻止英軍裝甲兵的長驅急進。倘若裝甲部隊行動遲緩，未能及時將這一小股英軍驅離安恆大橋並清除橋上的車輛殘骸，他就必須不顧一切命令，把奈美根公路橋炸掉。

儘管他的考慮十分周延，卻沒有料到一個最為反常的行動——美軍傘兵可能試圖強渡過河，發動一次大規模的水陸兩棲攻擊。

10

等待的傘兵們都擠在渡河點不遠的地方——奈美根鐵路大橋下游一英里。一整個星期二晚上到星期三上午，戈朋恩中校與范登弗中校麾下的英軍與美軍，繼續為了東面的公路與鐵路大橋而戰。英美軍士兵構工把到河床邊的地區拓寬，以便禁衛裝甲師的戰車與重砲進入射擊陣地，支援渡河攻擊。作戰計畫H時前三十分鐘，颱風戰鬥機將在北岸低飛，以火箭與機槍掃射整個地區。地面上，戰車與大砲再對那一帶轟擊上十五分鐘。然後，在戰車施放的煙幕下，由二十七歲的庫克少校（Julian Cook）率領第一波官兵，實施有史以來最為大膽的敵前渡河行動。

指揮官們為了制訂這項計畫用了整整一個晚上，計畫本身也盡可能趨於完美。可是，庫克的傘兵為渡過這條四百碼寬河流所需的突擊舟，卻還沒有運到。因此，原來預定的H時是下午一點，延後改為下午三點。

一小組的美軍在等著時，庫克不停地來回踱步，他納悶：「那些他媽的突擊舟在哪裡？」自從蓋文師長和五〇四團團長塔克上校告訴他，他的第三營要在瓦爾河敵前登陸時，庫克是「吃驚和傻了。」對這位年輕的西點軍校校友來說，「要我們憑一己之力，來上一次諾曼第奧瑪哈式的灘頭登陸。」他底下好多官兵從來沒有坐過小舟。

庫克並不是唯一焦急等待突擊舟到達的人。中午以前，布朗寧收到了第一份清晰的報告，內容提到厄克特面臨的嚴峻形勢。幽靈團發出的電文，經由英軍第二軍團轉到，其中一份內容：

（201105）……主要陣地仍在大橋北端，但已失去聯絡，無法再補給……安恆市全入敵手。乞盡一切手段馳援。戰鬥激烈，抵抗極為頑強，情勢不佳。

布朗寧深感不安。現在每一小時都至關緊要，迅速奪取奈美根兩座大橋，對第一空降師官兵的生存極為重要。在這時，解救安恆守軍幾乎全靠庫克和他的第三營，這是庫克還沒有意識到的事實。

總而言之，突擊舟並未送到，也沒有人曉得它們是長什麼樣。霍羅克斯和手下參謀，整夜都在催促運送。它們卻遠在工兵縱隊的後方，三輛卡車載著小艇在擁擠的路上一步步向前推。到了恩荷芬，德國空軍一次猛烈的轟炸攻擊把它們給擋住了。市中心慘遭炸毀，好多輛卡車受襲，整整一隊彈藥車輛被擊中爆炸，形勢更是雪上加霜。現在，距離渡過瓦爾河的H時不到一小時了，依然沒有這些卡車和車上重要小艇出現的跡象。

渡河點在佔地很廣的PGEM發電廠東邊。美軍原以為可以在發電廠附近渡河。河邊一處河灣可以掩護登艇作業，更可遮蔽德軍的觀測。塔克上校卻不要這處，該位置距離敵人據守的鐵路橋太近，傘兵只要從登艇區一出去，德軍就可以用機槍火力掃射每一波渡河的部隊。那裡同時也是河灣入口，每小時八到十英里的流速湧得更快。塔克把渡河點改往更遠的西面，計畫要傘兵以快跑的方式把突擊舟帶到河邊，下水後划槳過去。這一下又使庫克發愁。雖然他所知有限，但曉得每一條突擊舟大約重兩百磅，一旦裝載了彈藥與裝備，這個重量很可能還會加倍。

突擊舟一下水，每一艘要載十三名傘兵和三名操舟的工兵。渡河作業持續不斷，一波又一波的突擊舟來來往往，直到把庫克營再加上由哈里遜上尉指揮的第一營的幾個連全都運過河為止。禁衛愛爾蘭裝甲營，泰樂少校的戰車負責火力支援，他對整個構想毛骨悚然，泰樂回憶道：「簡直是在拿上帝來嚇唬我。」他問叼著雪茄的塔克上校，該團傘兵以前有過這種渡河演練沒有？「沒有，」塔克直接回答：「他們現在是做『在職訓練』！」

庫克禁衛和愛爾蘭裝甲二營營長范德樂中校，在發電廠九樓以望遠鏡觀察北岸。他們站立位置的正對面，便是從河邊延伸到岸上很長的一段平地，從兩百到八百碼不等。庫克的士兵登岸後必須要越過這個無遮無蔽的開闊地。在更遠處的河岸邊，有一條突出地面十五到二十英尺高的斜坡堤防。堤上是東西向二十英尺寬的公路。距離公路大約八百碼的地方，有一座稱為「荷蘭高地堡壘」（Fort Hof Van Holland）的低矮建築。庫克和范德樂可以清楚看見沿著河堤上面，都有敵軍部隊駐守著，他們也判斷堡壘裡有觀測所和大砲進駐。庫克記得是這麼想：「有人的惡夢要成真了。」然而，到了H時，有效的空軍與砲兵支援，可以炸垮德軍的抵抗，使傘兵迅速控制北岸。庫克準備要依靠這些支援了。

范德樂則認為這次的渡河，搞不好會證實是「令人不快、死傷慘重」的結果。但是他要以手上的戰車，對美軍做最大限度的支援。他計畫使用大約三十輛雪曼戰車——屬於泰欒少校與費茲傑羅少校（Desmond FitzGerald）的兩個連——下午兩點三十分時，戰車向河岸推進。在河堤旁以「履帶相連」的方式進入陣地，用它們的七十五公厘戰車砲轟擊對岸，同時加入八十二師的迫擊砲與砲兵的射擊加強。總計，在北岸共有一百門火砲加入砲擊作戰。

庫克的部下還沒有實地觀察過攻擊區域，他們是在快速行軍途中接到簡短命令的。可是河流的寬度，把每一個人都嚇壞了。「起先在任務提示中，我們以為他們在說笑，」霍欒伯少尉（John Holabird）說，「聽起來太妙想天開了。」預訂在第一波渡河的芬克柏中士（Theodore Finkbeiner）則很有把握，「因為有煙幕，我們機會滿大的。」可是I連連長布瑞斯上尉（T. Moffatt Burriss）認為這根本就是自殺任務。

五〇四團基督教軍牧庫爾上尉（Delbert Kuehl）也這麼想。通常他不必同突擊部隊出發，這回卻請求要與庫克的士兵在一起行動。「這是我所做出最艱難的決定，」他回憶說，「因為我是自願前往的。這項任務看起來不可能成功，我感到士兵們如果需要我的話，那我就應當參與其中。」

克普上尉（Henry Baldwin Keep）是全營公認的百萬富豪，因為他是來自費城的比德家族[31]。他認為，「勝算對我們太不利。在長達十八個月的作戰準備期，跳傘啦，建立橋頭堡啦，當山地步兵啦，當一般步兵啦，我們樣樣都幹過，可是渡河卻是件怪得不得了事！就是件不可能的事！」

據卡米齊中尉說，庫克營長為了要使氣氛輕鬆，宣布說，他要仿效華盛頓當年「筆挺地站在艇上，舉起右拳向前揮舞，吼叫著：『前進！兄弟們！前進！』」H連連長卡佩爾上尉（Carl Kappel）聽說安恆的攻擊出了麻煩，非常擔心。他立刻就想「登上那他媽的小艇，死都要殺過河去。」他有位好朋友在第一空降師，他覺得要是有人在安恆大橋上的話，那就會是「福哥」——福洛斯特中校。

到了下午兩點，突擊舟還是不見蹤影。現在要把已經出動的颱風戰鬥機召回也已經太遲了。在渡河攻擊發起位置的後面，庫克營和范德樂的戰車隱身在河堤後面等待著。下午兩點三十分準時，颱風戰鬥機的攻擊開始。它們閃電似地在頭上掠過，一架跟著一架呼嘯俯衝下來，對著敵軍陣地發射火箭和使用機槍掃射。十分鐘以後，范德樂的戰車在河堤上進入陣地的同時，載著突擊舟的三輛卡車駛到了。距離渡河只剩二十分鐘，庫克營弟兄才生平頭一次見到這些脆弱、摺疊式的綠色舟艇。

每一艘突擊舟長十九英尺，有加強合板材質的平坦舟底，由木夾支柱的帆布邊，從舟底到舷緣高三十吋。每一艘突擊舟應該有八支長四英尺的划槳，可是很多都只有兩支，士兵們只好用槍托當槳來划。

工兵很快就把突擊舟拼合起來。分派到各舟的傘兵，要把裝備搬上去，準備把它們帶往

31 譯註：美國銀行家。

河岸。在轟向對岸的彈幕震耳噪音中，這二十六艘突擊舟終於組裝完畢。莫羅易中尉（Patrick Mulloy）回憶說，「有人一聲令下：『出發！』大家抓緊舷緣，用力把小舟拖下河去。」他們的後面，砲彈尖嘯著從頭上飛過，戰車正用大砲猛轟他們前面的堤防，據莫羅易表示，「白色煙幕看上去相當濃密」地飄過了河面。渡河開始了。

第一波大致是兩百六十人——H、I兩個連，加上營部參謀和工兵——到了河邊立刻下水，災難也在這個時候開始了。下水處太淺，以至於突擊舟卡在河泥裡文風不動。士兵們在淺水中奮力推動，把舟艇抬到深水區，推出去後再爬上船。有些傘兵想攀舷上舟時，小舟卻翻了過去。有些超載過重，陷身在急流中，開始打圈、失去控制。有些則是超重沉沒，槳丟了、人也掉進水裡。卡佩爾上尉眼見這場「大混亂」。他的突擊舟也開始下沉，他回憶說：「萊加西二等兵（Legacie）掉進水裡，人也向下沉。」他跳水去救，勁急的水流出乎他意料之外，但他還是抓住了萊加西，把他拖到安全的地方。「可是把他弄到岸邊之後，我也筋疲力竭了。」卡佩爾跳進另一艘突擊舟再度出發。麥略德中尉（Tom MacLeod）的突擊舟邊幾乎與水齊平，他以為要沉下去了。他記得，「划槳像發了瘋似的飛舞。」囂噪聲中，他聽見庫克宏亮的聲音，他在附近的舟上叱叫：「前進！前進！」

庫克少校是位虔誠的天主教徒，他大聲向天主祈禱。卡米齊中尉注意到自己跟著禱告的音律在划船。「萬福瑪麗亞——慈悲為懷（Hail Mary, Full of Grace）、萬福瑪麗亞——慈悲為懷，」庫克每划一槳就吟誦一次[32]。然後，就在一片混亂，德軍開始射擊了。

火力猛烈又集中，莫羅易中尉想起，「比起我們在安其奧，這一下更厲害了。他們用重機槍和迫擊砲射擊，大部分來自堤防和鐵路橋，我覺得自己就像是個活靶。」庫爾牧師嚇壞了，坐在他旁邊的士兵腦袋被打得開花，他不停禱告又禱告：「主啊，願爾旨成。」

位於PGEM發電廠的指揮所，范德樂、布朗寧、霍羅克斯一起觀察渡河行動，他們神色嚴肅，一言不發。「是個可怕的景象，很恐怖，」范德樂回憶，「很多突擊舟被炸出水面，從北岸轟來的砲彈和輕武器的射擊，冒起了巨大的噴泉，河流變成一口沸騰的大鍋。」士兵們本能地蹲在小艇內，霍樂伯少尉凝視著那脆弱的帆布舟邊，覺得「完全暴露和無力」。甚至他的鋼盔變得「跟毛帽沒有兩樣」。

砲彈破片砍穿這支小小舟隊。載著米納那中尉那半個排的小艇，沉沒得無影無蹤，沒有一個人生還。麥連中尉（Allen McLain）看見兩艘小艇炸開，傘兵都被拋進河裡。布瑞斯上尉小艇周圍，射來的火力「彷彿冰雹」。最後，操舟工兵說話了，「接手啊，我中彈了！」他的手腕開始發抖，布瑞斯俯身去幫忙時，工兵再挨了一槍，這一回打中了腦袋。砲彈的破片擊中了布瑞斯腰部，工兵翻身掉進水裡時，腳卡在舷緣上，他的屍體變成了舵，把小艇原地團團轉。布瑞斯不得不把死者推進水裡。這時，坐在突擊舟前面的兩名傘兵也被擊斃了。

隨著強勁風勢，煙幕被吹得稀疏四散。此時，德軍的砲手更是逐艘地個別收拾。傅勒中士（Clark Fuller）看見有些人急於快速渡河，拚命躲避火力，「彼此划的方向相反，弄得突擊舟原地打轉。」德軍非常容易便幹掉了他們。傅勒「嚇得人都癱了」。楚布爾二等兵（Leonard G.

---

32 原註：庫克說：「『天主與您同在』太長了，所以我不停地重複，『萬福瑪麗亞』（一槳），『慈悲為懷』（一槳）。」克普上尉試著回想在普林斯頓大學時划艇的日子，可是他發覺自己只會緊張地數著：『七－六－七－七－七－八－九』而已。

Tremble）剛划到河中央，猛然一下摔到了舟底，小艇挨了一發直接命中彈。他的臉部、肩膀、右臂和左腿都受了傷，楚布爾想說自己一定會失血過多而死。突擊舟進水，瘋狂地打轉，之後又緩緩飄回南岸，舟上的人統統死了，只有楚布爾生還。

范德樂在指揮所眼見「煙幕中開始出現大空隙」。他的戰車已經射擊了十分鐘以上的煙幕彈，可是這時禁衛裝甲師各種砲彈都快見底了。「德軍換不同的彈藥，正開始用大口徑的。我記得自己幾乎是在試圖懇求美軍再快一點。顯然這些年輕的傘兵，對突擊舟的操作沒有什麼經驗，它們並不是容易操縱的東西，傘兵們都在河面上蛇行曲折前進。」

這時第一波傘兵已經抵達了北岸。士兵們掙扎著出了突擊舟，一面開槍、一面跑過開闊的開闊地。幾分鐘以前，還怕得一身發軟的傅勒中士，為了還活著而高興，覺得「興奮得很，不顧一切的感受取代了害怕，我覺得自己能打得過德軍整整一個軍團。」范德樂親眼看到登陸過程，「看見一兩艘突擊舟搶灘，緊跟著又是三四艘，沒有人停下腳步，士兵一出來就朝著堤防跑。天哪，多麼勇敢的場面！他們不停地越過開闊地前進，我根本沒有看見半個人臥倒下來，除非是被打中了。我想成功渡河的小艇還不到一半。」然後，更使范德樂大為驚訝，「突擊舟又駛回來接運第二波。」他轉頭對著霍羅克斯、布朗寧說：「我從來沒有見過比這更英勇的行動。」

庫克的突擊舟快接近河灘時，便跳了出來把舟往上拖，急著把它拖上岸。忽然他看見右面灰色的河水在翻騰，「就像是個大氣泡，穩穩朝河岸接近，」他回憶道，「當一頂鋼盔的頂部露出水面還繼續向前移動時，我以為自己產生了幻覺。接著，鋼盔下露出了一張臉，原來是小個子機槍手傑德利卡二等兵（Joseph Jedlicka）。他肩膀上有好幾條三〇機槍的子彈帶垂著，兩手還各提一箱。」傑德利卡從突擊舟上掉進了八英尺深的河裡。他屏住呼吸，沉著地一步步在河底下走向前，一直走到浮出水面為止。

麥略德準備再渡過瓦爾河去載傘兵時，河岸上的醫護兵已經在工作了。只見在弟兄們倒下去的地方，身邊已經倒插了步槍。

——

下午四點剛過去不久，哈邁爾將軍就在多倫堡師部接到告緊的電文，報告說：「盟軍在荷蘭高地堡壘對岸，開始施放白色煙幕。」哈邁爾帶了一些參謀，坐車奔馳到倫特，那裡距離奈美根公路大橋有一英里遠，位於瓦爾河北岸。施放煙幕只有一個原因：英美軍企圖坐船渡過瓦爾河。然而，哈邁爾還是不敢相信自己的論斷。河道這麼寬，北岸有兵防守，岳林早上樂觀的報告，加上他本人對奈美根市內英美軍力的判斷——這一切都與渡河作戰相反。哈邁爾決定親自看看，「我不打算因橋落入敵人手裡，而被柏林逮捕槍決——才不管摩德爾是什麼想法。」

——

庫克知道他手下損失驚人，可是這時候他沒有時間去評估傷亡數字，各連已經沿著暴露、延伸的河灘登陸。各單位混雜在一起。就當時來說，是毫無組織可言。德軍正用機槍掃射河灘。然而，他手下頑強的傘兵拒絕被德軍牽制在這裡。一個接著一個、三三兩兩地，他們朝著堤防衝過去。庫克回想：「不是停下來被打成篩子，就是前進。」傘兵奮勇向前衝，用衝鋒槍、手榴彈和刺刀衝上堤防，凶神惡煞地把德軍攆了出來。芬克柏中士認定他就是第一批衝到高堤公路上的傘兵之一。他記得，「腦袋往堤頂上一冒，我正對著陣地上一挺機槍的槍口。」他的頭一縮，可是

「機槍口冒出來的子彈把我的鋼盔都打飛了。」芬克柏扔了顆手榴彈到德軍陣地，聽見一聲爆炸和淒厲嚎叫聲後，再一個躍身翻上堤防公路，朝著第二處機槍陣地撲過去。

布瑞斯上尉沒有時間想到身上的破片傷口，他一搶灘就「為自己還活著而高興得想吐。」他逕直朝河堤跑，叱叫著手下弟兄「把左翼的機槍幹掉，右翼另有一挺。」他們辦到了，布瑞斯看見河堤後面有幾棟房子，他一腳把門踢開，吃驚「竟有好幾名德軍在睡大頭覺，顯然還不曉得發生了什麼事。」布瑞斯馬上拿起一顆手榴彈，拔掉插銷往屋子裡一丟，砰然把門帶上。

煙幕、囂噪和混亂之下，第一波上岸的傘兵有些人記不起來是怎麼離開河灘的。通信兵波茂上等兵，被通信器材壓得低低，只能一個勁地向前跑。「他心裡只有一個念頭，可能的話，活下去吧。」他曉得一定要到達河堤，再等待之後的指示。他到了河堤頂上，只見「到處都是屍體，德軍──有些不到十五歲，還有些六十歲以上──幾分鐘以前，還對突擊舟裡的我們大開殺戒，這時卻在求饒和想投降。」傘兵們歷經血戰而深受衝擊，對弟兄們的死亡太過憤怒，以至於沒有要收容俘虜的打算。波茂還記得，有些德軍「立刻就被開槍掃射」。

這一次渡河打得人人心生厭惡感又筋疲力盡。死傷者都躺在河灘上，第一波部隊在三十分鐘左右，就把河堤公路上的守軍解決掉了。但並不是敵人所有的陣地都被消滅。傘兵這時躲進之前還是德軍的機槍陣地，掩護後續來的各波部隊。第二次渡河又損失了兩艘突擊舟。儘管砲火猛烈，耗盡力氣的工兵利用剩下的十一艘突擊舟，再來回跑了五趟，把所有美軍都送過去染血的瓦爾河河岸。現在，速度最為重要了，庫克的手下一定要在德軍充分了解是怎麼回事以前，把大橋北端攻佔下來，而且要在他們炸橋以前。

目前，河堤防線已經摧毀，德軍撤到了第二線陣地。庫克的傘兵對他們毫不留情。克普上尉評論當時，「該營剩下的弟兄似乎變得狂躁，憤怒使得他們瘋狂，一時間忘卻了畏懼。我不曾目睹過人性的激變會展現得像當天這麼樣的激烈。那真是使人悚然的情境，但絕對不會是好的那一種。」

要嘛單獨一人，不然就是好幾個一群，他們無助地坐在突擊舟裡，四周的弟兄們統統死了，這時便用手榴彈、衝鋒槍、刺刀，向德軍索取弟兄們死傷人數的四倍、五倍當代價。他們以殘酷的效率，把德軍攆了出來，毫不停頓也不整頓，繼續他們猛烈的突襲。頂著前方荷蘭高地堡壘機槍與防空機砲轟來的火力，他們奮戰穿過田野、果園和家屋，來到堤防的後面。部分兵力轉向正東，沿著凹下去的堤防公路，直撲兩座大橋。有些人則衝向堡壘，幾乎忘了德軍的火砲。有些傘兵，掛滿手榴彈，游過護城河並爬上城牆。里奇蒙中士（Leroy Richmond）潛水游過去，出其不意地把堤道上站衛兵的德軍一把擒住，揮手要弟兄們過去。據卡米齊中尉的說法，「有些傘兵攀到了堡頂，然後由別的傘兵在下面把手榴彈拋上去，接住後就一顆跟著一顆，立刻丟進砲塔射口內。」德國守軍馬上投降。

同時，兩個連——布瑞斯上尉的I連，和卡佩爾上尉的H連——正向兩座大橋急奔。鐵路大橋那邊，H連發現德軍的防務非常強勢，看上去似乎美軍的攻勢無法有所進展[33]。這時，英美軍在大橋南端和奈美根繼續不斷地施壓，終於使敵軍垮了。卡佩爾吃驚的是，「一大批」德軍開

33 原註：據麥克唐納所著 *The Siegfried Line Campaign* 一八一頁所載，德軍在這處橋頭，配備有火力強大的武器裝備，其中有機槍三十四挺，二〇公厘防空機砲兩門，八八砲一門。

始通過大橋——正正走進美軍的槍口前。戈曼中尉在PGEM發電廠附近的戰車內，「可以看見數以百計的德軍，混亂、慌張，在大橋上正朝著美軍跑。」大橋北岸，拉瑞維爾中尉（Richard La Riviere）和西姆斯中尉（E. J. Sims）也看見他們來了。無法置信，他們看著德軍把槍都丟了，急急忙忙往大橋北端的橋頭跑。拉瑞維爾中尉回憶道：「他們慌亂地跑過來，我們讓他們這麼做——一直走到大橋三分之二處，」美軍就開火射擊。

一陣暴雨般的子彈劈進守軍身上。德軍掉落得到處都是——有些掉在橋底的橋樑框架，有些落進河裡，打死的一共有兩百六十人，受傷的人更多。射擊停止前，就捕獲了上百名俘虜。在發動渡河突襲的兩小時內就奪得了第一座橋。禁衛愛爾蘭裝甲營的泰樂少校，看見「有人在揮手。我一直長時間地全神貫注於那座鐵路橋，結果那座橋成了對我來說唯一存在的東西了。我抓起無線電向營部報告：『他們上橋了！他們奪下大橋了！』」時間正是下午五點。禁衛擲彈兵裝甲營的海伍德上尉（Tony Heywood）接到了泰樂少校的消息，卻「非常的混亂」，指的是哪一座橋呀？擲彈兵裝甲營在戈朋恩中校指揮下，依然與范登弗中校的傘兵在瓦克霍夫大橋附近並肩作戰。岳林的黨衛軍部隊持續把他們阻擋在公路橋以外。如果無線電指的是拿下了公路橋，海伍德回憶道：「我不曉得他們是怎麼過去的？」

鐵路大橋完整無缺，並確實落入美軍手裡，可是德軍——如果不是準備打到最後一人，就是嚇得不敢離開陣地——依然在橋上。美軍迅速在北端尋找準備炸橋用的炸藥。儘管一無所獲，但大橋依然可能通上了導火索準備爆破。卡佩爾以無線電通知庫克少校，要他趕緊把英軍戰車弄過橋來。有了戰車支援，他和布瑞斯的I連，就可以奪得首功——距離東邊不到一英里的奈美根公路大橋。卡佩爾回憶，此時團長塔克上校到了。塔克表示，請求已經「轉發過去。不過德軍隨時都可能把兩座橋一起炸掉。」庫克營的傘兵毫不猶豫，向著公路大橋衝過去。

——

哈邁爾將軍搞不清楚狀況。他手裡拿著望遠鏡，站在倫特附近一座碉堡頂上。位於瓦爾河北岸的陣地，離奈美根公路大橋不到一英里。他看見煙霧從右面冒出，也聽見了激戰的噪音。但似乎沒有人知道究竟那裡發生了什麼事，只曉得敵人企圖在鐵路大橋附近渡河。公路大橋的情況他看得很清楚，上面什麼人也沒有。哈邁爾回憶道：「傷兵開始到了。我也收到了許多互相牴觸的報告。」這才明白美軍已經渡過河來了，「不過凡事都被誇大其詞，我無從得知他們是十條船，還是一百條船過了河。」他在心中「急忙衡量，想決定下一步該怎麼辦。」他詢問手下工兵，「我原先收到通知，說兩座橋都準備好要炸毀。」他回憶道，「本地指揮官奉令炸毀鐵路大橋，而公路大橋的起爆器，則藏在倫特的碉堡附近的菜園裡，有專人駐守在那，聽候命令隨時按下起爆桿。」這時哈邁爾第一次接到清晰的報告：只有少數小舟渡過了瓦爾河，作戰依然在進行中。他在望遠鏡中再看一次，只見公路大橋依然空無一人，沒有車輛的動靜。雖然他的「直覺要把肩頭上責任重大、棘手的大橋炸掉，但還不到有絕對把握大橋要失守時，他並不打算做任何事情。」哈邁爾決定，如果必要時，也一定要「炸橋時，上面是擠滿了英軍戰車，把它們也一併炸上天。」

——

在公路大橋南端引道附近的瓦克霍夫教堂和霍納公園裡，黨衛軍裝甲擲彈兵的岳林上尉，正在為他們自己的生命而戰。戈朋恩中校的禁衛擲彈裝甲營，和八十二空降師五〇五團范登弗中校的第二營，有條不紊地發動了持續進攻。范登弗的傘兵逐屋巷戰，他的迫擊砲與大砲就猛轟德軍防線。與美軍之間的空隙，以及岳林一直萎縮的防線越來越小。戈朋恩的戰車在縱橫的街巷中行進，驅逐在前面的德軍，用戰車的十七磅主砲與機槍轟擊掃射。

德軍的反擊很凶猛，武爾斯特中士（Spencer Wurst）回憶道：「那是我所遭遇過最猛烈的火力。」他當時十九歲，自北非戰役起，就在八十二師中奮戰了。「我可以感覺到，我的手伸出去都可以抓得到子彈。」他趴在離瓦克霍夫教堂大約二十五碼的房子的窗台上，從這個有利位置能夠朝下看見德軍的陣地。他記得：「公園裡到處都是散兵坑，所有的戰鬥行動似乎都是以這些散兵坑以及一座中世紀的塔樓為中心。我看得見我們的弟兄從左邊和右邊突破，逕直朝這處交通圓環衝鋒。我們迫不及待要攻到大橋，我看見有些人爬過散兵坑，簡直就是用拖的把德軍給驅趕出來。」武爾斯特的步槍槍管打得太熱了，潤滑油都從木質的槍托裡慢慢往外流。

正當致命的火力戰還在持續，武爾斯特大驚失色。只見營長范登弗「抽著一根菸，悠閒地走過街道。他在我這棟房子前面站定，抬頭看著我說：『中士，我想你最好去看看能不能要那輛戰車動一動。』」范登弗指著公園入口大門那邊有一輛英軍戰車停著，砲塔蓋關著。武爾斯特從屋頂爬下來，跑到戰車前用鋼盔敲車邊，砲塔打開了。武爾斯特說道：「營長要你們開到那裡去。來吧，我可以指示你們往什麼地方射擊。」他在戰車旁邊前進，完全在德軍視線範圍內，武爾斯特把目標一一指示出來。范登弗的士兵與戈朋恩的戰車火力加成在一起，敵軍的防禦圈要開始崩潰了。那條可怕的戰防砲陣線，之前擋住了每一次的攻擊，這時也已經被消滅掉。最後只有在圓環掘壕固守的四輛驅逐戰車還在射擊。下午四點過後不久，在一次步戰聯合的全面攻擊下，這幾輛驅逐戰車也被殲滅了。當范登弗的傘兵用刺刀和手榴彈衝鋒時，戈朋恩將他的四輛戰車並列，直線衝進公園。德軍在恐慌中崩潰。撤退時，有些人還想在大橋橫桁下掩蔽，有些則跑得更遠。面對英美軍的火力，德軍跑向那座中古世紀古堡。德軍經過時，好多傘兵往他們扔手榴彈。突擊告了個段落。武爾斯特說：「這段時間他們真讓我們打得好苦，看見他們就在我們面前跑過，跑向那條通往大橋的公路，有些人跑了過去，直奔東邊。我們感到相當欣慰。」

禁衛裝甲師師長艾德爾將軍，在附近的建築中指揮作戰。他記得當時自己「咬緊牙關，只怕那一聲爆炸響起，就是告訴我們德軍炸橋了。」他卻什麼都沒有聽見，到瓦爾河公路大橋的引道已經暢通，各個橋墩完好無損。

羅賓遜上士（Peter Robinson）所屬的排的四輛戰車，一直在等著這一刻，馬上朝大橋急駛[34]。這位二十九歲的敦克爾克老兵，幾個小時以前，就收到連長特羅特少校（John Trotter）的提醒，「準備衝過橋去。」德軍依然還在橋上，特羅特警告羅賓遜：「你過橋時，我們不曉得會發生什麼情況，但是大橋一定要奪下來，遇到任何事情都不要停。」特羅特與上士握了握手，開玩笑地補充上一句：「別擔心，我曉得你太太住在哪裡，如果出了什麼事，我會讓她知道的。」羅賓遜卻並不覺得有趣，問說：「報告連長，你可真是樂在其中啊，是不是？」他一翻身爬上戰車，一

34 原註：一直有傳言鐵路大橋北端有一面美國國旗升了起來，在煙霧繚繞與混亂狀況之中，英軍戰車兵則認為它飄揚在公路大橋的最遠的那一頭——表示美軍已佔領到了那裡。這故事或許是真的，不過經過多次的訪問，我未曾發現有任何在現場的任何人能予以證實。我的足跡遍布了那個區域，似乎難以想像有誰在朝公路橋對面看過去的時候，會把在西邊一英里以外飄揚的一面旗幟，誤認為就是該橋的終點。

馬當先往大橋駛過去。

該排四輛戰車，從圓環的右邊進入霍納公園。羅賓遜覺得，「全市都起火了，在我左邊和右邊的屋子都在燃燒。」煙霧繚繞著的大橋，看上去「真他媽的大。」戰車隆隆前進，還不斷以無線電向師部報告，他回憶：「奉到命令，其他的人完全不許通話。」戰車在履帶鏗鏘聲中駛上引道，羅賓遜還記得，「我們聽到一聲好大的爆炸聲。戰車一邊履帶的惰輪被打中了。」戰車依然還在前進，但「無線電卻不通了，我跟師部失聯了。」他叱叫著駕駛兵倒車。戰車退到公路旁邊，上士馬上跳出車外，跑到後面的那一輛戰車，並要車長畢林漢上士（Billingham）出來。畢林漢還要爭，羅賓遜叱叫道，他在下達「直接命令，你他媽的快點下車換我，然後跟著我們一起走。」這一行中的第三輛戰車，車長是佩希上士（Charles W. Pacey），已經趕到前面領先上了大橋。羅賓遜一躍上了畢林漢的戰車，下令其他戰車跟著走。四輛戰車前進時，羅賓遜記得，遇上了一門八八砲的射擊，來自「河的對岸，正在一些起火的家屋旁，遠看還以為是一門自走砲。」

范登弗中校看到戰車，也看到了那門八八砲在射擊。他說當時「實在是壯觀得可以。那門八八砲距大橋北端有一百碼，利用沙袋在公路邊掩護，一輛戰車和這門八八砲相互轟擊了四發，戰車上的三〇機槍曳光彈一直噴個不停。在黃昏的暮色中，真是好看極了。」羅賓遜車上的砲手萊斯利強生（Leslie Johnson），一發砲彈命中了八八砲。羅賓遜記得那時，帶了手榴彈、步槍和機槍的德軍，都攀身在橋身大樑上。戰車的機槍像是「狂風掃落葉，把他們都擊斃了」。萊斯利強生在回敬敵人的猛烈砲火時，「裝填手把砲彈送過來的速度有多快，砲彈轟出去的速度也就有多快。」在如同冰雹的砲火掩護下，羅賓遜戰車排轟隆隆向前行，此刻已經來到公路大橋中間的位置了。

暮色之中，翻騰的煙霧覆蓋了遠處的瓦爾河公路橋。哈邁爾將軍站在倫特村的前進指揮所，用望遠鏡緊盯、注視。在他四周的槍砲聲砰砰不絕，部隊正從村裡撤退過來據守新陣地。哈邁爾最怕的事情發生了。美軍在出乎預料的情況下，已經接連在瓦爾河實施大膽而成功的敵前渡河。位於奈美根的岳林上尉，他的樂觀被證實是毫無根據的。從他那裡發來的最後一份電文非常簡短，說他已被包圍，只剩下官兵六十人。這時，哈邁爾知道，大橋已經失守了。他不曉得鐵路大橋是否已經炸毀，不過如果他要炸公路大橋，就應當機立斷。

「似乎許多事情瞬間飄過腦海，」他回想那時，「什麼事最該先辦？應該採取哪一項最緊急、最重要的行動？這全都落在那兩座大橋上。」他並沒有事先向畢特利希報告，「提醒他，我可能不得不炸掉那座公路橋。我假定是畢特利希下命令，要這些橋樑待令炸毀。」因而哈邁爾推論，儘管摩德爾有命令，但「假如畢特利希在我的位置，他也會要把大橋炸掉。就我來看，無論如何，摩德爾的命令現在已是被主動推翻了。」他預料隨時就有戰車在公路大橋上出現。

他站在掌管起爆器的那名工兵旁邊，反覆掃視大橋。起先，他察覺不出有什麼動靜。然後，忽然只見「一輛戰車駛到了大橋中央，右後方再出現了第二輛。」他對著工兵說：「預備！」視野中又出現了兩輛戰車，哈邁爾等著這一行戰車剛駛到大橋中間位置才下令，他大聲叱叫「爆破！」工兵把起爆桿往下使勁一壓，什麼事都沒有，英軍戰車繼續往前行。哈邁爾吼道：「再來一次！」工兵又猛然把起爆的把手向下衝壓，可是哈邁爾期待的轟天一響的爆炸，依然沒有發生。他回想那時「正期待親眼見到大橋垮下，戰車被炸得掉進河裡去。戰車非但沒有掉下去，它們反而持續地前進，車身越來越大，越來越近。」他對著焦急的參謀們大叫道：「我的老天，它們再兩分鐘就要到這裡了！」

哈邁爾對手下參謀發出連珠砲似的命令。要他們「運用一切現有的戰防砲和大砲，封鎖艾斯特-倫特公路。如果不這麼辦，它們就會一直衝到安恆去了。」這時讓他更為沮喪的是，聽說鐵路橋依然矗立。他急忙跑到附近指揮所的一具無線電機那裡，同前進指揮所通話，對師作戰處長說：「司多勒，報告軍長，他們過瓦爾河了。」[35]

——

羅賓遜上士的四輛戰車在大橋上向前猛衝。第二門八八砲停止了射擊，羅賓遜「斷定也是被我們打垮的」。赫然出現在眼前的，是許多混凝土方塊組成的路障，中間只有一條十英尺寬的縫隙。羅賓遜看見佩希上士的戰車通過後停在另一頭。隨後羅賓遜的戰車也開了過去，在佩希為後面的三輛戰車掩護的時候，羅賓遜的戰車又再度一馬當先。他記得當時「能見度奇差無比，我自己在大聲疾呼，要在同一時間指揮砲手、駕駛兵，還要向師部報告。全部混雜在一起所形成的嘈雜聲是聞所未聞的，再加上從橋上方還傳來了各種不同的射擊聲。」羅賓遜看見前面三、四百碼公路邊上，又有一門八八砲，便對著砲手吼叫：「向右，四百碼，放！」萊斯利強生把對方轟得粉碎，該砲附近的步兵拔腿逃走時，萊斯利強生就用機槍掃射。「那真是大屠殺，」他回憶說，「我根本用不著看潛望鏡，他們人太多了，我只須要扣住扳機就行。」他還感覺到，戰車輾過躺在路上屍體時的衝擊。

羅賓遜在砲塔中看見所屬三輛戰車，毫髮無傷地跟了上來，便用無線電通知它們「靠近一點，動作快！」該戰車排快接近大橋北端。沒多久，一輛驅逐戰車開火。羅賓遜想起當時：「在我們正前方，兩聲好大的爆炸，我的安全盔都震掉了，可是人沒有受傷。」萊斯利強生開了三、四砲，對方和附近一棟家屋「陷入火海，那一帶亮得和大白天一樣。」羅賓遜還沒有察覺到，此時他們的排已經越過了大橋。

他下令砲手停止射擊。等到灰塵落定，他看見水溝裡有些人影，起先還以為是德軍，後來「從他們鋼盔形狀，我才曉得他們是洋基佬。」一下子戰車上到處擠滿了美國兵，對著我又是抱又是親，甚至還親了戰車呢。」布瑞斯上尉的衣服此時都是濕的，加上還有在渡河時傷口浸透的血漬，他對著萊斯利強生笑道：「你們這些傢伙，是我多年來見過最漂亮的景色啊。」這座龐大，多重跨距的奈美根大橋，連同它的引道幾乎達半英里長，現在完整無缺被奪下了。市場花園作戰的各座橋樑之中，倒數第二座現在已經掌握在盟軍手中了，時間是九月二十日下午七點十五分，距離安恆只有十一英里了。

---

35 原註：這是德軍企圖炸毀奈美根公路大橋的首次記載。哈邁爾將軍以前從來沒有針對此事接受過任何人訪問。直到今天，炸藥失效的問題依然是個謎團。很多荷蘭人認為，是一位年輕的反抗軍人員哈福爾的關係，大橋才得以保全。十九日那天，八十二師的荷軍聯絡官白斯特上尉，派他進入奈美根擔任傘兵的嚮導。一般人認為他成功地穿越德軍防線，抵達了大橋，把引爆炸藥的電纜切斷，也許他真這麼辦了。一九四九年，荷蘭有一個委員會負責調查這段經過，確認了哈福爾確實有切斷部分的線路，但卻不能證實光是切斷了電線，就救了大橋。炸藥與電線都在倫特村這一邊，惡意批評者則認為，哈福爾不可能接近到以上裝置而不被發現。爭議仍然未能止息。雖然證據不利於他，就個人來說，我樂於相信的確是這位荷蘭青年做的。哈福爾在戰役期間，因為他反抗軍的身分而被德軍槍決。

皇家工兵瓊斯中尉——後來霍羅克斯將軍形容他是「勇者中的勇者」——正跟在羅賓遜的戰車排後面過橋，仔細搜索炸藥。他專注在任務上，並不曉得德軍依然還在大樑上對著他開槍。事實上，他當時「忘了還有敵人。」一位於大橋中間的路障，他發現「六到八條的電線，越過了橋架擺在步道上。」瓊斯立刻把電線剪斷。他在附近還發現十幾枚泰勒式地雷，整齊疊在一處塹壕裡。他判斷「這些地雷預定要用在路障之間的通道，可是德軍來不及這樣做。」瓊斯把雷管移除後丟進河裡。在大橋北端，他發現其中一座橋墩有大量的炸藥。「德軍爆破工作的準備嚇了我一跳。」這些鐵罐炸藥箱漆成了綠色，和橋樑顏色一致，「炸藥箱是根據大樑的結構而特別訂做的。每一箱都有相對應的序列號碼，算起來總共有五百磅ＴＮＴ炸藥。」這些炸藥是由電力引爆，雷管依然還在定位，與瓊斯剛剛在橋上剪斷的電線連在一起。他不懂為什麼德軍不引爆，一直等到英美軍突然且致命的攻擊，弄得他們沒有時間引爆。現在，雷管被拆除，所有電線都被切斷，如今大橋可供車輛和戰車安全通行了。

可是美軍預計會立即衝向安恆的英軍裝甲特遣部隊，卻沒有如期實施。與英軍第一空降師在走廊盡頭會合這件事情，沉重地壓在美軍的心頭上。美軍傘兵對依然還在當地苦戰的同僚，有一份強烈的袍澤情誼。庫克營在渡過瓦爾河時，傷亡相當慘重，兩個連的官兵損失了一半以上——戰死、負傷和失蹤的官兵達一百三十四人——可是從兩端攻下奈美根大橋，打開北進公路的任務已經達成。這時，庫克營的軍官，迅速將所屬弟兄通過公路大橋北端，進入陣地防禦。他們預計會見到戰車在眼前馳過，北上去解救英國傘兵。可是英軍裝甲兵卻沒有更進一步行動，庫克不明白出了什麼狀況。他原以為戰車要在天黑以前，「不要命地」朝安恆急進。

好友福洛斯特中校此刻「在北方某處」的H連連長卡佩爾上尉，此時心情顯得緊張。H連士兵也在大橋北端發現了電線，等到都切斷了以後才讓他放下心來，這座橋安全了。他和卡瑞維爾中尉一直凝望著空蕩蕩的大橋時，卡瑞維爾不耐煩地說道：「或許我們應該派出巡邏隊，牽著他們的手把英軍帶過橋來。」

庫克營的墨菲少尉（Ernest Murphy），跑到剛才過了橋的戰車排羅賓遜上士那裡，說：「我們已經把前面大約四分之一英里範圍都肅清了，現在該你們這班傢伙攻向安恆了。」羅賓遜想去，可是他的命令是「不惜一切代價守住公路和大橋另一端」，不是前進。

五〇四團團長塔克上校，對英軍遲遲不發兵怒氣沖天。他原以為大橋一到手、炸藥一清除，就會有一支特遣部隊從公路上衝殺過去。他認為當下就這麼幹，「就是現在，在德軍回過頭來以前。」他後來寫道。「我們打得死去活來、渡過瓦爾河，奪下了大橋北端。我們剛在那裡站定，一身濕漉漉的，英軍卻從容地要休息一晚，不掌握住戰況的優勢，我們實在不明白。在我們美國陸軍絕對不是這種打法——尤其是自己的弟兄們在十一英里外危如纍卵時，我們會一直前進、急進，不稍停頓，那也就是巴頓將軍的打法，管它是白天還是黑夜。」

據德米特勒斯中尉（A. D. Demetras）所見，他聽見塔克上校跟禁衛裝甲師的一位少校爭辯，「我認為最重點的決策，就是在此時此刻此做出來。」在一棟作為指揮所的小型別墅裡，德米特勒斯聽見塔克咬牙切齒地說：「你們的弟兄在北面的安恆被打慘了，你們最好快走，總共才十一英里而已！」德米特勒斯記得，少校「告訴團長說，除非步兵趕上來，英軍裝甲兵不能前進。」「他們還是靠著規矩來打仗，」塔克上校說，「這一晚就『避風頭』去。就跟平常沒有兩樣，他們停下來喝茶。」

儘管他手下兵力剩不到一半，彈藥也幾乎用光了，塔克還是想派八十二師向安恆推進。然而，他也曉得師長蓋文將軍絕不會准許他這麼做。八十二師在走廊上的戰線拉了好長，沒有辦法抽調出更多人力來。但蓋文跟官兵的看法一致：英軍應該再往前進。正如他後來提到：「沒有任何一個軍人比當時的軍長布朗寧將軍更優秀。然而，他是一位理論家。如果那時由李奇威擔任軍長，不管我們有多困難，都會奉令上路推進去搭救安恆的弟兄。」[36]

儘管他們表面看上去很從容，英軍將領——布朗寧、霍羅克斯、鄧普西和艾德爾——都很了解前進的迫切性。然而，難處太多了點。霍羅克斯缺少彈藥與油料。他所見到的跡象顯示，縱隊隨時都會在奈美根以南動彈不得。市中心的作戰依然在進行，而湯瑪斯少將（G.I. Thomas）的第四十三威塞克斯師，還遠在縱隊後面，甚至還沒有到達南面八英里處的格拉福橋。謹慎而有條不紊的湯瑪斯，始終沒有辦法與英軍縱隊保持齊一的速度。德軍曾經在好幾處地方截斷了公路，湯瑪斯的官兵歷經奮戰才重奪回來，並將攻擊再指向德軍。德軍的進攻現在正從兩側擠壓通往奈美根的狹窄走廊。儘管布朗寧將軍對德軍進攻的凶猛程度感到擔憂，但他仍然認為湯瑪斯的行軍速度要再更快一些。但霍羅克斯沒有把握。沿路的大範圍交通堵塞令他很在意。霍羅克斯告訴蓋文，「詹姆，絕對不要只想用單一道路來為一個軍級單位作補給線。」

地形上的難題——蒙哥馬利早已預見，而摩德爾全仰賴它——極大地影響了戰術上的考量。其中便涉及從奈美根大橋為起點的前進問題。禁衛裝甲師師長艾德爾認為，顯然戰車已經去到市場花園作戰走廊中最糟糕的路段。由奈美根到安恆的直挺挺高堤公路，看上去就是座「島嶼」。艾德爾後來回憶，「我一看見那座島，心就往下沉了。你絕對想像不到有比這更不適合戰車作戰的地形了——兩邊有高深水溝的陡坡，很容易被德軍的大砲壓制。」儘管有這種憂慮，艾德爾也曉得「他們不得不試試看。」可是「他根本沒有步兵隨行，而這一路顯然該由步兵打頭陣。」一霍羅克斯也有同樣的結論，戰車一定得等待步兵趕上來，超車來到禁衛裝甲師縱隊之前。如此的話，就是要十八個小時以後，戰車才能發動對安恆的攻擊。

然而，軍長也跟美國人一樣，希望要在走廊上迅速推進。布朗寧以為安恆大橋北端還在英軍手裡。奪下奈美根大橋以後，他便立即通知厄克特，戰車正在渡河。午夜前兩分鐘，布朗寧對於一大早發動攻擊的想法依然很樂觀，他發出了以下電報。

（202358）……擬命禁衛裝甲師……拂曉即向安恆大橋全力攻擊前進……

四十五分鐘以後，布朗寧曉得步兵的調度有所耽誤，又發了第三封電報給厄克特。

（210045）……明日的攻擊，第一空降師為第一優先，但不可能在一二〇〇前推進。

在安恆市，對於所謂的「第一優先」已經太遲了。福洛斯特中校的第二營官兵，已經厄運當

---

36 原註：根據蓋文將軍說法，「我無法告訴你我手下弟兄有多麼地憤怒和難受。我在拂曉時，看見塔克氣得話都說不出來。世界上我最崇拜的莫過於英國軍人了，不過英軍步科的長官們，不曉得什麼原因，並不了解空降部隊的袍澤情深。對於我們的弟兄來說，目標只有一個：營救在安恆的傘兵弟兄。這是個悲劇。我曉得塔克要去馳援，可是我絕不能答應。我已經左支右絀了。除此以外，塔克和我下面的其他軍官，也並不了解當時英軍所面對的許多困難。」

頭。在羅賓遜上士的戰車排轟隆隆地駛過奈美根大橋前三小時，德軍第一批隸屬克瑙斯特少校指揮的三輛戰車，終於橫衝直撞打通去路，衝上了安恆大橋。

11

這天下午，正當庫克少校的第一波傘兵開始強渡瓦爾河時，麥凱上尉下令手下士兵撤出他們已經據守了六十多個小時——打從九月十七日晚上起——的安恆校舍。德軍一輛虎式戰車，就在七十碼外，一發又一發的砲彈轟進了校舍南面。「校舍已經起火，」麥凱回想當時，「還聽到我們留在樓上的那麼一丁點存量的炸藥，也在這時炸了開來。」依然還能行動的十三個人，每人都只剩下一個彈匣。瘸步在地窖走著的麥凱，決定要帶著他的傘兵突圍，奮戰到最後為止。

他並不打算把傷兵留在後面。由辛普生中尉領頭，麥凱和另外兩名士兵擔任後衛，其他人則把受傷的弟兄從地窖抬上來。在辛普生的掩護下，傷兵被送進了旁邊的花園。「正當辛普生向下一棟房屋移動時，一發迫擊砲彈爆炸，我聽見他喊：『又有六個人受傷了。』」麥凱回憶道。「我知道如果我們想帶著他們突圍，我們將會任人宰割——至少受傷的人會是如此。我大吼叫辛普生去投降。」

麥凱把剩下的五個人集合在一起，每人各帶一挺布倫機槍向東面突圍——他認為，德軍不會料到他們是走這個方向。他的計畫是「趁黑躲藏，然後回頭往西並與主力會合。」他領著這幾個人過了馬路，穿過路邊的一堆建築的殘垣斷壁，去到下一條街道。就在那裡，他們與兩輛戰車和隨伴的五、六十名德軍面對面碰上了。這六名傘兵迅速排成一列，對著這一群驚惶失措的德軍猛掃。「我們僅有打光一個彈匣的時間，」麥凱回想說，「那就是兩三秒鐘而已，德國兵像半滿的麻袋穀物般倒下。」麥凱叱叫著弟兄往附近一棟房子跑時，一人被打死，還有一人受傷。到達臨時掩蔽處，他告訴剩下來的三個人：「這一仗打完了。」他建議大家個別突圍出去，他說：「運氣好的話，或許今晚我們會在橋邊再見到彼此。」

他們個別離開了。麥凱竄進一處花園，匍匐行進爬到一叢玫瑰花下，把階級章取下來摔得遠遠的。他回想：「我以為可以睡上個小覺呢，眼睛剛剛一閉上，就在昏沉沉的時刻，我聽到了德國人的聲音。我試著把呼吸聲放輕一點，加上身穿焦黑、沾滿血跡的衣服，會讓自己看起來像是個死人。」忽然間，「肋骨上挨了一下狠踢。」他軟趴趴地受了這一下，「就像是一具剛死的屍體。」然後他「感覺刺刀戳進了屁股，猛然一下頓在骨盆上。」麥凱回憶起來，很奇怪，「它並不痛，不過刺到骨盆時，讓我驚了一下，刺刀拔出去時我才覺得痛。」這一下激起了麥凱的怒氣，他猛地站起來，抽出了四五手槍，吼道：「你們究竟是他媽的什麼鬼意思，拿刺刀捅一名英國軍官？」德國兵沒有料到麥凱的發作，都往後退。麥凱曉得「如果我有子彈的話，一定會打死幾個，他們卻不能還擊。他們圍在我四周，一開槍就會打到自己人，他們的情況真是好玩，我哈哈大笑起來。」德國兵都呆看著他，麥凱不屑地把四五手槍往花園牆外一丟，「這樣他們就撿不到它當紀念品了。」

德軍強迫他靠在牆上，開始搜身，他的手錶和他父親的一隻銀製小酒瓶都被搜了出來，可是胸口口袋上一張脫逃地圖卻沒有被注意到。一位軍官把小酒瓶還給他。麥凱要回手錶時，德國人卻告訴他：「你去的地方並不需要它，而我們的手錶相當缺。」德軍要他把手放在頭上，押著他到了一棟房子，裡面也拘禁了其他的英軍戰俘。麥凱從這一批走到另一批，提醒說，逃走是他們的責任。忽然間，因為麥凱是這裡的唯一軍官，便被押進另一間房裡去審訊。「我決定採取攻勢，」他回憶道。「那裡有一名德軍中尉，說一口好英語。我客客氣氣、但卻十分堅定告訴他，德軍整個都完了，我準備好要接受他們的投降。」中尉大吃一驚地瞪著他，不過「審訊就這樣結束了。」

入夜以前，俘虜們都一批批被押解出去到卡車邊，德軍要把他們往東送去德國。麥凱：「他們在背後派了名衛兵，這使得想逃跑非常困難。不過我告訴弟兄們向他靠攏並把衛兵簇擁著圍住，使他沒辦法用槍。」等到卡車在一處轉彎的地方慢下來時，麥凱縱身跳下車準備逃走。「真倒楣，我選了一個最糟的位置，」他回憶說：「我跳在一名衛兵身邊三英尺的地方，我撲在他身上，想把他脖子扭斷，這時別的德軍都趕到了，把我打得不省人事。」等到他醒來，麥凱發覺自己擠在一群俘虜當中，關在荷蘭一家小旅館的房間裡。他想辦法使自己爬過去靠牆坐著。然後，經歷了九十個小時，這名年輕的軍官首次熟睡了過去。[37]

黃昏時分，在福洛斯特中校營部四周，以及沿著大橋引道上，大約還有一百人分成小組，依然兇猛地作戰固守。營部屋頂已經起火，幾乎每一個人都打得只剩下最後幾發子彈，然而這些傘兵似乎還是跟之前那樣地戰志高昂。高福少校認為，「即令到了現在，只要我們還能多守上幾個小時，就會得救解圍。」

大約下午七點，受傷的第二營營長甦醒過來，發覺自己一直在睡覺而感到非常懊惱。福洛斯特在地窖的黑暗中，聽見「一些彈震症士兵在胡言亂語」。德軍依然不斷在轟擊營部，福洛斯特意識到擠滿了兩百多名傷兵的地窖，溫度很高。他想走動一下，腿上一陣刺痛，便要人把高福找來，「現在必須你來指揮了，」他告訴少校，「但在做出任何關鍵性決定之前，必須先找我商量。」到這時候，福洛斯特知道，他最怕的事情已經開始發生。營部的房子正往下燒，受傷的人「有活活烤死」的危險。整棟房子的人，都被嗆辣的煙燻得受不了。營醫官羅根上尉，蹲在福洛斯特旁邊，說：「時候到了，該把傷患搬出去了。」他很堅持，說：「長官，我們一定要跟德國人商議停火，不能再等下去了。」福洛斯特轉向高福，要他去安排。「但是要把能作戰的士兵，弄到其他房子繼續打下去，我覺得即使是大橋丟了，我們還可以把引道控制一段時間。或許這段時間就夠等待戰車到達。」

高福和羅根便去安排停火。羅根提議卸除營部大門的門閂，然後在紅十字旗下走出去。高福對此想法很是懷疑。他並不相信黨衛軍，認為儘管有紅十字旗他們還是會開槍。羅根回到福洛斯特那裡，獲得許可後，醫官走向大門時，福洛斯特把階級章取了下來，希望「混進士兵裡，之後可能有機會脫逃」。他的傳令兵，韋克斯便去找來一張擔架。

傷兵當中的西蒙斯二等兵就在旁邊，聽到正在安排撤走的計畫很不開心。照道理講，他曉得已經沒有別的選項了。他回想當時：「我們的形勢顯然沒有指望了，彈藥統統打光，幾乎所有的軍官與士官，非死即傷。營部房子已經起火，濃煙差不多快把人嗆死。」他聽見福洛斯特告訴健全、還能走動的傷兵，「逃吧。」西蒙斯知道這是「唯一明智的做法，但我們要被留在後面的這個消息，卻不怎麼能被大家接受。」

37 原註：隔天，麥凱和三名俘虜從德國的恩麥利希鎮（Emmerich）逃出。其中一個跟他一起的，便是辛普生中尉，也就是率領一小批人從校舍突圍的那一位。他們四個人越野找路到達了萊茵河，偷了一條小船後，順流而下用槳划到了奈美根的盟軍陣線。

上了樓，醫官羅根上尉把大門打開，在兩名醫護兵和一面紅十字旗陪同下，他走出去與德軍碰面。戰鬥的噪音停了下來，「我看見一些德軍跑來，繞到後面去，那邊是我們的吉普車和裝甲車停放的地方。」高福回憶道，「他們需要車輛運送傷兵，我在內心裡對我們留下的車子揮揮手道別。」

地窖裡，人們聽到通道上德軍的聲音，西蒙斯注意到「樓梯上德軍軍靴的沉重聲。」地窖一下子安靜了。他看到一名德軍出現在門口，使他害怕的是「一名重傷的傘兵，拿起了他的司登衝鋒槍，但是馬上被人壓倒了。該名軍官看了一下情況，吼叫著發出一些命令。德軍士兵成一路進來，把傷兵往樓上搬。」他們差一點就來不及了，搬走西蒙斯時：「一根燒得熾熱的大片木材，幾乎正掉在我們頭頂上。」他很敏捷地意識到，這些德軍都「緊張兮兮，無疑隨時都會開槍。他們當中有好多人持的都是英國步槍和司登衝鋒槍。」

在一名彈震症的傘兵攙扶下，福洛斯特被抬了起來，放在他拚命要固守住的大橋堤坡上，他只見到所有的屋子都陷入火海，燒成一片。眼見德軍與英軍一起「以最大速度把我們弄出來，整個場景都被火光照得通明透亮，」最後一名傷兵搬出來後沒有幾分鐘，突然一聲嘩啦啦響，整棟建築塌陷成一大堆熾熱的瓦礫。福洛斯特轉身對躺在旁邊擔架的克瑞勒少校，疲憊地說：「唔，老克，這一回我們逃不掉了，是嗎？」克瑞勒搖了搖頭，說：「長官，逃不掉了。不過這回我們也讓他們夠受的了。」

英軍傷兵既小心又驚訝地注視德國人以異乎尋常的友好在他們當中走動著，把香菸、巧克力和白蘭地遞給他們。傘兵看上去真傷心，大部分這些補給都是原本就屬於自己的，顯然再補給空投時，都落在德軍手裡了。這批又餓又渴的人吃起來時，德軍士兵蹲在旁邊，為這場戰鬥向他們表達祝賀。西蒙斯二等兵赫然看見一整排的IV號戰車，沿著道路伸展到後面去。一名德軍看到了他的表情，點點頭說道：「不錯，湯米，」他告訴西蒙斯：「如果你們還不投降，天亮以後這些就要讓你們好看。」

福洛斯特營其他身體狀況還好的傘兵，並沒有就此罷休。當最後一名傷兵從地窖抬出以後，激戰又重新開始，跟一個小時前的情況相去不遠，「真是場惡夢，」高福回憶道，「你到處都見到德軍——前面、後面、兩側。停火期間，他們想盡辦法派了大批部隊滲透進來。現在，他們已經佔據了每一棟房子，我們幾乎就要被殲滅了。」

高福下令傘兵們四散，趁夜色隱藏起來，希望在天亮時到河岸邊一棟打空了一半的家屋那裡，再把這一批人集合。即使到了這時候，他還期待天亮就會有援兵到達。「我不曉得為什麼以為我們還能撐到那個時候。」當手下傘兵在黑暗中散開後，高福蹲在他的無線電旁，把麥克風放在嘴邊，說：「這裡是第一傘兵旅，我們沒辦法再守下去了，情勢危急，請趕快，請趕快！」

德軍知道這一仗結束了，現在剩下的便是掃蕩作戰。諷刺的是，戰車跨過了大橋卻依然不能過來。照哈邁爾將軍的判斷，那一大堆殘骸要好幾個小時才能清除得了。要到九月二十一日星期四一大早，才終於清出一條車道，開始有車輛在大橋上通行。

星期四的第一抹晨光初現，高福與仍然散開在防線裡的傘兵從藏身處走了出來，但救兵並沒有到來。德軍有系統地掃蕩各處陣地，迫使沒有了彈藥的傘兵投降。未被發現的倖存者三三兩兩分散開來試圖突圍，英軍最後的抵抗緩慢地、不服氣地結束了。

高福少校往自來水廠走，希望潛藏在那裡，休息上一陣，然後找路向西，回到厄克特的傘兵主力部隊那裡去。剛到自來水廠外面，他就聽到德軍的聲音，他朝著一堆柴下竄，想鑽進去。

他軍靴的後跟卻露在外頭。一名德國兵一把抓住，把高福拖了出來。高福說：「當時我疲倦得要死，只有看著他們嘻嘻哈哈。」他的手伸過頭上，被押走了。

在滿屋子的俘虜中，一名德軍少校找出高福來，對高福來了次希特勒式的敬禮。「我知道你負責指揮。」德國人說，高福帶著警戒看著他，說：「不錯。」德國軍官跟他說：「我要向你和你的部下道賀，你們是英勇的軍人。我在史達林格勒打過，顯然你們英國人在巷戰上有很豐富的經驗。」高福愣了一下，望著眼前敵軍軍官，說：「不，這是我們的牛刀小試而已，下一回我們就會要好得多了。」

在這最後的幾個小時的某個時刻，大橋附近不知道什麼人發出了最後的電報。厄克特的師部和英軍第二軍團都沒有收到。可是在黨衛軍第九霍亨陶芬裝甲師師部，師長海澤中校手下的無線電監聽員卻清楚截收到了。好多年以後，海澤已經記不起那封電文的完整內容，可是最後兩句使他很感慨：「彈藥已罄，天佑吾王。」

在北邊幾英里外，接近阿培頓的地方，西蒙斯二等兵躺在德軍一間野戰醫院外面的草地上，四周都是其他受了傷的傘兵，在等候醫療處理。這些人都默然無語，憔悴。「自然而然地就會想到我們拚死血戰，最後卻一無所得。」西蒙斯寫道：「我不禁想到，我們的主力大軍那麼強大，然而這最後幾英里卻趕不過來救我們。最難忍受的便是這種感覺，我們就這樣被人拋棄了。」

12

九月二十一日，星期四，正正在上午十點四十分，禁衛愛爾蘭裝甲營的藍敦上尉接到命令，他的第一連立即衝過新佔領的奈美根大橋後，向安恆推進。指揮官范德樂中校通知他，H時大概會在上午十一點。藍敦不敢相信，以為范德樂一定是開玩笑，因為只有二十分鐘時間供他向部下做任務提示，並讓大夥準備好發動大規模的攻擊行動。藍敦親自在一張擄獲的地圖上開始簡報。「另外一幅我們僅有的地圖，卻是沒有細部地形的公路圖。」他說。有關敵人火砲陣地的情報，是在一張空照圖上，還顯示在倫特與范斯特中間，有一個防空砲陣地，「而且據稱它可能已經不在那了。」

就藍敦來看，計畫中的每一件事情都是錯的——尤其，「他們實際上是要在二十分鐘之內發動攻擊。」他的連負責攻擊前進，另外一個連在後面跟進，兩輛戰車上搭載步兵。藍敦得到通知，更多的步兵會跟上來。他不指望會有砲兵支援。在作戰開始時運用得很成功的「隨時候命」的颱風戰鬥機空中掩護，暫時還不會有。比利時當地的天氣不好，颱風戰機都停飛了。儘管如此，藍敦得到的指示還是「不要命的向前衝，一直衝到安恆為止」。

雖然范德樂沒有把自己的感受透露給藍敦知道，他對這次攻擊的結果卻是持非常悲觀的看法。早些時候，他和其他人——包括堂弟賈爾斯中校在內，曾經穿過奈美根大橋，去研究那條向正北方通往安恆、高出路面的「島嶼公路」。在這些軍官看來，這條公路透露著不祥。副營長費茲傑羅少校是第一個說話的人：「長官，在這條該死的公路上我們一碼也走不出去。」范德樂也同意：「這裡是想運用戰車最荒唐的地形。」到目前為止，在走廊中的進軍儘管是以車輛排成單列縱隊向前開拔，但也經常會在必要時駛離主幹道。「可是在這裡，」賈爾斯回憶，「根本沒有離開公路的可能。一條頂上是公路的堤防，對防禦是極有利的，但對戰車絕對不是有利的地方。」他轉身對著別人說：「我可以想像得到德國人坐在那裡，摩拳擦掌、看著我們來到，然後高興得不得了。」范德樂默然看著現場，然後說：「不管怎麼樣，我們一定要試一試。要在這條他媽的公路上碰碰運氣。」據賈爾斯回憶：「我們的前進根據的是一個時間計畫表，要以兩小時十五英里的速度前進。」禁衛裝甲師師參謀長吉瓦特金准將，簡明扼要地指示：「就這樣衝過去。」

上午十一點整，藍敦上尉在搜索車上抓起無線電通話器，「前進！前進！前進！任何事情都不要停！」他的戰車轟隆隆經過倫特村郵局，上了主幹道。藍敦抱著聽天由命的態度，心中想的是機不可失，時不再來。經過十五分鐘或者二十分鐘後，他的呼吸才自在了些。敵人並沒有什麼動靜，藍敦覺得「剛才那麼狼狽，確實有點慚愧。我開始自問，到了安恆大橋我該怎麼辦？以前我真的沒有想過。」

在先導的戰車後面，范德樂跟堂弟坐在搜索車裡。他們後面，便是皇家空軍的洛夫上尉，也就是陸空聯絡小組的負責人。跟他一起的，又是那位蘇德蘭空軍少校，人很焦躁卻默不吭聲。他曾在馬士-艾斯科運河突破作戰時，指揮颱風戰鬥機攻擊。他爬上懷特M3裝甲搜索車時，告訴洛夫：「安恆一帶的傘兵哥兒們麻煩大了，迫切需要救兵。」洛夫搜索天空尋找颱風戰機，他確切認為需要它們，洛夫記得在那次突破時的可怕。「現在的情形與上個星期天相似，空軍還沒有找到我們的位置之前，德軍就完全擋住了我們的去路。」

禁衛裝甲師的戰車穩步向前行，途中經過馬路左面的奧斯特豪特村（Oosterhout），和右面的雷森村（Ressen）、貝梅爾村（Bemmel）。藍敦上尉在搜索車裡，可以聽見領先的戰車排排長桑默森中尉（Tony Samuelson）報出地點。這時他報出第一輛戰車已經抵達艾斯特外面，禁衛愛爾蘭營到安恆的路程大約走了一半。藍敦在聽著時，意識到「我們獨自上路了。」但是整個縱隊的緊張正都消退了下來。洛夫空軍上尉聽見空中有低沉的嗡嗡聲，見到第一批颱風式出現了。比利時的天氣變晴，各中隊戰機一批批飛到，它們在頭頂上盤旋時，洛夫和蘇德蘭如釋重負地坐了下來。

藍敦上尉在搜索車上檢視著地圖，整個縱隊已經過了貝梅爾村第二個拐彎處，向右轉了。就在這一瞬間，他聽到了一聲猛烈的爆炸，向前一看，只見「前面一輛雪曼戰車的一個啟動輪，緩緩地飛上了比樹梢還高的位置。」他立刻曉得是前面的一輛戰車被打中了，在公路最前面的桑默森中尉，馬上證實了這件事。

遠處，火砲開始咆哮，黑煙翻滾湧上了天空。在縱隊最後面的馬哈菲中尉曉得出了狀況。車隊突然停了下來。不曉得發生了什麼事，所以縱隊亂成一團。戰鬥爆發後，無線電傳來的話都走了樣，顯得語無倫次。「無線電似乎有好多的叱叫聲，」賈爾斯回憶說，「我告訴喬伊，我最好到前面去看看出了什麼鬼事。」范德樂同意了，回應賈爾斯說：「盡快回報。」

藍敦上尉已經在往前走。他從停下來的裝甲車隊旁邊緩慢向前挪動，來到公路上的一個拐彎處。往前一看只見領先的四輛戰車，連桑默森那輛在內，都已經被擊潰，有些還冒火焚燒。砲彈來自一輛驅逐戰車，就在公路左面靠近艾斯特村的樹林裡。藍敦命令駕駛開進彎路附近家屋的院子裡，幾分鐘以後，賈爾斯也趕到了。很快，機槍的射擊迫使這些人採取掩蔽，也沒辦法回到裝甲車向堂兄范德樂報告了。他大聲叫喚駕駛兵高德曼中士（Goldman），回到裝甲車上──上面有頂蓋，側身有門的亨伯裝甲車（Humber）──「高德曼一打開頂蓋，德軍就對著他頭上打來一串子彈，他砰然又把它給關上了。」最後，賈爾斯氣急敗壞地沿著一條水溝，爬回到了范德樂的指揮車那裡。

范德樂大聲疾呼地下著命令，用無線電呼叫砲兵支援。然後，他看見颱風戰機群飛到了頭頂，下令洛夫呼叫它們。在皇家空軍這輛車上，蘇德蘭抓起對講機呼叫：「這是『酒杯』……『酒杯』……聽到了請回答。」颱風戰鬥機繼續在上空兜圈子，蘇德蘭氣急敗壞，再度呼叫：「這裡是『酒杯』……『酒杯』……聽到了請回答。」依然沒有答覆，蘇德蘭和洛夫兩個人大眼瞪小眼看著對方。「無線電機壞了，」洛夫說道，「我們收不到任何訊號，颱風式只在我們頭上盤旋，而地面上砲轟還持續不停。這是我一生中最無助、最受挫折的一件事，我看著它們在上面高飛，卻他媽的一點辦法都沒有。」洛夫曉得這些飛行緩慢的颱風戰機飛行員都接到指示，「不得攻擊任何不確定的目標。」這時，賈爾斯到了他堂兄前，說：「范德樂，如果我們再派任何戰車沿這條路走下去，將會是一場血淋淋的謀殺。」說完，他們兩人一起出發到藍敦上尉的陣地那裡去。

這時，禁衛愛爾蘭裝甲營的步兵離開搭乘的戰車，進入公路兩側的果園。藍敦登上了一輛戰車，由於沒有可以掩蔽的地方，又不能駛離公路，他只好駕著戰車前前後後挪動，試圖射擊隱身在樹林中的那輛驅逐戰車。每一次他發射一發砲彈，「對方就回敬你五發。」

一名步兵上尉率領的部隊正被同一個目標壓制，他們在溝裡擠成一團，上尉簡直怒不可遏。「你究竟他媽的搞什麼鬼？」他對著藍敦吼叫。年輕的藍敦很鎮靜，答說：「我嘗試著擊潰一輛砲車，如此才能到得了安恆。」

范德樂跟堂弟到達時，未能成功擊潰那一輛驅逐戰車的藍敦，爬出戰車來迎接他們。范德樂回憶道：「那裡亂成一團，我們什麼方法都試過了，就是沒有辦法把戰車駛離公路，從那道該死、兩側都是陡峭邊坡的堤防上下去田野。我唯一能得到的砲兵支援，只有一個野戰砲兵連，但要他們對準目標的速度太慢了。」他唯一的步兵連被對方火力給牽制，又沒辦法召喚颱風戰鬥機。藍敦說道：「我們一定會在什麼地方得到支援。」范德樂緩慢地搖了搖頭：「只怕沒有了。」藍敦還是堅持，「我們可以到得了那裡，」他請求說，「如果有了支援，我們便可以推進。」范德樂又搖了搖頭，說：「我很抱歉，你還是得停在現在的位置，直到另有命令為止。」

對范德樂來說，情況很清楚，一直要到湯瑪斯少將的第四十三威塞克斯步兵師到達禁衛愛爾蘭裝甲營這裡以後，才能重啟攻勢。在那之前，范德樂的戰車只好獨自被困在那條高聳又暴露的公路上。一輛驅逐戰車瞄準了這條隆起的幹道，就有效地阻止了一整個縱隊的救兵——距離安恆大約只有六英里而已。

這路戰車縱隊的後方，在艾斯特村附近有一間溫室。它的玻璃奇蹟似地居然完整無毀。在溫室對面，戈曼中尉悲憤地看著道路，自從縱隊在走廊最南邊的法爾肯斯瓦德停頓過以後，他就覺得前進速度要得再快一點。「我們從諾曼第一直打到這裡，攻下布魯塞爾，衝過了一半的荷蘭，又過了奈美根大橋，」他說道，「安恆和傘兵弟兄就在前方，幾乎都能看得見那最後一座該死的大橋就在眼前，我們卻被擋住了。我從沒感受過令人如此厭惡的絕望感。」

第五部　「魔釜」

1

「蒙蒂的戰車出發了！」沿著歐斯特貝克收縮的周邊防線——從壍壕、從變成為據點的家屋、十字路口的陣地以及樹林、田野——臉色陰鬱、黯淡的官兵大聲歡呼著。這個消息很快就擴散開來。在英軍傘兵眼中，漫長的磨難就要到盡頭了，他們將不再孤立無援。厄克特的萊茵河橋頭堡，在地圖上看起來就像是個指尖狀的點。此時，這裡大約兩英里長，中間是一點五英里寬，另有一英里是沿著萊茵河的底邊。紅魔鬼已被團團圍住了，三面受到攻擊，逐漸遭到殲滅。飲水、衛材補給、食物和彈藥不是缺乏，便是日漸減少。以一個師來說，英軍第一空降師根本就名存實亡了。這時，官兵再度因為有了救兵的希望而振作起來。目前，也有一陣狂風暴雨般的火力咆哮著在頭頂上飛過。萊茵河以南十英里的地方，英軍的中型與重型火砲，正猛轟擊距離厄克特前線幾百碼外的德軍。

布朗寧將軍在通信中答應了厄克特，第三十軍六十四砲兵團的大砲，會在星期四以前進入射程範圍內。該團軍官要求提供目標，以安排射擊優先順序。厄克特手下堅毅的老兵，顧不及本身的安全，很快就把座標提供過去。頭一次有了良好的無線電通信聯繫，經由六十四砲兵團的通信網，紅魔鬼們冷酷地把砲兵射擊的座標，幾乎設到他們自己頭上。這種射擊的精度令人精神振奮，它的威力使得德軍喪失了勇氣。對這些衣衫破爛、滿面鬍鬚的傘兵有著莫大威脅的戰車，都被英軍大砲多次打垮了。

即使有了這支受歡迎的救兵，厄克特也還是曉得，只要德軍再來一次大規模的協調攻擊，就可以把他的這支小部隊掃蕩乾淨。然而這時，官兵們相信有了一線希望——一個能在最後時刻奪取勝利的機會。星期四這天，情況稍微好轉。經過砲兵六十四團的無線電網支援，厄克特有了有限的通信管道。奈美根大橋安全、暢通，禁衛裝甲師的戰車正在路上。如果天氣不變的話，波軍第一傘兵旅的一千五百名生力軍，就要在今天下午降落。倘若波軍能從德瑞爾迅速運用渡船渡過萊茵河，那麼眼下的悲哀景象就會大為改觀。

然而，假如要厄克特撐下去的話，補給與波軍傘兵的到達是同等重要的。前一天，皇家空軍轟炸機預計空投的三百噸補給品，成功投落在哈滕斯坦附近的只有四十一噸。戰防砲與大砲大量運到之前，密接空中支援具有關鍵性作用。缺乏了陸空通信——美軍特種超高頻率無線電機在D日起飛前幾小時，才急忙送交英軍，加上又設錯了頻率，結果毫無用處——師部的軍官不得不告知皇家空軍，傘兵並不在意誤擊，準備大膽地發動攻擊吧。他們知道，絕對有必要做出這種抉擇，並且為此做好了準備。厄克特發出一長串的電文給布朗寧，要求戰鬥機與戰鬥轟炸機攻擊「機會目標」，而不必顧及紅魔鬼師本身的陣地。這是空降部隊的作戰方式，但不是皇家空軍的方法。即使到了這種生死關頭，飛行員還堅持必須以地圖上的精準度指出敵軍的位置才會攻擊。這對空投堡日益萎縮，在砲火圍攻下動彈不得的傘兵來說，根本是件極不可能的要求。飛機沒有作過任何一次的低空攻擊。然而，在防線四周和向東延伸到安恆市的每一條公路、每一片田野、每一處樹林裡，都有敵軍的車輛、陣地。

紅魔鬼師的官兵缺乏他們極其需要的空中支援。封閉在防區裡面，慘遭經常性的迫擊砲轟擊以及近距離作戰，他們把希望寄托在禁衛裝甲師的縱隊上。傘兵相信他們正朝著這裡駛來。厄克特沒有那麼樂觀。敵我兵力懸殊，至少是四與一之比。在戰車與大砲不斷轟擊下，傷亡人數不斷攀升。他曉得要有一次全面、竭盡全力的努力，才能挽救他這個被打得七零八落的部隊。這個頑強英勇的蘇格蘭人敏銳地意識到，德國人能夠像壓路機一樣壓倒他少得可憐的兵力。不過在他告訴手下參謀們「我們必須不惜一切代價守住這個橋頭堡」時，厄克特依然沒有透露自己內心的想法。

防線這時劃分成兩個指揮責任區。希克斯旅長守西面，海克特旅長守東邊。希克斯西區的兵力，由滑翔機駕駛團、皇家工兵、邊境團的殘部、一些波軍和各單位傘兵編成的部隊把守。東面則是海克特第十營、一五六營的殘部，更多的滑翔機駕駛，第一機降輕砲兵團等。從這兩處主要作戰區突出的北面（接近沃爾夫海澤鐵路線），則由威爾生少校（Boy Wilson）的第二十一獨立傘兵連——也就是空降作戰中最先到達的各導航組——以及斐瑞德中校（R. Payton-Reid）的皇家直屬蘇格蘭邊境團第七營把守。防區南邊的底線，大約東面從下歐斯特貝克的中世紀教堂，延伸向西到溫斯特包雲丘。海克特負責指揮邊防團的其他部隊。此外由南史丹福郡團一營、三營、十一營的殘部以及各個勤務部隊組成，稱為「藍斯德部隊」（Lonsdale Force）的官兵，則是由受過兩次傷的藍斯德少校（Dickie Lonsdale）指揮。防線中央，是輕砲兵團團長湯普遜中校的主力。這位壓力很大的砲科軍官，手下好幾個砲兵連要不斷地為緊縮中的防線提供支援，而寶貴的彈藥，卻又正迅速減少當中[1]。

在簡潔的作戰報告所附的地圖可以看出，每一個單位都有它仔細劃定的責任區。可是多年之後，那些死裡逃生的人記得，其實並沒有什麼防線、前線可言，各單位間並沒有明確的劃分，各單位也沒有協同作戰。那裡只有受到震彈影響、綳帶纏繞、血跡斑斑的士兵，他們隨時要填補任何地方出現的防守空隙。希克斯旅長視察手下力盡筋疲的官兵，他們正頑強防衛本身的戰線。他曉得，「這是結束的開始，我想大家都知道這一點，雖然我們都想保持著若無其事的樣子。」

雖然還不知道福洛斯特在大橋的英勇抵抗已經結束，但湯普遜中校多少有所懷疑，因為他與蒙福特少校之間的無線電突然斷了聯繫。厄克特只有把希望寄托在禁衛裝甲師的戰車能及時到達第二營殘部的位置[2]。那座唯一橫跨萊茵河——德國最後天然屏障——的大橋一直都是主要目標，是蒙哥馬利迅速結束戰爭的跳板。沒有了這座大橋，英軍第一空降師的窘境，尤其是福洛斯特那一營英勇官兵的犧牲，可說毫無意義。正如厄克特告訴福洛斯特和高福兩個人的話一樣，對於他們，他已經無能為力。救援他們一定要靠三十軍的速度與裝甲兵。

對厄克特來說，目前當務之急，是把空降後的波軍，盡快渡過萊茵河進入防線內。那處有渡纜的渡口特別適宜於這種行動。厄克特的工兵拍電報給軍部，說「二十四型渡船，可每次載三輛戰車。」儘管厄克特對溫斯特包雲丘的高度感到擔憂，又害怕位於該處的德軍砲兵控制了渡口的可能性。然而，還沒有敵軍到達那裡。由於人力太少，只能在邊防團第一營中抽出一個排佔據陣地。事實上，兩邊都沒有派人進駐溫斯特包雲丘高地。邊防團歐斯本少校（Charles Osborne）

---

1 原註：東南端防線的鞏固，得力於湯普遜中校的敏捷想法。在九月十九日混亂的交戰狀況中，他發現從安恆撤退的官兵群龍無首，便把他們重新編組，防禦火砲陣地前方最後一塊高地。這些兵力，加上一些與原單位分離的官兵——一百五十名滑翔機駕駛員，以及他本身的砲兵，一共有八百來人——稱為「湯普遜部隊」（Thompson Force）。後來兵力陸續增多，便撥交藍斯德少校指揮。他們在九月二十日夜撤退，湯普遜把他們部署在火砲陣地的四周。由於隸屬關係的改變以及整體情況的變化，雖然有這些安排，卻仍持續造成了部分的混亂。可是就在湯普遜於九月二十一日受傷前，在砲兵陣地中的所有步兵，都撥交後來眾所周知的「藍斯德部隊」指揮，滑翔機駕駛員依然隸屬第一機降旅之下。

2 原註：星期四天亮後不久，當德軍圍捕企圖頑抗的少數英軍時，蒙福特把無線電機給破壞了。他回憶說：「敵軍戰車與步兵就在大橋上，我幫忙抬著一些受傷的人到集合點，然後砸壞無線電機。當時湯普遜中校對我們也愛莫能助。如果可以的話，每個人都想回到歐斯特貝克的師部去。」蒙福特企圖重返英軍陣線時，於安恆市郊被德軍俘虜。

的D連在星期日落地以後，立刻就被分派這項任務。但是歐斯本說：「我們根本沒有佔據溫斯特包雲丘，長官派我去擔任偵搜巡邏，以策畫全營陣地，可是等我達成任務回到團部，計畫已經變了。」星期四時，歐斯本的連「零星地進入哈滕斯坦酒店附近的陣地。」但那個重要的高地上，半個人也沒有。

星期三，工兵派出巡邏隊到萊茵河，把渡口、水深、河岸情況以及水流速度報告回來。工兵西克斯（Tom Hicks）還以為這次偵搜是「協助第二軍團架橋渡河。」跟這三名工兵一起去的是一名荷蘭嚮導。西克斯是坐渡船過萊茵河的，他看見船夫皮亞特「用一根渡纜操作渡船，船老大用手拉纜，似乎是水流幫他把船渡過河去。」西克斯在一根傘繩上綁了一枚手榴彈，繩索上每一英尺的地方打個結，他就拿手榴彈當測錘來測量水流。星期三晚上，自從波軍傘兵的空降場改在德瑞爾以後，又派了一批巡邏隊到渡口去。南史丹福郡營的二等兵羅柏愛德華說：「那是一次志願性質的任務，我們要在黑菲亞鐸那裡下河，找到渡船，並留在那裡保護渡船。」

天黑以後，一名上士、一名中士、六名二等兵和四名滑翔機駕駛員出發。羅柏愛德華說：「當我們要衝進黑菲亞鐸鄉間濃密的樹林時，在這中間的過程，我們遭到了迫擊砲彈和火砲的密集轟擊。」他們遭遇到好幾次的射擊，一名滑翔機駕駛受了傷。我們走近地圖上標誌的河岸時，巡邏隊卻找不到渡船的蹤影，完全消失不見了。雖然渡船還有繫泊在南岸的可能，但巡邏隊受領的任務，卻是要在北岸找到。巡邏隊立刻散開，沿著北岸渡口兩側各四分之一英里地帶搜索，卻毫無結果，找不到皮亞特的渡船。據羅柏愛德華回憶，率領巡邏隊的上士認為，渡船要嘛沉了，不然就是根本不存在。天色微明時，他們放棄任務，開始了他們危險的歸程。

不到幾分鐘，猛烈的機槍火力又打傷了其中三人，巡邏隊唯有退到河邊。上士覺得分散離開的成功機會要好得多。羅柏愛德華跟中士和兩名滑翔機駕駛離開。經過與「德軍小型的遭遇和衝突後」，羅柏愛德華這一批人來到下歐斯特貝克的教堂。這時正好一發迫擊砲彈落下，羅柏愛德華被震倒在地上，兩條腿被「小不點大的破片」炸傷，「軍靴裡都裝滿了鮮血。」在教堂旁邊的一棟房子，醫護兵替他包紮，事後要愛德華休息。愛德華回想，「雖然他並沒有說這是什麼地方，但屋子裡每吋地方都擺滿了傷兵，傷口和死人的惡臭真是令人不舒服。」他決定離開，回去開設在洗衣店裡的連部。「為了要找到人把我的報告呈上去，我把渡船的事，向一位軍官報告，之後就跟一個滑翔機駕駛進到存放武器的坑道。我不知道一起出發的人是不是也回來了，同時跟我一起走進教堂的幾個人對發生了什麼事也一無所知。」

過了一陣子以後，依然不知道福洛斯特命運的厄克特，向布朗寧拍發了一則電報。

> 敵全力進攻大橋，守軍力薄勢危。敵自安恆市西及希爾森村東攻擊，情況嚴重。但職以師餘部在哈滕斯坦附近構成緊密防線。兩處均希望儘早增派援兵；黑菲亞鐸渡口刻仍在我控制中。

正當這封電報經由第六十四中型砲兵團通訊網發出去時，師部已經知道並沒有找到渡船。厄克特的參謀認為應該是德軍把它給弄沉了。可是皮亞特的渡船並沒有沉。推測應該是砲兵的射擊打斷了它的纜繩，等到發現渡船的時候，已經沒有多大用處了。渡船最後是在一英里外、被炸毀了的鐵路大橋附近被荷蘭老百姓發現。它被衝上岸擱淺了，但依然保持完整。愛德華說：「如果我們再往歐斯特貝克鎮方向搜索個幾百碼，就會找到了。」

厄克特在星期四早上，巡視哈滕斯坦防務回到師部後，收到了重大打擊的消息。距離波軍傘兵空降只要再幾個小時，可是要索沙保斯基的部隊來增援防線的唯一快速的方式卻沒有了。[3]

——

一長列載著波軍第一傘兵旅飛往德瑞爾空降場的機隊上，索沙保斯基少將正在C－47運輸機的長機座艙向下俯瞰。「我知道了實況，那也是我一直懷疑會發生的事情。」機隊從恩荷芬轉向北邊飛去時，他只見「下面沿著整個走廊，上百輛車子堵在混亂的交通之中。」路上黑煙飛騰，敵人的砲彈正往各個不同的地點落下，卡車和其他車輛燒得火焰滾滾，「道路兩邊到處都有殘骸。」然而，不知怎麼的，車隊還是在移動。過了奈美根，車輛的運動就停止了。索沙保斯基透過右側的低雲，可以見到「島嶼公路」以及上面堵塞、停頓了的戰車車隊。敵軍的砲火正往縱隊的先頭落下去。沒有多久，機隊向著德瑞爾飛去時，壯觀的安恆大橋已在望，戰車正在上面通過，由北向南行駛。索沙保斯基這才曉得這是德軍的戰車，不禁大為震驚失色。如今他知道，英軍並沒有守住這座橋。

當星期三晚上依然沒有厄克特現況的相關消息時，索沙保斯基顯得非常激動，「我推估自己將會被送軍法。」他對種種風聲已經很不安。他向波軍傘兵旅的聯絡官史蒂文中校要求見盟軍第一空降軍團司令布里爾頓中將，他情緒激動地堅持，除非「把厄克特在安恆的實際情況告知，否則波軍傘兵旅將不會出發。」史蒂文大吃一驚，急忙帶了他的最後通牒，跑到第一空降軍團司令部去。星期四早上七點，他帶了布里爾頓的消息回來。史蒂文坦承，當地的情況很混亂，可是行動還是按照計畫進行。位於德瑞爾的空降照常，「黑菲亞鐸渡口依然在英軍手裡。」索沙保斯基這才緩和了下來。而現在，俯瞰戰局的全景，讓他覺得「自己知道的比布里爾頓還要多。」他清楚地看見德軍裝甲兵向歐斯特貝克鎮前進。當機隊前方，一陣狂風暴雨般的防空砲火飛上來迎接他時，索沙保斯基氣壞了，覺得他的旅「將因為英軍面對的災難性結果而被犧牲掉。」過沒有多久，他跳出機門，在穿織的防空彈幕中跳傘。已經五十歲的少將注意到，跳傘的時間正是下午五點零八分。

正如索沙保斯基所害怕的，波軍正跳進了一場大屠宰場。德軍正嚴陣以待，打從機隊飛到敦克爾克起，他們便緊緊追蹤和算好了時間。此時，空降場附近遠比以往有了更多的增援部隊，麻麻密密都是防砲。運輸機隊一飛到，頓時出現了二十五架Me109戰鬥機從雲層中俯衝下來，掃射這些飛來的機隊。

索沙保斯基在空中往下跳時，看見一架C-47運輸機兩具發動機已經陷入火海，並朝地面掉下去。柯察斯基下士（Alexander Kochalski）也見到另外一架運輸機的墜落。在它落地撞毀起火以前，只見十二名傘兵逃了出來。卡瑪克中尉垂掛在降落傘下時邊做了禱告。他看見好多的曳光彈，「就像地面上每一門砲都朝向我射了過來。」柯瑞布下士的降落傘上滿是彈孔，他在另一名

---

3 原註：有關這艘渡船的真情實況，是首度在本書提出。甚至在官方的歷史中，也都說該渡船已經沉沒。還有些版本的說法認為，德軍為了防止它被使用，不是用火砲擊沉了，便是把它運往另一個他們控制的地區。但在德軍的任何作戰日誌、記錄、或者作戰報告，都無法取得相關的證據。我訪問過德軍軍官——諸如畢特利希、海澤、哈邁爾和克瑞夫特。以我理解，他們沒有一個人記得曾下令採取類似的行動。假定德軍要佔有渡船，我相信他們也會遇到愛德華要找渡船位於何處的同一難題。無論如何，沒有一位德軍軍官記得下令切斷渡纜，以阻止被英軍使用。

弟兄的旁邊落地，對方的腦袋已被打掉了。

波軍在距離歐斯特貝克防線不到二點五英里的地方跳傘，使得原本的激戰都暫時停頓了下來。德軍的每一把槍、每一門砲幾乎都集中在這些隨風擺盪、毫無還手機會的傘兵身上。砲兵克里斯迪（Robert Christie）說：「那就像是敵人所有的槍砲同時舉起、同時發射。」從持續砲擊中獲得的短暫喘息是寶貴且不容錯失的。英軍迅速把握機會，移動吉普車和裝備，挖掘新的火砲陣地，填補珍貴的彈藥，重新調整偽裝網，把堵在塹壕中的空彈藥箱給拋了出去。

藍敦上尉人在六英里外高高升起的「島嶼公路」上。六小時以前，他那領頭的戰車連已經在駛往安恆的途中停頓下來。藍敦痛苦地看著這次的跳傘任務，這是他未曾見過的恐怖景象。德國戰機對著毫無防衛能力的傘兵運輸機俯衝，「在空中就把他們掃掉。」傘兵想從起火的飛機中出來，「有些人，頭朝下直直衝向地面。」傘兵的屍體「在空中翻滾，那些無生命的形體緩慢地飄落，在觸地以前就已經死亡。」藍敦眼淚幾乎都要掉出來了。他很納悶，「他媽的空中支援究竟在那裡？我們下午接到命令，說向安恆的攻擊行動不會有任何空中支援，因為所有飛機都得去支援波軍，它們現在在哪裡？天氣因素？胡說八道，德國戰機就在飛，我們為什麼就不能飛？」藍敦從來沒有感受過如此的挫折。他雖然知道有了空中支援，他的戰車「可以穿過這一段到達安恆那些倒楣的混球那裡去。」在焦慮和絕望之中，他突然發覺自己對眼前的一切感到噁心。

儘管對飛機與防空砲火凶猛的夾殺感到震撼，但是波軍傘兵大部分人都奇蹟降落在空降場。就在他們著陸的同時，高射砲彈和裝有烈性炸藥的迫擊砲彈在他們當中炸開了。這些砲火是位於奈美根-安恆公路上的戰車、防空砲，以及德瑞爾以北的防空砲連發射的。索沙保斯基還見到機槍火力覆蓋了整個地區。傘兵們在空中備受重擊，落地又陷入致命的交叉火網，得拚命打出一條血路離開空降場才行。索沙保斯基落在一條水圳附近，他跑向掩蔽物時，碰見一具傘兵的屍體，「他躺在草地上，手伸開來就像是個十字架，」索沙保斯基後來寫道，「是一發子彈還是一塊砲彈破片，俐落地削去了他的頭蓋骨，我不曉得在這次作戰結束以前，會看到還有多少官兵像他這樣，也不知道他們的犧牲是不是值得。[4]」

德瑞爾村的居民被德軍猛烈的歡迎方式給嚇呆了，但隨即老百姓就被捲入傘兵的空降行動當中。波軍傘兵落在這個小村子內外的各個地方——果園、灌溉水圳、堤壩、海埔地，還有人直接掉在村子裡頭。有些傘兵掉進了萊茵河，沒辦法脫掉降落傘，被水沖走、淹死。儘管有火砲和機槍對著他們射擊，荷蘭人依然跑出來救這些歹命的波軍，他們中有些人是紅十字會成員——像柯娜就是當中一人。

這次跳傘的空降場中心點，是位於德瑞爾南邊不到兩英里的地方。對村民們來說，完全出乎意料之外。這一次沒有先派導航組，荷蘭反抗軍也不知道這個計畫。柯娜騎著一輛木輪胎的自行車，沿著狹窄的堤路往南騎，到一處名叫蜜蜂場（Honingsveld）的地方去，好像有許多傘兵在那裡降落。她又驚又怕，不明白怎麼還會有人在德軍那種火力下逃得了命，她料到定有大批的傷亡。出奇的是，只見傘兵們編組好了隊伍準備攻擊，一批批跑到堤壩後面的安全處。她幾乎不敢相信，那麼多人依然還活著。她想到：「終於，湯米到德瑞爾來了。」

她有好多年沒說過英語，柯娜可是德瑞爾村民中，唯一熟悉英語的人。受訓成為紅十字會護

---

4 原註：參見索沙保斯基，*Freely I Served*，頁一二四。

士時需要說英語，她也希望可以到場擔任口譯。她急忙往前騎時，只見許多人拚命向她揮手，顯然是「警告我離開公路，因為有人開火。」可是她正處於「興奮和愚蠢」當中，柯娜一點都沒有察覺到敵人如雨般的鋼鐵子彈對她齊放。她對著頭一批遇見的人大聲叫道：「哈囉，湯米！」他們的回答使得她好狼狽，這些人說的是另外一種語言——不是英語。有一批被強迫加入德國陸軍的波蘭人，幾年前曾駐紮在德瑞爾。她仔細聽了一下，馬上就從話裡聽出他們是波蘭人，卻依然使她大惑不解。

在敵人佔領下生活了幾年，柯娜非常小心。這時在她家裡的工廠，還藏有好幾名英國傘兵和一組被擊落的英軍機組人員。這批波軍似乎也同樣猜疑，仔細盯著她看。他們不會說荷蘭話，但是有幾個會講破英語和破德語，敢於提出一些謹慎的問題來。他們問到，她從哪裡來？德瑞爾村裡有多少人？村子裡有沒有德軍？巴斯營農場（Baarskamp）在什麼地方？一提到巴斯營農場，便引起柯娜滔滔不絕地說起摻雜的英語和德語。農場就在村子的東面，柯娜雖然不是德瑞爾村規模不大的反抗軍成員，卻聽過一位活躍的成員——她的哥哥佐瑟（Josephus）提過。該農場主人是名荷蘭國社黨黨員。她也曉得巴斯營附近沿著萊茵河岸都有德軍，沿著岸邊的磚造房屋裡，都有敵軍駐守在防空砲陣地上。「不要去那裡，」她要求道，「那裡到處都是德軍。」波軍看起來並不相信，柯娜回憶道，「他們沒把握要不要相信我，我也不知道該怎麼辦，可是我卻怕得要死，怕這些人會向巴斯營出發而落入圈套。」在她四周的這批人當中，其中一位就是索沙保斯基將軍。「由於他沒有佩帶什麼特別的標誌，看上去就像一般人，」柯娜回想，「一直到第二天，我才曉得那位不高、瘦小卻結實的小個子就是旅長。」她記得索沙保斯基正鎮靜地吃著一顆蘋果。他對她口中的巴斯營農場很有興趣。會選上那裡作為全旅的主要集合點完全是個意外。儘管柯娜認為波軍沒有人相信她所說，但索沙保斯基手下的軍官還是立刻派了傳令兵出去，把巴斯營農場的情況通知各單位。吃著蘋果的精幹小個子現在問道，「渡口在什麼地方？」

一名軍官拿出地圖，柯娜指出它的位置。「但是，」她說，「它已經不開了。」德瑞爾村的人自從星期三以後，便沒有見過船夫。皮亞特告訴他們渡纜已經被切斷了，他們也認為渡船給炸掉了。

索沙保斯基聽後一驚，跳傘落地，他就派出一組巡邏隊去找渡口。這一下他的惡夢成真了，他回憶說，「我一直在等巡邏隊的報告，可是這位年輕女性的消息似乎很準確，我親切地感謝了她。」[5]他眼前的任務既艱難且巨大，要迅速派出救兵找到被圍攻的厄克特。索沙保斯基必須派遣部隊，坐船或乘筏渡過八百碼寬的萊茵河，而且是在黑夜裡。他不知道厄克特的工兵是不是找到了船，也不曉得自己找到的船是否足夠。他這時才知道本旅的通信兵，無法叫通英軍第一空降師師部。他對師部任何新近擬定的計畫，更是一無所知。

正當柯娜和她一組人出發去救助受傷的人時，索沙保斯基看著本旅官兵在煙幕彈掩護下行動，並打垮了附近的微弱抵抗。到目前為止，德軍對該旅唯一的最大抵抗，就是砲兵與迫擊砲的射擊。就目前來說，還沒有裝甲兵出現。這片鬆軟的海埔新生地似乎不適宜戰車行動。茫然又困惑，索沙保斯基選在一座農舍成立了旅部，等候厄克特的消息。當聽到全旅一千五百人中，有

5 原註：有些憶述說柯娜是反抗軍成員，是被派去通知索沙保斯基，說渡船已在德軍手裡。柯娜說：「任何事都不能離開真相太遠，我根本不是反抗軍成員，儘管我幾個哥哥是。英軍不相信反抗軍，我們德瑞爾的老百姓，當然對這次空降事前是完全不知情的，直到波軍落在我們頭上。」

五百人沒有抵達的時候，他的心情更是糟透了。由於天氣因素，迫使已經載了將近一個營的飛機，中途折返回到了英國。就傷亡來說，他的部隊已經付出了殘酷的代價。儘管沒有正確的數字，到天黑以前，集合的官兵大約有七百五十人，其中還有很多人是受了傷的。

晚上九點消息來了，厄克特拍來的是相當不幸的消息。由於無線電不能叫通索沙保斯基，師部的波軍聯絡官蘇南斯基上尉（Zwolanski）游過萊茵河來。「我正在地圖上研究，」索沙保斯基回憶當時，「突然這個不可思議的人走了進來，他一身濕透，滿身泥濘，只穿著內褲、披著偽裝網。」

蘇南斯基向旅長報告，厄克特「要我們晚上渡河，他會準備渡筏接運我們過河。」索沙保斯基立刻下令，要一批官兵到水岸待命，他們在那裡待了大半夜，可是渡筏並沒有出現。「到了凌晨三點，」索沙保斯基說，「這時我才知道因為某些原因，計畫失敗了，我就把官兵調回，回到防線裡。」他預料天亮後，「會有德軍步兵的攻擊和猛烈的砲火，」要在「黑夜掩護下」渡過萊茵河的機會，「這天晚上都沒有了。」

在對岸的哈滕斯坦酒店，厄克特不久前拍了封電文給布朗寧，說：

（212144）安恆職屬守軍已二十四小時無消息，師餘部在極緊密防線內防禦，敵局部攻擊後有猛烈準確砲火及機槍射擊，最大損害是來自驅逐戰車。本師傷亡甚重，人力已使用至最大限，懇請二十四小時內派出援兵至要。

——

荷蘭三軍總司令伯恩哈特親王在位於布魯塞爾、蒙哥馬利第二十一軍集團軍司令部附近的一處小型營區之中，極度痛苦地關注著事態的發展。原本在九月初可以輕易光復的荷蘭，這時卻變成了一個大戰場。伯恩哈特並不責怪任何人，美軍和英軍正犧牲他們的生命，去除壓迫荷蘭的殘酷壓迫者。然而，伯恩哈特對蒙哥馬利和他的參謀們，很快地便不再那麼另眼看待了。九月二十二日星期五，當伯恩哈特聽說禁衛裝甲師的戰車在艾斯特給擋住，波軍傘兵降落在德瑞爾附近，而不是落在安恆大橋以南時，三十三歲的親王發飆了。「為什麼？」他問荷軍參謀長杜曼少將（"Pete" Doorman），「為什麼英國人不聽我們的？為什麼？」

在市場花園作戰的計畫階段，荷蘭高級軍事顧問都被排除在外，而他們的忠告有可能是非常寶貴的。「例如，」伯恩哈特回憶道，「如果我們及時知道空降場的選擇，以及它們到安恆大橋的距離，我們的人一定會提出意見。」因為「蒙哥馬利經驗豐富」，伯恩哈特和幕僚「沒有提出任何問題而接受了這一切。」可是，當荷蘭將領知道了霍羅克斯的三十軍要採取的路線後，他們便急於想要勸阻任何聽得下去的人，對使用暴露的高堤公路的危險提出警告。「在我們的指揮參謀學院，」伯恩哈特說道，「對這個問題作過了無數次的研究，我們知道在那種公路上沒有步兵，戰車根本不可能作戰。」荷蘭軍官一再地告訴蒙哥馬利的參謀們，除非步兵隨同戰車推進，否則市場花園作戰的時間表就無法維持。杜曼將軍表示，他們「在戰前，正是在這一帶親自以裝甲兵進行過試驗。」

伯恩哈特說道，英軍「對我們這種相反見解的態度，絲毫無動於衷。」儘管每一個人「都非常客氣，英國人還是寧可自己策畫，對我們的看法相應不理。當時普遍的心態是，『別擔心，老兄，我們就要開始做這件事情了。』」甚至到了今天，伯恩哈特還提到：「凡事都歸咎於天氣。我的參謀一般的印象認為，英國人把我們當成白痴，竟膽敢對他們的戰術提出疑問。」除了少數幾名高級將領以外，伯恩哈特知道自己「在蒙哥馬利的集團軍司令部裡，並不特別受人歡迎，因為我當時所說的話，很不幸地現在都成了事實——而且一般的英國人，都不喜歡由一個他媽的外國人來告訴他，說他錯了。[6]」

在布魯塞爾的總部，伯恩哈特讓六十四歲的威廉明娜女王和荷蘭政府，得知所有的訊息。「他們對英軍作戰的決策也影響不了什麼，」伯恩哈特說，「由女王或者荷蘭政府向邱吉爾提出這些事情行不通的。蒙蒂的名聲太大，邱吉爾不會干預戰場的作戰指揮，當時我們真沒有什麼辦法可施。」

威廉明娜女王對作戰的進展很著急，也像親王那樣，以為會迅速光復荷蘭。而今，如果市場花園作戰失敗，王室深恐「德軍會對我國老百姓實施恐怖的報復。女王推估德國人不會手下留情。她對德國人是那麼地咬牙切齒。」

作戰初期，伯恩哈特稟報威廉明娜，說「我們很快就會越過一些皇家的古堡和御地。」女王回答道，「統統燒掉。」伯恩哈特愣住了，結結巴巴說，「您說什麼？」威廉明娜說，「德國人坐在我椅子上，到過我的屋裡，那種地方我絕對腳都不踩一下，絕不！」伯恩哈特想讓她消消氣。「母后，您也有點太過火了吧，畢竟那些都是相當有用的建築物呀，我們可以把他們的味道蒸薰掉，用DDT。」女王堅同鐵石，「把王宮統統燒掉！」她降下旨意，「我絕對不踏進那處地方。」伯恩哈特親王拒不遵旨。「女王因為我不先請旨，就跟幕僚住進王宮（沒有燒毀掉）而生氣。好幾個星期，除了國事以外，陛下都不跟我說話了。」

目前，伯恩哈特和幕僚這時只能「等待和盼望。我們對事情發展的轉變，感到既痛苦又挫折。我們從來沒有想過，代價慘重的錯誤居然是位處高層的人所犯下的。」基於荷蘭本身的命運，使得伯恩哈特更為憂慮，「如果英軍在安恆被打退了，我認為今年冬天加諸於荷蘭老百姓身上的報復將會是非常可怕的。」

2

歐斯特貝克——戰場這處寧靜的島嶼，這時已經成了激戰的中心。打從星期三起，不到七十二小時內，歐斯特貝克成為屠宰場。大砲和迫擊砲已經把它轟得變成好大的殘骸堆。寧靜的環境消失無蹤，當地只剩下被破壞的光禿禿景色，到處是密密麻麻的彈坑，傷痕處處的塹壕，木材和鐵料破片散得到處都是，紅磚的碎屑和灰塵堆成厚厚一層。在被火燻黑的樹木上，衣服和窗簾的碎片，不成原形地迎風飛舞。街道上有腳踝高的泥灰，打過的銅製彈殼閃閃發光。道路上建起了臨時路障，用的材料是被燒過的吉普車、車輛、樹木、門窗和沙包、家具——甚至還有浴盆和鋼琴。在半毀的磚屋和木屋後面、街巷的旁邊、成了廢墟的花園，都躺著軍人和老百姓的屍體，彼此挨在一起。原本的度假酒店，現在成了醫院，孤單地佇立在草坪之中，附近則到處亂放

6 原註：禁衛愛爾蘭裝甲營的馬哈菲中尉，還記得荷蘭伊蓮公主旅的一名軍官，到禁衛軍餐廳來吃晚飯，那時正是戰車停滯在艾斯特以後沒有多久的時候。荷軍軍官環視餐桌後說：「你們這次考試不及格。」他說在荷蘭指參學院的考試，有一道試題專門討論從奈美根攻擊安恆的正確途徑。那是選擇題：A.沿公路幹道攻擊前進；B.向前推進約一到兩英里，轉左，渡過萊茵河後作側翼包圍。荷軍軍官說：「那些選A.沿公路幹道直上的人，考試不及格。那些選擇向左轉然後去到達萊茵河的人，及格。」

家具、油畫、損毀了的燈具。而有著花俏條紋的天棚本來是給寬大的陽台遮陽的，現在卻成了懸掛在支架上的骯髒碎布片。幾乎每一棟屋子都被打中過，有些已經燒光，全鎮幾乎沒有幾扇窗還完整的。這片充滿了搗毀事物的景象，德國人稱它為「女巫魔釜」（*Der Hexenkessel*），而荷蘭人——大約有八千人到一萬名男女老幼——在掙扎著求生存。他們擠在地窖，沒有瓦斯，沒有水，也沒有電，也如同各地的傘兵般，幾乎沒有吃的了。老百姓看護受傷的自己人和防守的英軍；偶爾也會看護曾經征服他們的德軍。

史可諾德酒店現在是位於前線的主要急救站。酒店老闆的女兒維莉斯（Hendrika van der Vlist）在日記中寫著：

> 我們不再害怕，我們已經度過了一切的害怕。我們四周都躺著受傷的人——有的已經奄奄一息。如果這是我們所要求的事，為什麼我們不該做這件事？在這段短暫的時間裡，我們已經變得超然於曾經所依戀的一切。我們的財物失去了，我們的酒店已經千瘡百孔，但我們都不曾留戀它們——我們也沒有時間去留戀它們。如果這場戰鬥既要奪去英國人的生命，又要奪去我們的生命，那麼我們將義無反顧地獻身。

沿著巷弄、田野、屋頂，在建築物廢墟中那些被堵住充當掩體的窗戶後面，接近下歐斯特貝克鎮大教堂邊，損毀了的哈滕斯坦酒店的鹿苑，緊張、眼眶深邃的英軍傘兵們正據守著陣地。砲轟的轟鳴聲這時幾乎不曾間斷，士兵和老百姓都同樣被震得耳朵發聾。歐斯特貝克鎮中的英軍和荷蘭人，已經對砲擊的震撼感轉為麻痺。時間已經沒有什麼意義了，一切都變成模糊的了。然而軍民協助著彼此，希望能得到解救，但筋疲力竭的人們又對生死抉擇感到釋懷。皇家直屬蘇格蘭邊境團第七營營長斐瑞德中校提到：「作戰中最痛苦的事情，莫過於睡眠不足。士兵們已經到了『唯有睡覺才是生命中最重要的事』的階段。」正如第十傘兵營克萊格上尉（Benjamin Clegg）所言：「我不記得疲倦以外的事——幾乎到了那種被打死也值得了的程度。」滑翔機駕駛高德索普上士（Lawrence Goldthorpe），被疲倦折磨得「有時巴不得自己能夠掛彩，為的是能躺下來休息。」可是沒有人可以休息。

在指尖形突出部的周邊防線，從最北面、白色外牆的德雷耶羅德酒店（Hotel Dreyeroord，傘兵都稱它「白宮」），一直到下歐斯特貝克那座十世紀的大教堂——人們正進行激烈的混戰，攻守雙方的武器與人員都瘋狂地攪和在一起。英軍經常發覺自己使用擄獲的德軍彈藥和武器。德軍戰車被德國地雷炸毀；德軍開著英軍的吉普車，並且依靠原本是要提供給英軍卻投錯地方的補給品作戰。「這是我們打過最便宜的一場仗，」霍亨陶芬師師長海澤中校說，「我們有免費的口糧、香菸和彈藥。」雙方都歷經佔領、再佔領對方陣地的過程，次數頻繁得沒有幾個人可以確定下一個小時隔壁的陣地會在誰的手裡。沿著防線帶的地窖，對藏身的荷蘭人來說，這種頻頻易手的情況非常可怕。

化學工程師福斯格把他的家人——岳父母、太太貝莎以及九歲的兒子亨利，送到翁瓦特醫師（Dr. Onderwater）家裡，因為那裡的地窖用了沙包加固，似乎要安全一些。激戰達到高潮時，英軍的一個反裝甲小組就在他們家樓上作戰。幾分鐘以後，地窖門砰然飛開，一名黨衛軍軍官由幾名士兵陪同，問這批人是不是窩藏了英軍？小亨利正在把玩子彈殼，是英軍的彈殼。德國軍官拿起彈殼，叱叫道：「這是英軍彈殼，統統給我上去！」福斯格知道，地窖裡的人鐵定會全數被槍斃。他馬上插手，告訴這位軍官，「請看，這子彈是從一架英國飛機上掉下來的，我的孩子撿到，只是拿來把玩。」德國軍官突然帶著他的人上了地面、走了，荷蘭人安然無恙。再過了一陣，地窖門又砰然打開了，大家如釋重負，原來是英國傘兵。福斯格覺得「宛如鬼魅的他們，迷彩衣和鋼盔上都插著樹枝，就像聖誕老人，他們把巧克力和香菸分給每一個人。那是他們從剛擄獲的德軍卡車上弄到的。」

威爾生少校指揮的導航組的阿弗雷德瓊斯二等兵（Alfred Jones），也身陷在這場混戰之中。他在史可諾德酒店附近一處十字路口的房子據守，和同排弟兄看見德軍一輛公務車開了過來。目瞪口呆的傘兵發愣看著車子停在旁邊一棟房子前面。阿弗雷德瓊斯回憶說：「我們張大了嘴目擊這一切，駕駛兵替車上長官打開車門，還舉手來個希特勒式敬禮，軍官之後就朝屋裡走。」接著，阿弗雷德瓊斯說：「我們這才醒過來，全排一起開槍，把他們兩個人都幹掉了。」

有一些與敵人的遭遇戰卻顯得多少有點人情味。滑翔機駕駛團的藍格中尉（Michael Long），領著巡邏隊在鄧能康路口（De Dennenkamp）附近，也就是位於防線北端，在濃密的灌木叢裡穿過，突然與一名年輕的德國兵面對面撞見了。他手持一把斯邁瑟式衝鋒槍，藍格手裡則是一把左輪手槍。他嚷叫著手下弟兄散開，並且馬上開了槍。可是德國兵「比我快了一點點，」藍格的大腿挨了一槍、倒地，德國兵則「只有右耳擦傷。」他赫然看見德軍丟了顆手榴彈過來，落地「離我只有十八吋遠。」藍格拚命一腳把「馬鈴薯搗碎棒」（potato masher）[7]踢開，它爆炸了，沒有傷到人。藍格回憶說：「德國兵搜我身，從口袋裡拿出兩顆手榴彈，把它們丟進樹林裡去炸我的弟兄。然後他鎮定沉著朝我胸脯上一坐，用他的衝鋒槍開火。」這名德軍對著樹叢掃射時，熾熱的子彈殼彈跳落在藍格野戰服敞開的領口裡，藍格冒火了，輕輕推著德兵，指著子彈殼用德語嚷道：「好燙！」德國兵一面開槍，一面說：「哇，真的。」他改變了一下射擊姿勢，使跳出來的彈殼落在地上。過了一會，德國兵停止射擊，又對藍格搜身，正要把他身上的急救包扔掉時，藍格指指自己的大腿，德國兵也指指自己耳朵被藍格子彈擦過去的傷口。四周還在射擊，兩個人就在樹叢下彼此療傷，然後德軍把藍格當成俘虜帶走。

逐步，但可以確定，隨著傘兵斃命、受傷與被俘，防線正逐步受到了擠壓。拜里斯士官長，那位帶了跳舞鞋到荷蘭來，以為荷蘭人愛跳舞的滑翔機駕駛，在花園中一條經過偽裝的狹長塹壕裡，被德軍士兵「使眼色」揪了出來。他靠在牆邊，接受德軍的搜索和盤問。拜里斯不理會問話的人，若無其事地掏出一面手鏡，查看著自己慘兮兮沒刮臉的容貌，問德軍：「你該不會知道今晚鎮上有開舞會，是吧？」他就被押著走了。

別的傘兵卻真的聽到跳舞的音樂，從德軍的留聲機裡，傳來了二戰期間的流行音樂——格倫米勒（Glenn Miller）的*In the Mood*。在塹壕和陣地裡面容憔悴的傘兵，靜靜地聆聽著音樂。唱片放完後，一個說英語的聲音告訴他們：「第一空降師的官兵們，你們已經被圍了，不投降，就會死。」滑翔機駕駛團的歐佛頓上士（Leonard Overton）「完全可以預見，再怎麼說，現在再也不會活生生地離開荷蘭了。」歐佛頓和附近的弟兄都用機槍的射擊作答覆。高德索普上士也聽到了廣播。幾個小時前，他冒著生命危險，搬回了一個空投的再補給包——打開一看，裡面不是口糧，更非彈藥，而是整整一包紅魔鬼專用的紅扁帽。這時他聽到德軍在廣播：「你們投降吧，還

7 編註：意指德軍的木柄手榴彈。

來得及！」他臭罵道：「去你的兔崽子，你們這批蠢貨王八蛋！」他把步槍端起來時，聽見位於樹林、壍壕的弟兄們，也如此開罵了。冒火的傘兵，對準喇叭的方向，步槍、機槍就是一長串子彈打了過去，廣播的聲音就此打住了。

以德軍的角度看來，投降是英軍唯一合理的選擇——第一空降旅的史都華少校（Richard Stewart）看出了這點。他被俘獲之後，德軍發現他的德語流利，於是把他押到更高層的司令部去。他對那位指揮官記得很清楚，軍長畢特利希將軍「個子高大，身材瘦削，四十出頭或者四十好幾了。穿著黑皮大衣和軍帽。」畢特利希並沒有要盤問他，「他要我回到師長那裡去勸他投降，免得全師遭到殲滅。」史都華婉拒了，軍長「便長篇大論起來，告訴我要在我力量所及之處，用來拯救『祖國那些鮮花盛開般的青年』。」再一次，史都華回答：「我不能這麼做。」畢特利希再敦促他一次，史都華問道：「報告軍長，如果我們易地而處，你會怎麼答覆？」這位德國指揮官緩緩搖了搖頭。「我的答覆是不。」史都華說道：「我的答覆也是如此。」

畢特利希「從來沒見過軍人，有像安恆和歐斯特貝克英軍那麼拚命地作戰。」他低估了厄克特及其傘兵的決心，並且錯誤判斷波軍在德瑞爾空降的意圖。他認定波軍的到來，是為苦戰的第一空降師「鼓舞士氣」。他以為索沙保斯基的主要任務，是要攻擊德軍後方，以阻擋哈邁爾的福隆德斯柏格師利用安恆大橋向奈美根推進。畢特利希認為波軍的威脅很巨大，便「插手攻擊歐斯特貝克的作戰」，命令克瑙斯特少校率領裝甲營向南急進。克瑙斯特兵力強大的裝甲戰鬥群，這時已經增加到了二十五輛六十噸的虎式戰車和二十輛豹式戰車。他要守住艾斯特，阻止波軍接近安恆大橋南端，這邊也同時可以阻擋霍羅克斯的戰車前來會師。福隆德斯柏格師在改編之後，奉令「將奈美根地區英美軍逐退到瓦爾河。」對畢特利希來說，英軍從奈美根方向過來的長驅急進，才有十萬火急的重要性。他認定厄克特師已被包圍，且將會被消滅。他從來沒有想過波軍的目標會是去增援厄克特的橋頭堡。不管怎麼說，畢特利希的戰略——因錯誤的出發點而形成——卻決定了第一空降師的命運。

九月二十二日星期五清晨，克瑙斯特戰鬥群的最後一批戰車駛抵艾斯特的同時，厄克特接獲了英軍第三十軍軍長霍羅克斯的消息。前一天晚上，厄克特經由幽靈團，向英軍第二軍團轉達的兩封電文，說渡船不存在。霍羅克斯顯然還不曉得有這麼一回事，軍長的電文是，「四十三師奉令冒一切危險在今日赴援，向渡口前進。如戰況許可，貴師可撤至渡口或過河。」

厄克特覆電說道：「本師樂於見及貴軍。」

在變成殘垣斷壁的哈滕斯坦酒店的酒窖裡——「剩下來唯一相對安全的地方，」厄克特回想，他在那裡與參謀長麥肯齊中校開會。「我們現在最不須要的就是製造恐慌，可是我覺得該想點辦法解圍——而且是馬上。」

外面，例行性的拂曉迫擊砲轟擊——傘兵們稱它為「早上的怨恨」——開始了。一發發打在附近的迫擊砲彈幕，把已經搗碎了的哈滕斯坦酒店也都震動起來。累垮的厄克特，不曉得他們還能撐多久。當全師在安恆各個空降場落地時，共計有一萬零五人——空降士兵為八千九百零五人，滑翔機駕駛有一千一百人。如今他估計，應該是不到三千人了。五天還不到，全師官兵損失了三分之二。儘管他現在與霍羅克斯和布朗寧建立了通信，厄克特卻不認為他們了解目前的情況。「我認為，」厄克特說，「霍羅克斯並不十分了解我們的困境，我一定要想辦法，把情況的危急性與迫切性告訴他們。」他決定派參謀長麥肯齊和工兵主任麥爾茲中校（Eddie Myers）——「他能夠處理官兵與補給渡河的專業安排」——到奈美根去見布朗寧與霍羅克斯。「我被告知，」麥肯齊說，「第一要緊的事便是要向霍羅克斯與布朗寧強調，本師已經潰不成軍——我們只是聚集在一起苦撐的散兵游勇而已。」厄克特認為，他們已經到了耐力的極限，他要麥肯齊讓對方明白，「如果今晚再沒有人員、補給運過河來給我們，一定就會太遲了。」

麥肯齊和麥爾茲準備出發時，厄克特站在一旁，他曉得此行危險。也許不可能，但這種判斷又似乎合理——假使霍羅克斯的電文可信，四十三威塞克斯師已經按照計畫發動攻擊——到那時，麥肯齊和麥爾茲渡過萊茵河後，到奈美根該有一條已經打通的路了。這兩個人離開時，厄克特「對麥肯齊最後還叮嚀一句話，我告訴他試著要讓他們相信我們的處境有多麼危及。麥肯齊回說他會竭盡所能，我曉得他也會如此。」麥爾茲和麥肯齊帶了一艘橡皮艇，坐上吉普車往下歐斯特貝克和萊茵河出發。

位於瓦爾河北邊十英里的奈美根，禁衛騎兵團第二連二十六歲的羅特斯勒爵士上尉（Lord Richard Wrottesley），正坐在裝甲車上指揮一個排，準備下令前進。晚上，他的偵搜排已經奉令帶領部隊走在發動進攻的第四十三師之前，去與空降部隊會師。前一天，禁衛裝甲師已經停了下來，羅特斯勒「充分了解奈美根以北的德軍實力」。不論是在德瑞爾的波軍傘兵或者英軍第一空降師都沒有消息傳來。年輕的羅特斯勒回憶，該連的角色，就是「猛打猛衝，找出一條衝過敵軍防線的路。」他認為，不採取奈美根-安恆的主幹道，而改走西面的一條次要公路，利用凌晨的濛霧掩護下，「可能對我們的運氣會有所幫助，」能有較好的機會穿過敵軍的防線。天邊一線曙光，羅特斯勒便下令出發，兩輛裝甲車和兩輛搜索車便迅速沒入晨霧中。跟在他後面的，是楊格中尉（Arthur Young）指揮的另一個排。這支部隊行動迅捷，在奧斯特豪特村轉彎向西，沿著瓦爾河前進了大約六英里，然後一個回轉，向正北方的德瑞爾前進。羅特斯勒回憶道：「在某個點，我們看見不少德軍。不過他們比我們更嚇了一跳。」兩個半小時以後，也就是九月二十二日星期五上午八點，市場花園作戰的地面部隊，首度與第一空降師會師。蒙哥馬利之前預想的四十八小時後會師，是延後到了四天又八小時才達成。羅特斯勒和楊格，出色地達成禁衛裝甲師戰車戰鬥群在星期四意圖完成的目標，一彈未發的情況下便抵達了德瑞爾和萊茵河。

霍普金遜中尉（H. S. Hopkinson）的第三排在他們後面跟進，卻遇到了麻煩。晨霧甫散，第三排就被德軍發現了，敵軍裝甲兵開火射擊。霍普金遜說道：「第一車的駕駛兵瑞德（Read）當場被打死。我到前面去救他，可是搜索車已經陷入火海，敵人的戰車不斷向我們射擊，迫得我們只有後退。」這一下，德軍再度封鎖了馳援厄克特的生路。

打從一開始起就不斷干擾著市場花園作戰的奇異、嚴重癱瘓交通的情況，此時又再次升級了。九月二十二日星期五拂曉，湯瑪斯將軍長久等候著的第四十三威塞克斯師，從奈美根一湧而上，協助在艾斯特停滯的禁衛裝甲師縱隊——作戰計畫上要一二九旅——沿著高堤公路的兩側前進，經過艾斯特然後直趨安恆。同時，二一四旅則朝西攻擊，經過奧斯特豪特村，撲向德瑞爾和萊茵河渡口。難以置信的是，威塞克斯師從艾斯科運河出發到六十多英里外的目的地，竟然花了快三天的時間才走到。部分原因當然由於敵人經常攻擊走廊，但是事後也有些譴責指出，是做事有條不紊的湯瑪斯過分謹慎所導致的結果。該師如果下車徒步行軍的話，速度可能還要再快一些。[8]

8 原註：韋慕特，《歐洲爭奪戰》，原書五一六頁。

眼下災難又再次降臨在四十三威塞克斯師身上了。二一四旅旅長埃薩姆將軍（Essame）好生失望。二十一日晚，該旅其中一個先遣營——薩莫塞特輕步兵團七營（7th Somersets）——迷路了，沒有涉過瓦爾河。該營終於到達時，埃薩姆怒氣沖沖責問營長：「你們究竟死到哪裡去了？」他們被當地人群和奈美根市內的路障阻擋，幾個連在混亂中分散並走向錯誤的橋樑。埃薩姆計畫利用凌晨的濛霧，直奔德瑞爾的機會就此喪失。一直到早上八點三十分，二一四旅兩翼攻擊方始展開。德軍由於禁衛騎兵團偵搜部隊的出現而提高了警覺，天亮之後便嚴陣以待。到九點三十分，一位富於韜略、在奧斯特豪特村的德軍指揮官，技巧地運用戰車和砲兵，成功地牽制住二一四旅。直趨艾斯特的一二九旅，企圖支援范德樂的禁衛愛爾蘭裝甲營，卻遭遇到了德軍克瑙斯特少校龐大戰車群的火力。後者接到畢特利希的命令，南下打擊英美軍的前進。厄克特認為，在這一個生死關頭的星期五，第一空降師的命運仰賴立即趕到解圍的援兵。四十三師攻佔奧斯特豪特時，夜色已臨。要讓部隊繼續推進，解救出被圍困在歐斯特貝克的傘兵，時間已經太遲了。

正如埃薩姆的反應，其他人對這次攻擊的拖泥帶水進展也感到不滿。克倫威爾公爵輕步兵團第五營[9]營長喬治泰勒中校（George Taylor），不懂「是什麼原因把每件事情都給阻撓了？」他曉得「花園部隊」抵達第一空降師的時間，已經比預定遲了三天。他知道後很不自在，上級也在為這件事感到擔憂。星期四，他遇見了軍長霍羅克斯將軍，長官問他說：「喬治，這件事要是你會怎麼辦？」喬治泰勒毫不猶豫，建議在星期四晚上，派一支特遣部隊馳往萊茵河，帶上滿裝補給的兩噸半兩棲登陸車（DUKWS）[10]。「我只是抱著姑且一試的心態，」喬治泰勒回憶道，「霍羅克斯顯得有點吃驚，就像人們在聽天方夜譚時所表現的那樣——他隨後迅速轉移了話題。」

喬治泰勒只能不耐煩地等待命令，以率領全營渡過瓦爾河。直到星期五中午，第三十軍派來了一名少校參謀，告訴營長，軍部會撥兩輛裝載了彈藥與給養的水鴨子給該營帶到德瑞爾去。此外，還撥第四／第七龍騎兵衛士團（4th/7th Royal Dragoon Guards）[11]的一個戰車排給他。參謀說：「安恆的情況極為危急，兩棲登陸車一定要在今晚渡過河去。」這時已是星期四下午三點，喬治泰勒看著到達集結區、兩輛裝得滿滿的水鴨子，不曉得它們帶的補給品夠不夠。「務必，」他指示營情報官韋柯斯中尉（David Wilcox），「我們一定要找到更多補給運過河去。」

步兵正從奈美根橋頭堡出發時，第一空降師參謀長麥肯齊中校和工兵主任麥爾茲中校，已經渡河過來德瑞爾，到了索沙保斯基的責任區。他們意外地平安渡過萊茵河，麥肯齊：「德軍對我們只有發射幾發槍彈，都從頭上飛過。」南岸正進行大規模的激戰，波軍傘兵遭受到猛烈的壓迫，擋住了從艾斯特和安恆方向來的敵軍步兵攻擊。麥肯齊和麥爾茲兩人在萊茵河南岸等待波軍等了好一段時間。麥肯齊說：「我們曾用無線電通知，要他們注意我們。可是正打得激烈，索沙保斯基任務又很忙。」到最後，他們才騎上自行車，被護送到索沙保斯基的旅部。

麥肯齊見到了禁衛騎兵團偵搜部隊，精神為之一振。可是他要迅速到奈美根去見布朗寧將軍的希望卻破碎了。對羅特斯勒爵士上尉和楊格中尉來說，霍普金遜第三排的偵搜車沒有抵達德瑞

9 原註：英軍威名遠播的各團名稱，經常使得美軍暈頭轉向，尤其當它們使用縮寫名稱時更是如此。例如發生在盟軍空降軍團司令部，一封關於克倫威爾公爵輕步兵團第五營的電報送達，電文是「5DCLI 正與空一師接觸……」大惑不解的值星官終於譯出了訊息，他報告說「五輛步兵登陸水鴨子車（Five Duck Craf Landing Infantry）」，正向厄克特前進。編註：5DCLI 為 5th Batralion, Duke of Cornwall's Light Infantry 的縮寫。

10 編註：外號水鴨子，也就是上述引起美軍誤會的由來。

11 編註：並非隸屬於皇室禁衛軍的部隊，因此雖然同樣有 Guard 的名稱，但中文翻譯就不會用上禁衛軍而是衛士，以視區別。

爾，意味著德軍已經堵上後面的道路，四十三師的攻擊也還沒有突破，麥肯齊和麥爾茲只有等著道路的打通。

羅特斯勒：「麥肯齊立刻要求用我的無線電與軍部聯繫。」他把一封長長的電文，經過羅特斯勒的連長，轉發給霍羅克斯和布朗寧。參謀長並不想費力譯成密碼，羅特斯勒站在旁邊，聽見麥肯齊「直白」地說：「我們缺乏糧食、彈藥和醫材，再也撐不了二十四小時以上，我們能辦得到的，就是等待和禱告。」羅特斯勒這才首次意識到「厄克特師的狀況一定很糟。」

然後，麥肯齊、麥爾茲和索沙保斯基商議，討論到把波軍渡過萊茵河的緊迫性。麥肯齊：「哪怕只是過去部分人員，現在也會使情況截然改觀。」索沙保斯基同意了，不過問到舟艇從哪裡來？只有滿心希望申請的水鴨子能在晚上抵達。同時，麥爾茲想到空降部隊的雙人橡皮艇也是可以運用。用繫纜連接起來，便可以拉著往返渡河。索沙保斯基對「這個主意感到滿意」，他說，這種方式會緩慢得讓人感到痛苦，「如果沒有被發現，或許在晚上可以運兩百人過河。」麥爾茲迅速以無線電與哈滕斯坦通話，為橡皮艇渡河作安排。這次窩囊、迫不得已的行動就這麼決定了，渡河作業將在晚上開始。

——

萊茵河對岸的橋頭堡，第一空降師繼續以無比的勇氣和堅毅作戰。然而，即使是防線中最堅定的人，也對救兵的到來表達出擔憂之意。孤立感正到處瀰漫，同時也影響在地的荷蘭人。

稍早之前被指派擔任荷蘭反抗軍（二十五人）指揮官的前荷蘭海軍軍官克瑞普（Charles Douw van der Krap），此刻正帶領他的隊伍與英軍並肩作戰。該隊是因為厄克特師部的荷軍聯絡官沃特海軍少校促成的。在星期一的時候幫忙把史可諾德酒店變成急救站的易克霍夫，負責搜刮德軍的武器交給他們。英軍會發給每個人五發子彈；如果找得到武器的話。易克霍夫開車最遠去到達沃爾夫海澤村，也才找到三、四把步槍。一開始，他們新任命的指揮官為這個建議大受鼓勵，可是希望卻隨之消逝。他手下如果與傘兵並肩作戰，俘獲後就會立即被處死。克瑞普回憶說：「英軍沒有救兵、沒有補給，很明顯支持不下去了。他們既不能武裝我們，又不能供應糧食，我決定把隊伍解散。」但是他本人還是和傘兵在一起，他說道：「我要打仗，但我不認為我們有機會。」

年輕的安妮，對於傘兵的到來非常激動，每天指望見到「蒙蒂的戰車」。這時卻被永無休止的砲擊和戰線的經常性更動而擔驚受怕。她在日記中寫著：「吵雜聲和苦難持續不斷，我再也受不了，我好害怕，什麼都想不到，只想到砲彈和死亡。」與英軍醫官一起在陶佛堡酒店工作的父親馬瑞德醫師，一有機會，就會給家人捎來消息。可是在馬安妮看來，作戰似乎已經到了不切實際的狀況。「我不懂，街的一邊是英國兵，另一邊是德國兵，大家彼此打死對街的人，每棟房子、每一層樓，每一間房裡都在打。」星期五，安妮寫道：「英國兵說蒙蒂隨時會到。我不信，見鬼了，蒙蒂！他絕不會來。」

德軍和英軍傷兵都擠在史可諾德酒店寬敞的走廊、接待廳、通道和房間。維莉斯不相信這一天已經是星期五。這處臨時醫院經常換手。星期三，酒店被德軍接管，星期四是英軍，星期五早上又再次被德軍佔領。誰掌控了史可諾德酒店，並不比防止它被轟擊來得重要。好大一面紅十字旗在屋頂上飄揚，數不清的小紅十字旗則在四周都可以看得到，可是灰塵和飛揚的碎屑卻經常遮蔽了它們。醫護兵、護士、醫師工作個不停，除了永無止息的傷兵以外，他們對其他事情已經完全不在乎了。

維莉斯每一晚和衣而睡。只睡幾個小時，就要起床協助醫師和醫護兵，照顧新運到的傷兵。能說流利英語和德語的她，一開始先注意到德國兵之間的悲觀情緒，相形之下，英軍傷兵情緒高漲。而現在很多傷勢嚴重的紅魔鬼傘兵，似乎冷靜地準備接受自己的命運。她把分量不多的湯和一片餅乾──這是醫院唯一能提供的一餐──端給一名傘兵時，他指著一個剛到的傷兵，告訴她：「給他吧。」維莉斯把那個人的毯子拉下來，只見他穿著德軍軍服。那傘兵問道：「德國兵，是吧？」維莉斯點點頭，英國兵說：「給他吃吧，反正我昨天吃過了。」維莉斯凝視他，問說：「為什麼要在這裡打仗，你知道嗎？」英國兵疲憊地搖了搖頭，她在日記中寫下了自己的畏懼：「我們的村子竟成了最慘烈的戰場？是什麼擋住了救兵？不能再這麼打下去了。」

福斯格一家和二十幾名荷蘭人、英國兵一起躲在翁瓦特醫師的地窖裡。福斯格太太頭一次見到地面上滿布滑不溜丟的血跡。這一晚，有兩名受傷的英國軍官──華爾少校（Peter Warr）和史邁斯中校（Ken Smyth），被士兵抬了進來。他們兩人傷勢都很重，華爾傷在大腿上，史邁斯傷在腹部。兩人剛躺在地上，德國兵就衝了進來，其中一人還扔出手榴彈。史邁斯中校所屬第十營的威利下士（George Wyllie）只記得「一陣閃光，然後一聲震耳欲聾的爆炸。」福斯格太太坐在華爾少校後面，覺得兩條腿有「火燙般的痛楚」。黑漆漆的地窖裡，她只聽見有人吼叫：「宰了他們！宰了他們！」只感覺一個男性沉重地倒在她身上，那是威廉漢二等兵（Albert Willingham），顯然他擋在福斯格太太前面來保護她，威利下士看見威廉漢背上炸開一條傷口。他記得福斯格太太是坐在椅子上，身旁有個小孩，死去的威廉漢倒在她膝蓋上。小孩看似滿身是血。「我的天啊！」威利失去知覺時這麼想：「我們殺死了一個小孩！」激烈交戰一下子就過去了，有人開著手電筒，說：「你們還活著嗎？」福斯格太太大聲叫她先生，然後伸手去勾兒子亨利，孩子對她的哭喊都沒有反應。她確定孩子已經死了。「我突然感到什麼都無所謂了，」她說道，「無論再發生什麼事情都沒有關係了。」

福斯格太太看見士兵和老百姓都是傷勢嚴重，且大聲喊痛。就在她面前，華爾少校的軍服「被撕裂且血淋淋。」每一個人都在哭喊、都在嗚咽。「安靜！」福斯格太太用英語大聲叫道：「安靜！」她把倒在身上的沉重屍體給推開了，然後看見威利站在旁邊。「這英國小伙子站起來，顯然在顫抖，他的步槍槍托在地板上，刺刀幾乎與我的眼睛同高。他抽搐著前後移動，試圖站穩，動物般的低沉嘯聲——像狗吠或者狼嚎——正從他嘴裡發出來。」

威利下士的腦袋清醒。後續有人點了蠟燭，一名德國軍官給他喝了一口白蘭地，威利看見酒瓶上刻有紅十字會的徽章，下面一行字「英王部隊專用」。他被帶出去時，回頭看了看「死了孩子」的媽媽，想跟她說些什麼話，卻又說不出來[12]。

德軍軍官要福斯格太太告訴英軍，「他們打得很英勇，行為像君子，可是眼前他們一定要投降，告訴他們這一仗已經結束了。」英軍被送走時，德軍一名醫護兵前來檢查亨利。「他昏過去了，」他告訴福斯格太太，「肚皮上擦破了一點，眼睛充血紅腫，但他不會有事的。」她不說話、點了點頭。

地面上的華爾少校，爆炸使得他的肩骨從皮膚下突了出來，他嚎叫、咒罵，隨後又暈了過

12 原註：威利以後再也沒見過福斯格家的人，也不曉得他們的名字。多年來，他始終擔心地窖裡那位太太，並且認為那孩子已經過世。而今，年輕的亨利（Henri Voskuil）已經是名醫師。

去。福斯格太太俯下身把手帕打濕，擦去他嘴唇上的血跡。附近的史邁斯中校含糊在說些什麼，一名德國衛兵轉過身來，滿面狐疑地看著福斯格太太。她輕輕說：「他要醫官。」德國兵離開地窖，幾分鐘後，帶著德軍醫官回來。他一邊檢查史邁斯，一邊說：「告訴這位軍官，接下來會很疼，我對此表示歉意，但我必須查看他的傷口，要他咬緊牙關。」他開始把軍服脫下來時，史邁斯暈了過去。

天亮以後，老百姓奉令離開。兩名黨衛軍士兵攙扶著福斯格太太和亨利回到街上，一名荷蘭紅十字會人員，指示他們到牙醫師柯勒斯（Dr. Phillip Clous）的地窖去。福斯格先生的岳父母不去，他們寧可留在家裡碰碰運氣。柯勒斯熱烈歡迎福斯格一家人。「不要擔心，」他告訴福斯格，「一切會沒事的，英國人會贏。」福斯格站在受傷的太太和兒子身邊，心裡還停留在前一晚的恐懼，看著柯勒斯鎮定地說：「不會，他們不會贏了。」

儘管他們不願意承認本身的忍耐力幾乎要到臨界點，很多傘兵知道他們再也不能堅守下去了。皮爾遜士官長（Dudley Pearson）對於「被德國人擺布」已經感到厭倦。在防區的北緣，他和手下弟兄被戰車追趕，進而被牽制在樹林裡，最後被迫用刺刀打退德軍。最後，在星期四晚上，正當防線緊縮時，他跟他的人奉令後退，命令他們以煙幕彈掩護撤退。他聽見附近還有一挺布倫機槍孤獨地在射擊。他在樹叢下匍匐爬行過去，只見一名下士伏身在樹林中一處深坑裡。「走，」皮爾遜告訴他，「我才是最後一個留在這裡的。」下士搖頭，「士官長，我不走，」他說：「我要待在這裡，不讓那些雜種過來。」皮爾遜找路往後退回去時，還能聽見布倫機槍在射擊。他想到已經無望，開始懷疑是不是投降會好一點。

哈滕斯坦酒店網球場附近的塹壕——有許多縱橫交錯的散兵坑，是英軍准許德軍俘虜為了自我保護而挖掘的——滑翔機駕駛米勒呆看著另一名駕駛員的屍體。屍體四肢伸展著躺在幾碼外，密集的彈雨讓人們根本無法去搬動他。米勒目擊到自從最後一次的迫擊砲轟擊後，屍體差不多被樹葉和斷裂的樹枝給覆蓋了。他不停的看著，心裡納悶不曉得會不會有人來處理屍體。他看著朋友的容貌在改變，心裡既害怕也因「撲鼻的屍臭」而感到噁心。米勒還記得，當時自己絕望地狂想到，「倘若不馬上想點辦法，我們統統都會變是屍體。砲擊會把我們一個跟著一個消滅掉，直到這裡成為死人公園為止。」

其他人卻覺得自己既受到鼓勵、保持勇氣，卻又無法瞭解到現況。歐布萊恩二等兵在下歐斯特貝克大教堂附近。他記得「每天晚上，總有位軍官來巡視，告訴我們撐下去，隔天第二軍團就會到了。大家對此非常冷淡，人人都在問地面部隊究竟是在幹什麼，那支該死的軍團到底在哪裡，我們已經受夠了。」滑翔機駕駛密契爾上士（Edward Mitchell），位在教堂對面的陣地，記得有個傘兵把自己鎖在一間小屋子裡。「他不准任何人靠近，他不時喊叫，『上呀，你們這班雜種。』然後對著屋子四周，打光一匣的子彈。」獨自一人的他，有時先大喊再開槍，有時又先開槍再大喊，就這樣弄了好幾個小時，之後一段時間變得很安靜。正當密契爾和其他人還在爭論該怎麼把他弄出來時，屋子裡突然短促的一陣連放，之後又是一陣安靜。他們靠近屋子一看，人已經死了。

到處都有彈震症、腦震盪、戰鬥疲勞的官兵在哈滕斯坦酒店附近溜達，終於忘卻了戰爭。醫護兵布瑞斯（Taffy Brace）星期二還在照料朋友米爾本血肉模糊的身體。眼下，當他在處理傷患時，又再次遇到了這些悲慘而可憐的弟兄。可是嗎啡已經用光了，而且還是用紙替代的繃帶來包紮傷口。他可不能透露自己沒有了藥。「你要打嗎啡針幹什麼？」他問一名重傷的士兵：「嗎啡是給那些真正受傷的人用的，你的傷還好。」

當布瑞斯在替人裹傷時，覺得身後有種怪異的嗚叫聲。轉身一看，只見一名弟兄一絲不掛，兩隻手上上下下就像壓水唧筒似的，「在模仿火車頭的聲音。」對方一看到布瑞斯就咒罵：「這個該死的消防員，他從來不是什麼好東西。」布瑞斯帶了一名傷兵進入防區內一棟屋內時，聽見有人輕聲在哼唱《多佛白崖》（*The White Cliffs of Dover*）[13]。布瑞斯以為他在安慰別的傷兵，便對他微微一笑，點點頭表示鼓勵。那傢伙卻衝過來想把他掐死，「我要宰了你，」他大聲叫道，「你懂多佛嗎？」布瑞斯把對方的手指頭鬆脫。「沒關係，」他客氣說道，「我去過那裡。」這傢伙後退了幾步，說道：「喔，那就好。」幾分鐘以後，他又唱起來。其他人還記得一名患了彈震症的士兵，晚上在他們之間走來走去，見到縮成了一團準備要睡的弟兄，就俯身下去使勁把他們搖醒，直瞪對方眼睛，千篇一律地問說：「你信不信神？」

——

儘管那些令人憐憫、受到震嚇、絕望的人們，已經失去信心，其他數以百計的人，卻受到一些行為古怪卻英勇無畏的士兵激勵著。那些人拒絕向傷痛和艱苦低頭。「藍斯德部隊」指揮官藍斯德少校本人，防守在下歐斯特貝克教堂附近的陣地。他似乎無所不在。「他是個能振奮人心的人物，」皮爾遜上士說，「他的一條手臂掛在血跡斑斑的吊帶上，頭上綁著同樣血淋淋的繃帶，一條腿還綁著厚實的敷料。」藍斯德步履蹣跚來回激勵手下弟兄，領著他們一次又一次地戰鬥。

加拉漢士官長在自己的制服之外，添加了一些額外的點綴。他在一輛靈車上找到高頂禮帽，便四處戴著它走動，向弟兄們解釋說，他已被提名為「希特勒葬禮的空降部隊代表」。這使人想起藍斯德曾在教堂內，對弟兄們所發表的一篇鏗鏘有力、昂揚不屈的演說，軍士官把士兵們聚在一起，領著他們進入已經成為廢墟的古老建築物。加拉漢回憶：「教堂屋頂沒了，每一發砲彈的爆炸，都使得泥灰像雨水般往下落。」阿兵哥們正懶洋洋地靠在牆上，以及殘破的長椅上——抽菸的，發懶的，半夢睡半醒的——藍斯德正爬上講壇。官兵們呆看著上面這位凶神惡煞、血染一身的人。加拉漢記得藍斯德說：「我們在北非、西西里、義大利打過德國人，當時他們不是我們的對手！現在他們更不是！」滑翔機駕駛團的柯瑞上尉（Michael Corrie）一踏進教堂，「被眼前的破敗景象弄得情緒消沉，可是藍斯德的話卻使人振奮，他的演講是那麼激勵人心，他的話讓我感到震驚、驕傲。士兵們進去的時候如同一群頹廢的敗兵，但當他們出來時卻被注入了全新的必勝信念，從他們的臉上你就可以看出來。」

有些士兵似乎已經戰勝了恐懼——這種甚至能使人失去勇氣的恐懼源自於敵人裝甲部隊的凶猛進攻。傘兵沒有多少的反裝甲武器，敵人的戰車和驅逐戰車在周圍徘徊，把陣地一處跟著一處的粉碎，對它們可以說是毫無招架之力。然而，傘兵還是奮力迎敵，甚至連六十噸重的虎式戰車都被他們擊毀了——而經常都是那些以前從未射過戰防砲的傘兵的傑作。原先曾熱切地盼著去安恆，因為那會讓他從英國的營房的「惡夢」——那隻侵入他床墊的鼴鼠——解脫，可現在他卻以表面上的平靜面對著更為可怕的惡夢。他和另一名弟兄二等兵克拉克（Nobby Clarke），跟隔壁塹

---

13 編註：主唱薇拉琳恩（Vera Lynn）是英國的傳奇女歌手，她的著名歌曲還有《後會有期》（*We'll Meet Again*），傳唱超過八十年。薇拉琳恩於二〇二〇年六月十八日辭世，享壽一〇三歲。

壕的滑翔機駕駛員混得很要好。在一次迫擊砲轟擊的之間，駕駛員向紐恩喊道：「老兄，我不曉得你知不知道，可是我們右邊前方有一輛大得不得了的戰車，看起來是虎式家族的那種。」克拉克看著紐恩，問道：「我們應該怎麼辦？過去在它身上鑽幾個洞嗎？」

紐恩小心地從塹壕上緣看出去，那輛戰車真是「龐然大物」。附近的灌木叢裡，隱藏著一門戰防砲，可是砲手都已陣亡。紐恩身邊沒有人懂得如何裝填與射擊火砲。紐恩和滑翔機駕駛決定匍匐前進過去。兩個人一爬出來，就被戰車發現了，還被開砲射擊。紐恩回憶說道：「我們趴得那麼低，鼻子在地上都可以挖出溝來了。我們所在的小樹林，沒多久四周的樹木都被轟倒，宛如置身在伐木工場。」一靠近到戰防砲時，虎式戰車「開始用機槍專對著我們兩人招呼過來。」滑翔機駕駛把戰防砲砲管壓低瞄準，開心地叫道：「這門砲正對準了戰車，如果我們知道怎樣使用，就有可能瞄得更準一些。」他看著紐恩，說：「真希望這傢伙管用。」他把擊發繩一拉，緊接著一下驚天動地的爆炸，把兩個人都摔成了四腳朝天。「等到我們耳朵不再鳴叫後，聽見別人在我們四周哈哈大笑和喝采。」紐恩說道，他不可置信地看著那輛虎式戰車陷入了火海，車內的砲彈還被引爆了呢。滑翔機駕駛轉身對著紐恩，一本正經地握手說道：「我想，應該是我們打中的。」

很多人還記得南史丹福郡團第二營的凱恩少校（Robert Cain），他是打戰車和驅逐戰車的真正專家。以凱恩看來，自從他們到了以後，他和營內官兵便一直受到虎式戰車的追擊和威脅。目前，他的小部隊分別部署在下歐斯特貝克大教堂、公路對面的家屋和花園，以及在一家老闆叫多登隆（Van Dolderen）的洗衣店裡。凱恩決心把見到的每一輛裝甲車輛打垮。他偵察後尋找實施反裝甲作戰的最佳地點，選定了多登隆的店。洗衣店老闆不願意離開，凱恩巡視了一下後面的菜園，說道：「好吧，那就這麼辦。我在外面這裡挖工事，然後彈藥會堆放在你的地方。」

凱恩用的是類似「巴祖卡」，稱為ＰＩＡＴ的火箭筒式反裝甲武器來狩獵裝甲車。星期五這天，巷戰越來越激烈，凱恩的耳膜因為不停的射擊都快要爆開了。凱恩用棉花往耳朵裡一塞，繼續發射火箭彈。

突然有人大聲叫凱恩，說路上來了兩輛戰車。凱恩在房屋轉角上，把ＰＩＡＴ裝好彈藥瞄準。滑翔機駕駛李察藍格士官長（Richard Long）吃驚地看著，說：「他是我生平所見過最勇敢的人，他開始射擊時，距離只有一百碼遠。」凱恩來不及再裝填，戰車先還擊，砲彈打中了他後面的建築物，凱恩在濃密的灰塵碎屑飛之中再三射擊。他看見領頭戰車的乘員跳出車來，用機槍掃射街道。凱恩附近的弟兄，立刻用布倫機槍還擊，凱恩回憶說：「那些德國兵剛好被打掉了雙腳。」他再裝填、發射，李察藍格只見「好大一下閃光。」ＰＩＡＴ打出去的火箭彈在戰車內爆炸，凱恩雙手在空中揮舞、身體往後就倒。我們跑過去，他一臉漆黑、第一句話是：『我想我瞎了。』」其中一名操作布倫機槍打死德軍戰車兵的艾許沃斯上士（Walton Ashworth），發愣看著凱恩被抬走，「我只想說，他真是個『倒楣的雜種』。」

不到半小時，凱恩的視力恢復了，可是臉上卻滿布碎片。他不肯用嗎啡止痛，認為「傷勢並沒有重到要在醫院停留」，然後又回到戰場。威廉泰勒上尉形容說：「又要回去增加他的戰車擊潰紀錄。」到星期五下午，三十五歲的凱恩戰績豐滿。自九月十八日跳傘落地以來，他一共擊毀、驅退了六輛戰車，還加上數量不少的驅逐戰車。

橋頭堡裡的英軍，勇猛地頑強抵抗，對自身的安危毫不在意。星期五黃昏時，曾不顧一切都要抵達安恆大橋與福洛斯特官兵會師的費齊中校第三營內僅存的官兵中，福莫中士（Leonard

Formoy）在距離哈滕斯坦酒店師部不遠的西邊佔據了一處陣地。他回憶道：「實際上，我們受到來自四面八方的射擊。」突然一輛虎式戰車從安恆方向駛來，轟隆隆朝福莫附近這一批人衝過來。在暮色中，福莫看見它的砲塔在轉動。卡洛威上士（"Cab" Calloway）撿起PIAT並快跑前進，福莫聽見他在吼叫：「你要去哪裡，我就跟到底！」卡洛威距離戰車大約五十碼發射，火箭彈打中了履帶、戰車停下。可是卡洛威也差不多在同一瞬間被戰車砲擊斃。福莫回憶道：「那真是不要命的行動，他被打成了兩截，卻救了我們一命。」

瓊斯二等兵（James Jones）還記得有位不知名的少校，要他和其他三個人，跟著少校一起離開防線去搜刮武器和彈藥。他們無預警地與幾名在機槍陣地中的德國兵碰上。少校撲上前去，大聲吼道：「這些王八蛋別想再活下去！」德國兵一開火，大伙散開，瓊斯被困在一輛毀掉的吉普車後面。他回憶道：「我在禱告，等那挺機槍打完一輪，然後跑回防線內。」他再也沒有見到那名少校了。

高階軍官在士兵面前樹立了令人永世難忘的榜樣，而且他們自己往往沒有意識到這一點。希克斯旅長在作戰期間都不願意戴鋼盔。高福少校偵搜中隊的二等兵錢德勒（William Chandler）跟隊友，星期天在北邊的「豹線」被截斷，進而退回到歐斯特貝克的一處交叉路口。他記得在一批批戴鋼盔的官兵中，希克斯的紅扁帽很特出。「喂，旅長，」不知誰人在喊，「戴上你那頂他媽的鋼盔吧。」希克斯只是笑笑，揮揮手解釋道：「我不是故作優雅，只是受不了那東西他媽的在我頭上蹦蹦跳跳。」他的行為可能多少與年齡有點關係。有些士兵回憶，希克斯每天都頻繁地往師部裡跑，而且他每次都是用慢跑過去，當德軍砲火落在附近時，旅長就開始狂奔、躲避砲火。希克斯自己也承認：「當我完成那些瘋狂衝刺的時候，我真是感到了歲月不饒人了。」

海克特旅長曾經率領第十營和一五六營進行勇敢但徒勞的嘗試，他們試圖突破德軍在東、北兩邊的戰線去安恆。最後海克特還是帶著他們回到歐斯特貝克。他時常去看自己的弟兄，對他們總是讚譽有加。鮑威爾少校帶領來自一五六營兩個排官兵，守在北邊的陣地。他回憶說：「我們缺乏糧食、彈藥和飲水，醫藥材料也幾乎快沒有了。」海克特忽然星期五出現在鮑威爾的指揮所。據鮑威爾說，那裡「是刺進敵軍陣線的戰線」。海克特解釋，之前他一直沒有時間來看看他們，直到現在才來，「不過你們守得很好，鮑威爾，我對你們放心。」鮑威爾感到高興，說：「旅長，到目前為止我所犯的真要說的錯誤，應該就是把指揮所設在養雞場裡，弄得我們全身是蝨子。」第四旅文書官皮爾遜士官長覺得大家是尊敬海克特的，因為「他與我們同甘共苦，把我們平等看待，我們吃、他也吃，我們餓，他也餓。他好像沒有自己的餐具。星期五那天，他坐下來跟我們吃一點東西，卻是用手抓的。」皮爾遜便去替他找餐具，回來時腳後跟受了傷。不過，他說：「我認為旅長在我們之間生活，應該要像樣一點。」

師部砲兵指揮通信組的通信兵皮爾斯（Kenneth Pearce），永遠記得那位對他伸出援手的人。皮爾斯是負責被他稱為「笨傢伙」的大型儲電電池──每一個大約二十五磅重，裝在上頭鑲有鑄鐵把手的木箱裡──作為無線電的電源。夜深了，皮爾斯掙扎著把一個新的「笨傢伙」電池，從貯放的塹壕深處裡搬出來。他聽見塹壕上面有人說：「喂，我來幫你吧。」皮爾斯便指示對方抓住一邊的把手，然後把電池箱往上拉。之後兩個人一起把沉重電池箱抬到指揮所壕溝。皮爾斯：「還有一箱，我們再去抬。」兩個人又走了一趟，到了指揮所壕溝，皮爾斯跳進去，讓那個人把電池箱降下去給他。當他們離開那裡時，皮爾斯忽然發現對方配掛高階軍官的紅肩章，他砰地立正、結結巴巴說道：「報告師長，太謝謝您了。」厄克特點點頭，說：「小兄弟，別客氣。」

危機正持續一步步靠近。這一天沒有一件事情是對勁的，霍羅克斯將軍稱其為「黑色星期五」。英國與荷蘭兩地的壞天氣又使盟軍飛機停飛，無法執行空中補給。厄克特請求戰鬥機攻擊時，皇家空軍的答覆是：「……經過最審慎的評估，由於暴風雨、申請歉難接受……」，而正在這節骨眼上，霍羅克斯需要每一名兵員、每一輛戰車、每一噸補給來維持蒙哥馬利在萊茵河對岸的橋頭堡，以及突破敵軍與紅魔鬼師會師。可是就在這時候，摩德爾元帥的反攻終於成功地把走廊給切斷。霍羅克斯接到麥肯齊的電報，說厄克特很可能在二十四小時內就要被敵軍擊潰。三十分鐘後，又接到了一封，位於一〇一空降師的戰線，德軍強大的裝甲部隊，已經在費赫爾北邊切斷了走廊。

摩德爾實施攻擊所選擇的關鍵點與時間點，不可能有比這個時候更好的了。英軍第七軍與第八軍的步兵沿公路兩側前進，這時才剛抵達松村，距一〇一師戰線還有五英里。他們遭到了敵人的頑強抵抗，所以進展速度慢得令人痛苦。一〇一師師長泰勒將軍，原以為英軍早就該抵達「地獄公路」中的這一段。一〇一師在沒有支援的情況下連續激戰了五天，傘兵倍感壓力，兵力已經很單薄，處處都很脆弱。公路沿線部分地區，除了英軍裝甲兵與步兵北上推進會經過之外，根本沒有人防守。其他地方，所謂「前線」，實際上就是道路的兩側而已。摩德爾元帥選定費赫爾作為反攻起點，是有他特別的理由。整個市場花園作戰的走廊中，費赫爾當地的橋樑最多——不少於四座，其中一座是主要渡過運河的大橋。摩德爾希望在一擊之下，掐死盟軍的生命線。他幾乎辦到了，如果不是荷蘭反抗軍，或許他已經成功。

位於費赫爾東邊的村落，荷蘭人在深夜和凌晨見到德軍兵力的增加，立刻打電話給一〇一師的聯絡官。這次警告來得很及時。德軍龐大的裝甲兵力差點就壓過泰勒的部隊。沿著走廊長達五英里的激戰區，德軍戰車在四小時中來了兩次攻擊，企圖衝向各座橋樑。一〇一師在英軍砲兵與裝甲兵的協助下，擊退了這些攻擊。但德軍卻從北邊四英里外的烏登把走廊給切斷了。此時激戰正難分難解，後方又被切斷與孤立，霍羅克斯因此被迫做出一項極為重要的決定。他不得不把裝甲部隊——迫切需要用來突圍解救厄克特的兵力——向走廊南邊撤回來協助泰勒將軍，他這時比任何人更迫切需要這支戰力。禁衛第三十二步兵旅奉令向南馳援一〇一師，重新打通走廊。驍勇的一〇一師據守在各座橋樑，即使有了三十二旅的協助，今後的二十四小時，依然沒有一兵一卒、一輛戰車和軍品卡車能沿走廊北上。摩德爾的逆襲，當時雖然並不成功，卻依然收到了豐厚的成果。到最後，走廊之戰將會決定安恆的命運。

——

九月二十二日星期五下午四點，在奈美根到安恆的這一帶地區——自從被德軍砲兵和戰車牽制住長達六個半小時以後——英軍步兵終於在奧斯特豪特村奮力打出了一條出路。村莊燒得烈焰沖天，黨衛軍俘虜正被集中起來。在「島嶼公路」西邊的解圍路線——天亮時，禁衛騎兵團向德瑞爾急進時所使用、貼近地面的次要道路——這時已經認定沒有了敵人，往最壞說，也只有少數敵軍據守。克倫威爾公爵輕步兵團第五營，在龍騎兵衛士團一個戰車連的支援下，帶著兩輛寶貴的水鴨子兩棲登陸車。車上載滿了補給軍品，準備衝破殘餘的抵抗，向萊茵河直衝。部隊指揮官喬治泰勒中校，迫不及待要突破到厄克特那裡，他「感到有一種強烈的渴望，想親手把我的步兵推到戰車上去，讓他們立即出發。」

裝載完畢的車輛，正位於奧斯特豪特村北邊的一個小樹林內待命。喬治泰勒忽然看見遠處有兩輛虎式戰車，他悄悄地警告情報官韋柯斯中尉。「不要說話，我不想有任何人知道戰車的存在，現在我們不能停了。」喬治泰勒向路上的解圍縱隊揮手前進。「如果我們再等上五分鐘，」他說道，「這條路又會再次被封鎖。」

喬治泰勒的縱隊全速前進——步兵都搭載在戰車、半履帶車以及卡車上——奔馳過荷蘭的大小村落，到處都遇見了驚喜、歡呼的村民，卻沒有因此造成延誤。喬治泰勒唯一放在心上的事就是駛往萊茵河，他說道：「我感受到有種莫大的迫切感，損失那麼一點時間，就會給予敵人大好機會派出部隊來封鎖。」車隊沒有遇見抵抗，喬治泰勒覺得，「當光線迅速變得昏暗，縱隊的前鋒到達德瑞爾的時候，那感覺真使人精神抖擻啊。」十英里路程他們只花了三十分鐘抵達。下午五點三十分，龍騎兵衛士團的第一批戰車到達了萊茵河，然後沿著東北向的河岸掠過，來到德瑞爾外圍。喬治泰勒聽見一聲爆炸，馬上猜到是怎麼回事。來到小心謹慎的索沙保斯基防區時，一輛戰車壓到了一枚波軍地雷。

喬治泰勒到達索沙保斯基旅部時，天色已晚。對於有關厄克特的消息他所知有限。「我不知道他們在安恆的什麼地方，也不曉得他們是不是還守在大橋的那一端。」喬治泰勒計畫把步兵和戰車立即開往大橋南端去。他曉得水鴨子車必須「要立刻過橋。如果大橋還在盟軍手裡，從橋上開過去，顯然要比水上浮游要快得多。」喬治泰勒對於在索沙保斯基旅部，見到麥肯齊中校和麥爾茲而感到驚訝。他們馬上勸他不要去安恆大橋。麥肯齊解釋說，自從星期三晚上以後，福洛斯特那裡已經斷了消息，師部認定「大橋已經完全失守。」

喬治泰勒忍痛放棄了他的計畫，下令一個偵搜組沿河岸尋找可供水鴨子車下水的地方。索沙保斯基的工兵對此並不看好。這些笨拙的水鴨子車在通過水溝和河岸下到河邊的時候已被證明操作起來很不方便，在夜間情況更是麻煩。很快，喬治泰勒的偵搜組證實了波蘭人的看法。他們認為水鴨子車可以到達河邊，但是要經過一條狹窄而溝道縱橫的道路才能把它駛到萊茵河畔。此時還是去不了奈美根的麥肯齊參謀長，親自去督導渡河作業。水鴨子將在二十三日星期六凌晨兩點鐘渡河。第一優先還是派部隊過去增援，索沙保斯基的波軍傘兵，將用一批橡皮艇渡河。

星期五晚上九點，渡河作業開始，波軍傘兵悄悄地沿著河岸蹲下來等待。兩岸的工兵在麥爾茲中校指揮下，準備把扣在橡皮艇上的拉索來回拉扯。一共只有四條橡皮艇——分別是兩條二人艇，兩條一人艇——橫渡四百碼寬的萊茵河，一次只能渡過六人。波軍工兵為了彌補橡皮艇的不足，用木頭做了幾隻木筏，可以載運少量軍品和補給。在索沙保斯基命令下，六名傘兵坐進橡皮艇出發，不到幾分鐘，人已經開始渡河，後面跟著一連串的木筏。一登上北岸，馬上又把橡皮艇和木筏拖回來。索沙保斯基記說：「這是緩慢又費力的過程。但到目前為止，德軍似乎還沒有察覺。」

就在這時，對岸登陸點西邊某處，一發照明彈打上天，幾乎整個作業區都被傘降鎂製照明彈照耀得通明透亮。馬克沁機槍立刻開始朝河裡掃射，索沙保斯基回憶：「攪起了小小的波濤，熾熱的鋼鐵彷彿連河水都沸騰了起來。」同時，迫擊砲彈開始落進待命的波軍中間來。不到幾分鐘，兩條橡皮艇被打成蜂窩，艇上的人都掉進水裡。南岸的士兵紛紛散開，朝著照明彈開槍。在毫無遮掩的情況下，索沙保斯基決定停止渡河作業。官兵退回去並且進入新陣地，避開迫擊砲彈的轟擊。照明彈熄滅後，他們又跑回橡皮艇和木筏上去，渡河再次開始。另一發照明彈又射向天空。面對殘酷的一捉一放，波軍遭受了慘重的傷亡，但還是以剩下的艇、筏持續渡河一整晚。德瑞爾已經改為急救站的校舍裡，柯娜正照料著那些抬進來的傷兵。一名波軍告訴她：「我們過不去啊，那裡簡直是屠宰場——我們卻無從還擊。」

凌晨兩點，喬治泰勒的水鴨子車開始向河邊前進。由於白天下過大雨，這條又低、又窄、溝渠又多的道路，現在變成有好幾吋深的爛泥地。兩輛水鴨子車包括周圍圍繞著的六十名官兵，慢慢到了河邊時，河岸起了一層濃霧，看不見路也看不到河。一次又一次，水鴨子滑出道路多次，士兵們掙扎著費了好大勁把它們弄回路面。車上的補給品都被卸了下來以減輕車子的重量，可是這也還是不夠。無可避免的，雖然費盡力氣，兩輛笨重的水鴨子車在離萊茵河只剩不到幾英尺的地方滑進了一條水溝，不管怎樣努力但還是沒辦法拉得回來。「不行了，」斷了念頭的麥肯齊告訴喬治泰勒，「沒有希望了。」凌晨三點，渡河作業終止。一共只有五十個人渡河成功，加入了厄克特，但幾乎可以說沒有任何的補給品送過去對岸。

3

九月二十三日星期六早晨，麥肯齊終於抵達奈美根、布朗寧將軍的軍部，軍參謀長沃契准將還記得他「倦得要死，凍得發僵，牙齒還不停在顫抖」。儘管他決定立即去見布朗寧，沃契還是先要麥肯齊「洗個熱水澡」。

英軍使用西邊與「島嶼公路」平行的解圍路線，這時已在不斷地運兵前往德瑞爾，但沿路尚未能完全肅清敵人。然而羅特斯勒爵士上尉還是決定試試，把麥肯齊和麥爾茲送往奈美根。這段由幾輛偵察車組成的小車隊所歷經的短暫旅程，可以說是令人毛骨悚然的。行駛到一處交叉路口時，發現一輛半毀的德軍半履帶車正橫在路中央，羅特斯勒下車來引導車隊。就在這時，遠處出現了一輛虎式戰車。為了避免遭遇，載了麥肯齊的裝甲車便往後倒，猛然間，車輛下方的路面坍塌，裝甲車翻落路面。羅特斯勒對著自己車上駕駛兵吼叫，要他「死命地踩油門。」朝著奈美根的路上開去找英軍部隊，這時翻車的麥肯齊和車上士兵迫得躲在田野裡躲過德軍步兵。羅特斯勒挑選了救援組，火速開回來找麥肯齊。援兵到達時，德軍戰車已經開走，最終在麥肯齊掩蔽的田地裡接到了他們。混亂之中，麥爾茲坐在第二輛裝甲車上，這時卻與其他人分離了。

布朗寧迫不及待地迎接麥肯齊。根據他的參謀說，「這一週是一連串痛苦、悲慘的挫折。」尤其未能與厄克特有完整的通信網，更是讓布朗寧在意。即使到了現在，第一空降師與軍部間，雖然有通訊來往，布朗寧對厄克特的情況，依然顯得非常模糊。在原本的市場花園計畫中，只要第一空降師找到了合適的空降場——理想的日期是九月二十一日，星期四——便要把第五十二低地師空運前往。等到厄克特的情況危急到人人皆知的時候，五十二師師長史密斯少將（Edmund Hakewill Smith），立即提出把自己的一部分部隊冒險用滑翔機運往，盡可能降落在被圍的第一空降師附近。星期五早上，布朗寧駁回了提議，回電道：「貴官來電獲悉，至謝。情況較貴官所料為佳，所提並無——重複，並無此需要……第二軍團確定……一俟情況許可，擬將貴師空運荷蘭代倫機場。」後來，盟軍第一空降軍團司令布里爾頓將軍，在日記中提到這封電報，批評道：「布朗寧將軍過於樂觀，並不充分了解紅魔鬼師的窘境。」但在當時，布里爾頓所知道的消息，也不見得比布朗寧好到那裡去。他在致艾森豪的報告——後來又在星期五晚上轉呈華府馬歇爾將軍——提到奈美根與安恆，「當地戰況，正顯現出大有改善。」

不到幾小時，布里爾頓和布朗寧的樂觀就消褪了。星期五要與厄克特會合的努力失敗之後，似乎是這位軍長的轉捩點。據他的參謀說：「他憎恨湯瑪斯將軍和他的四十三師。」他覺得他們的推進速度不夠快。他告訴幕僚們說，湯瑪斯「在前進的時候，把太多的時間和精力用於清理道路附近的敵人了。」除此以外，當前布朗寧的權限也只能限於英軍地面部隊，一旦進入奈美根地區，行政管制便劃歸第三十軍軍長霍羅克斯將軍。一切決策必須要由霍羅克斯以及他的頂頭上司英軍第二軍團司令鄧普西將軍下達，布朗寧無權過問。

跟多少有點振作的麥肯齊坐在一起，布朗寧這才第一次知道厄克特危殆處境的細節。麥肯齊把每件發生的事情一五一十說了出來。沃契准將記得他報告布朗寧說「全師在一處非常狹小的防線中，任何物資都缺少——糧食、彈藥與醫藥補給品。」麥肯齊說道，情況雖然嚴峻，「如果第二軍團還有趕到的機會，我們還可以撐一下——但是不會太久。」沃契還記得麥肯齊不祥的結語，他說：「那裡沒有什麼多的剩下來了。」布朗寧安靜聆聽，然後他安慰麥肯齊說，他並沒有放棄希望。正在實施計畫，把人員與補給在星期六晚上運進去。不過，沃契准將說道：「我確實記得布朗寧告訴麥肯齊，似乎沒有什麼機會能把大批部隊渡過河去。」

麥肯齊再度啟程回德瑞爾去時，因對軍部想法的矛盾——以及後續他的兩難狀況而深受打擊。顯然，第一空降師的命運還懸而未決，到目前為止，還沒有人做出確切的決策。可是他該怎麼向厄克特報告呢？他說：「在見到萊茵河兩岸的情況以後，我覺得從南岸的渡河不會成功，我可以這麼向他說。或者就像別人告訴我的一樣，我去向他說，『一切都在盡最大的努力，即將會渡河，我們應該守下去。』哪一種說法比較好？告訴他以我的看法，救兵渡河連他媽半點機會都沒有？還是，援兵正在途中？」麥肯齊決定採取後面的說法，覺得這樣可以幫助厄克特，「如果就這麼說，可以讓他鼓勵官兵們守下去。」

也像布朗寧一樣，盟軍統帥部也是到此時才曉得第一空降師的真實情況。在艾帥總部、蒙哥馬利集團軍司令部以及在布里爾頓軍團的不列入記錄的簡報中，上級告訴戰地記者們「情況嚴重，但已經採取一切的措施去解救厄克特。」這種點到為止的關心，代表了態度上的劇烈變化。打從作戰一開始所公布的資料，就把「市場花園」渲染成是排山倒海的成功。九月二十一日星期四，英國一家報紙大字標題「前面是戰車的天堂」，下面內容：「希特勒的北翼正在粉碎，蒙哥馬利元帥在盟軍第一空降軍團聲威赫赫的協助下，已鋪平了進入魯爾區的大道——以及進入大戰的盡頭。」甚至穩重的《泰晤士報》，在星期五也有這種標題，「向安恆前進途中，戰車已越萊茵河」。唯有在副標，暗示以後還可能有麻煩，「空降部隊在安恆作戰的艱苦時刻即將告一段落」。但外界對記者不能責備，他們缺乏通訊手段，盟軍指揮官們表現出的好大喜功，以及嚴格的新聞檢查，阻止了準確的新聞報導。然後，一夜之間形勢變了。二十三日星期六，《泰晤士報》的標題是「第二軍團遭遇頑強抵抗；空降部隊正苦戰中」。《每日快報》（*Daily Express*）更稱安恆是「一座修羅場」[14]。

---

14 原註：二戰部分最好的報導就是來自安恆。配屬在第一空降師的十人新聞小組，包括了新聞官歐利佛少校（Roy Oliver）；新聞檢查官威廉斯空軍上尉（Billy Williams）以及布瑞特上尉（Peter Brett）；陸軍攝影路易士（Lewis）及華克（Walker）上士；《每日快報》記者艾倫伍德（Alan Wood）；英國廣播公司記者馬斯特德（Stanley Maxted）及拜姆（Guy Byam）；路透社記者史邁斯（Jack Smythe）；還有配屬在索沙保斯基傘兵旅的波蘭記者史威悉基（Marek Swiecicki）。這些人雖然每天僅限於發出幾百個字的稀少通訊，卻在戰地報導的優秀傳統中，成功描述出第一空降師官兵的苦難。本人無法確認以上這一組人的狀況，只能假定他們都已經陣亡。

然而希望還是很高。星期六——市場花園作戰的第七天，英國天氣晴朗，盟軍飛機再度起飛[15]。這批龐大的滑翔機隊，自從星期二以後，便一直在格蘭瑟姆周圍待命。這天終於載了三千三百八十五名官兵飛往蓋文將軍的八十二空降師。這批部隊正是他長久等待著的三二五機降步兵團。深受壓力的泰勒將軍一〇一師，也增加了幾近三千人，達到了全師的滿額戰力。可是在德瑞爾依然遭受猛然攻擊的索沙保斯基，卻得不到該旅其餘兵力的增援。布朗寧被迫下令讓其他的波軍傘兵，在八十二師責任區內跳傘。布里爾頓前所未有、最龐大的空運計畫，是要在三天時間空投三萬五千人，卻因為天氣因素，花了比計畫多一倍的時間才能完成。

儘管再次運送補給品的任務在其他地方得以成功完成，但第一空降師官兵在歐斯特貝克快速減縮的口袋陣地中，一再眼睜睜看見空投的補給品落入敵人手中。擔任空投補給的飛機，無法確認哈滕斯坦酒店的空投區，並且還要飛經火力猛烈的防空砲火，面對各種持續出現的困難。一百二十三架飛機有六架遭擊落，六十三架受傷。厄克特發給布朗寧的一封電報，說：

（231605）……空投補給，僅拾獲少量。狙擊限制行動及收集。斷橋殘幹及倒屋阻塞街巷，吉普車行動根本不可能。不管怎麼說，吉普車已經失去功能。

戰鬥機的密切支援也不足。在安恆，上半天的天氣一直不好，只有到中午才放晴，結果只有少數幾架皇家空軍的噴火式與颱風式攻擊防區周邊的目標。厄克特無法理解，後來他回想起來，「以我軍具有完全空中優勢的角度來說，我對缺少戰鬥機支援感到既心酸又失望。」可是對第一空降師的官兵來說——自從D日、上一個星期天以後，就沒有見過一架戰鬥機——這些攻擊會使人感到振奮。到目前大多數人都曉得，英軍終於抵達萊茵河南岸的德瑞爾。他們相信救兵就在近呎之間。

儘管有許多的挫折，此時的湯瑪斯部隊，正在平行的次要道路上向德瑞爾推進中。霍羅克斯將軍相信，厄克特的惡化情勢會緩和下來。霍羅克斯有才能、有想像力，而且有決心，他反對把已經獲得的東西都拋棄。然而他必須找出辦法，把部隊與補給品運過去。他後來說道：「我很確定，那是我一生中最黑暗的時刻。」他對「河對岸的空降部隊，在拚死拚活的激戰中奮鬥的景象，」使他很悲痛，以至於晚上會失眠。而費赫爾以北的走廊自星期五下午被切斷以後，嚴重威脅著整體作戰。

而今，每一小時都生死攸關。也像霍羅克斯般，湯瑪斯將軍決定派部隊渡過萊茵河。他的四十三威塞克斯步兵師，正進行兩階段的全力攻擊作戰：先攻佔艾斯特，繼而直趨德瑞爾。儘管到了這個時候，沒有人還妄想可以攻佔安恆大橋——從空中偵照圖清楚顯示，敵人有重兵駐守——湯瑪斯的右翼終點在艾斯特，如果要從德瑞爾渡過萊茵河的任何作戰，艾斯特就必須加以掩護。霍羅克斯也希望，除了波軍傘兵而外，星期六晚上也該有些英軍步兵過河進入橋頭堡。

他的樂觀未免想得早了點。湯瑪斯的兩個旅，在奈美根-安恆幹道西邊那條次要公路上前進

15 原註：無法解釋的是，英國部分官方或半官方資料，堅持在九月二十三日星期六，惡劣的天氣妨礙了空軍的活動。氣象方面，空降軍軍部以及盟國空軍作戰報告，都記載著星期六天氣良好，出動的任務遠比自從星期二（十九日）以來任何一天的多。半官方的《歐洲爭奪戰》一書中，作者韋慕特的敘述有誤，說「星期六的空運補給因為天候惡劣而受挫。」這一句話改變了這次戰役的其他後續記載。其他敘述，因為以韋慕特的記述作為準則，遂致以訛傳訛。

時，形成了一處大瓶頸。兩個旅各有三千多人——一個旅向西北攻擊，直趨艾斯特；另一個北撲德瑞爾——都企圖行經同一處交叉路，德軍的砲擊更增添了擁擠與混亂。因此，等到湯瑪斯的一三〇旅主力開始抵達德瑞爾時，天已經黑了——參加波軍作有組織的渡河企圖已經太遲。

子夜過後不久，在猛烈火砲支援下，索沙保斯基的波軍開始渡河，這一回用的是八十二師敵前渡過瓦爾河剩下來的十六艘突擊舟。過河遭致了猛烈的敵火，傷亡慘重。只有兩百五十人上到了北岸，進得了哈滕斯坦防區的，又只剩下兩百人。

在這個諸事不吉的一天，霍羅克斯和湯瑪斯只接到一項好消息：下午四點，費赫爾以北的走廊已經打通，車輛開始再度機動。在工兵縱隊中還有許多突擊舟。不願放棄的霍羅克斯還滿懷希望，可以及時火速運上前去，在星期天晚上，運送步兵渡河。

可是，第一空降師還能撐二十四小時嗎？厄克特的危急局面迅速惡化，星期六晚上，他在致布朗寧的戰況報告中，道出：

（232015）……今日遭敵小部隊步兵，驅逐戰車及戰車之攻擊，其中並有火焰噴射戰車。每次攻擊，本師周邊均伴有極猛烈迫擊砲、大砲火力。經多次驚慌及短暫襲擊後，防線實質上無變化，但據守力量極稀薄。與南岸尚未實際接觸。空運補給失敗，僅獲致少量彈藥。依然無糧食，由於缺水，官兵極為骯髒。士氣尚可，但猛烈不斷之迫擊砲及大砲轟擊，具有明顯影響。職師將固守，同時希望二十四小時內戰況好轉。

—

這天下午，盟軍龐大的滑翔機隊，出乎摩德爾元帥意料之外。在這次決戰的最後關頭，他沒有料到還會有盟軍空降部隊降落。正當他發動的逆襲展開衝力時，盟軍這些新到的增援部隊，可能扭轉會戰的走勢——或許有更多的部隊正前往戰場途中。自從盟軍開始攻擊以來，他首次對結果產生了疑問。

他坐車到杜廷亨去和畢特利希開會，並要求，據黨衛第二裝甲軍軍長的回憶，摩德爾說「把歐斯特貝克的英軍，來一次迅速了斷。」摩德爾需要所有官兵和戰車，這麼大一支兵力竟鎖在「一次好幾天以前就該了結的戰鬥上」。畢特利希說，摩德爾「非常激動，不斷反覆地說：『這裡的事情什麼時候可以完結？』」

畢特利希堅持，「我們從來沒有經歷過像這次的戰鬥。」在艾斯特，克瑙斯特少校阻擋住英軍步兵與戰車的縱隊，使他們無法再往安恆的幹道推進。可是克瑙斯特無法一邊守住艾斯特，又一邊向西攻擊在德瑞爾的英軍與波軍。他的虎式重戰車駛進海埔新生地就陷入地面。畢特利希表示，對德瑞爾的攻擊，是步兵和輕型車輛的任務。他說道：「摩德爾對原因從來都沒有興趣，雖然他是理解的，但也只給了我二十四小時來收拾英軍。」

畢特利希驅車到艾斯特去看克瑙斯特，少校正在擔憂。一整天下來跟他對抗的敵軍兵力似乎越來越強大。當他曉得英軍戰車離不開公路幹線，盟軍會從西邊發動攻擊的可能性就開始令他煩心。畢特利希警告：「面對英軍的突破要不惜一切代價阻止。當我們在肅清歐斯特貝克的同時，你能不能再撐二十四小時？」克瑙斯特要畢特利希放心，他辦得到。裝甲軍軍長告別克瑙斯特之後，立刻下令黨衛軍第九裝甲師師長海澤中校，「明天加強對空降部隊的所有攻擊，本人要把這事給了結。」

海澤的狀況也很困難。雖然他已經把歐斯特貝克團團圍住，鎮上狹窄的街道證明了運用戰車是幾乎不可能的——尤其是六十噸的虎式戰車，「壓裂了的路基，使得道路看上去就像犁過的田地。它們轉彎時，把鋪平的路面都刮掉了。」除此以外，海澤還向畢特利希報告：「每一回我們壓迫空降部隊的口袋陣地，雖然越縮越緊，英國兵反而打得更狠。」畢特利希則指示：「猛烈的攻擊應該從口袋防線底部的東西向發動，把英軍與萊茵河切割開來。」

負責在奈美根－安恆地區，牽制、擊退盟軍部隊的黨衛軍第十裝甲師師長哈邁爾將軍，也奉到了畢特利希的指示。他要集結全師出擊的時候，卻因為安恆大橋上的殘骸而受到了延誤，哈邁爾也沒法在「島嶼」高堤公路的兩側建立一個封鎖陣地。英軍在歐斯特貝克的戰鬥，已經分散他的兵力。當時，第十裝甲師只有一小部分在西側據守。目前，該師其餘的兵力與裝備都在公路東邊。他要畢特利希放心，艾斯特守得住，英軍在幹線公路上不能越雷池一步，但是要阻止他們向德瑞爾急進卻無能為力。他向畢特利希說：「我無法防止他們要往前或回退。」黨衛軍第二裝甲軍軍長卻很堅持，他警告今後二十四小時將非常關鍵，「英軍會竭盡一切力量來增援他們的橋頭堡，同時也會向安恆進兵。」只要哈邁爾守得住，海澤對歐斯特貝克的進攻便會成功。正如畢特利希所言，「我們會把他們一把抓住，你一定要斬斷這隻手指頭。」

——

英軍第四十三步兵師的大砲雷鳴。歐斯特貝克防線的西南角上，一個大型的汽油槽爆炸著火，把一道怪異且搖曳不定的淡黃色光影投在了萊茵河上。麥肯齊在北岸爬出突擊舟時，一眼就明白何以他們在無線電告訴他說要等人來帶。河岸線已經辨認不出來，船艇的殘骸，倒下的樹木以及彈坑，已經淹沒了延伸到橋頭堡的道路。如果他想獨自離開，一定會迷路。現在，在一名工兵領路之下，他走向哈滕斯坦酒店。

對於要向厄克特提出的報告，麥肯齊的想法不變。他在等待划水過河到第一空降師的防區時，再一次想起他的意見。儘管麥肯齊目擊到在德瑞爾以及南岸的準備進度，但是救兵能不能及時抵達本師，他始終心存疑慮。他對自己決定要提的報告內容，深感內疚。然而，仍舊還有一線機會，他個人的看法太過於悲觀了。

一片狼藉的哈滕斯坦酒店地下室裡，厄克特正在等候。麥肯齊向師長說了官樣角度的回報，「救兵正在路上，我們應當固守下去。」他記得，厄克特「面無表情地聽，對這個消息既不沮喪，也不高興。」兩個人沒有說出的疑問依然存在：我們還必須撐「多久」？此時，剛好是九月二十四日星期天才來到沒幾個小時，也是這場血戰的第八天，厄克特估計兵力已經降到了二千五百人以下。對於他們來說只有一個問題：蒙蒂的大軍何時會到？那些在塹壕、火砲陣地、前哨、屋子和店鋪的廢墟、醫院和急救站裡的官兵，還有那些焦慮、毫無怨言，躺在病床、床墊、地面的傷患，他們無人不是抱著孤寂感在想著這個問題。

步兵已經在南岸，傘兵並不懷疑第二軍團終歸要渡河。他們唯一不知道的便是，會有任何人還能活著見到這支長久等待的救兵嗎？在這最後、悲慘的時刻，他們持續不斷的恐懼便是被掃蕩盡殲，為了消除這種害怕，盟軍想盡了一切辦法來提高士氣。笑話依然盛行，受傷的人依然守在自己崗位，不顧自己的傷勢，無比驍勇的模範成了常事。尤其厄克特的官兵非常自豪，他們後來說，在那些日子，他們共同擁有一種比他們所知的一切都還要強大的團隊精神。

砲兵瓊斯下士，從背包中把隨身攜帶的唯一非軍用品拿出來——學生時代所吹的長笛。他回憶說：「我只想再吹吹它。一連三四天，迫擊砲彈如雨下，我怕得要死，於是就把長笛拿出來開始吹奏。」附近砲陣地的軍官伍德中尉（James Woods）有個主意，由瓊斯領頭，伍德和另外兩名砲手隨後，爬出了塹壕，圍繞著火砲陣地開始齊步行進。他們排成單行，伍德開始唱歌，後面兩名傘兵把鋼盔脫下來，用棍子在上面敲。久戰疲憊的官兵們，聽見《不列顛擲彈兵進行曲》（*British Grenadiers*）和《蘇格蘭勇士》（*Scotland the Brave*）的旋律幽幽穿透。其他人起先輕輕地唱，到後來伍德「放聲高歌」，火砲陣地熱情地唱起歌來了。

位於烏特勒支-安恆公路邊的史可諾德酒店，位置大約在防區東面的中央，在德軍衛兵的監視下，荷蘭志工和英軍醫護官兵們照料著上百名傷兵。維莉斯在日記中寫道：

> 九月二十四日，星期日，今天是神的日子，外面戰事激烈、房屋在震動，也就是醫官沒辦法做手術或者上石膏的原因。我們不能替傷兵清洗，因為沒有人能在這種情況下，冒險到外面去找水。軍牧在筆記本上寫字，我問他什麼時候可以舉行禮拜。

佩爾牧師寫完了筆記，他和維莉斯巡視酒店的每一間房間。他回憶道：「砲擊似乎特別大聲，外面作戰的聲音幾乎讓我聽不到自己說話。」然而，「看到士兵們都從地板上抬起頭來」，佩爾牧師「感受到了激勵，要用內心上帝的平和與外面的槍炮聲戰鬥。」他引用馬太福音，說道：「不要為明天憂慮。不要為生命憂慮吃什麼，喝什麼；為身體憂慮穿什麼。」[16]之後，他也像那些砲兵，開始唱起歌來。當他開始唱起基督教詩歌《求主同住》（*Abide With Me*）時，人們一開始只是靜聽，然後一起哼唱了起來。襯映著史可諾德酒店外雷鳴的彈幕聲，上百名傷患和奄奄一息的人們和著歌詞：「求助無門，安慰也無求處，常助孤苦之神，與我同住。」

下歐斯特貝克大教堂的對街，荷斯特太太走出家裡十英尺長、六英尺寬的地窖——當中躲著她的五位子女和其他十一個老百姓——走過躺著傷兵的地面。這棟擁有十四間房、前牧師宿舍的兩百年古宅，現在壓根認不出原來的樣子了。窗戶不復存在，她回憶說：「大廳、餐廳、書房、涼亭、寢室、走廊、廚房、鍋爐間和閣樓，每一平方英尺都擠滿了傷兵。」他們甚至躺在車庫和樓梯下，總共有三百多名傷患擠在屋內和地上。此時，還有其他傷兵被抬進來。在這個星期天早上，荷斯特太太看見戶外的戰場上空，是一片朦朧的煙霧。她寫道：「天是黃黃的顏色，黑雲像濕抹布般垂掛在空中，大地都已經被撕裂開來。」她看見「地上的死人，我們的死人，被雨淋得濕透，卻又硬梆梆。他們俯身躺著，就像是昨天和前天的他們——一臉亂蓬鬍鬚的男人，一張黑臉的人，還有好多好多別的人。」最後，一共有五十七個人埋在花園裡，荷斯特太太寫道：「其中一個還只是個小男生，因為空間不夠，死在屋子裡。」屋裡醫護人員當中的唯一醫官是馬汀上尉（Randall Martin），他告訴荷斯特太太，小男生「砰的一聲把頭撞在暖氣爐上，最終傷重不治。」

荷斯特太太在各個房間輕手輕腳地走動著，心裡在思念著她的先生。他在星期二晚上騎了一輛自行車出去探聽附近有關德軍陣地的消息，並且轉述給一個英軍砲兵軍官知道。他出門以後，附近便成了陣地，面對激戰狀況，荷斯特也因此回不了家。後來他們兩人彼此沒有見面超過兩週

16 編註：引述自《馬太福音》第六章。

時間。自從星期三以後，荷斯特太太便在馬汀醫官和醫護兵身邊工作，根本沒有睡過。她從一間房走到另一間房，為受傷的人祈禱，向他們唸《詩篇第九十一篇》：「你必不怕黑夜的驚駭，或是白日飛的箭。」

這時，一整個上午，趁著黑夜滲透進來的德軍狙擊兵，「無恥地朝一棟從來沒有發過一槍的屋子開槍。」她寫道，「子彈咻咻地穿過擠滿了無助人們的房間和走廊。」兩名醫護兵抬著擔架經過窗戶，便被打中了。後來，發生了人人最害怕的事情：馬汀醫官也被打傷了。他告訴荷斯特太太：「只傷了我的腳踝骨，下午我又會到處跳了。」

外面，砲擊又取代了狙擊槍聲。荷斯特太太記得，迫擊砲彈爆炸的轟雷聲、劈裂聲，「簡直難以形容。」格羅二等兵（Michael Growe）覺得，「這位太太似乎鎮定沉著得出奇，毫不慌張。」格羅的大腿上本來被破片炸傷，現在又被砲彈炸傷了左腳，醫護兵急忙把格羅和其他剛受傷的人，從一排落地窗前抬走。

摩根中士在歐斯特貝克教堂附近據守一處陣地時，頭部和右膝都受了傷。就在一輛德軍戰車從路上駛來時，他被抬進了荷斯特家。正當醫護兵向摩根說明「他們沒有繃帶，沒有麻醉劑，也沒有食物，只有一點點水」的時候，德軍戰車對準屋子便是轟隆一砲打過來。波多克二等兵腰和背都被子彈打傷，悚然看見這輛戰車「停下來轉動砲塔，我聽見機槍急促射擊的噠噠聲，然後一發砲彈就從我背部上面的牆穿過，泥灰磚石落得到處都是，打死了好多傷兵。」樓下砲兵連的醫護兵波登（E. C. Bolden）可氣得火冒三丈，抓起一面紅十字旗便衝出屋外，對準德軍戰車跑過去，摩根中士清楚聽著他對著戰車車長厲聲叱叫：「你他媽的在搞什麼？房子清楚明白有紅十字旗，快他媽從這裡滾開！」焦急的傷兵們都在聽著，只聽見戰車倒車的聲音，波登回到屋來，摩根回想他「火氣依然未消。他要離開時，我們問他發生了什麼事？」波登答得很乾脆：「那德國兵道歉了，不過也他媽的滾了。」

雖然這棟房子沒有再受到砲擊，砲火卻從沒有停止過。荷斯特太太寫道：「周圍的這些人都奄奄一息了，他們一定要在這種颶風中嚥下最後一口氣嗎？喔，天哪！給我們一陣寧靜吧，讓我們安靜。哪怕是短短的一陣子，最低限度讓他們可以靜靜死去，讓他們逝世邁向永生時，有一刻神聖的寧靜吧。」

在各處防線，當疲憊、虛弱的傘兵到了他們的體能極限時，德軍戰車衝入了防禦陣地裡面來。到處都是恐怖的景象，尤其是火焰噴射器所帶來的恐怖。有一個發生在黨衛軍身上的殘酷例子。一輛懸掛紅十字旗、載著傷兵的吉普車，被四名德軍把車攔了下來。一名醫護人員解釋是送傷兵到急救站去，這些德軍用火焰噴射器朝他一噴，然後便走開了。然而，不論是在安恆大橋還是防禦陣地，這場戰役從始至終，都有許多表現出雙方騎士精神的卓越事例。

在海克特旅長防區的東面，一名德軍軍官舉著白旗開車到了英軍陣地，要求見指揮官。海克特見了他，才知道德軍「準備要進攻，首先會先以迫擊砲和大砲對著我們的前沿陣地轟擊。」因為德軍知道攻擊線上有急救站，便要求海克特把前沿陣地後撤六百碼。對方表示，「我們不願彈幕射擊打中傷患。」海克特知道他不能照辦。厄克特後來寫道：「如果防線按照德軍要求的距離向後撤，就會使得師部位在德軍戰線後面兩百碼了。」雖然他無法後撤，海克特注意到攻擊終於發動時，彈幕卻很小心地落在急救站以南的位置。

另一位在陶佛堡酒店的醫官瑞比-瓊斯少校（Guy Rigby-Jones），正位於酒店娛樂室的撞球台上動手術。德軍一發八八砲彈從屋頂穿過時，他的手術器材全都毀了。雖然有一個野戰救護組在彼得堡酒店設置了一間手術室，但是自從星期四以來，他就無法動手術。他回憶道：「我們有一千二百到一千三百名傷患，不論醫官和看護，都沒辦法適當治療他們。我們只能用嗎啡止痛，最大的問題是食物和飲水。我們已經把中央暖氣系統的水放出來作飲水。我不做手術後，我差不多就成了後勤官，要想辦法讓傷兵有東西吃。」傷兵中有一位是一五六營的韋迪少校。他在星期二的時候被德軍狙擊兵打中了鼠蹊部，後來又再受了傷。那是一發迫擊砲彈，落在穀倉的窗台上爆炸後，破片炸中了韋迪的左腳。之後同一棟穀倉又挨了一發直接命中彈，掉落的磚塊和碎木，劃破了他的右肩、臉部和下巴。師部軍醫組長瓦瑞克（Graeme Warrack）從所在的陶佛堡酒店衝了出去，幫助韋迪抓著牆壁拖著身體站起來，只見瓦瑞克站在街上對著德軍叱叫：「你們這班他媽的雜種，難道沒有人認識紅十字嗎？」

馬倫家——安妮，她哥哥保羅和嬸嬸——都在馬倫醫師的指示下，二十四小時不停地在陶佛堡酒店工作。學醫的保羅記得，「星期天真恐怖，我們幾乎一直都在被砲火擊中。我還記得我們當著傷患面前，一定不能露出害怕的神色，可是我已經打算逃出去要大聲喊叫了。我沒這麼做，因為受傷的人都很鎮靜地待著。」傷患們從被炸壞的房間搬到另一間時，保羅記得，「我們開始唱歌，為英國人唱、為德國人唱，也為我們自己唱。後來幾乎大家都在唱，用上所有的感情，人們會因為哭泣而停止了歌聲，但還是會再從頭唱起。」

年輕的安妮曾懷有一個浪漫的夢想，那就是被從天而降的聰明強壯的年輕人解放。對她來說，這個浪漫的夢想正在絕望中結束。很多荷蘭人被抬到陶佛堡酒店，並因為傷重而死去。安妮在日記中寫著，「有兩個漂亮的女孩，都是溜冰好手，跟我一樣大，都是十七歲，現在我再也見不到她們了。」安妮覺得，酒店經常被砲彈擊中，她在地窖哭了起來，寫道：「我很怕死，爆炸好猛烈，每一發砲彈都要人命，神怎麼會讓這種地獄存在？」

星期天上午九點三十分，軍醫組長瓦瑞克決定想辦法解決這種地獄問題。附近的九個急救站和醫院，都被雙方的傷患擠得滿滿，瓦瑞克開始覺得「這場仗不能再用這種方式打下去了。」醫護人員「在幾乎不可能的情況下工作，有些人連外科器材都沒有。」在德軍加劇攻擊下，傷患不斷增加——其中包括勇敢無畏的海克特旅長。上午八點左右，一發迫擊砲彈把他的腿和腹部炸成了重傷。

瓦瑞克所決定的事情，必需獲得厄克特的同意。他前往哈滕斯坦。他說：「我當時向師長報告，儘管有紅十字旗，所有醫院都正遭受砲擊，有一處中了六發砲彈並燃燒了起來，迫使我們搬出了一百五十名傷患。」他說傷患正受到「嚴重打擊，是時候該跟德軍做些安排了。」儘管要把傷患後送渡過萊茵河是不可能的事，但瓦瑞克相信很多人的生命還是會被保全的，「只要把傷患交給德軍，然後在安恆的醫院治療。」

瓦瑞克醫官回想當時，厄克特「看上去無奈」地同意這個計畫。可是他警告在任何情形下，「都不能讓敵人想到，這是本師防線崩潰的開始。」瓦瑞克要向德軍表明，這種安排純粹是基於人道立場。厄克特說，如果要談判，「條件上要使德軍知道，你是代表病人的大夫，而不是本師的官方代表。」厄克特就此准許瓦瑞克前往要求下午有一段停火空窗，雙方「繼續交戰」以前，移出交戰區內的傷兵。

瓦瑞克趕緊去找荷軍聯絡官沃特海軍少校、馬瑞德醫師，要求他們兩個人在談判中助他一臂之力。因為要擔任傳譯的沃特是荷軍軍官，「到德軍司令部可能會有危險」，瓦瑞克便替他取了個假名「強生」。三個人馬上到史可諾德酒店，去跟德軍的醫官接頭。

不約而同，二十九歲的德軍醫官史卡可少校，聲稱他也想到與瓦瑞克同樣的結論。據他回憶，星期天上午，他認為「一定要想點辦法，不但為我方的傷兵，也是為了身陷在『女巫魔釜』中的英軍。」史可諾德酒店裡，「傷患躺著滿地都是——甚至直接躺在地板上。」據他說，在瓦瑞克來以前，他想去見「英軍軍醫組長，建議移出傷患。」不論是誰先有這種構想，他們的確見了面。瓦瑞克對於年輕的德軍醫官，印象上覺得「外表上有點娘娘腔，卻很富於同情心，顯然他很想巴結英國人——正好有機會。」瓦瑞克對著這位瘦長、整潔、軍服講究的英俊醫官，由「強生」擔任傳譯，提出了自己的建議。交談中，史卡可打量瓦瑞克，「個子高高瘦瘦，一頭黑髮的傢伙，像所有英國人一般冷淡，他似乎疲倦得要死。除此以外，身體狀況還不算差。」史卡可準備同意後送計畫，但是他告訴瓦瑞克：「首先要到我們的司令部裡去，確實弄明白我們師長不反對這件事。」史卡可不肯帶馬瑞德醫師一起走，他們坐在一輛擄獲的英軍吉普車上，史卡可、瓦瑞克和「強生」三人出發到安恆市去，由史卡可開車。他回憶「自己開得很快，來回曲折地走，我不要讓瓦瑞克搞清楚方向。我的開車法使他好難受，我們走得非常快，部分時間還是在砲火之下，吉普車曲折七轉八彎地進入了市區。」

對沃特來說，這短暫的一段車程「既悲傷又悲慘」，處處都是殘骸，房屋不是廢墟，便是在冒煙。他們所經過的一些道路，被戰車履帶啃翻，被砲彈轟得全是坑坑洞洞，「看上去就像剛犁過的田野。」損毀的槍砲、翻倒的吉普車、燒焦的裝甲車，以及「死者扭曲的屍體」，就像是一條直接通向安恆的小徑。史卡可並沒有把兩人蒙眼，沃特覺得他也沒有打算隱瞞他所走的路線。令他驚訝的是，這位優雅的黨衛軍醫官似乎「熱切要讓我們看一看德軍的力量」。史卡可穿越過餘燼未熄、廢墟般的街道向西北行駛，停在海茲堡街（Hezelbergherweg）的一所中學門前——海澤中校的師部。

雖然瓦瑞克和沃特的到達，引起了參謀軍官的驚訝，可是海澤已經收到電話通知，正在等待他們。史卡可讓這兩位軍官留在屋外，自己進去報告師長。海澤很生氣，他說道：「我那時大吃一驚，史卡可沒有把他們兩人眼睛蒙上，現在他們曉得我師部的正確位置了。」史卡可哈哈笑了，要海澤放心：「我開車經過的路線，如果他們還找得到位置，那我也滿意外的。」

這兩個德國人跟英軍代表坐在一起。海澤說：「當時那位醫官建議，把英軍的傷患從他們防線撤出來，因為再也沒有地方，更沒有補給品可以照料他們。要求幾個小時的休戰。我告訴他兩國交兵，我很難受，再怎麼說，為什麼我們要打仗？我同意他的建議。」

瓦瑞克介紹沃特是「加拿大士兵，名叫強生。」他印象中的這次會議的情況是完全不同的。他說道：「首先，黨衛軍中校曾一度拒絕考慮休戰，屋內還有好幾位參謀軍官，包括助理參謀長修瓦茲上尉（Schwarz）在內。他後來對海澤說，這件事必須報告軍長。」德國人都離開了屋子，沃特說道：「我們在等候時，德軍給了我們三明治和白蘭地。瓦瑞克警告我不要空肚子喝酒，三明治裡面不知道是什麼東西，反正鋪了一層洋蔥。」

當德國人再度走進屋內時，沃特記得，「每一個人都唰地立正，好多人喊著『希特勒萬歲！』畢特利希軍長進來了，他沒有戴軍帽，穿著黑色、長長的皮大衣，他只停留了一下子。」他打量了這兩人，用德語說：「我為兩國的交戰深感遺憾。」軍長靜靜傾聽瓦瑞克的後送計畫，准許這麼辦。畢特利希說：「我同意，因為一個人不能——當然，假若他在開始時就有這種感情——沒有人性，哪怕是在最激烈的戰鬥中。」然後，畢特利希把一瓶白蘭地酒交給瓦瑞克，說：「這瓶酒送給你們師長。」他便離開了。

星期日上午十點三十分，部分停戰達成了協議。沃特回想：「德軍似乎很擔心，陶佛堡與史可諾德兩家酒店都坐落在前線，德國人不能保證停止迫擊砲與大砲的轟擊。」海澤主要關心的是萊茵河南岸英軍砲兵的遠距離射擊，在傷患後送期間是不是能控制得了。史卡可說，他在這一點上獲得了保證以後，他接到英軍第二軍團的一封無線電報。「它的受文人只寫著『黨衛軍第九裝甲師醫官』收，除了謝謝我以外，問停火能不能延長，好使英軍可以把衛材、藥品和繃帶運過萊茵河。」史卡可拍電報回答道：「我們並不需要你們的援助，唯一請求貴方空軍克制，不要不斷地轟炸我方紅十字卡車。」他馬上就接到了回信：「不幸得很，這種攻擊雙方都有。」史卡可認為這封電報「荒謬至極」，憤憤回電道：「抱歉，但本人已經兩年沒有見到我方空軍了。」英軍回電：「只要按照協議即可。」史卡可這時很生氣，他說得太過火了，拍電過去：「你舔我的……[17]」

最後雙方同意的安排，便是從下午三點起兩小時的停火，傷患由陶佛堡酒店附近一條指定的道路離開英軍陣地。要盡一切努力「減少射擊或者完全停止。」據守前線的雙方部隊，都奉令要停止射擊。正當史卡可開始下令「在前線陣地後方，集結所有的救護車和吉普車」時，瓦瑞克和沃特也要返回自己的陣線，德軍准許他們在口袋中裝滿嗎啡和醫藥用品。沃特「很高興能離開，尤其是助理參謀長修瓦茲上尉對他說過，『你的德語說得不像英國人』之後。」

瓦瑞克和沃特在另外一位德軍醫官護送下，坐一輛懸有紅十字旗的吉普車駛返陣地。途中，准許他們在聖伊莉莎白醫院停一下，檢查醫院情況，探訪一下英軍傷患，其中便有路斯白里旅長，他拆掉了官階，這時是「下士」路斯白里。迎接他們的是英軍主任醫官凱塞爾上尉（Lipmann Kessel），外科主任朗南少校（Cedric Longland），以及荷蘭資深外科醫師亨格爾（Dr.

van Hengel）。瓦瑞克記得，他們「都迫切需要知道消息。」凱塞爾說，醫院內曾發生激烈的戰鬥，有一陣打得最激烈的時候，德軍人就在病房內，子彈直接在病人的頭上飛過。但是自從星期四以後，這附近開始平靜了。瓦瑞克發現，和陣地中傷患悲慘的境遇比較起來，醫院裡的「英軍傷患都躺在病床上，有毛毯和床單，由荷蘭的修女和醫師細心照料。」他們兩人告知凱塞爾，將會有大批傷患湧到後，便返回歐斯特貝克。據瓦瑞克回憶，此時他們正好「趕上了陶佛堡酒店附近一輪的迫擊炮轟擊。」

下午三點，局部性停火開始。射擊頓時減少，然後整個停止。砲兵下士帕克因為「驚天動地的噪音已經成了家常便飯，眼前的這種寂靜很不真實，有那麼一陣子還以為是自己死了。」在英軍與德軍的醫官與醫護兵督導下，雙方的救護車與吉普車開始裝載傷患。傘兵第四旅的士官長皮爾遜，被放在吉普車上、海克特旅長的擔架旁邊。海克特說：「皮爾遜，你也掛彩了。」皮爾遜只穿著軍靴和褲子，右肩用繃帶紮得很厚，「傷口被破片撕開好大一個口。」海克特面容灰白，顯然腹部的傷口很痛。他們朝安恆市運去時，海克特說：「皮爾遜，我希望你不要以為我是講階級，不過我想，我的傷勢比你要慘一點，到了醫院，如果他們先抬我，你不介意吧？[18]」

17 原註：史卡可所說雙方發生這種電報來往，八成真有其事。但是電報中的字句當然有疑問，尤其他的答覆中提到德國空軍，在那一週確實在空中騷擾英軍的空投。尤其，電文中對一個軍種（空軍）的貶損，向敵軍表示對自己軍方輕視的看法，在黨衛軍軍官中的確並不常有。

18 原註：路斯白里和海克特兩位旅長，都在醫院中成了「下士」。海克特在動手術以前，由莫瑞斯上士輸血（Dave Morris），他被告知不得透露旅長的身分。十九日起就在醫院的路斯白里，等到歐斯特貝克的傷患送到後才首次聽到消息，包括厄克特終能返回師部，以及福洛斯特營守住安恆大橋達四天之久等。兩位旅長後來都在荷蘭人協助下逃出醫院匿藏。路斯白里帶了「傘鷄桃金孃」跳傘的郭洛弗中尉，在極度痛苦的情況下被送到聖伊莉莎白醫院。一發子彈打斷了他右手中的兩條血管，送往史可諾德急救站途中，又被一塊破片炸中了右小腿。急救站沒有多少嗎啡，人家告訴他，除非他認為是絕對必要，才會替他打一針。郭洛弗並沒有要求打嗎啡。這時，他在半睡半醒中，想起了「桃金孃」。他記不起來牠是哪一天被打死的。作戰過程中，他和傳令兵史考特，把裝牠的小袋輪流提來提去。後來，在砲火下一處塹壕裡，郭洛弗突然發現「桃金孃」的袋子不見了，便對著史考特吼道：「『桃金孃』在哪裡？」史可特指著塹壕上面，說道：「報告排長，在那裡。」「桃金孃」躺在袋子裡，兩腳朝天。那天晚上，郭洛弗和史考特兩個人，把這隻鷄埋葬在一處樹籬附近的小小淺洞裡。史考特在那上面覆土時，他望著郭洛弗說道：「排長，『桃金孃』也算是堅持到底了。」郭洛弗記得自己沒有把「桃金孃」身上的傘兵飛翼摘下來。這時，他身體有夠痛的，可是他很高興已經替「桃金孃」舉行過榮譽葬禮——還帶著它的階級章——就像作戰陣亡的傘兵般的待遇。

在史可諾德酒店的維莉斯，看見德軍醫護兵開始把傷患往外送。突然重啟射擊。一名德軍吼叫道：「如果不停止射擊，我們就要開火了。沒有一個傷兵、一名醫官或者一名護士能活著出去。」維莉斯不理會他，她說：「總是最年輕的兵吼得最大聲，我們現在已經習慣於德國人的威脅了。」射擊停止了，搬運繼續。

長長的隊伍中，有走路的傷患，還有救護車、吉普車和卡車的車隊，向著安恆市前進時，雙方爆發了好幾次的交火。「這是不可避免的，」厄克特回憶說，「雙方都有誤會，讓一場戰鬥暫時停止下來是不容易的。」陶佛堡酒店的醫官們，「開頭就要交出鬥志旺盛的德軍，深感不安。」大家幾乎都記得，那些剛到達的波軍，都不明白這種局部性停火的必要性。厄克特說：

「他們有好多好多的老帳要算。波軍認為並沒有正當合法的理由不容許他們開火。」最後，他們「被說服，並壓抑住戰鬥慾望，直到傷患撤送完成為止。」

整個下午，德軍醫官史卡可少校和瓦瑞克醫官一起讓車隊持續運轉。有兩百多名傷兵由人攙扶步行離開，二百五十多人由醫護車隊載送。史卡可說：「我從來沒有見過像歐斯特貝克的這種情況，全是死亡和殘骸。」

胸部在安恆受傷的史坦佛中尉，正在聖伊莉莎白醫院休養。他聽見第一批徒步的傷患走了進來。他說：「我覺得渾身有種激動的顫慄感，從來沒有這麼驕傲過。他們走進來時，我們其餘的人都為之悚然，每個人都留有長達一星期的鬍鬚，野戰服撕破並浸染了血跡。人人都綁著鼓鼓的、髒臭的、血浸的繃帶。最引人注目的是他們的眼睛——紅紅的眼邊，眼眶深深窪了下去，從皺紋滿布、結了一層泥的臉向外窺探。他們缺乏睡眠，人好憔悴。然而他們走進來時並無敗象，依然令人望而生畏，完全能當場接管此地。」

當最後一批車輛離開歐斯特貝克鎮的同時，瓦瑞克對那位黨衛軍醫官表達謝意，「史卡可慎重地看著我，說：『我能有一份書面的謝函嗎？』」瓦瑞克沒有理會他的這句話。下午五點，激

最後加入開朗樂觀的塔桑-華特少校，後者換上便衣，與荷蘭反抗軍合作，「相當公開地走動，有一回還幫忙把一輛德軍公務車，從一條水溝裡拉上來。」路斯白里加入一批大約一百二十人的隊伍，成員都是荷蘭人掩藏的傘兵、醫護兵和滑翔機駕駛。在一名荷蘭人嚮導帶領下，於十月二十二日晚上，橫過萊茵河到美軍戰線。了不起的塔桑-華特少校，協助大約一百五十名英軍逃脫。附帶一提，我花了七年打聽他的下落。直到一次的偶然，我在英國的出版商，在肯亞遇到了他。自二戰結束以後，他就住在那裡了。塔桑-華特說：「我在戰場上帶一把傘，是為了識別，並沒有任何用意，因為我老是忘記口令。」

戰再起，就像是從來沒有停止過似的。

帕克下士的砲兵陣地，就在多登隆的洗衣店附近，「一下子就天翻地覆，德國鬼把所有東西都向我們砸過來。」在撤走傷患這段比較寧靜的時間以後，帕克如釋重負，「一切又恢復往常了，我也能適應，重新又幹上買賣啦。」德軍利用暫時停火的機會，已經滲透進了好多地區，德軍和英軍在街巷、花園裡彼此追逐，只聽見四面八方吼叫和槍聲不斷。帕克在塹壕裡，眼見一輛戰車衝過一個甘藍菜圃朝連部駛來。兩名砲手衝到路上那門六磅戰防砲、開始射擊，帕克看著一顆顆甘藍菜在他的塹壕上飛過，「那門砲的後座力吸起了甘藍菜，連根拔起、向空中拋了出來。然後，好大一聲砰隆，我們目擊砲彈命中了戰車。」

凱恩少校聽見有人大叫：「虎式！」那門小小的戰防砲，正放列在他所在這排房屋的一棟屋子邊。一名砲手跑去協助他，兩個人一起把戰防砲推進陣地。「放！」凱恩叱叫一聲，只見砲彈打中了戰車、打得它動彈不得。他吼道：「我們再放它一砲以求保險。」砲手看著凱恩搖了搖頭：「長官，不行了，它完了蛋，駐退機毀了。」

在荷斯特家裡面聽起來，這一陣砲聲好響亮，人人都震得耳朵發聾、手腳發軟。荷斯特太太突然覺得「一陣驚天動地的搖晃，磚頭轟雷般坍塌，木材斷裂，到處都聽到有人在啜泣。」爆炸的力量把地窖門塞得死死的。在空間狹小又煙塵嗆鼻的這裡，她聽見「男人們在用圓鍬和工具在掘著……把樑木鋸開……在磚塊和泥灰中，人們的腳步聲嘎吱作響，……隨後是沉重的物品被前後拖拽的聲音。」地窖門打破了，新鮮空氣湧了進來。荷斯特太太到了地面，只見部分走廊和花園小屋已經敞開，部分圍牆被向內炸進來。被爆炸波拋出去的人躺了一地，再次被擊中的馬汀醫師再也不能走路了。前幾天送來的一名彈震症士兵，正在被砲彈炸翻躺了一地的人中間徘徊。他盯著荷斯特太太，說：「我好像以前在什麼地方見過妳。」她溫柔地領著他到地窖去，在石頭地板上給他找了個位置，他幾乎立刻就睡著了。後來他醒過來，走到荷斯特太太前悄聲說：「我們隨時都會被抓走了。」話畢又倒頭再睡。荷斯特太太疲憊地靠著牆，五個孩子都在她身旁。她等待著，等待就如同「令人恐懼的時間在緩慢地延續著。」

離凱恩少校陣地不遠的地方，羅里爾上士看見又來了一輛戰車。他和一名砲手衝向戰防砲——似乎是連上唯一剩下來的一門。兩個人到達砲旁，正好戰車一個轉向他們。砲彈發射、打中戰車的同時，出現一陣火光。一挺機槍同時開火了。跟羅里爾一起的砲手，倒抽一口氣、倒在他身上。羅里爾轉身扶著他躺下去，一發子彈打中他的左手，手馬上不由自己地抖個不停，羅里爾推測應該是打中了神經。他把砲手輕輕仰天放倒，就要回自己塹壕去，他告訴那名血流一身的傘兵說：「我去找人來幫忙。」走到荷斯特太太家門，羅里爾停了下來、不想進去，他聽見人們在吼叫、胡言亂語，有的討水喝，有的喊叫親人的名字。羅里爾說：「呵，老天！我來這裡幹嘛？」這時，醫護兵波登出現了，看見他那隻手在抖，說：「羅里爾，老兄哪，剛打完字嗎？」羅里爾解釋說是來找人救那名受傷的砲手。波登說：「好吧，」一面替他的手上綳帶，邊說：「我會過去。」羅里爾回到自己陣地，經過荷斯特家的花園時，嚇得目瞪口呆定格站著。他以前從來沒有見過有這麼多的死人堆在一起，有些屍體臉上還有件衣服遮蔽，其他卻什麼都沒有蒙，「他們的眼睛睜大大望向著四方。」那裡的屍體一堆堆，多到沒人有辦法在之間走過去。

回到塹壕，羅里爾等著，一直等到波登帶了兩名擔架兵來到。「不要擔心，」波登告訴羅里爾，大拇指一比，「所有事情都會好轉的。」羅里爾並不這麼想，當時在英國，這位三十一歲的傘兵請求參與這次任務，但因年齡的關係，雖然掛的是砲科，做的卻是助理食勤上士。但是他還是爭取到了奉准參戰的機會。眼前，他望著四周圍又困又渴又餓的傘兵們，至今還記得「突然明白了什麼，把眼前的戰鬥丟在一旁，想弄點東西讓大家吃。」他不曉得自己在附近毀掉的菜園和半毀的屋子爬了多久，翻來覆去地找廚櫃、搜地窖，尋找食物的蹤跡。他在某個地方找到一個沒有損壞的鐵桶，就把找到的東西統統往裡面丟——幾個枯萎了的紅蘿蔔、一些洋蔥、一袋馬鈴薯，鹽巴、和一些濃縮湯塊。他在附近又找到鷄舍，只有一隻鷄還活著，羅里爾就捉了回來。

在一棟廢墟房屋的石地板上，他用磚塊圍成圈放鐵桶，把壁紙從牆上一片片撕下，加上木材，生起火來了。他再到外面去找水，根本不記得外面仗打得正凶——鐵桶裡裝了一些水，搖搖晃晃地提了回來。他把鷄宰了、剖出內臟，丟進桶裡。天快黑時，他的燉雞也做好了，扯下兩張窗簾，包住鐵桶熱呼呼的把手，找來一名弟兄幫忙，抬著往塹壕過去。這是他過了好幾個小時以後，才又意識到迫擊砲彈臨頭的感覺，砲轟的間歇時兩個人就走，砲彈一炸就停，然後再走。到了砲兵陣地，羅里爾大喊：「開飯了，來啊！」眼睛發紅、視力模糊的傘兵們對此大為驚奇。他們小心拿著歷經滄桑的空罐頭和野戰餐具過來排隊。他們恍惚、語意含糊地說了聲謝謝，舀上一瓢菜後，就消逝在逐漸轉暗的夜色。不到十分鐘，一桶菜乾乾淨淨，羅里爾看看桶底，還找得到零星的馬鈴薯塊。伸手去撿，放進口中，這還是這一天頭一次吃了些東西，羅里爾覺得從來沒有比這更快樂的時候了。

在哈滕斯坦酒店的一條五人壕溝裡，滑翔機駕駛員歐佛頓睜大眼睛盯著加深的暮色。同壕溝的其他四個人不見了。忽然間，他看見黑黑的身形走近、輕悄悄說：「是我們。」這四名阿兵哥跳進壕溝，歐佛頓看見他們帶了一件綁在一起的雨衣，小心翼翼地把雨衣打開，在一邊拿著一個空罐，倒出了幾乎有一品脫的雨水。其中一人掏出一小塊茶葉放在罐裡開始攪動。歐佛頓看著他們，簡直傻了，他說：「那一天我們沒有東西吃，也沒有水喝，僅僅吃了在前一天星期六分下來的兩塊硬餅乾。」他們把空罐遞給他，喝了一口再傳給身邊的喝。然後意想不到的，四人都輕聲跟他說：「祝你生日快樂。」歐佛頓忘了九月二十四日星期六，是他的二十三歲生日。

原本在史可諾德酒店的重傷和能走動的輕傷都送走了，可是彈震症的傷兵，依然在偌大酒店裡徘徊。佩爾牧師走過一間幾乎沒什麼人的房間時，聽到屋內某處傳出回音，有一個顫抖的聲音，細聲細氣在唱：《暮色之歌》（*Just a song at twilight*）。佩爾爬到樓上房裡，蹲在一名彈震症很嚴重的年輕士兵旁，「牧師，」那小伙子說，「你能幫我蓋緊一點嗎？那些聲音讓我好害怕。」佩爾沒有毯子，可是他裝成蓋上了的樣子。「牧師，這好多了，現在我覺得很好，您再幫我一個忙好嗎？」佩爾點點頭，「您為我唸主禱文好嗎？」佩爾唸了一遍，撫摸著年輕人的頭髮，告訴他：「現在閉上眼睛，好好睡吧，上帝保佑你！」士兵微微笑了，「晚安，牧師，上帝保佑你。」兩個鐘頭後，醫護兵來找佩爾：「您認識那個小伙子嗎？替他唸主禱文的那一個。」佩爾問道：「有什麼事嗎？」醫護兵搖了搖頭：「他剛剛死了，他說要告訴您，他受不了外面的聲音。」

夜色降臨，位於皇家直屬蘇格蘭邊境團防線的斐瑞德中校，鬱卒地看見「二十四日令人傷感地結束了。地面部隊援軍的早日到來是大家的最大希望，現在不約而同卻成了不可說的話題。」

星期六夜深，幽靈團的海伊中尉，奉令到哈滕斯坦酒店地窖的厄克特房間裡去。海伊說道：「他交給我一份頗長的電報，告訴我譯密完畢以後，再交還給他，我記得他說，或許到時候他就不必發送它了。」海伊一看電文，大吃一驚：「電文的真正意思是說，他們必須來援救我們，否則我們會被殲滅。」海伊把電報譯成密碼，交還給厄克特，說：「我希望它用不著發出去。」電

PHANTOM BRITISH AIRBORNE DIV LOG Sheet 6

51.	From Phantom 1 Airborne Div	Source G Ops 1330 hrs. Enemy continues to attack in small parties with SP guns in support. Small numbers of Pz Kw IV area 694788. Mortar fire continues. Poles who crossed last night now fighting area 698782. TOO 241330 THI 241945
52.	From Phantom 1 Airborne Div	Source G Ops 0845 hrs. Only 300 Polish over last night. Water and food and ammunition short. Shelling and mortaring continues and intense. TOO 241630 THI 241805
53.	From Phantom 1 Airborne Div	Perimeter very weak and casualties mounting. Essential relieving troops make contact immediately on crossing. Enemy attacks made with SP guns or tanks and following infantry were NOT formidable. Heavy shelling and mortaring continues. TOO 242205 THI 242330
54.	From Phantom 1 Airborne Div	URQUHART TO BROWNING. MUST WARN YOU UNLESS PHYSICAL CONTACT IS MADE WITH US EARLY 25 SEP CONSIDER IT UNLIKELY WE CAN HOLD OUT LONG ENOUGH, ALL RANKS NOW EXHAUSTED. LACK OF RATIONS, WATER, AMMUNITION AND WEAPONS WITH HIGH OFFICER CASUALTY RATE. EVEN SLIGHT ENEMY OFFENSIVE ACTION MAY CAUSE COMPLETE DISINTEGRATION. IF THIS HAPPENS, ALL WILL BE ORDERED TO BREAK TOWARD BRIDGEHEAD IF ANYTHING RATHER THAN SURRENDER. ANY MOVEMENT AT PRESENT IN FACE OF ENEMY IMPOSSIBLE. HAVE ATTEMPTED OUR BEST AND WILL DO SO AS LONG AS POSSIBLE. TOO 250830 THI 251040
55.	From Phantom 1 Airborne Div	Source G2 Ops 1330 hrs. Perimeter still holding though situation so fluid impossible state exact locations. TOO 251345 THI 252035

海伊中尉的幽靈團通聯記錄，第 54 項即為厄克特致布朗寧電文的原稿內容。

報最後還是發了出去。

厄克特呈布朗寧：必須預告鈞座，倘不能在九月二十五日晨與本師實際接觸，懇考慮本師無法再固守。目前官兵均力竭，缺乏糧食、飲水、彈藥及武器，軍官傷亡率甚高。甚至敵稍作攻勢，我或將全部瓦解。倘發生此種情況，當下令所屬向橋頭堡突圍而非投降。而今敵前任何行動均不可能，職已竭盡力所能為，也盡可能如此作為。[19]

連續兩個晚上企圖把人員與補給運給厄克特的行動都失敗了。然而第三十軍頑固的軍長霍羅克斯將軍，拒絕放棄努力。如果要挽救橋頭堡，把第一空降師救出來，一定要在星期六晚上實施救援。天氣又再一次來攪局。未能期待以英國為基地的飛機，能飛來提供補給或支援的任務了。可是這時大軍已集結在德瑞爾-奈美根地區，而霍羅克斯——達成了幾近不可能的目標，率領整整一個軍的官兵，沿著只有一輛戰車寬的狹窄走廊，攻抵了萊茵河邊的最前鋒——但大家始終想到的，就是把他和空降師分隔開來的眼前這條四百碼寬的大河。作戰的勝利近得幾乎是觸手

---

19 原註：這份電報在其他安恆戰役相關的其他憶述中，有出現不同的版本。上述為原件內容。海伊中尉保有幽靈通信網當時這份通信記錄，並供本人使用。對他的幫忙謹致最大謝忱。

可及。他下令給四十三威塞克斯步兵師師長湯瑪斯將軍，作最後一次推進；由堤利中校（Gerald Tilly）的多塞特團第四營（4th Battalion, Dorsetshire Regiment），連同波軍其餘兵力，在晚上十點開始，實施敵前渡河進入橋頭堡。

堤利的行動只不過是一個大計畫的第一步，「如果事情順利的話，」霍羅克斯後來寫道，「我希望讓四十三步兵師實施迂迴，在西側遠處渡過萊茵河，對攻擊空降師陣地的德軍，來上一記左勾拳。」另外一個辦法就是撤退。到了市場花園作戰的第八天，霍羅克斯堅持不肯面對這種選擇。然而，別人卻正在認真計畫該如何收拾殘局。

根據第一空降軍參謀長沃契准將說，軍長布朗寧將軍這時「已經相當公開地談到撤退。」四十三步兵師進抵德瑞爾時，該計畫還在權衡當中。可是「他們一旦被卡住，布朗寧認為我們必須把厄克特的人撤出來。」第二軍團司令鄧普西將軍，也得出同樣的結論。自從戰役一開始，他就沒有見過霍羅克斯。而今，時間越來越急迫，鄧普西便命令霍羅克斯到走廊下方的聖峨登諾德開會。在指揮體系上，鄧普西代表了蒙哥馬利，具有最後的裁決權。這個折磨人的決策，完全是基於一個人在逼迫他們所造成的——摩德爾元帥。

霍羅克斯坐車向南面的聖峨登諾德駛去時，堤利中校的多塞特團第四營準備在夜間渡河。全營正迅速進入德瑞爾的集結區，這時走廊已經打通，突擊舟也在運來的途中。堤利奉到的指示很清楚，他的旅長華登准將（Ben Walton）親自做簡報，告訴堤利「拓寬橋頭堡防線底層的範圍」。這次渡河要在舊的渡口實施，大致在歐斯特貝克西邊一英里的位置。多塞特團第四營一渡過河，就要「固守以待援兵到達」。他們輕裝渡河，只帶足夠三、四天的糧彈。依三十五歲的堤利看來，第四營「是為整個鄧普西第二軍團作開路先鋒的特遣部隊」。他敏銳地意識到迅速與厄克特會師的急迫性。就他所知，第一空降師正隨著時間凋零。

星期天，堤利三度爬上德瑞爾損毀的教堂尖頂，觀測四營官兵要在萊茵河北岸登陸的附近一帶。黃昏幾近時，他在村南果園的營部，不耐煩地等待全營部隊從德瑞爾西南幾英里外的賀姆特（Homoet）到達，還有突擊舟也要經由走廊運達。

下午六點剛過，旅長華登准將派人把堤利找去，旅部在村南一棟家屋裡。堤利料到旅長要把夜間作戰的細節再檢討一遍，華登沒這麼做，而是告訴他計畫有了變更。華登說，剛接到消息：「整個行動——大規模敵前渡河——取消了。」四營依然渡河，但目的不同。他邊聽邊氣餒。原來要他的營去守住厄克特陣地的底邊，讓第一空降師撤退！要他盡可能少帶人過去——「只要能辦到這樣就夠了。」人員大約是軍官二十名，士兵四百人，堤利本人並不需要去，可以交給副營長葛夫頓少校（James Grafton）指揮。雖然堤利報告說他會「考慮考慮」，他已經決定親自帶隊過河。離開旅部時，堤利覺得正是要他的人當犧牲品，華登對如何撤退他們，半個字都沒有吭。然而他也曉得旅長對情況的改變也是無能為力。使他大惑不解的是，發生了什麼事情？為什麼渡河計畫改變了？

把厄克特的人撤退回來的決定，還要由蒙哥馬利認可。一直到九月二十五日，星期一，早上九點三十分他才終於批准——是鄧普西將軍下達的。他在星期天下午，與霍羅克斯、布朗寧在聖峨登諾德開會，霍羅克斯提出大規模渡過萊茵河的計畫。考慮過以後，鄧普西不予批准。跟霍羅克斯不同，鄧普西並不認為敵前渡河會成功。他對霍羅克斯說：「不可以，把他們撤出來。」鄧普西又轉向布朗寧說：「你認為可以嗎？」布朗寧沉默不語，只服從地點點頭。鄧普西立刻通知在德瑞爾的湯瑪斯。聖峨登諾德的會議還沒有開完，德軍又再度把費赫爾以北的走廊切斷了。霍

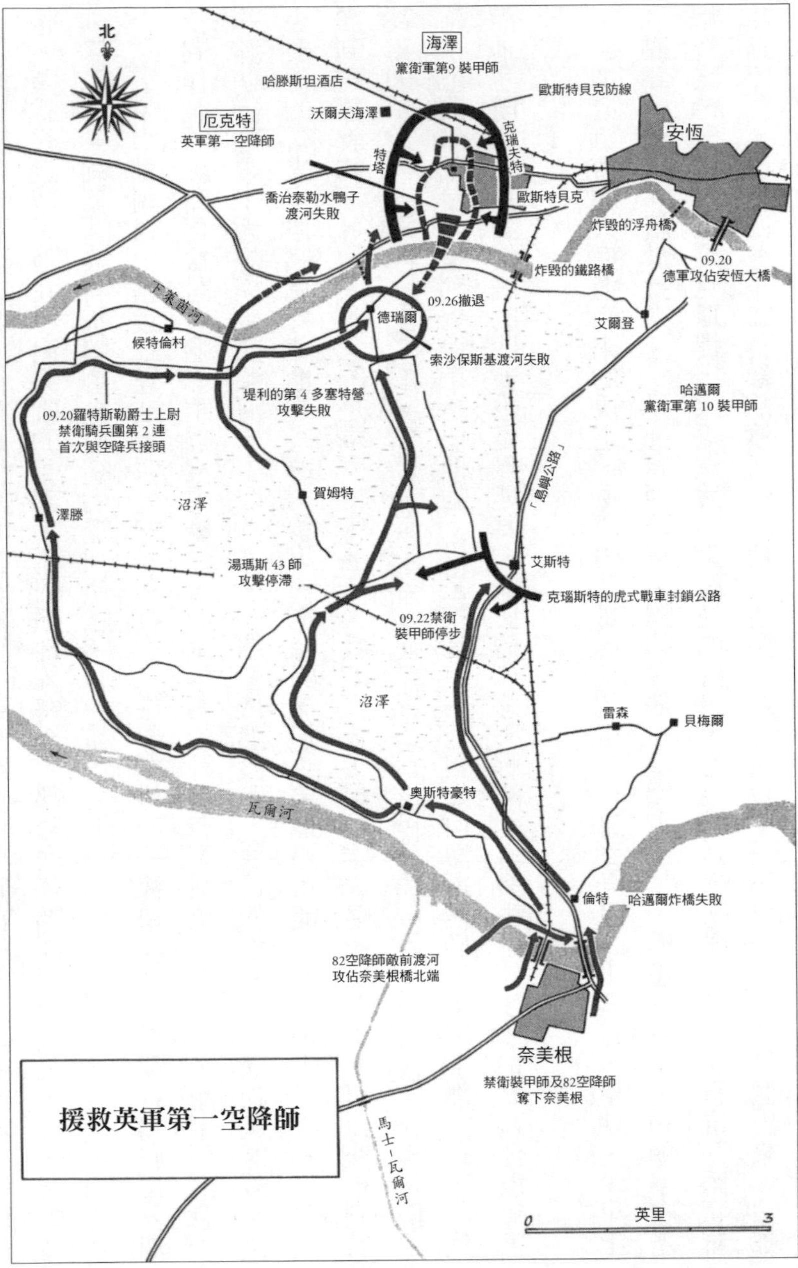
北
海澤
黨衛軍第9裝甲師
哈滕斯坦酒店
歐斯特貝克防線
沃爾夫海澤
厄克特
英軍第一空降師
克瑞夫特
安恆
特塔
喬治泰勒水鴨子
渡河失敗
歐斯特貝克
炸毀的浮舟橋
09.20
德軍攻佔安恆大橋
炸毀的鐵路橋
下萊茵河
09.26撤退
德瑞爾
艾爾登
候特倫村
索沙保斯基渡河失敗
哈邁爾
黨衛軍第10裝甲師
堤利的第4多塞特營
攻擊失敗
09.20羅特斯勒爵士上尉
禁衛騎兵團第2連
首次與空降兵接頭
「島嶼公路」
沼澤
賀姆特
澤滕
湯瑪斯43師
攻擊停滯
艾斯特
克瑞斯特的虎式戰車封鎖公路
09.22禁衛
裝甲師停步
沼澤
雷森
貝梅爾
奧斯特豪特
瓦爾河
倫特
哈邁爾炸橋失敗
82空降師敵前渡河
攻佔奈美根橋北端
奈美根
禁衛裝甲師及82空降師
奪下奈美根
援救英軍第一空降師
馬士-瓦爾河
英里
0
3

羅克斯坐上裝甲人員運輸車，突破了德軍陣線，回到奈美根軍部。摩德爾元帥最近幾次的攻擊，使得走廊被封鎖長達四十多個小時。

堤利的第四營大部分都已經到達德瑞爾，他就在官兵之間挑選他要帶過去的人。他拍著士兵們的肩膀，說：「你去。」……「你不去。」這次敵前渡河的真正企圖是機密，他對那些抗議為什麼留在後面的官兵說他不能透露，「挑中的這些老兵，他們絕對清楚——最重要的——是留在後面的人。」

這種決定很痛苦，看著這些官兵，他認為「一定會戰死。」他找來副營長葛夫頓少校，「葛夫頓，」副營長記得他這麼說，「我要告訴你一件事，因為除了我以外沒有人曉得這次渡河的真正目的。」他談到計畫的變更，堤利鎮靜地補上一句：「只怕我們會被拋棄。」

葛夫頓吃了一驚，驚看著堤利。堤利又說道，最重要的，不能讓任何人知道這個消息，他解釋：「那太冒險了。」

葛夫頓知道堤利的意思，如果明白了真相，對士氣會造成沉重的打擊。葛夫頓準備要走時，堤利說道：「葛夫頓，我希望你會游泳。」葛夫頓笑了，說：「營長，我也這麼希望。」

晚上九點三十分，堤利第四營官兵行軍到河邊時，依然沒有突擊舟的蹤影，堤利問工兵官韓尼克中校（Charles Henniker）：「沒有船，究竟要我們用什麼鬼渡河？」他們的口糧也沒有運到，堤利曉得這次任務的真正目的，這種理解使他負擔更重、脾氣更暴躁，他跟多塞特團第五營的營長柯德中校（Aubrey Coad）說：「沒有一件事是對的。突擊舟沒有到，又沒有發口糧給我們。如果不再想點辦法，我就不準備去了。」柯德便下令他的弟兄把口糧交給堤利的官兵。

在冰冷的毛毛細雨下，堤利的官兵等突擊舟等了三個小時。半夜消息傳來，突擊舟運到德瑞爾了。可是運到的只有九艘。黑夜裡，有些卡車拐錯彎，開進敵軍戰線。有兩輛滑出土堤公路、已經報銷。步兵在會合點把突擊舟扛在肩上，要走過六百碼濕地去到渡河點。士兵們在濕地沿路的泥濘上跌跌撞撞，花了一個多小時的努力，才把突擊舟抬到河邊。直到九月二十五日，星期日凌晨兩點左右，突擊舟才組裝完成。

全營官兵準備渡河以前，堤利交給副營長葛夫頓兩封電報，要他轉交厄克特將軍：一封是來自布朗寧，另一封則是湯瑪斯將軍扼要提示撤退計畫的密電。電報一式兩份，另一份交給厄克特的工兵主任麥爾茲中校。麥爾茲見過布朗寧以後從奈美根回來了，他帶著同樣的電文，正等候渡河。堤利告訴葛夫頓：「你的任務，便是麥爾茲中校萬一到不了厄克特將軍那裡，由你把電報送到。」堤利強調，電文中包括了撤退計畫，「非常重要」。

很顯然，德軍對於盟軍有再一次的渡河行動，已經做好了充分的防禦準備。英軍一共只有十五艘突擊舟——還包括了三輛水鴨子車，以及前一晚那支小船隊運用過的剩餘木筏。到了最後一分鐘，由於突擊舟缺乏，預訂要在多塞特營渡河點東邊、由波軍實施的伴動渡河決定停止。堤利的官兵分成每波三艘的五次舟波渡河。準備工作進行時，迫擊砲彈已在南岸炸開。德軍明顯在防線的底邊兩側已經布置好了重機槍，此刻正對著河面掃射。堤利中校跨進突擊舟，第一波開始渡河。

儘管南岸英軍的每一門火砲都在轟擊，意圖在多塞特營上形成保護傘，但行動還是遭到了無情的轟擊。帆布與合板製的突擊舟，被射擊打穿了洞，隨後沉入水中消失。有些突擊舟，像葛夫頓少校那一艘，還沒有駛離南岸就起了火。葛夫頓立刻換乘另一艘出發。突擊舟行駛到半途，他才發覺自己是舟波中碩果僅存的一艘。這十五分鐘，他覺得「僥倖還活著」，成功渡過河去了。

面對驟雨與暗夜，以及規劃良好的機槍火力射擊，五批舟波都遭受到慘重的損失。可是當時最可怕的敵人還是水流。河水在午夜之後意外變得湍急起來，無助的多塞特郡營士兵既不習慣操縱船隻，又對這可怕的激流無可奈何，結果有不少人被水衝過了防區底邊的兩端，不幸落入了敵人控制的區域。他們分散在好幾英里遠，倖而生存的人，很快就被德軍切斷、包圍起來。向橋頭堡出發的四百二十人，只有兩百三十九人到得了北岸。堤利中校一上岸，就被手榴彈海淹沒——就像保齡球從山上滾了下來般。他率領官兵衝出修羅場，只聽見他在吼叫：「跟他們拼刺刀！[20]」

多塞特營官兵未能以有戰鬥力的形式與厄克特會師，只有少數到達哈滕斯坦酒店的防線。其中包括副營長葛夫頓少校在內。他帶著完整的撤退計畫，穿過下歐斯特貝克教堂附近的藍斯德少校陣地。麥爾茲已回到了師部，帶著交給他的公文。兩個人都不知道湯瑪斯密碼電報的內容，也不知道電文中那個諷刺到近乎殘忍的行動代號。蒙哥馬利原本催請艾森豪「一次強有力的挺進直搗柏林……從而結束戰爭。」他的單向挺進沒有獲得批准。市場花園作戰是一個折衷方案。現在，為厄克特浴血官兵的撤退計畫已經正式核定，第一空降師的殘部即將要撤退回來，行動代號是「柏林作戰」（Operation Berlin）。

---

20 原註：其中一枚滾下來的手榴彈，砸中堤利的頭後爆炸。難以相信的是，他只受輕傷，死裡逃生成了戰俘直到大戰結束。

4

「市場花園」——蒙哥馬利希望迅速結束大戰的作戰計畫，正不可避免地走向它的命運。人們據守分布在恐怖六十英里範圍內的各座橋樑，只為了一條道路而戰——走廊。泰勒將軍位於恩荷芬北部的責任區，傘兵們在英國步兵與裝甲兵增援下，擊退了一次又一次的猛烈攻擊，以打通在烏登被切斷了的去路。蓋文將軍八十二空降師所在的區域，瓦爾河上的大橋正不斷遭受到砲轟，兵力日增的敵軍從帝國森林繼續壓迫過來。一個星期以前，認為戰爭幾乎就要結束的那種態度已經消逝了。現在盟軍遭遇到的敵軍部隊，很多都是在之前就被註銷卻重建的單位。在九月的第一個星期，原以為失去方向、行將崩潰的納粹戰爭機器，竟奇蹟似地生產出六十輛虎式戰車，並在九月二十四日上午撥交給了摩德爾元帥[21]。市場花園作戰喊停了。當前，該計畫的主目標——跨過萊茵河的立足點、進攻魯爾區的跳板，都要放棄了。九月二十五日，星期一清晨六點零五分，厄克特將軍接到了撤退的命令。

在安恆作戰的計畫過程，厄克特的部隊預計是要在四十八小時內解圍。布朗寧原來預想第一空降師最長不會孤軍死守超過四天。厄克特的部下無論在兵力還是武器裝備方面都不如敵人，但他們堅持的時間卻比所預估的還要長兩倍。對一個空降師來說，這是史無前例的成就。撤退對於這位首次指揮空降師、勇敢的蘇格蘭人來說是痛苦的。然而厄克特知道，撤退是唯一的辦法。眼下他的兵力已經不到兩千五百人，對這些頑強的傘兵，他不能再有所求了。實際上，前來救援的英軍部隊就在一英里外待命，彼此相隔只有萊茵河寬度那麼短，實在令人氣結。厄克特滿心不願地遵從上級的決定。是時候把這些勇敢的人從安恆給撤出去了。

疲倦的麥爾茲中校送來兩封致厄克特的信到哈滕斯坦酒店——布朗寧一封，還有湯瑪斯將軍的撤退命令。布朗寧那封道賀與鼓舞的電文，是二十四小時以前所寫，已經過時了。其中一部分寫著，「……大軍正紛紛湧到馳援，但……在今天稍晚時刻，」以及「我雖不像你那樣疲倦和沮喪，但關於整個戰役，我大概比你的感覺還要糟糕……」。

到目前為止，更使人沮喪的便是這份撤退命令了——尤其是出自湯瑪斯之手。對於他的進度遲緩，厄克特也和布朗寧一樣，無法寬恕。湯瑪斯在電文中說，第四十三威塞克斯師此時正開始承受到德軍日漸增加的壓力。任何想在萊茵河對岸擴展主要橋頭堡的希望都必予以放棄。第一空降師即將撤退，在厄克特與湯瑪斯達成共識下，在指定的日期與時間實施。

厄克特仔細考慮他的選項。當他聽到外面迫擊砲與大砲不斷的轟擊聲，對於實施日期與時間的決定就毫無疑問了。如果他的官兵還要能死裡逃生，撤退就要立即實施，並且要在黑夜的掩護下執行。早上八點零八分，厄克特拍發無線電告知湯瑪斯：「『柏林作戰』必須在今晚執行。」二十分鐘以後，厄克特把前一晚交給海伊中尉加密的電報發給布朗寧。電文依然很適切，尤其是帶有警告意味的一句，「甚至敵稍作攻勢，我或將全部瓦解。」到了這一刻，厄克特的情況已經危急到了極點，不知道手下官兵能不能撐到天黑。接著，心情苦悶的師長，開始計畫作戰中最難實施的行動——撤退。只有一條生路，那就是渡過恐怖的四百碼寬萊茵河到德瑞爾。

---

21 原註：哈邁爾於九月二十四日作戰日誌的第六號附件中記載：這一批戰車一早就到達，黨衛軍第二裝甲軍軍部，把其中的大部，四十五輛虎式戰車，撥給了黨衛軍第十裝甲師。」

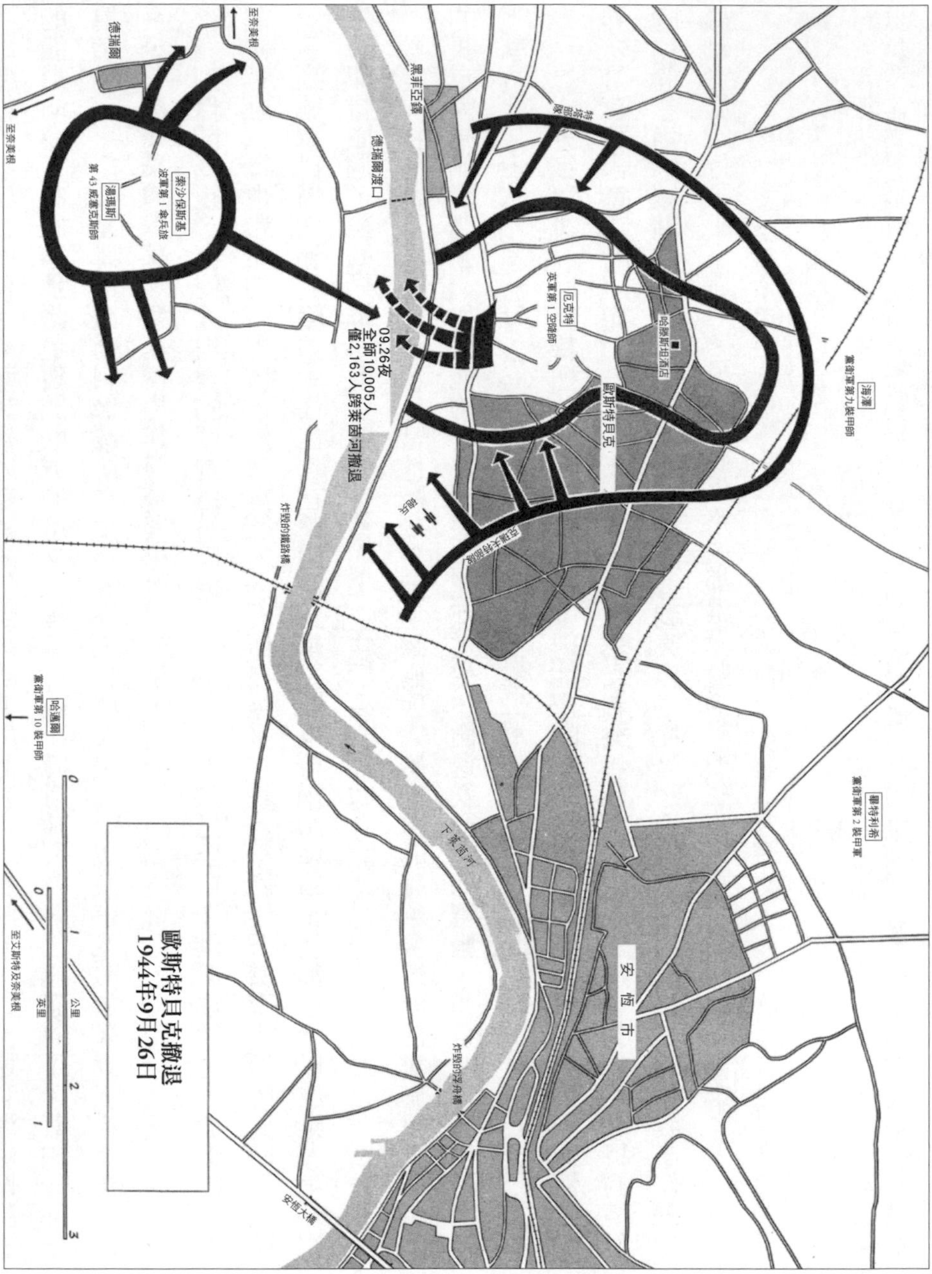
歐斯特貝克撤退
1944年9月26日
德瑞爾
至奈美根
德瑞爾渡口
索沙保斯基
波軍第1傘兵旅
湯瑪斯
第43威塞克斯師
厄克特
英軍第1空降師
哈騰斯坦酒店
歐斯特貝克
09.26夜
全師10,005人
僅2,163人跨萊茵河撤退
海澤
黨衛軍第九裝甲師
哈邁爾
黨衛軍第10裝甲師
畢特利希
黨衛軍第2裝甲軍
安恆市
下萊茵河
炸毀的鐵路橋
炸毀的浮舟橋
安恆大橋
至艾斯特及奈美根
公里
英里

厄克特的計畫是依照英軍另一次著名的撤退行動——一九一六年的加利波利（Gallipoli）撤退來規劃。當時也是經過幾個月的作戰之後，最後實施欺敵行動之下撤退。當主力部隊撤離時，少數兵力在戰線上持續射擊以掩護撤退。厄克特策劃的是類似的計畫。大部隊開始撤出時，多組的小部隊沿著防線不斷射擊用以欺騙敵軍。防線邊的各部隊逐漸沿著兩側，向萊茵河退去，最接近河邊的部隊，是最後撤出的兵力。厄克特後來說：「我的計畫就像是一個摺疊的牛皮紙袋，要小部隊據守在關鍵地點。表面上我們依然在那裡，但同時沿著兩翼向南撤退。」

厄克特希望製造其他看似「正常」的假象，無線電的發報頻率不變；湯普遜的砲兵要射擊到最後為止；位於哈滕斯坦酒店網球場的德軍戰俘收集區，憲兵繼續巡邏，他們也將是最後一批撤出的人員。很明顯，除了後衛部隊以外，其他人不得不留守的，包括醫官、醫護兵、重傷患。不能行走，但還能佔領防禦陣地的傷兵，則留下來持續射擊。

撤退人員要沿著防線兩側的路徑撤到河邊。滑翔機駕駛員充當導航，領著他們沿著撤退路徑走，有些地方用白布條標示。士兵的軍靴用布包起來，以掩飾他們的腳步聲。到那裡，灘勤隊長會把他們安排上小型船隊：十四艘動力突擊登陸艇——由兩連加拿大工兵操作——每一艘能載十四人，還有一些不同類型的船艇。它們沒有明確的數字，沒有人——連灘勤隊長在內——記得一共有多少艘，但其中有幾輛水鴨子，以及少數幾艘之前渡河剩下來的帆布合板突擊舟。

厄克特是在賭命，希望德軍看到舟艇在行動，會以為是企圖渡河去北岸，而不是從那裡退出來。除了部隊會被發現的這個糟透的可能性之外，兩千多人企圖撤走，也可能會發生其他危險。如果不能嚴格遵守時間安排，厄克特推測，防線底部目前只有六百五十碼寬的渡河點就會形成一個可怕的瓶頸。假如大家都擠在登船區，搞不好就會遭遇無情地殲滅。基於波軍和多塞特營北渡的企圖徒勞無功之後，厄克特並不認為撤退的執行能夠輕易完成。儘管三十軍能運上來的每一門大砲，都要參與其中掩護他們，他依然認為德軍有可能造成他們慘重的傷亡。現在時間就是你的個敵人，這需要花上好幾個小時才能完成後撤。對行動要實施保密，也是個挑戰。因為士兵可能在實施之前被俘虜，進而被審訊，除了高級軍官和奉有任務的人員以外，不到最後一分鐘，不把後撤的消息告訴任何一個人。

厄克特用無線電和湯瑪斯將軍商量，在後撤計畫的各個要點獲得同意以後，他便把剩下來的少數高階軍官召來開會。他們分別是希克斯旅長、滑翔機駕駛團的墨瑞中校（Iain Murray）——當時負責指揮受傷的海克特旅長留下的部隊、砲兵主任西蒙德中校、參謀長麥肯齊中校，以及負責後撤作業的工兵主任麥爾茲中校。就在開會之前，軍醫主任瓦瑞克來看厄克特，他成了第一位知道計畫的人。瓦瑞克「垂頭喪氣、很不開心，倒不是因為我必須留下——我對傷患有責任——而是都已經到了這個時刻，我還以為本師在很短期間內，就會有援兵來解圍。」

哈滕斯坦酒店的地窖裡，厄克特四周是手下的軍官，他發布了消息，告訴大家，「今晚我們撤退。」他一步步說明計畫，撤退的成功有賴於時間控制得好。任何部隊的聚集，或者路上發生擁擠，都會招致禍害。一定要讓官兵不斷前進，不能停下腳步交戰。「要是遭受射擊要閃避，只有在攸關生死的關頭方能還擊。」當沮喪的軍官們準備離去時，厄克特警告說，對後撤行動要保密到最後一刻，除非必要，其他人一律不得告知。

對於與會高階軍官來說，這消息並不意外。過去這些時間以來，很明顯，情勢一點希望都沒有了。但如同瓦瑞克，他們對於援軍沒有出現深感痛苦。他們心中也害怕手下官兵在撤退過程中，可能比在陣地裡要忍受更大的苦難折磨。師部通信兵柯克里爾（James Cockrill），意外收到了一個簡短的電文：「今晚柏林作戰。」他對電文的含意琢磨了老半天，但撤退卻是沒有想到的。他認為全師「會打到最後一人，打到最後一發子彈。」他以為「柏林作戰」可能是指總攻擊的意圖，要「像史詩《輕騎兵進擊》（*Charge of the Light Brigade*）[22]般或其他類似方式」，向安恆大橋突破。另外有人是清楚知道這其中的含意。第一機降旅旅部，直屬蘇格蘭邊境團的斐瑞德中校，是負責安排防線西翼的撤退細節。他聽到旅長希克斯在喃喃自語說到什麼「又一次敦克爾克」。

這一整天，德軍瘋狂地一次又一次的攻擊，企圖以此擊潰英軍，但是紅魔鬼師依然挺住。人們記得，晚上八點過後，撤退的消息開始擴散。對人在防線最北邊的一五六營（海克特旅）鮑威爾少校來說，這個消息「不僅是晴天霹靂，我想到所有死去的弟兄，而且所有的努力都付之東流。」由於一五六營是距離最遠的部隊，他因此在晚上八點十五分便要官兵成單縱隊開始出發。

第十傘兵營的唐寧二等兵（Robert Downing），奉令離開塹壕到哈滕斯坦酒店裡去。他在那裡遇見一位上士，對方告訴他，「這裡有一把舊的塑膠刮鬍刀，沒有水，你就乾刮你的鬍子吧。」唐寧看著他，「趕快呀！」上士說，「我們要過河去了，看在老天分上，回去總要像英國軍人呀。」

凱恩少校在他陣地附近的一個地窖裡，借到一把刮鬍刀，有人找到了水。凱恩用刮鬍刀把這

22 編註：指的是一八五四年十月二十五日於克里米亞戰爭期間，由卡迪根勳爵（Lord Cardigan）帶領英軍六〇〇名輕裝的輕騎兵於巴拉克拉瓦之戰（Battle of Balaclava），向俄羅斯軍隊包括重砲在內的數千名部隊衝鋒的史蹟。英軍最後以近三〇〇人的傷亡收場。日後，英國詩人譚尼生（Alfred Tennyson）以《輕騎兵進擊》之名，寫下他們的壯烈故事。

一個星期長出來的鬍鬚刮掉，然後用身上那件被煙燻黑、血浸透的軍服內裡，仔細把臉擦乾。他走出去，在沖刷的大雨下站住，望著下歐斯特貝克教堂整整一分鐘。教堂風信標上有一隻金鷄，作戰期間，凱恩不時都會看一看它。對他來說，那是好運氣的標誌。只要那隻金鷄還在，第一空降師就會在。他只感到令人無法忍受的憂傷感，不曉得到了明天，風信標還在不在。

滑翔機駕駛團的托勒少校（Robert Cain），跟其他人一樣，墨瑞中校也要他整理儀容。他懶得理，整個人疲倦得「光只是想到整理儀容都要花費力氣。」墨瑞把自己的刮鬍刀遞給他。「我們要走了，可不要被軍團以為我們是群要飯的。」墨瑞臉上還帶著一些肥皂泡沫就走了，托勒也動起手來，他回想當時，「刮完臉，我自己也感到驚奇，精神上、身體上都覺得好多了。」墨瑞的指揮所有一面「飛馬旗」，是海克特官兵準備在第二軍團到達時讓他展開飄揚的，托勒看了看，然後小心把它捲好收起。

這時的砲兵陣地，砲手可以隨意發射以掩護撤退的事實。克里斯迪聽見通信兵史比狄（Willie Speedie）在呼叫砲兵連，指定一個管制台以後，直接了當地說：「現在本台關閉，結束。」

蘇利文上士（Stanley Sullivan）是九天以前帶頭空降的導航組人員之一，收到消息時他可火大了。「我已經想過了，再怎麼說也都會完蛋，倒不如去拚個死活。」蘇利文人在前哨——是一間小學，「小孩子要念書的地方，如果我們撤走了，我為他們感到害怕。我一定要讓他們知道，也讓德國人知道，我們是怎麼想的。」他在自己一直堅守的教室黑板上，端端正正寫上幾個大字，下面劃了好幾條橫線：「我們會回來！！！」[23]

晚上九點整，三十軍密集的砲火閃光撕裂了夜空，沿著防線邊緣槍砲齊發，傾斜的砲彈如雨般落在德軍陣地。四十五分鐘以後，第一空降師開始撤出。長達一星期的惡劣氣候，原本使部隊與補給不能迅速抵達，這時卻幫了紅魔鬼師的忙，撤退在將近強風的狀況下開始——再加上砲轟的雷鳴聲——有助於掩護英軍的逃脫。

第一空降師殘存的官兵，在風急雨驟之下，滿臉塗黑，裝備收好，軍靴做好靜音措施，然後筆挺地爬出了陣地，排成一列，開始了走向河岸的這段危險路程。暗夜、氣候又壞，連要看見前面一兩英尺外的距離都不可能。士兵們組成一條人肉鏈結，手牽著手，或者抓住前面人的迷彩外套。

滑翔機駕駛湯普森士官長，弓起背來抵擋傾盆大雨，他負責協助指示傘兵到河岸的路上。湯普森做好要全身濕透度過一整夜的心理準備，他看見弟兄們的隊伍經過時，心裡很感動。「除了我們沒有幾個人曉得，活在一平方英里內的屠宰場會是什麼滋味。」

對於通信兵柯克里爾，「柏林作戰」的意義現在已經夠清楚了。他已經奉令要留守，並持續操作無線電。他的指示是：「不斷發報，使機器運作，好讓德軍以為一切正常。」黑夜裡，他獨自一人坐在哈滕斯坦酒店的遊廊下，「猛敲發報鍵，我聽見附近好多人在走動，可是我的命令，是除了不斷發報以外沒有別的了。」柯克里爾很確定自己在天亮前就會成為俘虜，步槍就在身旁，可是沒有用。他只剩下了一發子彈。彈頭還是空的，裡面裝的是與第二軍團通訊用的密碼，這是他唯一剩下的東西了。

23 原註：小孩子沒有看到這些字。九月二十七日，德軍對荷蘭人實施殘酷的報復，命令整個安恆地區的居民撤走。安恆市和附近村莊便無人居住至二戰將近結束——一九四五年四月十四日——加拿大軍抵達為止。

醫官、醫護兵和荷蘭紅十字會看護人員，都在萊茵河南岸的接收區和收集站待命。長長的救護車和一般車輛組成的車隊，正在德瑞爾等著把第一空降師死裡逃生的官兵送去奈美根。儘管接收撤退人員的準備工作在她周圍進行著，可是柯娜經過三天三夜忙於照料傷患之後，如今已經筋疲力竭。她以為砲擊和南岸的活動，是另一次企圖渡河的前奏。敵砲集中朝德瑞爾轟擊過來時，柯娜的頭、左肩和腰部都被破片炸傷。傷口雖然很痛，她卻認為不打緊。柯娜在意的是身上沾滿血跡的衣服，於是騎車回家去換衣服，料想不久之後會有新傷患湧進，她要在他們到達以前先行回村。騎車途中，她遇上敵軍的砲擊，把她整個人從自行車上拋起，甩進泥溝裡躺了一會兒，人卻沒有受傷。到了家裡，疲乏壓倒了她，在地窖躺下來睡個小覺，卻睡了整整一晚，沒有察覺「柏林作戰」正在進行。

沿著河邊、英軍防線底部，英軍和加軍工兵操作的撤退船隊正在等候。到目前為止，還沒有引起敵軍的猜疑。顯然，德軍並不知道發生了什麼事情，他們的大砲正在轟擊留下的多塞特營——他們此刻正開始在防線西邊展開佯攻。再更西邊，英軍砲兵正在發動彈幕射擊，彷彿那一帶正要執行敵前渡河的樣子，德軍也在還擊。厄克特的欺敵計畫看來是奏效了。

傾盆大雨之下，一隊隊官兵從防線兩側緩慢曲折前進來到河邊。有些人太疲困了，竟迷路落進敵人手裡。還有些人無法行動，要靠別人攙扶。黑夜中沒有一人停下腳步。一停會引起鼓噪、混亂——甚至死亡。

威爾遜少校導航組下的肯特上士，在灼熱的火光與火海環繞的家屋中，領著他的排出發到一處甘藍菜圃，那裡是全連的指定集合點。他們在那裡等到全連集合完畢再向河邊出發。肯特說：「雖然我們知道萊茵河在正南方，卻不曉得他們在何處把我們撤回去。」忽然，大家看見來自南面的紅色曳光彈飛過，以此作為導引向其前進。他們馬上就看到了白布帶，以及指揮他們行動的滑翔機飛行員身影。肯特這一組，聽見左側有機槍射擊聲和手榴彈的爆炸聲。威爾遜少校的那一組則撞上了德軍，進而發生的激烈衝突中，兩名士兵陣亡。他們距離安全地帶只剩下一英里的距離而已。

人們還記得撤退時的各種細節——生動的、嚇人的，甚至是幽默的。第一營的布萊敦二等兵（Henry Blyton）走向河岸時，聽見有人在哭泣。隊伍前頭停住了，傘兵向旁邊走過去，草地上躺著一名受傷的阿兵哥在哭著叫娘。士兵們的命令是繼續前進，沒有人為了傷兵停下腳步，然而還是有好多人這麼做了。藍斯德部隊離開陣地時，他們去到荷斯特太太家裡，盡可能多帶走了還能走動的傷兵。

本週稍早前，與一名滑翔機駕駛共同擊毀了虎式戰車的紐恩下士，以為他再也到不了河邊了。白天在教堂邊被敵軍衝擊的砲兵陣地附近，紐恩和直屬蘇格蘭邊境團的一批士兵，與德軍來上了一次激烈、短暫的小戰鬥。大部分人都在滂沱大雨與黑夜掩護下撤離。九天以來，紐恩還是頭一次掛彩，人躺在地上。砲彈破片擊中了一塊石頭，散飛的石屑砸中了紐恩的一顆門牙。

第十營的彭特里上士（Thomas Bentley），跟在幽靈團無線電操作官海伊中尉的後面。他回憶道：「我們不斷遭德軍狙擊，我看見兩名滑翔機駕駛從暗處走出去，故意吸引德軍的射擊，顯然是讓我們看得出射擊是從哪裡來的。」這兩名引路人都被擊斃了。

厄克特和參謀準備離開哈滕斯坦酒店，作戰日誌已經停筆，文件已經焚毀。接著，傳令兵韓考克把厄克特師長腳上的軍靴用窗簾纏起來。軍牧在唸主禱文時，大家都跪了下來。厄克特還記得D日當天，傳令兵放進他背包的威士忌，「我傳出去大家輪流喝，」厄克特說，「每個人都喝了一口。」最後，厄克特到地窖去看看傷兵，他們「的繃帶染滿血跡，裹著簡陋的夾板。」他對那些知道是怎麼回事的弟兄道別。其他傷兵昏睡在嗎啡的作用中，算是幸運不曉得有這次的撤退。一名面容憔悴的士兵，靠著地窖的牆撐起身體，告訴厄克特：「報告師長，希望你成功。」

派在師部的荷軍聯絡官沃特海軍少校，跟在師長這一批人後面走，保持著絕對的安靜。他說：「以我的口音，一開口人家八成就會把我當成是德國人抓走。」在好幾個地方，沃特沒有抓牢前方的伙伴，「我不知道怎麼辦，只有邊走邊禱告自己走的方向是正確的。」一想到太太和自己從沒見過的女兒，就覺得特別難過，儘管他家就在離哈滕斯坦不到幾英里遠的地方，卻沒辦法打電話回去。在英國替太太買的手錶，依然在他口袋裡，準備送給女兒的那隻大泰迪熊，留在滑翔機的殘骸。如果他運氣夠好、去到河邊，沃特或許又得再離家一次——到英國去。

渡河作業已經在河邊開始。麥爾茲中校和手下的灘勤隊，盡快把到達的官兵，一個個送上突擊艇。這

Shoot 14

Place	Date	Hour	Summary of Events and Information	References to Appendices
ARNHEM	25 Sep	0940	Maint Sitrep to Airtps Rear. No resup 24 Sep. Understand med stores, rations, some amn sent over river bu ducks, but unable distribute owing to enemy action and lack of transport. No sups now for 3 days. Water still scarce. Gun amn now very low. Div effective strength approx 2500 excl Poles 120. Resup required 25 Sep as for 23 Sep.	
		1030	Div Comd held conference of all Comds and gave out his orders for 'BERLIN'.	
		1800	A quieter day than yesterday, despite several local attacks, one of which drove in 156 Bn. Infiltration, however, went on steadily and by evening the enemy was firmly established in wood 795777 and at other points inside the perimeter. Most units were therefore to some extent encircled and cut off from their neighbours.	
		2145	First units to withdraw crossed starting line on rd between rd junc 792774 and CHURCH 796774.	
		2200	Crossing over river started, covered by very heavy pre-arranged arty concentration.	
		2230	Last tps of Div H.Q. moved out. Wounded under the care of Lt. RANDALL, RAMC, MO to H.Q., R.A., were left in the cellar of Div H.Q. A.D.M.S., other M.Os. and Senior Chaplain remained with wounded in the M.D.S.	
	26 Sep	0130	Guards of P.W. cage withdrew.	
		0550	Ferrying across river ends. Approx 300 personnel left on North bank. Arranged that boats should return the following evening for any survivors.	
NIJMEGEN		1200	Evacuation of Div H.Q. to NIJMEGEN completed from R.V. at DRIEL, where 130 Bde issued tea and rum, food and one blanket per man.	
		1430	G.O.C. held conference and issued orders re checking of personnel present, billetting, re-organizing and issue of clothing. Units ordered to make contact with seaborne lift, which had already arrived in NIJMEGEN.	

作戰日誌第 14 頁載明，厄克特將軍下令撤離歐斯特貝克陣地的時間為 9 月 25 日 2145 時。

時德軍雖然不知道英軍正在撤退，卻在照明彈的光芒下，看到了渡河作業。迫擊砲和大砲的砲彈開始轟過來，舟艇被打穿後翻覆，人們在河裡掙扎，厲聲哀叫救命。還有些被打死的士兵則隨流漂走，受傷的人攀住漂浮物，意圖漂到南岸去。不到半小時，撤退船隊被消滅殆盡，可是作業並沒有停止。

等到鮑威爾少校的隊伍沿著防線東側漫長的路途抵達河邊時，他以為撤退已經結束了。一艘艇在水中浮浮沉沉，波浪來來回回，讓它越陷越深。鮑威爾走去岸際，那艘艇全身是彈孔，裡面的幾名工兵都死了。正當他幾個弟兄手腳扒動要游起來時，黑暗中突然出現一隻小艇，鮑威爾趕緊安排登艇，他和其餘的人就等著，直到小艇回來為止。到了萊茵河南岸地處較高的堤岸上，鮑威爾向北岸看了一眼，「立刻意識到我過河了，我簡直不敢相自己能活著出來。」他轉身對著十五名滿身濕透的士兵說，「成三列。」領著他們齊步走到收容區。到了門外，鮑威爾喝令：「一五六營，立定！向右轉！解散！」他站在雨中，凝望著他們向屋裡走。「一切都過去了，但老天爺可以作證，我們退出來時也和打進去時一樣，依然充滿傲氣。」

厄克特那艘擁擠的小艇準備離開時，卻擱淺在爛泥巴裡。他的傳令兵韓考克跳出艇外，奮力把小艇推離。「他把我們推開了，」厄克特說，「可是他掙扎著要回來艇上時，有人吼叫道：『走開！船已經超載了！』這種忘恩負義讓韓考克火冒三丈，才不理人家怎麼說。他用盡餘力翻身奮力上到了小艇。」

面對機槍的射擊，厄克特的小艇駛到半途，引擎頓時突突響了兩聲，接著便完全停住了。小艇就隨水流飄動，厄克特覺得「直到引擎恢復以前，似乎是整整過了一個世紀那麼久。」幾分鐘以後，他們抵達了南岸。回頭仰望，厄克特只見德軍轟擊河中所引發的砲彈爆炸及閃光，他說：

「我不相信他們知道自己是在對著什麼東西射擊。」

沿著萊茵河北岸，以及在河岸後的草地、樹叢，數以百計的部隊在等待。可是這時只有一半艇隊還在運作，面對猛烈的機槍火力，厄克特所害怕的瓶頸發生了。擁擠的隊伍發生了混亂，但不是恐慌。很多人想往前擠，軍官與士官阻止了他們。第一營的哈里斯下士（Thomas Harris）記得：「幾百人在等著渡河，好多小艇都被想擠上船的人搶著上而超載。」德軍瞄得準確，迫擊砲彈又落在裝載區。哈里斯也像很多人一樣，決定游泳過河。他脫掉了作戰服和靴子，縱身入水。他是不相信，但確實成功游過去了。

別的人就沒有這麼幸運。等到砲兵帕維（Charles Pavey）來到河邊時，裝載區已經籠罩在機槍火力之下。人們擠成一團的河岸邊，一個人朝著帕維站著的地方游過來。對方不管子彈在岸上亂飛，使勁上岸，吐了一口大氣，說：「謝天謝地，我可過來了。」帕維聽見有人說：「他媽的傻蛋，你還在原來的岸上呢。」

在星期天想辦法做了一頓飯請大家吃的羅里爾上士，這時也打算游過河。正當他在水裡掙扎時，一條小艇在旁邊駛過來，什麼人一把抓住了他的領子，只聽見那個人在叫：「好了，兄弟，再來，再來。」羅里爾搞分不清東西南北，以為自己要淹死了，又聽見同一把聲音說：「好極了，老兄。」一名加軍工兵把他拖上艇。暈頭轉向的羅里爾嘀咕著說：「我究竟在什麼鬼地方？」那名加軍工兵笑了，「差不多就到家了。」

通信兵柯克里爾在哈滕斯坦酒店遊廊上守著那部機器，天快亮了時，聽見一聲超小聲的耳語：「小伙子，來吧，我們走。」當大家正往河邊走，刺耳的一聲爆裂，柯克里爾突然覺得脖子和肩膀被什麼東西強力一拉。原來背上的司登衝鋒槍，被一塊砲彈破片打得分了家。快接近河岸時，這一組人遇見少數幾名滑翔機駕駛員站在樹叢裡，其中一人說：「我沒叫你們就不要動。德國人弄了挺馬克沁機槍堵住這裡，有著齊腰的高度。」在駕駛員指示下，這些人一次一個向前衝刺，輪到柯克里爾時，他腰身一彎拔腿就跑。幾秒鐘後翻倒在一大堆屍體上。他回憶道：「那一定有二、三十人，我還聽見有人在叫娘，有人求我們別把他們扔下，我們不能停。」到了河邊，一發照明彈炸開，好多挺機槍開火了。柯克里爾聽見有人在叫能游的就游，他跳進冷冰的河裡，從那些似乎在他身邊掙扎的人旁邊奮力游了過去。

突然他聽見有人說：「好了，老弟，別著急，我來拉你。」一位加拿大士兵把他拉進小艇。幾秒鐘後，柯克里爾便聽見這艘小艇觸地的聲音。他說：「我發現自己又回到了剛才下水的地方，差不多要哭了出來。」小艇是駛來搭救傷患的，人們在四周都幫著裝上去，小艇再度離開，駛到了對岸。柯克里爾記得猛然一衝，人們從四面八方爬了上來，儘管已經超載，又在敵人射擊下，加軍還是柯克里爾記得在那處遊廊上坐了好幾個小時，又經過這次惡夢似的過河旅程，柯克里爾覺得天旋地轉。「下一件我記得的事情，就是我躺在一間倉庫，然後有人給了我一根香菸。」後來，柯克里爾還想起一件事，他發了狂似的去搜自己的口袋，找到了他那唯一一發的子彈，裡面有密碼表的那發點三〇三的空包步槍子彈。

差不多快要到凌晨兩點前，第一空降師剩餘的彈藥都銷毀了，湯普遜的砲手打完了最後一批砲彈，把砲閂拆下。帕克斯下士和他同一門砲的砲手，收到指示要撤退。帕克斯很驚訝，他壓根沒有想過撤退這回事，原以為要死守陣地，直到德軍殺過來為止。等到了河邊，他甚至更為驚訝。這裡擠進好幾百人，有人說船都沉了，帕克斯身旁有人深吸口氣，說：「看來我們要游過去了。」帕克斯驚看著萊茵河，「它好寬，漲滿了水，流速少說有九節。我想我是游不過去的了。」

我看見一些人衣服沒有脫就跳進河，然後被河水沖去下游。還有人游過了河，剛一爬出水就被擊斃。我還看見一個傢伙在木板上用手划了過去，還帶著背包。假如他辦得到的話，我也可以。」

帕克斯脫掉衣服，只剩下了短褲，其他東西都扔掉——連那隻黃金打造的懷錶也不要了。湍急的水流把短褲也沖掉，他索性它踢開。帕克斯終於過了河，藏身在樹叢以及水溝裡，終於到了一處無人的小農舍，便進去找衣服穿。出來不到幾分鐘，遇到了多塞特營的一名士兵，指示他到集合站去，那裡給了杯熱茶和一些香菸。過了好一陣子，筋疲力盡的帕克斯才曉得為什麼人人都盯著他看，他上身穿著一件色彩鮮艷的男用運動衫，下身穿了一條女用燈籠褲，膝蓋邊還打了個結的那種。

第十營二等兵達爾福斯（Alfred Dullforce）裸泳要去南岸，卻還是帶了自己的點三八手槍。讓他覺得難堪、丟臉的是，岸上除了軍中弟兄之外，還出現了兩名女性站在那。達爾福斯「很想直接跳回水裡去」。其中一位女性叫著他，給他一件裙子，「對於我一身光溜溜，她眼睛都不眨一下。」他回憶說，「她告訴我別擔心，因為她們就是來幫忙我們這種過河的人。」達爾福斯穿著一條五顏六色的齊膝裙子和荷蘭木屐。他被送上一輛把倖存者送往奈美根的軍卡。

這時候，德軍開始猛轟登艇區，迫擊砲彈咻咻地落了下來。沃特海軍少校正在一排輪著登艇的人後面跑時，他們之間傳出一聲爆炸。沃特回憶說：「我一點傷都沒有，可是我周圍死了八個，重傷一個。」他幫傷者打了嗎啡，扶著他上船。超載的小艇已經沒有沃特的空間，他只好下水，懸掛在船邊被拖過河去。踉蹌踏上了南岸後，沃特倒地、昏迷。

拂曉來臨，撤退艇隊幾乎都被消滅殆盡了。然而加軍和英軍工兵，不管迫擊砲、大砲和機槍的射擊，繼續利用僅有的舟艇裝運官兵過河。第十一營的希伍德二等兵（Arthur Shearwood），看見加軍工兵把一些傷患裝上一艘小艇，有一名加軍協助希伍德登船。舷外機此時卻發動不起來，加軍就要還帶著步槍的人開始划水。希伍德拍拍前面的人，說：「走了，划吧！」那個人看了一眼希伍德，目無表情地說，「我無法，」他指了指掛著繃帶的肩膀，「我少了一條手臂。」

天亮之前，凱恩少校已經把他的弟兄都運過了河。他和羅賓遜士官長（"Robbo" Robinson）兩個人在岸上等待，可是卻不見還有其他舟艇回來。另外一群其他單位的人當中，有人指著一艘彈孔較少的突擊舟在河裡載浮載沉，一名傘兵游出去把它拖了回來。凱恩和羅賓遜兩人就用步槍划水，其他的傘兵用鋼盔往外舀水。到了南岸，一名憲兵指示他們到一座倉庫。凱恩一進去，頭一批認出來的人當中，就有希克斯准將。旅長快步上前，說：「好哇，至少這裡有一位是刮了鬍子、整理好儀容的軍官。」凱恩疲倦地笑了笑：「報告旅長，我可是有良好教養的呢。」

在德軍的砲火轟擊下，位於防線邊緣的幾十名士兵仍然在雨水中擠作一團。雖然有一兩艘小艇想在煙幕掩護下駛過去，可是這時天色已明，撤退已經不可能繼續了。有些人想游過河，不是被湍急的水流沖走，就是被機槍擊中，但還是有人辦到了。一些傷勢較重的，一點辦法也沒有，就在滂沱大雨中無依無助地坐著，或者向北走──回到陣地裡的醫院去。很多人決定躲藏起來，等到天黑再到對岸。到後來，有好多人都用這種方式了出來。

南岸的德瑞爾，筋疲力盡、神色沉重的人們，尋覓著自己的單位──或者單位剩下來的人。導航組的蘇利文上士──在校舍黑板上寫上了無畏字句的那位──只記得有人在問，「第一營在哪裡？」一名中士立刻站了起來，說：「長官，這裡就是。」在他身邊，一小組滿身汙泥的士兵，痛苦地立正站起來。克里斯迪穿梭在人群之中，尋找著同一個砲兵連的弟兄，但沒有找到熟悉的人。一時間他熱淚盈眶，不知道砲兵第二連是不是除了他以外就沒有其他的生還者了。

前往德瑞爾途中，厄克特將軍經過湯瑪斯將軍的師部，但他拒絕進去。他站在大雨中的門外等候侍從官替他安排交通工具。但其實並不需要如此。正當厄克特站在外面時，布朗寧軍部開來了一輛吉普車，一名軍官陪同師長前往軍部。厄克特和自己身邊的人，被帶到奈美根南郊的房子。厄克特說：「布朗寧的侍從官卡托少校（Harry Cator），請我們進入房間，並建議我們脫掉一身的濕衣。」這位驕傲的蘇格蘭人拒絕了：「我很倔強，這就是我們一直以來的樣子，他要見我們也只能看到這副模樣。」等了好久，布朗寧終於出現，「像平常一樣的儀容整潔。」厄克特覺得他就像「剛剛閱兵回來，而不大像是在一場決戰中從床上醒過來的樣子。」對著軍長，厄克特說得很簡單，「我很遺憾，到頭來事情並不像我原來希望的那麼順遂。」布朗寧遞給厄克特一杯酒，說：「你已經盡力了。」後來，厄克特在為他安排的寢室中，發覺渴望了好久的睡眠卻怎麼樣也合不上眼。「在我的腦海和良心裡面，還有太多、太多的事情。」

的確，要想的事情很多。第一空降師被犧牲、屠宰掉了。編制內原有官兵一萬零五人，只有兩千一百六十三人，連同波軍一百六十人和多塞特營七十五人渡過萊茵河歸來。經過九天之後，第一空降師約有一千二百人戰死，六千六百四十二人失蹤、受傷或被俘。後來才知道，德軍的死傷也很慘，傷亡達三千三百人，其中陣亡一千一百人。

進攻安恆的行動連帶市場花園作戰一起告終。這時已經沒有什麼好做的了，只有把部隊撤回整補。戰爭將持續到一九四五年五月為止。一位美國歷史學家後來寫道：「因此，二戰最大的空降作戰在失敗中告終。儘管蒙哥馬利言之鑿鑿，它取得了百分之九十的成功，這番言詞只不過是自我安慰的說詞。所有解救安恆的目的都到手了，但少了安恆，其餘就顯得無足輕重。歷經這些英勇與犧牲之後，盟軍的回報是一條五十英里長的凸出部——而沒有出路。[24]」

或許預料能脫逃的人數不多，運輸車輛的安排並不能滿足這些力盡筋疲倖存者的需要。很多人忍受了太多的磨折後，這時還得徒步行軍走去奈美根。禁衛愛爾蘭營的藍敦上尉，站在冷颼颼的雨水看著第一空降師歸來。當這些疲倦、骯髒的人們跌跌撞撞走過時，藍敦向後退。雖然他了解自己的戰車連，從奈美根經高堤公路向安恆攻擊前進時已盡了力，然而他深感不安。「就連對他們說話都開不了口。」裝甲師一名士兵默默站在路邊，一名傘兵走近時，大叫：「老兄，你們究竟到哪裡去了？」這名禁衛軍裝甲兵輕聲回答：「我們一直作戰了五個月。」禁衛軍的卓內爾下士聽見一名傘兵說：「哦，是嗎？這一路上感覺還舒暢嗎？」

人員不斷地往後走時，一名軍官在雨中站了好幾個小時，仔細觀察著每一張臉。率領一小批人，在安恆大橋附近校舍奮勇抵抗的麥凱上尉成功逃出，並來到了奈美根。此刻他正在找同連的弟兄，他們大部分都沒有去到安恆大橋，可是麥凱還帶著不死心的盼望，對著從歐斯特貝克出來的傘兵隊伍中尋覓。「最可怕的就是他們的臉孔，」他談到那些傘兵，「看上去都那麼蒼老，疲倦得令人難以置信，到處都可以挑出一名看似歷經風霜的老兵臉孔——那些絕對錯不了『我才不管你』的臉龐，就像他從來打不敗似的。」一整夜到天亮，麥凱都在公路上「找不到一個我認識的。我繼續注視，但心裡就有恨。我恨該為這一切負責的人，我恨那支優柔寡斷的部隊。想到生命的浪費，一個精銳師盡填溝壑，為的是什麼？」麥凱回到奈美根時，天色已經大亮了，他又開始到各收集站、各營區去一一檢查，決心要找到同連弟兄。那個原本兩百人的工兵連，回來的人

---

24 原註：參閱 Dr. John C. Warren，*Arirborne Operations in World War II, European Theater*，頁一四六。

連同麥凱在內，一共只有五人。

在萊茵河的另一岸，因為傷勢與職責關係，而被要求留下來的軍民，都還在原地。一小批錯過渡河的官兵，也留在那邊，蹲縮在這時空無一人的塹壕和火砲陣地。對這些倖存者來說，不再有任何希望，人們待在燻黑一片的陣地，等待命運找上門來。

醫護兵布瑞斯把最後一批能走動的傷患送到河邊時，發現河岸已經空空蕩蕩，他擠在傷兵中間。一位上尉走來，問布瑞斯：「我們怎麼辦？一條船也沒有了。」布瑞斯看看傷患，說：「我想我們只有跟他們留在一起，我不能離開他們。」上尉跟他們一一握手，告訴他們全體，「祝你們好運，我要試試游泳過去了。」布瑞斯最後見到上尉，人已經在涉水走出去了，布瑞斯叫道：「祝您好運，再見。」

對於留在陶佛堡酒店的醫官瑞比-瓊斯少校來說，「全師的撤走，是難以下嚥的苦藥。」但他還是執行自己的工作，他跟好幾組的醫護兵，匆忙把酒店附近家屋裡的傷患抬進來。他們經常是直接用手抬著傷患到收集站，醫護兵把他們裝上德軍卡車、救護車和吉普車，然後自己也爬上去，駛向俘虜營。

佩爾牧師在史可諾德酒店裡整整睡了一晚，醒來嚇了一跳，想說有什麼事不太對勁。最後，他覺得安靜得太不自然了。他匆匆去到一間房，只見一名醫護兵站在窗邊，是外面任何人都看得到他的那種。佩爾走過去時，醫護兵轉過身，說：「全師走了。」沒有人告訴過佩爾撤退這回事，他瞪大眼睛看著醫護兵，「你這傢伙瘋了！」醫護兵搖搖頭說：「自己看看吧，您看哪，我們現在是真正的俘虜了，弟兄們不得不退啊。」佩爾不相信，「醫官，」醫護兵說，「您一定要把這個消息向病人說，我沒有那個膽子告訴他們。」佩爾在酒店上上下下走了一遍，他回憶道：

「每個人都試圖情緒高昂地接受它，但實際上我們全都極度沮喪。」然後，在那間仍然收容著大多數傷患的大房間裡，一名士兵坐在鋼琴前開始彈起一長串的流行歌曲。士兵們放聲高歌，佩爾也不由自主地跟他們一起唱起來。

「歷經這幾天的地覆天翻以後，這可真是古怪。」佩爾說：「德國人不懂，但說起來很容易可以明白。那種提心吊膽、被拋棄的感覺，讓人們的心理產生了極大反轉。除了唱歌之外，我們沒有其他事情可做。」後來維莉斯和其他的荷蘭老百姓準備離開這裡去協助德軍醫院中的傷患時，佩爾滿懷謝意向他們揮手道別。「他們跟我們一起受苦受難，忍飢耐渴，然而他們卻從沒有為自己想過。」最後一批救護車出現時，佩爾和醫護兵把自己手邊的私人物品裝上卡車。他回想當時：「德軍幫我們的忙，出奇的是並沒有敵意，我們沒有一個人有什麼話想說的。」卡車開走時，佩爾感觸地凝望史可諾德酒店被燻黑的殘骸，「那裡確實創造出非凡的奇蹟。」他「絕對有信心，只要個一兩天，可能就是今天晚上，第二軍團會渡過萊茵河，把這一帶又奪回來。」

教堂的對街，荷斯特太太對傷患——現在是戰俘了，說再見。她推著一輛手推車，五個孩子陪著她，開始向阿培頓走去。走沒多遠，她停下腳步，回看一眼這曾經是她家的舊牧師宿舍。她寫道：「陽光照射垂掛在屋頂上的一張明亮的黃色降落傘上……黃得耀眼……來自傘兵們的問候……再會了，朋友們……上帝保佑你們。」

年輕的安妮也在前往阿培頓的路上，一輛輛紅十字會的車子以及救護車從陶佛堡酒店載了傷患駛過時，她忍不住地找起了父親。姑媽、哥哥和她在一起注視著那些過去一週來認識的熟悉臉孔。然後，一輛卡車駛過時，安妮看見父親坐在上面。她大聲喊叫、拔腿奔跑，車停了下來，馬倫醫師下車來迎接家人。他摟抱著他們，說：「我們從沒這麼貧窮過，也從沒這麼富足過。我們的村子、家裡和財物都損失了，可是我們彼此都在，都還活著。」馬倫要上車去照料傷患，跟家人安排好在阿培頓碰面。他們在上千難民隊伍中走著時，安妮回頭看了一眼。她寫道：「天空是一片深紅色，就像傘兵為我們捐出了生命的鮮血。我們一家四口都還活著，但在這個毫無希望的星期結束時，戰鬥在我的靈魂留下了印記。光榮歸於所有親愛、勇敢的湯米，以及所有奉獻生命來協助、拯救別人的人。」

——

柯娜在德瑞爾靜得出奇的環境中醒了過來。已經是九月二十六日星期二的上午了，傷口痛得好厲害，寧靜使她產生疑惑。柯娜有氣沒力地走到外面，滾滾黑煙從市鎮中心、從河對面的歐斯特貝克向上升起。可是戰爭的聲音不見了。她跨上自行車，緩緩向村裡騎去。街道空蕩蕩，部隊已經走了。遙望遠處，車隊最後一批車輛正朝南向奈美根駛去。德瑞爾一間毀壞了的教堂附近，只有少數幾個阿兵哥在吉普車旁徘徊。柯娜頓時意識到英軍和波軍正在撤離。血戰已經過去，德軍馬上就會回來。她朝這些士兵走過去時，教堂損毀的鐘樓裡鐘響了，柯娜抬頭一望，一名傘兵坐在鐘樓上，頭上綁著繃帶。「怎麼回事呀？」柯娜高聲問道。「一切都結束了，」傘兵回答，「全都結束了，我們退出去了。我們是最後一批。」柯娜盯著他，「那你為什麼敲鐘呀？」傘兵再敲一下，鐘聲在這處千年的荷蘭德瑞爾古村裡迴盪，然後再漸漸消逝。阿兵哥向下看著柯娜，說：「好像是要敲鐘才對呀！」

「以我明顯有偏狹的觀點來看，如果這次行動從一開始就得到支持，並且擁有所需的飛機、地面部隊與行政資源，那這次行動即使有我的失誤、惡劣天氣，或是有黨衛軍第二裝甲軍出現在安恆地區，最後還是會成功的。我至今仍是堅決支持市場花園作戰的支持者。」

蒙哥馬利爵士元帥，*Memoirs: Montgomery of Alamein*，二六七頁。

「我國再也無法承受另一次蒙哥馬利式的成功了。」

荷蘭伯恩哈特親王對本書作者的描述。

附註　針對傷亡人數的說明

常靖譯

盟軍在市場花園作戰的傷亡比諾曼第登陸的整個龐大過程還要多。大多數歷史學家同意，一九四四年六月六日D日之後的二十四小時內，盟軍的總傷亡大約在一萬人到一萬兩千人之間。而在市場花園作戰的九天內，空中與地面部隊的傷亡與失蹤人數則超過一萬七千人。

英軍的傷亡最為慘重，有一萬三千兩百二十六人。英國第一空降師幾乎全滅。在安恆的一萬零五人中，包括波軍與滑翔機駕駛在內，共有七千五百七十八人傷亡。除此以外，還有兩百九十四名皇家空軍的飛行員和機組人員傷亡，因此傷、亡、失蹤總數達到七千八百七十二人。霍羅克斯將軍的第三十軍折損了一千四百八十人，英國第八與第十二軍又另外損失三千八百七十四人。

美軍的傷亡包括滑翔機駕駛與第九空運司令部旗下的人員在內，一共有三千九百七十四人。蓋文將軍的八十二空降師折損一千四百三十二人，泰勒將軍的一〇一空降師折損兩千一百一十八人；航空部隊折損四百二十四人。

完整的德軍統計數字至今仍然不明，但在安恆與歐斯特貝克，目前公認的傷亡數字是三千三百人，包括一千三百人陣亡。然而在整個市場花園作戰的交戰區域內，摩德爾元帥手下的傷亡要高得多。雖然無法找出敵軍陣亡、受傷與失蹤的明細，但從內爾佩特的突破，再到奈美根、格拉福、費赫爾、貝斯特與恩荷芳等交戰的走廊地帶，在訪問德軍指揮官後，我會保守估計

B集團軍至少另外承受了七千五百人到一萬人的傷亡，其中大約有四分之一是陣亡。

荷蘭的平民又有多少傷亡呢？沒有人知道。安恆與歐斯特貝克兩地據說平民傷亡不多，不到五百人，但沒有人真的確定。我曾聽過傷亡數字（包括死亡、受傷與失蹤），宣稱整個市場花園作戰和強制撤離安恆地區加起來，共有高達一萬人的傷亡，包括在戰役後的寒冬中飢荒與物資缺乏所造成的傷亡。

最近剛過世的布魯門提特將軍在一次訪談時告訴我，說倫德斯特元帥對於希特勒在信中暗示他曾經「請求解除職務」這點相當受傷。「總部有些人真的以為他提出過請求，但他沒有。倫德斯特否認自己曾經請求解除職務，甚至也否認自己曾經想要這樣做。他非常生氣，生氣到甚至還發誓再也不在希特勒底下指揮部隊。我知道他不是這個意思，因為對倫德斯特來說，軍事上的服從是無條件而絕對的。」

根據「*The Memoirs of Field Marshal Keitel*」一書（第十章，三四七頁）的編輯喬里茲・瓦特（Walter Goerlitz），倫德斯特對希特勒這樣說：「我的元首，不論您有何命令，我都會執行，直到我剩最後一口氣為止。」有關倫德斯特的反應，我難免偏向他的前參謀長布魯門提特的描述。「我什麼都沒有說，」倫德斯特告訴他，「我要是開口的話，希特勒肯定會『對著我』講三個小時的話。」

謝誌

常靖譯

本書寫作時，二次大戰已過去將近三十年，雖有大量盟軍與德軍紀錄留存，但當代的史學家已經逐漸難以找到戰爭的生還者。許多領導人物都已過世，有許多困擾大家的問題，其答案也跟著帶進了墳墓。在諾曼第登陸之後的所有大規模行動與戰役，沒有一個比市場花園作戰更為重大。然而除了一些個人回憶錄與少數官方與半官方歷史中的篇章以外，這個悲劇故事在美國卻相當不為人知。八十二與一〇一空降師的成功角色（尤其是蓋文的部隊跨越瓦爾河的作為），在英軍的紀錄中只有一兩段帶過而已。

英國第一空降師在安恆的堅守，至今仍是第二次世界大戰軍事史上最偉大的壯舉之一。但這也是一場慘敗，可說是英國的第二個敦克爾克。因此，政府基於習慣而隱藏自己的失敗，英美兩國檔案庫中對於此事的記載往往付之闕如、難以取得。為了解開部分謎團、呈現出我認為是史上第一次由參與各方（盟軍、德軍、荷蘭反抗軍以及平民）的觀點完整描述本次空降-地面作戰，我花了將近七年的時間調查。這段期間內有些時候，尤其是在我重病的時候，我真的覺得這本書不會有付梓的一天。

如同筆者先前的二次大戰書籍（如一九五九年的《最長的一日》和一九六六年的《最後一役》），本書的資訊主要來自參加戰役的人：盟軍的士兵、和他們交戰的德軍，還有勇敢的荷蘭平民。一共有大約一千兩百人對《奪橋遺恨》分享了自己的經歷。這些軍人、前軍人和平民都無私而大方地貢獻了他們的時間，接受我的採訪、指引我踏上戰場、提供各種文件與細部資料，包括日記、信件、軍事專著、電話紀錄、小心保存的行動報告、地圖與照片。若是沒有這些人的貢獻與協助，本書絕不可能完成。

基於種種原因，包括重複、缺乏實證與純粹的數量過多，本書並未寫入每一位受訪者的個人故事或經驗。在那一千兩百名貢獻者中，有超過一半接受了訪問，其中有約四百人的說法獲得採用。但三十年過去了，記憶當然不會完全準確。我必須採取特定的嚴格標準，類似於我先前所著書籍的研究程序。本書中的每個說法或引言都有文件為證，或是有其他聽見或看見所述事件的其他人證實。本書無法加入口耳相傳、謠言或是第三方的說法。我的檔案中有數百個也許完全正確的故事，但卻都無法得到其他參與人士的證實。為了追求史實，這些故事便沒有使用在這裡。我希望這許許多多的貢獻者都能明白我這麼做的理由。

在我重建市場花園作戰恐怖的那九天時，有好多人都幫了我的忙，多到讓我不知道應該從誰講起的地步。然而首先我想特別感謝荷蘭的伯恩哈特親王殿下，他花了許多時間，幫我找到、建議要訪問的人，並讓我得以進入荷蘭和英國的檔案庫。我還要溫暖地感謝《讀者文摘》的德特．華萊士（Dewitt）和利拉．華萊士（Lila Wallace）夫婦。他們不但承擔了研究這段歷史的許多開銷，還讓我借用美國與歐洲辦公室的許多記者和研究人員。在這些人當中，我要特別感謝以下人士：紐約的Heather Chapman；華盛頓特區的Julia Morgan；倫敦的Michael Randolph；巴黎的John D. Panitza、John Flint、Ursula Naccache和Giselle Kayser；斯圖加特最近剛過世的Arno Alexi；阿姆斯特丹的Aad van Leeuwen、Jan Heijn、Liesbeth Stheeman和Jan van Os。

我必須專門空出一段，來感謝Frederic Kelly孜孜不倦而又不辭辛勞的努力。他當了我兩年的助理。他在英國、荷蘭與美國的研究、訪談與深入採訪的執行，可以說是無價的，就如同他拍下的參戰老兵近照一樣。

我也必須感謝美國國防部軍事歷史處（Office of the Chief of Military History, OCMH）處長Hal C. Pattison准將（當時的軍階），以及協助我建立軍事組織架構的助理，尤其是Ditmar M. Finke和Hannah Zeidlik。我還必須提一個幫我許多、鼓勵我許多的人，就是軍事歷史處的Charles B. MacDonald，他在*The Siegfried Line Campaign*書中的內容也包括了市場花園作戰的詳細精確陳述。我也非常仰賴布拉曼生（Martin Blumenson）所著的*Breakout and Pursui*一書，該書同為軍事歷史處的官方歷史系列叢書。我還要再次感謝波格博士（Forrest C. Pogue），因為他在軍事歷史處的*The Supreme Command*一書中詳細說明了指揮架構。

對於在美國與歐洲尋找老兵、安排訪談的協助，我必須感謝美國國防部雜誌書刊處（Magazine and Book Division）的軍官：處長Grover G. Heimann, Jr.退休空軍上校、Charles W. Burtyk, Jr.陸軍中校（副處長）、Robert A. Webb空軍中校、Anna C. Urband小姐，以及行政官室的Seymour J. Pomrenze。

針對德軍方面的研究，我必須感謝以下美國國防部二次大戰文獻處（World War II Records Division）的人士：主任Robert W. Krauskopf博士、Herman G. Goldbeck、Thomas E. Hohmann、Lois C. Al-dridge、Joseph A. Avery、Hazel E. Ward、Caroline V. Moore和Hildred F. Livingston。若是無法完整了解我得到的德軍戰爭日誌與專著，就幾乎不可能準確地訪問德國方面的參戰人員，尤其是黨衛軍的指揮官畢特利希中將、哈邁爾少將和海澤中校，他們都是第一次將自己有關市場花園作戰的故事講給美國人聽。

在荷蘭，我和我的助理得到荷蘭檔案庫管理單位的全力配合。我最感謝的是國立戰爭文獻研究所（State Institute for War Documentation）所長Louis de Jong博士教授、檔案管理師Jacob Zwaan、安恆空降博物館（Arnhem Airborne Museum）館長B. G. J. de Vries先生，還有Eduard Groeneveld博士與Emmie Groeneveld太太。在荷蘭皇家陸軍的軍事史部門中，有許多人幫我的助理做了許多重要的研究，包括Gerrit van Oyen中校、August Kneepkens中校、Gilbert Frackers上尉、Hendrik Hielkema上尉。荷蘭各界的協助非常詳細，我甚至取得市場花園作戰各座橋樑有關的比例地圖、圖畫與照片。其中Louis Einthoven的協助尤其重要，他是戰後荷蘭的國安與情報長官，他協助我公開荷蘭間諜林德曼的故事。

安恆、奈美根、費赫爾與恩荷芬等地的市立檔案庫都對本書有著非常大的貢獻，我在上述檔案庫都找到了大量的背景資料，並加以檢視。我真的虧欠上述中心的以下人士甚多：Klaas Schaap、Anton Stempher、Pieter van Iddekinge博士（安恆）；Albertus Uijen和Petrus Sliepenbeek（奈美根）；Jan Jongeneel（費赫爾）；Frans Kortie（恩荷芬）。

許多荷蘭的貢獻者中，最值得特別一提的包括來自歐斯特貝克的荷斯特夫婦以及福斯格夫婦。他們花了好幾個小時的時間，和我細說第一空降師在他們村子裡受苦的那最後幾天的每個細節。福斯格先生帶我前往戰場，荷斯特夫婦則第一次替我揭開德瑞爾渡口的神秘面紗。在德瑞爾，柯娜的家人提供了我好幾個小時詳細的訪談內容，後來都很有用。至於檢視並解讀荷蘭這邊的訪談，我也必須感謝一個人，就是來自阿姆斯特丹《電訊報》（*Amsterdam Telegraaf*）的A. Hugenot van der Linden。若是沒有他的仔細檢查，我一定會犯很多錯誤。這點也適用於沃特少校，他現在是鹿特丹的警察局局長，他給了我一套幾乎是以分鐘為單位的詳細解說，說明厄克特將軍的師部到底發生了什麼事。在歐斯特貝克，馬倫家族提供了驚人的日記與訪談內容，而維莉斯的詳細筆記也和馬倫家族提供的文獻一樣，讓我得以清楚看到急救站的狀況。他們鮮明的紀錄與超凡的協助讓我得以重建當時的氣氛。我真的很感謝他們所有人。

眾多軍方的貢獻者當中，有許多人必須特別提出來單獨致謝，其中包括蓋文中將、泰勒上將、厄克特少將與麥肯齊上校，他們都耐心地參與了無數次的訪談。其他幫助我最多的人還包括福洛斯特少將、麥凱上校、希克斯少將、海克特上將、查特敦准將、沃契准將、烏庫霍特先生、最近剛過世的索沙保斯基少將，以及佩爾牧師所提供的筆記，得以建構出一份難以忘懷、悽美的文獻。莫里葉（布朗寧夫人，Daphne du Maurier）的智慧與常識成了令人鼓舞的訪談對象，並且也解決了安恆周遭的許多迷思。

在德國，我在尋找生還者和背景資料、專著與戰爭日誌的工作上得到了許多人的大力協助，包括波昂的媒體資訊部的Bliesener博士、國防部的Siegel中將、軍事史研究處的Wolfgang von Groote博士與Forwick少校，以及聯邦檔案庫的Stahl博士中校。

還有很多很多其他人，他們的支持與協助都讓這本書得以付梓。我必須再次感謝我的妻子Kathryn，她自己就是作家，幫我組織、整理研究，並幫我檢查、修改我不連接的分詞用法。同時在我病得最重的時候，我必須全心感謝我的好友Patrick Neligan醫師，他與Willet Whitmore醫師兩人的細心照顧，讓我奇蹟似地撐了過來、得以繼續寫作。同時我也要再次感謝傑里・科恩（Jerry Korn）來當我的首席「挑剔專家」、仔細閱讀原稿的Suzanne Gleaves與John Tower、我的摯友與助理Anne Bardenhagen，以及偶爾充當秘書的Judi Muse和Polly Jackson。我還要感謝我的經紀Paul Gitlin，出版社西蒙與舒斯特（Simon and Shuster）那邊給我建議的Peter Schwed和Michael Korda，以及耐心等待本書完成的《讀者文摘》總裁路易士（Hobart Lewis）。

Diaries, O.C.M.H., MS. A-860.

Skalka, SS Major Egon, Divisional Doctor, 9th SS Panzer Hohenstaufen, Official Headquarters Reports; Medical Estimate of the Arnhem Battle; Interrogation Reports. British and Dutch Archives. Diary, notes as given to the author.

Speidel, Lt. Gen. Dr. Hans, *OB West, A Study in Command, Atlantic Wall to Siegfried Line*, Vols. I, II, III, O.C.M.H., MS. B-718.

Student, Col. Gen. Kurt, CO. 1st Para. Army, *Battles of the 1st Parachute Army on the Albert Canal*; and *Allied Airborne Operations on 17 September, 1944*, O.C.M.H., MS. B-717. Manuscripts, notes and maps as given to the author. Statement in Nijmegen Archives, File 35.

——, "Arnhem—The Last German Victory," from The Soldier Speaks, No. 5, 1952.

Tettau, Lt. Gen. Hans von, *Combat Reports 17 September-26 September, 1944 of Units Committed in the Netherlands*, Document No. 40649H. Dutch Archives.

Warlimont, General Walter, *From the Invasion to the Siegfried Line, 1939-1945*. London: Weidenfeld & Nicolson, 1962.

Zangen, General Gustav von, *Battles of the Fifteenth Army Between the Meuse-Schelde Canal and the Lower Meuse, 15 September-10 November, 1944*, O.C.M.H., MS. B-475.

Zimmerman, Lt. Gen. Bodo, *OB West, A Study in Command, Atlantic Wall to Siegfried Line*, Vols. I, II, III, O.C.M.H., MS. B-308.

Harmel, SS Major General Heinz, C.O. 10th SS PZ Division Frundsberg. Personal diary; maps, Orders of Battle; Operational Orders and pertinent sections of Official War Diary. All called the "Harmel Papers," as given to the author.

Harzer, SS Lt. Col. Walter, CO., 9th SS PZ Division Hohenstaufen, H.Q. War Diaries, Operation Reports and Interrogations, all under "Harzer Papers." File #74; H.Q. Daily Reports, Document #78013/19. U.S., British and Dutch Archives.

Heichler, Lucien, *The Germans Opposite 30th Corps*, an account of the First Parachute Army on the Albert Canal. Research monograph. Washington, D.C.: O.C.M.H., Dept. of the Army, 1962.

Heydte, Lt. Col. Frederick von der, C.O., 6th Para. Regiment. *6 FS Jaeger Regiment in Action Against U.S. Paratroopers in the Netherlands*, September 1944; maps and overlays. O.C.M.H., MS. C-001.

Krafft, SS Major Sepp, C.O., Panzer Grenadier Depot Battalion 16 Netherlands, correspondence between Krafft and Heinrich Himmler; Krafft "War Diary"; "The Battle of Arnhem" as presented to Heinrich Himmler; British Intelligence Corps translation of Krafft Diary, with commentary.

Mattenklott, Lt. Gen. Frans, Report on Military Area 6 and The Rhineland, 15 September, 1944-21 March 1945. O.C.M.H., MS. B-044.

Meindle, General Eugen, C.O., II Para. Corps. *The II Para. Corps., 15 September, tember*, 1944. Document Nos. III H 15450 and 75145/5.

Model, Field Marshal Walter, OKW-AGpB War Diary, Operational Daily Reports, 1 September-15 October 1944. Document No. III H 15452/2; OKW—AGpB War Diary; Operations and Orders, September 1-September 30, 1944. Document No. III H 15453/2; AGpB—Situation and Weekly Reports; Telephone Log and Teletype Message Files, Proclamations for September, 1944. Document Nos. III H 15450 and 75145/5. *190th Infantry Division, Report of, Commitment 17 September*, 1944-16 April, 1945. O.C.M.H., MS. B-195.

Poppe, Major General Walter, CO., 59th Infantry Division. *2nd Commitment of the 59th Infantry Division in Holland, 18 September-25 November, 1944*. O.C.M.H., MS. B-149; War Diary and Operational Orders as given to the author.

Rauter, SS Lt. Gen. Hans Albin, Trial proceedings, Dutch Ministry of Justice, 1952; Interrogations of and testimony in Dutch Historical Archives and in the *Netherlands in Wartime*, Vol. 4, No. 1 (March, 1949). Rauter's Proclamations, Nijmegen Archives.

Reinhard, Gen. Hans W., C.O. 88 Corps., *Report of the Commander 6 June-21 December 1944*, O.C.M.H., MS. B-343 and MS. B-156.

Reinhardt, Maj. Gen. Hellmuth, C. of S. Wehrmacht Commander in Chief in Denmark. *Commitment of the 406th Division Against the Allied Airborne Assault at Nijmegen, September 17, 1944*. O.C.M.H., MS. C-085; Supplement to the Report, O.C.M.H., MS. C-085A.

Rundstedt, Field Marshal Gerd von, *OB West, Daily Reports of Commander in Chief West, September 2-30, 1944*. Document No. 34002; *OKW—OB West War Diary, September-October, 1944*, including Annex 2224-2476. British and Dutch archives; *OB West, A Study in Command, Atlantic Wall to Siegfried Line*, Vols. I, II, III, O.C.M.H., MS. B-633.

Scheidt, Wilhelm, *Hitler's Conduct of the War*, O.C.M.H., MS. ML-864.

Schramm, Major Percy E., *The West (1 April 1944-16 December 1944)*, MS. B-034; *Notes on the Execution of War*

McCulloch, C. A., "The Epic of Arnhem," Springbok, September, 1955.
Mackay, Maj. E. M., "The Battle of Arnhem Bridge," Blackwood's Magazine, October, 1945.
Montgomery, Field Marshal Sir Bernard L., "21st [British] Army Group in the Campaign in North-West Europe, 1944-45," The Journal of the Royal United Service Institution, Vol. 90, No. 560 (November, 1945).
Packe, Michael St. J., "The Royal Army Service Corps atArnhem," The Journal of the R.A.S.C., November, 1945.
St. Aubyn, Lt. The Hon. Piers, "Arnhem," The King's Royal Rifle Corps Chronicle, 1946.
Smith, Robert, "With the R.A.M.C. at Arnhem," Stand-to, Vol. 1, No. 8 (October-November, 1950).
Stevenson, Lt. J., "Arnhem Diary," Reconnaissance Journal, Vol. 4, No. 1 (Autumn, 1947).
Tatham-Waiter, Maj. A. D., D.S.O., "Escape from Arnhem," The Oxfordshire and Buckinghamshire Light Infantry Chronicle, Vol. 48 (1946).
Taylor, Lt. Col. George, D.S.O., "With 30 Corps to Arnhem," Ça Ira, Vol. 8, No. 2 (June, 1949).
Tompkins, Col. Rathvon McC., "The Bridge," Marine Corps Gazette, April, 1951, and May, 1951.
Tooley, Lt. Col. I. P., "Artillery Support at Arnhem," The Field Artillery Journal, April, 1945.
Watkins, Maj. Ernest, "Arnhem, the Landing and the Bridge," British Army Bureau of Current Affairs, No. 83 (1944).
Williams, F. Lt. A. A., "I Was at Arnhem," The Royal Air Force Journal, December, 1944.
Wilmot, Chester, "What Really Happened at Arnhem," Stand-to, Vol. 1, No. 8 (1950).
Winder, Sgt. F., "Postscript" in "Arnhem Diary," Reconnaissance Journal, Vol. 4, No. 1 (Autumn, 1947).
Wood, Alan, "How Arnhem Was Reported," Pegasus, July and October, 1946.
——, "News from Arnhem," Pegasus, October, 1949.
Wooding, F. B., "The Airborne Pioneers," The Royal Pioneer, Vol. 7, No. 30 (March, 1952).

德國手稿，軍事研究及擄獲文件

Bittrich, SS General Wilhelm, CO II SS Panzer Corps., H.Q. Battle Orders; *Report on the Activities of the II SS Panzer Corps., Aug.-Nov. 1944*, together with maps; Bittrich's account of Arnhem Battle, September 17-26, 1944; Incoming reports from Commanders of 9th and 10th SS PZ Divisions; Personal papers, diaries and maps—as given to the author.
Blumentritt, General Gunther, *OB West, A Study in Command, Atlantic Wall to Siegfried Line*, Office of the Chief of Military History (hereafter referred to as O.C.M.H.), Department of Army, U.S.A., MS. B-344; Manuscripts, notes and maps as given to the author.
Buttlar, Major General Horst von, OB West, A Study in Command, Atlantic Wall to Siegfried Line, O.C.M.H., MS. B-672.
Christiansen, General Friederich, CO Luftwaffe, German Armed Forces in the Netherlands, Interrogation of, File No. 67 Nijmegen Archives; Testimony and trial proceedings, Dutch Ministry of Justice, July-August, 1948.
Feldt, General Kurt, *Corps. H. Q. Feldt and 406th Division from 17-21 September 1944*. O.C.M.H., MS. C-085.
Fullriede, SS Col. F. W. H., C.O. Replacement & Training Para. Brigade Hermann Goring. Utrecht. Personal Diary, September 1-October 5, 1944. Translated by Peter Ranger. Interrogation of, April 8, 1948, Nijmegen Archives, File 83.

Warlimont, Walter, *Inside Hitler's Headquarters 1939-1945*. London: Weidenfeld & Nicolson, 1964.
Warrack, Graeme, *Travel by Dark: After Arnhem*. London: Harvill Press, 1963.
Warren, Dr. John C, *Airborne Operations in World War II, European Theatre*. Washington, D.C.: U.S. Air Force, Historical Division, 1956.
Watkins, G. J. B., *From Normandy to the Weser: The War History of the Fourth Battalion, the Dorset Regiment*. Dorchester: The Dorset Press, 1952.
Websters, Sir Charles, and Frankland, Noble, *The Strategic Air Offensive Against Germany, 1939-45* (Vols. 1-4). London: H. M. Stationery Office, 1961.
Weller, George, *The Story of the Paratroops*. New York: Random House, 1958.
Wheeler-Bennett, John, *Nemesis of Power*. New York: St. Martin's Press, 1954.
Wilmot, Chester, *The Struggle for Europe*. New York: Harper & Bros., 1952.

選輯文章

"Arnhem Diary," Reconnaissance Journal, Vol. 4, No. 1 (Autumn, 1947).
"Arnhem Was Their Finest Hour," Soldier, Vol. 13 (September 1957).
"Battle of Desperation, The," Time Magazine, October 2, 1944.
Best, C. E., M.M., "The Mediums at Arnhem," Gunner, Vol. 33, No. 1 (January, 1951).
Bestebreurtje, Maj. A. D., "The Airborne Operations in the Netherlands in Autumn 1944," Allegemeine Schweizerische Militärzeitschrift, Vol. 92 (1946), No. 6.
Breese, Maj. C. F. O., "The Airborne Operations in Holland, Sept. 1944," The Border Magazine, September, 1948 (Part 1), and March, 1949 (Part II).
Burne, Alfred H., "Arnhem," The Fighting Forces, 1944.
Chatterton, Brig. G. J. S., "The Glider Pilot Regiment at Arnhem," The Eagle, Summer, 1954.
Colman, D. E., "The Phantom Legion," The Army Quarterly, April, 1962.
Courtney, W. B., "Army in the Sky," Collier's, November, 1944.
Cousens, Maj. H. S., "Arnhem 17th-26th September, 1944," from *The Spring of Shillelagh*, Vol. 28, No. 322 (Spring-Summer, 1948).
Exton, Hugh M., "The Guards Armoured Division in Operation Market-Garden," *Armoured Cavalry Journal*, 1948.
Falls, Cyril, "Arnhem—A Stage in Airborne Tactics," Illustrated London News, October, 1945.
Fijalski, Stanley, "Echoes of Arnhem," Stand-to, 1950.
Gellhorn, Martha, "Death of a Dutch Town," Collier's, December, 1944.
Greelen, Lothar van, "The Puzzle of Arnhem Solved," Deutsche Wochen Zeitung, 1964.
Herford, M. E. M., "All in the Day's Work" (Parts 1 and 2), The Journal of the Royal Army Medical Corps, 1952.
"How the Supplies Reached Arnhem," Journal of the Royal Army Service Corps, Vol. 69, No. 2 (November, 1944).
Intelligence Corps, "With the Airborne at Arnhem," Notes of Interest, Vol. 8 (1915).
Lister, Evelyn, "An Echo of Arnhem," British Legion Journal, September, 1950.

Pictorial Biography of the U.S. 101st Airborne Division, A , Compiled by the 101st's Public-Relations Unit, Auxerre, France, 1945.

Pinto, Lt. Col. Oreste, *Spy-Catcher*. New York: Harper, 1952.

Pogue, Forrest C., *The Supreme Command*. Washington, D.C.: Office of the Chief of Military History, Department of the Army, 1946.

Rapport, Leonard, and Northwood, Arthur, Jr., *Rendezvous with Destiny: A History of the 101st Airborne Division*. Washington, D.C.: Washington Infantry Journal Press, 1948.

Reader's Digest, *Illustrated Story of World War II*. Pleasantville, N.Y.: The Reader's Digest Association, 1969.

Ridgway, Matthew B., *Soldier: The Memoirs of Matthew B. Ridgway*. New York: Harper & Bros., 1956.

Rosse, Captain the Earl of, and Hill, Col. E. R., *The Story of the Guards Armoured Division*. London: Geoffrey Bles, 1956.

Sampson, Francis, *Paratrooper Padre*. Washington: Catholic University of America Press, 1948.

Saunders, Hilary St. George, *The Fight Is Won: Official History Royal Air Force, 1939-1945* (Vol. III). London: H. M. Stationery Office, 1954.

——, *The Red Beret*. London: Michael Joseph, Ltd., 1950.

Seth, Ronald, *Lion With Blue Wings*. London: Victor Gollancz, Ltd., 1955.

Shirer, William L., *The Rise and Fall of the Third Reich: A History of Nazi Germany*. New York: Simon and Schuster, 1960.

Shulman, Milton, *Defeat in the West*. London: Seeker and Warburg, 1947.

Smith, Gen. Walter Bedell (with Stewart Beach), *Eisenhowers Six Great Decisions*. New York: Longmans, Green, 1956.

Smythe, Jack, *Five Days in Hell*. London: William Kimber, 1956.

Snyder, Louis L., *The War: A Concise History, 1939-1945*. London: Robert Hale, 1960.

Sosabowski, Maj. Gen. Stanislaw, *Freely I Served*. London: William Kimber, 1960.

Stacey, Col. C. P., *The Canadian Army: 1939-45*. Ottawa: King Printers, 1948.

Stainforth, Peter, *Wings of the Wind*. London: Falcon Press, 1952.

Stein, George H., *The Waffen SS 1939-45*. Ithaca, N.Y.: Cornell University Press, 1966.

Sulzberger, C. L., *The American Heritage Picture History of World War II*. New York: American Heritage Publishing, 1966.

Swiecicki, Marek, *With the Red Devils at Arnhem*. London: Max Love Publishing, 1945.

Tedder, Lord, *With Prejudice: The Memoirs of Marshal of the Royal Air Force Lord Tedder*. London: Cassell, 1966.

Thompson, R. W., *The 85 Days*. New York: Ballantine Books, 1957.

Toland, John, *Battle*. New York: Random House, 1959.

——, *The Last 100 Days*. New York: Random House, 1965.

Trevor-Roper, H. R., editor, *Hitlers War Directives 1939-1945*.London: Sidgwick and Jackson, 1964.

Trials of German Major War Criminals, The (Vols. 1-26). London: H. M. Stationery Office, 1948.

Urquhart, Maj. Gen. R. E., *Arnhem*. New York: W. W Norton, 1958

Vandeleur, Brig. J. O. E., *A Soldiers Story*. Aldershot: Gale & Polden, 1967.

Verney, Maj. Gen. G. L., *The Guards Armoured Division*. London: Hutchinson, 1955.

———, *Battle at Best*. New York: William Morrow, 1963.

———, *Men Against Fire*. New York: William Morrow, 1947.

———, Westover, John G., O'Sullivan, Jeremiah, Corcoran, George, *The American Divisions in Operation Market*; unpublished monograph, Washington, D.C.: Office of the Chief of Military History, Dept. of the Army, 1945.

Martens, Allard, *The Silent War*. London: Hodder & Stoughton, 1961.

Matloff, Maurice, *Strategic Plan for Coalition Warfare, 1941-2, 43-4*. Washington, D.C.: Office of the Chief of Military History, Dept. of the Army, 1953-59.

Milbourne, Andrew, *Lease of Life*. London: Museum Press, 1952.

Millar, Ian A. L., *The Story of the Royal Canadian Corps*. Privately printed.

Millis, Walter, *The Last Phase*. Boston: Houghton Mifflin, 1946.

Montgomery, Field Marshal Sir Bernard, *Despatch of Field Marshal The Viscount Montgomery of Alamein*. New York: British Information Services, 1946.

———, *The Memoirs of Field Marshal The Viscount Montgomery of Alamein, K.G.* London: Collins, 1958.

———, *Normandy to the Baltic*. Privately published by Printing & Stationery Service, British Army of the Rhine, 1946

Moorehead, Alan, *Eclipse*. New York: Coward-McCann, 1945.

———, *Montgomery*. London: Hamish Hamilton, 1946.

Morgan, Gen. Sir Frederick, *Peace and War: A Soldiers Life*. London: Hodder and Stoughton, 1961.

Morison, Samuel Eliot, *The Invasion of France and Germany, 1944-45*. Boston: Little, Brown, 1959.

Nalder, Maj. Gen. R. F. H., *The History of British Army Signals in the Second World War*. Aldershot: Royal Signals Institution, 1953.

Newnham, Group Capt. Maurice, *Prelude to Glory. The Story of the Creation of Britain's Parachute Army*. London: Sampson Low, Marston, 1947.

Nicolson, Captain Nigel, and Forbes, Patrick, *The Grenadier Guards in the War of 1939-1945* (Vol. 1). Aldershot: Gale & Polden, 1949.

IX Troop Carrier Command in World War II. Washington, D.C.: U.S. Air Force, Historical Division, n.d.

Nobécourt, Jacques, *Hitlers Last Gamble: The Battle of The Bulge*. New York: Schocken Books, 1967.

North, John, *North-West Europe 1944-5. The Achievement of the 21st Army Group*. London: H. M. Stationery Office, 1953.

Not in Vain, Compilation by the People of Oosterbeek. Arnhem, Holland: Van Lochum Slaterus, 1946.

Orde, Roden, *The Household Cavalry at War: Second Household Cavalry Regiment*. Aldershot: Gale & Polden, 1953.

Otway, Col. Terence, *The Second World War 1939-45: Airborne Forces*. London: War Office, 1946.

Packe, M. *First Airborne*. London: Seeker & Warburg, 1948.

Pakenham-Walsh, Maj. Gen. R. P., *History of the Corps of Royal Engineers. Volume IX, 1938-1948*. Chatham: Institution of Royal Engineers, 1958.

Patton, Gen. George S., Jr., *War as I Knew It*. Boston: Houghton Mifflin, 1947.

Paul, Daniel, with St. John, John, *Surgeon at Arms*. London: William Heinemann, 1958.

Phillips, Norman C., *Holland and the Canadians*. Holland: Contact Publishing Co.,1946.

Guingand, Maj. Gen. Sir Francis de, *Generals at War*. London: Hodder & Stoughton, 1964.
——, *Operation Victory*. London: Hodder & Stoughton, 1947.
Gunning, Capt. Hugh, *Borderers in Battle*. Berwick-on-Tweed, Scotland: Martin's Printing Works, 1948.
Hagen, Louis, *Arnhem Lift*. London: Pilot Press, 1945.
Hausser, Paul, *Waffen SS in Einsatz*. Göttingen: Plesse, 1953.
Heaps, Capt. Leo, *Escape from Arnhem*. Toronto: Macmillan, 1945.
Heijbroek, M., *The Battle Around the Bridge at Arnhem*. Oosterbeek: The Airborne Museum Collection at Kasteel De Doorwerth, Oosterbeek, 1947.
Heydte, Baron von der, *Daedalus Returned: Crete 1941*. London: Hutchinson, 1958.
Hibbert, Christopher, *The Battle of Arnhem*. London: B. T. Batsford, 1962.
History of the 2nd Battalion, The Parachute Regiment. Aldershot: Gale & Polden, 1946.
Höhne, Heinz, *The Order of the Death's Head*. New York: Coward-McCann, 1970.
Hollister, Paul, and Strunsky, Robert, editors, *D-Day Through Victory in Europe*. New York: Columbia Broadcasting System, 1945.
Horrocks, Lt. Gen. Sir Brian, *A Full Life*. London: Collins, 1960.
Horst, H. B. van der, *Paratroopers Jump*. Privately published, n.d.
Horst, Kate A. ter, *Cloud Over Arnhem*. London: Alan Wingate, 1945.
Howard, Michael, and Sparrow, John, *The Coldstream Guards 2920-1946*. London: Oxford University Press, 1951.
Ingersoll, Ralph, *Top Secret*. New York: Harcourt, Brace, 1946.
Ismay, Gen. *Lord, Memoirs*. New York: Viking Press, 1960.
Jackson, Lt. Col. G. S., *Operations of the VIII Corps*. London: St. Clements Press, 1948.
Joslen, Lt. Col. H. F., *Orders of Battle, Second World War, 1939-45*. London: H. M. Stationery Office, 1960.
Kahn, David, *The Code Breakers*. New York: Macmillan, 1967.
Keitel, Wilhelm, Field Marshal, *The Memoirs of Field Marshal Keitel*; Walter Görlitz, editor. New York: Stein & Day, 1965.
Lederrey, Col. Ernest, *Germany's Defeat in the East—1941-45*. Charles Lavauzelle, France, 1951.
Lewin, Ronald, editor, *The British Army in World War II: The War on Land*. New York: William Morrow, 1970.
Liddell Hart, B. H., *History of the Second World War*. New York: Putnam's Sons, 1971
——, *The Other Side of the Hill*. London: Cassell, 1948.
Liberation of Eindhoven, The. Eindhoven: The Municipality of Eindhoven, September, 1964.
Life, editors of, *Life's Picture History of World War II*. New York: Time, Inc., 1950.
Lord, W. G. II, *History of the 508th Parachute Infantry*. Privately printed, n.d.
MacDonald, Charles B., *Command Decision*; Kent Greenfield, editor. London: Methuen, 1960.
——, *The Mighty Endeavor*. New York: Oxford University Press, 1969.
——, *U.S. Army in World War II: The Siegfried Line Campaign*. Washington, D.C.: Office of the Chief of Military History, Dept. of the Army, 1963.
Mackenzie, Brig. C. D., *It Was Like This!* Oosterbeek: Adremo C. V., 1956.
Marshall, S. L. A., *Battalion & Small Unit Study No. 1: Kinnard's Operation in Holland*. Washington, D.C.: Office of the Chief of Military History, Dept. of the Army, 1945.

Cole, Lieut. Col. Howard N., *On Wings of Healing*. London: William Blackwood & Sons, 1963.
Collis, Robert, and Hogerziel, Hans, *Straight On*. London: Methuen, 1947.
Covington, Henry L., *A Fighting Heart: An Unoffcial Story of the 82nd Airborne*. Fayetteville, N.C.: Privately published, 1949.
Craig, Gordon A., *The Politics of the Prussian Army 1640-2945*. London: Oxford University Press, 1955.
Critchell, Laurence, *Four Stars of Hell*. New York: Macmillan, 1947.
Crosthwait, Maj. A. E. L., *Bridging Normandy to Berlin*. Hanover: British Army of the Rhine, 1945.
Cumberlege, G., editor, *BBC War Report, 6th June 1944-5th May, 1945*. Oxford: Oxford University Press, 1946.
D'Arcy-Dawson, John, *European Victory*. London: MacDonald, 1946.
Davis, Kenneth S., *Experience of War*. New York: Doubleday, 1965.
Dawson, W. Forrest, *Saga of the Ail-American* [82nd Airborne Div.]. Privately printed.
Deane-Drummond, Anthony, *Return Ticket*. London: Collins, 1967.
Dempsey, Gen. Sir Miles, *Operations of the 2nd Army in Europe*. London: War Office, 1947.
Ehrman, John, *History of the Second World War: Grand Strategy* (Vols V and VI). London: H. M. Stationery Office, 1956.
Eisenhower, Dwight D., *Crusade in Europe*. New York: Doubleday, 1948.
Eisenhower, John S. D., *The Bitter Woods*. New York: G. P. Putnam's Sons, 1969.
Ellis, Maj. L. F., *Welsh Guards at War*. Aldershot: Gale & Polden, 1946.
Essame, Maj. Gen. Hubert, *The Battle for Germany*. New York: Charles Scribner's Sons, 1969.
——, *The 43rd Wessex Division at War*. London: William Clowes & Sons, 1952.
Falls, Cyril, *The Second World War*. London: Methuen, 1948.
Farago, Ladislas, *Patton*. New York: Ivan Obolensky, 1963.
First Infantry Division: Danger Forward, with introduction by Hanson Baldwin: H. R. Knickerbocker, Jack Thompson, Jack Belden, Don Whitehead, A. J. Liebling, Mark Watson, Cy Peterman, Iris Carpenter, Col. R. Ernest Dupuy, Drew Middleton and former officers. Atlanta: Albert Love Enterprises, 1947.
Fitzgerald, Maj. D. J. L., *History of the Irish Guards in the Second World War*. Aldershot: Gale & Polden, 1949.
Flower, Desmond, and Reeves, James, editors, *The War*, 1939-45. London: Cassell, 1960.
Foot, M. R. D., *Special Operations Executive*. London: H. M. Stationery Office, 1967.
Freiden & Richardson, editors, *The Fatal Decisions*. London: Michael Joseph, 1956.
Fuller, Maj. Gen. J. F. C, *The Second World War*. New York: Duell, Sloan and Pearce, 1949.
——, *The Conduct of War, 1789-1961*. London: Eyre & Spottiswoode, 1961.
Gavin, Lt. Gen. James M., *Airborne Warfare*. Washington, D.C.: Infantry Journal Press, 1947.
——, *War and Peace in the Space Age*. New York: Harper & Bros., 1958.
Gibson, Ronald, *Nine Days*. Devon: Arthur H. Stockwell, 1956.
Gilbert, Felix, editor, *Hitler Directs His War*. New York: Oxford University Press,1950.
Gill, R., and Groves, J., *Club Route in Europe*. Hanover: British Army of the Rhine, 1945.
Godfrey, Maj. E. G., and Goldsmith, Maj. Gen. R. F. K., *History of the Duke of Cornwall's Light Infantry, 1939-1945*. Aldershot: The Regimental History Committee, 1966.
Goerlitz, Walter, *History of the German General Staff*. New York: Frederick A. Praeger, 1953.

參考書目

Airborne Assault on Holland. Washington: U.S.A.F., Office of the Assistant Chief of Air Staff, 1945.

Allied documents from U.S., British and Dutch historical sources unpublished: plans, operational orders, logs, telephone and teletype messages, intelligence estimates, war diaries, commanders' reviews and after-action reports from *First Allied Airborne Headquarters; First British Airborne Corps; 1st British Airborne Division; 101st U.S. Airborne Division; 82nd U.S. Airborne Division;* Dutch underground messages, staff college studies, monographs and maps on "Operation Market-Garden"; *82nd and 101st Airborne Divisions* combat interviews.

Ambrose, Stephen E., *The Supreme Commander: The War Years of General Dwight D. Eisenhower.* New York: Doubleday, 1970.

Bauer, Cornelius, *The Battle of Arnhem* (on information supplied by Lieut. Col. Theodor A. Boeree). London: Hodder and Stoughton, 1966.

Bekker, Cajus, *The Luftwaffe War Diaries.* New York: Doubleday, 1968.

Bird, Will R., *No Retreating Footsteps: The Story of the North Nova Scotia Highlanders.* Nova Scotia: Kentville Publishing, 1947.

Blake, George, *Mountain and Flood: The History of the 52nd (Lowland) Division, 1939-46.* Glasgow: Jackson, Son, 1950.

Blumenson, Martin, *U.S. Army in World War II: Breakout and Pursuit.* Washington, D.C.: Office of the Chief of Military History, Dept. of Army, 1961.

Bradley, General Omar N., *A Soldiers Story.* New York: Henry Holt, 1951.

Brammall, R., *The Tenth.* Ipswich: Eastgate Publications, 1965.

Bredin, Lt. Col. A. E. C, *Three Assault Landings.* London: Gale & Polden, 1946.

Brereton, Lt. Gen. Lewis H., *The Brereton Diaries.* New York: William Morrow, 1946.

Bryant, Sir Arthur, *Triumph in the West: The War Diaries of Field Marshal Viscount Alan Brooke.* London: Collins, 1959.

Bullock, Allan, *Hitler: A Study in Tyranny.* London: Odhams Press, 1952.

Butcher, Captain Harry C., *My Three Years with Eisenhower.* New York: Simon and Schuster, 1946.

By Air to Battle: Offcial Account of the British Airborne Divisions. London: H. M. Stationery Office, 1945.

Carter, Ross, *Those Devils in Baggy Pants.* New York: Appleton-Century-Crofts, 1951.

Chatterton, George S., *The Wings of Pegasus.* London: MacDonald, 1962.

Churchill, Winston S., *The Second World War* (Vols. 1-6). London: Cassell, 1955.

Clay, Maj. Ewart W., M.B.E., *The Path of the 50th: The Story of the 50th (Northumbrian) Division in the Second World War 2939-1945.* Alder-shot: Gale & Polden, 1950.

奪橋遺恨：市場花園作戰的雄心與悲劇

A Bridge Too Far: The Classic History of the Greatest Battle of World War II

作者 考李留斯雷恩（Cornelius Ryan）
譯者 黃文範、常靖（附註、謝誌等）
審訂 歐貝泰
校對 魏秋綢
主編 區肇威（查理）
封面設計 莊謹銘
內頁排版 宸遠彩藝

社長 郭重興
發行人兼出版總監 曾大福
出版發行 燎原出版／遠足文化事業股份有限公司
地址 新北市新店區民權路 108-2 號 9 樓
電話 02-2218-1417
傳真 02-8667-1065
客服專線 0800-221-029
信箱 sparkspub@gmail.com
Facebook www.facebook.com/SparksPublishing/

法律顧問 華洋法律事務所／蘇文生律師
印刷 中原造像股份有限公司

出版日期 二〇二〇年十一月／初版一刷
定價／七五〇元

奪橋遺恨：市場花園作戰的雄心與悲劇 / 考李留斯雷恩 (Cornelius Ryan) 著；黃文範譯 . -- 初版 . -- 新北市：遠足文化事業股份有限公司燎原出版, 2020.11
592 面；17×22 公分

譯自：A bridge too far : the classic history of the greatest battle of world war II.

ISBN 978-986-98382-7-6 (平裝)

1. 第二次世界大戰

712.84　　109017150